LA PÉDAGOGIE

Théories et pratiques de l'Antiquité à nos jours

Sous la direction de
Clermont Gauthier et Maurice Tardif

LA PÉDAGOGIE

Théories et pratiques de l'Antiquité à nos jours

gaëtan morin
éditeur

Montréal ▫ Paris ▫ Casablanca

Données de catalogage avant publication (Canada)

Vedette principale au titre:

La pédagogie: théories et pratiques de l'Antiquité à nos jours

Comprend des réf. bibliogr. et des index.

ISBN 2-89105-587-X

1. Pédagogie – Histoire. 2. Éducation – Philosophie – Histoire. I. Gauthier, Clermont, 1951-
II. Tardif, Maurice, 1953-

LB14.7.P42 1996 370'.1 C96-940113-2

Montréal, Gaëtan Morin Éditeur ltée
171, boul. de Mortagne, Boucherville (Québec), Canada, J4B 6G4, Tél. : (514) 449-2369

Paris, Gaëtan Morin Éditeur, Europe
20, rue des Grands Augustins, 75006 Paris, France, Tél. : 33 (1) 53.73.72.78

Casablanca, Gaëtan Morin Éditeur – Maghreb S.A.
Rond-point des sports, angle rue Point du jour, Racine, 20000 Casablanca, Maroc, Tél. : 212 (2) 49.02.17

Révision linguistique : Patrick Wauters
Sophie Cazanave
Monique Boucher

Imprimé au Canada

Dépôt légal 2e trimestre 1996 – Bibliothèque nationale du Québec – Bibliothèque nationale du Canada

1 2 3 4 5 6 7 8 9 0 G M E 9 6 5 4 3 2 1 0 9 8 7 6

Présentation des collaborateurs

Marc Audet travaille comme enseignant ou comme directeur dans les écoles primaires depuis presque trente ans. Dès le début des années soixante-dix, il menait ses premières expériences en pédagogie Freinet. Puis, en 1975, il a été cofondateur du Collectif québécois de l'école moderne (CQÉM), organisme regroupant des enseignants québécois travaillant selon la pédagogie Freinet. Il a également été un des membres fondateurs d'une école Freinet, l'école optionnelle Yves-Prévost de Beauport, où il enseigne actuellement.

Claude Belzile travaille comme agent de recherche au service des études de premier cycle de l'Université du Québec. Sociologue de formation, il a étudié à l'Université du Québec à Rimouski et à l'Université de Sherbrooke. Membre du Groupe de recherche interuniversitaire sur les savoirs et l'école (GRISÉ), il poursuit actuellement son doctorat à l'Université Laval.

Benoît Dubuc a obtenu son doctorat en psychologie de l'Université de Montréal en 1981. Il a été professeur au Département de psychopédagogie de l'Université Laval de 1977 à 1981, puis au Département des sciences de l'éducation à l'Université du Québec à Chicoutimi de 1983 à 1994. En 1987, il a fondé l'École Montessori de Québec; il y œuvre actuellement à la fois comme directeur et professeur. Il a également participé à la fondation du Centre de Formation Montessori de Montréal, l'Association Montessori internationale (AMI) en 1995.

Stéphane Martineau est boursier de la Fondation de l'Université Laval, du Fonds pour la formation de chercheurs et l'aide à la recherche (FCAR) et du Conseil de recherches en sciences humaines (CRSH). Formé en sociologie (baccalauréat) et en anthropologie (maîtrise), il termine présentement une thèse de doctorat en éducation. Membre du Groupe de recherche interuniversitaire sur les savoirs et l'école (GRISÉ), il s'intéresse plus particulièrement à la question des savoirs des enseignants.

François Melançon est spécialiste de l'histoire sociale des pratiques culturelles au Québec. Boursier du FCAR et du CRSH, il termine actuellement à Paris une thèse de doctorat sur les pratiques de lecture et d'écriture au XVIIe siècle et entreprendra bientôt, à l'Université du Québec à Trois-Rivières des recherches sur les échanges épistolaires grâce à une bourse postdoctorale octroyée par le CRSH.

M'hammed Mellouki est chercheur. Après des études en philosophie, en sociologie et en sciences de l'éducation, il a publié des travaux sur l'histoire de l'éducation, en particulier sur la formation des enseignants et sur les idéologies scolaires. Membre du Groupe de recherche interuniversitaire sur les savoirs et l'école (GRISÉ), il poursuit ses travaux à l'Université Laval sur le phénomène de la division du travail scolaire au Québec.

Catherine Meyor termine actuellement un doctorat en éducation sur les fondements des approches de l'affectivité en éducation. Son essai de maîtrise portait sur la réflexion comparative des fondements de la psychosynthèse et de la pensée steinérienne.

Denis Simard est enseignant à la commission scolaire de l'Industrie à Joliette depuis 1988. Boursier de la Fondation de l'Université Laval, du FCAR et du CRSH, il poursuit présentement des études de doctorat à l'Université Laval, après avoir complété des études en musique (baccalauréat) et en éducation (maîtrise) à l'Université du Québec à Trois-Rivières. Membre du Groupe de recherche interuniversitaire sur les savoirs et l'école (GRISÉ), il s'intéresse plus particulièrement à la culture des enseignants.

Table des matières

Avertissement

Dans cet ouvrage, le masculin est utilisé comme représentant des deux sexes, sans discrimination à l'égard des hommes et des femmes et dans le seul but d'alléger le texte.

Préface

Pour beaucoup de nos contemporains, l'intérêt pour la pédagogie et son histoire paraît, il faut bien le dire, un peu désuet. Ne sommes-nous pas entrés dans une époque où toutes ces vieilleries au statut épistémologique mal défini, ces théories qui tentent avec peine de frayer avec les pratiques, ces rêveries que Durkheim voulait définitivement ranger dans les bibliothèques, au rayon de la littérature utopique ou à celui de la science-fiction, apparaissent totalement démodées?

Que pouvons-nous encore trouver d'utile et d'actuel dans les divagations philosophiques d'un saint Augustin qui nous explique, dans le *De Magistro*, que le seul maître est le «maître intérieur» et que nos précepteurs ne nous apprennent rien d'autre que le mouvement qui consiste à se tourner vers lui? À l'heure des autoroutes de l'information, ne convient-il pas de reléguer définitivement saint Augustin au grenier? Et qu'avons-nous encore à apprendre de Rabelais et de Montaigne? Que peut nous apporter le premier, boulimique de culture et d'érudition comme Gargantua de bonne chère, transgressant sans cesse les frontières des savoirs autorisés et organisant des programmes d'étude qui prétendent faire le tour des connaissances humaines? Qui peut tirer profit de la lecture de ces textes invraisemblables où pas une minute de la journée n'est perdue et où l'on s'assure que l'élève apprend bien tout, absolument tout ce qu'il faut savoir? Quand le problème essentiel est aujourd'hui de choisir l'information utile et pertinente, quand nous croulons sous une culture multiforme, la boulimie n'est plus de mise et Rabelais ne peut plus être regardé que comme une curiosité historique. Et que dire de Montaigne dont des générations d'élèves ont rabâché, dans un paradoxe insupportable, l'inoubliable leçon: «Il vaut mieux une tête bien faite qu'une tête bien pleine.»? Il faut bien admettre que, dans ce registre-là du moins, s'il a tout dit, tout reste à faire. Pauvre Montaigne, sans cesse évoqué mais jamais appliqué! Finalement, il s'avère que Montaigne est bien plus utopique que Jules Verne.

Faut-il multiplier les exemples et citer Rousseau, le grand visionnaire, fondateur d'une pédagogie moderne où l'élève apprend par les expériences que l'éducateur organise autour de lui? Rousseau ignorait—et pour cause!—l'influence de la télévision, et aussi la prégnance terrible d'un enseignement magistral qui rentre toujours par la fenêtre quand on le chasse par la porte, même dans les cours de pédagogie où l'on excelle à faire des leçons pour expliquer qu'il n'en faut point faire! Et Pestalozzi, aux prises avec la «fange»—ce que nous nommons aujourd'hui pudiquement les «publics difficiles»—, découvrant qu'il n'y a pas de meilleur moyen pour empêcher les enfants de devenir ce qu'on voudrait qu'ils soient que de faire comme s'ils l'étaient déjà: peut-on encore s'y référer aujourd'hui, quand il devient si évident pour tout le monde que l'école doit se contenter de scolariser les enfants déjà «bien éduqués», et de renvoyer ailleurs ceux qui risquent de compromettre un équilibre si difficile à trouver? Dans cette époque si sûre d'elle, où même la didactique vient subtilement servir d'outil de sélection pour les maîtres qui affichent symboliquement à la porte de leur classe: «Nul n'entre ici s'il ne connaît pas déjà le métier d'élève, s'il ne sait pas se tenir et s'il compromet le déroulement impeccable de ma programmation didactique», qui oserait encore se réclamer de Pestalozzi et affirmer que la pédagogie ne pose jamais de préalable et que, par définition, elle «fait avec…»? Et, au-delà, plus près de nous, Montessori et Freinet, qui fort heureusement ont suscité quelques expériences pédagogiques, sont-ils bien considérés comme des chercheurs sérieux en matière éducative? Eux qui ne se sont jamais souciés d'évaluer les résultats de leurs élèves et de les comparer à des échantillons étalonnés, eux qui ne se sont jamais livrés à des expérimentations «scientifiques» avec isolement d'une variable unique, «toutes choses étant égales par ailleurs», que peuvent-ils prétendre nous apporter de vraiment sérieux et fiable?

Ainsi, lorsque les sciences de la cognition et les techniques du management réunies prétendent régenter le champ social en général, et le champ éducatif en particulier, la pédagogie, décidément, cela fait ringard! Mais il faut espérer que les Québécois, contrairement à nous, francophones de l'Hexagone, n'ont pas oublié le sens des mots… Et si, par hasard, celui-ci leur échappait, ils pourraient vérifier dans le dictionnaire que le ringard est un instrument utilisé pour raviver un foyer, remuer le combustible et attiser le feu. Superbe définition au regard de laquelle ce livre est décidément, délibérément, absolument… ringard!

En effet, cet ouvrage nous propose de remonter dans l'histoire et d'en regarder d'un peu plus près les enjeux. Sa grande réussite est de dépasser la simple énumération, la juxtaposition de monographies successives, pour «faire question» et donc «faire sens». Il montre que les enjeux de la pédagogie humaniste ou les postulats de la pédagogie libertaire ne méritent pas simplement d'être connus pour enrichir notre culture générale, ni même pour maintenir vivante une mémoire de ce qui nous a construit. Les questions qui y sont soulevées sont toujours d'actualité et les solutions proposées par les uns et par les autres doivent toujours être comprises comme des réponses à ces questions, et ne peuvent l'être qu'en tant que telles.

C'est pourquoi les auteurs ont raison, après avoir examiné de près chacun des courants importants de l'histoire de la pédagogie, de présenter les débats qui ont cours actuellement sur la si difficile question des finalités et des méthodes de l'éducation. Je sais bien qu'ils peuvent ainsi décourager certains lecteurs pressés et nostalgiques qui préféreraient que, dans le domaine de l'éducation, il y ait un consensus général et que l'on établisse des vérités auxquelles il serait impossible de ne pas se rallier. Mais ceux-là font partie, me semble-t-il, des adversaires, conscients ou inconscients, de la véritable démocratie. Car s'il fallait chercher un indicateur du degré de démocratie d'une nation, il ne serait pas impossible de considérer l'existence de débats pédagogiques et l'existence des pédagogues qui s'interrogent sur la formation qu'il convient de donner à l'enfant et sur les moyens d'y parvenir, comme des indicateurs particulièrement significatifs. Dans toutes les sociétés totalitaires, ce débat est interdit ou encore réduit aux sphères limitées d'une pensée orthodoxe dont les fondements ne peuvent être discutés. Au Moyen Âge, les pédagogues sont hérétiques ou schismatiques, quand ils ne finissent pas sur les bûchers. Il faut attendre la Renaissance pour que Rabelais ose sortir de la sphère et, au moment où les certitudes théologiques commencent à vaciller, soulève la chape de plomb que faisait peser l'Église sur la réflexion éducative. De nombreux siècles plus tard, en Union soviétique, Makarenko, qui travaille avec les délinquants et qui ose même écrire un *Poème pédagogique*, ne tardera pas à être suspect aux yeux des autorités officielles. Et, à ma connaissance, on n'a pas encore entendu parler d'un débat public qui serait ouvert, en Iran, sur les finalités de l'éducation dans ce pays ou sur les méthodes pédagogiques qui doivent y être employées.

Je sais bien qu'il y a là, pour les jeunes qui se consacrent à l'enseignement, quelque chose qui peut paraître un peu désespérant: on se prend souvent à rêver d'un pays ou d'une époque où l'on savait vraiment quel type de personnes former et par quelles méthodes précises et pour quelle société. Or, nous assistons à tout le contraire: personne ne sait vraiment quel type d'hommes et de femmes former, par quels moyens et pour quelle société. Il existe même, sur ces questions, un débat qui peut parfois ressembler à un brouhaha décourageant. On dit tout et son contraire: qu'il faut d'une part former un «individu adaptable qui saura épouser la nouveauté»... et qu'il faut d'autre part former «un être enraciné dans une histoire, qui saura résister aux changements qui lui seront imposés tout en s'appuyant sur les valeurs fortes qui lui auront été transmises». Certains proclament qu'il faut abandonner le découpage en disciplines d'enseignement cloisonnées qui ne permet pas d'appréhender la réalité des problèmes complexes, tandis que d'autres affirment qu'il n'y a pas de vérité possible en dehors des champs de validité que constituent les disciplines, qui doivent rester les piliers de toute formation. Quelques-uns affirment qu'il convient d'individualiser l'enseignement en utilisant largement l'ordinateur, pendant que d'autres mettent de l'avant la formation à la vie sociale par le groupe. Il s'en trouve pour penser que l'École doit être coupée du monde et rester un univers où l'accès à l'abstraction intemporelle doit prévaloir, alors que d'autres rétorquent qu'il n'est de véritable formation que centrée sur les problèmes quotidiens et l'actualité que vivent les jeunes.

Dans ces conditions, comment y voir clair et ne pas comprendre les nostalgiques du «consensus»? tout simplement en saisissant ces débats comme étant une chance, et non pas un malheur qui frappe la modernité; et aussi, en se disant que l'on a le privilège de vivre dans des sociétés qui ont à définir de concert l'éducation qu'elles veulent donner à leurs enfants, et non pas à subir un modèle imposé. Certes, il faut déterminer des lieux et des balises pour que le débat soit possible. Il faut un minimum d'écoute pour que ce débat soit paisible. Il faut aussi un minimum institutionnel garanti pour que ce dernier n'aboutisse pas à faire éclater l'éducation en une multitude de sectes, de chapelles et d'écoles entre lesquelles plus rien ne serait partagé.

C'est là le grand défi de nos sociétés démocratiques: comment rendre possible l'éducation quand celle-ci requiert de statuer sur des finalités essentielles, voire métaphysiques ou politiques, et que, précisément, la démocratie admet, reconnaît même comme fondamentale la diversité des options dans ces domaines? Quelle loi commune doit être imposée pour que chacun puisse exprimer ses différences en respectant celles d'autrui? Comment penser une «école plurielle» qui ne soit pas une «école éclatée», «babélisée», au service d'une multitude d'intérêts sociaux, professionnels, idéologiques, etc.?

Il serait présomptueux de ma part de tenter de répondre à de telles questions dans le cadre nécessairement modeste d'une préface. Mais il me revient de dire que ces questions ne seront pas résolues et qu'on n'avancera pas dans leur résolution si l'on ne s'approprie pas les enjeux essentiels de la réflexion éducative à travers l'histoire. Je suis convaincu que nos débats ne peuvent devenir constructifs que si: nous les effectuons en pleine conscience de ce qui nous a précédés; nous savons dépasser la facilité des slogans et des modes; nous savons voir ce qui se cache derrière telle ou telle référence; nous savons identifier ce qui a pu, au cours des siècles, réunir les hommes et les rendre à la fois plus libres et plus heureux.

Le débat pédagogique est une chance; le débat démocratique est également une chance. Mais pour que le débat pédagogique soit démocratique, il est essentiel que les acteurs entendent quelque chose à ce qu'ils disent, qu'ils évitent les pièges de la démagogie et les lieux communs. Il faut aussi que les participants sachent reconnaître les conceptions implicites qui se cachent derrière le moindre geste, et qu'ils débusquent les choix idéologiques tapis derrière des décisions qui souvent semblent purement techniques.

C'est dire que si le débat pédagogique doit être démocratique, il nous faut aussi inventer une pédagogie de la démocratie. L'existence d'un débat pédagogique est signe de démocratie dans la mesure où la démocratie est déjà présente dans ce débat. C'est dire, enfin, que l'une et l'autre participent fondamentalement de la même éthique: celle qui affirme que toute parole est porteuse de sens, mais seulement à partir du moment où elle tente d'échapper à toute forme de violence–quand le «convaincre» remplace le «vaincre»–et quand on est désespérément en quête d'une relation entre les êtres qui soit exempte de violence. Le refus de la violence est une expression irréductible d'humanité; en amont de ce refus il n'y a rien… rien de constructif.

Puisse donc cet ouvrage contribuer tant au développement de la réflexion pédagogique qu'à celui du débat démocratique sur l'éducation dans nos sociétés. Pour ma part, je n'en doute pas et j'en sais gré à ses auteurs.

Philippe Meirieu

Introduction

Clermont Gauthier
Maurice Tardif

Cet ouvrage est l'aboutissement d'un projet qui nous tenait à cœur depuis un moment déjà. En effet, nous sommes responsables depuis plusieurs années d'un champ d'enseignement qui s'adresse aux étudiants universitaires en formation des maîtres et qui traite de l'évolution des idées et des pratiques pédagogiques en Occident. Comme la plupart des professeurs d'université, nous utilisons des recueils de textes et des notes de cours pour soutenir notre propos. Or, ces textes et ces notes, en dépit de leur intérêt, présentent plusieurs défauts qui appellent des correctifs. D'une part, les textes, malgré leur importance incontestable, sont souvent tirés d'ouvrages spécialisés (en sociologie, en philosophie, en psychologie, etc.), et conçus dans une tout autre perspective d'analyse que celle que nous poursuivons. De plus, la plupart du temps, ces travaux, souvent issus de préoccupations érudites, ont peu à voir avec la formation des enseignants. D'autre part, les notes de cours, souvent trop schématiques, ne présentent pas les nuances nécessaires pour nourrir une compréhension plus fine de la matière, et constituent de ce fait une sorte de seuil minimal de connaissances.

Il fallait donc aller plus loin et offrir aux personnes qui étudient un produit qui présenterait une perspective d'ensemble, une approche globale de l'évolution des idées et des pratiques pédagogiques, et un outil qui approfondirait suffisamment le sujet pour constituer une référence culturelle et pédagogique de haut niveau, tout en servant d'introduction au domaine. Enfin, cet ouvrage serait écrit dans une visée de formation à l'enseignement, formation à la fois fondamentale et professionnelle. Nous avons travaillé à relever ce défi, et ce manuel constitue le résultat de nos efforts.

Il faut cependant préciser que, même si ce livre s'adresse d'abord aux étudiants en formation des maîtres, il ne leur est pas exclusif, loin de là. En fait, il peut convenir non seulement aux étudiants en sciences de l'éducation, mais aussi à tous ceux (éducateurs, professionnels de l'éducation, chercheurs, parents) qui veulent acquérir ou compléter une culture pédagogique de base. L'*Évolution des idées et des pratiques pédagogiques* se veut un ouvrage d'introduction à la pédagogie. Il expose les idées d'une manière assez simple, sans toutefois faire de compromis sur la profondeur du contenu. On y aborde l'étude de la transformation des idées et des pratiques concernant l'enseignement, l'apprentissage, l'organisation de la classe, et ce de l'Antiquité grecque à nos jours.

Mais, dira-t-on, pourquoi écrire un ouvrage sur l'évolution des idées et des pratiques pédagogiques, alors qu'il y a des problèmes qui semblent tellement plus urgents? Parce que cela répond, pensons-nous, à des nécessités à la fois pratiques et théoriques pour quiconque, intéressé à l'enseignement, veut s'initier à ce domaine immense qu'est la tradition pédagogique occidentale.

En effet, toute personne préoccupée par l'enseignement a d'abord des intérêts pratiques qui la conduisent à se renseigner sur les manières de faire la classe. En ce sens, ce livre s'efforce constamment de mettre en évidence les conséquences pratiques des idées pédagogiques. Même quand on y discute des Grecs, du Moyen Âge ou du XIXe siècle, l'objectif de l'exposé demeure la formation professionnelle des enseignants. De plus, ce n'est pas parce qu'on traite du passé que celui-ci n'a plus rien à voir avec la réalité contemporaine. Au contraire, l'actualité doit plutôt être considérée comme le prolongement des idées et des gestes passés. À ce titre, chaque Québécois est bien plus grec, juif ou romain qu'il ne se l'imagine. Il est tissé, sans même qu'il s'en aperçoive, avec les fils de l'histoire occidentale provenant d'Athènes, de Rome et de Jérusalem. Aussi, pour bien comprendre le «présent pédagogique», les enjeux dont ce dernier fait l'objet, ainsi que le sens et la portée des pratiques actuelles en éducation, il faut posséder une certaine culture pédagogique. En ce sens, *Évolution des idées et des pratiques pédagogiques* constitue une compilation appréciable des connaissances culturelles nécessaires à la compréhension des problèmes actuels.

Connaître l'évolution des idées et des pratiques pédagogiques relève également d'une nécessité théorique. Il nous apparaît important que les futurs enseignants aient, dans leur formation professionnelle, l'occasion de réfléchir sur la nature, les finalités, les origines et les transformations de leur métier. Chacun reconnaît qu'une formation en enseignement requiert plus que l'apprentissage de recettes ou de trucs du métier; il faut aussi acquérir une culture pédagogique qui permette d'avoir une perspective plus large de l'activité professionnelle. Cette formation fondamentale est un élément essentiel de la culture professionnelle pour qui se destine à l'enseignement, en ce qu'elle lui fournit des axes d'intelligibilité qui contribueront à le situer et à l'orienter dans son futur métier. Plus précisément, il est important que les étudiants puissent avoir des repères théoriques à la fois philosophiques, sociohistoriques, psychologiques et pédagogiques. Par exemple, nous adoptons une approche chronologique classique de l'histoire afin que les étudiants puissent s'y reconnaître plus aisément dans les transformations successives des idées et des pratiques pédagogiques. Par ailleurs, étant donné que la psychologie occupe une place prépondérante en éducation au XXe siècle, nous profiterons également de l'occasion pour initier les étudiants aux principaux concepts, qui sont autant de contributions de la psychologie à l'éducation (psychanalyse, béhaviorisme, psychologie humaniste, psychologie cognitive). Ainsi, on pourra découvrir et comparer les approches de quelques grands pédagogues contemporains.

Toutefois, il importe de bien insister sur le fait que notre objectif n'est pas de présenter les idées et les approches pédagogiques comme si nous nous adressions à de futurs historiens, à des philosophes ou à des sociologues. Au contraire, notre but est de puiser à même ces diverses sources, de les intégrer dans une perspective de formation professionnelle des enseignants et de les relier aux pratiques concrètes actuellement en vigueur. Notre but n'est pas de s'ériger en spécialistes des époques ou des courants pédagogiques, ni de s'adresser à un auditoire d'experts en psychologie, en histoire ou en sociologie. Nous cherchons plutôt à proposer des visions d'ensemble, capables d'expliciter des pratiques et des idées, et ce afin de donner aux lecteurs une idée claire et concise du domaine de la pédagogie. Nous ne chercherons donc pas à étaler d'une manière encyclopédique les événements et les approches pédagogiques qui ont eu cours dans l'histoire ou qui ont cours actuellement. Nous tenterons plutôt de les expliquer par quelques concepts clés préalablement sélectionnés et patiemment développés. Le lecteur sera ainsi muni d'un plan de référence qui lui permettra de mieux s'orienter et d'arpenter le territoire des idées et des pratiques pédagogiques.

Par ailleurs, souligner l'importance de la culture pédagogique ne signifie en aucune façon, dans notre esprit, faire un étalage pédant de culture pour diminuer ou culpabiliser le néophyte, comme c'est trop souvent le cas. La culture dont il est question ici est plutôt la culture vivante, celle qui nous sert à sentir les choses, à comprendre le monde, à intervenir avec plus de finesse dans la vie professionnelle de tous les jours. Si nous faisons référence au passé, c'est pour mieux revenir au présent qui en est le prolongement. Si nous nous sentons obligés de faire un détour pour expliquer un contexte sociopolitique ou économique entourant un changement pédagogique, une doctrine philosophique dont s'inspire un auteur, c'est afin d'en dégager la signification pédagogique globale. Si nous puisons, à l'occasion, aux sources de la littérature, des arts et de la philosophie, c'est pour rendre nos exemples plus probants. Ce ne sont donc pas des éléments de culture superflus que nous mettons en scène dans cet ouvrage, mais bien des éléments culturels indispensables à une bonne formation professionnelle. Par ailleurs, il est important de le souligner, la pédagogie dépasse aujourd'hui les limites du territoire scolaire; elle envahit un grand nombre de moyens de communication, à commencer par les médias électroniques. En ce sens, cette «société pédagogique» dont parlait Beillerot (1982), il y a déjà près d'une quinzaine d'années, est en train de se réaliser sous nos yeux: la formation, l'éducation et l'apprentissage deviennent des préoccupations sociales fondamentales qui envahissent les autres sphères de l'activité humaine. Il est donc important de bien saisir les fondements idéologiques, théoriques et culturels qui sous-tendent cette évolution.

Nous cherchons également à amener le lecteur à prendre une certaine distance critique par rapport aux idéologies pédagogiques et aux opinions dogmatiques qui ont cours et à prendre le temps de les examiner, d'en analyser les fondements et les prémisses. Nous voulons aussi qu'il soit capable, dans le contexte pluraliste contemporain, de comparer diverses approches pédagogiques et d'en saisir les dimensions et postulats fondamentaux. Cela aura pour effet, croyons-nous, de développer une attitude de questionnement à l'égard des diverses formes d'enseignement et des multiples pratiques pédagogiques. Plus encore, étant donné qu'une approche pédagogique est un système d'idées, de thèses au sujet des finalités et des méthodes d'enseignement, nous pensons que cet ouvrage pourra aider les étudiants en pédagogie à développer leurs habiletés d'analyse et d'argumentation, en vue d'un développement plus rigoureux de leur faculté de raisonnement. Ainsi, tout cela leur permettra d'aller bien au-delà de l'opinion arbitraire et du prêt-à-penser. Une telle réflexion donne un sens historique et une perspective qui font voir tel courant de pensée ou telle approche non pas comme une création *ex nihilo*, mais comme la résultante d'une opposition entre certaines idées ou pratiques antérieures; non pas comme une solution radicale et définitive, mais comme une tentative de résoudre certains problèmes contextuels; non pas comme un simple arsenal de moyens, mais comme une action finalisée et sujette à débat.

Nous avons délibérément choisi de ne pas proposer une doctrine pédagogique particulière, à l'aune de laquelle les autres approches seraient évaluées. Nous avons en effet pris le parti de nous limiter à décrire les circonstances dans lesquelles certains problèmes se sont posés, à cerner les solutions retenues, à expliquer les arguments développés pour justifier ces dernières, à en examiner les conséquences sur la manière d'enseigner, etc. Il serait donc juste de dire que la perspective que nous adoptons est critique, au sens où elle permet, dans le flot ininterrompu des crises et des réformes pédagogiques, de faire certaines distinctions, de souligner l'apparition de certains concepts ou idées nouvelles et d'en mesurer tant la portée que la signification.

Enfin, sachant que l'école est l'une des institutions les plus importantes de la société, une meilleure connaissance de l'évolution historique des idées et des pratiques pédagogiques nous permettra de saisir le sens des transformations de la profession enseignante, tout en étant capables de situer nos modèles pédagogiques actuels à l'intérieur des transformations idéologiques globales des sociétés occidentales. Comme la science tient une place prédominante dans la vie quotidienne de chacun, on ne peut manquer de réfléchir sur le rôle du pédagogue et de son rapport aux sciences de l'éducation. L'enseignant, comme professionnel, est-il une sorte de technicien ou d'ingénieur de l'apprentissage, ou a-t-il un autre rôle à jouer? Ainsi, en étant davantage conscients des origines et de l'évolution de la pédagogie, en connaissant les grands débats pédagogiques du XXe siècle et en étant plus familiers avec des approches pédagogiques particulières, nous pourrons mieux saisir la réalité pédagogique québécoise.

Ce livre se divise en trois parties, que voici.

La première porte sur les origines de la pédagogie et comprend cinq chapitres. Au chapitre 1, nous constatons que les Grecs ont été de sévères critiques de la tradition et qu'ils ont développé une réflexion originale sur l'éducation; nous y étudions la conception de l'éducation chez les premiers grands penseurs de l'Occident que sont Socrate, Platon et les sophistes. Le chapitre 2 traite de la longue période qui va de l'Antiquité romaine à la fin du Moyen Âge, et il s'attarde à montrer l'importance des relations étroites qu'entretient le christianisme avec l'école. Nous reprenons l'hypothèse durkheimienne de la naissance de l'école au Moyen Âge, de l'école considérée comme un milieu moral organisé. La Renaissance est une grande période à tous les points de vue ; nous examinons au chapitre 3 les idées sur l'éducation de célèbres humanistes classiques, tels Rabelais et Érasme, qui ont fortement ébranlé l'édifice scolastique du Moyen Âge. Le XVIIe siècle est un siècle déterminant pour la pédagogie puisqu'on voit apparaître, tant dans les milieux catholiques que protestants, des tentatives élaborées de structurer les manières de transmettre des connaissances aux enfants; c'est l'objet du chapitre 4. Le XVIIIe siècle est la période des révolutions française et américaine, et de la confiance sans bornes dans la raison, dans les Lumières; il est question, au chapitre 5, des idées originales de Jean-Jacques Rousseau en matière d'éducation, et de l'impact des thèmes de la liberté, de la nature et de l'enfance sur la pédagogie moderne.

La seconde partie de l'ouvrage couvre l'ensemble des idées et des pratiques pédagogiques contemporaines. Elle porte sur le XXe siècle et se divise en sept chapitres qui représentent sept tentatives différentes de concevoir et de faire la classe. Ces approches ne traitent évidemment pas de tous les modèles pédagogiques qui existent; il y en a bien d'autres. Cependant, nous les avons choisies parce qu'elles présentent des pratiques pédagogiques concrètes, parce qu'elles sont encore ou ont été appliquées au Québec, et enfin parce qu'elles sont, à notre avis, des modèles pédagogiques complets. Un modèle pédagogique complet est une approche qui englobe l'ensemble des dimensions de la vie de la classe et qui, à ce titre, tient compte des problèmes associés à la discipline, à la gestion, à la motivation, au programme à enseigner, etc. À l'exception peut-être des pédagogies scientifiques, dont le champ d'intervention a été un peu plus restreint, mais qui commencent à élargir leur créneau, tous les modèles (ou approches) pédagogiques ont eu des applications concrètes en classe et ont donné lieu à des expériences «globales». On peut parler, par exemple, de la pédagogie Freinet, de la pédagogie Montessori et de la pédagogie libertaire. Ces approches couvrent la totalité des dimensions de la vie de la classe et existent concrètement; elles ne sont donc pas uniquement des modèles abstraits.

Au chapitre 6, nous expliquons comment la tradition pédagogique s'est constituée et nous relatons le sens du débat entre la pédagogie nouvelle et la pédagogie traditionnelle. Nous dressons également un tableau des caractéristiques de la pédagogie nouvelle et des courants pédagogiques contemporains que nous examinons dans les six chapitres suivants. Au chapitre 7, nous étudions les idées et l'approche de la pionnière de la pédagogie nouvelle: Maria Montessori. Au chapitre 8, nous voyons comment se structure une école basée sur les principes de Rudolph Steiner, qui élève à son plus haut niveau la spiritualité dans l'enseignement. Cela a son importance quand on connaît l'influence de la spiritualité dans un Québec qui a rejeté la religion dans les années 60 et qui a du mal à se passer de transcendance. On ne peut non plus étudier les idées et les pratiques pédagogiques sans faire un détour par une des expériences libertaires les plus excessives de l'histoire. Ainsi nous explorons, au chapitre 9, les idées de Alexander S. Neill, qui s'inspirent de la psychanalyse et qui ont été mises en pratique dans sa célèbre école, Summerhill. Au chapitre 10, nous examinons la pensée d'un homme qui a mis en place une approche à la fois pédagogique et politique, Célestin Freinet. Nous voyons quelques principes qui guident son enseignement, notamment le tâtonnement expérimental, et des techniques ou outils qu'il a inventés pour faire la classe. Au chapitre 11, il est question de l'influence de la psychologie humaniste sur la pédagogie. Nous étudions plus particulièrement les idées de Carl Rogers et une approche pédagogique inspirée par ces mêmes idées: la pédagogie ouverte. Enfin, il est difficile de passer sous silence ce que nous appelons, au chapitre 12, les psychologies scientifiques. En effet, nous voyons comment le béhaviorisme et les psychologies cognitives ont contribué à transformer les pratiques pédagogiques. Plus particulièrement, il est question de l'enseignement stratégique et de la construction du savoir par l'élève.

La troisième et dernière partie analyse l'évolution de la pédagogie au Québec. À peu de choses près, le cheminement des Québécois est analogue à celui des Européens. Au début du XIXe siècle, il ne semble pas y avoir de différences significatives entre l'Europe et le Québec: l'éducation est faiblement organisée et les méthodes pédagogiques sont de type traditionnel. Cependant, alors que l'éducation nouvelle connaît une vogue au début du XXe siècle en Europe, le Québec a dû attendre la fin de la Seconde Guerre mondiale pour sentir davantage les effets de la modernité; plus particulièrement, les années 60, connues sous le nom de révolution tranquille, ont vu apparaître des changements en profondeur dans le système scolaire, ainsi que dans les programmes et les pratiques d'enseignement. Au chapitre 13, nous étudions les transformations du métier d'enseignant. Finalement, au chapitre 14, nous dressons un tableau des principales idéologies qui ont marqué et qui marquent encore le paysage scolaire québécois.

L'*Évolution des idées et des pratiques pédagogiques* constitue une sorte de carte routière, un outil de référence pour orienter sa pensée et éventuellement son agir. Souhaitons que cet ouvrage donne au lecteur le goût d'entreprendre de beaux voyages pédagogiques.

BIBLIOGRAPHIE

BEILLEROT, J. (1982). *La société pédagogique: action pédagogique et contrôle social* Paris: Presses universitaires de France.

PARTIE I

L'évolution des idées et des pratiques pédagogiques de l'Antiquité jusqu'au XXe siècle

CHAPITRE 1

Les Grecs anciens et la fondation de la tradition éducative occidentale

Maurice Tardif

CONTENU

RÉSUMÉ

Ce chapitre présente le contexte socioculturel dans lequel émerge la tradition éducative occidentale en Grèce ancienne, il y a de cela environ 2500 ans, et les contributions apportées par les sophistes, par Socrate et par Platon à cette même tradition. Il veut faire découvrir qu'une crise de la culture et des valeurs est l'un des éléments qui est à l'origine de notre civilisation occidentale. Cette crise est au cœur même de toute l'entreprise éducative occidentale.

La première partie de ce chapitre analyse l'idée de crise de la culture et montre comment cette idée s'applique aussi bien à nos sociétés actuelles qu'à la société grecque ancienne. En s'aidant des notions de «société ouverte» et de «société fermée» proposées par Karl Popper (1979), il s'agit de faire ressortir la profonde similitude existant entre notre situation actuelle et celle qui est à l'origine de la culture occidentale. C'est ainsi que les théories des Grecs anciens sont encore d'une étonnante actualité par certaines de leurs conceptions éducatives.

La seconde partie du chapitre étudie de façon plus détaillée les conceptions traditionnelles, sophistiques, socratiques et platoniciennes de l'éducation, qui illustrent, dans leur unité, leur diversité et leurs contradictions toute la richesse de la pensée éducative léguée par la Grèce ancienne. Tout au long de ces divers développements plus conceptuels, nous donnons en même temps différents repères historiques, culturels et notionnels, susceptibles de mieux orienter les lecteurs qui abordent pour la première fois cette matière.

INTRODUCTION

Dans son ouvrage *La crise de la culture*, Hannah Arendt (1972) soutient, à l'instar de bien d'autres penseurs, que notre époque—le monde moderne, la modernité—est confrontée à une expérience totalement nouvelle dans l'histoire de l'humanité, à savoir celle de faire face à l'avenir sans s'appuyer sur la tradition, la religion et l'autorité. Cette expérience prend aujourd'hui la forme d'une crise générale de la culture, d'un bouleversement profond et radical de nos systèmes de valeurs et de nos croyances les mieux établies. Cette crise n'est pas vraiment récente car déjà, à la fin du XIXe siècle et au début du XXe siècle, des philosophes et des sociologues (Friedrich Nietzsche, Émile Durkheim, Max Weber, Edmund Husserl, Martin Heidegger, etc.) l'ont thématisée sous différents vocables. Cependant, ce qu'il y a de nouveau, c'est sans doute l'amplitude de cette crise et surtout le fait qu'elle ne concerne plus exclusivement les «intellectuels», mais bien tous les membres de nos sociétés modernes. Rares sont maintenant les gens qui ne reconnaissent pas que nous vivons une phase vraiment intense de transformation des valeurs. En fait, l'idée de crise est devenue aujourd'hui un véritable lieu commun; elle nourrit aussi bien les idéologies réactionnaires que celles des partisans des changements les plus radicaux.

Une telle crise de la culture rejaillit bien sûr avec une grande force sur la pensée et la pratique éducatives. Cette situation n'a rien d'étonnant, car l'éducation dépend étroitement de la culture. Elle ne peut donc échapper aux tensions et aux malaises qui assaillent cette dernière. Tous les débats contemporains sur la formation fondamentale, la formation générale, l'instruction, la culture scolaire, les connaissances de base, etc., portent justement l'empreinte d'une telle situation de crise. Ils révèlent non seulement l'existence de désaccords profonds entre les personnes et entre les groupes sociaux, mais aussi, et plus profondément, une mutation de nos systèmes de valeurs. On constate maintenant qu'il devient de plus en plus difficile d'établir un consensus sur la nature même de l'éducation, sur ses finalités, ses contenus ou ses modes de transmission. Il y a une vingtaine d'années, le célèbre psychologue suisse Jean Piaget (1972) posait cette question: Où va l'éducation? Deux décennies plus tard, on constate que cette question aboutit à un «véritable conflit des interprétations», pour reprendre la formule de P. Ricœur.

Ainsi, qu'on le veuille ou non, en raison de cette situation de crise et d'incertitude, la pensée éducative actuelle se heurte désormais à des questions fondamentales incontournables. Dans quel monde voulons-nous vivre? Quel avenir souhaitons-nous offrir à nos enfants? Parmi toutes nos connaissances actuelles, quelles sont celles qui sont dignes d'être transmises aux nouvelles générations? Qu'est-ce qui mérite d'être vu et regardé, lu et médité, entendu et écouté, appris et étudié? En d'autres termes, quelle culture doit être privilégiée par l'école: culture scientifique, culture technique, culture littéraire, culture artistique, culture populaire? Plus profondément, quelles formes de vie individuelles et collectives voulons-nous favoriser à travers l'éducation, la formation et l'apprentissage? Ces questions sont essentielles et inévitables, car l'école ne peut ni refléter la totalité de la culture d'une société, ni transmettre l'ensemble des savoirs produit par cette société. L'école doit forcément sélectionner, au sein de la culture globale, une culture partielle qu'elle considère exemplaire et porteuse d'avenir[1]. L'école promeut toujours une certaine culture, qu'elle tient pour le modèle culturel par excellence. Elle choisit forcément certains savoirs parmi l'ensemble des savoirs qui existent. Il faut, par conséquent, que les responsables de la formation scolaire établissent une hiérarchie des œuvres, des activités, des connaissances, des croyances et des savoirs, afin de choisir ceux qu'ils considèrent dignes d'être transmis aux nouvelles générations. Bref, éduquer et instruire, c'est choisir parmi un ensemble de possibilités culturelles une certaine base de connaissances qui sera intégrée à la culture scolaire et aux programmes enseignés dans les écoles (Forquin, 1989).

Nous voulons montrer dans ce premier chapitre que toutes ces questions très actuelles, tous ces problèmes très modernes, sont en fait des questions initiales, des problèmes originels, et aussi originaux, à partir desquels va se constituer l'histoire éducative de l'Occident. En d'autres termes, nous voulons faire découvrir que cette crise de la culture et des valeurs, dont on parle tant aujourd'hui, est constitutive de la naissance de notre civilisation occidentale et qu'elle est au cœur même de toute son entreprise éducative depuis plus de 2500 ans.

L'histoire occidentale de l'éducation débute en Grèce ancienne, cinq à six siècles avant notre ère. Dans un monde beaucoup plus petit que le nôtre à tous points de vue, cette société a vécu, à bien des égards, une expérience similaire à la nôtre. Comme nous le voyons dans la première partie de ce chapitre, la naissance de notre histoire éducative est marquée dès l'origine par une crise de la culture[2], crise qui se traduit par une lente mais puissante dissolution des modèles traditionnels, religieux et autoritaires, qui orientaient la vie humaine dans le monde antique. Les premiers savants, ceux qu'on appelle alors les sages, les sophistes, les philosophes, termes à peu près synonymes à l'époque, contribuent à cette dissolution en sapant, de l'intérieur, les croyances et les langages traditionnels, transformant par exemple les notions communes et les savoirs quotidiens en

1. Sur ce sujet, on peut consulter Forquin (1989) et l'ouvrage désormais classique de Young (1971), *Knowledge and Control; New Directions for the Sociology of Education.*

2. Cette idée de crise est notamment développée par Vernant (1962). Voir également, du même auteur, l'article «Grèce» dans l'*Encyclopædia Universalis.* Cependant Vernant parle plutôt de crise de la souveraineté, c'est-à-dire du politique, des structures du pouvoir social. Néanmoins, il montre que cette crise excède la sphère politique au sens étroit du terme, car elle englobe l'ensemble des dimensions sociales.

problèmes, en questions et en concepts nouveaux[3]. Ils inventent la pensée abstraite, théorique, ainsi que la connaissance spéculative, la science et la formation générale, définissant du même coup de nouvelles exigences de culture. Ils sont parmi les premiers à abandonner les traditions des sociétés archaïques, et à proposer de nouveaux types de formation et d'apprentissage. L'idée occidentale d'éducation, telle que nous la comprenons aujourd'hui, est donc apparue en même temps que les idéaux de vérité, de science, de rationalité, de beauté, de vertu, d'humanisme, etc., qui constituent les éléments fondamentaux de la tradition intellectuelle et scientifique de l'Occident.

Nous verrons que Socrate est le symbole humain de cette crise de la culture, dans la mesure où il est l'homme qui ne sait plus pourquoi et comment vivre, penser, agir. Tout l'enseignement socratique est conditionné, en définitive, par cette situation de crise de confiance envers les modèles individuels et collectifs, modèles à la base de la culture de son époque. Nous verrons aussi que l'œuvre de Platon se situe dans ce même contexte, dans la mesure où sa doctrine est une solution philosophique à la crise des modèles établis, notamment ceux de l'autorité politique et de l'éducation en vigueur à l'époque.

Dès l'origine, l'éducation occidentale est donc une réponse à une crise de la culture. Quelle est l'essence de cette réponse? Réduite à sa plus simple expression, elle se résume à proposer un nouveau modèle de culture: le rationalisme et l'humanisme. Le but de ce chapitre est donc d'initier les étudiants à la connaissance de ce modèle de culture et d'éducation. Il repose, comme nous allons le démontrer, sur un certain nombre de fondements, de convictions et d'attitudes intellectuelles relativement stables à travers les siècles, formant ainsi l'une des traditions culturelles et intellectuelles les plus vieilles et les plus vivaces de la civilisation occidentale.

Nous avons divisé ce chapitre en deux parties. La première partie reprend la notion de crise de la culture, et montre comment cette notion est applicable tant à notre société actuelle qu'à la société grecque ancienne. Nous espérons ainsi faire voir la profonde similitude existant entre notre situation actuelle et celle qui est à l'origine de la culture occidentale. Les conceptions éducatives des Grecs anciens présentent un grand intérêt contemporain.

La seconde partie analyse de façon plus détaillée certaines conceptions éducatives élaborées par les Grecs afin d'affronter la crise de leur propre culture. Nous allons nous attarder plus particulièrement sur les conceptions traditionnelles, sophistiques, socratiques et platoniciennes de l'éducation, qui illustrent, dans leur unité, leur diversité et leurs contradictions, toute la richesse de la pensée éducative léguée par la Grèce ancienne.

1.1 L'ÉMERGENCE DES SOCIÉTÉS OUVERTES

Selon Arendt (1972), la **crise actuelle de la culture** est une des conséquences de l'effondrement de la tradition, de la religion et de l'autorité. Pourquoi? Essentiellement parce que ces trois phénomènes sont la source, en Occident, de modèles de vie, de penser et d'agir relativement stables, à travers le temps et les inévitables changements sociaux. Ces modèles ont fourni aux êtres humains, depuis plus de deux millénaires, des idéaux et des symboles hautement significatifs qui se sont incarnés dans des pratiques concrètes et des institutions durables.

Par **modèles**, on entend aussi bien des hommes, des discours et des actions, que toute représentation abstraite (par exemple, des êtres divins). Ces modèles comportent simultanément deux aspects. Premièrement, un modèle sert d'étalon pour évaluer les choses, les hommes, les actions ou toute autre représentation. Par exemple, si nous disons d'une personne qu'elle est un modèle de courage, cela signifie qu'elle peut servir de norme ou de mesure pour évaluer les autres, pour distinguer les gens plus ou moins courageux de ceux qui sont plus ou moins lâches. Cette personne constitue de la sorte un archétype, un parangon, une incarnation ou un symbole du courage. Deuxièmement, un modèle est chargé de valeur positive; il mérite donc d'être imité ou suivi. La personne courageuse mérite évidemment d'être

3. Sur ce sujet, voir Ramnoux (1968), qui montre comment les premiers philosophes vont procéder à une déstructuration et à une restructuration des discours quotidiens.

valorisée, imitée, suivie, admirée. Sur un plan plus abstrait, on peut dire qu'un modèle est une schématisation résultant de la sélection et de l'agencement de certaines caractéristiques idéales ou formelles. Par exemple, les théories sont habituellement des modèles à l'aide desquels on analyse un grand nombre de phénomènes concrets.

Toute société humaine, tout groupe humain, y compris bien sûr la famille, propose à ses membres des modèles de pensée et de conduite. Ces modèles sont transmis et acquis à travers le long processus de formation et de socialisation qui conduit les nouveau-nés à l'âge adulte. Par exemple, chaque enfant mâle ou femelle doit, à travers son éducation, apprendre, intérioriser et s'approprier un modèle masculin ou féminin, selon le cas. De façon globale, on peut dire qu'être éduqué, c'est avoir intériorisé les modèles établis de la culture dans laquelle on vit: modèle de comportement sexuel, modèle de propreté, modèle langagier, modèle lié aux diverses valeurs dominantes (performance, excellence, instruction, etc.). Nous reviendrons plus loin sur cette question des modèles et de l'éducation. Pour l'instant, insistons sur le fait que la crise de la culture moderne est profondément assimilable à une crise de ses propres modèles, aussi bien anciens que nouveaux. En quel sens?

1.1.1 La tradition, la religion, l'autorité

La **tradition** met les contemporains en rapport direct avec les modèles humains du passé. Elle confère ainsi au présent une temporalité dense et émotionnellement forte puisqu'elle le situe sur la ligne de vie historique de la communauté humaine. Le temps de la tradition ne se confond pas bien sûr avec le temps abstrait des sciences naturelles, ni avec le temps comptable des horlogers, des affairistes et des banquiers. Il correspond au temps vécu, au temps concret de notre histoire personnelle, dans notre milieu de vie quotidien, familial, social immédiat. Pour l'homme traditionnel, vivre, c'est vivre comme son père et sa mère, comme les membres de sa famille, de son clan, de sa tribu; c'est respecter les ancêtres et les coutumes, les vieilles façons de faire, de penser et d'agir. Contrairement à l'homme moderne, qui s'efforce de s'orienter en fonction de ses propres choix et de ses valeurs personnelles, trouvant en lui-même le ressort de sa propre action, l'homme traditionnel s'oriente en fonction de modèles de vie qui existent depuis longtemps, trouvant ainsi dans la stabilité de la société les normes qui guident sa propre action. En un certain sens, on peut dire que l'avenir de l'homme traditionnel est décidé d'avance: il sait toujours où il va, il lui suffit de répéter le passé, source des modèles les plus valorisés.

La **religion** instaure, quant à elle, une relation entre les êtres humains et des modèles surhumains ou divins. Elle assure ainsi une filiation entre divers mondes (divin et humain, naturel et surnaturel, etc.), entre la vie et la mort, entre le profane et le sacré. Elle confère à l'existence humaine une autre dimension que la stricte dimension matérielle ou physique. Elle incite l'homme à s'interroger entre autres sur la vie avant la naissance et après la mort. Bref, elle propose aux êtres humains des modèles parfaits ou infiniment supérieurs qui échappent aux vicissitudes de la mort, de la maladie, de la vieillesse, du temps et de l'imperfection humaine.

En Occident, le christianisme définit l'être humain comme étant un être créé à l'image de Dieu, qui est le créateur et le modèle ultime de toute chose bonne, parfaite, idéale. Toujours selon le christianisme, il existe entre Dieu et les hommes des modèles intermédiaires tels les archanges, les anges, les saints, les martyrs, etc. Il existe aussi des antimodèles: les êtres infernaux, les succubes, les démons, Satan et autres. Grâce à la religion, l'humain peut ainsi se référer à un ou des modèles idéaux qui guident sa conduite et orientent son existence dans la bonne direction. Pour l'homme religieux, le croyant sincère, le doute radical n'existe pas car il possède, en son âme et conscience, une certitude absolue—l'existence et la bonté de Dieu—qui lui permet de distinguer le bien du mal, le bon du mauvais, le pur de l'impur, le licite de l'illicite. Tout comme l'homme traditionnel, le croyant est donc, en principe, toujours orienté: il sait où il va, il sait pourquoi il vit et comment il doit vivre. Or ce savoir n'a rien de théorique ou de scientifique; il relève de la foi, de la conviction profonde, de l'émotion, du sentiment.

Enfin, alors que la tradition définit des modèles idéaux du passé et que la religion propose des modèles surhumains, l'**autorité** détermine, quant à elle, les personnes qui sont dignes d'être imitées et respectées en tant que modèles humains actuels. L'autorité ne doit pas être confondue avec le pouvoir politique, la force militaire ou la puissance matérielle. Il ne suffit pas d'être un chef, ni d'être riche, fort ou puissant pour être respecté. Selon Arendt (1972), qui s'inspire de la vieille conception romaine de l'*autoritas*, l'autorité est une vertu, une qualité à la fois personnelle, visible et publique. Grâce à cette qualité on peut reconnaître une personne de valeur, sur laquelle on peut s'appuyer ou se fier, car elle a la capacité de conduire, de diriger et d'orienter adéquatement les autres membres de la société. En ce sens, l'homme autoritaire agit pour le bien de ceux qu'il guide. Telle est, par exemple, l'image classique du bon père de famille, le *pater familias*, qui agit toujours pour le bien de ses enfants, même quand il les punit sévèrement. Le roi, le sage, le sauveur, le prophète, le leader charismatique, etc., sont des modèles analogues à celui de l'autorité paternelle, mais on les trouve sur un plan plus large, celui de la communauté humaine. Ces personnages servent de guides à la communauté; ils la conduisent dans la «bonne direction», lui permettant ainsi d'affronter l'avenir avec confiance.

1.1.2 Les sociétés fermées

Quelle est l'importance historique de la tradition, de la religion et de l'autorité? Quel poids faut-il accorder à ces phénomènes sur le plan de l'évolution de la culture et, plus globalement, sur celui de l'histoire humaine? Aussi loin que remonte notre connaissance des sociétés humaines, nous savons, notamment grâce à l'histoire et à l'anthropologie, que la tradition, la religion et l'autorité ont été, pendant fort longtemps, des fondements de l'ordre social. Avant notre époque, l'histoire de l'humanité est largement orientée et dominée par des modèles de vie, de pensée et d'action basés sur des traditions, des religions, des autorités. Ces modèles ont pour fonction, entre autres, d'assurer une stabilité sociale, ainsi qu'une intégration des diverses composantes de la société: les générations, les hommes et les femmes, les riches et les pauvres, les citoyens et les étrangers, etc.

Les sociétés traditionnelles, religieuses et autoritaires sont des sociétés relativement stables, des sociétés closes, comme les appelle le philosophe Karl Popper (1979), ou encore des sociétés froides, comme les nomme l'anthropologue Claude Lévi-Strauss (1961). À ces sociétés stables, fermées, froides, on oppose habituellement les sociétés modernes, qualifiées de mobiles, ouvertes, chaudes. Nous retiendrons, quant à nous, les termes proposés par Popper pour distinguer ces deux types de sociétés: les sociétés fermées et les sociétés ouvertes. Les **sociétés fermées** sont basées sur des règles relativement rigides, des tabous, des interdits, des coutumes, des rituels, qui déterminent à l'avance les modèles de conduite à suivre. Ces règles agissent aussi bien sur le conscient que sur l'inconscient des individus; elles fournissent aux membres, grâce à l'éducation, à la formation et à la socialisation, un répertoire de réponses face aux situations les plus variées de la vie. L'homme vivant d'une société religieuse, traditionnelle ou autoritaire possède des savoirs concrets, non rationnels, fruits de l'expérience, grâce auxquels il sait s'orienter. En fait, la plupart du temps, la religion, la tradition et l'autorité apportent des réponses toutes faites à des questions que les êtres humains n'ont même pas besoin de se poser, car ils en connaissent déjà les «bonnes réponses». En termes techniques, on peut dire que les membres des sociétés traditionnelles, religieuses et autoritaires partagent un même univers de symboles et de représentations mentales. Or, cet univers très contraignant peut interdire la pensée critique, c'est-à-dire la pensée autonome capable de juger et d'évaluer les idées collectives, les préjugés communs, les certitudes établies, les croyances sociales; bref, une pensée capable de se démarquer des idéologies collectives.

De plus, les sciences humaines montrent que les sociétés traditionnelles, religieuses et autoritaires sont ordinairement assez stables sur le plan de la mobilité interne et dans leurs rapports avec l'extérieur, c'est-à-dire avec les autres sociétés, avec les «étrangers». Toute culture est fondée sur un registre de différences dont les critères sont variables d'une société à l'autre: humain-divin, humain-animal, homme-femme, jeune-vieux, enfant-adulte, citoyenétranger, riche-pauvre, noble-roturier, etc. Dans les sociétés traditionnelles, religieuses et autoritaires, ces différences tendent à devenir plus rigides; les rôles sociaux étant définis une fois pour toutes, il est difficile, voire impossible, de changer de statut social et d'améliorer son sort personnel, ou encore de contester les modèles établis. Il en va de même dans les rapports que ces sociétés entretiennent avec les autres sociétés, qu'elles considèrent habituellement inférieures: ce qui est autre est souvent vu comme malfaisant, mauvais, sous-humain, «barbare». L'étranger est en quelque sorte un «animal à visage humain».

1.1.3 L'essor des sociétés modernes et les expériences de décentrement

Il est évident de nos jours que la religion, la tradition et l'autorité ont subi, en Occident, un recul très important, et ce depuis au moins le XVIIIe siècle. Ce recul ne signifie pas pour autant que ces phénomènes ont disparu. Il signifie plutôt que ces derniers ont cessé d'être les fondements de notre civilisation moderne, laquelle repose sur d'autres forces, tels la rationalité, la science et la technique, l'État et l'économie. Ce recul des sociétés traditionnelles, religieuses et autoritaires est, historiquement parlant, encore récent et inachevé. Il débute à l'époque de la Renaissance, époque qui marque le coup d'envoi de la modernité, et va jusqu'au XVIIIe siècle. Cette période est en effet marquée par un certain nombre d'expériences fondamentales de **décentrement par rapport à la tradition et à l'univers judéochrétiens**, déjà vieux d'un millénaire à cette époque. Ces expériences ne sont pas soudaines, mais s'étalent au contraire sur environ trois siècles (du XVe au XVIIIe siècle), façonnant ainsi lentement — mais en profondeur — les structures mêmes de la conscience moderne. De quelles expériences s'agit-il? Rappelons-les succinctement, car nous aurons l'occasion de les analyser plus en détail dans les chapitres consacrés à la Renaissance et à Jean-Jacques Rousseau.

- À travers la découverte des «nouveaux mondes» (les Amériques), l'Européen fait l'expérience extraordinaire de l'expansion du monde. L'Europe, c'est-à-dire la chrétienté, cesse alors d'être le centre du monde, et n'en devient qu'une partie.
- À cette première expérience de décentrement vient s'ajouter la division de l'unité chrétienne en catholiques et protestants. Rome n'est plus le seul centre de la culture européenne. Le Nord (Grande-Bretagne) et le Nord-Est (Allemagne) s'affirment au détriment du Sud (Italie).
- Une autre expérience fondamentale de décentrement réside dans la découverte de l'héliocentrisme par opposition au géocentrisme. La Terre, elle aussi, cesse alors d'être le centre de l'Univers.
- Sur le plan de la culture matérielle, la découverte de l'imprimerie et des procédés d'impression des images (gravure sur bois) entraîne aussi une expansion progressive de la culture écrite aux couches illettrées de la société. La culture scolastique cesse alors d'être le centre de la culture.
- Un nouvel ordre économique—le capitalisme—provoque aussi un décentrement profond des anciennes pratiques sociales, dans la mesure où, comme l'a montré Marx, le capitalisme révolutionne l'ensemble des anciens rapports sociaux entre les classes et les individus. Ce capitalisme exige une grande mobilité sociale. Il met l'accent sur l'initiative des individus, au détriment des rôles et des statuts rigides propres aux sociétés closes. Il abolit les barrières entre les groupes et les sociétés afin d'assurer la libre circulation des biens et des capitaux.
- Enfin, ces nombreux changements culturels, sociaux et économiques aboutissent à une transformation, accompagnée d'événements plus ou moins violents (révolutions française et américaine), des sociétés occidentales. Le XVIIIe siècle, siècle des Lumières et de la raison, jette les bases de la société moderne, société fondée sur la puissance de l'État et du marché. Le régime politique démocratique ressuscite, nous le verrons, l'expérience grecque de la démocratie, morte alors depuis plus de deux mille ans.

C'est donc dans le contexte de ces diverses expériences de décentrement que la culture et la société modernes prennent forme. Ces expériences, est-il nécessaire de le mentionner, sont profondément douloureuses. Elles entraînent forcément une perte d'identité pour les personnes ayant vécu jusque-là dans des sociétés traditionnelles, religieuses et autoritaires. Elles les forcent à passer des sociétés fermées aux sociétés ouvertes, avec ce que cela comporte de changements profonds et d'insécurité. Elles les confrontent à une nouvelle réalité: le pluralisme et l'éclatement des vieux modèles.

Cependant, malgré la justesse de son interprétation au sujet de la crise de la culture, Arendt (1972) se méprend sur un point important. Notre époque n'est pas la seule à vivre une telle situation, un tel changement. Les Grecs anciens sont les premiers à vivre l'expérience, douloureuse mais exaltante, qui marque le passage d'une société fermée à une société ouverte.

1.1.4 La Grèce ancienne: la première « société ouverte » en Occident

Nous savons très peu de choses des événements qui ont conduit à la crise de la Grèce ancienne. Cette crise, selon les historiens, aurait germé entre 1200 et 800 ans av. J.-C., lorsque la société grecque de l'époque s'est effondrée devant les envahisseurs. Cette société archaïque était *grosso modo* de type féodal, gouvernée par un roi et formée d'une aristocratie guerrière, ainsi que de paysans payant des redevances aux nobles. La royauté avait aussi une dimension religieuse, comme c'est le cas dans toutes les vieilles sociétés indo-européennes. Dans la Grèce archaïque, la vie sociale est centrée autour du palais royal et de la fonction religieuse de la royauté. On parle alors d'une société palatine. Ce genre de société était courant à l'époque et se trouvait non seulement en Grèce mais aussi en Asie, en Afrique du Nord et un peu partout autour de la Méditerranée. Il s'agit bien sûr de sociétés fermées, religieuses, profondément autoritaires et basées sur un ordre social traditionnel, vieux de plusieurs millénaires, car il remonte aux très vieilles sociétés indo-européennes.

Quoi qu'il en soit, vers le XIIe siècle av. J.-C., la société palatine s'effondre devant l'assaut de peuples guerriers, eux-mêmes indo-européens. Commence alors une période obscure de l'histoire de la Grèce archaïque qu'on appelle le Moyen Âge grec, qui s'étend du XIIe siècle au VIIIe siècle av. J.-C. Or, il semble que la fin de la société palatine ait été marquée par un phénomène nouveau et particulier à la Grèce: non seulement les rois ont disparu, mais la fonction royale elle-même, c'est-à-dire la concentration des pouvoirs profanes et religieux entre les mains d'un seul homme, a été éliminée. Les Grecs de cette époque ont été confrontés, sans doute pour la première fois de l'histoire, à un type de fonctionnement social qui ne reposait plus sur la royauté, la religion et la tradition. Ils devaient donc mettre en place de nouveaux mécanismes de pouvoir[4].

C'est justement ce qui se produit entre le VIIe et le IVe siècle av. J.-C. La vieille histoire des sociétés autoritaires et hiérarchiques, qui sans doute dure depuis l'origine de l'espèce humaine, est pour la première fois rompue dans la Grèce ancienne avec l'émergence de la démocratie, grâce à laquelle des hommes décident de leur destin à l'aide de la « libre discussion ». Bien sûr, cette première démocratie reste réservée à une élite de citoyens. Chez les Grecs anciens, la notion de citoyen est beaucoup plus restrictive que l'idée que nous nous en faisons actuellement. À titre d'illustration, prenons le cas d'Athènes, qui était la plus grande ville du monde grec. À son apogée, vers le IVe siècle av. J.-C., Athènes comptait environ 100000 habitants[5]. Environ la moitié de ces habitants étaient des esclaves, soit 50000 personnes (hommes, femmes et enfants). Les Grecs considéraient les autres peuples comme des êtres inférieurs, des animaux à visage humain (*barbaros*), qu'ils faisaient travailler à leur place. Vivaient également à Athènes environ 10000 étrangers, qu'on appelait des « métèques », des Grecs des autres villes. Parmi les 40000 Athéniens restants, il faut soustraire les femmes et les enfants, soit environ 20000 personnes, qui n'avaient aucun droit politique. Ceux qu'on appelle les Athéniens, les véritables citoyens d'Athènes, sont donc au nombre approximatif de 20000 personnes,

4. Il est intéressant de constater que cette situation nouvelle qui prévaut en Grèce ancienne autour du Ier millénaire av. J.-C. se retrouve aussi, au même moment, en Inde, en Chine et en Orient. En effet, les grandes religions orientales tels le bouddhisme, le confucianisme, le taoïsme, le zoroastrisme et l'Upanisad remontent à cette époque. Cela a conduit K. Jaspers et E. Weil, deux éminents philosophes, à s'interroger sur l'existence d'une « période axiale » de l'histoire, qui commencerait autour de l'an mille av. J.-C. Sur ce sujet, voir le texte de Éric Weil (1982).

5. Ces chiffres sont tirés de Flacelière (1980).

soit un cinquième de la population. Ces hommes se considéraient comme des êtres humains supérieurs, l'élite, l'aristocratie, les maîtres. Les plus riches ne travaillaient pas; ils avaient plusieurs esclaves qui s'occupaient de leurs terres et de leurs troupeaux. Les citoyens d'Athènes, les maîtres, menaient donc une «vie de loisirs»: ils s'occupaient surtout de la politique et de la guerre, une minorité s'intéressait aux arts et aux sciences. Ceux qui ont inventé les sciences, la philosophie, les arts, le théâtre étaient donc des hommes libres, des hommes qui ne travaillaient pas et qui méprisaient le travail. C'est de là que vient notamment l'opposition classique entre l'activité intellectuelle et le travail manuel.

Du point de vue historique, on assiste à la naissance de la démocratie, même si cette dernière est l'apanage d'une minorité. Il faudra attendre vingt-trois siècles avant que l'expérience ne se répète en Occident. Dans cette première démocratie, le pouvoir est indépendant de la volonté d'un seul homme (le roi) ou d'une élite (les nobles, les aristocrates, les riches ou ploutocrates). Le pouvoir devient un exercice de négociations ouvertes, où la parole, la discussion et le dialogue représentent des instruments de ce pouvoir. L'agora, espace public situé au centre de la cité et des relations politiques, est le symbole de ce nouveau type de pouvoir. Pour la première fois, des hommes peuvent décider ensemble de leur avenir; ils doivent en discuter entre eux, sans maîtres, et s'orienter en utilisant un langage cohérent, argumentatif, compréhensible par les autres et susceptible d'être contesté publiquement. Ainsi naissent les premières formes de rationalité, d'argumentation, de logique et de raisonnement. De même apparaissent de nouveaux types de discours appelés à connaître par la suite une extraordinaire postérité: la philosophie et la science, la réfutation et la recherche de la vérité, le dialogue et la confrontation dialectique des points de vue. La démocratie est donc le creuset d'une véritable métamorphose de la culture, du discours et de la pensée; elle mobilise, grâce à cette lutte pour le pouvoir désormais indissociable de la parole, une énergie spirituelle considérable, capable d'ébranler les vieilles fondations des sociétés archaïques, religieuses et autoritaires.

Comment expliquer ce changement profond? Exactement comme au début des temps modernes, l'apparition d'une société ouverte dans la Grèce ancienne est conditionnée par un certain nombre d'expériences de décentrement, qui s'étalent sur deux à trois siècles, façonnant ainsi en profondeur la conscience de l'homme grec.

- Le commerce se développe, entraînant et multipliant les contacts avec les autres civilisations de la Méditerranée. Or, les relations commerciales ne se limitent pas à des échanges de biens; elles entraînent l'émergence de valeurs communes, d'échanges d'idées, de confrontations de points de vue. Elles favorisent ainsi l'éclosion du pluralisme et du relativisme.
- En prenant de l'expansion, la civilisation grecque entre aussi en conflit avec d'autres civilisations, notamment la puissante société perse, à laquelle elle livre de nombreuses guerres. Or, ces conflits militaires sont aussi porteurs d'autres valeurs que les valeurs guerrières. Par exemple, celui que l'on considère comme le premier historien occidental, le Grec Hérodote, reconnaît que les Perses sont des modèles de courage au même titre que le sont les guerriers grecs. Dans son ouvrage *Histoires*, il raconte la guerre entre les Grecs et les Perses, en tenant compte du point de vue des deux camps et de leurs exploits respectifs. Cela constitue le premier effort d'objectivité pour écrire l'histoire. Hérodote est d'ailleurs reconnu comme le père de la science historique.
- L'exaltation des vertus guerrières et aristocratiques se traduit aussi chez les Grecs par une vision agnostique de l'existence, c'est-à-dire une conception de la vie qui met l'accent sur le courage, la compétition et l'émulation. Or, ces valeurs nourrissent aussi la démocratie grecque (sans parler de l'olympisme), car celle-ci prend concrètement la forme d'un débat oratoire sur la place publique entre des hommes s'efforçant d'imposer leurs points de vue à une foule.
- Entre le VIIIe siècle et Ve siècle av. J.-C., on constate le développement, à travers d'intenses conflits sociaux, politiques et intellectuels, d'une opposition entre la *phusis* et le *nomos*, c'est-à-dire entre la nature et la culture, entre d'une part les lois naturelles, qui passent pour immuables et nécessaires, et d'autre part les lois humaines, qui sont conventionnelles et variables. Une telle

opposition signifie que les structures de pouvoir de la société grecque deviennent progressivement un objet de discussion et de contestation. Les partisans de la tradition voient dans les anciennes façons de vivre, de penser et d'agir des lois naturelles, alors que de nouveaux groupes (les démocrates, certains philosophes, les sophistes, etc.) les considèrent comme purement conventionnelles et, par conséquent, arbitraires. Plus concrètement, cela signifie que les divers types de domination, des hommes sur les femmes, des adultes sur les jeunes, des citoyens sur les étrangers, des hommes libres sur les esclaves, des Grecs sur les barbares, etc., sont remis en question, dans la mesure où ils deviennent des phénomènes strictement conventionnels, arbitraires et variables selon les sociétés, les mœurs, les peuples. Bref, les Grecs ont fait en quelque sorte, 2500 ans avant nous, l'expérience du pluralisme et du relativisme.

Les Grecs ne sont évidemment pas les premiers à vivre d'aussi importantes transformations, car toutes les sociétés humaines connaissent, à un moment ou à un autre, des situations semblables. Cependant, il est indéniable qu'ils sont les premiers à prendre conscience des enjeux spirituels, ainsi que des problèmes politiques et idéologiques qui surgissent à l'occasion de l'ébranlement des assises matérielle et idéologique de leur société. Avant les Grecs, les êtres humains subissaient ces situations de changement comme s'il s'agissait d'un destin inéluctable, ou bien ils y voyaient l'œuvre des dieux. Dans tous les cas, ils s'efforçaient de nier le changement, en rétablissant les vieilles traditions, le tribalisme, les anciennes autorités. L'originalité des Grecs réside dans leur volonté de comprendre ce qu'il leur arrive, de traduire cette compréhension dans un nouveau type de langage: le discours rationnel.

1.1.5 Les Grecs, fondateurs d'une civilisation

À travers ces diverses expériences, **les Grecs anciens jettent progressivement les bases de la civilisation occidentale**. La culture grecque classique débute avec Homère et l'éducation «poétique», qui n'est elle-même que la reprise de vieilles traditions d'éducation orale. Elle trouve, dans l'Athènes des Ve et IVe siècles av. J.-C., sa première expression achevée et durable, grâce à l'enseignement et aux doctrines nouvelles des sophistes et des philosophes, des orateurs et des savants. Mais la nouvelle culture grecque ne se limite pas aux conceptions de ceux qu'on appelle aujourd'hui les «intellectuels». Elle bénéficie également de l'apport prodigieux et varié de toute la société grecque. Les arts et les sciences connaissent un développement sans précédent et rarement égalé dans toute l'histoire humaine. À ces manifestations spirituelles, culturelles et sociales, il faut ajouter la guerre, le commerce, les jeux, les voyages, bref, toutes les activités grâce auxquelles une société s'impose aux autres, en créant et en occupant une aire de civilisation. Enfin, à côté de ces phénomènes visibles, il faut ajouter une série de transformations profondes, dont l'étude relève de ce qu'on appelle aujourd'hui l'histoire des mentalités, et qui concernent l'homme grec tel qu'il existe avec ses croyances, ses certitudes, ses catégories mentales, ses représentations du monde et de lui-même.

En tant que fondateurs de la civilisation occidentale, on reconnaît aux Grecs un certain nombre d'inventions capitales, qui font désormais partie du patrimoine de l'humanité. Les Grecs ont découvert la géométrie, la mathématique théorique, la logique, la grammaire, la rhétorique, la philosophie, la physique, la biologie, l'astronomie scientifique, c'est-à-dire basée sur les mathématiques. Ils ont inventé le théâtre et ce qu'on peut appeler l'art humaniste, c'est-à-dire l'art qui a pour fonction de représenter non les dieux ou la nature mais les êtres humains. Ils ont inventé également les jeux olympiques et, nous l'avons vu, la démocratie, et bien d'autres choses encore (l'urbanisme, l'art de la guerre, la logistique, etc.). Ces nombreuses découvertes ont-elles un lien entre elles ou bien s'agit-il d'une suite fortuite de créations isolées? Lorsqu'on les examine de plus près, on constate qu'elles ont trois choses en commun:

- la valorisation de la pensée rationnelle;
- la valorisation de la parole;
- la valorisation de l'être humain.

En grec, parole et pensée rationnelle renvoient à la même notion: *logos* (*ratio*, en latin), la raison, c'est-à-dire la faculté de penser et de parler. Les Grecs sont donc les découvreurs de la raison, les inventeurs de la rationalité, cette activité qui consiste à fonder des idées, des discours et des actes sur des arguments[6]. Ils sont également les inventeurs de l'humanisme, cette conception qui reconnaît à l'être humain une valeur intrinsèque. Par exemple, les Grecs ont été parmi les premiers à s'intéresser à la beauté humaine en tant que valeur esthétique. Ils ont été parmi les premiers à valoriser la compétition et l'émulation non violentes entre les hommes à travers, notamment, l'olympisme. Ajoutons ici, pour éviter tout contresens, que ces découvertes sont essentiellement l'œuvre d'une minorité, le «groupe des intellectuels», bien qu'elles aient été nourries par toute l'expérience grecque, notamment politique.

S'il est très difficile d'inventer, il est encore bien plus difficile d'inventer quelque chose qui puisse résister à l'épreuve du temps durant plus de deux millénaires. C'est cela l'œuvre des Grecs: inventer quelque chose, proposer de nouvelles façons de vivre, de penser et d'agir qui ont réussi à traverser l'histoire en s'imposant à de multiples sociétés pourtant très éloignées, à tous points de vue, de la Grèce ancienne.

1.1.6 Un nouveau modèle de culture: le rationalisme et l'humanisme

La valorisation de la pensée rationnelle, de la parole et de l'être humain conduit au développement d'un nouveau modèle de culture, modèle qui est à la base de notre civilisation occidentale et qui correspond au rationalisme et à l'humanisme.

Le **rationalisme** renvoie à la conception selon laquelle le monde qui nous entoure est gouverné par des lois ou des principes qui peuvent être envisagés sous deux aspects. Premièrement, ces principes obéissent à une certaine «logique» ou, du moins, à certaines régularités; en d'autres termes, ils ne sont pas arbitraires, purement chaotiques ou aléatoires. Toutes les choses ont leur raison d'être. Deuxièmement, ces principes sont accessibles à l'esprit humain par une forme ou une autre de raisonnement (dialectique, déductive, inductive, etc.). En théorie, tout est intelligible. Autrement dit, le rationalisme postule que le monde est ordonné selon des règles que l'être humain peut appréhender par sa raison. Un tel postulat est à l'origine de la philosophie grecque. Il est également à la base de la science moderne. Il signifie notamment que la vérité n'est pas un don des dieux, qu'elle n'est pas un secret possédé par une minorité (les sages, les sorciers, les gourous, etc.), mais que cette vérité découle au contraire d'une libre recherche de l'esprit humain qui s'applique à comprendre le monde qui l'entoure, puis à soumettre aux autres le fruit de ses efforts afin qu'il soit discuté librement.

De son côté, l'**humanisme** peut être vu comme un prolongement naturel du rationalisme, car il place justement l'homme au centre du discours, de la culture, pour en faire le sujet, moteur même de la connaissance. Il est impossible de discuter rationnellement avec son semblable si on ne reconnaît pas en lui un égal qui mérite d'être respecté. De plus, l'humanisme—comme le rationalisme—est basé sur la conviction que les êtres humains sont capables de se soustraire à la violence, aux préjugés, aux contraintes et de se déterminer grâce à leur propre force intérieure, à leur liberté. L'humanisme repose sur le principe que l'être humain n'est pas une chose, un objet, un être déterminé une fois pour toutes, un animal dressé et conditionné à tout jamais par ses gènes ou par son milieu; au contraire, il considère l'être humain comme un «être ouvert», un être dont la nature n'est pas définie d'avance et une fois pour toutes, un être capable de se changer, de se transformer, de s'améliorer.

Ce nouveau modèle de culture s'appuie sur le fondement suivant: tous les modèles, toutes les valeurs, toutes les croyances, tous les savoirs, peu importe leur ancienneté, leur dignité, leur divinité, leur autorité, leur puissance ou leur violence, sont ou

6. Bien sûr, avant les Grecs, les êtres humains étaient doués de la faculté de raisonner; cependant, cette faculté ne constituait pas à leurs yeux l'essence de l'être humain. Cette faculté ne s'appuyait pas non plus, dans son fonctionnement, sur des règles explicites. Enfin, la raison n'était pas favorisée parce que les idéologies sociales étaient fondées sur les mythes et la pensée magique. Dans cette optique, on peut dire que les Grecs sont moins les inventeurs de la raison que ses découvreurs: tout comme l'Amérique d'avant Colomb, cette réalité existait, mais nécessitait une découverte.

doivent être soumis à la libre discussion entre les personnes. Dans une perspective rationaliste et humaniste, la libre discussion signifie que tout être humain a le droit de contester les idées d'autrui avec lesquelles il est en désaccord, peu importe la force, la richesse, le rang social ou le prestige personnel de son interlocuteur. En d'autres mots, le principe de libre discussion implique que ce ne sont pas les attributs des hommes qui déterminent la valeur des idées (discours, projets, politiques, etc.). **Le rationalisme croit que les idées ont une existence autonome, indépendante des caractéristiques personnelles des hommes qui les défendent.** Dans une optique rationaliste, un maître est un maître, non pas à cause de sa force ou de sa puissance, mais à cause uniquement de la valeur rationnelle de son jugement, de son discours. Cette autonomie des idées est basée sur leur validité, leur logique, leur cohérence, leur force argumentative. Ainsi, pour le rationalisme, les choses, les projets, les situations, les phénomènes, la nature ainsi que la culture n'ont pas de sens qui soit donné par les dieux, le destin ou les gourous. Pour le rationalisme, la culture dépend des hommes, de leur capacité à penser, à raisonner, à discuter, à critiquer, à connaître, à apprendre, et ainsi à progresser. Comme le dira Kant, vingt-deux siècles après Socrate: « **Osez penser par vous-mêmes!** » Tel est le principe de base du rationalisme antique ou actuel.

Avec cette exigence de libre discussion, ce qui est ainsi ouvert pour la première fois en Grèce ancienne, c'est le « lieu de l'homme » (Dumont, 1969) en tant qu'individu libre et responsable, autonome et capable d'une réflexion personnelle. À travers le rationalisme, l'homme grec accepte la fragilisation de la culture, et assume la tâche de donner un sens à sa propre existence et au monde dans lequel il vit. Ce que la pensée grecque découvre, c'est donc que la culture est, par nature, fragile et précaire. Sa fragilité exige des êtres humains un nécessaire effort pour donner un sens à tout ce qui les entoure. Si nous voulons vivre selon d'autres modèles, c'est-à-dire sans se référer aux ancêtres, aux dieux, aux autorités qui nous disent comment et pourquoi vivre, alors nous devons forcément apprendre à penser, à vivre et à nous orienter par nous-mêmes. Tel est, en substance, le modèle de culture qui prend place autour du IVe siècle av. J.-C.

Ce modèle de culture se veut, en même temps, un modèle de résolution des conflits humains, puisqu'il place la libre discussion au centre de la vie sociale, donnant du même coup un sens nouveau à la société et à l'histoire. La société, compte tenu du principe de la libre discussion, de la raison et du respect de l'autre, devient un lieu d'échanges public, un espace ouvert de communication et de confrontation des idées, un agora où toutes les opinions sont permises, avancées, discutées, critiquées. L'autre cesse d'être ainsi l'ennemi, l'étranger qu'il faut combattre, asservir, mépriser ou ridiculiser; il devient un citoyen auquel on s'adresse sans violence, en l'incitant toutefois à justifier ses paroles, ses actes et ses pensées. Tel est le fondement de toute démocratie. L'histoire, par la libre discussion, cesse d'appartenir au temps circulaire imposé par les traditions; elle devient progressive, orientée vers un avenir où les œuvres humaines du passé se transforment en réalités perfectibles. Nous avons une histoire parce qu'un jour nous avons accepté de ne plus vivre comme nos ancêtres, croyant que leurs œuvres et leurs modèles de vie pouvaient être critiqués, transformés, améliorés, et non seulement imités ou adorés. Tel est le fondement de tout progrès.

Enfin, ce modèle de culture est aussi un modèle de formation et d'éducation qui se cristallise principalement dans l'enseignement de la philosophie et dans les écoles philosophiques de l'Antiquité. Ce sont les philosophes qui fondent les premières écoles d'enseignement à Athènes, écoles dans lesquelles de petits groupes de disciples étudient. Ces écoles s'adressent, non aux enfants, mais aux adolescents et aux adultes. Les philosophes sont donc les ancêtres des professeurs d'université. En quelque sorte, ils ont inventé les premières universités, les premiers lieux publics consacrés entièrement à l'étude et à la recherche de la vérité. On les considère, à juste titre, comme les fondateurs de l'histoire éducative occidentale. Ce qu'ils veulent développer, ce n'est pas un type d'être humain en particulier, comme le font déjà à cette époque les Égyptiens, les Perses, les Phéniciens et les Juifs. À la différence de ces autres grands peuples de l'Antiquité, les Grecs ne veulent pas former un soldat, un prêtre, un scribe, un lettré, un croyant ou un autre type d'homme spécialisé. Ils veulent plutôt former l'être humain complet, corps et esprit, développer chez lui le sens critique et le sens esthétique, la raison et l'émotion, la capacité de penser et aussi celle d'éprouver des sentiments supérieurs. L'idéal éducatif grec est dominé par les idées d'harmonie, d'équilibre et de maîtrise de soi, qui constituent des vertus dont la réalisation passe forcément par la connaissance de nos propres limites.

De plus, à la différence des sciences contemporaines, le rationalisme classique, issu notamment de l'enseignement de Socrate, de Platon et d'Aristote, refuse de limiter la connaissance à la production et à la gestion d'informations nouvelles sur le monde. Pour les Anciens, **la connaissance en soi est formatrice.** Pour les Grecs, mais aussi pour les Romains et plus tard pour les chrétiens, philosopher, c'est devenir meilleur. Ce principe est au centre des doctrines éducatives de l'Antiquité. Le savant n'est pas seulement différent de l'ignorant, il lui est supérieur. En d'autres mots, la connaissance a d'emblée, dirions-nous aujourd'hui, une dimension éthique: le Vrai n'est pas séparable du Beau et du Bon. Connaître la vérité, c'est être capable de distinguer, non seulement le vrai du faux, mais aussi le beau du laid, le bon du mauvais[7].

L'éducation est donc au centre du rationalisme classique. Alors que les sciences modernes placent la transformation de la nature par l'homme au cœur de leur entreprise, c'est la formation de l'être humain qui constitue le cœur même du rationalisme exemplaire tel que l'ont conçu les Grecs anciens.

7. Dans cette perspective, on peut dire que les Anciens (Grecs, Romains et chrétiens) ignoraient le problème de ce qu'on appelle aujourd'hui les «valeurs» et les «choix de valeurs», dans la mesure où l'on fait dépendre ces choix de la subjectivité. Pour eux, l'éthique était moins une question de choix déterminée par le libre arbitre qu'une conséquence de l'organisation objective de la réalité. Ils croyaient que le monde dans lequel ils vivaient présentait un ordre naturel qui servait de fondement à l'éthique.

1.2 L'ÉDUCATION PHILOSOPHIQUE ET L'APPRENTISSAGE DE LA RAISON

Dans les pages précédentes, nous avons mis en évidence le contexte qui est à l'origine du développement de la culture intellectuelle dans la Grèce ancienne. On a pu voir que ce contexte était caractérisé par une crise de la culture provoquée par l'émergence d'un nouveau système politique (la démocratie) et par diverses autres expériences de décentrement en regard des traditions et des croyances établies. Cette crise a entraîné, pour la première fois dans l'histoire, l'essor d'un nouveau modèle de culture basé sur le rationalisme et l'humanisme. Ce nouveau modèle met l'accent sur l'initiative et l'autonomie de l'être humain, ainsi que sur la parole et la pensée rationnelle. Il va influencer toute l'histoire occidentale par la suite, et représenter une partie importante de l'héritage que la civilisation grecque antique va léguer aux civilisations suivantes, romaine, chrétienne et moderne. On a vu aussi, mais très brièvement, que ce modèle de culture est porteur d'une nouvelle conception de l'éducation et de la formation de l'être humain. Cette conception est basée sur une nouvelle idée de la connaissance, perçue comme le résultat d'une activité à la fois rationnelle et formatrice.

Dans cette seconde partie du chapitre, nous voulons pénétrer plus avant dans l'étude des conceptions proposées par les penseurs de l'Antiquité—essentiellement les philosophes—au sujet de l'éducation, de la formation, de la culture et des autres dimensions de l'entreprise éducative. Nous allons nous limiter aux conceptions des sophistes, de Socrate et de Platon. Il s'agit de conceptions philosophiques, théoriques, abstraites, qui ne s'appliquent pas directement à la pédagogie telle que nous l'entendons aujourd'hui, c'est-à-dire à l'art d'éduquer et d'instruire les enfants dans les classes de nos écoles modernes. Ces conceptions se situent davantage sur le plan des grands principes et des fondements philosophiques de l'éducation en général. Elles représentent sans contredit, à travers leurs ressemblances et leurs divergences, l'un des moments les plus intenses de la formation de la culture occidentale. Mais avant d'exposer les idées de ces penseurs, nous allons commencer par présenter quelques notions générales sur la nature de l'éducation. Ces considérations permettront de mieux situer et de mieux comprendre l'apport particulier des Grecs. Elles nous aideront également, tout au long de cet ouvrage, à mieux fixer les bornes de l'histoire occidentale de l'éducation, et à souligner ses principaux apports.

1.2.1 Quelques considérations à propos de l'éducation: sa nature, son importance et ses fonctions

L'origine de l'éducation

Est-il nécessaire de rappeler que les Grecs n'ont pas inventé l'éducation. Celle-ci est aussi ancienne que l'espèce humaine, et a pris, tout au long de l'histoire, une immense variété de formes qui la rendent parfois difficilement reconnaissable d'une société à l'autre, d'une époque à l'autre. L'éducation a l'âge de l'humanité; elle est paradoxalement aussi vieille qu'elle et aussi jeune que chaque enfant qui naît et qu'on doit éduquer. En soutenant que l'éducation est aussi vieille que l'espèce humaine, il s'agit moins de faire appel à un fait scientifiquement prouvé que de poser un constat anthropologique. On ne peut pas comprendre l'être humain sans tenir compte de l'éducation, car cette dernière fonde sa «nature». L'humain est devenu humain dès qu'il a commencé à s'éduquer. L'origine de l'éducation est donc contemporaine de l'apparition de la vie en groupe, du langage, du travail, de l'art, bref, de la naissance de l'être social, de l'humanité. En ce sens, on peut dire que l'éducation n'a pas une origine précise: elle n'a été inventée par personne, elle n'a pas commencé quelque part, pour se répandre ensuite, elle n'est la propriété d'aucun peuple, d'aucune culture particulière. Elle est inhérente à l'expérience humaine.

Sa dimension fondamentale: universalité et nécessité

Au même titre que le travail, l'art, la politique et la technique, l'éducation constitue une activité anthropologique fondamentale, c'est-à-dire qu'en s'éduquant l'être humain ne fait pas seulement quelque chose, il fait quelque chose de lui-même, il transforme sa personnalité et, de la sorte, se définit à travers sa propre action formatrice. Marx a dit que « le travail est la racine de l'homme » ; on peut sans doute compléter en disant que l'activité éducative est le sol nourricier où s'enfonce cette racine : le « travailleur », l'« homme de la praxis », doit d'abord être éduqué avant de transformer le monde par son action laborieuse.

La dimension fondamentale de l'éducation se montre à la fois dans son universalité et sa nécessité. Toutes les sociétés humaines connues se livrent en effet à des activités éducatives. De plus, ce qu'on appelle l'hominisation est impossible sans éducation. À la différence de l'animal, l'être humain doit en quelque sorte naître deux fois[8]. Il naît d'abord une fois comme animal, c'est-à-dire comme un être naturel, et il doit naître une seconde fois comme humain, c'est-à-dire comme un être de culture. Or, cette seconde naissance est justement rendue possible par l'éducation, qui assure ainsi le passage et, jusqu'à un certain point, la rupture entre la nature et la culture. Dans cet esprit, on pourrait définir l'être humain comme un animal éduqué. Cette définition serait aussi valable et pertinente que les définitions usuelles telles: l'homme est un animal raisonnable, un animal politique ou un *homo faber*.

Définition de l'éducation

Tout comme les termes «art», «politique», «technique», etc., la notion d'«**éducation**» est indéfinissable scientifiquement ou logiquement. Il s'agit d'un champ général de connaissances, dont la signification varie selon les époques, les cultures, les auteurs. En ce sens, il n'y a pas une bonne définition de l'éducation; il y en a plusieurs, et ces définitions sont limitées, partielles, incomplètes. Cela dit, on peut tout de même proposer une définition qui nous semble acceptable. En nous inspirant de Durkheim (1980), définissons donc l'éducation comme étant **l'action exercée par les adultes sur et avec les enfants afin de les intégrer à leur communauté et de leur transmettre leur culture**, c'est-à-dire l'ensemble des savoirs nécessaires à l'existence de

8. Sur cette idée d'une double naissance de l'être humain, voir Kant (1966).

cette communauté. Cette existence exige aussi bien la connaissance du passé, que celle du présent et du futur. Toutes les sociétés humaines s'acquittent de cette tâche, de cette double fonction: intégrer les enfants et leur transmettre leurs savoirs, leur culture.

Socialiser les enfants et les former à la culture

L'intégration est une fonction de socialisation. **Intégrer les enfants, c'est les socialiser**, c'est-à-dire les amener à apprendre et à intérioriser les normes et les modèles sociaux (de vivre, de faire, de penser, etc.). En ce sens, l'éducation est une activité profondément sociale, alors que l'apprentissage peut fort bien être individuel. C'est toujours l'individu qui apprend, même s'il est membre d'un groupe, d'une classe. À l'inverse, l'éducation nécessite la présence d'autrui. Elle est donc une activité socialement organisée. Chaque société a, par conséquent, des pratiques éducatives relativement bien définies, exercées par des agents particuliers en fonction de finalités et de modalités précises.

La sélection, la conservation et la construction de la culture se font par le processus de transmission des connaissances. Dans cette optique, la transmission de la culture n'est pas un processus passif et automatique, qui reproduit mécaniquement et intégralement la culture du passé. Chaque génération humaine reprend cette culture à son compte pour la modifier et l'adapter à de nouvelles situations et exigences, construisant ainsi peu à peu une culture nouvelle.

La culture commune et la culture technique

La culture transmise par l'éducation est double:

- **La culture commune.** Au sens large, il s'agit de l'ensemble des connaissances que les membres d'une communauté partagent avec les autres sociétés. Ainsi, à chaque époque de l'histoire, les sociétés élaborent diverses conceptions du monde, de l'être humain et d'elles-mêmes (mythes, religions, philosophies, sciences, idéologies), qu'elles s'efforcent de transmettre aux générations suivantes et de partager entre elles. Il en va de même, d'une part, pour certains cadres symboliques généraux (le langage, le système perceptif, etc.) à la base de la communication sociale et, d'autre part, pour les systèmes de normes et de règles régissant l'ordre social (éthique, droit, coutumes) qui sont aussi transmis par l'éducation. Cependant, la culture commune doit toujours composer, dans son processus de transmission, avec certaines différenciations sociales produisant, selon les époques et les sociétés, des sous-cultures. C'est ainsi que les hommes et les femmes, les riches et les pauvres, les nobles et les roturiers, les jeunes et les vieux, possèdent une culture à la fois commune et différenciée.
- **La culture technique.** Il s'agit d'un ensemble de connaissances plus particulières qui est la propriété de groupes sociaux (artisans, techniciens, savants, sorciers, chamans, professionnels, ouvriers, etc.). Plus spécialisée, la culture technique est évidemment liée directement au système productif de la société, mais aussi à diverses autres fonctions (contrôle social, production symbolique particulière, etc.) variables selon les époques et les sociétés, fonctions qui exigent des savoirs particuliers.

Ces précisions étant apportées à propos de la nature de l'éducation, de son importance et de ses principales fonctions, essayons maintenant de voir comment les sociétés traditionnelles éduquent leurs membres. Ce développement permettra de mieux comprendre la rupture de la pensée grecque face à ses propres traditions éducatives.

1.2.2 L'éducation et la société traditionnelle

Une société traditionnelle est une société dont la culture, tant commune que technique, propose des modèles de vie dont on justifie la valeur par le fait qu'ils ont toujours existé. Ces modèles tirent leur origine des dieux, des forces de la nature, du destin, des grands ancêtres, de la coutume. Ils possèdent une dimension plus ou moins sacrée, c'est-à-dire qu'on les considère intouchables. C'est ainsi que l'on reproduit le mode de vie des ancêtres: on agit comme eux, on pense comme eux. Une société traditionnelle est donc basée sur un ordre qui est tenu pour largement immuable, du moins aux yeux des membres de la société. Elle renvoie à des manières de vivre, de penser, d'agir, qui reposent sur des coutumes, un héritage du passé qui semble avoir toujours existé.

Une tradition repose sur un savoir quotidien

Dans une société traditionnelle, l'éducation a pour fonction de transmettre aux nouvelles générations les contenus et le respect de la tradition. L'éducation traditionnelle se développe directement dans le milieu familial et social des enfants. Il n'y a pas d'écoles ou d'institutions éducatives en dehors du milieu de vie quotidien. Les enfants sont éduqués dans la famille, en fonction de la vie de tous les jours. Il n'y a donc pas de professeurs ou d'enseignants, c'est-à-dire de personnes exerçant un métier spécialisé dans un lieu particulier, comme la classe. L'école, c'est la vie de tous les jours. Le professeur, c'est le père, la mère, un membre de la famille, le voisin, les autres enfants.

Au sein de la société traditionnelle, les enfants doivent apprendre à vivre comme les ancêtres ont vécu, comme les adultes vivent actuellement et comme leurs enfants vivront. Les règles de vie traditionnelles transmises par l'éducation proposent des réponses aux diverses situations de la vie, mais ces réponses s'imposent en quelque sorte d'elles-mêmes, grâce à la force du groupe, aux habitudes, etc. En d'autres mots, ce qui pousse les gens à agir, ce ne sont pas des raisons mûrement réfléchies, mais des normes de conduite fixées par l'usage, l'habitude. Dans une société traditionnelle, les gens savent comment s'y prendre, et quelle attitude adopter selon les circonstances: naissance, mort, mariage, etc. Mais ce «savoir-s'y-prendre» n'est pas un savoir théorique. Il est inspiré par le vécu quotidien. Il constitue le savoir sédimentaire, le réservoir de significations grâce auquel le monde quotidien est spontanément doté de sens. Un tel «savoir» n'est pas abstrait; il n'est pas autre chose que la culture vécue et quotidienne, culture qui s'exprime dans les actes journaliers des gens, dans leurs attitudes et leurs rôles.

On peut donc définir une tradition comme étant l'essentiel des savoirs transmis de génération en génération, savoirs que les membres d'une communauté partagent et qui orientent leur conduite et leurs attitudes dans le vécu quotidien vers des formes d'action cristallisées en habitudes, en rituels et en coutumes. Une tradition se fonde sur le savoir du sens commun, sur le savoir quotidien partagé par tous au sujet de ce qu'il convient de faire dans telle ou telle circonstance. Il ne s'agit pas d'un savoir réfléchi, mais implicite. Il ne s'agit pas non plus d'un savoir individuel, mais d'un savoir socialement partagé, collectif, culturel en somme.

Toute tradition est transmise et acquise par l'éducation

L'éducation dans les sociétés traditionnelles suppose un processus d'apprentissage qui est fondé non sur un projet éducatif comportant des objectifs, mais sur les habitudes de vie et de conduite des gens qui élèvent des enfants. Par exemple, dans une famille vivant dans une société traditionnelle, ce sont les façons d'être et d'agir des adultes qui fournissent aux enfants le système de repères qui les guident dans leur conduite quotidienne. Bien souvent, ce qui influence les enfants, ce n'est pas tant ce que les adultes disent, mais ce qu'ils sont et ce qu'ils font, jour après jour, et ce sans même y penser. Ces comportements n'ont pas besoin d'être verbalisés, théorisés, réfléchis. Par exemple, la plupart des «techniques corporelles» sont acquises de façon non verbale, simplement par imitation des adultes par les enfants, lesquels voient en eux des modèles à copier. Voici quelques exemples de techniques corporelles acquises par éducation traditionnelle:

- la façon de marcher des garçons et des filles; leur façon de s'asseoir; leur façon de fermer le poing, de lancer un objet, de courir, de serrer la main;
- l'attitude des hommes et des femmes devant la tristesse, la peine;
- l'attitude des gens devant la mort, la maladie;
- la manière de se tenir à table, de manger, de se conduire en public;
- la manière de dormir;
- le choix des vêtements.

À travers ces techniques corporelles, la culture quotidienne laisse des empreintes quasi indélébiles[9]. Toute éducation repose sur des traditions. Enfant, nous devons nous intégrer à une communauté qui existe depuis longtemps; c'est pourquoi nous devons apprendre et adopter les modèles de vie des gens qui nous entourent. En ce sens, «éduquer» consiste à offrir aux enfants des modèles de vie conformes à la culture de notre communauté. C'est pourquoi l'éducation des jeunes enfants recèle toujours une part de conformisme; elle leur impose obligatoirement des stéréotypes.

La tradition et la culture technique

Dans les sociétés traditionnelles, il existe, outre la culture commune, une culture plus spécialisée, la culture technique, qui est la culture des artisans, des gens de métier (forgerons, marins, médecins, etc.). Or, comment cette culture spécialisée est-elle transmise? Par les artisans eux-mêmes. Il n'y a donc pas d'écoles ou de professeurs. L'apprentissage se fait directement au contact des artisans. En d'autres termes, la fonction de formation et la fonction de production ne sont pas séparées, comme c'est le cas dans nos sociétés modernes. L'enseignant est toujours un artisan ou un ouvrier qui transmet, par contact direct, son savoir spécialisé. Dans les sociétés traditionnelles, les savoirs techniques et les savoir-faire qui sont nécessaires au renouvellement des diverses fonctions liées à la production sont intégrés à la pratique de divers groupes sociaux qui assument ces mêmes fonctions, et qui assurent par conséquent la formation de leurs membres. Tel est, par exemple, le cas des anciennes corporations d'artisans et d'ouvriers.

La relation éducative entre l'artisan et l'apprenti ne procède pas du discours mais de l'acte, du faire, du geste. On apprend en voyant le maître-artisan à l'œuvre, en essayant de répéter ses gestes, en imitant le geste de l'autre. On apprend ainsi, par imitation et par expérience, au contact direct des maîtres qui savent forger le fer, guérir le malade, combattre l'ennemi, conduire le navire, etc. Le savoir du maître-artisan n'a rien de théorique ou de général; il s'agit d'un savoir spécialisé, technique, artisanal, que lui seul détient. Ce savoir n'a pas besoin d'être formulé dans un discours compliqué ou abstrait; il se transmet directement sur les lieux de la production. Apprendre et travailler, s'instruire et faire, penser et agir, rien de tout cela n'est séparé à cette époque. Le geste et la parole sont encore unis dans une seule et même coulée.

1.2.3 La pluralité et le conflit des éducations

Nous l'avons vu, les Grecs ont été les premiers à vivre une crise profonde de leur tradition, de leur culture, de leur éducation. De plus, cette crise se double, principalement à Athènes, d'une longue suite de luttes politiques très dures et très violentes entre les démocrates, les aristocrates et les ploutocrates. Enfin, les luttes politiques sont également au centre de conflits militaires entre Athènes et Sparte, les deux villes luttant pour affirmer leur supériorité respective sur le monde grec. Bref, la situation ne se limite pas à des conflits d'idées, mais on assiste aussi à des luttes armées qui donnent lieu, parfois, à l'extermination de citoyens réfractaires par des tyrans qui parviennent à prendre le pouvoir. C'est notamment ce qui explique que les conflits d'idées entre des penseurs ont, la plupart du temps dans la Grèce ancienne, des résonances politiques.

En éducation, les Grecs ont connu un problème que nous vivons actuellement: la pluralité des éducations. Ce problème est né de leur régime politique, la démocratie, et du rôle prépondérant de la pensée et de la discussion rationnelle, ainsi que de la découverte des autres cultures. Les Grecs ont connu simultanément l'éducation traditionnelle (militaire et aristocratique) et une éducation nouvelle (philosophique, mystique, sophistique, etc.).

En effet, au ve siècle av. J.-C., principalement à Athènes, l'éducation traditionnelle est sérieusement remise en question. Cette éducation est familiale, aristocratique et militaire. Elle puise dans la poésie homérique des modèles de vertu, de courage, de force et d'intelligence, modèles qui servent de guides aux parents pour élever leurs enfants, et surtout leurs adolescents. Cette poésie (*L'Iliade*, *L'Odyssée*) s'inspire des vieilles traditions orales de la société grecque archaïque. Elle était à l'origine transmise par des

9. À propos des techniques corporelles, on peut consulter Bateson et Mead (1977). Voir aussi l'ouvrage classique de Mauss (1967), *Manuel d'ethnographie*, en particulier le chapitre 4.

aèdes, poètes qui allaient de place en place pour chanter ou réciter leurs vers. Les poètes sont, en quelque sorte, les premiers éducateurs de l'humanité; ils sont des hommes dont la fonction consiste à conserver la mémoire collective, la culture commune, dans des sociétés qui ne connaissent pas les ressources de l'écriture[10]. Cependant, avec la crise de la culture, l'essor de l'écriture, le développement des sciences et de la philosophie ainsi que de la démocratie, la vieille éducation traditionnelle ne fonctionne plus, car les conditions sociales et mentales ont trop changé. Homère, Hérodote, d'autres poètes-éducateurs, sont souvent la cible de choix des philosophes qui ridiculisent leurs conceptions de l'homme et du monde.

Cette situation conflictuelle amène donc les Grecs à se tourner vers de nouvelles formes d'éducation. Cependant—et ce point est fondamental—ces nouvelles formes d'éducation concernent surtout, pour ne pas dire exclusivement, les adolescents. Dans la Grèce ancienne, les enfants étaient élevés dans la famille et de façon traditionnelle. En ce sens, la «révolution éducative» des Grecs n'a jamais touché l'enfance. Elle est, à ce titre, beaucoup moins radicale que les réformes modernes en matière d'éducation, notamment les idées de Rousseau que nous aborderons plus avant dans cet ouvrage. De plus, les Grecs n'ont jamais connu cette institution qui s'appelle l'école, institution conçue comme un lieu permanent et collectif dans lequel vont tous les enfants pour être soumis à l'action commune d'instituteurs qui appliquent un même programme. Les Grecs recherchent pour les adolescents (exclusivement les garçons) de nouvelles formes d'éducation, se tournant ainsi, du moins pour une minorité d'entre eux, vers les «nouveaux philosophes» (les hommes religieux, les sages, les sophistes) pour que ces derniers leur proposent de nouvelles façons d'éduquer.

Les Grecs ont dû faire face, pour la première fois de l'histoire, au problème suivant: s'il existe plusieurs formes d'éducation, laquelle est la meilleure? Laquelle choisir? Soulignons que ce problème n'est pas technique: il ne porte pas sur le comment éduquer mais sur le pourquoi, c'est-à-dire sur les fins poursuivies par l'éducation et sur ses mérites. Les Grecs ont dû, par conséquent, s'interroger sur les finalités de l'éducation. Quel type d'individu veut-on former par l'éducation? Il ne s'agit pas d'un problème spécialisé, mais général. Ce problème entraîne une rupture avec la tradition. Il signifie que la tradition n'a pas, ou n'a plus, réponse à tout et qu'elle est uniquement une possibilité de réponses parmi d'autres. De plus, ce problème comporte également une dimension politique essentielle, car l'éducation ne vise pas exclusivement la formation d'individus, mais aussi celle de citoyens responsables au sein de la communauté.

Cette situation critique, à la fois culturelle, éducative et politique, peut être illustrée par les sophistes et par ce célèbre personnage qu'est Socrate.

1.2.4 Les sophistes

«Sophiste» veut simplement dire «savant», «sage» ou, comme on dirait aujourd'hui, «cultivé»[11]. Les sophistes sont des hommes de haute culture, des érudits, des lettrés capables de briller par l'esprit et la parole. Les plus éminents d'entre eux sont Protagoras, Gorgias, Antiphon, Prodicus et Hippias. Les sophistes étaient souvent des étrangers ou des métèques, des voyageurs se promenant de ville en ville pour vendre leur talent. Athènes était leur lieu de prédilection. On peut les définir comme des maîtres du discours, des maîtres du «savoir parler» en public, du «savoir convaincre». Ils proposent à leurs élèves d'apprendre à s'exprimer pour bien parler en n'importe quelle circonstance. Ils conçoivent le langage non pas comme un moyen de connaissance, mais comme un moyen de contrôle et d'action sur autrui, un outil de persuasion.

Les sophistes sont les inventeurs de la rhétorique, de l'éloquence, de l'art oratoire qui vont jouer un rôle fondamental par la suite, puisque le «savoir parler» et le «bien parler» resteront, jusqu'au XXe siècle, les signes les plus tangibles d'une bonne

10. Concernant la dimension éducative de la poésie et les pratiques éducatives dans les sociétés basées sur l'oralité, on peut consulter Mialaret et Vial (1981).

11. À propos des sophistes, voir Guthrie (1976), Moreau (1987) et Dupréel (1948).

éducation et d'une haute culture. Les sophistes sont donc à l'origine de ce qu'on appelle la culture littéraire, la «grande culture», basée sur l'idée que le savoir n'est pas seulement un contenu de vérité, mais aussi une forme qui possède une beauté intrinsèque. Son idéal n'est pas la vérité mathématique ou logique, mais la vérité poétique. Il ne s'agit pas seulement de dire la vérité, mais de la bien dire. Le Vrai s'unit ici au Beau, le contenu aux belles formes.

Les sophistes sont également les promoteurs de la culture générale, une culture qui n'est pas la culture quotidienne (commune, traditionnelle), ni la culture des artisans ou la culture technique. Cette culture générale est profondément liée à l'essor des villes et d'une civilisation urbaine, avec tout ce que cela comporte désormais d'arbitraire, de nouvelles normes de savoir-vivre, de nouvelles règles de conduite et de contestation des traditions. Les sophistes critiquent les coutumes, les lois qu'ils tiennent pour contingentes, c'est-à-dire non fondées sur la nature. Ils critiquent l'esclavage et les traditions aristocratiques. Ils défendent la démocratie, le progrès et la mobilité sociale. Ils proposent une nouvelle culture basée sur la maîtrise non des savoirs quotidiens ou des techniques, mais des habiletés communicationnelles et intellectuelles générales, aidant les gens à penser et leur permettant de parler d'une façon compétente sur différents sujets. En ce sens, leur vision de l'éducation est profondément déterminée par la politique, la démocratie, qui exige justement une compétence générale de la part de tous les citoyens: être capable de s'exprimer publiquement de façon cohérente, de sorte à convaincre les autres de la valeur de ses opinions.

On tient les sophistes pour les premiers professeurs[12]. Avec eux, l'éducation cesse d'être une entreprise familiale ou une activité régie par le milieu social quotidien. L'éducation sophistique n'est pas traditionnelle: elle est consciente d'elle-même, elle poursuit sciemment un but; elle n'est pas spontanée mais organisée; elle n'est pas collective mais individuelle. Le professeur offre des services à ses élèves, des clients en quelque sorte. L'élève doit quitter sa famille et payer pour suivre ses cours. Bref, le sophiste a une clientèle.

Par ailleurs, l'éducation sophistique se distingue de l'éducation technique traditionnelle. En effet, dans cette dernière, l'artisan, l'homme de métier et l'enseignant sont une seule et même personne: l'artisan a appris de son maître un savoir spécialisé, et quelqu'un d'autre l'apprend de lui, par contact direct, par imitation. Les sophistes, eux, n'enseignent pas un savoir spécialisé, mais une culture générale, à savoir comment penser, comment vivre, comment parler. Ils ne sont pas des artisans ou des techniciens spécialistes, mais exclusivement des professeurs. Les fonctions de formation et de travail, d'éducation et de production se séparent donc avec l'arrivée des sophistes. Leur métier, c'est d'enseigner: ils n'enseignent pas une connaissance particulière, mais une connaissance générale. Ainsi ils valorisent le savoir théorique, la culture générale, les notions abstraites.

Face à la crise de la tradition, les sophistes proposent aux parents et aux jeunes de nouvelles valeurs formatrices, qui sont autant de réponses à la question du **pourquoi** et du **comment éduquer** : l'individualisme, le progrès, la mobilité sociale, l'apprentissage et la maîtrise de la parole en public, l'intellectualisme, la spiritualité, la supériorité d'une culture générale sur la culture technique et de la culture théorique sur la culture quotidienne.

Le tableau 1.1 met en évidence ce qui sépare l'éducation traditionnelle et l'éducation sophistique.

1.2.5 Socrate éducateur[13]

La plupart des grandes traditions culturelles et religieuses de l'humanité ont commencé avec des maîtres, des hommes saints, des prophètes, des prédicateurs, des sages, qui apportaient et enseignaient à des disciples un nouveau savoir, une nouvelle vision du monde et de l'homme, de nouvelles tables de la loi. Bref, ces grandes traditions débutent toujours avec un maître possédant un savoir, savoir qu'il transmet

12. Nous nous inspirons ici de l'interprétation de Moreau (1961).

13. Sur Socrate, la littérature est immense. Voir à ce sujet Fraisse (1972), qui présente des textes choisis et tirés des œuvres de Platon et de Xénophon. Voir aussi Brun (1973).

TABLEAU 1.1
Une comparaison entre l'éducation traditionnelle et l'éducation sophistique

Éducation traditionnelle	Éducation sophistique
Est fondée sur les coutumes et sur le respect des traditions.	Est fondée sur la réflexion et sur des choix de valeurs.
Poursuit une fin qui tire sa valeur dans le fait que le modèle a toujours existé.	Poursuit une fin qui se justifie par un choix personnel.
Subordonne l'individu au groupe et à ses modèles de vie.	Vise la formation de l'individu et sa promotion personnelle au sein de la société.
Éduque par le milieu et le contact avec les adultes.	Éduque par des maîtres spécialisés, œuvrant en dehors du milieu de vie et de la famille, maîtres qu'il faut payer.
Transmet un savoir tacite, quotidien, préréflexif.	Permet d'acquérir une culture générale, des habiletés globales, un savoir théorique.
Est associée aux valeurs centrales suivantes: courage, vertu morale, héroïsme, conformisme, droiture, loi du groupe, etc.	Est associée aux valeurs centrales suivantes: individualisme, originalité, intellectualisme, verbalisme, etc.

aux hommes ignorants, ces derniers devenant alors ses élèves, ses disciples. Jésus est ainsi venu enseigner une nouvelle vérité.

Or, l'histoire intellectuelle occidentale a ceci d'unique qu'elle est la seule tradition qui débute avec un homme déclarant ne rien savoir et vivant pour apprendre, et non pour enseigner quelque chose ou transmettre des connaissances. Cet homme, c'est Socrate, le premier des maîtres qui a osé plaider sa propre ignorance, amenant ainsi un nouveau type de recherche de la vérité.

Pour les Grecs de son époque, Socrate est une sorte de sophiste. Cependant, il se distingue d'eux de plusieurs façons. D'abord, il n'a pas vraiment d'élèves puisqu'il ne donne jamais de leçons: ne sachant rien, il ne transmet rien. Ensuite, lorsqu'il parle avec de jeunes gens, il ne réclame pas de salaire. De plus, les sophistes sont ses adversaires favoris; il les critique sans arrêt, non pas dans leur dos, mais en face d'eux, dans l'échange dialogique. Enfin, dans ses nombreuses discussions, il cherche davantage à apprendre qu'à enseigner; il renverse ainsi le rôle même du sophiste, en devenant l'élève de ses élèves. Bref, on le voit, Socrate est un bien étrange professeur! Il est l'un des très rares penseurs à avoir vécu sa pensée, c'est-à-dire à faire en sorte que sa vie quotidienne soit une vie pensée, réfléchie, en accord avec ses certitudes profondes. Socrate n'a pas seulement eu des idées—ce qui est à la portée du premier philosophe venu!—, il a été possédé par les idées, ce qu'il appelait lui-même son «démon», son désir d'apprendre, de rechercher sans cesse la vérité. Socrate suivait ainsi son oracle, le fameux «Connais-toi toi-même».

Malheureusement, la vie de Socrate est peu documentée. Nous ne connaissons ce dernier qu'à travers les témoignages de ses contemporains, en particulier Platon et Xénophon. Nous savons, grâce à eux, que son activité préférée était de se promener sur les places publiques et d'engager la discussion avec toute personne qui le souhaitait. Il n'a lui-même rien écrit. Il est un philosophe sans œuvres écrites, dont l'œuvre se confond avec la vivante mais éphémère parole. Socrate est l'homme du dialogue. Il aimait particulièrement parler avec les jeunes gens, mais aussi avec les grands maîtres sophistes, les nobles, les soldats, les citoyens ordinaires; bref, avec tout un chacun. Il s'intéressait à ce que les gens pensaient savoir, à leurs certitudes, à leurs croyances, à leurs idées, à leurs connaissances.

Pour comprendre Socrate, il est nécessaire de rappeler quelques notions relatives au savoir et à l'ignorance. Certaines personnes ne peuvent apprendre. Qui sont-elles? Il y a d'abord les «grands savants», qui croient tout savoir. Ces personnes n'ont donc jamais besoin d'apprendre, puisqu'elles savent tout. Telle est, *grosso modo*, l'image véhiculée par Socrate, et surtout par Platon à propos des sophistes. Les sophistes se considèrent si savants qu'ils n'apprennent rien. Ils donnent des leçons, professent leurs très nombreuses connaissances, dispensent sans cesse du savoir, oubliant que le savoir véritable n'a rien à voir avec l'érudition. Par ailleurs, il y a aussi la personne ignorante mais dont l'ignorance est si profonde qu'elle s'ignore elle-même. Cette personne ne ressent pas non plus le besoin d'apprendre, car elle ignore la profondeur de sa propre ignorance. C'est ce qu'on appelle la double ignorance.

Or, Socrate s'oppose aussi bien aux gens qui savent qu'aux doubles ignorants. Il est l'homme qui ne sait rien; il s'oppose au grand savant. De plus, il savait qu'il ne savait rien; il s'oppose ainsi au double ignorant. Que désire Socrate, au juste? Du fond de son ignorance il veut apprendre, connaître et partager les certitudes sur lesquelles les autres hommes s'appuient pour vivre. C'est donc pour apprendre qu'il parle avec ses concitoyens. Socrate découvre que le savoir et l'ignorance ne sont pas deux réalités opposées, mais que toutes deux s'insèrent dans un processus de découverte de la vérité. Un être humain qui saurait tout serait un dieu ou un fou ; un être humain qui ne saurait rien serait un animal ou un sot. L'homme véritable se situe entre le dieu et l'animal, entre le fou et le sot. Il est conscient de sa propre ignorance et connaît les limites de son savoir et cherche, par conséquent, à les combler par l'apprentissage.

La maïeutique

La méthode de Socrate s'appelle la maïeutique. Il s'agit d'un art du dialogue (ou dialectique) qui consiste à discuter avec autrui, à le laisser exprimer ses propres idées, tout en lui posant des questions sur le sens et la définition des notions qu'il emploie. Socrate est le premier à comprendre la nécessité de définir les termes que nous utilisons afin de parvenir à un consensus. Il est l'inventeur de la définition. En discutant, il bouscule la quiétude intellectuelle de ses interlocuteurs par ses questions et par son ironie proverbiale. En parlant, il force ses interlocuteurs à se redéfinir; il les réveille du sommeil intellectuel dans lequel les plongent les préjugés communs et les évidences gratuites. Il dit tenir de sa mère, une sage-femme, l'art d'accoucher l'esprit d'autrui, bien que lui-même soit stérile et n'accouche d'aucune science. Bref, Socrate incarne l'esprit critique par excellence, mais l'esprit critique dénué de dogmatisme et de suffisance. Le discours socratique est fait de questions, d'ironie, de raillerie, de passion et d'humour.

Se déclarant ignorant, il oblige ses interlocuteurs à préciser leurs propres idées, les amenant ainsi à découvrir progressivement que bon nombre de ces idées ne reposent sur rien de solide. Ses contemporains comparent Socrate à un «poisson torpille». Lorsqu'on discute avec lui, ses questions habiles conduisent l'interlocuteur à découvrir ses propres contradictions, ses propres insuffisances. Il force ainsi les gens à penser par eux-mêmes, plutôt qu'à répéter des idées toutes faites, des préjugés, des croyances traditionnelles. Le but de la maïeutique est ainsi d'amener les gens à se servir de leur propre raison et à être capable de découvrir la vérité par eux-mêmes. Socrate croit en effet que la vérité existe, qu'elle peut faire l'objet d'une véritable définition (qu'il appelait l'essence), et que tout homme peut la découvrir en lui, grâce à son activité intellectuelle.

Sous bien des aspects, Socrate est une figure exemplaire et symbolique de l'homme grec aux prises avec une crise de sa culture, de ses traditions. À travers Socrate, on peut reconnaître le symbole d'un homme qui n'a plus de savoirs traditionnels, qui avoue désormais sa propre ignorance et qui entreprend de découvrir un nouveau type de vérité, fondé sur le dialogue rationnel. Lorsque les traditions s'effondrent, lorsque le passé cesse d'orienter le présent, il est nécessaire de procéder à une nouvelle recherche de la vérité. Au fond, ce que Socrate propose à travers son propre exemple de vie, c'est un nouveau modèle de culture. **Il est ce modèle en acte.** Ce nouveau modèle ne repose plus sur des traditions, mais sur la discussion raisonnable. Socrate s'oppose également à l'érudition des sophistes, qui se prennent pour de grands savants; il met l'accent sur la recherche de la vérité plutôt que sur l'érudition. Il s'oppose enfin aux préjugés du sens commun, aux formules vides, aux paroles imprécises du quotidien, aux fausses idées. Pour Socrate, apprendre, c'est devenir meilleur. Alors que nous faisons résider aujourd'hui la finalité de la connaissance dans la maîtrise et le contrôle utilitaire des phénomènes naturels, des philosophes comme Socrate la font résider dans le développement moral de l'être humain.

Dans l'histoire de l'éducation, l'apport de Socrate consiste à amener l'idée que l'éducation n'est pas un processus de transmission de quelque chose, ni un processus d'imposition d'un contenu ou d'une norme, mais qu'elle est un **processus de formation** au sein duquel l'apprenant est appelé à assumer et à légitimer sa propre pensée, ses convictions et ses orientations de vie à l'aide de sa raison. Dans une perspective socratique, l'éducation renvoie à l'idée d'une discussion sans violence au cours de laquelle les interlocuteurs s'efforcent d'exposer leurs points de vue respectifs, à l'aide d'arguments fondés sur des raisons susceptibles de susciter l'adhésion des participants. Cette idée signifie que le processus éducatif ne peut se limiter à imposer à l'apprenant un point de vue qui lui est extérieur, une façon de vivre, de penser ou d'agir à laquelle il devrait se soumettre sans discussion. **L'éducation socratique comporte l'idée d'un processus d'apprentissage concret, à travers lequel l'apprenant forge sa propre pensée, construit et fonde ses propres convictions par le biais d'interactions langagières avec l'éducateur.** Le savoir n'est pas déversé par le maître dans l'esprit de l'élève; il est, dit-on aujourd'hui, construit et validé par l'activité cognitive et langagière de l'élève. En ce sens, ce qui compte ici, ce n'est pas le pouvoir, la richesse, la beauté ou la force des personnes, mais leurs idées, leurs convictions, leur engagement moral et leur volonté d'apprendre.

Pour Socrate, mais aussi pour les sophistes, la discussion avec autrui n'est pas seulement un moyen éducatif; elle est à la fois le moyen par lequel se produit l'éducation elle-même et la finalité de la formation, qu'il est possible de reconnaître par l'acquisition d'une «compétence discursive». Être éduqué c'est, pour les sophistes, «savoir parler», «savoir argumenter» en public selon les règles pragmatiques de la rhétorique ou, selon Socrate, savoir développer une argumentation logique pour légitimer des assertions. Dès lors, on comprend que les philosophes grecs n'ont pas vraiment développé de pédagogie de l'enfance, puisque l'éducation véritable ne commence, pour eux, que lorsque les personnes sont capables de parler et de penser de façon autonome.

À l'origine de la tradition occidentale, grâce aux sophistes et à Socrate, l'activité éducative a donc été définie comme une activité discursive, d'interactions langagières où s'appliquent ce savoir parler et ce savoir penser que les Grecs appelaient *logos*. Rappelons que ce terme peut se traduire, en français, par les notions de mesure, de discours, de parole, de science, de pensée et de rationalité.

1.2.6 Platon

Jeune homme, Platon est le disciple de Socrate. Ce dernier est condamné à mort en 399 av. J.-C. pour des raisons principalement politiques. On l'accuse de corrompre la jeunesse et de mépriser la religion, mais on dénonce surtout son comportement ambigu lors du règne des trente tyrans et lors du retour de la démocratie. Il est condamné soit à quitter Athènes, soit à se suicider en buvant un poison végétal, la ciguë. Socrate ne veut pas quitter Athènes, car son départ donnerait raison à ceux qui l'accusent; il choisit donc de boire la ciguë.

La mort de Socrate est pour Platon un événement majeur dans la mesure où elle représente l'échec non du message socratique lui-même, mais de sa méthode, de son éducation. À quoi bon, comme l'a fait Socrate, faire appel à la raison des autres si ces derniers tuent ou font violence? Ainsi, pense Platon, il faut aller beaucoup plus loin que Socrate, il faut dépasser la simple discussion et proposer une éducation plus puissante, capable de transformer les hommes en profondeur, et non pas seulement leurs discours.

Pour Platon, l'éducation véritable—qui n'est rien d'autre que la philosophie elle-même—est clairement un substitut à la politique. Devant une situation politique dominée par la violence, les contradictions, l'absence d'issues, Platon voit dans l'éducation un moyen de sortir de la crise politique. L'éducation devient chez Platon, exactement comme chez Rousseau vingt-deux siècles plus tard, un moyen à la fois de sortir de l'histoire humaine et de la refaire. Platon est donc un utopiste: grâce à une nouvelle éducation, il veut refaire le monde. Toutes les utopies sont fondées sur l'éducation; leur but étant de refaire l'homme complètement, elles veulent le former dès l'enfance, alors qu'il est neuf et vierge. Pour les utopistes, l'enfant est le chemin de l'homme nouveau; il est l'avenir de l'homme.

Sur le plan politique, Platon est plutôt un réactionnaire si on le compare aux sophistes. Il croit aux lois naturelles. Il soutient, en bon aristocrate, que des hommes sont supérieurs à d'autres par nature. Les hiérarchies sociales reflètent pour lui des divisions naturelles entre les hommes. Pour Platon, les lois sociales édictées par les autorités élues témoignent que la société est mal faite. Selon lui, une société dont les membres sont éduqués peut se passer de lois; la multiplication des lois, qui entraîne un accroissement de la surveillance et de la coercition, exprime l'échec de l'éducation. L'être humain mal éduqué a toujours besoin d'un maître, d'un surveillant, car il n'est pas son propre maître; il est l'esclave de ses passions et de son ignorance; il ne possède pas cette vertu suprême que les Grecs appelaient l'«autarcie» et qui correspond à l'autonomie et à la maîtrise de soi.

Dans son ouvrage majeur, *La République*, Platon propose sa conception de l'éducation. Cet ouvrage constitue sans conteste un sommet de la pensée occidentale. Il s'agit d'une «œuvre ouverte» (Eco, 1965), c'est-à-dire d'une œuvre dont les significations sont multiples et susceptibles d'interprétations diverses. Chaque époque de l'histoire redécouvre ainsi Platon, et trouve en lui des idées nouvelles. Dans cette œuvre, la conception éducative de Platon s'exprime et se condense dans le célèbre mythe de la caverne, où Platon expose sa propre philosophie sous forme symbolique. Nous allons brièvement analyser cette allégorie un peu plus loin. Auparavant, il est nécessaire de rappeler certains éléments de sa philosophie.

La philosophie comme métaphysique

La grandeur de Platon et l'intérêt qu'on lui porte ne résident pas dans ses opinions politiques. Ils résident dans sa pensée philosophique, laquelle jette les bases de ce qu'on appelle la métaphysique, c'est-à-dire la recherche d'une connaissance absolue, portant sur un type d'être qui échappe positivement au temps, au mouvement, à la matière, en somme, la recherche d'un être éternel, immobile, purement intellectuel. La connaissance véritable, selon Platon, est tournée vers l'absolu, le divin. Le savant authentique effectue une recherche purement intellectuelle et spirituelle. La science platonicienne est essentiellement contemplative: savoir, c'est contempler avec les yeux de l'esprit des choses que les yeux humains sont incapables de voir.

Platon appelle ce genre de choses, les **Idées**, ou, selon d'autres traductions possibles du terme grec *Eidos*, les **Modèles**, les **Formes** ou les **Essences**. Pour lui, le monde dans lequel nous vivons, ainsi que toutes les choses qui nous entourent—y compris notre corps—ne sont que de pâles reflets des Idées. Notre monde est moins réel que les Idées, qui représentent pour Platon le réel absolu (exactement comme Dieu représente le réel absolu pour les chrétiens). La philosophie de Platon est donc régie à sa base par un dualisme fondamental. Le tableau 1.2 présente quelques-unes des principales oppositions autour desquelles gravite la pensée platonicienne.

TABLEAU 1.2
Le dualisme de la pensée platonicienne

Le monde humain, social, culturel	**Le monde des Idées, des Modèles**
Matériel	Intellectuel
Temporel	Éternel
Changeant, historique	Immobile, immuable
Fondé sur les apparences	Fondé sur les réalités ou les essences
Relatif	Absolu
Tantôt vrai, tantôt faux	Toujours vrai
Corruptible	Incorruptible
Imparfait	Parfait
Naturel et humain	Divin

La véritable connaissance doit partir du monde matériel pour s'élever vers les Idées, vers les réalités spirituelles. Connaître, pour Platon, c'est apprendre à détacher l'esprit des réalités matérielles, pour l'élever peu à peu vers la contemplation purement intellectuelle des Idées. Platon dit: «philosopher, c'est apprendre à mourir», c'est-à-dire apprendre à quitter, par la pensée, le monde des apparences matérielles pour accéder à celui des Idées.

Platon introduit la dimension de la transcendance dans la philosophie occidentale: penser, c'est nécessairement être attiré vers et par une réalité spirituelle. L'objet de la pensée n'est pas les choses, la matière, les phénomènes qui nous entourent; il s'agit au contraire d'un horizon qui appelle sans cesse la pensée humaine à s'élever vers cette réalité spirituelle. En ce sens, pour Platon, la pensée humaine est habitée par un profond désir de rejoindre le monde des Idées. Ce désir, *eros* en grec, est un préalable à la connaissance. Connaître n'est donc pas une opération strictement intellectuelle; il s'agit aussi d'un processus mettant en jeu le désir, l'amour, l'appel. Plus encore, la connaissance représente pour Platon la façon supérieure et authentiquement humaine d'exister. Dans cet esprit, connaître engage toute notre existence. La philosophie véritable n'a rien à voir avec l'accumulation de connaissances; il s'agit au contraire d'une expérience spirituelle et passionnelle qui engage toute une vie.

L'éducation selon Platon

Dans *La République*, Platon consacre une très grande partie de son ouvrage à décrire de façon exhaustive un système d'éducation utopique. Pour lui, l'être humain est composé, tout comme la société, de trois parties: le ventre, source des passions et des besoins primaires, le cœur, à l'origine du courage, et finalement la raison, qui témoigne de la présence d'une âme intelligible. Dans le même sens, Platon conçoit que la société idéale est basée sur trois classes: les paysans et ouvriers (le ventre), les gardiens (le cœur) et les rois philosophes (la raison). Le but de l'éducation, selon Platon, est de favoriser le triomphe de la pensée rationnelle sur les passions, sur le corps. Ce que propose Platon, c'est une pédagogie fondée sur un long processus d'apprentissage, comprenant une suite de ruptures et de passages entre différents degrés de la connaissance. Ce processus débute dès l'enfance et se poursuit jusqu'à l'âge adulte (autour de 45 ans). Platon est le premier penseur occidental à concevoir ainsi un processus global de formation comportant des seuils et des trajectoires différents selon les individus. Son éducation s'appuie sur une idéologie «méritocratique». Tous les enfants, sans distinction (riches ou pauvres, garçons ou filles), sont soumis à la même formation. Ce n'est qu'au fil du long processus de formation que les enfants, progressivement, se démarquent grâce à leurs mérites naturels, certains devenant des paysans, d'autres des gardiens, et, une minorité, des philosophes.

Au livre VII de *La République*, Platon énonce son célèbre mythe de la caverne, qui condense, comme nous le disions précédemment, toute sa conception de l'éducation mais aussi sa philosophie. Le tableau 1.3 est une interprétation de ce mythe.

En observant ce tableau, on peut constater que l'éducation est un processus de libération des opinions et de la connaissance sensorielle (l'enfant connaît principalement le monde grâce à ses sens), processus qui conduit progressivement l'esprit vers la reconnaissance de la Vérité, c'est-à-dire des Idées. Platon part du principe que, dès la naissance, l'âme humaine possède en elle la connaissance. Connaître, c'est se «resouvenir». C'est la célèbre théorie de la réminiscence. L'âme humaine, dans sa vie antérieure, a contemplé les vérités et elle les conserve en elle. Cependant, parce que l'âme est désormais incarnée dans un monde matériel, il faut lui apprendre à détacher son esprit des apparences. L'éducation est conçue ici comme un long processus à travers lequel l'être humain traverse des expériences d'apprentissage, à partir desquelles il découvre chaque fois de nouvelles façons d'envisager la réalité.

Le mythe de la caverne montre que l'apprentissage est un processus long et difficile. Platon propose en définitive une pédagogie de l'effort, basée sur une conception «méritocratique» du pouvoir. Cette pédagogie amène l'individu à dépasser les «apparences» à travers des expériences souvent douloureuses. Les ombres, le feu, la lumière du jour et, finalement, le soleil, représentent autant d'étapes sur le chemin de l'apprentissage, pendant lesquelles le prisonnier doit briser les chaînes de l'expérience sensorielle difficile, bris symbolisant une rupture avec ses connaissances antérieures. Apprendre, ce n'est pas seulement assimiler des connaissances nouvelles, c'est aussi réévaluer les anciennes, et surtout se changer soi-même. Chez Platon, l'éducation est assimilée au processus dialectique lui-même, c'est-à-dire à la démarche scientifique ou philosophique comme processus de formation et d'élévation de l'être humain vers la connaissance scientifique, au sens antique du terme. Connaître et apprendre sont les

TABLEAU 1.3
Le mythe de la caverne et ses éléments

	Le monde sensible (humain et naturel)		**Le monde intelligible (les principes scientifiques et les Idées pures)**	
Les éléments et les étapes qu'on trouve dans le mythe de la caverne	Les ombres sur le mur du fond	Les objets et les hommes reflétés par les ombres	Les objets du monde naturel, la lumière du jour	Le soleil
Les quatre degrés de la connaissance auxquels correspondent les étapes du mythe	*Degré 1* La connaissance sensorielle	*Degré 2* Les opinions, les croyances, les préjugés, les savoirs du sens commun	*Degré 3* La connaissance scientifique: la mathématique, la physique, la musique	*Degré 4* La vérité et la connaissance purement intellectuelle: la philosophie
La nature des objets sur lesquels porte la connaissance	Les apparences, les phénomènes sans consistance Ces phénomènes varient constamment.	Les objets matériels	Les phénomènes scientifiques: les lois, les principes, les causes	Les Idées, le divin Ces phénomènes sont soustraits au changement.
La cause des phénomènes		Le degré 2 est la cause du degré 1.		Le degré 4 est la cause du degré 3.
La nature de l'apprentissage		L'effort et la douleur	L'effort et la douleur	L'effort et la douleur

deux faces d'un même processus de libération qui mène à la sagesse.

Un modèle cognitif de l'éducation

Dans une optique platonicienne, le «savoir parler» des sophistes et le «savoir argumenter» de Socrate ne suffisent plus. Le discours humain doit se fonder sur des principes qui font appel non seulement à l'intelligence du langage (rhétorique ou rationnelle), mais à la connaissance des phénomènes objectifs, c'est-à-dire indépendants des interlocuteurs. Telles sont justement les Idées.

En éducation, cela signifie que l'éducateur peut désormais se référer, dans son enseignement, à un savoir objectif indépendant de lui et de l'apprenant: le «savoir éduquer» n'a de sens qu'en fonction de ce savoir objectif qui est fondé, chez Platon, sur la science des Idées. En éducation, comme le dit Aristote, c'est le savant qui doit parler en premier, parce que faire apprendre, c'est faire connaître et que connaître, c'est connaître les causes premières des phénomènes, et c'est là la prérogative du savant. De Socrate à Aristote, en passant par Platon, l'activité éducative cesse progressivement de correspondre à un strict modèle de communication et d'interactions langagières entre les éducateurs et les éduqués, pour devenir un modèle cognitif d'apprentissage. L'accent n'est plus mis sur la discussion ou le dialogue, mais sur la connaissance; il n'est plus mis sur la relation langagière entre l'éducateur et l'éduqué, mais sur la relation de l'éducateur et de l'éduqué à un savoir objectif, consistant, universel, indépendant d'eux-mêmes et de leurs opinions variables.

C'est, *grosso modo*, ce modèle cognitif qui sert de fondement à ce qu'on a appelé plus tard l'éducation classique et humaniste, laquelle assimile le processus de formation à un processus de connaissance portant sur des savoirs indépendants du sujet, savoirs que ce dernier doit assimiler et intérioriser par apprentissage. Le maître ne parle pas en son nom propre, mais au nom d'une connaissance indépendante de sa subjectivité et d'une connaissance dont il est le représentant compétent auprès de l'élève[14]. C'est donc à partir de Platon qu'a été déterminé le modèle canonique de la relation éducative, comme l'illustre la figure 1.1.

FIGURE 1.1
Le modèle canonique de la relation éducative

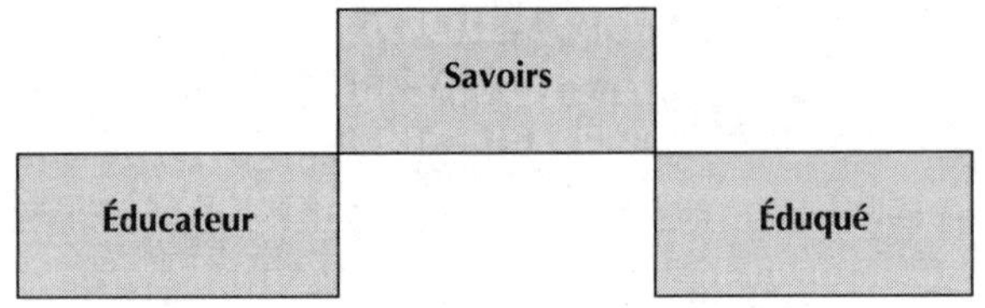

Selon ce modèle, la relation entre l'éducateur et l'éduqué est médiatisée par un troisième terme, le savoir. Chez Platon, ce savoir—la connaissance des Modèles absolus—est la philosophie, la connaissance intellectuelle des réalités intellectuelles. Platon croyait que la philosophie pouvait résoudre la crise de la culture. Il croyait en effet que toute l'agitation, l'incertitude, l'insécurité provoquées par les nombreux changements qui frappaient la société grecque pouvaient être surmontées grâce à la connaissance philosophique et à l'éducation.

Ainsi, Platon propose à la pensée occidentale de nouveaux modèles d'intelligibilité pour la culture, modèles fondés sur la science et la rationalité. Cependant, on peut se demander, à la suite de bien d'autres interprètes du platonisme, si les modèles platoniciens ne sont pas trop absolus, trop exigeants, pour s'adapter à la précarité de la condition humaine. La culture, cette réalité précaire et temporelle, plurielle et changeante, peut-elle vraiment ressembler à ces réalités absolues que propose Platon? Comment concevoir l'éducation de l'enfant, de l'adolescent et de l'adulte en s'inspirant de modèles souverains mais aussi rigides, abstraits, absolus? Les Idées peuvent-elles vraiment correspondre à des modèles humains pragmatiques qui, eux, sont soumis à la contingence, à la mort et à l'histoire? Entre une culture sans modèles et une culture fondée sur des modèles trop absolus, existe-t-il d'autres voies? Nous verrons, dans les chapitres suivants, comment les époques ultérieures vont chercher à répondre, à leur façon, à ces questions cruciales pour l'éducation.

CONCLUSION

Face à une crise de leur culture, les Grecs de l'Antiquité ont instauré un nouveau modèle de culture et de formation, axé sur le rationalisme et l'humanisme. Ce modèle est contemporain d'un nouveau régime politique, la démocratie, qui fait de la discussion le cœur même du pouvoir politique. À travers la démocratie et la crise de la culture, les Grecs ont découvert le pluralisme et le relativisme; les vieilles traditions, les autorités établies, et même les dieux ont été remis en question. Il est donc devenu nécessaire pour eux d'inventer et de rechercher de nouvelles manières de vivre, de penser et d'agir. Les Grecs ont multiplié les recherches en ce sens, et ont procédé, dans une nouvelle société urbaine, effervescente et ouverte, à diverses expériences destinées à renouveler la culture traditionnelle.

C'est dans ce contexte de changements que les sophistes, Socrate, Platon et bien d'autres ont proposé de nouvelles éducations. Les sophistes ont insisté sur l'apprentissage de la parole publique et du discours rhétorique capable de convaincre un auditoire de citoyens. Ils ont également formulé de nouvelles règles de formation, en introduisant l'idée de culture générale et lettrée. Enfin, ils ont été les premiers professeurs, les premiers à avoir pour métier

14. Soulignons qu'en employant les notions de sujet et de subjectivité nous utilisons, pour les fins de notre propre argumentation, des concepts qui étaient inconnus dans l'Antiquité.

principal l'enseignement, tout en étant rémunérés. Socrate, de son côté, tout en appartenant à la sophistique, s'est distingué des grands sophistes en mettant l'accent sur la recherche de la vérité (plutôt que sur l'utilité et l'efficacité) et sur le discours rationnel. Enfin, Platon a proposé une éducation philosophique, c'est-à-dire un long processus d'apprentissage où l'esprit humain se purifie progressivement de l'emprise du corps, du monde sensible, pour s'élever à la contemplation des Idées, ces réalités éternelles, immuables, abstraites, et qui sont la source de tout sens dans le monde.

Ce sont les idées des penseurs grecs de l'Antiquité qui vont former par la suite le cœur de la grande culture classique. Cette culture est à la fois dominée par la conception lettrée et érudite des sophistes et la conception intellectualiste et philosophique de Platon et de ses successeurs. Ces idées—rationalisme, humanisme, équilibre, sens de la mesure, esprit critique, etc.—constituent bien sûr des idéaux éducatifs puisque, dans l'Antiquité, l'éducation a été essentiellement le privilège d'une élite. De plus, la réflexion éducative des philosophes et des sophistes n'a jamais vraiment été confrontée au problème très concret d'instruire des enfants dans une classe. Ils ignoraient ce qu'étaient un système scolaire, une école, la pédagogie enfantine. Par conséquent, leur réflexion s'est davantage orientée vers l'étude des grands principes de base de l'éducation. Cette réflexion s'adressait à des hommes déjà formés, hommes qu'il s'agissait en fait de transformer grâce à la parole, à la discussion, à l'exemple, à la réflexion et à la persuasion. En ce sens, on peut dire que les penseurs grecs anciens ont surtout créé la réflexion sur les fondements de l'éducation, alors que la réflexion sur les problèmes relatifs à l'école, à l'instruction et à la pédagogie viendra plus tard dans l'histoire, comme nous le découvrirons dans les chapitres suivants.

QUESTIONS

1. En quoi l'opposition entre « société fermée » et « société ouverte » proposée par Karl Popper permet-elle de comprendre l'originalité de la culture grecque ancienne? Situez son apport dans l'histoire humaine.
2. En quoi le rationalisme et l'humanisme peuvent-ils être considérés comme des réponses à la crise de la culture vécue par les Grecs anciens?
3. Quel est le rôle de l'éducateur dans une perspective socratique?
4. En vous référant à l'allégorie de la caverne, expliquez et commentez brièvement le type d'éducation préconisé par Platon.
5. Montrez le lien existant entre la méthode d'enseignement de Socrate et le but éducatif qu'il poursuit.
6. Les sophistes sont les premiers professeurs, c'est-à-dire les premières personnes qui ont pour métier ou fonction d'enseigner. Ce nouveau métier qu'ils pratiquent s'oppose aussi bien à l'éducation traditionnelle qu'à l'éducation technique des anciens artisans. Expliquez.
7. Comparez la méthode éducative de Socrate et l'activité éducative des sophistes.
8. En vous référant à quelques personnages étudiés dans ce premier chapitre (les sophistes, Socrate, Platon), montrez en quoi l'une des valeurs de base de la tradition éducative occidentale est le rationalisme.
9. L'histoire éducative occidentale se base sur une conception humaniste de l'éducation. Expliquez.
10. En partant des idées et de l'enseignement de Socrate, expliquez pourquoi ce dernier était un rationaliste.
11. Selon les thèses avancées dans ce chapitre, l'idée de crise de la culture s'applique aussi bien à notre époque qu'au monde grec ancien. Expliquez.

BIBLIOGRAPHIE

ARENDT, H. (1972). *La crise de la culture.* Paris: Gallimard.

BATESON, G., et MEAD, M. (1977). «Les usages sociaux du corps à Bali». *Actes de la recherche en sciences sociales*, n° 14.

BRUN, J. (1963). *Platon et l'académie.* 2e éd. Paris: Presses universitaires de France.

BRUN, J. (1973). *Socrate.* 5e éd. mise à jour. Paris: Presses universitaires de France (coll. «Que sais-je?», n° 899).

DUMONT, FERNAND (1969). *Le lieu de l'homme: la culture comme distance et mémoire.* Montréal: HMH.

DUPRÉEL, E. (1948). *Les Sophistes: Protagoras, Gorgias, Prodicus, Hippias.* Neuchâtel: Éditions du Griffon.

DURKHEIM, É. (1980). *Éducation et sociologie.* Paris: Presses universitaires de France.

ECO, U. (1965). *L'œuvre ouverte.* Paris: Seuil.

FLACELIÈRE, R. (1980). *La vie quotidienne en Grèce au siècle de Périclès.* Paris: Hachette.

FORQUIN, J.-C. (1989). *École et culture. Le point de vue des sociologues britanniques.* Bruxelles: De Boeck-Wesmael.

FRAISSE, A. (1972). *Socrate. Portraits et enseignements.* Paris: Presses universitaires de France.

GOLDSCHMIDT, V. (1947). *Les Dialogues de Platon: structure et méthode dialectique.* Paris: Presses universitaires de France.

GUTHRIE, W.K.C. (1971). *Socrates.* VII. London: Cambridge University Press.

Guthrie, W.K.C. (1976). *Les sophistes.* Trad.: P. Cottereau. Paris: Payot.

JAEGER, W. (1964). *Paideia. La formation de l'homme grec.* Paris: Gallimard.

KANT, E. (1966). *Réflexions sur l'éducation.* Paris: J. Vrin (coll. «L'enfant»).

KOFMAN, S. (1989). *Socrate.* Paris: Galilée.

LÉVI-STRAUSS, C. (1961). *Race et histoire.* Paris: Gonthier.

MARROU, H.-I. (1981). *Histoire de l'éducation dans l'Antiquité.* Tome 1. Paris: Seuil.

MAUSS, M. (1967). *Manuel d'ethnographie.* Paris: Payot.

MIALARET, G., et VIAL, J. (1981). *Histoire mondiale de l'éducation.* Tome I. Paris: Presses universitaires de France.

MOREAU, J. (1961). «Platon et l'éducation», dans J. Château, *Les grands pédagogues.* Paris: Presses universitaires de France.

MOREAU, J. (1987). *Platon devant les sophistes.* Paris: J. Vrin.

PIAGET, J. (1972). *Où va l'Éducation?* Paris: Denoël/Gonthier (coll. Folio/essais).

PLATON. (1965). *Apologie de Socrate. Criton. Phédon.* Paris: Garnier/Flammarion.

PLATON. (1966). *La République.* Paris: Garnier/Flammarion.

POPPER, K. (1979). *La société ouverte et ses ennemis.* 2 volumes. Paris: Seuil.

RAMNOUX, C. (1968). *Héraclite: l'homme entre les choses et les mots.* 2e éd. Paris: Les Belles Lettres.

ROBIN, L. (1988). *Platon.* 2e éd. Paris: Presses universitaires de France.

ROMEYER-DHERBEY, G. (1985). *Les sophistes.* Paris: Presses universitaires de France (coll. «Que sais-je?»).

ROMILLY, J. de (1988). *Les Grands sophistes dans l'Athènes de Périclès.* Paris: Éditions de Fallois.

SCHUHL, P.-M. (1967). *L'œuvre de Platon.* 4e éd. Paris: J. Vrin (coll. «La recherche de la vérité»).

VERNANT, J.-P. (1962). *Les origines de la pensée grecque.* 4e éd. Paris: Maspero.

VERNANT, J.-P. «Grèce ancienne», dans *Encyclopædia Universalis.*

WEIL, É. (1982). «Qu'est-ce qu'une percée en histoire?». *Philosophie et réalité.* Paris: BAPP, p. 193-223.

YOUNG, M.F.D. (sous la dir. de) (1971). *Knowledge and Control; New Directions for the Sociology of Education.* London: Collier-Macmillan Publishers.

CHAPITRE 2

La naissance de l'école au Moyen Âge

Clermont Gauthier

CONTENU

RÉSUMÉ

On dit de l'école qu'elle est née au Moyen Âge, sous l'impulsion de l'Église (Durkheim, 1969). L'école s'inscrit dans le prolongement d'un mouvement qui commence avec les Grecs et se poursuit sous l'Empire romain. L'éducation romaine, formation rudimentaire et utilitaire associée à une pratique de paysannerie, s'enrichit des apports culturels des pays conquis: la culture grecque y est intégrée. Par ailleurs, le mouvement chrétien s'étend comme une force d'unification politique, culturelle et morale. L'Église a pour mission d'enseigner les bases permettant aux chrétiens d'accéder à la connaissance des textes sacrés. Elle est ainsi amenée à récupérer l'espace scolaire existant et à redéfinir l'éducation. Aux savoirs hétérogènes transmis traditionnellement dans des lieux divers, l'Église substitue l'« école », dès lors définie comme le lieu où des maîtres différents poursuivent un même objectif de connaissance qui est voué à la moralité et à la conversion au christianisme. L'éducation s'unifie autour de quelques propositions basales; l'école naît quant à elle en vertu des caractères qui la définissent: concentration, organisation et projet moral commun. Cette époque est suivie de la période carolingienne, caractérisée par le règne de Charlemagne, puis de la dernière période moyenâgeuse, la scolastique, marquée par un formalisme extrême.

Si l'éducation aboutit ainsi à l'organisation de l'école, il n'est toutefois pas encore question de pédagogie. Hormis la concentration de l'action éducative que le christianisme opère et la nature du matériel utilisé, l'enseignement demeure traditionnel: nombre sensiblement peu élevé d'élèves, mêmes contenus, même vision de l'apprentissage, même formation des maîtres sur le tas. Il faudra attendre encore longtemps pour que s'opère la révolution pédagogique.

INTRODUCTION

Dans ce chapitre, nous allons parcourir, à une vitesse vertigineuse, plusieurs siècles d'histoire, près d'un millénaire et demi. Nous étudierons brièvement la période de l'Antiquité romaine, plus particulièrement l'époque de l'Empire, au temps de Jésus, pour enchaîner ensuite avec ce long passage qu'est le Moyen Âge (du Ve au XVe siècle). Il est évident que, sur une aussi longue période, il s'est déroulé un nombre incalculable d'événements politiques, économiques et culturels. Un grand nombre de faits significatifs concernant l'éducation ont eu lieu. Pour alimenter nos propos, nous allons donc rappeler un ensemble de faits qui aideront à mieux saisir le contexte de l'époque, mais qui seront subordonnés à quelques idées maîtresses. Ces dernières nous apparaissent essentielles; nous allons les développer.

Puisqu'il est impossible de tout étudier et de tout connaître, il a fallu faire des choix. Nous avons d'abord fait celui d'insister sur les rapports étroits que l'Église entretient naturellement avec l'école, et qui sont un facteur important de perpétuation de la civilisation. Nous avons également choisi de mettre l'accent sur une idée avancée par Durkheim (1969) dans son magnifique ouvrage *L'évolution pédagogique en France*, dans lequel il soutient que l'école apparaît au Moyen Âge. Voilà une hypothèse intéressante au sens où, de nos jours, lorsqu'on voit partout des écoles, on est porté à penser que ces dernières ont toujours été là, qu'elles sont aussi vieilles que les étoiles. Aussi loin que l'on remonte dans ses souvenirs, que l'on soit de la ville ou de la campagne, on revoit des écoles. Et pourtant, ces dernières n'ont pas toujours existé; elles sont des créations humaines qui sont apparues quelque part, à une certaine période de l'histoire, dans un contexte donné. Nous allons nous demander dans ce chapitre: «Qu'est-ce que l'école? D'où vient-elle?»

Nous avons vu au chapitre précédent que les Grecs avaient été confrontés au pluralisme. Située sur les bords de la Méditerranée, la Grèce (ou plutôt les cités grecques) est un carrefour où s'arrêtent les étrangers pour des périodes plus ou moins longues. Les Grecs, grands voyageurs eux aussi, découvrent dans les contrées voisines différentes manières de comprendre le monde, d'organiser la *polis* (cité), d'éduquer la jeunesse, de se vêtir, de manger, d'honorer les dieux, de s'occuper des morts, etc.

À côtoyer tant de différences, tant de façons de faire et de vivre, on ne peut qu'être conduit à réfléchir sur sa propre existence. Dans un pays isolé des influences extérieures, chacun incorpore et reproduit, plus ou moins consciemment, la tradition dans laquelle il baigne et qu'il vient à prendre pour la seule façon de faire, de vivre et de penser: c'est le propre des sociétés traditionnelles. Mais il en va autrement dans les régions où les cultures s'entremêlent. Confrontés au pluralisme, les Grecs ont donc dû faire face à un choc culturel qui les a amenés à remettre en cause leurs traditions, leurs us et leurs coutumes. S'il y a plusieurs façons de gouverner, laquelle est la meilleure?, se demandait Aristote, qui comparait les constitutions de diverses cités grecques afin de trouver celle qui était la plus appropriée. S'il y a plusieurs formes d'éducation, laquelle est la meilleure? Les Grecs ont donc développé une approche rationnelle de la vie. Critiques de la tradition, ils s'en sont distanciés, ils se sont méfiés des apparences, des sens, et ils ont proposé une nouvelle forme de culture, un nouvel idéal de l'homme éduqué dont les Romains se sont inspirés par la suite.

Les Grecs ont donc été de grands éducateurs, de formidables professeurs, mais, selon Durkheim (1969), ils n'ont pas créé l'école. Il est effectivement possible d'enseigner en l'absence de l'école, du moins dans le sens où Durkheim la définit; c'est ce qu'ils firent. L'école avait besoin pour naître, on le verra, d'un ensemble de conditions que le christianisme était sans doute le seul à pouvoir lui donner. Après un court survol de l'époque romaine, nous verrons qu'au Moyen Âge, et sous l'influence du christianisme, un nouveau modèle de l'homme éduqué est apparu, une nouvelle vision du monde et de l'éducation a émergé, vision qui a provoqué la création d'une institution culturelle nouvelle: l'école.

2.1 APRÈS L'UNIFICATION DES GRECS ET DES ROMAINS, LE CHRISTIANISME OPÈRE UNE SYNTHÈSE À SON TOUR

2.1.1 Rome construit sur l'héritage grec et devient un formidable instrument d'unification

En 323 av. J.-C., Alexandre le Grand, empereur et élève d'Aristote, meurt. L'empire d'Alexandre, qui s'étend en Asie Mineure, en Égypte, en Mésopotamie, au-delà du golfe Persique jusqu'à l'Indus à 4000 kilomètres de la Grèce, commence alors à se morceler. Les généraux se partagent cet empire et ne tardent pas à se combattre. Avec Alexandre, la cité n'est plus désormais le facteur d'unité (Marrou, 1948a, p. 151). Il y a maintenant un «esprit grec», une sorte d'idéal d'humanité, d'esprit cultivé (poètes, penseurs, artistes, lettrés); une façon d'être qui se propage et qui va au-delà des frontières de la ville, façon d'être qui unit tous les Grecs, immigrants et barbares hellénisés.

> *Qu'est-ce qui fait, désormais, l'unité de ce monde grec?* [...] *Moins que jamais, c'est le sang; Isocrate l'avait déjà suggéré, mais cela est plus vrai encore à l'époque hellénistique où l'hellénisme s'incorpore et s'assimile tant d'éléments d'origine étrangère, Iraniens, Sémites, Égyptiens! Ce n'est pas non plus l'unité politique, qui n'a guère survécu à la mort d'Alexandre: ce ne peut être que le fait de communier en un même idéal, dans la même pensée concernant la finalité essentielle de l'homme et*

les moyens d'atteindre celle-ci, en un mot la communauté de civilisation ou, pour mieux dire, de culture. (Marrou, 1948a, p. 152.)

Peu de temps après la mort d'Alexandre, au IIIe siècle av. J.-C., la conquête romaine (282 à 146 av. J.-C.) débute et, en 146 av. J.-C., la Grèce devient une province romaine. Cette phase d'expansion de Rome, dite période de la République, avait déjà commencé auparavant (dès 509 av. J.-C.), pour se poursuivre (jusqu'en 27 av. J.-C.) en Italie d'abord, puis dans les cités grecques de Sicile (260 av. J.-C.), en Afrique du Nord (Carthage, 146 av. J.-C.), en Grèce (168 av. J.-C.), en Gaule (122 av. J.-C.), en Palestine (63 av. J.-C.), en somme, sur tout le pourtour du bassin méditerranéen. Puis, en 48 av. J.-C., Jules César, général des armées, qui vient de vaincre Vercingétorix en Gaule, s'oppose à Pompée (qui avait auparavant conquis l'Asie Mineure, la Syrie et la Palestine) et le défait dans un combat à Phrasale. César rentre à Rome et s'impose comme dictateur. Il est par la suite assassiné, et son fils, Auguste, prend le pouvoir et met en œuvre, en 27 av. J.-C., le système impérial qui a duré des siècles après lui. C'est la naissance d'un nouvel empire: l'Empire romain. Cette longue période (27 av. J.-C. à 476 apr. J.-C.) est marquée par l'apogée de Rome aux Ier et IIe siècles; cette période est aussi celle qui voit apparaître un personnage qui marquera grandement l'histoire: Jésus. Nous y reviendrons.

Il importe de noter que de la même façon que la Grèce a joué un rôle unificateur, Rome le fait tout autant; il y a aussi un «esprit romain» qui déborde le cadre étroit de la cité et qui s'exprime de plusieurs façons. On l'a vu, sur le plan militaire, Rome a conquis tout le bassin méditerranéen, et même une partie du Moyen-Orient. S'instaure alors une paix romaine de 250 ans qui permet à l'Empire de connaître une phase de prospérité économique et de croissance démographique importante. Cette longue période de relative tranquillité permet aux Romains d'assimiler, d'unifier et d'organiser progressivement les territoires conquis selon un modèle commun, le modèle romain.

Les Romains fonctionnent selon l'idée que l'État est une autorité qui transcende les individus. En ce sens, l'État est fondé sur la justice, c'est-à-dire le droit. Les Romains ont créé un Code, un système de lois qui s'applique à tous et partout dans l'Empire[1]. Sous l'Empire, on instaure également une même administration. En particulier avec Dioclétien, tout l'Empire est assujetti, sans exception, à l'impôt foncier; une même monnaie à l'effigie des empereurs est également utilisée. Les Romains considèrent, de plus, que l'organisation de la cité est le meilleur instrument de civilisation (Barrow, 1962, p. 112). Ainsi, on trouve partout le même type de ville romaine: même plan avec, tout comme à Rome, aqueducs, arcs de triomphe, thermes, amphithéâtres, etc. Un immense réseau routier permet le commerce, le déplacement rapide des armées et les communications entre les régions de l'Empire. Une même langue, le latin, finit par remplacer le grec comme langue diplomatique, et devient la langue de l'Empire (à partir du IVe siècle).

On peut ajouter que les Romains ont assuré une sorte d'unité en respectant les traditions des peuples conquis, tout en leur donnant la possibilité de servir l'État. En effet, les Romains n'ont pas cherché à unifier les pays conquis en niant leurs différences. Au contraire, ils ont laissé ces peuples pratiquer leur religion et leurs rituels à leur guise. Cela a son importance, car l'Empire regroupait plus de vingt peuples ayant des religions, des coutumes et des mœurs fort différentes. Rome a eu le trait de génie d'offrir aux peuples conquis la possibilité de participer à sa grandeur en devenant citoyens romains. L'octroi de la citoyenneté n'enlevait en aucune façon aux individus et communautés locales leur liberté. La citoyenneté donnait la possibilité de participer aux affaires de l'État (Meslin, 1978, p. 139). Elle était assortie d'une série de privilèges (droit de vote, droit d'être élu magistrat, droit de faire partie de la légion, donc de pouvoir toucher au butin des guerres, droit de mariage, donc citoyenneté automatique aux descendants, droit de propriété et de legs des biens aux héritiers, droit d'être jugé selon la loi romaine, etc.). Ces droits ont eu pour effet de faire de la citoyenneté romaine un statut souhaitable pour les ressortissants des peuples conquis et, partant, de cimenter d'une façon extraordinaire le modèle romain.

1. On notera, en passant, que le Code civil de la province de Québec est basé sur le Code Napoléon qui, à son tour, se fonde sur le Code romain de Justinien.

> *Cette civilisation unitaire, que Rome avait eu la sagesse de ne pas imposer, s'est spontanément développée. Avec la marque des originalités provinciales, la romanité s'est ainsi répandue d'un bord à l'autre de la Méditerranée, et de la Bretagne au Tigre, marquant de manière indélébile* [...] *l'esprit de tout l'Occident.* (Meslin, 1978, p. 141.)

Mais plus encore, cette forme de respect des traditions et d'esprit pragmatique a permis aux Romains de conserver la plus grande culture intellectuelle de l'époque, la culture grecque, et de ne pas brutalement se couper des trésors d'intelligence et de raffinement qu'elle recelait.

Il faut dire en premier lieu que l'éducation dans l'ancienne Rome du VIe siècle av. J.-C. est beaucoup plus rudimentaire et fort différente de l'éducation grecque. C'est une éducation de paysans, très attachée à la terre, à la tradition et aux coutumes ancestrales, à la famille, au bien public, au goût du travail acharné et à la frugalité. Il n'y a pas dans cette ancienne éducation latine d'aspects proprement intellectuels; le jeune Romain n'apprend que ce qui est utilitaire, seulement ce qu'il est nécessaire de savoir comme propriétaire terrien ou soldat-paysan (Marrou, 1948b, p. 25). Ce n'est qu'au IIe siècle av. J-C. qu'une littérature proprement romaine se développe. Même s'il y avait à Rome une tradition éducative originale, elle a grandement évolué sous l'influence grecque, à la suite des conquêtes romaines qui aboutissent à l'annexion de la Grèce en 146 av. J.-C. Les aristocrates romains savent très vite reconnaître les avantages que leur procure la connaissance de la langue et de la culture grecques. À cela il faut ajouter que l'Empire romain englobe plusieurs provinces (ancien Empire d'Alexandre) où l'on parle grec. Le grec, langue diplomatique et internationale d'alors, permet aux Romains de traiter avec bon nombre de leurs adversaires. On sait également qu'au IIe siècle av. J.-C. la rhétorique est considérée comme importante pour les Romains, qui ne manquent pas de recourir à cet art grec pour accroître leur efficacité politique. Même dans le domaine de l'astronomie, les Romains ont puisé dans l'héritage grec pour dégager des règles régissant le déplacement des armées (Marrou, 1948b, p. 32). Bref, les aristocrates romains s'enthousiasment pour l'esprit et la culture grecques: «Ainsi l'aristocratie romaine adopta, pour ses fils, l'éducation grecque» (Marrou, 1948b, p. 35).

Les Romains font appel à des maîtres grecs qui viennent donner des conférences, et ils font enseigner des esclaves grecs à leurs enfants. Certains jeunes Romains se rendent même en Grèce pour compléter leur formation. Cet engouement pour la culture grecque est bien exprimé par le célèbre vers d'Horace: «La Grèce vaincue a conquis à son tour son sauvage vainqueur et a apporté la civilisation au barbare Latium». Toutefois, malgré cet engouement pour la culture grecque, les Romains conservent une identité distincte; ils savent adapter et réformer l'école en fonction de leur propre culture et de leurs besoins.

Les Romains ont su, comme les Grecs dont ils assurent en quelque sorte la continuité, unifier leur empire: ils ont installé une sorte de romanité, d'esprit romain. Le christianisme naissant récupérera plus tard cet héritage.

2.1.2 L'Église, née sous l'Empire, unifie à son tour

On oublie souvent, en comparant d'une manière trop étroite les mondes grec et romain, que l'Église[2] a vu le jour «dans un petit canton juif, fortement hellénisé, du grand Empire romain» (Paupert, 1982, p. 130). On oublie facilement que le christianisme est le résultat de la rencontre des trois grandes cultures grecque, romaine et juive. Jésus, ce Juif né dans la Judée de l'empereur Auguste, dans une région ayant subi l'influence grecque, a inspiré des disciples qui ont jeté les bases de ce qui est devenu l'énorme

2. Dans ce chapitre, nous utilisons de manière presque synonyme les termes «Église» et «christianisme». Il faut cependant préciser que le terme «Église» est chargé d'ambiguïté. L'Église du Moyen Âge a trait à la totalité de la société, c'est-à-dire à l'ensemble des hommes et des femmes de la chrétienté, mais elle a aussi trait à divers groupes chrétiens. L'Église du Moyen Âge s'est organisée et hiérarchisée progressivement, et il serait préférable, sans doute, de parler des divers groupes qui la composent à divers moments (clergé, papauté, conciles, seigneurs ecclésiastiques). On ne peut donc comprendre l'Église du Moyen Âge en faisant allusion à toute la structure hiérarchique que représente ce terme de nos jours. Par ailleurs, pour des raisons de commodité, nous utilisons indistinctement les termes «Église» et «chrétienté».

édifice de la religion chrétienne, religion qui a joué un rôle considérable dans la perpétuation de la civilisation.

L'étymologie du mot «religion» nous apprend que le terme signifie «*religare*», c'est-à-dire «lier». La religion permet aux hommes de se lier aux dieux et, partant, de se lier les uns aux autres. Lier et unifier, on le verra, le christianisme l'a fait mieux que toute autre institution.

Comment l'Église sera-t-elle un facteur d'unification? Elle le sera de plusieurs manières.

L'Église sert à l'unité politique de l'Empire romain

D'abord persécutée sous l'Empire romain, l'Église a ensuite été tolérée avant d'être imposée comme religion officielle et de devenir l'un des organes de l'Empire (Durkheim, 1969, p. 27). En effet, en moins d'un siècle, on assiste à un revirement radical. À la fin du IIIe et au début du IVe siècles, sous Dioclétien (284-305), les persécutions sont systématiques, car on craint alors pour l'unité de l'Empire. Quelque temps plus tard, l'empereur Constantin se convertit au christianisme et, à la fin du IVe siècle (en 392), sous Théodose Ier dit le Grand, la religion chrétienne devient la religion officielle de l'Empire. À cette époque, dans la partie occidentale de l'Empire, «romain» et «chrétien» sont pratiquement des termes synonymes (Ballard, Genet et Rouche, 1990, p. 25).

Comment expliquer ce revirement d'attitude face au christianisme? D'abord, en ce qui concerne les persécutions, il faut mentionner que les premiers chrétiens ont été persécutés par les Juifs, qui les considéraient comme des éléments schismatiques. On ne pouvait croire que ce messie tant attendu et promis par la Bible, ce fils de Dieu qui devait libérer le peuple juif de l'oppresseur, ce sauveur, se présenterait dans des conditions aussi modestes: né dans une étable, fils de charpentier et mort sur une croix.

> [Pour les Juifs,] *Jésus n'est qu'un «faux prophète» provocateur, qui a pris ouvertement à contre-pied l'enseignement juif traditionnel en donnant de nouvelles interprétations de la Loi.* (Salles, 1993, p. 134.)

Ensuite, les Romains, à plusieurs reprises, dès Néron (en 64), ont vu dans les premiers chrétiens une menace à l'unité de l'Empire et les ont persécutés. Ainsi, les persécutions des chrétiens se poursuivent jusqu'au tout début du IVe siècle.

Or, on l'a dit, les Romains étaient habituellement assez tolérants face aux autres religions. Cependant, ils ne l'étaient que dans la mesure où la sécurité de l'État n'était pas en jeu. Les chrétiens représentaient une menace, notamment par leur refus de prêter serment de fidélité à l'empereur. Ces disciples de Jésus qui voulaient sur terre établir le Royaume de Dieu allaient-ils créer un État dans l'État? Les Romains le craignaient. De plus, le monothéisme chrétien différait considérablement du «vivre et laisser vivre» romain envers les autres religions. Pour les chrétiens, il n'y a qu'un seul Dieu, et par conséquent les dieux romains étaient de faux dieux. Une telle position était inquiétante aux yeux des Romains, soucieux de ne pas déplaire aux dieux, parce qu'elle pouvait entraîner la vengeance divine contre l'Empire (Salles, 1993, p. 137). À partir du IIe siècle, la prédisposition des chrétiens au martyre les poussait à provoquer les Romains (Barrow, 1962, p. 151). Le martyre est alors vu comme l'expression suprême de la foi, le supplicié vivant une sorte d'exaltation en s'identifiant à Jésus dans ses souffrances (Salles, 1993, p. 139). Enfin, les premiers chrétiens veulent montrer à tous que le monde tire à sa fin: «Repentez-vous, car le Royaume des Cieux est tout proche», dit l'Évangile (Matthieu, IV, 17). Quelle méfiance les Romains n'entretiennent-ils pas à leur endroit[3]!

Pourtant, malgré cet ensemble d'éléments suspicieux aux yeux des Romains, ces derniers font, à la fin du IVe siècle, du christianisme la religion officielle de l'État. Constantin se convertit au christianisme puis, plus tard, Théodose Ier le Grand oblige chaque habitant de l'Empire à devenir chrétien. On se rend sans doute compte que le christianisme est déjà une

3. À cela, il est indispensable d'ajouter que la citoyenneté romaine n'est offerte qu'à l'étranger qui est assimilé ou qui désire l'être. L'autre étranger, le barbare, continue pour le Romain d'appartenir à une humanité inférieure. Cela aide à comprendre pourquoi la diffusion du christianisme auprès des barbares, comme auprès des esclaves, était contradictoire aux valeurs romaines et contribuait également à ébranler les fondements de l'Empire.

force importante dans l'Empire; en effet, plus de 50% de la population est chrétienne au début du IVe siècle. De plus, dans un empire de luxure, en pleine période de déclin, empire qui commence à se sentir menacé par les barbares, l'Église peut servir de «réarmement moral» (Durkheim, 1969, p. 27). Le fidèle doit en effet vivre selon une morale de renoncement, mépriser les joies de ce monde, refuser la luxure, bannir les plaisirs de la chair; bref, l'Église propose une série de mesures dont ne peuvent que profiter des Romains blasés de la richesse. L'Église apparaît donc comme un facteur de cohésion politique sous l'Empire.

Le christianisme contient dans sa doctrine un principe universaliste

Au début, l'Église naissante jouit de la paix romaine et de la tolérance des Romains envers les religions des pays conquis. Elle a donc prospéré dans la population de l'Empire. Saint Paul est un grand artisan de cette expansion; il parcourt l'Empire sur les voies romaines, créant partout des communautés chrétiennes. Cependant, cela ne se serait pas fait aussi rapidement si le christianisme n'avait pas recelé en lui-même une idée, un principe qui le pousse à se propager. Contrairement à l'hindouisme, religion purement contemplative où l'individu doit se fondre dans le grand tout qu'est l'univers, le chrétien doit veiller non seulement à son propre salut, mais aussi à celui de l'humanité (Durkheim, 1969, p. 32). Jésus n'a-t-il pas dit:

> *Allez donc, de toutes les nations faites des disciples, les baptisant au nom du Père et du Fils et du Saint-Esprit, et leur apprenant à observer tout ce que je vous ai prescrit.* (Matthieu, XXVIII, 19.)

Que signifie cette injonction, sinon l'intention de répandre le message chrétien à toute la terre, à tous les peuples, sans distinction de sexe, de classe, de race, de fortune?

Cette mission salvatrice caractérise le christianisme. Elle était inconnue des Grecs, des Romains et également des Juifs.

> *La foi chrétienne* [...] *développa très tôt l'idée systématique de mission. Il fallait que naissent partout des communautés qui célébreraient le nom de Jésus. À terme toutes les nations seraient élues, rachetées et sanctifiées par le sang de Jésus. Elles formeraient une seule nation, un seul peuple, elles seraient l'assemblée des saints, le corps même du Seigneur.* (Beaude, 1993, p. 40.)

L'Église accueille les hommes de toutes les conditions

Corollaire du principe universaliste, l'Église accueille tous les humains sans exception, incluant les pauvres et les déshérités. «Bienheureux les pauvres en esprit car le Royaume des Cieux est à eux», proclame-t-on dans les *Béatitudes* (Matthieu, V, 3). Jésus, pauvre de condition, propose une religion qui donne l'espoir aux déshérités, aux pécheurs, aux malades et aux gueux. C'est ce qui explique le succès de la religion auprès des barbares, peuplades nomades et pauvres.

> *C'était, par excellence, la religion des petits, des humbles, des pauvres, pauvres de bien et pauvres d'esprit. Elle exaltait les vertus de l'humilité, de la médiocrité tant intellectuelle que matérielle. Elle vantait la simplicité des cœurs et des intelligences.* (Durkheim, 1969, p. 28.)

C'est donc la majorité de la population qui peut recevoir le message de Jésus.

S'il a suscité, au début, bien des réticences de la part des gens instruits et riches, le christianisme a fini par atteindre la population cultivée. Il faut bien comprendre que le message du Christ n'empêche en aucune façon les gens de condition élevée d'accéder un jour au Royaume de Dieu. En fait, il leur dit: peu importe votre condition, observez les règles, aimez votre prochain et vous aurez la vie éternelle. Ce n'est pas votre argent ni votre science qui vous sauvera, c'est votre respect du message de l'Évangile.

> *Dans l'Antiquité, la conversion au christianisme exigeait, de la part d'un homme cultivé, un effort de renoncement, de dépassement: il lui fallait confesser la vanité radicale, admettre les limites, de cette culture dont jusque-là il avait vécu.* (Marrou, 1948b, p. 135.)

L'homme cultivé, selon la norme classique, peut devenir orateur ou philosophe, se lancer dans l'action politique ou la contemplation des Idées; il a maintenant un autre choix, devenir chrétien, s'ouvrir à la Bonne Nouvelle, faire de l'exégèse et de la théologie (Marrou, 1948b, p. 134). On trouvera donc, à la fin du IIe siècle, des écrivains chrétiens (Clément d'Alexandrie, Hippolyte à Rome, Tertullien à Carthage) que Marrou (1977, p. 61) décrit ainsi:

> [Ils] *ont pleinement assimilé la culture intellectuelle de leur temps* [grecque et romaine] *sous sa forme la plus élevée et la plus complète. En eux et par eux s'est nouée une synthèse que les siècles révéleront indissoluble entre la foi chrétienne et la culture classique.*

L'Église incorpore la culture de son temps: la culture juive, grecque, romaine

Le christianisme se présente d'abord comme un mouvement interne du judaïsme. Jésus est un Juif et les premières communautés chrétiennes s'installent à Jérusalem. Le christianisme s'inscrit dans la continuité de la culture juive. On le sait, le judaïsme suppose la connaissance de la Loi révélée et écrite. L'éducation religieuse juive est fondée sur l'étude des textes sacrés de l'Ancien Testament. De la même façon, le christianisme s'inscrit dans la tradition écrite et est une religion «savante» basée sur l'étude du Nouveau Testament. Le Christ étant un Juif, il a pratiqué la loi juive, tout en s'attaquant au formalisme de son application. Dans ce sens, il était venu la parfaire et non l'abolir (Paupert, 1982, p. 167). En conséquence, on trouve dans le christianisme une insistance sur la connaissance des Saintes Écritures, donc sur la nécessité d'être lettré. Il faut préciser que, jusque vers l'an 50, tout l'enseignement chrétien se fait oralement. Puis, saint Paul rédige ses épîtres pour soutenir dans leur foi diverses communautés chrétiennes nouvellement fondées. Les Évangiles de Marc, Matthieu et Luc auraient été écrits entre 70 et 80; celui de Jean, vers 95. L'ensemble des textes (les quatre évangiles, les Actes des apôtres, les épîtres de saint Paul, etc.) qui constituent le corps de la doctrine, appelé le Nouveau Testament, aurait été définitivement fixé vers le IIIe siècle. Le christianisme s'inscrit donc dans un rapport très intime au livre, à l'écriture, au texte, à la nécessité d'être lettré.

Cependant, il faut également rappeler que le christianisme naît et se déploie dans l'Empire romain qui a conquis toute la Palestine. Le christianisme subit donc l'influence romaine. De plus, on sait que la partie orientale de l'Empire est fortement hellénisée à la suite des conquêtes d'Alexandre, et qu'on y parle encore grec. C'est cette partie de l'Empire qui subit d'abord l'influence du christianisme. Il n'est donc pas surprenant d'apprendre que le Nouveau Testament a d'abord été écrit en grec.

En conséquence, le christianisme apparaît et se répand dans un monde païen qui est, il faut le dire, un monde lettré. Comme le christianisme a besoin «des lettres», il devient «inconcevable de renoncer aux études profanes, sans lesquelles les études religieuses deviennent impossibles (il faut bien, pour commencer, apprendre à lire)» (Marrou, 1948b, p. 137). En ce sens, la culture païenne et la religion chrétienne, loin de s'opposer radicalement, se sont constamment croisées. Le christianisme a accepté les écoles classiques grecques et romaines en place. Ce fait est essentiel. L'Église primitive, parfaitement consciente du caractère «savant», lettré de la religion chrétienne, a laissé la jeunesse se former dans les écoles de type païen, c'est-à-dire les écoles grecques et romaines. Il s'est cependant donné en milieu chrétien un enseignement exclusivement chrétien, mais à côté des écoles païennes. Ces écoles d'initiation doctrinale étaient semblables aux «*sunday schools*» anglo-saxons, mais fort différentes de ce que seront les écoles chrétiennes du Moyen Âge. La formation scolaire de base, lire et écrire, était cependant acquise dans les écoles païennes.

En somme, le christianisme se déploie dans un univers où se rencontrent les trois immenses cultures—juive, grecque et romaine. Le christianisme est donc influencé par ses sources juives, notamment celle qui donne la plus haute valeur aux Écritures. Il puise également à la pensée grecque et à ses exigences de rationalité. Songeons par exemple à Platon, qui veut dépasser les sens pour atteindre la Vérité, et à l'ascèse de l'allégorie de la caverne. Enfin, le christianisme se déploie en plein Empire romain; comment s'étonner alors que le latin, langue de l'Empire, devienne aussi la langue de l'Église? L'exemple par excellence de cet amalgame de trois cultures est personnifié par saint Paul. Juif (il s'appelait Saül) nouvellement converti au christianisme, citoyen romain, il prêche en grec (Barrow, 1962, p. 152). L'épître de saint Paul aux Romains est écrite en grec.

En conclusion, l'Église joue un rôle important d'unification. Elle s'est développée durant la paix romaine, et a même servi de facteur de cohésion politique. Elle sert de médiateur entre plusieurs peuples hétérogènes. Elle permet que des individus de toutes les conditions puissent se réunir autour d'un même sujet, Dieu, *religare*. Mais, ce qui est plus important, c'est que l'Église donne plus qu'une foi et qu'un ensemble de rites; elle apporte un système d'idées, un ensemble de raisonnements, un corps de doctrines solidement constitué. Elle fournit aussi une culture, une vision du monde, une façon de saisir la réalité qui puise aux sources grecques, romaines et juives.

C'est pour cette raison que la religion chrétienne doit être **enseignée**, parce que, fondamentalement, elle est plus qu'un ensemble de rites; elle est un savoir théorique, elle exige du chrétien d'être lettré. Pour être chrétien, il faut plus que pratiquer machinalement certains rituels traditionnels, il faut penser, méditer, admettre certaines idées; en somme, il faut écouter de nouveau les paroles mêmes du Christ consignées dans les Écritures:

> *Or, pour inculquer des pratiques, un simple dressage machinal suffit ou même est seul efficace, mais des idées, des sentiments ne peuvent se communiquer que par la voie de l'enseignement, que cet enseignement s'adresse au cœur ou à la raison, ou à l'un et à l'autre à la fois. Et c'est pourquoi, dès que le christianisme fut fondé, la prédication, qui était au contraire inconnue de l'Antiquité, y prit tout de suite une grande part; car, prêcher, c'est enseigner. Or, l'enseignement suppose une culture, et il n'y avait pas d'autre culture, alors, que la culture païenne. Il fallait donc bien que l'Église se l'appropriât. L'enseignement, la prédication, supposent chez celui qui enseigne ou qui prêche une certaine pratique de la langue, une certaine dialectique, une certaine connaissance de l'homme et de l'histoire. Or, ces connaissances, où les trouver sinon dans les œuvres des Anciens?* (Durkheim, 1969, p. 30.)

L'Église a donc progressivement été amenée à ouvrir des écoles. C'est ce qui nous conduit à notre seconde partie: le christianisme donne naissance à l'école au Moyen Âge.

2.2 LE CHRISTIANISME DONNE NAISSANCE À L'ÉCOLE

On l'a vu, le christianisme est plus qu'un assemblage de rites: il comporte une doctrine, un corps de savoirs. Aussi, pour être chrétien il faut être éduqué; il faut un minimum de civilisation. Étant donné que la religion chrétienne tend également à rassembler, à unifier, elle a tout pour être civilisatrice, éducative. On ne sera donc pas surpris de voir que l'école et le christianisme opèrent dans une relation très étroite, et que le christianisme a permis à l'école de se propager.

2.2.1 La civilisation a régressé considérablement avec les migrations germaniques[4] (IVe, Ve et VIe siècles)

Déjà, à la fin du IIIe siècle de notre ère, l'Empire romain a amorcé son déclin. La corruption du pouvoir est généralisée; la fiscalité, écrasante. Les Romains ne se sentent plus en sécurité à l'intérieur de leurs propres frontières. Eux qui avaient été de si bons guerriers en étaient venus à engager des mercenaires étant donné que les besoins de l'Empire obligeaient le recrutement d'un nombre accru de soldats qui n'étaient pas des Romains. Le soldat romain est désormais, la plupart du temps, un barbare recruté parmi les tribus vaincues. On poste les chefs de ces tribus aux frontières qu'ils doivent défendre. Rome a pour ainsi dire donné les clés du pays à ses futurs envahisseurs (Ballard, Genet et Rouche, 1990, p. 25).

Des barbares, qui ont pillé Rome une première fois en 410, ont provoqué la chute de l'Empire d'Occident en 476. Il faut noter cependant que l'empire avait été divisé en deux auparavant, celui d'Occident et celui d'Orient. L'Empire d'Orient, ou Empire byzantin, a résisté à ces migrations et ne s'est éteint qu'en 1453[5]. Délogés d'Asie, les Huns se déploient vers l'ouest, et déplacent à leur tour des tribus

4. Dans les manuels classiques d'histoire, on appelle aussi ces migrations «invasions barbares». Le terme «barbare», même s'il réfère plus à l'étranger qu'au non civilisé, conserve néanmoins ce halo de mépris dont il est difficile de se débarrasser.

5. Il faut mentionner que, dès le IVe siècle, Rome et Constantinople commencent à s'éloigner l'une de l'autre. L'Orient redevient grec dans le cadre institutionnel romain, et tant l'Islam que Byzance sont les grandes civilisations qui ont émergé. Le latin était la langue de l'Église d'Occident et le grec, celle de l'Église d'Orient. À ce moment-là, l'Occident était une sorte de tiers-monde qui ne commença à se ressaisir et à dominer que vers le XIe siècle.

germaniques qui, elles, poussent leurs voisins. En 371, les Wisigoths franchissent le Danube; puis ils envahissent l'Italie et saccagent Rome en 410. Le choc moral est immense pour les Romains, mais il n'y eut aucune réaction (Ballard, Genet et Rouche, 1990, p. 25). Par la suite, les Wisigoths se rendent jusqu'en Espagne, où ils délogent un autre peuple germanique, les Vandales, qui à leur tour se réfugient en Afrique du Nord, dans l'ancienne capitale romaine, Carthage. De là, les Vandales attaquent l'Italie et ravagent Rome en 455, qui n'a plus désormais la maîtrise de la Méditerranée. Ces diverses tribus concluent des alliances avec Rome, qui leur octroie un territoire en échange d'une aide militaire: c'est dire toute la faiblesse de l'Empire à ce moment-là. Les traités n'ont évidemment pas été respectés. En 476, l'Empire romain d'Occident passe aux mains de ces divers groupes, qui se combattront entre eux sans cesse dans les années qui suivront.

Même si certaines peuplades détruisent tout sur leur passage, pillant, brûlant, massacrant ce qu'ils trouvent devant eux, il reste que les historiens n'attribuent plus aujourd'hui aux «invasions barbares» des actes aussi sanguinaires et déchaînés que jadis. Les mouvements des populations germaniques se sont plutôt déroulés sur quelques générations et ont rarement été des invasions massives. Ils ont néanmoins été, avec l'insécurité généralisée, l'impuissance administrative, la crise économique et l'effondrement idéologique ressentis alors, un facteur important de la mutation de la société romaine en Occident. Celle-ci a été décisive. En effet, de la fin du Ve siècle au début du VIe, le paysage de la civilisation romaine s'est transformé de façon radicale: d'une grande civilisation on passe à la déchéance. Ce qui a fait dire à Durkheim (1969, p. 41): «On n'écrivait plus parce qu'on ne savait plus écrire.»

2.2.2 L'Église devient le lieu de protection de la culture

Les historiens ont l'habitude de situer le début du Moyen Âge à la chute de l'Empire romain d'Occident. La désagrégation de l'Empire marque la fin d'un monde et le début d'une autre époque beaucoup moins éclatante, mais néanmoins féconde. L'Église jouera un rôle majeur dans les siècles qui vont suivre: «si, à ce moment, l'Église ne s'était trouvée là, c'en était fait de la culture humaine, et l'on peut se demander ce qui serait advenu de la civilisation» (Durkheim, 1969, p. 41)[6]. Quand l'Empire s'éteint en 476, l'Église demeure la seule force organisée capable de transmettre l'héritage gréco-romain (Langlois et Villemure, 1992, p. 94). Il n'y a plus alors d'écoles païennes:

> *De toutes les écoles municipales qui avaient illustré la Gaule à partir du IVe siècle, il ne reste rien; elles furent toutes balayées, emportées par le torrent de l'invasion; seules les écoles des cathédrales et des monastères restèrent ouvertes.* (Durkheim, 1969, p. 42.)

Marrou (1948b, p. 169.)va dans le même sens: «Au VIe siècle, il n'y a plus d'autre enseignement que celui que l'Église s'efforce désormais d'assumer.»

Il ne faut pas se surprendre que l'Église joue alors le rôle de protecteur de la culture intellectuelle parce que, on l'a vu, elle entretient un rapport assez intime avec cette dernière. Elle réussit à protéger la culture parce qu'elle est une religion savante basée sur un système d'idées, et non simplement une religion faite de pratiques, de rituels. Elle a besoin de la culture pour exister. Elle réussit également à protéger la culture parce qu'elle a des visées universelles qui l'amènent à prêcher la Bonne Nouvelle. La prédication, inconnue dans l'Antiquité, suppose un prédicateur cultivé et engendre une certaine culture chez le converti.

En conséquence, l'Église assure la continuité culturelle en créant trois types d'écoles, soit les écoles monacales, épiscopales et presbytérales.

> *Elles sont nées non seulement du besoin de remplacer l'école antique qui avait disparu, mais aussi [...] du désir de créer un nouveau genre de culture, fondée uniquement sur l'étude des textes sacrés.* (Riché, 1979, p. 190.)

6. Ici, Durkheim véhicule les préjugés de son époque qui identifie la culture humaine à la culture humaniste bourgeoise. Il faudrait plutôt comprendre, par cette citation, la culture intellectuelle d'une élite, et non toute culture. De même, il faut entendre par déclin de la civilisation, la diminution de l'importance des lettres.

Pour les écoles monacales, une impulsion vient notamment du sud de l'Italie par saint Benoît, fondateur de l'ordre des moines bénédictins au VIe siècle. Même si les Bénédictins n'ont pas pour mission de défendre la cause des lettres, il n'en demeure pas moins qu'ils s'adonnent à la lecture des livres saints, et que leur exemple illustre comment les lettres grecques et romaines ont pu se rendre jusqu'à nous.

Mais par livres saints il fallait entendre, outre l'Ancien et le Nouveau Testament, tous les commentaires, tous les exposés qui en avaient été faits par les Pères les plus réputés [...] *Mais, par cela même, la porte était ouverte à l'étude et à la réflexion. Car qui peut dire où commence la liste des Pères les plus orthodoxes et les plus réputés? Puis, pour comprendre leurs commentaires, leurs controverses, il fallait connaître les théories qu'ils discutaient et qu'ils rejetaient. Et c'est ainsi que la littérature profane trouvait nécessairement accès dans les monastères.* (Durkheim, 1969, p. 45.)

Les monastères ont des bibliothèques; les moines transcrivent les manuscrits, écrivent les chroniques, traduisent des ouvrages. De plus, les moines voyagent et propagent des idées. D'ailleurs, les Bénédictins rencontrent les moines d'Irlande, qui accordent une grande importance aux lettres et à la culture grecques.

Le VIe siècle voit aussi apparaître un autre type d'école chrétienne: l'école épiscopale.

Plus la décadence s'accentue, plus il devient difficile de trouver des jeunes gens ayant reçu ce minimum de culture littéraire sans lequel la formation cléricale et l'exercice du ministère ecclésiastique sont impossibles. C'est pourquoi nous voyons, par exemple en France aux temps mérovingiens, les évêques amenés à s'occuper eux-mêmes directement de l'instruction élémentaire de certains enfants. (Marrou, 1948b, p. 155.)

Pour assurer le recrutement du clergé et lui procurer une instruction littéraire élémentaire, il faut que les évêques créent des écoles.

Enfin, à la suite d'une ordonnance du concile de Vaison II en 529, on prescrit à tous les prêtres de paroisse rurale de recevoir chez eux et d'instruire chrétiennement les jeunes gens, afin de leur apprendre à lire les Écritures et de préparer la relève (Marrou, 1948b, p. 157). Les fonctions d'instituteur et de curé de village sont donc unies.

La création d'écoles chrétiennes marque un tournant important. En effet, pour Marrou, sauf quelques exceptions, les chrétiens n'ont pas créé d'écoles durant l'Antiquité. Ils ont plutôt participé aux écoles païennes existantes. Ils ont, parallèlement à cela, assuré la formation chrétienne de leurs ouailles dans des «écoles du dimanche». Cependant, le Moyen Âge voit apparaître une école d'un type nouveau, qui n'a plus rien d'antique dans l'esprit (Marrou, 1948b, p. 149). L'école chrétienne du Moyen Âge, qu'elle soit monacale, épiscopale ou presbytérale, s'inscrit dans une tout autre dynamique: elle associe «éducation chrétienne» et «instruction», d'une part, et «formation aux vertus religieuses» et «formation littéraire», d'autre part.

Pour le maître du Haut Moyen Âge, il n'y a pas de frontières entre les formations humaine, religieuse et intellectuelle des enfants; il est en même temps éducateur et professeur. (Riché, 1979, p. 214.)

Cette association de l'instruction littéraire et de l'éducation religieuse fait de l'école chrétienne du Moyen Âge un type si particulier d'école que Durkheim lui attribue le concept même d'**école**.

2.2.3 Qu'est-ce que l'école au Moyen Âge?

En fait, nous jouons sur les mots, mais le jeu a son importance, car il marque un changement important dans toute la tradition occidentale, et ce pour les siècles à venir. Comment pouvons-nous soutenir que l'école apparaît au Moyen Âge alors que l'on sait bien qu'il y avait déjà des écoles dans l'Antiquité, tant chez les Grecs que chez les Romains? On vient de le voir, le changement qui apparaît avec les écoles chrétiennes du Moyen Âge réside précisément dans cette union de l'instruction littéraire et de la formation religieuse. Pour Durkheim (1969, p. 39), la signification même de l'école se trouve là: l'école chrétienne fait plus qu'instruire aux rudiments, elle est aussi et surtout un **milieu moral organisé**. En cela, dit-il, elle mérite le titre d'école véritable. Dans cette perspective, en faisant de l'école un concept qui dépasse la notion ordinaire d'école issue du sens commun, l'apport de Durkheim est majeur, en ce qu'il permet de percevoir une différence importante: avec l'école chrétienne du Moyen Âge, l'école est désormais plus qu'un lieu où l'on transmet des connaissances, c'est d'abord et avant tout un milieu d'éducation, de formation.

Examinons la question. Dans l'Antiquité grecque ou romaine, l'élève reçoit son instruction de maîtres différents n'ayant aucun lien entre eux.

> *Il allait chez le grammatiste ou le littérator apprendre la grammaire, chez le cithariste apprendre la musique, chez le rhétor apprendre la rhétorique, etc.* (Durkheim, 1969, p. 34.)

Souvent ces maîtres ne se connaissent même pas et tiennent école dans des lieux différents. Ils ne partagent donc pas les mêmes buts. En fait, ils dotent l'individu de connaissances qui s'acquièrent séparément et qui ne se relient entre elles qu'extérieurement.

> *Le maître d'école est chargé d'un secteur spécialisé de l'instruction; il équipe techniquement l'intelligence de l'enfant, mais ce n'est pas lui qui éduque. L'essentiel de la formation, c'est la formation morale, celle du caractère, du style de vie. Le «maître» n'est chargé que d'apprendre à lire, ce qui est beaucoup moins important.* (Marrou, 1948a, p. 222.)

Bref, chacun des maîtres «travaille» sur le jeune à sa manière, à partir de sa spécialité et en fonction de ses buts particuliers. Ces contenus hétérogènes forment un ensemble assez disparate.

Tout autre est la vision de l'école chrétienne du Moyen Âge. Même s'il peut y avoir plusieurs maîtres à l'école qui enseignent des contenus différents, ils sont cependant fortement liés entre eux. Ils partagent le même but; ils veulent toucher l'élève dans son âme afin de le convertir au message de Jésus-Christ. Chacun oriente son enseignement, peu importe le contenu, vers ce but unique qui est la conversion de l'élève. En ce sens, on assiste à une très forte concentration d'influences qui se renforcent mutuellement. Cette influence est très importante dans les convicts (monastères) où, en un même lieu, l'esprit des jeunes est imprégné de religion d'une manière continue, du lever jusqu'au coucher. À la disparition de l'école antique, le Moyen Âge répond par des écoles chrétiennes présentant une forte cohésion. À l'éducation compartimentée de l'Antiquité, le Moyen Âge substitue une éducation intégrée, complète, totale, qui encadre complètement l'individu.

> *Il s'agissait* [dans l'Antiquité] *non d'agir sur la personnalité dans ce qui fait son unité fondamentale, mais de la revêtir d'une sorte d'armature extérieure dont les différentes pièces pouvaient être forgées indépendamment les unes des autres, si bien que chaque ouvrier pouvait y mettre la main séparément. Le christianisme, au contraire, eut très vite l'idée que, sous cet état particulier de l'intelligence et de la sensibilité, il y a en chacun de nous un état plus profond d'où les premiers dérivent et où ils trouvent leur unité; et que c'est cet état profond qu'il faut atteindre si l'on veut vraiment faire œuvre d'éducateur, exercer une action durable.* (Durkheim, 1969, p. 37.)

Aujourd'hui encore, cette idée de faire converger les influences pour éduquer est présente, même si l'aspect religieux est moins présent. On cherche encore, de nos jours, à ce que l'école soit plus qu'un simple lieu d'instruction, lieu où des maîtres, à tour de rôle, transmettent leur savoir. On veut que l'école éduque; on veut qu'elle façonne en profondeur les élèves, qu'elle leur inculque des valeurs. On désire que l'école soit plus qu'une usine à transmettre des savoirs, mais bien un milieu moral organisé. À ce titre, on peut se référer notamment au concept de projet éducatif qui a connu une certaine vogue dans les écoles du Québec dans les années 1980. Ne consistait-il pas précisément à faire en sorte qu'une école soit plus qu'un simple lieu où se donnent des cours de façon parallèle, mais un espace où l'ensemble du personnel (enseignants, directeurs, secrétaires, concierges, etc.) participe à la diffusion des mêmes valeurs, conjugue ses énergies à la réalisation des mêmes buts?

En conclusion, on comprend maintenant mieux pourquoi Durkheim se plaît à dire que l'école apparaît au Moyen Âge:

> *Une école, ce n'est pas seulement un local où un maître enseigne; c'est un être moral, un milieu moral, imprégné de certaines idées, de certains sentiments, un milieu qui enveloppe le maître aussi bien que les élèves. Or, l'Antiquité n'a rien connu de pareil. Elle a eu des maîtres, elle n'a pas eu d'Écoles véritables. Le Moyen Âge a donc été, en pédagogie, novateur.* (Durkheim, 1969, p. 40.)

Les principaux éléments que nous venons de voir sont résumés dans le tableau 2.1.

TABLEAU 2.1
Un tableau comparatif des conceptions de l'école de l'Antiquité et de celle du Moyen Âge

Antiquité	Moyen Âge
– Diversité de but Pas de fin unique – On veut doter l'individu de connaissances, d'habiletés qui pouvaient s'acquérir séparément (beau corps, bel esprit, beau parleur, bon musicien). – On tente de former l'esprit pour bien paraître.	– Unité de but Direction morale précise: christianiser – On veut agir sur la personnalité en profondeur, former une certaine attitude de l'âme, **convertir** (*convertere*): se tourner vers (se tourner vers Dieu et se détourner des choses terrestres). – On tente de toucher l'âme: le plus profond à l'intérieur.
– Maîtres différents sans liens entre eux (grammatiste, pédotribe, cithariste, rhetor) – Ces enseignements s'ignorent mutuellement. Chacun poursuit sa fin. – Enseignement aux contenus hétérogènes – Dispersion	– Maîtres différents unis (partageant le même but) – Chaque maître enseigne dans son domaine tout en participant à la fin commune. – Enseignement au contenu homogène (unité d'enseignement) – Concentration
– Dans des lieux différents Contacts occasionnels maître-élève – Élèves passagers	– Dans un même lieu Contacts étroits, soutenus et permanents (convicts) – Élèves permanents
– L'Antiquité a eu des maîtres.	– Le Moyen Âge a eu l'**école**: «un milieu moral organisé».

Ici, il est nécessaire de faire une remarque importante. À lire les interprétations des historiens de l'éducation, on entend souvent ces derniers parler de pédagogie. Ils emploient souvent le terme «pédagogie» comme synonyme d'«éducation». Or, on le verra plus avant dans ce livre, nous utiliserons le mot «pédagogie» dans un sens très précis qui diffère considérablement du concept d'éducation. Aussi nous ne pouvons être d'accord avec Durkheim lorsqu'il soutient, dans la citation plus haut, que le Moyen Âge a été novateur en pédagogie. Au contraire, nous pensons que si le Moyen Âge a été novateur en créant l'école, il n'a pas nécessairement apporté une révolution dans les méthodes d'enseignement. En fait, nous soutenons plutôt l'opinion que, tout comme chez les Grecs et chez les Romains, il n'y avait pas, à proprement parler, de souci pédagogique au Moyen Âge.

En ce qui concerne les Grecs, Marrou donne quelques indications intéressantes à ce sujet. Il signale qu'il n'y avait aucune compétence nécessaire précise à cette époque, si ce n'est une certaine rectitude morale, pour exercer le métier d'instituteur au primaire:

> *Techniquement, quiconque avait lui-même appris à lire était considéré comme capable de s'improviser à son tour; il n'avait qu'à utiliser ses souvenirs d'enfance.* (Marrou, 1948a, p. 221.)

Pour Marrou, étant donné que la pensée antique était vouée entièrement à l'éducation de l'homme, on ne s'est pas attardé à poser le problème de l'enfance. En conséquence, on ne sera pas surpris de lire que la pédagogie grecque était élémentaire et routinière (Marrou, 1948a, p. 221), même si les classes étaient peu chargées et que l'enseignement était assez individualisé (Marrou, 1948a, p. 225). Le programme se résumait aux éléments de base suivants: lire, apprendre par cœur, écrire et compter (Marrou, 1948a, p. 227). Pour la lecture, notamment, l'approche était rationnelle et ne prenait aucunement en compte la psychologie de l'élève:

> *Son plan d'études est dressé en fonction d'une analyse a priori, purement rationnelle, de l'objet à connaître et ignore délibérément les problèmes d'ordre psychologique que pose le sujet, à savoir l'enfant. L'instruction procède du simple (en soi) au complexe, de l'élément au composé: toute autre façon de procéder aurait paru absurde* [...]. (Marrou, 1948a, p. 227.)

On apprend d'abord, par ordre, les lettres, puis les syllabes, ensuite les mots, et enfin les phrases. Dès l'étape des mots, on met l'élève en contact avec des mots rares et difficiles; sauf jusqu'à l'étape de la syllabation, où on ne se soucie pas de graduer les difficultés, n'hésitant pas à faire lire à l'élève des phrases célèbres et complexes. C'est la même chose pour l'écriture, où l'élève s'exerce à copier des lettres, des mots, des phrases, même les plus absurdes ou complexes quant à leur signification. En fait, chez les Grecs, on ne semble pas vraiment se soucier de pédagogie dans l'enseignement. Pour tout dire, la pédagogie des Grecs anciens est rudimentaire, même si les contingents d'élèves sont peu nombreux:

> *Le maître ne sait pas faciliter à l'enfant l'accès à la connaissance; il ne s'élève pas au-dessus de l'endoctrinement passif* [...]. *La tradition ayant déterminé* [...] *l'ordre des connaissances à absorber, l'effort du maître se borne à rabâcher et à attendre que l'esprit de l'enfant ait surmonté la difficulté qui l'arrête.* (Marrou, 1948a, p. 238.)

En ce qui concerne les écoles romaines, il n'y a pas de changements majeurs dans les méthodes pédagogiques lorsqu'on les compare à celles des Grecs. C'est la même approche analytique qui ignore la psychologie enfantine (Marrou, 1948b, p. 69).

> *Les méthodes de la pédagogie romaine sont aussi grecques que ses programmes; méthodes passives: la mémoire et l'imitation sont les qualités les plus prisées chez l'enfant.* (Marrou, 1948b, p. 71.)

C'est la même chose pour les petites écoles chrétiennes de l'Empire:

> [...] *Le christianisme n'a pas influencé l'école romaine, ni dans ses programmes, ni dans ses méthodes pédagogiques.* (Riché, 1968, p. 16.)

Marrou indique aussi que, lorsqu'on compare un manuel scolaire du IIIe siècle av. J.-C. à un cahier d'un écolier chrétien d'Égypte du IVe siècle de notre ère, on constate que c'est la même méthode et que rien, sauf quelques références à la religion, ne le distingue d'un manuel hellénistique de six ou sept siècles antérieurs (Marrou, 1948b, p. 141). Dans les monastères du VIe siècle, même si on apprenait à lire aux novices avec un psautier, on leur faisait faire le même genre d'exercices: recopier les versets sur des tablettes, apprendre par cœur et par ordre (Riché, 1968, p. 37).

En somme, mises à part quelques initiatives qui tiennent plus du talent de certains enseignants qu'à une institutionnalisation de procédés, il ne semble pas y avoir eu, lors de la période que nous avons vue jusqu'à maintenant, de véritable souci pédagogique, et ce même si le Moyen Âge a apporté une innovation majeure: l'école.

2.3 DE CHARLEMAGNE À LA SCOLASTIQUE

Parmi l'ensemble des transformations qui ont eu lieu par la suite, au cours du Moyen Âge, il convient de s'attarder à deux faits structuraux particuliers: la renaissance carolingienne et la renaissance scolastique. Ces deux grands épisodes de l'histoire ont eu des répercussions directes sur l'école dans les siècles qui ont suivi et, en ce sens, méritent qu'on les examine succinctement.

2.3.1 Charlemagne (742-814) et l'école du Palais

Charlemagne, roi des Francs, puis empereur d'Occident, fait l'unité chrétienne; avec lui, l'Europe chrétienne devient un État[7].

7. L'État dont on parle ici ne doit pas être confondu avec l'État moderne. Quand Charlemagne et ses clercs tentent de reconstituer un État, cet État n'est rien d'autre que l'Église, et son pouvoir est un pouvoir sacré.

Au VIIIe siècle, encore sous l'effet des migrations germaniques, il n'y avait pas d'unité politique européenne comme on avait connu avec les Grecs ou les Romains; il n'y avait pas non plus de nationalisme, mais plutôt un mouvement incessant de populations. Les petites royautés barbares se combattaient entre elles, ou encore étaient déchirées par des guerres intestines. L'Europe était une mosaïque de peuples divers, en transformation continuelle (Durkheim, 1969, p. 49). Cependant, de la fin du VIIIe siècle au début du IXe siècle, l'Europe occidentale passe du morcellement à l'unité, sous l'impulsion donnée notamment par Charlemagne qui, après bien des guerres, et grâce à une alliance avec le clergé, donne au royaume des Francs une expansion considérable. Cette unité politique chrétienne de ce que les contemporains appellent parfois l'Europe, un espace recouvrant une superficie de 1200000 kilomètres carrés, peuplé de 15000000 d'habitants, est l'œuvre de Charlemagne (Ballard, Genet et Rouche, 1990, p. 64).

Charlemagne a besoin du clergé et ce dernier a besoin de lui; aussi ils font alliance. Le clergé compte sur Charlemagne pour être protégé des dangers qui le guettent et gagner en influence. Charlemagne, de son côté, s'appuie sur l'Église parce qu'elle est la seule institution qui permette à toutes ces sociétés de communier entre elles. Par exemple, il est de l'habitude des moines de parcourir l'Europe; ils ne sont pour ainsi dire d'aucun pays, d'aucune société: leur patrie, c'est l'Église (Durkheim, 1969, p. 49).

> *Mieux que le service militaire ou le serment exigé de chaque homme libre, [...] le sermon du prêtre de paroisse peut transmettre la volonté royale et la renforcer par l'obéissance que doit tout chrétien au roi, jusqu'aux lieux les plus reculés de l'empire.* (Ballard, Genet et Rouche, 1990, p. 68.)

Ainsi, aux yeux de Charlemagne, le clergé devient l'auxiliaire par excellence du pouvoir royal; non seulement il nomme les évêques et préside aux conciles, mais il ordonne aussi certaines transformations de l'administration religieuse par ses capitulaires.

Chose encore plus intéressante, le clergé avait aussi le monopole de la culture écrite et savante. En effet, à cette époque la culture écrite était extrêmement réduite.

> *Jusqu'au VIIIe siècle, ces écoles* [paroissiales, épiscopales et monastiques] *que l'on peut repérer ici et là, ont eu une existence assez précaire. Au VIIIe siècle, au moment de la crise qui secoue l'Église, quelques écoles monastiques survivent mais, dans les villes et les campagnes, tous les centres d'études ont presque disparu.* (Riché, 1979, p. 190.)

Même si les monastères essaimèrent avec leurs écoles, entre le VIe et le VIIe siècle, ce phénomène demeure assez marginal. On signale que les moines écrivent en très mauvais latin, et que Charlemagne craint qu'ils ne puissent comprendre les Écritures, tellement ils ont une culture littéraire limitée (Riché, 1979, p. 71).

> *Le patrimoine culturel que l'on offrait aux futurs prêtres était bien modeste: savoir lire et écrire; connaître la Bible, si possible par cœur (au moins les psaumes); avoir quelques notions de la liturgie et des canons.* (Garin, 1968, p. 45.)

Rares sont donc les laïcs qui sont des lettrés. On dit même que Charlemagne ne savait pas écrire.

Il fallait faire quelque chose pour donner un nouveau souffle à la culture écrite en déclin. Charlemagne joue ici un rôle prépondérant. D'abord il ordonne ceci dans son capitulaire de l'an 789:

> [...] *que, dans chaque évêché, dans chaque monastère, on enseigne les psaumes, les notes, le chant, le comput, la grammaire et qu'on ait des livres soigneusement corrigés.* (Ballard, Genet et Rouche, 1990, p. 70.)

Le capitulaire de l'an 802 stipule que «tous les fidèles peuvent envoyer leurs enfants étudier les lettres jusqu'à ce qu'ils les aient apprises» (Garin, 1968, p. 47). Ces recommandations ont été suivies plus tard, en l'an 813, à la suite du concile de Mayence lors duquel on a ordonné la création d'écoles rurales pour la formation des jeunes prêtres.

Mais plus encore, Charlemagne a redressé la situation en créant un centre intellectuel: l'école du Palais.

> *Produit d'un mouvement de concentration destiné à réunir dans une même main et sous une même loi tout le monde chrétien, l'État nouveau devait naturellement tendre à concentrer toutes les forces intellectuelles qu'il contenait, de manière à former un centre de culture intellectuelle capable de rayonner sur tout l'Empire.* (Durkheim, 1969, p. 51.)

C'est sans doute de cette école que l'on parle dans la chanson puisque, comme on l'a vu, l'école est née bien avant lui. Charlemagne regroupe ainsi toutes les forces intellectuelles de l'Empire pour former l'école du Palais, vers l'an 782. Il fait appel aux meilleurs maîtres, aux plus grands esprits du temps (l'Anglo-Saxon Alcuin, Paul Diacre, Théodulf, Clément d'Irlande, le grammairien Paul de Pise, etc.). L'école du Palais est le modèle qui a été suivi lorsqu'on a créé les écoles épiscopales. C'est une école nomade qui se déplace et suit les nombreux voyages du roi; elle est ouverte aux fils de seigneurs, aux jeunes clercs, et aussi aux gens des autres classes.

Le programme de l'école du Palais est encyclopédique. Il vise à transmettre la totalité des connaissances humaines. Celles-ci sont regroupées dans les sept arts libéraux, une classification qui remonte à l'Antiquité classique et qui a été délaissée un temps. Reprise ensuite au VIe siècle, elle devient la base de l'enseignement pendant des siècles[8]. D'ailleurs cette classification reprend, sous une forme archaïque, notre terminologie contemporaine des sciences humaines (humanités) et des sciences de la nature. Les sept arts libéraux sont divisés en deux grandes parties: les arts du *trivium* et les arts du *quadrivium*. Le *trivium* enseigne les règles de l'esprit, les formes du raisonnement. C'est un enseignement de type formel qui comprend la grammaire, la rhétorique et la dialectique. La grammaire est la discipline qui permet de comprendre le sens des textes; la rhétorique est associée à l'art de discourir; et, enfin, la dialectique consiste en l'étude des raisonnements pour découvrir la vérité. Bien plus tard, lorsque l'université a été fondée, le *trivium* est resté une partie essentielle de l'enseignement. Quant au *quadrivium*, il regroupe les connaissances relatives aux choses, les lois des nombres (arithmétique), les lois des astres (astronomie), les lois des sons (musique) et les lois de l'espace (géométrie). Le *trivium* est le cursus d'études le plus répandu à l'époque, du moins dans les écoles cathédrales. Le *quadrivium* conserve un caractère de luxe et s'adresse davantage à l'enseignement supérieur.

Les écoles cathédrales imitent l'école du Palais. Elles en reproduisent le programme, surtout le *trivium*. Elles sont installées dans un bâtiment de l'évêché et dirigées par un clerc. Il faut noter, cependant, qu'il n'y a pas une école dans chaque évêché comme l'aurait bien voulu Charlemagne. Des écoles cathédrales servent quelques siècles plus tard de modèles à la création des universités.

Enfin, dans les écoles de paroisse, on enseigne les premiers éléments. Cet enseignement à l'école presbytérale est (et sera) malheureusement peu développé. L'école avait peine à fonctionner aux VIe et VIIe siècles, et a presque disparu au VIIIe siècle. Malgré les efforts de Charlemagne, le problème des écoles de paroisses se pose jusqu'à la fin du Moyen Âge (Riché, 1979, p. 193).

Par cette impulsion qu'il a donnée aux études, on peut affirmer que Charlemagne a créé une sorte d'embryon de «système scolaire», le premier système organisé d'enseignement en Europe (Durkheim, 1969, p. 62) et patronné par l'État (Riché, dans Mialaret, 1981, p. 227). D'ailleurs, l'expression «*schola publica*» apparaît au IXe siècle et désigne des écoles qui sont soutenues par le pouvoir public (Riché, 1979, p. 190). Bien sûr, il ne faut pas confondre ce système embryonnaire avec l'immense structure que l'on connaît de nos jours. Charlemagne a en effet bien des difficultés à se faire écouter; il doit répéter bien des fois ses recommandations quant à la création d'écoles:

> *Tant d'initiatives, tant de recommandations répétées auraient dû donner des résultats et permettre la création d'un réseau d'écoles dans tout l'Empire. En fait, jusqu'à la fin de son règne, Charles et ses évêques sont forcés de revenir sur les mêmes conseils, sans pouvoir vraiment se faire obéir, tant est grande la passivité des clercs et des moines.* (Riché, 1979, p. 72.)

Cependant, Charlemagne met en place un système qui est appliqué surtout au nord de la Loire, près de Lyon, et quelque peu en Italie (Riché, 1979, p. 102). Ses fils et petits-fils ont poursuivi son œuvre qui fera du IXe siècle le grand siècle des écoles carolingiennes (Riché, 1979, p. 103).

8. Voir les notes de Garin (1968, p. 48) pour en savoir davantage sur l'origine et les transformations des arts libéraux.

L'Empire de Charlemagne ne s'est pas maintenu, mais il a eu des suites importantes sur le plan intellectuel. La contribution de Charlemagne, outre la création d'écoles, a été d'amener un renouveau des études latines, un essor de la théologie et la réédition de nombreux manuscrits anciens (près de 8000). Plus encore, par l'insistance sur le *trivium*, donc les études formelles, il a préparé l'époque qui va suivre, la scolastique, «que l'on peut caractériser en l'appelant l'âge de la logique» (Durkheim, 1969, p. 77).

2.3.2 La scolastique

Au xe siècle, à la suite des luttes fratricides des héritiers de Charlemagne et aux attaques répétées de l'extérieur, il ne subsiste plus rien de l'Empire carolingien. On assiste à une période où la société se referme sur elle-même, la féodalité. Cependant, aux xie, xiie et xiiie siècles, on voit apparaître un autre phénomène qui aura de l'importance par la suite sur le plan intellectuel: les croisades. À cette époque, la croisade est une opération militaire ayant un but religieux; elle consiste en une expédition armée vers Jérusalem pour délivrer la Terre Sainte des envahisseurs musulmans qui empêchent les pèlerinages des chrétiens. En 1095, l'exhortation du pape Urbain II d'aller défendre les chrétiens d'Orient a un retentissement considérable auprès de la population. Souverains, nobles, chevaliers, vieillards, femmes, riches, pauvres, se mobilisent; bref, 150000 personnes répondent à l'appel. Les croisades, ces immenses migrations, ont non seulement des conséquences politiques et économiques importantes, mais elles modifient aussi le paysage culturel.

Plus particulièrement, les croisades permettent «de redécouvrir l'Antiquité grecque par les traductions arabes ou syriaques d'œuvres antiques» (Ballard, Genet et Rouche, 1990, p. 194). En effet, on redécouvre par les croisades des œuvres oubliées d'Aristote au xiie siècle, traduites en arabe et commentées par des musulmans et des Juifs. Il y a une sorte d'engouement aristotélique, et la théologie peut ainsi bénéficier de nouveaux apports. On rêve d'une science qui puisse servir de base à la foi et permettre de défendre la doctrine de l'Église contre les hérétiques. C'est la raison d'être d'un mouvement intellectuel, la scolastique, qui occupe la scène entre le xiie et le xive siècle, et qui vise précisément à concilier la raison et la foi. Avec la scolastique, la théologie fait appel à la raison et devient une science. Une autre branche du *trivium* prend désormais la plus grande place, la dialectique. La scolastique puise abondamment dans la dialectique dont les procédés permettent d'exposer de façon systématique un problème. Ces procédés permettent également de faire valoir des arguments en contre-attaque à des objections, et de résoudre finalement le problème en convainquant le lecteur.

Cette nouvelle discipline de l'esprit est toute formelle, axée sur le raisonnement et sur lui seul. En fait, la scolastique est une méthode de penser; «penser est un métier dont les lois sont minutieusement fixées» (Chenu, cité par Le Goff, 1985, p. 97). C'est ce qui fait sa force, puisqu'elle permet de formuler des raisonnements de haut niveau. La scolastique est un progrès décisif de la rationalité occidentale.

Par contre, ce rationalisme extrême cause aussi la perte de la scolastique car, déjà au xive siècle, on commence à se préoccuper de la nature, du monde réel et non pas simplement du monde formel.

> *Le respect qu'inspire le texte substitue le texte à l'objet: on ne lit pas le livre de la nature, mais le livre à la place de la nature; non pas le corps humain mais le* Canon *d'Avicenne; non plus la langue des hommes, mais Priscien; on ne lit pas l'univers, mais Aristote; on ne lit pas le ciel, mais Ptolémée.* (Garin, 1968, p. 67.)

En fait, le formalisme extrême de la scolastique entraînera son déclin. Par exemple, à force de pousser le raisonnement de façon excessive, la forme finit par l'emporter sur le fond et l'exercice de la pensée devient pur verbalisme. On a notamment en tête les fameuses querelles sur le sexe des anges; mais il y a plus encore. On se plaît à argumenter sur toutes sortes de problèmes formels du genre: «rat» est une syllabe, or un rat ronge du fromage, donc une syllabe ronge du fromage; est-ce l'homme ou la corde qui mène le porc au marché?; est-ce que Dieu peut savoir plus de choses qu'il n'en sait?; est-ce que le corps du Christ est ressuscité avec des cicatrices?; est-ce que la colombe dans laquelle apparaît le Saint-Esprit est un animal véritable?

Mais le monde est en train de changer[9]. La scolastique fait partie de ce que dénoncent vivement de nouveaux intellectuels (Rabelais, Érasme), qui appartiennent déjà à une autre époque. Certains attribuent la fin du Moyen Âge à la découverte de l'Amérique en 1492. D'autres, à la prise de Constantinople par les Turcs en 1453, prise qui oblige les savants byzantins, lesquels possèdent de nombreux ouvrages de l'Antiquité, à se réfugier en Italie. Plusieurs historiens préfèrent situer la fin du Moyen Âge par les crises qui y ont été vécues plutôt que par des dates trop peu significatives. Peu importe, avec la fin de la scolastique, c'est comme si toute la culture livresque se détournait de Dieu et des questions abstraites qui le concernent pour se concentrer davantage sur sa création, l'homme. Cela a une grande importance pour l'école et pour la pédagogie.

2.3.3 Qu'en est-il des méthodes pédagogiques durant cette période qui va de Charlemagne à la fin du Moyen Âge?

Globalement, on pourrait dire que l'école au Moyen Âge manifeste une certaine stabilité, tant dans ses programmes que dans ses méthodes. À l'exception de la dimension proprement chrétienne, on retrouve dans ces écoles une grande part de l'héritage de l'Antiquité. On ne peut cependant déceler une véritable structure pédagogique, un ensemble de mesures visant à contrôler systématiquement l'acte d'enseignement. Les préoccupations semblent aller plutôt dans le sens de répondre aux urgences, de créer des écoles, d'assurer leur maintien. Même là, il y a une grande fragilité durant tout le Moyen Âge.

Tout comme dans l'Antiquité, la fréquentation scolaire n'est pas très répandue. Il y a encore peu d'écoles au XIIIe siècle:

> *Il est bien peu probable que chaque ville épiscopale ait été pourvue d'une école stable et régulière, et là même où les traces nous en sont fournies, il faudrait contrôler de près son extension, sa clientèle et sa valeur.* (Paré, Brunet et Tremblay, 1933, p. 22.)

Il y a aussi peu d'écoliers[10]. Le fameux monastère de Saint-Gall n'a pas plus de 100 écoliers. Les écoles de Reims et de Chartres, dirigées par des maîtres prestigieux, n'ont pas plus de 10 ou 12 élèves (Riché, 1979, p. 197). Si on examine la clientèle, il faut reconnaître également qu'elle est composée de membres du clergé. Ce sont surtout les religieux qui sont éduqués. Même si Charlemagne a voulu propager l'éducation à la population laïque, il reste néanmoins que peu de membres de celle-ci sont instruits. En fait, Charlemagne n'a pas rendu l'école obligatoire mais a essayé, sans trop de succès d'ailleurs, d'obliger les évêques à ouvrir des écoles.

> *N'allons pas croire que tous les aristocrates ont acquis une culture de même niveau. Beaucoup savent simplement lire, quelques-uns écrire, un petit nombre connaissent le latin et possèdent dans leur bibliothèque des livres profanes et religieux.* (Riché, 1979, p. 297.)

Si peu d'écoles, si peu d'élèves n'entraînent pas un impératif de changement dans les méthodes ou dans les programmes, puisque le maître peut encore garder un certain contrôle sur le groupe et sur sa progression dans les apprentissages.

Plus encore, on a remarqué que les indications concernant l'âge des élèves et l'organisation des études sont très imprécises, et probablement fort variables d'un lieu et d'une période à l'autre. En effet, Le Goff (1985, p. 85) fait le commentaire suivant:

> *Et d'abord à quel âge entrait-on à l'université et avec quel bagage? Très jeune sans doute, mais ici se*

9. Selon les historiens contemporains, les changements économiques et sociaux importants qui se produisent aux XIe, XIIe et XIIIe siècles sont plus fondamentaux que les dates que l'on retient habituellement dans les ouvrages classiques d'histoire pour parler de la fin du Moyen Âge. C'est peut-être davantage à partir de là que l'on pourrait parler de rupture. En effet, à partir de l'an 1000, on assiste à l'occupation de nouveaux espaces, le nord de l'Europe, à une croissance démographique importante, à une révolution agraire, à un essor des villes, à l'expansion d'une classe de marchands et d'artisans. Ces éléments structuraux sont plus importants que les dates; celles-ci ne doivent être considérées que comme des repères.

10. Il y a tellement peu d'écoliers que cela risque d'induire une méprise. Même si on parle de naissance de l'école au Moyen Âge, il ne faut surtout pas oublier que la vaste majorité des enfants du Moyen Âge (disons 95% pour se donner un ordre de grandeur) ne la fréquentent pas. Les enfants du Moyen Âge sont plus des apprentis dans le cadre de la pratique d'un métier que des écoliers.

pose le problème: les écoles de grammaire faisaient-elles partie ou non de l'université, l'enseignement de l'écriture par exemple était-il donné avant l'entrée à l'université ou [...] était-il une de ses fonctions essentielles? Un fait est certain c'est que le Moyen Âge a mal distingué les ordres d'enseignement: les universités médiévales ne sont pas seulement des établissements d'enseignement supérieur. Nos enseignements primaire et secondaire s'y donnaient partiellement ou étaient contrôlés par elles. Le système des «collèges» [...] accrut encore cette confusion en dispensant dès l'âge de 8 ans l'enseignement à ses membres.

On aurait pu penser qu'une telle variation dans l'organisation des études aurait entraîné une réflexion pédagogique particulière, qu'elle aurait stimulé la création d'ouvrages sur les méthodes d'enseignement. Il n'en est rien: au Moyen Âge, on enseigne à peu près toujours de la même manière, c'est-à-dire en reprenant la façon de faire de l'Antiquité.

Le programme de l'école élémentaire ressemble, à peu de choses près, à celui de n'importe quelle école de l'Antiquité. L'enseignement élémentaire consiste à lire, à écrire, à compter et à chanter. Cet enseignement n'est pas donné à tous les élèves, ni simultanément comme dans nos écoles actuelles. En ce qui concerne la lecture, il y a cependant une grande différence avec l'école antique puisque, depuis l'avènement de l'école monastique, le psautier est le livre de lecture partout utilisé, et ce jusqu'à la fin du Moyen Âge. La lecture et le chant sont des études qui se complètent. On sait que l'élève mémorise mieux les psaumes et les petits textes latins en les chantant[11] (Riché, 1979, p. 225). Par contre, au Moyen Âge, la lecture et l'écriture ne sont pas étroitement associées. «Bien des moines savaient lire mais ignoraient la technique de l'écriture» (Riché, 1979, p. 224). Pour écrire, l'élève prend une tablette à écrire et copie les psaumes dans la cire. Les futurs clercs doivent apprendre également un peu de calcul élémentaire pour l'administration de leurs biens et la perception de la dîme. Après cela vient la grammaire latine. On recommande aux élèves de parler entre eux en latin, même si ce n'est pas leur langue maternelle. Il faut bien admettre que peu d'élèves ont une bonne connaissance du latin, en dépit du fait qu'ils finissent par connaître par cœur les psaumes à force de les chanter et de les entendre à l'office (Riché, 1979, p. 235).

De son côté, le programme des écoles secondaires comprend, en principe, les sept arts libéraux dont le *trivium*, composé de la grammaire, de la rhétorique et de la dialectique, et le *quadrivium*, comprenant la géométrie, l'arithmétique, la musique et l'astronomie. Alcuin, qui a proposé cette division, veut faire de la Gaule une «nouvelle Athènes» (Riché, dans Mialaret, 1981, p. 228), c'est dire l'influence de l'Antiquité sur le programme de ces écoles. Les mêmes auteurs, romains et grecs, sont étudiés. On constate une grande stabilité des contenus:

En comparant les auteurs au programme dans les écoles, depuis l'Antiquité tardive jusqu'au XIIe *siècle et même au-delà, nous constatons qu'il s'agit toujours des mêmes titres. Les classiques sont vraiment ceux que l'on étudie «en classe». L'Antiquité a transmis à l'Occident une sorte de canon des* autoritates *qui s'est peu modifié.* (Riché, 1979, p. 251.)

Ce programme ambitieux n'a cependant pas été partout réalisé, ni dans toutes ses branches également puisque «[...] l'enseignement reste, comme par le passé, fondé d'abord sur la grammaire et la rhétorique» (Riché, dans Mialaret, 1981, p. 237).

Par ailleurs, en ce qui concerne les méthodes pédagogiques, il n'y a pas de changements notables non plus. Même si le psautier est partout le livre de lecture utilisé dans les écoles primaires chrétiennes, la méthode de lecture est la même depuis l'Antiquité: il faut apprendre d'abord les lettres, puis les syllabes, puis les mots et les phrases. En même temps que l'enfant lit les psaumes, il doit les apprendre par cœur. Pour habituer les enfants à parler le latin, on leur propose aussi des textes qu'ils doivent mémoriser. Ces textes sont tirés des mêmes ouvrages que dans l'école romaine, notamment le Distique de Caton, des proverbes de Sénèque et des fables d'Ésope que l'on transforme en christianisant tel ou tel verset. Également, plusieurs manuels sont écrits sous forme de dialogues, comme on le faisait dans l'Antiquité. Le maître pose les questions et attend les réponses que l'élève doit mémoriser. Par exemple, à la question: «Qui est né et mort deux fois?», la

11. Il faut noter que l'importance accordée à la mémorisation au Moyen Âge est liée sans doute à la résistance de l'oralité. L'écriture progresse, mais encore bien lentement, alors que l'on conserve cette habitude immémoriale de retenir par cœur.

réponse est: «Lazare». À la question: «Quel est le premier roi d'Israël?», la réponse est: «Saül». Et ainsi de suite pour des dizaines et des dizaines de questions. C'est une manière de rendre l'enseignement «actif». L'élève du Moyen Âge, comme celui de l'Antiquité, doit apprendre ses réponses par cœur car, au Moyen Âge, savoir, c'est savoir par cœur. On reprend ainsi les conseils de Quintilien, qui souhaitait que les élèves retiennent tout ce qu'ils lisaient (Riché, 1979, p. 218). En fait, les enseignements se font surtout oralement. Sans doute parce que l'écriture est une technique difficile, et que la prise de notes se réalise fort mal sur les tablettes de cire, les élèves développent leur capacité de mémorisation par toutes sortes de trucs mnémotechniques.

Les méthodes de l'enseignement secondaire ne présentent pas d'éléments vraiment nouveaux. Toute la pédagogie médiévale est fondée sur la lecture de textes (*lectio*) dont les procédés fort anciens ont été amenés à leur plus haut niveau par la scolastique, à l'université, au XIIe siècle. Enseigner consiste à lire et à commenter des textes (Garin, 1968, p. 66). On analyse d'abord le sens du texte en partant de l'analyse grammaticale, pour en expliquer ensuite le contenu logique. Les passages difficiles engendrent des questions (*quæstio*) qui alimentent le débat (*disputatio*) (Garin, 1968, p. 68).

En ce qui concerne la formation des maîtres, là aussi, il n'y a pas de changements majeurs par rapport à l'Antiquité. Pour devenir maître, il faut simplement connaître la matière. Et même là, il arrive qu'on se contente de peu. En effet, encore au XIIe siècle, un clerc ou un moine un peu lettré peut s'improviser maître (Riché, 1979, p. 197). Il ne semble pas y avoir de savoirs pédagogiques théoriques, comme on en verra apparaître plus tard au XVIIe siècle. Riché (1979, p. 209) pense plutôt que les maîtres tiraient leurs principes de leur expérience.

D'ailleurs, on ne trouve pas de traités de pédagogie au Moyen Âge. Bien sûr, il y a, à cette époque, des considérations sur les textes à utiliser, sur les commentaires à apporter et sur la façon de faire la *lectio*. Cependant, cela maintient, pour l'essentiel, ce qui est connu depuis l'Antiquité. Et cela demeure bien loin d'une réflexion organisée et en profondeur sur la façon de faire l'école. En fait, les ouvrages les plus connus du Moyen Âge qui abordent la question de l'enseignement sont les deux *De magistro*, soit celui de saint Augustin, pour le début du Moyen Âge, et celui de saint Thomas, au XIIIe siècle. Il faut le souligner d'entrée de jeu, la perspective pédagogique y est encore au singulier et très abstraite; au singulier, parce que ces auteurs réfléchissent sur le rapport de l'homme à la connaissance, et non pas au problème d'un enseignant aux prises avec des groupes d'élèves auxquels il doit transmettre des connaissances; abstraite, parce que cette réflexion aborde les problèmes d'enseignement d'un point de vue théorique, en dehors du contexte réel et concret de l'enseignement. Ces deux textes célèbres sont donc davantage des traités de philosophie de la connaissance que des exposés sur la manière concrète et précise d'enseigner, d'organiser son enseignement et de gérer sa classe.

Le *De magistro* de saint Augustin met en scène un dialogue de l'auteur avec son fils. Cet ouvrage, fortement influencé par le platonisme et par l'étude de la grammaire, est une réflexion de haut niveau sur la théorie de la connaissance, laquelle valorise l'idée que l'enseignement n'est possible que s'il y a chez le maître et chez l'élève, ce lien qu'est Dieu. Quand le maître enseigne, il parle, il en-signe, c'est-à-dire qu'il fait signe et que l'élève écoute son «Maître intérieur» qui est, en fin de compte, le véritable enseignant. Pour saint Augustin, le rôle du maître consiste à éveiller l'attention du disciple afin que ce dernier, par introspection, découvre la lumière intérieure, c'est-à-dire le Christ, seul capable de lui montrer ce que le maître voulait lui faire découvrir (Châtillon, dans saint Thomas d'Aquin, 1983, p. 8). On voit donc que, chez saint Augustin, le souci pédagogique est assujetti à une vision théologique de l'enseignement qui subordonne les contenus à enseigner et les méthodes d'enseignement à l'ultime Maître, le «Maître intérieur», c'est-à-dire Dieu.

De son côté, saint Thomas met plutôt de l'avant une théorie de la connaissance qui donne une place importante à l'intellect. Même si l'intellect est d'abord, selon lui, une création de Dieu, il n'en demeure pas moins que chacun, s'il veut apprendre, doit accomplir des opérations par lui-même. Il y a donc, dans le langage de saint Thomas, une causalité propre de la raison de chacun. En cela, il diffère profondément de saint Augustin: l'homme, au lieu de recevoir directement les enseignements de Dieu, hérite plutôt de son créateur d'une intelligence qui lui permet de produire des concepts (Jollès, dans saint Thomas d'Aquin, 1983, p. 15). Cette thèse de saint Thomas, qui est redevable pour une grande part à Aristote, donne une large place à la raison; cette idée sera abondamment reprise dans les siècles suivants. Cet apport est intéressant. Cependant, saint Thomas est un universitaire qui professe, c'est un chercheur. Aussi, son traité porte sur des questions théoriques qui se débattent à l'université, mais qui ne concernent pas l'enseignant ordinaire. Par exemple, il se demande si le titre de maître peut être réservé à Dieu seul; si quelqu'un peut être son propre maître; si l'homme peut être instruit par un ange, etc. Voilà des considérations abstraites et purement spéculatives d'un penseur qui réfléchit sur l'enseignement en dehors de tout contexte et de tout problème concret qui pourrait survenir dans sa classe.

Dans le prolongement de ce qui précède, il faut signaler que ceux que les historiens de l'éducation au Moyen Âge ont l'habitude d'appeler les grands pédagogues (comme ceux de l'Antiquité) doivent, à notre avis, être davantage considérés comme des grands penseurs qui «professent». Le plus souvent, ils le font au niveau de l'enseignement supérieur, dans des monastères ou dans des universités. Ils peuvent peut-être, à l'exemple d'Abélard, enseigner avec brio, mais ils ne méritent pas pour autant le titre de pédagogues, du moins pas au sens où ils font progresser la réflexion pédagogique. Ils se rapprochent davantage de cette catégorie que Le Goff (1985, p. 4) nomme les «intellectuels».

En définitive, cette période qui va de Charlemagne à la fin du Moyen Âge est une époque où la pédagogie proprement dite n'a pas vraiment progressé. Le Moyen Âge emprunte énormément à l'Antiquité, que ce soit dans ses méthodes ou dans ses programmes, et pour tous les ordres d'enseignement. On avait dit de l'Antiquité que la façon d'y faire l'école était rudimentaire; on affirmera donc la même chose du Moyen Âge. Par ailleurs, on est toujours face à une grande fragilité de l'organisation scolaire, si bien qu'on a toujours cette impression que tout est à recommencer chaque fois. Même s'il y a de nombreux exemples d'écoles, de réformes, de mises en place de procédés particuliers, c'est souvent le cas d'initiatives isolées qui sont abandonnées quand le maître quitte l'école.

> *Ainsi, entre la réforme carolingienne avec ses «capitulaires» d'ailleurs très primitifs, et les premiers règlements universitaires de Paris ou de Bologne après 1200, malgré une certaine uniformité de programme et de méthode, nous nous trouvons* [nous soulignons] *dans* ***une période d'improvisation, d'initiative, de mobilité, où les influences souveraines et générales des papes, des conciles, des princes et des empereurs, sont d'ordre moral plus qu'institutionnel, et s'expriment dans des exhortations plus que dans des règlements, soit au point de vue administratif, soit au point de vue de la matière et des méthodes d'enseignement.*** (Paré, Brunet et Tremblay, 1933, p. 56.)

CONCLUSION

Reprenons pour terminer quelques éléments qui nous semblent importants à retenir à propos de cette longue période que nous venons de couvrir. Quels en sont les acquis? En premier lieu, il faudrait mentionner que les Romains ont permis à la grande civilisation grecque de se perpétuer. Même s'ils ont leur originalité, les Romains s'inscrivent dans la continuité du monde grec. Également, il est nécessaire de souligner que l'Église a joué un rôle considérable pour la culture intellectuelle en donnant naissance à l'école au Moyen Âge. Celle-ci prendra alors une dimension morale particulière qui se superposera à la fonction classique d'instruction et qui se maintiendra jusqu'à nos jours. De plus, le Moyen Âge a aussi permis d'amorcer la mise en place, avec Charlemagne, mais encore de manière extrêmement fragile, d'un «système scolaire» à trois niveaux. Enfin le Moyen Âge, par son insistance sur les études formelles et la raison, rend possible un nouveau mouvement qui s'amorce, la Renaissance.

Enfin il faut bien reconnaître que, d'un bout à l'autre du Moyen Âge, on n'a pas encore de souci pédagogique profond. Les procédés pédagogiques demeurent peu étendus, liés surtout au contenu et non conçus en fonction de l'élève. Généralement, ils ne se concentrent que sur ces éléments: lire, copier, apprendre par cœur, commenter les auteurs classiques. S'il y a quelques initiatives intéressantes, elles sont liées au génie de leurs auteurs, ne sont pas institutionnalisées et, finalement, ne survivent pas.

QUESTIONS

1. Sous l'Empire romain, l'Église a joué un grand rôle dans l'éducation. Décrivez ce rôle ainsi que les raisons qui le motivent.
2. Selon Durkheim, c'est au Moyen Âge que l'école est née, et non chez les Grecs. Expliquez.
3. «Qui a eu cette idée folle, un jour d'inventer l'école...»: la légende veut que ce soit Charlemagne qui ait eu cette idée. Quelle a été l'action réelle de Charlemagne? Décrivez le contexte historique.
4. Commentez le fameux vers d'Horace: «La Grèce vaincue a conquis à son tour son sauvage vainqueur et a apporté la civilisation au sauvage Latium.»
5. Nommez les différentes formes d'éducation pendant les quatre périodes du Moyen Âge: romaine, chrétienne, carolingienne et scolastique.
6. Montrez comment les visions successives de l'univers et les types de pensée marquant chacune des quatre périodes ont influencé l'acte éducatif.
7. Peut-on dire que l'école chrétienne soit l'aboutissement des mouvements éducatifs hétérogènes qui l'ont précédée? Expliquez.
8. L'école du Moyen Âge est-elle un «milieu moral organisé»? Expliquez le sens de l'expression «milieu moral organisé» en retraçant ses sources.
9. Comment peut-on définir l'enseignant du Moyen Âge si on le compare avec l'enseignant d'aujourd'hui? Argumentez.
10. Quelles sont les différences entre la conception de l'enfant (et de l'écolier) au Moyen Âge et celle qui a cours actuellement? Expliquez.
11. On a émis l'hypothèse que l'école apparaît au Moyen Âge. Peut-on parler d'un véritable souci pédagogique lors de cette période?
12. Les termes «éducation», «école» et «pédagogie» semblent étroitement liés, mais en réalité ils ont des significations différentes. Distinguez leurs convergences et leurs divergences en vous inspirant notamment de l'épisode chrétien de la naissance des écoles.

BIBLIOGRAPHIE

BALLARD, M., GENET, J.-P., et ROUCHE, M. (1990). *Le Moyen Âge en Occident.* Paris: Hachette.

BARROW, R.H. (1962). *Les Romains.* Paris: Payot.

BEAUDE, P.-M. (1993). *Premiers chrétiens, premiers martyrs.* Paris: Gallimard.

CHRISTOL, M., et NONY, M. (1990). *Rome et son empire.* Paris: Hachette.

DURKHEIM, É. (1969). *L'évolution pédagogique en France.* 2e éd. Paris: Presses universitaires de France.

GARIN, E. (1968). *L'éducation de l'homme moderne. 1400-1600.* Paris: Fayard.

HACQUARD, G., DAUTRY, J., et MAISANI, O. (1952). *Guide romain antique.* Paris: Hachette.

JERPHAGNON, L. (1989). *Histoire de la pensée. Philosophies et philosophes. Vol. 1: Antiquité et Moyen Âge.* Paris: Tallandier.

LANGLOIS, G., et VILLEMURE, G. (1992). *Histoire de la civilisation occidentale.* Montréal: Beauchemin.

LE GOFF, J. (1985). *Les intellectuels au Moyen Âge.* Paris: Seuil.

LE GOFF, J. (sous la direction de) (1989). *L'homme médiéval.* Paris: Seuil.

LESNE, E. (1940). *Les écoles de la fin du VIIIe siècle à la fin du XIIe siècle.*

MARROU, H.-I. (1948a). *Histoire de l'éducation dans l'Antiquité. Tome 1: Le monde grec.* Paris: Seuil.

MARROU, H.-I. (1948b). *Histoire de l'éducation dans l'Antiquité. Tome 2: Le monde romain.* Paris: Seuil.

MARROU, H.-I. (1962). *Saint Augustin et l'augustinisme.* Paris: Seuil.

MARROU, H.-I. (1977). *Décadence romaine ou Antiquité tardive? IIIe-IVe siècles.* Paris: Seuil.

MESLIN, M. (1978). *L'homme romain. Des origines au Ier siècle de notre ère.* Paris: Hachette.

MIALARET, G., et VIAL, J. (sous la direction de) (1981). *Histoire mondiale de l'éducation. Tome 1: Des origines à 1515.* Paris: Presses universitaires de France.

PARÉ, G., BRUNET, A., et TREMBLAY, P. (1933). *La Renaissance du XIIe siècle. Les écoles et l'enseignement.* Paris: Vrin; Ottawa: Institut d'études médiévales.

PAUPERT, J.-M. (1982). *Les mères patries. Jérusalem, Athènes et Rome.* Paris: Grasset.

RICHÉ, P. (1962). *Éducation et culture dans l'Occident barbare.* Paris: Seuil.

RICHÉ, P. (1968). *De l'éducation antique à l'éducation chevaleresque.* Paris: Flammarion.

RICHÉ, P. (1979). *Les écoles et l'enseignement dans l'Occident chrétien. De la fin du Ve siècle au milieu du XIe siècle.* Paris: Aubier Montaigne.

RICHÉ, P. (1981). «L'éducation dans le Haut Moyen Âge», dans G. Mialaret et J. Vial (sous la direction de), *Histoire mondiale de l'éducation. Tome 1: Des origines à 1515.* Paris: Presses universitaires de France.

SAINT AUGUSTIN (1988). *De magistro (Le maître).* Trad.: B. Jolibert. Paris: Klinsieck.

SAINT THOMAS D'AQUIN (1983). *Questions disputées sur la vérité. Question XI, Le maître.* Trad.: B. Jollès. Paris: Librairie philosophique Vrin.

SALLES, C. (1993). *L'Antiquité romaine des origines à la chute de l'Empire.* Paris: Larousse.

CHAPITRE 3

La Renaissance et l'éducation humaniste

Denis Simard

CONTENU

RÉSUMÉ

La période que nous étudions dans ce chapitre couvre environ deux siècles et demi d'histoire (du milieu du XIVe siècle à la fin du XVIe siècle). Cette période est importante car on y pose les fondements d'une culture séculière et les bases de l'éducation de l'homme moderne. Dans la première partie, une récapitulation générale nous permet de mettre en évidence le rôle central que la culture de la Renaissance accorde à la nature et à l'homme dans la recherche de nouveaux modèles de vie. Une deuxième partie examine les grands courants de pensée qui contribueront à renouveler les idées de l'époque. La Réforme protestante et la Contre-Réforme catholique, le mouvement humaniste et l'essor des sciences et des techniques, seront tour à tour discutés. Enfin, pour clore cette deuxième partie, quelques-uns des grands phénomènes marquants de l'époque seront aussi considérés. On pense, entre autres, à l'épisode des grandes découvertes, à la transformation de la représentation de l'univers, à la découverte de l'imprimerie, etc. Une troisième et dernière partie s'efforce de présenter quelques-unes des grandes conceptions éducatives de la Renaissance; d'abord par le biais de certaines considérations générales, et ensuite en examinant le courant encyclopédique de Rabelais et le courant littéraire d'Érasme sous l'angle des finalités éducatives et des programmes d'études. Une brève conclusion termine ce chapitre et quelques questions sont proposées en complément pour soutenir le travail du lecteur.

INTRODUCTION

Depuis la publication de la grande œuvre de Jacob Burckhardt (1958), *La Civilisation de la Renaissance en Italie*, l'image de la Renaissance s'est considérablement modifiée. Si elle marquait, selon le célèbre historien suisse, une période de rupture avec un Moyen Âge décadent et ténébreux, «la tendance historique actuelle est de mettre l'accent sur la continuité de la civilisation et le lent passage du Moyen Âge aux Temps modernes, sans exagérer la coupure qui les sépare, ni faire dépendre la valeur d'une époque de celle de l'autre, mais en leur concédant des mérites différents» (Lazard, 1993, p. 22).

On ne s'entend ni sur les dates, ni sur les événements, ni sur les causes et les origines de la Renaissance (Lazard, 1993, p. 22). S'il faut en juger par l'ampleur des débats que cette période suscite encore de nos jours, il y a tout lieu de croire que notre connaissance n'a pas fini de s'enrichir de l'intérêt que l'on porte à la Renaissance. En outre, en ce qui concerne l'éducation, l'humanisme et les humanistes ne semblent pas avoir dit leur dernier mot. Cinq siècles plus tard, qu'ont-ils encore à nous dire et que signifie le Renaissance pour nous? Les questions qu'elle soulève sont évidemment nombreuses et complexes mais, suivant l'orientation de ce chapitre, nous les ramènerons à quelques-unes en guise d'introduction. Quelle est la signification générale de cette période de l'histoire? Quelle est la place (ou l'importance) de l'éducation humaniste à la Renaissance dans le cadre de l'évolution des idées et des pratiques pédagogiques? Et quel peut bien être, de nos jours, l'intérêt d'un tel sujet d'étude?

La période que nous abordons dans ce chapitre couvre environ deux siècles et demi d'histoire (milieu du XIVe siècle jusqu'à la fin du XVIe siècle, ou milieu du *Trecento* jusqu'à la fin du *Cinquecento* pour reprendre les termes italiens). Elle est donc une période cruciale en ce qu'elle met fin progressivement à un millénaire d'histoire chrétienne et pose les fondements d'une culture séculière. Cruciale également sur un autre aspect, car elle met en place les bases de l'éducation de l'homme moderne. D'entrée de jeu, voilà l'objet premier de ce chapitre: étudier et comparer l'éducation de l'homme moderne, l'éducation humaniste en Europe au temps de la Renaissance. Comme l'atteste le sociologue américain Talcott Parsons (1973, p. 73) dans son ouvrage *Le système des sociétés modernes*:

> *Avec la Renaissance apparut une culture séculière hautement développée qui se différencia de la matrice religieuse primitive. Débutant en Italie, la Renaissance posa les fondements des arts et des disciplines intellectuelles modernes, avec en particulier la catégorie frontière de la culture juridique.*

Culture séculière, donc, où la parole et l'action des hommes ouvrent un espace de liberté.

L'homme de la Renaissance[1] demeure un enfant de Dieu—il cherche à renouveler le christianisme à la lumière d'une culture élargie—mais ni sa liberté, ni son action, ni sa volonté ne sont enchaînées (Jolibert, 1987, p. 54). Ce thème de la liberté—et nous y reviendrons plus loin pour nuancer davantage—trouve en Pic de La Mirandole[2] son chantre le plus émouvant:

> *Ô libéralité suprême du Dieu Père, félicité suprême et admirable de l'homme! à qui fut donné d'avoir ce qu'il choisit, d'être ce qu'il veut!* («Discours de la dignité de l'homme», dans Valcke et Galibois, 1994, p. 188.)

Mots sublimes de l'humaniste italien, joignant son verbe puissant à la voix des philosophes qui proclament la liberté et la dignité de l'homme: «L'homme est un grand miracle» (*Magnum miraculum est homo.*) (cité dans Garin, 1990, p. 8). Dans cet autre passage, Pic de La Mirandole chante à nouveau la grandeur de l'homme:

> *Par sa liberté,* [...] *l'homme revendique à juste titre le privilège de la suprême admiration,* c'est *ce privilège qui excite l'envie non seulement des bêtes, mais aussi des astres, mais des esprits au-delà des mondes.* (Cité dans Valcke et Galibois, 1994, p. 93.)

Entre le ciel et la terre, l'homme peut désormais librement circuler, tendre vers l'ange comme déchoir vers la bête. «Il n'y a plus d'essence prédéterminée mais une volonté d'être» qui déploie ses richesses et multiplie ses visages. «La liberté définit l'homme» (Védrine, 1971, p. 17).

L'homme de la Renaissance appartient donc à la fois au passé et au présent; il ressemble encore aux chrétiens, mais son regard scrute des horizons inédits là où il nous ressemble: horizons nouveaux, horizons insoupçonnés, horizons élargis qui effritent les repères anciens dans un monde désormais ouvert. Pluralisme également, promotion de l'individu, du corps et de la beauté, où le foisonnement des attitudes et des valeurs appelle la tolérance et la construction d'un monde de plus en plus différencié.

La Renaissance est donc véritablement une renaissance, la naissance d'un monde qui se détache de l'ancien, la mutation décisive d'une culture à la recherche de valeurs et de conduites nouvelles pour un âge nouveau. Or, ces modèles et ces valeurs, c'est à la source de l'Antiquité gréco-romaine que l'homme de la Renaissance croit les découvrir. Par le biais des Arabes d'abord, et de la science chrétienne ensuite, l'homme de la Renaissance redécouvre la culture antique qu'il interprète à la lumière de sa propre situation historique.

> *L'homme de la Renaissance s'invente à travers le passé: ce qu'il en reconnaît et ce qu'il en occulte peuvent sans doute servir à le caractériser.* (Védrine, 1971, p. 7.)

Que cherche-t-il et que trouve-t-il dans l'Antiquité?

1. Comme le précise Eugenio Garin (1990) dans son ouvrage *L'homme de la Renaissance*, il faut compter Jacob Burckardt parmi les pères du concept d'«homme de la Renaissance». L'un des premiers, dans son ouvrage *La Civilisation de la Renaissance en Italie*, il a contribué à construire une image durable de la Renaissance comme période capitale de la civilisation italienne. Nous lui devons, entre autres, le thème de l'émancipation de l'homme à l'égard de l'emprise de la religion chrétienne.
2. Pic de La Mirandole (Giovani Pico Della Mirandola, dit Jean): humaniste italien né dans la province de Modène en 1463. Érudit précoce, il tente de réconcilier l'antique sagesse avec le christianisme. Il est l'auteur du fameux *Oratio de hominis dignitate*. Il meurt en 1494 dans la fleur de l'âge.

Pour répondre à ces questions, comme à celles formulées plus haut, notre découpage est fort simple. Dans une première partie, une brève récapitulation nous permet de mettre en évidence l'essentiel (ou la signification générale) de la Renaissance. Dans une deuxième partie, nous situons le contexte historique et idéologique de la Renaissance par le biais des grands courants de pensée, et à travers ce que nous avons appelé, au premier chapitre, les expériences fondamentales de décentrement par rapport à la tradition judéo-chrétienne. Enfin, dans une troisième partie, et après avoir dégagé un certain nombre de généralités touchant les instruments du savoir, les programmes d'études, les institutions d'enseignement, etc., nous présentons les grandes conceptions éducatives; nous rappelons en particulier les éléments essentiels de ce que Durkheim (1969) appelle, dans son ouvrage *L'évolution pédagogique en France*, le courant encyclopédique de Rabelais et le courant humaniste (ou littéraire) d'Érasme.

3.1 RÉCAPITULATION ET SIGNIFICATION GÉNÉRALE DE LA RENAISSANCE

Si le lecteur a suivi nos pas, il connaît les repères qui jalonnent la route. Mais au seuil de cette nouvelle étape de l'histoire, il n'est certes pas inutile de les rappeler brièvement. Comme chacun le sait, l'Antiquité gréco-romaine et le Moyen Âge précèdent une grande période de la culture européenne occidentale, la Renaissance.

Dans les chapitres précédents, nous avons étudié l'Antiquité grecque à partir de la découverte du pluralisme des cultures, des modes de vie et des façons d'éduquer. À l'égard de ce fourmillement des manières de vivre, de faire et de dire, les Grecs élaborent une nouvelle forme politique—la démocratie—et un nouveau type de discours sur le fond trouble et tragique d'une profonde crise de la tradition. Au hasard d'une rencontre ou dans les assemblées publiques, à l'occasion de conférences à succès ou en petits groupes, les Grecs s'interrogent sur le bonheur et la vertu, sur la signification générale de l'éducation et sur les finalités à poursuivre. Comme les formes d'éducation et les finalités sont nombreuses, quelle est la meilleure, et surtout quelle est celle qu'il faut privilégier? Les Grecs ont abordé ces problèmes en élaborant des conceptions éducatives rationnelles, des formes d'éducation générales qui ont fécondé l'Occident, depuis Rome jusqu'à nos jours—comme celles des sophistes, de Platon, de Socrate et d'Aristote[3].

Puis, en 476 après J.-C., quand l'Empire romain d'Occident s'effrite peu à peu sous l'effet conjugué des migrations germaniques, de la crise économique et de l'impuissance de son administration, le paysage politique, culturel et intellectuel connaît de profonds bouleversements. Le pluralisme antique fait place à une nouvelle unité culturelle qui domine l'Occident pendant toute la durée du Moyen Âge, le christianisme. Unité, donc, particulièrement visible sur le plan religieux, mais aussi sur le plan éducatif où la convergence des efforts, des actions et des buts concourt à donner naissance à l'école comme lieu de conversion des cœurs et des âmes. L'éducation est au service de la foi et de l'Église et les textes, grecs et latins, sont minutieusement choisis en fonction du seul critère de leur concordance à l'orthodoxie chrétienne. Forme dominante de la conscience grecque et romaine, le polythéisme se dissout sous l'action hégémonique du monothéisme religieux triomphant. Dorénavant, il n'y a plus qu'un seul et unique vrai Dieu, un seul Être Suprême en qui se concentrent et se rassemblent toutes les manifestations de la culture humaine—l'art, la science, la politique, la pensée, l'amour, etc. Et comme l'être humain est à l'image de Dieu, il doit tendre à s'y conformer et à lui ressembler de toutes ses forces et de toute son âme. Pour le dire autrement, l'homme a pour inspiration profonde, pour unique source et ultime but: Dieu, fondement unique et clé de voûte de l'univers.

Nous retrouvons ici une idée déjà formulée par les Grecs, et notamment par Platon, bien que sous une forme différente. Chez Platon aussi, le modèle que

3. Pour un exposé des différentes formes de *paideia*, voir le chapitre de Moreau (1969), « Platon et l'éducation » et, bien sûr, le classique de Jaeger (1964), *Paideia. Vol. 1: La formation de l'homme grec.*

l'être humain doit imiter est un modèle suprahumain, surhumain.

En schématisant à l'extrême, nous pouvons dire que l'homme de la Renaissance ne tire désormais plus de Dieu ou du Cosmos ses règles ou ses modèles de conduite; en d'autres termes, le monde de l'humain n'est plus subordonné au monde divin. Nous le verrons plus loin, l'originalité profonde de la Renaissance, plus que son retour à l'Antiquité ou sa critique de la religion et de la scolastique, demeure, selon Jolibert (1987, p. 53), l'insertion de l'homme dans un univers aux dimensions infinies: «si l'univers est comme infini, alors il n'y a plus de place assurée, d'essence humaine fixée de toute éternité». Partant, fait-il justement remarquer, tout l'effort consiste à définir un modèle humain qu'une action éducative doit réaliser. Et l'*Utopie* de More, *La Cité du Soleil* de Campanella ou l'Abbaye de Thélème de Rabelais sont autant d'utopies «politico-pédagogiques» qui tentent de «représenter un avenir ordonné où l'homme retrouve une place définie par-delà les angoisses et les incertitudes d'un présent sans ancrage» (Jolibert, 1987, p. 54).

La culture de la Renaissance a son centre de gravité dans le rôle qu'elle accorde à la nature en général, et à l'être humain en particulier, dans la recherche de modèles de vie. L'homme devient pour ainsi dire un modèle pour lui-même, auteur de sa propre image et créateur d'un monde qu'il a pour charge de délimiter. Animal raisonnable, sa liberté naissante se lie à sa raison pour édifier un monde nouveau. Entre le monde invisible, où s'abrite le Dieu tout-puissant, et le monde visible des choses, l'homme se découvre capable de se constituer une culture et d'en occuper le centre; par l'essor des sciences et des techniques, il prend possession de la nature et accroît son sentiment de puissance. Dès lors, il ne s'agit plus de se conformer ou d'imiter des modèles suprahumains, mais de considérer l'homme à la fois comme valeur et comme source de valeur, «à la fois source et but de l'éducation» (Jolibert, 1987, p. 54), c'est-à-dire de le considérer tel qu'il est, dans sa nature terrestre. Pour reprendre au passage Protagoras d'Abdère, «l'homme est la mesure de toute chose». Et c'est pourquoi l'éducation devient si nécessaire à l'homme; elle consistera à réaliser ce qui, en lui, est spécifiquement humain.

Dans ce chapitre, et prenant appui sur l'un des maîtres européens de la Renaissance[4], Eugenio Garin (1990), nous proposons de situer cette période de l'histoire entre le milieu de XIVe siècle jusqu'à la fin du XVIe siècle.

> [...] [La Renaissance] *prend ses origines dans les villes-États italiennes, d'où elle se diffusera par la suite en Europe, comme si cette époque avait vu circuler un nombre important de types humains ayant des caractéristiques spéciales, des dons et des attitudes particulières et des fonctions nouvelles.* [...] *Aussi la diffusion des idées et des thèmes propres à la Renaissance italienne hors d'Italie se serait-elle prolongée longtemps encore et aurait-elle revêtu des formes différentes, au-delà des limites chronologiques habituelles, durant tout le dix-septième siècle.* (Garin, 1990, p. 7.)

La Renaissance[5] commence donc en Italie et se propage ensuite dans les autres pays d'Europe—avec le début des guerres d'Italie. Comme le précise Garin (1990, p. 9), elle ne doit pas être confondue avec les renaissances—la renaissance carolingienne par exemple—des siècles médiévaux[6]. Elle trouve déjà chez Pétrarque les signes d'une sensibilité renouvelée, qui elle-même rencontre «un écho dans des événements dont la résonance profonde déborde largement les frontières nationales et les limites des phénomènes littéraires» (Garin, 1990, p. 9), et s'étend

4. Le terme de Renaissance, note Jacques Bailbé (1986, p. 19), daterait de Vasari (1550) «qui, dans sa *Vie des grands peintres, sculpteurs et architectes,* considère l'histoire de l'art depuis son réveil (*rinascita*) jusqu'à Michel-Ange».

5. Avec la Renaissance naît également l'idée d'Europe. Le Moyen Âge n'a pas connu l'Europe. La *christianitas* ou la chrétienté est sa notion dominante. Voir à ce sujet l'ouvrage de Julien Freund (1980), *La fin de la Renaissance.*

6. Pour Jacques Le Goff (1975), l'ouvrage du grand historien portugais contemporain Victorino Magalhaes Gohindo, *Économie de l'Empire portugais aux XVe et XVIe siècles,* retrace des signes de cette transformation mentale. Une grande différence sépare l'*Imago mundi* de Pierre d'Ailly (1410), la chronique de Guinée (1453-1465, environ), et l'*Esmeraldo de situ orbis* de Duarte Paccho (1505). «Dans les premiers ouvrages, le merveilleux, le fatras médiéval, les fables, d'énormes erreurs dans l'évaluation des distances, l'absence de chiffres, de dates, d'itinéraires. Dans l'*Esmeraldo,* en revanche partout les chiffres, les latitudes, les distances, la profondeur de la mer, des erreurs insignifiantes de latitude, une toponymie riche, des descriptions rigoureuses, des cartes partout, des données d'observation. Voilà peut-être la plus grande nouveauté scientifique et mentale du second XVe siècle, ce qui n'est plus le Moyen Âge, âge sans chiffres», mais qui est déjà la Renaissance, l'observation, la mesure, le chiffre (Le Goff, 1975, p. 79-80).

jusqu'à la fin du XVIe siècle et même au-delà de ces limites convenues.

3.2 LE CONTEXTE SOCIOHISTORIQUE ET IDÉOLOGIQUE DE LA RENAISSANCE

3.2.1 Les grands courants de pensée de la Renaissance

Il est habituel de distinguer trois grands courants de pensée dans le renouvellement des idées de l'époque: le renouveau religieux, le mouvement humaniste, la pensée scientifique et technique. Le premier conduit à la Réforme protestante à laquelle répond la Contre-Réforme catholique; le deuxième traduit l'effort de redécouverte de l'Antiquité gréco-romaine; quant au troisième, il conduit au développement de savoirs techniques ou scientifiques (Jolibert, 1987, p. 57). C'est dans cet ordre que nous les présentons dans la présente section.

La Réforme et la Contre-Réforme

Entre le milieu du XIVe siècle et le début du XVe, toute une série de secousses ébranlent l'édifice médiéval: la guerre de Cent Ans (1337-1453), d'où émergent la France et l'Angleterre comme nations; la terrible peste noire[7] de 1348 et des années suivantes, qui décime près de la moitié de la population européenne; le grand schisme d'Occident (1378-1417), qui affaiblit irrémédiablement le pouvoir, le prestige et l'autorité de l'Église. Ces drames et ces bouleversements remuent à nouveau l'Europe en profondeur, la déstabilisent et la remodèlent sur les plans politique, démographique, religieux et culturel. Pour mieux comprendre la Réforme protestante, examinons de plus près ce qui la précède et la prépare.

D'une grande portée politique, religieuse et pédagogique, la Réforme de Luther plonge ses racines dans les années de troubles, de conflits et de désordres qu'inaugure le schisme de la papauté d'Occident. Par l'ampleur de la crise et le déchaînement des passions, et surtout par l'incapacité de l'Église à résoudre le conflit qui la déchire, un tort irréparable est porté à son prestige et son autorité. Brièvement, rappelons les faits.

L'attentat d'Anagni[8] (1303) porte un coup fatal au rêve d'une chrétienté unie sous la prééminence pontificale. Clément V, ami personnel de Philippe le Bel, roi de France, transporte le Saint-Siège à Avignon. De 1309 à 1376, sept papes, tous Français, se succèdent sur les bords du Rhône. Le grand schisme survient lorsque Grégoire XI, dernier pape d'Avignon, décide de s'en aller mourir à Rome. Le peuple romain exige alors un pape de Rome à la tête de l'Église. Mais l'élu, Urbain VI, d'un style altier et agressif, soulève le courroux de la majorité française du Sacré Collège; les cardinaux de France déclarent nulle cette élection et nomment l'un d'entre eux, qui, sous le nom de Clément VII, s'installe à Avignon. Dès lors, la chrétienté se partage entre deux allégeances: l'une à la papauté d'Avignon — la France, l'Espagne, Naples, l'Écosse; l'autre se joint à Rome — l'Italie, l'Allemagne et l'Angleterre. Ce n'est qu'en 1417, lors du concile de Constance, que l'Église catholique retrouve enfin son unité sous l'autorité de Martin V (11 novembre 1417) (Aimond, 1939, p. 301-302). Mais, dans l'intervalle, les réactions sont brutales.

La rupture de l'Église provoque les assauts de Wyclif (ou Wycliffe) en Angleterre et de Jean Hus en Bohême. Le premier, docteur de l'université d'Oxford, attaque «l'autorité du Saint-Siège et même certains points de la Doctrine relatifs aux sacrements, aux indulgences et aux cultes des saints» (Aimond, 1939, p. 303). Le second, recteur de l'université de Prague et disciple de Wyclif, n'admet que la Bible comme autorité suprême.

«Traduit devant le concile de Constance, auquel il en avait lui-même appelé, Jean Hus fut condamné et

7. Ce monde qui s'apprête à vivre la grandeur de la Renaissance est aussi, selon Le Goff (1975), un «monde sauvage», un monde d'épidémies, de mortalité infantile, de famines et de sous-alimentation chronique, un monde où la vie égale la mort.

8. Ville des États de l'Église où Boniface VIII fut menacé et humilié par les troupes de son ennemi juré, Philippe le Bel.

brûlé comme hérétique obstiné; ses cendres furent jetées au Rhin» (Aimond, 1939, p. 303). Il faut voir dans la critique et l'action de ces hommes les semences de la Réforme à venir. Aimond (1939, p. 303) rapporte:

> *Ces doctrines essentielles annonçaient et préparaient, dès le XVe, la Réforme protestante. Une gravure d'un livre hussite*[9]*, conservé à Prague, représente Wyclif battant le briquet, Jean Hus présentant les charbons et Luther brandissant la torche qui devait mettre le feu à l'Europe.*

Préparée en réponse à une crise religieuse, politique et sociale, la Réforme de Luther[10] trouve en Allemagne le terrain propice à sa propagation. En affichant ses quatre-vingt quinze thèses à la porte du château de Wittenberg (1517), Luther déclare, dans un geste dramatique, son projet de s'affranchir de l'autorité pontificale et de rétablir la vérité du message évangélique dans sa pureté originelle. Une religion nouvelle est née, qui devait sceller la désunion définitive de l'Église romaine d'Occident: le protestantisme[11].

Cet élan religieux de la Réforme, qui fonde le protestantisme, se caractérise à l'origine par sa volonté de retourner à la vérité première des textes sacrés, et ce en éliminant toutes les formes de médiation possibles entre Dieu et le croyant.

> *La liberté que Luther revendique pour le croyant, c'est uniquement la liberté d'entrer directement en rapport avec Dieu, sans aucun intermédiaire humain, au moyen de la lecture et de la médiation de la Parole divine. À l'autorité de la tradition et de la hiérarchie catholiques, Luther substitue ainsi l'autorité infaillible de la parole écrite, de la Bible littéralement infaillible.* (Spenlé, 1967, p. 13.)

En valorisant et en intensifiant ainsi le rapport personnel de l'homme à Dieu, en éliminant les médiations qui le relient au Créateur, chaque homme est seul face à Dieu qui est son unique juge et sa conscience. Religion de l'action et du devoir, le protestantisme accroît le sentiment de responsabilité de l'homme envers le monde et l'exhorte à suivre, pour la conduite de sa vie, une morale stricte et rigoureuse. Le protestant obtient son salut personnel en agissant avec rigueur; sa conscience intérieure lui dicte la bonne conduite, celle qu'il doit pratiquer dans toutes les circonstances de sa vie[12].

Pour endiguer le flot des protestations qui affluent de partout, mais surtout pour réagir fermement contre la poussée des réformés en Allemagne, la prolifération du mouvement hors de ses frontières et la constitution d'une Église d'Angleterre séparée de Rome, l'Église catholique, par la voix de son pape Paul III, convoque la tenue d'un concile, en l'année 1545, dans la ville de Trente, en Italie. Les travaux du concile seront l'occasion pour l'Église de condamner sévèrement le protestantisme et de se refaire une intégrité morale; des *Décrets* sont adoptés afin de régler la vie de l'Église, depuis celle des évêques jusqu'à celle des fidèles. L'Art aussi sera contrôlé[13], et de nombreux ordres religieux voient le jour, assurant ainsi le rayonnement du catholicisme: la congrégation de l'Oratoire de Saint-Philippe-Neri, l'ordre des Frères de Saint-Jean-de-Dieu, les Carmélites de Sainte-Thérèse et la Compagnie de Jésus de Saint-Ignace-de-Loyola. Comme nous le verrons au chapitre suivant, l'éducation sera l'œuvre principale de cette nouvelle Compagnie. Au sein de ses nombreux collèges, plusieurs générations d'une jeunesse noble et bourgeoise seront formées dans le creuset de la langue et des auteurs latins (Aimond, 1940, p. 92-98).

9. «Le supplice de Jean Hus, que les Tchèques regardaient comme un héros national, déchaîna en Bohême le terrible soulèvement des hussites, appelés encore taborites (du nom d'une ville près de Prague)» (Aimond, 1939, p. 303).
10. La révolte de Luther commence par la querelle des indulgences. Précisons qu'une indulgence est une remise de la peine temporelle qu'entraîne un péché pardonné. Le fidèle qui versait une aumône pour l'achèvement de la Basilique Saint-Pierre de Rome se voyait accorder une indulgence. En Allemagne, cette pratique prend l'allure d'une véritable vente et soutient le faste de l'archevêque de Mayence, Albert de Hohenzollern, qui en perçoit la moitié. D'où la révolte de Luther, pour qui le salut ne saurait être marchandé.
11. La Réforme eut plusieurs foyers, notamment Calvin à Genève (le calvinisme), Henri VIII en Angleterre (l'anglicanisme), Zwingli en Suisse et Knox en Écosse.
12. Le chapitre suivant met en lumière les conséquences de la Réforme luthérienne sur l'école et la pédagogie. Pour notre part, nous ne l'aborderons que de façon indirecte.
13. En musique, par exemple, l'idéal de la Contre-Réforme est incarné par Giovanni Pierluigi da Palestrina. Son style, *a cappella*, se caractérise par le respect absolu du texte sacré, le rejet du chromatisme, la clarté et la symétrie de la structure.

L'humanisme

Comme le précise Margolin[14] (1981a, p. 5) dans son ouvrage *L'humanisme en Europe au temps de la Renaissance*, rares sont les colloques ayant trait à cette période de l'histoire «qui ne portent dans leur intitulé, comme trois axes majeurs de la recherche, les termes obligés de Renaissance, humanisme et Réforme». C'est le second de ces termes qui nous intéresse ici.

Bien sûr, l'humanisme[15] varie selon le lieu, le moment historique, les hommes et leurs œuvres, mais dans son canevas le plus général il traduit l'effort remarquable—peut-être inégalé dans l'histoire—de prise de conscience de l'homme par lui-même. L'humanisme trouve ses premiers échos dans l'œuvre de Pétrarque, laquelle chante la liberté de l'homme, les valeurs spirituelles, l'amour et le bonheur de l'Antiquité retrouvée, et rayonne à travers les âges jusqu'à la fin du XVIe siècle, depuis l'Italie vers la France, l'Europe du Nord—l'Angleterre, les Pays-Bas, les pays germaniques—puis vers la péninsule ibérique, le Portugal, l'Europe centrale et orientale—la Hongrie, Bohême, la Pologne (Margolin, 1981a, p. 35-62).

Un événement capital marque l'essor de l'humanisme et l'élargissement de la culture occidentale: la prise de Constantinople en 1453 par les Turcs Ottomans[16]. Venus d'Asie centrale (Turkestan), ils s'installent peu à peu aux abords de la Méditerranée et dans la vallée du Danube. Après les conquêtes de l'Anatolie (Asie Mineure) au début du XIVe siècle, puis celle de la péninsule des Balkans à la fin du XIVe siècle (perte de Nicopolis en Bulgarie, dernière grande croisade chrétienne en 1396), Constantinople, dernier vestige de l'Empire romain, est l'objet de la convoitise turque. Le sultan Mahomet II en fait son affaire. Avec 200000 hommes et une flotte imposante, il vient assiéger la capitale. Deux mois plus tard, le 29 mai 1453, Mahomet II met fin à l'Empire millénaire d'Orient par la prise de Constantinople qu'il rebaptise du nom d'Istanbul (Aimond, 1940, p. 326-327).

La fuite des savants grecs, qui trouvent refuge en Italie, entraîne l'hellénisation de la culture latine et européenne. La péninsule d'abord, puis les autres pays d'Europe ensuite, se mettent à l'étude de la culture et de la langue grecques. Il faut dire que, mis à part l'enseignement du grec par le savant Chrysoloras au *studio* de Florence dès 1397, le grec demeure en général fort mal connu en Occident[17]. Certes, à travers la traduction de ses œuvres par les commentateurs arabes, on connaît Aristote que les croisades ont permis de redécouvrir, mais les richesses de la philosophie et de la science grecques demeurent enfermées dans le secret de leur langue. L'exil des savants grecs provoque l'éclosion d'un courant néoplatonicien dans la société italienne; par la transformation de l'idée du «Beau» et la redécouverte de l'esthétisme grec qui l'accompagne, «la culture allait renaître une nouvelle fois, ou plutôt l'hellénisme allait féconder la culture latine et européenne» (Margolin, 1981a, p. 26).

L'homme n'est-il pas ce qu'il y a de plus admirable sur la Terre?, disait Pic de La Mirandole, s'inspirant lui-même de sources arabes. Aussi l'action et la réflexion des hommes qui ont pour nom Ficin, Érasme, Rabelais, More, Montaigne, Vinci, Michel-Ange, et combien d'autres, ont-elles consisté à définir un modèle de perfection humaine—intellectuel, moral, esthétique—qui a puisé ses sources d'inspiration dans l'Antiquité gréco-romaine. Mais que cherchent ces hommes et que trouvent-ils dans l'Antiquité?

Essentiellement des valeurs et des modèles esthétiques qui expriment en des formes équilibrées et harmonieuses la beauté de l'homme et du monde.

14. Nous puisons d'ailleurs chez cet auteur l'essentiel de nos propos sur l'humanisme. Voir aussi son article dans l'*Encyclopædia Universalis* (1989).
15. Le terme ne date que de la seconde moitié du XIXe siècle. Contemporain de Burckhardt (1860), c'est Voigt (1859) qui le rapproche le premier de la Renaissance. Le terme italien «*umanista*» apparaît bien au XVe siècle, mais il désigne le professeur de grammaire et de rhétorique, ce que ne furent pas tous les humanistes, comme le note Margolin (1989, p. 728).
16. Du nom de l'un de leurs premiers sultans, Othman ou Osman (Aimond, 1940, p. 326).
17. Signalons cependant qu'à Venise, à Ravenne, dans les monastères du Sud et dans le territoire d'Otrante, en Sicile, la connaissance du grec s'était maintenue. Voir à ce sujet l'ouvrage de Garin (1968, p. 92).

Dans l'œuvre peinte et sculptée, les artistes humanistes de la Renaissance représentent les richesses d'un monde de couleurs, de mouvements et de lumière[18]. Qu'il nous suffise ici d'évoquer les œuvres de Michel-Ange où la plénitude des formes humaines, la force, la grâce et l'équilibre atteignent un sommet d'expression.

Les humanistes de la Renaissance y puisent aussi une conception renouvelée du bonheur humain, liée cette fois à l'accomplissement de soi dans la communauté humaine et dans la nature: être heureux, humainement heureux, tel Rabelais, c'est être bon vivant et gai, c'est aimer le boire, le manger et le rire, c'est vivre dans l'amour des choses et des êtres.

Le goût des sciences et des techniques font également partie de cette conception du bonheur, de même que la curiosité pour les choses de la nature et l'amour de la connaissance. Fascinés par la nature, les hommes de la Renaissance sont moins des théoriciens et des contemplatifs (comme les Grecs) que des observateurs, des empiristes et des inventeurs. Ainsi, leurs sciences sont celles d'ingénieurs et de mécaniciens. Dans une lettre qu'il adresse à Ludovic Le More, Léonard de Vinci se présente en insistant sur ses talents de mécanicien et d'ingénieur «plus que sur ceux d'artiste, et l'on voit par ses manuscrits qu'il se souciait d'avions, d'anémomètres, de scaphandres, de mitrailleuses, de tanks, autant que du problème de la Léda ou de la section dorée» (Faure, 1958, p. 50).

Mais par-dessus tout, c'est l'amour de la culture et de la civilité que les hommes de la Renaissance trouvent dans l'Antiquité, cette culture qu'exprime l'idéal du lettré, l'homme de culture classique maîtrisant les langues, la parole et l'écrit en toutes circonstances. Tel Érasme pour qui rien n'est plus admirable que le discours.

De l'avis de Margolin, deux expressions latines désignent cet effort de résurrection de la culture gréco-romaine[19]: «*studia humanitatis*» et «*litteræ humaniores*»:

> [Il s'agit d'] *un ensemble de disciplines dont la base était constituée par la grammaire, la rhétorique, le commentaire des auteurs (poètes et prosateurs), et dont la finalité propre était de permettre aux jeunes gens d'acquérir leur* humanitas, *c'est-à-dire de devenir des hommes au sens plein du terme, en combinant étroitement un idéal de connaissance et un idéal d'action.* (Margolin, 1981a, p. 9.)

Sur la scène de la Renaissance, l'humanisme a donc joué le rôle d'un puissant mouvement de restructuration de l'image du monde et de l'homme. Mouvement historique et force socio-culturelle qui se répercutent sur les œuvres, l'action et la pensée des humanistes[20] eux-mêmes, l'humanisme propose aux hommes de son temps un idéal de réalisation humaine qui fait de chaque homme l'artisan de sa vie en puisant dans les ressources de sa volonté et la puissance créatrice de son intelligence.

18. L'Art de la Renaissance est d'abord le fait du génie italien du XVe siècle. Les artistes s'engagent dans une recherche anthropologique où l'idéal de l'expression s'incarne dans le nu, signe de l'harmonie. L'épanouissement de l'art, à cette époque, est en partie attribuable à l'équilibre politique de l'Italie (divisée en six États), et à l'encouragement des princes et de la Rome pontificale. Pensons à la famille Médicis, en particulier Laurent Ier, dit le Magnifique (1449 à 1492), protecteur des arts et des lettres qui règne à Florence de 1462 à 1492. Pensons aussi à la famille Este (Ferrare, Modène, Reggio) qui protège des artistes comme l'Arioste et le Tasse; à la famille Montefeltro et, bien sûr, au pape Jules II, pape de 1503 à 1513, et protecteur d'artistes comme Bramante, Michel-Ange et Raphaël. Notons aussi que Giotto (1266-1337) est un précurseur de l'art du XVe siècle italien. L'un des premiers, il rompt avec le «style courtois international» issu du Moyen Âge qui se caractérise par un souci de l'arabesque, la préciosité des tons et les grâces intellectuelles. Voir à ce sujet: *Encyclopédie thématique universelle* (1973-1974). Nous recommandons aussi l'ouvrage de Pierre Francastel (1970).

19. «[Effort] qui va de la traduction pure et simple (du grec au latin) à l'imitation, à l'adaptation, au commentaire, aux éditions critiques et annotées, aux transpositions de toutes sortes auxquelles se livreront un maître, un élève ou un artiste épris des symboles patinés par le temps» (Margolin, 1989, p. 728).

20. L'engouement que suscite l'humanisme à la fin du XVe et dans la première moitié du XVIe siècle, note Roland Mousnier (1993), permet aux humanistes de poursuivre des carrières de conseillers politiques, de secrétaires publics des chancelleries des rois, ou encore d'ambassadeurs. Sortis des écoles humanistes — de Saint-Paul-de-Londres, du Corpus Christi College d'Oxford, du Gymnase de Strasbourg ou du Collège trilingue de Louvain —, parlant et écrivant le latin à la façon de Cicéron, ils forment une véritable «République des Lettres européenne» (Mousnier, 1993, p. 44).

L'essor de la science et de la technique

Tout un ouvrage devrait être consacré à la question de la science et de la technique à la Renaissance. Aussi, ce n'est pas sans quelques regrets que nous nous limiterons à des indications très générales[21]. En abordant ce thème, nous touchons l'une des clés essentielles de cet univers mental. En effet, par la science et la technique la grande Idée de Progrès, si étroitement liée à la civilisation européenne, fait son entrée sur la scène du monde. Et l'Idée coïncide avec le rêve d'une *mathesis universalis* qui substitue à la vision qualitative le règne du quantitatif, et où les notions de substance et de qualité font place à celles de temps, d'espace, de masse et d'énergie. La forme géométrique évince l'ancienne forme substantielle (Aristote); l'univers n'est plus qu'une grande géométrie que le nombre exprime.

> *Donc, le Monde tout entier est objet de mesures et de calculs et peut être expliqué par une série de relations mathématiques.* (Mousnier, 1993, p. 35.)

Cette vision, d'une nouveauté absolument radicale, s'accompagne d'un accroissement formidable du sentiment de puissance de l'homme. Dans tous les domaines, des possibilités nouvelles apparaissent là où l'homme exerce dorénavant son action (Waelhens, 1989, p. 503). C'est Marsile Ficin (1433-1499), philosophe néoplatonicien de Florence, qui assigne à l'homme des visées nouvelles: «le but de l'homme, c'est la domination de l'Univers par son industrie» (cité dans Mousnier, 1993, p. 27). Fidèle au plan de Dieu que la Nature exprime, l'homme se crée un monde, analogue au premier, en transformant et en complétant la Nature par l'action de ses machines. De fait, un grand nombre d'innovations techniques coïncident avec l'aube des temps modernes. Liés à l'essor de la bourgeoisie marchande, le rôle et le pouvoir des villes s'accroissent et provoquent des transformations qui nécessitent la mise en œuvre et le développement de techniques de plus en plus perfectionnées—urbanisme, architecture, aménagement des routes, construction de canaux, assèchement des marais, défrichement et mise en cultures (Breton, Rieu et Tinland, 1990, p. 30).

Certes, des inventions comme la poudre à canon, la boussole et l'imprimerie[22] sont importantes, mais elles sont loin d'être les seules; l'esprit d'invention et l'intérêt que l'on porte à la technique se propagent *urbi et orbi*, de Nicolas de Cues (1401-1464) à Ambroise Paré (1509-1590) à la fin du XVIe siècle. Dans l'œuvre de Nicolas de Cues, note Faure (1958), les mathématiques et la mécanique occupent une place importante. Et Rabelais n'exhorte-t-il pas Gargantua, dans son programme d'études, à fréquenter les ateliers des orfèvres, des tailleurs de pierres précieuses, des monnayeurs et des alchimistes, des horlogers et de combien d'autres? Tel aussi un Léonard de Vinci qui se présente à Ludovic Le More en insistant sur ses talents de mécanicien et d'ingénieur (Faure, 1958, p. 50). Toujours selon Faure, l'activité industrielle porte surtout «sur les matières fondues, la métallurgie, la verrerie, la chimie industrielle, et sur les tissus» (p. 51). La médecine connaît également de remarquables progrès. Des écoles comme celles de Montpellier—où est d'ailleurs formé Rabelais—, de Bruxelles, de Padoue et de Crémone jouissent d'une forte réputation.

> *Pierre Franco invente la taille sous-pubienne, le Belge Vésale publie en 1543 la première description anatomique exacte. L'Espagnol Michel Servet (1509-1553) découvre la petite circulation du cœur; Ambroise Paré (1509-1590) pratique la ligature des artères.* (Faure, 1958, p. 64.)

Mais il nous faut aller plus loin et voir dans ces mutations techniques l'expression d'une profonde transformation du rapport de l'homme à la nature, transformation qui explique le radicalisme de la révolution copernicienne, et précisément celle du rejet de la théologie géocentrique au profit d'une cosmologie héliocentrique (Breton, Rieu et Tinland, 1990,

21. Voir à ce sujet l'excellent ouvrage de Roland Mousnier (1993), *Les XVIe et XVIIe siècles*, p. 25-39; de même que l'ouvrage de Philippe Breton, Alain-Marc Rieu et Frank Tinland (1990), *La techno-science en question*, p. 30-35. Aussi, sur les progrès techniques à la Renaissance, voir le livre de Paul Faure (1958), *La Renaissance*, p. 48-64. C'est dans ces ouvrages que nous puisons l'essentiel de nos informations.

22. Il faut dire que les marins de la Méditerranée tenaient des Arabes la propriété que possède l'aiguille aimantée de se tourner vers le pôle magnétique. Aussi, la poudre à canon a été inventée par les Chinois. Enfin, le papier de coton était en usage depuis longtemps chez les Arabes et les Chinois (Aimond, 1939, p. 339).

p. 31). Plutôt que de s'abstraire du monde en se tournant vers Dieu, les hommes se tournent vers la Nature, reflet de Dieu, afin de mieux connaître ce dernier, et trouver la perfection et l'ordre qu'il a voulus. «Microcosme du macrocosme qu'est la nature» (Breton, Rieu et Tinland, 1990, p. 32), l'homme a pour mission essentielle d'agir en son sein, de créer et de fabriquer un monde analogue à la perfection de la création divine qui lui fournit ses modèles. La catégorie de l'Art, recouvrant à l'époque aussi bien l'«artistique» que le «technique», résume à elle seule le destin de l'homme.

> *C'est la clef du monde moderne: la Nature est faite pour l'homme, qui doit chercher à en extraire tout ce qui est nécessaire à son développement, elle est destinée à son «industrie»: il lui faut non plus seulement la connaître pour en compléter la perfection, miroir de la divinité, mais pour la reproduire et ainsi la faire servir à son «perfectionnement», à son progrès. Tel est le «dessein» (à la fois plus originaire et la finalité) de la nature. Comment l'homme peut satisfaire sa fonction dans la nature? Par l'Art, c'est-à-dire par la mise en œuvre, le développement ou l'invention des techniques* (Breton, Rieu et Tinland, 1990, p. 34.)

3.2.2 Les grandes expériences de décentrement de la Renaissance

Loin d'être une imitation servile de l'Antiquité, la Renaissance procède à une relecture des modèles antiques à la lumière de sa propre situation historique. Période de renouveau général et de changements profonds, la Renaissance introduit chaque homme dans l'expérience d'un monde qu'effrite la perte des repères coutumiers et des ancrages habituels. Une culture se met en place, qui ne sera plus celle de la familiarité des horizons et de la sécurité des appartenances premières. Une culture qui n'a pas encore de nom, mais qui présente les caractéristiques de ce que nous appelons aujourd'hui le pluralisme (Simard, 1988, p. 26). Un espace est ouvert où le sens de la vie et du monde n'est plus entièrement donné par la collectivité, par les coutumes, par les héritages ou les traditions auxquels on appartient; un espace où le sens est construit quelque part entre les convictions reçues et l'expérimentation individuelle, et qui demeure ouvert à l'incertitude relative «à la critique, à la libre pensée, à la délibération, en un mot, à la Raison» (Simard, 1988, p. 26)[23]. Quelles sont ces épreuves marquantes, ces expériences de décentrement par rapport à la tradition judéo-chrétienne qui, étalées sur près de trois siècles, travaillent à défaire les champs habituels d'identification et à modifier en profondeur la conscience et la culture de l'homme européen? Examinons-les en enfilade:

- Et d'abord l'épisode des grandes découvertes—de l'Amérique, de l'Afrique, de l'Asie, de l'océan Pacifique—qu'inaugurent l'Espagne (Christophe Colomb en 1492) et le Portugal (Vasco de Gama en 1497), puis la France et l'Angleterre un peu plus tard. Phénomène grandiose où l'homme européen prend conscience de lui-même à travers le regard de l'Autre, où il fait l'expérience de l'élargissement de sa connaissance du globe dans sa finitude sphérique: l'épisode des grandes découvertes marque aussi la prise de conscience progressive que l'Europe n'est pas le centre du monde, mais une partie de ce monde.
- La découverte, capitale et décisive, que la Terre n'est pas immobile au centre de l'univers, mais qu'elle tourne plutôt sur elle-même en décrivant une orbite autour d'un astre comme les autres planètes. Révolution fondamentale qui ruine les bases de la théologie géocentrique, la représentation d'un Cosmos fini et achevé. L'homme entre ainsi dans un univers aux dimensions infinies.
- La découverte de l'imprimerie—«révolution technique mentale et sociale aux conséquences incalculables» (Margolin, 1981a, p. 26)—, qui permet d'élargir l'accès à la culture à un plus grand nombre d'individus. La culture se répand et se différencie; elle se déplace de la culture scolastique vers un autre type de culture, qui permet à chacun de dépasser l'horizon fermé où le confinent ses déterminations premières. Notons aussi que Rabelais, l'un des premiers, emprunte à la culture ou à la «tradition narrative populaire».

23. Nous recommandons sur ce thème l'excellent article du sociologue Jean-Jacques Simard (1988), «La révolution pluraliste: une mutation du rapport de l'homme au Monde».

- L'avènement du protestantisme, qui disloque l'unité chrétienne et qui déplace la culture vers d'autres centres de diffusion, notamment l'Allemagne, la Suisse (en particulier Genève avec Calvin) et l'Angleterre; Rome n'est plus le seul centre de la culture européenne.
- Enfin, la dissolution de l'unité chrétienne de l'Europe au profit des États-nations en voie d'émergence. Des guerres interminables—par exemple la guerre de Cent Ans, qui oppose la France et l'Angleterre—portent de durs coups à la noblesse qui voit ses terres dévastées et sa puissance compromise. La guerre de Cent Ans provoque un déplacement vers l'Italie et la Flandre de la richesse et de la prospérité. Devant ces villes en concurrence—notamment Gand, Bruges, Ypres dans les Flandres; Venise et Gênes en Italie—le système féodal s'écroule. Une nouvelle classe, issue de la roture, s'enrichit par le commerce et l'industrie et se rapproche du pouvoir royal par les charges publiques qu'elle assume. Un nouveau type d'homme, le bourgeois, qui provoquera bientôt «la refonte de l'organisation politique fondée sur la nation comme entité historique et sur l'État comme entité administrative et militaire» (Breton, Rieu et Tinland, 1990, p. 30), incarne ce nouvel esprit économique, ce pouvoir naissant de l'argent. «La Révolution capitaliste est l'œuvre d'un type d'homme qui participe de l'esprit de la Renaissance, le bourgeois capitaliste» (Mousnier, 1993, p. 108).

Avec l'effondrement progressif du Moyen Âge, un monde nouveau se met en place, un monde qui bouleverse notre représentation de l'univers et notre conception de l'homme. Quelle est dorénavant sa place et quel idéal éducatif les hommes de la Renaissance doivent-ils poursuivre? Ce sont quelques-unes des questions auxquelles ont tenté de répondre les penseurs humanistes que nous présentons dans une troisième partie.

3.3 L'ÉDUCATION HUMANISTE

Nous avons vu qu'il nous était possible de comprendre la Renaissance à partir du pluralisme qui l'ébranle, d'une crise de la culture où s'affirment de nouvelles valeurs. Un monde se met en place où la clarté des grands axes d'autrefois disparaît pour faire place à l'imprécision des contours; un ancien monde s'écroule, ce qui projette l'homme dans un univers aux dimensions infinies. Au bouleversement de la pensée qu'engendre ce passage correspond une transformation des finalités éducatives. D'où l'urgence pour les humanistes de réfléchir à la place de l'homme dans l'univers, de définir un modèle humain qu'une éducation éclairée devra réaliser. Dans son ouvrage *Raison et éducation*, Jolibert (1987, p. 53) pose en ces termes le problème de l'éducation à la Renaissance:

> *Si l'Univers est posé comme infini, alors il n'y a plus de place assurée, d'essence humaine fixée de toute éternité. L'homme est dans l'histoire et l'état de nature créé n'a d'autre finalité que de se voir toujours dépassé. L'homme est à faire, à réaliser, son essence n'est pas un donné, mais un possible. Devant ce bouleversement intellectuel, les problèmes éducatifs vont subir une crise profonde. Jusqu'alors, éduquer, c'était conduire un être de l'état brut, mal dégrossi, à un état conforme à l'ordre d'un Univers défini. À partir de la Renaissance, éduquer, c'est commencer par définir un modèle humain possible, c'est-à-dire proposer un but idéal à l'action éducative.*

Quel est ce modèle anthropologique que les humanistes proposent et dont ils espèrent la réalisation? Est-il possible d'en retracer les grandes lignes?

Ces questions nous amènent à examiner de façon plus précise les grandes doctrines éducatives qui sont à la source des réformes scolaires à venir, et qui expriment l'idéal éducatif sur lequel a vécu la France, note Durkheim (1969, p. 205), depuis le XVIe siècle jusqu'à la fin du XVIIIe[24]. Non pas que l'humanisme de la Renaissance se limite à ces doctrines, mais c'est à travers ces doctrines que s'expriment des courants d'idées où viendront puiser les grands penseurs de l'époque à des degrés divers. La première de ces tendances est celle que représente Rabelais, celle où l'idéal du savant trouve son expression la plus élevée; la seconde, que représente Érasme, incarne l'idéal de l'homme lettré, l'idéal de la grande culture littéraire.

24. Idéal éducatif qui dominera aussi au Québec depuis l'ouverture, en Nouvelle-France, du premier collège par les Jésuites en 1635 jusqu'à la fin des années 1950, moment où le Québec amorce sa révolution tranquille.

Étudiée sous l'angle des finalités éducatives et des programmes d'études, la présentation de ces tendances respectives nous permettra d'en mieux comprendre les ressemblances et les divergences. Mais d'abord, certaines remarques d'ordre général s'imposent.

3.3.1 Des remarques d'ordre général

Un total de sept remarques d'ordre général sont regroupées sous cette rubrique. Nous désirons attirer l'attention du lecteur sur un certain nombre de dimensions relatives aux principes éducatifs nouveaux—la critique de la scolastique, la relation maître-élève, les instruments du savoir, la formation de l'orateur—, au cadre général des études, à l'éducation des filles ou encore aux institutions d'enseignement. Inutile de dire que chacune de ces remarques exigerait un plus ample développement, mais dans les limites de ce chapitre, nous devrons nous rabattre sur quelques linéaments pour esquisser le tableau.

Une critique de la scolastique

Un trait commun saute aux yeux de l'observateur dès qu'il s'intéresse à des pédagogues comme Guarino, Vittorino da Feltre, Vives, Érasme ou Rabelais, pour n'en nommer que quelques-uns: d'une commune voix ils dénoncent les méthodes médiévales, qu'ils jugent archaïques, anachroniques, néfastes et inefficaces. Pour Érasme comme pour Rabelais, la méthode scolastique n'est que rabâchage, répétition inutile de formules insipides ou de règles stupides qui font d'un enfant doué un élève «niais, tout rêveux et rassoté» (Rabelais, cité dans Lazard, 1993, p. 195). On le verra plus loin, pour définir le programme de cette culture nouvelle, Rabelais use d'un contraste saisissant: placé d'abord sous la tutelle de vieux maîtres aux méthodes dépassées, Gargantua peut ensuite s'épanouir grâce à l'action pénétrante d'un précepteur humaniste qui, constatant d'abord les méfaits, purge l'élève avant de le soumettre à des «méthodes rationnelles et modernes» (Lazard, 1993, p. 194).

De nouveaux instruments du savoir

Si les humanistes ont été de grands découvreurs de textes latins et grecs, de grands réanimateurs de la culture antique, ils n'ont pas moins contribué à la diffusion du savoir et au progrès des connaissances, ce qui faisait dire à Jean-Claude Margolin (1981a, p. 81) qu'il y a probablement pléonasme à qualifier l'humanisme de pédagogique (p. 81). Un **grand nombre** d'essais éducatifs sont publiés à la fin du XIVe siècle et au début du XVe siècle. Une pensée nouvelle est née qui devait d'abord se réfléchir, se construire et s'exprimer, avant de pouvoir se réaliser à l'échelle concrète. Et cette culture nouvelle, rejetant la précédente comme une gaine étroite, travaille à se donner de «véritables outils du savoir» pour les générations d'élèves qu'elle a pour tâche d'éduquer. Margolin (1981a, p. 81) écrit:

> *Mieux encore, par les grammaires, les dictionnaires, les éditions critiques des auteurs anciens, leurs commentaires, les traductions du grec au latin (et parfois de l'une de ces deux langues dans une langue vernaculaire), ils ont forgé les véritables outils du savoir pour plusieurs générations d'élèves ou d'étudiants.*

Et l'on verra des œuvres comme les *Elegantiæ* (1444) de Lorenzo Valla, *De ratione studii* (1512) d'Érasme ou le *Cornucopia* (1489) de Perotti remplacer le *Mammotrectus*, le *Græcismus* ou le *Catholicon*, ces œuvres désuètes d'un passé révolu.

La relation maître-élève

À travers la relation maître-élève, un changement dans la manière d'éduquer apparaît de façon tangible. Depuis l'ouvrage d'Ariès (1973), *L'enfant et la vie familiale sous l'Ancien Régime*, nous savons l'indifférence des époques médiévales envers l'enfance, l'âpreté des relations éducatives et le peu de souci pour la distinction entre les âges. Sans égard à la psychologie des âges, enfants et adolescents sont mélangés aux adultes dans l'enseignement jusqu'à la fin du XIVe siècle. À la base de cette transformation dans la manière d'éduquer les enfants, à la source de cette culture nouvelle, un même souci, une même préoccupation, note Garin (1968, p. 29), celle «de former la jeunesse en l'aidant à susciter elle-même ses énergies naturelles, mais sans la conditionner, sans la contraindre à l'intérieur de cadres et de formules figées». Aussi l'action d'un maître prévenant, tendre et bienveillant est-elle de loin préférable aux méthodes d'un maître distribuant des coups de férule.

De Vittorino da Feltre à John Colet, de Jean Vives à Johannes Sturm, ou d'Érasme à Rabelais, on trouve un même respect des enfants, un authentique souci de ne point troubler leur joie[25] et leur sérénité, une semblable préoccupation d'adapter l'enseignement à l'âge de l'élève, un vibrant appel à l'amitié confiante, à l'affection et à l'écoute entre le maître et l'élève.

La formation d'un orateur

Comme le rappelle Margolin (1981a), la formation de l'orateur est la visée première des humanistes de l'Europe du XVe siècle. L'orateur, ici, dans l'esprit des humanistes, ne se limite pas à l'ecclésiastique, à l'orateur politique ou judiciaire, mais il concerne tous ceux dont la vie professionnelle consiste à convaincre les autres par l'action de la parole ou par celle de l'écriture. Ce qu'il s'agit de développer au plus haut point, de porter à son plus haut niveau de maîtrise, les humanistes le désignent—en particulier Érasme, s'inspirant de ses maîtres Quintilien et Cicéron—par l'expression «*copia verborum*». La formation de l'orateur recouvre non seulement la multiplicité des ressources—les jeux de mots et de sens, les synonymes, les figures—mais aussi la précision du langage, la force et la nuance d'un mot, «celle qui convient dans telle circonstance psychologique ou sociale, à tel moment, en présence de tel auditoire, etc.» (Margolin, 1981a, p. 94). La formation de l'orateur est au fondement de la pédagogie humaniste. C'est par l'imitation des Anciens que chacun peut découvrir par lui-même «*la grande règle de plaire et de toucher*» (Margolin, 1981a, p. 96).

> *L'orateur, selon le cœur et l'esprit des grands pédagogues humanistes, doit se proposer, à l'instar de l'*orator *de Cicéron ou de Quintilien, un triple but qui déborde la simple rhétorique:* docere *(enseigner),* delectare *(plaire),* movere *(émouvoir).* (Margolin, 1981a, p. 96.)

25. L'école de Vittorino da Feltre, à Mantoue, porte d'ailleurs le nom de *Casa giocosa* ou la maison de la joie.

Le programme général des études

De Vittorino da Feltre (1378-1446) à Johannes Sturm (1507-1589), pour couvrir environ un siècle et demi d'éducation humaniste, le programme d'études présente évidemment des variations[26]. À la *Casa giocosa* de Vittorino da Feltre par exemple, le sport et l'activité de plein air occupent une place qu'ils n'occuperont pas dans le programme d'Érasme; l'étude du latin, de la rhétorique et de la Bible y alterne avec le jeu—jeux littéraires, jeux collectifs ou jeux sportifs—, et il n'est pas rare non plus d'y voir circuler, à côté des copistes grecs ou des mathématiciens, des musiciens et des artistes réputés. Chez l'auteur de *Pantagruel*, pour citer un autre exemple, la science occupe une place qui n'est pas celle que lui confère Érasme.

Les jeunes auxquels s'attachent les pédagogues humanistes ont entre dix et quinze ans. Il ne faudrait pas croire pour autant que l'éducation de la petite enfance est négligée. Puisqu'il s'agit de réaliser un modèle humain, aussi bien débuter l'éducation dès le plus jeune âge. À ce sujet, Érasme écrit le *De pueris instituendis* (1529), consacré à la petite enfance (trois à quatre ans), afin d'initier le jeune enfant aux rudiments de la langue, des chiffres, de l'écriture, et afin de soutenir son apprentissage des bonnes lettres et du latin. Un autre ouvrage, *De civilitate morum puerilium* (1530), est un véritable modèle de civilité puérile. Tout y passe, de la manière de se moucher à la façon de saluer son maître et de se tenir à la table, aux jeux et à l'église.

Pour en revenir à notre groupe d'âge privilégié, et sans exclure l'intérêt grandissant pour d'autres

26. L'humanisme de Montaigne n'est pas abordé dans le présent chapitre. Cinquante années séparent sa naissance de celle de Rabelais, et Montaigne n'a que trois ans quand Érasme décède à Bâle en 1536. C'est donc un auteur de la seconde moitié du XVIe siècle qui a décanté l'enthousiasme de l'humanisme naissant. Sur le plan éducatif, quand on compare Montaigne à Rabelais ou à Érasme, il présente de nombreuses différences. Plus frugal que le premier et moins littéraire que le second, il ne vise ni l'encyclopédisme de l'un ni l'esthétisme de l'autre. À l'éducation, Montaigne assigne des finalités bien plus modestes et beaucoup plus pratiques: former le jugement par le commerce des hommes, apprendre les langues—la maternelle d'abord, puis les langues vivantes, et enfin les mortes—, l'histoire et l'éducation physique; en toute chose, éviter le bourrage de crâne, car tête bien faite vaut mieux que tête bien pleine.

disciplines telles que l'histoire, la géographie et les sciences naturelles, citons Margolin (1981a, p. 82):

> *Le curriculum des études ne s'est pas considérablement modifié dans la période de l'humanisme triomphant et a conservé le cadre traditionnel du* trivium *et du* quadrivium, *c'est-à-dire le cycle des études de grammaire, de rhétorique et de logique, suivi du cycle de l'arithmétique, de la musique, de la géométrie et de l'astronomie qui constituaient ensemble les sept arts libéraux.*

Mais dans le curriculum des études, les disciplines qui forment le cycle du *trivium* occupent une place prépondérante. L'étude des langues grecque et latine est au cœur de la formation humaniste, et c'est dans ce trésor retrouvé que chaque homme trouve la voie de son humanité.

> *Étudier les Anciens, cela signifie acquérir toujours davantage une conscience historique et une conscience critique, devenir capable de se jauger soi-même et de jauger autrui, embrasser les vastes dimensions du monde des hommes et de son développement, comprendre que l'humanité constitue une société à la fois multiple et unitaire, progressant dans un effort qui se prolonge dans le temps, et triomphe de l'espace.* [...] *Faire l'éducation des jeunes gens d'après les classiques cela consista alors réellement à leur faire prendre conscience de la communauté humaine dans son évolution et dans son unité.* (Garin, 1968, p. 95.)

L'éducation des filles[27]

La révolution culturelle qui caractérise la Renaissance se répercute aussi sur la situation sociale de la femme. Somme toute, note Margolin (1981b, p. 82), elle a contribué à rétrécir la distance qui séparait la jeune fille du garçon, la femme de l'homme. Mais l'éducation, malgré ce progrès notable, demeure une prérogative masculine. En règle générale, même dans les classes aisées, les jeunes filles restent à la maison pendant que les garçons fréquentent le collège[28].

Sur cette question, les opinions de Vives, d'Érasme ou de Rabelais ne sont guère éloignées. Vives par exemple, bien qu'il se prononce en faveur de l'éducation des jeunes filles, acquiesce aux idées répandues sur la modestie qui sied bien aux femmes, sur l'inutilité sociale de leur donner une formation poussée ou sur leur incapacité de rivaliser avec les hommes sur des questions scientifiques. Comme bien d'autres humanistes de l'époque, c'est à remplir son rôle de bonne chrétienne, de bonne épouse et de bonne mère qu'il prépare la jeune fille, et s'il consent à donner une éducation scientifique et politique plus poussée aux filles de familles royales—lui-même a été précepteur de la princesse Marie, fille du roi Henri VIII et de Catherine d'Aragon—, pour le reste, il les confine à l'éveil de l'enfant, à la sollicitude et à la tendresse, de manière à leur inculquer «une sensibilité morale et affective» (Margolin, 1981a, p. 90-91). Pour Vives comme pour Érasme, seules quelques-unes possèdent une érudition exceptionnelle, des talents remarquables—la fille aînée de More, Margaret, l'Italienne Cassadre Fedele, les sœurs Pirckheimer, les filles de la famille des érudits hollandais, les Canter.

Les institutions d'enseignement

Une vue trop rapide de l'histoire nous donne parfois l'impression que la Renaissance est un âge d'or de l'humanité, une période de lumière qui succède aux ténèbres médiévales[29], une oasis d'opulence intellectuelle et matérielle à laquelle s'abreuvaient sans distinction tous les membres de la société. Au banquet de la Renaissance, chacun était convié. Mais c'est aller un peu vite en besogne, car ce monde demeure essentiellement rural et pauvre; «le monde des villes est un monde brillant mais exceptionnel» (Le Goff, 1975, p. 77). Malgré le lien qui unit la création des écoles aux luttes politico-religieuses, l'école du village, pour tous et partout, demeure un fait qui n'est pas encore accompli en ces temps (Margolin, 1981b, p. 187). En ce qui concerne l'enseignement élémentaire, il est encore assumé par des congrégations

27. Voir en particulier le texte de Margolin (1981b). Voir aussi l'ouvrage de Margolin (1981a, p. 90-91), *L'humaniste en Europe au temps de la Renaissance.*

28. «*Alcala est la première ville européenne à avoir ouvert une école de filles dès le début du* XVIe *siècle. Et c'est en 1574 seulement que les Ursulines fonderont en Avignon une école féminine*» (Margolin, 1981b, p. 182).

29. L'historiographie récente s'est chargée de réhabiliter le Moyen Âge. Elle nous en révèle la diversité, l'originalité profonde et la fécondité créatrice.

religieuses, tant chez les protestants que chez les catholiques. En vertu du lien personnel qui relie l'homme à Dieu, du droit de chaque homme d'interpréter les Saintes Écritures, les protestants, les premiers, déploient de grands efforts pour la création d'écoles et la scolarisation des masses.

C'est plutôt du côté des villes qu'il faut chercher de véritables innovations éducatives. Le bouillonnement des idées, l'essor de courants culturels nouveaux et la pression qu'exerce une bourgeoisie marchande favorisent, notamment en Italie du Nord, la naissance d'institutions nouvelles et l'adoption de pratiques pédagogiques novatrices. Des écoles se constituent qui tourneront le dos aux vieilles méthodes médiévales encore largement répandues dans les universités. À Florence, à Milan, Venise ou Ferrare, de grands maîtres réputés enseignent les *studia humanitatis* à des fils de grandes familles. C'est que la haute éducation demeure non seulement le privilège des hommes, mais l'apanage des plus riches d'entre eux.

Si l'université demeure la création originale du Moyen Âge, le collège est la grande nouveauté de la Renaissance au chapitre des institutions scolaires. À la fois lieu d'enseignement et d'hébergement, il présente à peu près la même forme, qu'il s'agisse des régions où le protestantisme fleurit ou des régions que domine le catholicisme. C'est l'avènement des collèges qui transformera en profondeur l'enseignement secondaire. Au nombre des institutions les plus connues, notons d'abord les écoles des Frères de la vie commune—collège de Deventer aux Pays-Bas—, puis les collèges des Jésuites, sans oublier, bien sûr, le collège de Saint-Paul de Londres, le Corpus Christi College d'Oxford ou le «gymnase» de Sturm à Strasbourg. Pétries de principes éducatifs nouveaux—la pratique des Anciens, le respect de l'élève, l'émulation, le dialogue entre le maître et l'élève—, ces institutions forment les humanistes qui occuperont les plus hautes fonctions civiles et ecclésiastiques en Europe.

Par ailleurs, rapporte Margolin (1981b), c'est aussi le temps où les autorités, les élites et le clergé prennent peu à peu conscience que l'instruction des masses enfantines, en plus de poser un problème intellectuel et religieux, pose aussi un problème social et moral. Que faire en effet de ces jeunes qui encombrent les rues, qui tuent, qui pillent et dévalisent?; comment remédier à cette errance juvénile, à cette mendicité alarmante? Des initiatives naissent, comme celle de cet humaniste de Bruges qui, dans son ouvrage *De subventione pauperum* (1526), somme les autorités de la ville d'adopter un plan général d'éducation et un programme de travail rémunéré pour les enfants démunis.

> *Mais il est évident qu'en dépit de ces initiatives isolées, le problème de la jeunesse sans instruction ni métier ni assistance quelconque demeure l'une des ombres les plus noires de cette époque si magnifiquement dépeinte par Gargantua dans sa lettre à Pantagruel, ou par le chevalier Ulrich von Hutten saluant avec enthousiasme et lyrisme l'avènement d'un nouvel âge d'or.* (Margolin, 1981b, p. 189.)

Enfin, en ce qui concerne l'enseignement supérieur, trois grandes institutions humanistes voient le jour, trois phares intenses de la vie intellectuelle de l'époque: le collège trilingue de Louvain (latin, grec, hébreu), créé par Jérôme de Busleiden sous l'impulsion d'Érasme; celui d'Alcalá de Henares en Espagne; et enfin celui des «Lecteurs royaux» de Paris, l'actuel Collège de France, fondé en 1529 par François Ier, à l'instigation de l'humaniste français Guillaume Budé[30].

3.3.2 Rabelais ou le courant encyclopédique

L'œuvre de Rabelais est, à bien des égards, à l'image de sa vie: insaisissable, multiple, mystérieuse et déconcertante. D'abord moine franciscain, puis bénédictin et prêtre séculier, le célèbre médecin se double ici d'un fervent humaniste, et l'écrivain est aussi un grand voyageur. On ne s'entend ni sur les dates ni sur le lieu précis de sa naissance. Il serait né en 1483 en Touraine, à Chinon, au lieu-dit La Devinière, propriété de son père, l'avocat Antoine Rabelais. Mise à part une enfance vraisemblablement passée dans la campagne tourangelle, peu de choses nous sont connues de ses premières années d'études.

30. Pour de plus amples détails sur l'histoire de ces célèbres institutions, nous recommandons la lecture du texte de Margolin (1981b), en particulier les pages 177 à 181.

Fils de bourgeois, on suppose qu'il a d'abord reçu l'enseignement du *cursus studiorum*—le *trivium* puis le *quadrivium*—suivant des méthodes anciennes qu'il portera plus tard au ridicule dans ses écrits. Probablement novice chez les cordeliers de La Baumette vers la fin de 1510, il quitte l'ordre des Franciscains pour l'ordre des Bénédictins quand la Sorbonne frappe d'interdit les auteurs grecs en 1523[31]. Vers 1530, Rabelais quitte la vie monastique et se rend à Montpellier pour étudier la médecine, et c'est en novembre de l'année 1532 qu'on le retrouve en exercice à l'hôtel-Dieu de Lyon. C'est d'ailleurs dans cette ville, sous le pseudonyme d'Alcofribas Nasier, qu'il fait paraître son premier ouvrage, le *Pantagruel* (1532), condamné plus tard en 1535 par la Sorbonne. Dans les dernières années de sa vie, il est prêtre à Meudon près de Paris, où il termine ses jours en l'année 1553. On lui doit, outre des ouvrages savants, le *Gargantua* (1534), le *Tiers Livre* (1546), le *Quart Livre* (1548) et le *Cinquième Livre* (1564).

Les finalités éducatives

C'est contre la vieille éducation scolastique que la raison et le cœur de Rabelais se courroucent; c'est contre ses méthodes et son formalisme qu'il déverse sa fureur. L'un des premiers, il a montré que les pratiques anciennes étaient contraires à l'esprit d'un mouvement nouveau qui visait le développement intégral de l'homme, le déploiement de ses puissances d'imagination et de ses capacités créatrices. Pour illustrer de la manière la plus nette l'antagonisme qui l'oppose aux docteurs de la Sorbonne, Rabelais use d'un contraste saisissant. Rappelons que son personnage Gargantua, fils de Grandgousier, est d'abord instruit par un docteur en théologie. Rabelais rapporte:

> *De fait, on lui recommanda un grand docteur Sophiste, nommé Maître Thubal Holopherne, qui lui apprit si bien son abécédaire qu'il le récitait à l'envers, par cœur, ce qui lui prit cinq ans et trois mois. Puis il lui lut la Grammaire de Donatus, le Facet, le Théodolet, et Alain dans ses Paraboles, ce qui lui prit treize ans, six mois et deux semaines.* (Rabelais, *Gargantua*, chapitre 14, 1973, p. 81.)

Ensuite les *Modes de la signification* avec les commentaires de Heurtebise, de Faquin, de Tropditeux et autres, sans oublier l'*Almanach*, jusqu'à la mort du précepteur en question. Un autre vieux «tousseux» remplaça ce dernier, Maître Jobelin Bridé, qui lui lut le *Grécise*, le *Doctrinal*, les *Parties*, le *Quid* et plusieurs autres. Sous l'effet de ce régime, Gargantua sentait son corps s'alanguir pendant que son esprit s'alourdissait de ces sottises.

> *Alors que son père put voir que sans aucun doute, il étudiait très bien et y consacrait tout son temps; malgré tout, il ne progressait en rien et, pire encore, il devenait fou, niais, tout rêveux et radoteur. Comme il s'en plaignait à Sir Philippe des Marais, vice-roi de Papeligosse, il sut qu'il vaudrait mieux qu'il n'apprît rien que d'apprendre de tels livres avec de tels précepteurs, car leur savoir n'était que sottise et leur sagesse billevesées, abâtardissant les nobles et bons esprits et flétrissant toute fleur de jeunesse.* (Rabelais, *Gargantua*, chapitre 15, 1973, p. 82.)

Après de longues discussions, ils désignèrent Ponocrates pour faire office de précepteur auprès de Gargantua.

Constatant sur son élève les méfaits des méthodes anciennes, Ponocrates entreprend de le purger avec de l'éllébore d'Anticyre afin de nettoyer son cerveau «de toute corruption et de tout vice». Exprimée en termes de médecine, de purges et de lavements, c'est ici l'idée d'une nouvelle naissance, d'un retour à la nature, une idée qui parcourt toute la Renaissance sous des formes diverses (Garin, 1968, p. 73).

À l'école de Ponocrates, Gargantua est instruit de manière à ne pas perdre une seule heure de sa journée. Le programme d'études[32] auquel on le soumet dose savamment l'éducation du corps et l'éducation intellectuelle, le libre jeu et la fréquentation des Anciens, les échanges avec de savants lettrés et le contact direct avec la nature. Ce qui frappe d'abord, c'est le caractère gargantuesque du programme; rien de ce

31. «La Sorbonne, confrontée à la crise de la réforme luthérienne, s'appliquait à faire interdire l'étude du grec, qui favorisait l'interprétation personnelle du Nouveau Testament» (Demerson, 1991, p. 12). À la suite de l'interdit, Rabelais se retrouve chez les Bénédictins, qu'il juge plus ouverts aux transformations culturelles.

32. Voir ici le *Gargantua* de Rabelais, chapitre 23, 1973, p. 106-117.

qui est humain n'y est négligé: les jeux, les activités physiques, les arts et les métiers, les langues, les sciences, profanes et religieuses, l'histoire et la littérature. Dans la fameuse lettre que Gargantua fait parvenir à son fils Pantagruel, alors étudiant à Paris, et sur laquelle nous reviendrons plus loin, s'exprime une pareille frénésie d'apprendre, la même passion du savoir.

Ce que recherche Rabelais dans cette quête joyeuse et passionnée, c'est l'érudition totale, le savoir absolu, un savoir encyclopédique qui embrasse tous les domaines de l'activité humaine. Car le savoir libère tandis que l'ignorance enchaîne. L'éducation rabelaisienne aspire à former un homme complet, à développer chez l'élève, au moyen de méthodes efficaces et rationnelles, toutes les facultés de sa personne, aussi bien ses qualités physiques que ses facultés mentales. Une vie nouvelle s'ouvre, abondante et généreuse, une vie authentique et véritable, où chaque homme porte au faîte de son développement les capacités dont il est l'heureux possesseur.

> *Voilà, vraisemblablement, pourquoi c'est dans des géants que s'incarne l'idéal rabelaisien. C'est que des géants seuls sont de taille à le réaliser. Le géant, c'est le modèle populaire du surhomme, de l'homme supérieur à l'homme moyen.* (Durkheim, 1969, p. 211.)

C'est pourquoi une telle vision de l'homme, de l'éducation et du savoir, ne saurait tolérer la contrainte, la borne et la réglementation. Tout ce qui gêne ou fait obstacle aux désirs et aux besoins de l'homme, tout ce qui réprime la libre expansion de ses facultés et sa marche glorieuse vers le savoir, ne saurait avoir l'assentiment du grand humaniste. Rabelais aspire à «une société où la nature, affranchie de toute contrainte, peut se développer en toute liberté» (Durkheim, 1969, p. 210). *Naturam sequere:* suivre la nature, telle est sa devise. Cet idéal d'une société libre et parfaite se réalise dans l'abbaye de Thélème. Sans horaires et sans murailles, le seul et unique règlement de cette abbaye tient tout entier dans cette brève formule: «*Fais ce que voudras.*»

> *Fais ce que voudras parce que les gens libres, bien nés, bien éduqués, vivant en bonne société, ont naturellement un instinct, un aiguillon qu'ils appellent honneur et qui les éloigne du vice.* (Rabelais, *Gargantua*, chapitre 57, 1973, p. 203.)

Fais ce que voudras, car la nature, tout entière et sans restriction, est bonne et généreuse. «C'est, comme on le voit, cette conviction de la bonté fondamentale de la nature qui est à la base du réalisme de Rabelais», rappelle Durkheim (1969, p. 210). Comment cet idéal s'est-il traduit en éducation dans un programme d'études? Voyons-le de plus près.

Le programme d'études

Comme il a déjà été mentionné, l'exaltation de la faculté de connaître éclate aussi bien dans le programme d'études du *Gargantua* que dans la célèbre lettre que ce dernier fait parvenir à son fils Pantagruel, alors étudiant à Paris. Ce qui frappe *illico* l'esprit, c'est le caractère encyclopédique du programme; Rabelais y dresse le plan d'une éducation de géant qui vise un savoir universel. Aussi, chez Rabelais, comme chez Érasme d'ailleurs, le maître doit-il posséder une science universelle? Doit-il avoir parcouru tout le cercle du savoir? Programme touffu, complet et ambitieux, ce n'est que de façon sommaire que nous l'examinerons dans ces pages, renvoyant le lecteur aux chapitres des œuvres déjà mentionnées.

Dans les occupations quotidiennes de Gargantua, l'éducation physique occupe une place de premier choix. Trois ou quatre heures par jour d'exercices physiques pendant lesquelles il lui faut apprendre tous les sports: les jeux de balle et de paume, la nage, la navigation, l'escalade; Gargantua doit aussi monter dans les arbres, courir, sauter, lancer, crier pour exercer ses poumons, et pratiquer la gymnastique pour développer son corps et fortifier ses muscles. Outre cette éducation physique rigoureuse, l'art de la chevalerie, pour défendre la maison et protéger les amis, figure aussi au plan d'éducation de Rabelais. Elle consiste, pour l'essentiel, dans des leçons d'équitation pour guider le cheval à volonté, dans le maniement des armes, de la lance, de l'épée, de la hache, de la dague et du poignard, ou encore dans des leçons de chasse pour courir le cerf, le chevreuil, l'ours, le daim, le sanglier, etc.

Quant à la formation intellectuelle, elle vise, nous l'avons dit, l'encyclopédisme. C'est toute la science de son temps que l'élève doit acquérir, car seule la connaissance intégrale de la science le remplira d'un souverain bonheur. S'il est une faculté que Rabelais propose de développer dans sa plénitude, c'est la faculté cognitive.

> *L'homme ne réalise pleinement sa nature que s'il fait reculer les limites de sa connaissance aussi loin qu'il est possible, que s'il élargit sa conscience de manière à ce qu'elle embrasse l'Univers. Il n'est vraiment et absolument heureux que dans l'état d'exaltation où se trouve l'intelligence en possession de la vérité; c'est dans les joies de l'ivresse scientifique qu'il doit chercher la béatitude suprême.* (Durkheim, 1969, p. 220.)

Quand l'abbé de Thélème, F. Jean des Entommeures, s'aventure avec Panurge à la recherche du bonheur, c'est une île lointaine où s'élève un temple consacré à la «dive Bouteille» qui leur révèle le secret de la félicité. De la bouteille mystérieuse un seul mot s'échappe: boire... boire, et boire encore dans le fleuve de la science jusqu'au ravissement suprême de l'esprit.

Dans la lettre que Gargantua fait parvenir à Pantagruel, il lui recommande d'apprendre les langues: d'abord le grec, comme le veut Quintilien; ensuite le latin; puis l'hébreu, le chaldéen et l'arabe pour les Écritures saintes. Il est aussi recommandé à Pantagruel de former son style à l'aide de Platon, pour le grec, et de Cicéron, pour le latin (Rabelais, *Pantagruel*, chapitre 8, 1973, p. 247). Une brève remarque s'impose ici. À l'inverse d'Érasme, comme il sera vu plus loin, l'intérêt de l'enseignement des langues chez Rabelais, en particulier le latin et le grec, ne relève pas d'une préoccupation esthétique. Comme le note Durkheim (1969), c'est en érudit qu'il approche les Anciens. L'Antiquité n'est pas, selon Rabelais, un instrument ou un modèle de culture esthétique ou d'élégance littéraire, «mais une mine de connaissances positives» (dans Durkheim, 1969, p. 216). Rabelais compose donc son programme sans égard à la valeur littéraire de l'œuvre. Et les *Travaux* d'Hésiode ou les *Géorgiques* de Virgile prennent place, ici, aux côtés de Théophraste, de Dioscoride, de Marinus, d'Oppien et de Pollux. Pantagruel doit aussi s'instruire des arts libéraux et des sciences mathématiques: la musique, la géométrie, l'arithmétique et l'astronomie, à l'exclusion cependant de l'astrologie divinatrice et de l'art de Lulle (l'alchimie).

La science occupe également dans ce programme une place prépondérante. Attention! Non pas celle toute formelle de la dialectique du Moyen Âge, ni celle à venir de la science expérimentale, mais la connaissance positive des choses du monde, la connaissance de la nature, de l'homme.

> *Et quand à la connaissance de la nature, je veux que t'y donnes avec soin: qu'il n'y ait mer, rivière, ni source dont tu ignores les poissons; tous les oiseaux du ciel, tous les arbres, les arbustes et les buissons des forêts, toutes les herbes de la terre, tous les métaux cachés au ventre des abîmes, les pierreries de tous les pays de l'Orient et du Midi, que rien ne te soit inconnu.* (Rabelais, *Pantagruel*, chapitre 8, 1973, p. 248.)

Mais le texte d'un auteur ancien vient toutefois compléter ce contact direct de l'élève avec la réalité du monde. Ainsi, à la table ou à la campagne, à l'égard des aliments qui couvrent celle-là ou des arbres que celle-ci abrite, le contact avec les choses est soigneusement rapproché des textes qui en parlent. C'est une caractéristique de Rabelais que d'insister sur ce processus continuel qui va du livre vers la vie, et de la vie vers le livre (Garin, 1968, p. 74). Pour compléter cette formation intellectuelle, Gargantua recommande aussi d'étudier les plus beaux textes du droit civil, de relire les livres des médecins arabes, grecs et latins, les talmudistes et les cabalistes et enfin de fréquenter les gens lettrés de Paris ou d'ailleurs.

Une éducation esthétique et une éducation aux métiers s'ajoutent encore à ce programme déjà fort chargé. Les jours de pluie, en effet, Gargantua s'initie aux arts de la peinture et de la sculpture, puis il visite les orfèvres, les fondeurs, les monnayeurs, les tailleurs de pierres précieuses, les horlogers, les imprimeurs et combien d'autres.

Enfin, Rabelais préconise une éducation morale et religieuse, car «science sans conscience n'est que ruine de l'âme». Quelques heures par jour, Pantagruel doit lire les Saintes Écritures: le Nouveau Testament et les épîtres en grec, l'Ancien Testament en hébreu. Et chaque jour, Pantagruel s'abandonne à Dieu et se recommande à sa clémence.

> *Mais—parce que, selon le sage Salomon, Sagesse n'entre pas en âme malveillante et que science sans conscience n'est que ruine de l'âme—tu dois servir, aimer et craindre Dieu, et mettre en lui toutes tes*

pensées et tout ton espoir; et par une foi nourrie de charité, tu dois être uni à lui, en sorte que tu n'en sois jamais séparé par le péché. [...] *Sois serviable pour tes prochains, et aime-les comme toi-même.* (Rabelais, *Pantagruel*, chapitre 8, 1973, p. 248.)

En terminant, ce plan d'éducation que Rabelais propose, cet idéal et cette aspiration profonde au savoir universel, Rabelais lui-même—et plusieurs autres comme Ramus, Alberti, Ficin, Léonard de Vinci—le réalise et l'incarne au plus haut point. Il connaissait toutes les langues dont il recommandait l'apprentissage; il était médecin, jurisconsulte et théologien, il connaissait tout de l'Antiquité et possédait une solide connaissance de la gymnastique, des arts et des métiers de son temps, ainsi que l'atteste son œuvre (Durkheim, 1969, p. 221). Il est, sur le plan individuel, nous rappelle Durkheim (1969, p. 218), ce que sont les sociétés européennes au temps de la Renaissance: dans sa pleine jeunesse. Et c'est le propre de la jeunesse de faire sauter les barrières.

3.3.3 Érasme ou le courant littéraire

Curieux destin que celui d'Érasme, né hors mariage, le 28 octobre d'une année incertaine, l'année 1466 ou 1467, probablement 1469, et qui deviendra le prince de l'humanisme, un pacifiste engagé[33] et un ardent défenseur du christianisme. Né dans une famille de la petite bourgeoisie hollandaise, Érasme n'a laissé que peu de traces de sa petite enfance. En 1476, il entre à l'école Peter-Winckel, à Gouda, puis à l'école capitulaire d'Utrecht, comme choriste, en 1477. De 1478 à 1483, on le retrouve à la célèbre école des Frères de la vie commune à Deventer. C'est d'ailleurs là qu'il fait la rencontre de Rudolf Agricola, alors chantre de l'humanisme aux Pays-Bas. Dès l'âge de 17 ans, Érasme est orphelin. Quelques années plus tard, en 1486 ou 1487, il entre au monastère des chanoines réguliers de Saint-Augustin, à Steyn, près de Gouda. Ordonné prêtre en 1492, il débute une vie d'errance à travers l'Europe, une vie d'humaniste cosmopolite: d'abord comme secrétaire auprès de l'évêque de Cambrai, Henri de Berghes, puis au collège de Montaigu, à Paris, pour ensuite sillonner l'Europe, depuis l'Angleterre (en 1499) où il fait la rencontre de Thomas More, futur chancelier d'Henri VIII et futur martyr, jusqu'à Louvain (en 1502) où il contribue à fonder le Collège des trois langues, en passant par l'Italie—Turin, Bologne, Venise, Rome—(de 1506 à 1509). Enfin, Érasme revient en Angleterre de nouveau entre 1509 et 1514. En l'année 1522, Érasme quitte définitivement les Pays-Bas et s'installe à Bâle, ville où il termine ses jours en 1536. Ses idées sur l'éducation sont exposées dans les ouvrages suivants: l'*Antibarbaros* (1520), *De ratione studii* (1512) et le *De pueris* (1529). On lui doit aussi le célèbre *Éloge de la folie* (1511), un ouvrage sur la civilité puérile, *De civilitate morum puerilium* (1530) et plusieurs œuvres savantes en philologie et en théologie dans lesquelles il s'efforce de réconcilier la sagesse antique et le christianisme.

33. Dans les années 1522-1523, voyant la paix menacée en Europe, Érasme fait parvenir aux quatre grands—Charles Quint, François Ier, Henri VIII et Ferdinand Ier de Habsbourg—chacune des quatre *Paraphrases sur l'Évangile* (Margolin, 1989, p. 729).

Les finalités éducatives

Dès ses premières années d'études à Steyn—il écrira alors avec Gérard Corneille une *Apologie contre les barbares*—Érasme prépare une diatribe qui éclatera plus tard dans son *Antibarbaros*. Les «barbares», ici, ce sont ceux qu'une éducation scolastique a rendus «incultes et déformés» et ceux qui leur enseignent. Dans son ouvrage, qui a pour titre *Érasme parmi nous*, Halkin (1987, p. 32) rapporte ceci:

> *Les barbares qu'Érasme combat sont incultes et déformés. L'éducation scolastique avait remplacé les auteurs anciens par les commentaires, les gloses et les sommes. Elle enseignait trop souvent un programme d'études notionnelles et superficielles, où l'argument d'autorité prenait une place indue.*

Plus tôt, en l'année 1511, alors qu'il séjournait chez son grand ami Thomas More, Érasme attaquait déjà les méthodes anciennes de cette éducation dépassée. On connaît aujourd'hui la fortune de ce livre célèbre, l'*Éloge de la folie*, qui fait le délice des esprits depuis près de cinq siècles.

D'entrée de jeu, dans son plan d'études, Érasme exige du maître une science universelle.

> *Cela dit* [il réfère ici aux conseils de Quintilien sur les méthodes d'instruction], *quiconque voudra donner à autrui quelque enseignement, accordera*

> *tous ses soins à fournir immédiatement à son élève les connaissances les meilleures; mais celui qui veut les enseigner de la meilleure façon devra, de toute nécessité, être omniscient; ou, si cela n'est pas permis à un esprit humain, qu'il connaisse au moins les éléments principaux de chaque discipline.* (Érasme, 1992, p. 448.)

Plus loin, Érasme (1992, p. 448) précise davantage:

> *Pour cela, je ne me contenterai pas de ces dix ou douze auteurs*[34] *mentionnés plus haut, mais j'exigerai le cercle complet du savoir afin que celui qui se prépare à un enseignement élémentaire soit au courant de tout.*

De préférence, il recommande Platon et Aristote pour la philosophie; Augustin, Origène, Chrysostome, Basile, Ambroise et Jérôme pour la théologie; Homère et Ovide pour la mythologie; Pomponius Mela, Ptolémée et Pline pour la cosmographie (géographie); puis l'étude de l'astrologie, de l'histoire et des sciences naturelles. Mais si le maître est tenu de posséder une telle connaissance, ce n'est pas pour en déverser la totalité dans l'esprit de son élève, mais plutôt pour la lui épargner. En d'autres termes, s'il fait porter par un seul cet immense fardeau, c'est afin de permettre au plus grand nombre de s'en décharger.

> *Ce que je veux, c'est qu'un seul homme lise toutes les œuvres des Anciens afin de pouvoir dispenser tous les autres d'en faire autant.* (Érasme, 1992, p. 451.)

Il s'agit là d'une différence fondamentale qui le sépare de Rabelais: seul le maître doit tout savoir pour épargner à l'élève d'avoir à tout apprendre. Le contenu de la liste que dresse Érasme est minutieusement choisi. La première place revient à Lucien, la seconde à Démosthène, la troisième à Hérodote. Parmi les poètes on retrouve Aristophane, Homère et Euripide. Parmi les latins on retrouve d'abord Térence, Plaute pour certaines de ses comédies, puis Virgile, Horace, Cicéron et César; voilà qui est complet. Par le choix minutieux de ses auteurs et la frugalité de son programme, Érasme se distingue une seconde fois des exigences plantureuses de Rabelais.

En fait il faut chercher ailleurs les finalités de son programme. Pour Érasme, en effet, la science n'est pas un bien en soi comme chez Rabelais, mais un moyen au service d'une éducation toute littéraire. Comme il s'agit de former le goût de l'élève, nul besoin d'une connaissance encyclopédique. Nous touchons ici à la finalité profonde de l'éducation érasmienne: former un homme de bon sens et de bon goût, capable de discourir oralement et par écrit.

La faculté de discourir, tant à l'oral qu'à l'écrit, est la faculté que nous devons développer avant toutes les autres. Ce qu'il appelle « *orationis facultas*», la faculté verbale—l'art par excellence—, c'est l'art de discourir, de développer une idée dans une langue correcte, et surtout dans une langue abondante, élégante et belle, appropriée au sujet. La faculté verbale est aussi l'art d'analyser sa pensée, d'en disposer les éléments dans un ordre convenable; bref, c'est l'art de bien parler, de bien écrire et de bien discourir en toutes circonstances.

> *Il n'y a, dit-il, rien de plus admirable et de plus magnifique que le discours* (oratio) *quand, riche d'idées et de mots, il coule abondamment tel un fleuve d'or.* (Érasme, cité dans Durkheim, 1969, p. 225.)

La faculté littéraire, telle est la faculté privilégiée dans l'éducation érasmienne, plutôt que la faculté de connaître, comme nous l'avons vu avec Rabelais.

Le programme d'études

Puisqu'il s'agit de former des hommes capables de bien s'exprimer oralement et par écrit, puisqu'il s'agit de former des hommes de bon goût et de bon sens, faire connaître aux jeunes gens les grandes œuvres du passé est éminemment souhaitable. Dans ces œuvres résident non seulement une langue riche et belle, mais aussi tout ce qui est digne d'être connu. Or, seules les langues grecque et latine donnent accès à ce trésor. En conséquence, Érasme recommande de se consacrer à l'étude des grammaires grecque et latine avec une égale ferveur. Parmi les grammairiens grecs, Théodore Gaza ravit la première place, puis Constantin Lascaris, la seconde; parmi les grammairiens latins, la palme revient à Diodème, puis à Nicolas Perotti, pour son zèle jusque dans le moindre détail. Tout en reconnaissant la nécessité de la grammaire,

34. Érasme fait ici référence à des auteurs grecs et latins tels Homère, Euripide, Aristophane, Hésiode, Lucien, Virgile, Cicéron.

TABLEAU 3.1
Les deux grandes conceptions éducatives du XVIe siècle

	Rabelais	Érasme
Dimension critique	Critique de la scolastique qu'il juge archaïque, dépassée, inefficace, et qui ne s'adresse qu'à l'intelligence verbale.	Critique de la scolastique qu'il juge archaïque, dépassée, inefficace, et qui ne s'adresse qu'à l'intelligence verbale.
Conception de base	Conception naturaliste qui repose sur l'idée que la nature est bonne et généreuse, et que l'homme l'est également.	Conception culturelle, civilisée, axée sur les plaisirs délicats et les raffinements de la vie civilisée et cultivée.
Qualités humaines dominantes	Énergie, passion, force, expansion, libre expression, qui s'expriment en activités intenses, en actions où l'homme se tourne vers le monde de la nature.	Élégance et politesse, raffinement de l'esprit, bon goût et bon sens, maîtrise de soi et bonnes manières.
Principes éducatifs, buts et idéal éducatif	• L'éducation doit favoriser la libre expression et la libre expansion de toutes les facultés humaines: il faut former des hommes complets (tête et corps). • Contre la discipline, contre tout ce qui contient, limite et réprime. • L'idéal rabelaisien: l'homme qui a développé au maximum toutes ses facultés, le Géant. La Science n'est rien d'autre que le grand savoir, le développement maximal de toutes les capacités humaines.	• L'éducation doit favoriser l'imitation et l'apprentissage des meilleurs modèles de culture et de civilité. • Elle doit former un esprit fin, le bon goût et le bon sens, la capacité de bien s'exprimer, tant à l'oral qu'à l'écrit. • L'idéal érasmien: l'homme à l'esprit fin, cultivé et raffiné.
Moyens	Tout apprendre, se soumettre à toutes les expériences, se mettre en contact direct avec les choses de la nature, connaître tous les livres qui parlent des choses.	Apprendre principalement auprès des grands auteurs classiques, apprendre les langues anciennes: le grec et le latin. Apprendre auprès de ceux qui ont un langage châtié.
Conception du savoir que doit apprendre l'élève	La science représente pour Rabelais la synthèse vivante de toutes les connaissances: elle est à la fois érudition, littérature, connaissance des choses, du monde, de la nature.	Essentiellement la littérature classique.
Rôle du maître	L'érudition est une fin en soi. Le maître doit tout savoir afin de tout apprendre à l'élève.	L'érudition n'est pas une fin en soi; elle est un moyen d'explication littéraire. Le maître doit tout savoir pour épargner à l'élève d'avoir à tout apprendre.

Érasme en veut les règles aussi peu nombreuses que pertinentes, car l'aptitude à s'exprimer correctement s'acquiert principalement par le contact et la conversation avec ceux qui s'expriment en un langage châtié, et la lecture assidue des auteurs éloquents. Pour tirer le plus grand profit de ces lectures, Érasme recommande d'étudier Lorenzo Valla, «qui a écrit de la manière la plus raffinée sur l'élégance de la langue latine» (Érasme, 1992, p. 445). Ce précieux conseil d'Érasme nous introduit à une autre nouveauté.

La langue latine à laquelle fait allusion l'humaniste hollandais n'est pas la langue vivante des scolastiques du Moyen Âge, commode et pratique, mais sans valeur éducative; c'est une langue nettoyée de ses scories, une langue littéraire hautement éducative. Le latin qu'Érasme introduit pour la première fois dans l'enseignement, c'est le latin classique du siècle d'Auguste, le latin comme langue morte. Puisqu'il ne s'agit pas de tout connaître, mais bien de former le goût de l'élève, une anthologie sera minutieusement préparée en fonction de l'élévation morale de l'auteur et de son mérite littéraire. Et l'érudition, du côté du maître, est ici au service de l'explication littéraire. Durkheim (1969, p. 228) nous le rappelle:

> *L'érudition, loin d'être une fin en soi, est donc mise au service d'une autre culture; c'est un moyen d'explication littéraire.*

Voilà pourquoi la littérature occupe une telle place dans le plan d'éducation d'Érasme. Dans sa conception des choses, la littérature est la discipline la plus hautement éducative; les sciences de la nature, l'histoire et la géographie ne jouant qu'un rôle subsidiaire[35]. Mais là ne sont pas les seules nouveautés de sa pensée.

Avec Érasme, en effet, apparaissent un ensemble d'exercices scolaires qui seront à la base de l'enseignement en France par la suite. Tout d'abord l'explication littéraire des textes se substitue à l'*expositio* des scolastiques. Elle consiste à mettre en évidence la beauté et les curiosités littéraires du texte, à faire ressortir ses élégances, ses archaïsmes et ses néologismes, et ses passages obscurs ou critiquables. Quant à l'élève, il doit soigneusement noter dans un cahier les expressions heureuses et les tournures réussies (Durkheim, 1969, p. 228). En outre, insiste Érasme (1992, p. 446), en matière d'éloquence, lire ne suffit pas; il faut aussi s'exercer à prendre la plume, écrire en vers, en prose, comme en chaque genre de composition. Inconnus au Moyen Âge, la composition écrite et l'exercice de style feront désormais partie du programme d'éducation du jeune élève.

En somme, on a pu voir dans l'importance exceptionnelle accordée à la littérature le signe d'une grande révolution morale et intellectuelle à la Renaissance. Une société se développe, s'améliore et s'enrichit, société qui répugne à la violence et qui aspire aux mœurs délicates et à la politesse. Le *De civilitate morum puerilium* d'Érasme et la critique de Rabelais à l'égard de la dureté de ces professeurs « Sorbonnagres » témoignent de ce raffinement des mœurs. Ce modèle d'une société polie, riche et adoucie s'offrait alors à la vue de chacun dans un modèle relativement parfait:

> [...] *C'était le monde de la noblesse.* [...] *C'est la politesse des cours que Érasme se propose de vulgariser dans son* De civilitate*; il nous en avertit dès le début de son traité. Le jeune Eudémon, ce produit de la nouvelle éducation, nous est présenté comme un jeune page. Et qu'est-ce que l'abbaye de Thélème, sinon une société de gentilshommes et de gentilles dames, mais où la noblesse intellectuelle est mise sur le même pied que la noblesse de sang?* (Durkheim, 1969, p. 232-233.)

C'est pourquoi, pour développer le goût et la finesse, l'Antiquité gréco-romaine et ses écrivains apparaissent comme les éducateurs désignés des sociétés (Durkheim, 1969, p. 233).

Commentaire

Nous avons successivement présenté les deux grandes conceptions éducatives qui dominent le XVIe siècle: l'une représentée par Rabelais, qui incarne l'idéal du savant, l'autre représentée par Érasme, qui incarne l'idéal du fin lettré. Il serait d'un grand intérêt de poursuivre l'analyse de ces courants, de comparer leurs finalités et leurs contenus de manière à mieux en comprendre les orientations et les besoins auxquels elles répondent[36]. Mais c'est un autre chapitre qu'il nous faudrait ajouter à cet ouvrage. Dans l'espace imparti, il nous faudra se rabattre sur une brève comparaison en reprenant, sous forme de tableau, les principaux éléments de notre présentation (voir le tableau 3.1)

35. Érasme recommande notamment la lecture de l'*Organon* d'Aristote; l'étude de la dialectique dans la mesure où elle peut servir la rhétorique; ainsi qu'un peu de physique et de mathématiques.

36. Nous suggérons fortement ici la lecture d'un ouvrage qui n'a pas cessé de nous servir de référence tout au long de ce travail: *L'évolution pédagogique en France* d'Émile Durkheim (1969), et en particulier les pages 234 à 260.

CONCLUSION

Le moment est venu de revoir le chemin parcouru, de résumer l'essentiel de notre propos. L'éducation humaniste a été le thème central de ce chapitre. Pour en améliorer notre compréhension, il nous a d'abord fallu se replacer dans le contexte sociohistorique et idéologique de la Renaissance. Tour à tour, nous avons examiné les grands courants de pensée et quelques-unes des expériences de décentrement qui caractérisent la Renaissance. Nous avons vu comment, sous l'effet d'un renouvellement général de la culture, l'éducation est devenue une priorité pour les esprits les plus éclairés de l'époque. Nous avons vu comment, lors d'une grave crise de la culture, crise qui a profondément changé la représentation de l'homme et de l'univers, se posa le problème de l'éducation dans toute son ampleur. D'où la réflexion des grands penseurs du temps, d'où le renouvellement des idées sur l'éducation. Nous avons tenté de présenter les grandes conceptions, les grandes doctrines éducatives en nous limitant à deux d'entre elles: le courant encyclopédique de Rabelais et le courant humaniste (ou littéraire) d'Érasme.

Érasme et Rabelais, comme plusieurs autres humanistes des XVe et XVIe siècles, ont largement contribué à la fin de l'éducation scolastique en montrant que ses méthodes anciennes étaient contraires à l'esprit d'un mouvement nouveau qui visait, dans son aspiration la plus profonde, la libération de l'homme, la réalisation d'un idéal d'action combiné à un idéal de connaissance. Ces doctrines, note cependant Durkheim (1969, p. 261), demeurent «des systèmes d'idées, des conceptions toutes théoriques, des plans et des projets de reconstruction». En ce qui concerne la scolarisation des masses et l'organisation des études, les pratiques pédagogiques et les façons concrètes de faire la classe, il faut bien admettre que ces doctrines ont peu à nous dire. Rabelais est un humaniste bien au fait des problèmes de son temps, un grand voyageur et un observateur attentif de ses contemporains, un lecteur assidu des Anciens et un savant médecin, mais c'est en érudit qu'il approche l'éducation, et qu'il en définit les contours. Érasme, quant à lui, a certes écrit le *De pueris* et le *De ratione studii*; il s'est intéressé à la première enfance et a proposé, pour la jeunesse âgée entre dix et quinze ans, un plan d'études qui regorge d'intuitions fines et d'observations psychologiques pertinentes, mais c'est bien davantage en humaniste et en philologue qu'il approche l'éducation. Le programme d'études qu'il propose s'adresse d'abord et avant tout à une jeune élite qui consacrera la meilleure partie de son existence à l'étude. C'est l'homme qui intéresse Érasme, et si l'enfance sollicite son intérêt, c'est qu'une enfance bien éduquée prépare l'accès à la plus haute faculté de l'homme, la raison (Margolin, 1965, p. 130). Pour voir ces doctrines se réaliser à l'échelle concrète, pour les voir subir l'épreuve difficile de la réalité scolaire, et pour voir se mettre en place toute une série de conseils pratiques, de règles et de méthodes d'enseignement systématiques, en d'autres termes, pour voir apparaître la pédagogie, il nous faudra attendre le siècle qui sera l'objet du prochain chapitre, le XVIIe siècle.

Au cours de ce chapitre, nous avons tenté de réfléchir à la signification générale de la Renaissance, et nous croyons avoir montré toute l'importance de l'éducation humaniste dans l'évolution des idées et des pratiques pédagogiques. Mais ces idées n'appartiennent pas qu'au passé. L'humanisme de la Renaissance et les humanistes eux-mêmes, à travers leurs œuvres, leurs rêves et leurs aspirations, nous parlent encore aujourd'hui; ils sont un détour obligé sans lequel on risque fort de ne rien entendre au débat actuel sur l'école et la culture, aux questions relatives à la culture générale, à la formation fondamentale et à celles plus larges de la transmission d'un héritage culturel. Sans ce détour du côté des humanistes, sans cette fréquentation et ce dialogue avec les hommes de la Renaissance, on risque de parler de la culture comme les aveugles des couleurs.

QUESTIONS

1. Quels sont les rapports qui existent entre l'idéal éducatif de Rabelais et sa conception de la science?
2. Pour Érasme, l'éducation doit former l'élève en le mettant en contact avec les meilleurs modèles de la littérature et de la culture. Pourquoi?
3. Comparez les deux grandes conceptions éducatives à l'époque de la Renaissance: l'une représentée par Rabelais, l'autre par Érasme. Quels sont les points de ressemblance et de dissemblance?
4. Quelle est la signification générale de la Renaissance? Développez.
5. Suivant la doctrine éducative d'Érasme, quel est le rôle du maître et en quoi diffère-t-il du rôle que lui fait jouer Rabelais?
6. Malgré l'impact des penseurs humanistes sur les idées et les pratiques éducatives, on ne peut encore parler de véritable pédagogie au XVIe siècle. Pourquoi?
7. Ponocrates débute l'éducation de Gargantua en le purgeant avec de l'éllébore d'Anticyre. Pourquoi? Qu'est-ce que Rabelais cherche à exprimer?
8. Les humanistes ont été de grands réanimateurs de la culture antique et ont contribué à une plus large diffusion du savoir. Pouvez-vous soutenir cet énoncé en l'étayant d'exemples pertinents?
9. En ce qui concerne les institutions éducatives, quelle est la grande nouveauté de la Renaissance, et quels sont les principes éducatifs qui l'animent?
10. Quelle est, selon Margolin, la visée première de l'éducation humaniste à la Renaissance? Développez.

BIBLIOGRAPHIE

AIMOND, C. (1939). *Le Moyen Âge.* Paris: J. De Gigord.

AIMOND, C. (1940). *Les Temps Modernes.* Paris: J. De Gigord.

ARIÈS, P. (1973). *L'enfant et la vie familiale sous l'Ancien Régime.* Paris: Seuil.

BAILBÉ, J. (1986). «Les Renaissances à l'aube de la modernité», dans *Actes du XIVe Colloque de l'Institut de Recherches sur les Civilisations de l'Occident moderne.* Paris: Presses de l'Université de Paris-Sorbonne.

BRETON, P., RIEU, A.-M., et TINLAND, F. (1990). *La techno-science en question.* Seyssel: Champ Vallon.

BURCKHARDT, J. (1958). *La Civilisation de la Renaissance en Italie.* Paris: Gonthier.

COUTEAU, A. (1970). *La pédagogie de Rabelais.* Genève: Slatkine.

DEMERSON,G. (1991). *Rabelais.* Paris: Hachette.

DURKHEIM, É. (1969). *L'évolution pédagogique en France.* 2e éd. Paris: Fayard. (Publication originale en 1938.)

Encyclopédie thématique universelle (1973-1974), n° 7, p. 117-125.

ÉRASME (1992). *Le plan des études.* Trad.: J.-C. Margolin. Paris: Robert Laffont.

FAURE, P. (1958). *La Renaissance.* Paris: Presses universitaires de France.

FRANCASTEL, P. (1970). *Études de sociologie de l'art.* Paris: Denoël.

FREUND, J. (1980). *La fin de la Renaissance.* Paris: Presses universitaires de France.

GARIN, E. (1968). *L'éducation de l'homme moderne 1400-1600.* Trad.: J. Humbert. Paris: Fayard.

GARIN, E. (sous la dir. de). (1990). *L'homme de la Renaissance.* Paris: Seuil.

HALKIN, LÉON-E. (1987). *Érasme parmi nous.* Paris: Fayard.

JAEGER, W. (1964). *Paideia. Vol. 1: La formation de l'homme grec.* Paris: Gallimard.

JOLIBERT, B. (1987). *Raison et éducation.* Paris: Klincksieck.

LAZARD, M. (1979). *Rabelais et la Renaissance.* Paris: Presses universitaires de France.

LAZARD, M. (1993). *Rabelais l'humaniste.* Paris: Hachette.

LE GOFF, J. (1975). «Le monde à l'époque de Copernic», dans *Avant avec après Copernic. La représentation de l'Univers et ses conséquences épistémologiques.* Paris: Librairie scientifique et technique Albert Blanchard.

MARGOLIN, J.-C. (1965). *Érasme par lui-même.* Paris: Seuil.

MARGOLIN, J.-C. (1981a). *L'humanisme en Europe au temps de la Renaissance.* Paris: Presses universitaires de France.

MARGOLIN, J.-C. (1981b). «*L'éducation à l'époque des grands humanistes. Vol. 2: de 1515 à 1815*», dans G. Mialaret et J. Vial (sous la dir. de), *Histoire mondiale de l'éducation.* Paris: Presses universitaires de France.

MARGOLIN, J.-C. (1989). «Humanisme», dans *Encyclopædia Universalis,* n° 11, p. 727-729.

MENARD, P. (1986). «Introduction», dans *Actes du XIVe Colloque de l'Institut de Recherches sur les Civilisations de l'Occident moderne.* Paris: Presses de l'Université de Paris-Sorbonne.

MOREAU, J. (1969). «Platon et l'éducation», dans J. Château (sous la dir. de), *Les grands pédagogues.* Paris: Presses universitaires de France. (Première édition en 1956.)

MOUSNIER, R. (1993). *Les XVIe et XVIIe siècles.* Paris: Quadrige/Presses universitaires de France.

PARSONS, T. (1973). *Le système des sociétés modernes.* Trad.: G. Melleray. Paris, Bruxelles, Montréal: Dunod, Bordas.

Rabelais (1973). *Œuvres complètes.* Paris: Seuil.

SIMARD, J.-J. (1988). «La révolution pluraliste: une mutation du rapport de l'homme au Monde», dans F. Ouellet (sous la dir. de), *Pluralisme et École. Jalons pour une approche critique de la formation intellectuelle des éducateurs.* Québec: IQRC.

SPENLÉ, J.-E. (1967). *La pensée allemande de Luther à Nietzsche.* Paris: Librairie Armand Colin.

VALCKE, L., et GALIBOIS, R. (1994). *Le périple intellectuel de Jean Pic de La Mirandole.* Québec: Presses de l'Université Laval.

VÉDRINE, H. (1971). *Les philosophes de la Renaissance.* Paris: Presses universitaires de France.

WAELHENS, A. de (1989). «Homme», dans *Encyclopædia Universalis,* n° 11.

CHAPITRE 4

Le XVIIe siècle et le problème de la méthode dans l'enseignement ou la naissance de la pédagogie

Clermont Gauthier

CONTENU

RÉSUMÉ

Le XVIIe siècle donne naissance à la pédagogie. En effet, si l'éducation, durant les époques passées, se définit par la mise en place d'un certain nombre d'éléments éducatifs dont les contenus et la méthode forment l'essentiel, la dimension pédagogique ne fait l'objet d'une prise en considération systématique qu'au XVIIe siècle. Plusieurs facteurs y concourent: la réforme amorcée par Luther, la riposte catholique, un souci moral de l'enfance, ainsi qu'un questionnement de l'utilité de la scolarisation dans le maintien de l'ordre social. Ces facteurs ont pour effet une augmentation du nombre d'élèves, et donc d'écoles, augmentation entraînant la nécessité d'une réflexion consciente et ordonnée sur l'organisation complète de la classe pour régler de nouveaux problèmes d'enseignement.

Dès lors, il s'agit d'énoncer une méthode précise et des procédés détaillés et exacts d'éducation. Toutes les dimensions de la pratique éducative sont abordées en fonction du contrôle et de la gestion: groupe-classe, temps, espace, conduite et posture de l'élève, contenus de savoir, formation des maîtres, et soumises à une codification serrée et détaillée. On assiste à une division des savoirs en trois grands territoires, chacun étant l'objet de subdivisions. L'émulation devient une notion importante de l'éducation du XVIIe siècle, et la classe un système fermé à la réalité extérieure. Les traités pédagogiques et la formation des maîtres apparaissent. En somme, la pédagogie comme pratique d'ordre et de contrôle marque le début d'une tradition, non pas provisoire, mais qui se perpétuera dans le temps.

RÉCAPITULATION

Nous avons déjà parcouru un bon bout de chemin. Retraçons-en les principaux jalons pour mieux nous en imprégner.

Premièrement, dans les chapitres précédents nous avons vu que toute société **éduque**, au sens où elle transmet aux générations montantes une tradition, des coutumes, des façons de faire. En effet, pour J. Moreau, toute société, même celle dite traditionnelle, exerce une fonction éducative en ce qu'elle transmet, de manière plus ou moins consciente, «ses institutions et ses croyances, ses conceptions morales et religieuses, son savoir et ses techniques» (Moreau, 1966, p. 1). Cette transmission se fait de manière informelle, sans que personne n'ait été formellement assigné à cette tâche. Elle se réalise de manière anonyme par une sorte de pétrissage et de mélange des divers ingrédients que sont les valeurs, les coutumes, les mœurs, etc., dans le creuset social.

Deuxièmement, si toutes les sociétés éduquent, toutes n'enseignent pas nécessairement. L'**enseignement** commence plutôt avec les Grecs. Ce sont eux qui, les premiers, se sont séparés de la tradition et ont interrogé la nature, la société. Zone carrefour, la Grèce est un lieu de migration des hommes. Plusieurs étrangers y séjournent régulièrement, plusieurs Grecs voyagent un peu partout dans les contrées avoisinantes, tant et si bien qu'on ne sera pas étonné de voir que ce peuple a sans doute vécu le pluralisme de façon tragique. En effet, ce contact des Grecs avec les autres peuples, les autres cultures et les autres traditions, a eu pour conséquence de les inciter à réfléchir à leur propre tradition, et donc à leur vision de la vérité, de la justice et de la beauté. Les Grecs ont remis en question leurs propres coutumes (leurs propres manières de manger, de s'habiller, etc.), leurs propres manières de gouverner la cité et d'éduquer les enfants.

Les sophistes ont entrepris les premiers cette réflexion. Ces derniers, qu'on qualifie de premiers professeurs, exercent un nouveau métier qui ne se compare à aucun autre au sein des sociétés traditionnelles: celui d'enseignant. Le métier des sophistes, contrairement, par exemple, à ceux des artisans, ne prépare à aucun autre métier précis. On le sait, l'artisan, tel le forgeron, a appris son métier par imitation et répétition, et ce au contact d'un autre artisan qui lui-même l'avait appris aussi sous l'autorité d'un autre maître et ainsi de suite. Ces métiers font en quelque sorte partie de la tradition. Au contraire, le métier des sophistes ne consiste pas à montrer aux autres un métier appris par imitation et répétition, mais consiste plutôt à aider l'autre à apprendre à penser. Or, penser est une activité qui ne s'applique pas seulement à une seule occupation, mais à tous les problèmes de la vie. Grands voyageurs, les sophistes ont trouvé matière à réflexion dans tout ce qui les entourait; ils ont remis en cause la tradition, ils ont interrogé les fondements de la vérité, de la justice, de la beauté, de la politique et de l'éducation. Comme l'enfance n'était pas vraiment une préoccupation chez les Grecs, les idées éducatives se sont développées davantage à l'intention des jeunes hommes que des enfants. Ils ont réfléchi à ce que pouvait être un homme éduqué, c'est-à-dire celui qui aurait atteint le maximum de sa plénitude *(Paideia)*.

Il faut remarquer, cependant, que même si les Grecs ont inventé le métier d'enseignant, même s'ils ont enseigné, ils n'ont pas réfléchi de façon systématique à l'enseignement, aux manières d'organiser la classe et de transmettre les connaissances. En effet, on ne trouve pas chez eux de traités de pédagogie. *La République* de Platon (1966) est en effet plus un traité sur l'éducation en général qu'un ouvrage sur la manière précise d'enseigner et d'organiser sa classe. Si les Grecs n'ont pas écrit de traités de pédagogie, c'est sans doute qu'ils n'en ont pas senti la nécessité. Même si on parle d'écoles chez les Grecs, il n'en demeure pas moins qu'il faut se représenter autre chose que les vastes bâtiments encombrés d'élèves d'aujourd'hui. Par exemple, le nombre maximal d'élèves à l'école d'Isocrate, célèbre à l'époque, ne dépassait pas neuf, et s'établissait en moyenne autour de cinq ou six. Avec si peu d'élèves, surtout des jeunes hommes rassemblés autour d'un maître, il y a tout lieu de penser qu'il n'y avait pas de véritables problèmes de discipline qui apparaissaient, tellement le contact était étroit et personnel entre le maître et les élèves. Aussi, il n'était pas nécessaire de réfléchir de façon marquée à la pédagogie puisque enseigner, dans un contexte de «préceptorat collectif» comme celui-là, ne posait pas trop de problèmes d'organisation. On ne sera donc pas surpris d'entendre Marrou (1948, p. 221) affirmer que la pédagogie y était routinière et élémentaire. Enseigner se limitait alors à décomposer le contenu et à le transmettre; cela ne nécessitait pas d'habiletés pédagogiques particulières. Celui qui savait lire pouvait s'improviser maître d'école. On verra que ce sera très différent au XVIIe siècle.

Troisièmement, on a vu que si enseigner est une chose, l'école en est cependant une autre. Il peut donc y avoir de l'enseignement même s'il n'y a pas d'école. En effet, il a fallu attendre au Moyen Âge pour qu'apparaisse l'école. Celle-ci se définit, selon Durkheim (1969), comme un milieu moral organisé, c'est-à-dire qu'elle rassemble sous un même toit plusieurs maîtres travaillant dans le même but: convertir l'élève au christianisme. Mais, tout comme durant l'Antiquité, la pédagogie n'était pas encore le souci premier de l'école au Moyen Âge. Les grands pédagogues du Moyen Âge tels Abélard et saint Thomas (comme ceux de l'Antiquité d'ailleurs) sont d'abord des penseurs qui professent; plutôt que de se limiter à enseigner un savoir produit par d'autres, ils créent le savoir qu'ils enseignent. On pourrait même affirmer qu'ils sont des pédagogues par accident, parce qu'ils enseignent et qu'ils exercent leur «art pédagogique» avec beaucoup de talent. Mais on ne trouve pas au Moyen Âge de traités de pédagogie. Les traités qui pourraient s'en rapprocher, pensons au *De magistro* de saint Thomas d'Aquin (1983) ou à celui de saint Augustin (1988), sont écrits au singulier, c'est-à-dire qu'ils abordent la question de l'éducation dans une perspective de préceptorat (un maître avec son disciple) et non dans la visée de clarifier la façon pour un maître d'organiser son enseignement avec un groupe.

On ne sera pas surpris de constater que «l'acte essentiel et le régime normal de la pédagogie médiévale sera la lecture (*lectio*)» (Paré, Brunet et Tremblay, 1933, p. 111). Plus encore, au Moyen Âge on ne trouve pas, semble-t-il, une réflexion systématique sur la façon d'enseigner.

> *Ainsi, entre la réforme carolingienne avec ses «capitulaires» d'ailleurs très primitifs, et les premiers règlements universitaires de Paris ou de Bologne après 1200, malgré une certaine uniformité de programme et de méthode, nous nous trouvons dans une* ***période d'improvisation, d'initiative, de mobilité, où les influences souveraines et générales des papes, des conciles, des princes et des empereurs, sont d'ordre moral plus qu'institutionnel, et s'expriment dans des exhortations plus que dans des règlements, soit au point de vue administratif, soit au point de vue de la matière et des méthodes d'enseignement*** [nous soulignons]. (Paré, Brunet et Tremblay, 1933, p. 56.)

On peut donc affirmer que les procédés pédagogiques sont peu développés au Moyen Âge, car ils ne couvrent que quelques facettes de l'enseignement telles que lire, copier, apprendre par cœur, commenter les auteurs classiques. On ne trouve ni devoirs ni système d'émulation (Durkheim, 1969, p. 303). De plus, ces procédés pédagogiques se limitent d'abord et surtout au contenu et ils servent la logique de la discipline à enseigner. Enfin, ces procédés sont souvent improvisés, et ne font pas partie d'un régime uniforme et institutionnalisé. Ils sont liés aux initiatives de certains membres du clergé, et non le résultat d'un progrès institutionnel qui encadre et sédimente les façons de faire (Paré, Brunet et Tremblay, 1933, p. 56).

Quatrièmement, on a vu que la Renaissance a été un moment important, non seulement dans l'histoire de l'humanité, mais aussi en éducation. Plusieurs discours sur l'éducation ont été rédigés à cette époque. Mais ces derniers avaient le défaut de se limiter à la doctrine, aux grandes finalités; ils visaient principalement à critiquer la scolastique. Ils se souciaient peu des moyens d'enseignement, des façons précises de faire la classe.

> *Certes les grands humanistes du XVIe siècle, Érasme, Budé, Rabelais, plus tard Montaigne, avaient lancé dans le domaine pédagogique, nombre d'idées nouvelles. Mais, s'ils avaient abouti à ruiner la philosophie scolastique, ils n'avaient pas exercé, sur les institutions d'enseignement elles-mêmes, une influence directe.* (Hubert, 1949, p. 48.)

Qu'on pense un instant à Montaigne, qui écrivait dans la tour de son château de Bordeaux; les historiens l'ont classé au rang des grands pédagogues, mais il faut bien reconnaître qu'il a très peu écrit sur l'éducation, et que ce qu'il a produit demeure une critique très générale. Il n'est donc pas surprenant de constater que les discours des grands pédagogues de la Renaissance tels Rabelais, Érasme et Montaigne n'ont pas de fonction utilitaire. Écrits par une élite qui n'enseigne pas, ils s'adressent d'abord à cette élite et ils répondent à ses préoccupations: les idées. Ces discours ne sont pas des discours d'enseignants qui ont à gérer des groupes d'élèves sur le terrain de la classe; ce sont plutôt des réflexions générales sur l'éducation qui s'inscrivent, tout comme chez les Grecs et les intellectuels du Moyen Âge, dans une perspective de préceptorat[1].

En somme, nous voulons faire remarquer que, même s'il y a eu plusieurs acquis en ce qui concerne l'éducation depuis les Grecs, en passant par le Moyen Âge et la Renaissance, il n'y a pas encore eu de pédagogie au sens strict du mot. En effet, les sociétés traditionnelles ont éduqué leurs peuples, mais n'ont mis en place ni réflexion pédagogique, ni enseignement, ni école. Même si les Grecs ont inventé l'enseignement, ils n'ont pas fait avancer la réflexion pédagogique. De la même façon, le Moyen Âge a donné naissance à l'école, mais il n'a pas fait progresser la réflexion sur la pédagogie. Les penseurs de la Renaissance ont permis de se débarrasser du Moyen Âge et de la scolastique, mais eux non plus n'avaient pas le souci pédagogique. Il a fallu attendre le XVIIe siècle pour qu'apparaissent un discours et une pratique formalisés que l'on puisse qualifier de «pédagogie».

1. F. Buisson (1968) mentionne plusieurs ouvrages pédagogiques qui auraient été édités au XVIe siècle. Mais de son propre aveu son travail n'est pas systématique et il contient beaucoup d'ouvrages qui n'appartiennent pas nécessairement à la pédagogie. On voit par ordre alphabétique se succéder des abécédaires, des livrets de classe, des traités d'arithmétique, de grammaire et de toute discipline littéraire et scientifique qui pouvaient se retrouver d'une façon ou d'une autre dans la bibliothèque des écoles. On est loin d'un concept précis de pédagogie.

TABLEAU 4.1
Une comparaison entre les deux images

Élément	Figure 1	Figure 2
La méthode	• Enseignement individuel et mode occupationnel • Sans méthode • Désordre	• Enseignement collectif (simultané) et mode fonctionnel • Méthodique • Ordre absolu
Le maître	• Le maître est pauvre (il doit faire autre chose pour gagner sa vie).	• Le maître ne fait qu'enseigner: c'est un professionnel.
Le savoir du maître	• Le savoir enseignant se définit par le contenu à enseigner. Celui qui sait lire peut enseigner à lire.	• Le savoir enseignant diffère du contenu à enseigner. • Enseigner c'est plus que dispenser un contenu, c'est aussi organiser l'environnement total de la classe
La formation du maître	• Le maître est laissé à lui-même. Il enseigne comme il l'a vu faire, par imitation. • Enseignant « naturel », sans conscience de lui-même.	• Maître supervisé. C'est le début de formation des maîtres • Enseignant formé à un véritable métier
Les élèves	• Enfants d'âge variable et de sexe différent • Peu d'enfants dans les classes • Enfants faisant plusieurs choses différentes individuellement • Costume de l'époque: diversifié	• Jeunes enfants (même âge et même sexe) • Beaucoup d'enfants • Enfants regroupés faisant ensemble la même chose en même temps • Costume des enfants: l'uniforme
La classe	• Le local sert à autre chose: sorte de boutique, de remise. • Il n'y a pas de tableau.	• Le local sert uniquement à l'enseignement: local spécialisé (exemples: cartes, pupitres). • Le tableau de lecture apparaît avec l'enseignement simultané.
Relation maître-élèves	• Relation du type cruauté/affection, frapper/embrasser; correction physique: la férule • Relation « impulsive »	• Relation du type humiliation/récompenses; le « pensum » • Relation rationnelle: échelle graduée des récompenses et des punitions; distance affective; exclusion du rapport affectif

Le but de ce chapitre est de montrer que le XVIIe siècle apporte quelque chose de nouveau en ce qui concerne l'enseignement: la méthode, c'est-à-dire la pédagogie. Par **pédagogie**, on entend ici la codification de certains savoirs propres à l'enseignant, c'est-à-dire un ensemble de règles, de conseils méthodiques à ne pas confondre avec les contenus à enseigner, et qui sont formulés à l'intention du maître afin de l'aider à enseigner à l'élève pour que ce dernier apprenne plus, plus vite et mieux.

INTRODUCTION

Pour se donner une bonne idée du sujet que nous allons explorer dans ce chapitre, examinons, d'entrée de jeu, deux images[2]. On y trouve l'essentiel de ce que nous allons tenter de démontrer. Elles appartiennent toutes les deux au XVIIe siècle et illustrent l'enseignement dans les classes de cette époque. La première s'intitule *Le maître d'école* et a été peinte par Van Ostade, alors que la seconde met en scène des frères des Écoles chrétiennes à l'œuvre dans une classe. Les deux œuvres présentent un contraste saisissant. Le tableau de Van Ostade montre un vieux maître, la férule à la main, interrogeant un élève à la fois, pendant

2. La première est de A. Van Ostade, *Le maître d'école*, Paris, musée du Louvre. La seconde est d'un auteur inconnu et est intitulée *Jean-Baptiste de La Salle et les Frères des Écoles chrétiennes*, XIXe siècle, INRP., Musée de l'Éducation.

FIGURE 4.1
Le maître d'école

Source: Parias (1981, p. 242).

qu'une quinzaine d'autres, d'âges variés, vaquent à toutes sortes d'occupations, jouent ou se chamaillent. Le local, une sorte de cave, est sale et tenu dans un impressionnant désordre. Par contre, l'autre illustration ne fait voir que partiellement une classe, dans laquelle des enfants du même âge et du même sexe sont en uniforme, assis à leur place, chacun tenant un livre à la main, et concentrés à exécuter une tâche que le maître commande simultanément. On aperçoit, au mur, une carte du monde entre deux images saintes placées symétriquement et, en face des élèves, Jean-Baptiste de La Salle en compagnie de deux autres maîtres. Malgré le nombre imposant d'enfants dans cette classe, probablement autour de 70 élèves, l'ordre, la propreté et le calme semblent régner. Le tableau 4.1 nous permet de mieux saisir la différence entre les deux images.

Ce contraste entre deux illustrations de la même époque, le XVIIe siècle, à propos du même sujet, enseigner, est étrange et saisissant. Tout se passe comme si un bouleversement des mentalités avait eu lieu à propos de la façon de faire l'école. À l'enseignant «naturel» de la première image, qui a appris par l'imitation de ses maîtres d'autrefois, succède cet autre enseignant, méthodique et ordonné, qui a édifié empiriquement un nouveau «savoir enseigner» que nous appellerons ici la pédagogie. Enseigner nécessite désormais plus que la maîtrise du seul contenu à transmettre, mais bien la mise en place de toute une série de dispositifs que nous allons explorer un peu plus loin dans la deuxième partie de ce chapitre. Ces procédés ne sont pas apparus du jour au lendemain; ils sont le résultat de l'effet combiné de plusieurs facteurs qu'il convient d'abord d'examiner.

FIGURE 4.2
Jean-Baptiste de La Salle et les Frères des Écoles chrétiennes

Source: Parias (1981, p. 412).

4.1 QUELQUES FACTEURS AYANT INFLUENCÉ L'APPARITION DE LA PÉDAGOGIE ET LEURS CONSÉQUENCES

4.1.1 Les facteurs

La Réforme protestante

En 1517, Martin Luther (1483-1546), théologien et religieux allemand, affiche ses 95 thèses sur les portes du château de Wittenberg, pour protester notamment contre la vente des indulgences. On le sait, les indulgences avaient pour fonction d'assurer la rémission des peines qu'encouraient les chrétiens ayant commis des péchés. Ainsi, la récitation de prières et l'assistance aux offices religieux, par exemple, donnaient des indulgences qui permettaient aux pécheurs d'écourter leur séjour potentiel au purgatoire. Or, un dominicain allemand du nom de Tetzel était devenu célèbre grâce au commerce des indulgences... qu'il vendait dans le but de poursuivre la construction de la basilique Saint-Pierre de Rome. Cela signifiait, en fin de compte, que les riches pouvaient acheter leur ciel et Luther s'y opposa énergiquement. La protestation de Luther marqua le début d'un mouvement très important qu'on appela la Réforme, et qui s'est soldé par un schisme de l'Église.

En substance, Luther affirmait qu'en matière de foi seule l'Écriture sainte avait l'autorité, et non le pape. Selon cette doctrine, Dieu accorde à l'homme sa Parole (par la Bible) et sa Grâce (par la foi); l'homme vit sa foi et reçoit la Parole divine dans l'intimité de sa conscience, et non plus selon l'enseignement de l'Église. Pour le protestantisme, mouvement religieux issu de l'influence de Luther, chaque individu doit pouvoir interpréter les Écritures. Il faut donc supprimer les intermédiaires et ne pas laisser l'autorité papale les interpréter à sa place.

Si l'imprimerie n'avait pas été inventée, il est probable que les idées de Luther n'auraient pas connu autant d'écho en si peu de temps, et qu'au lieu de prendre l'allure d'un mouvement de réforme à l'échelle de l'Europe, ce n'aurait été qu'une révolte passagère.

Puisque chacun pouvait dorénavant interpréter les Écritures, il devenait donc essentiel de traduire la Bible dans les langues nationales. Luther traduisit donc la Bible en allemand. Aussi, même s'il existe une traduction de la Bible dans la langue du pays, il faut encore que les gens puissent la lire! Luther a donc mis l'accent également sur la nécessité d'éduquer le peuple, et a demandé la création d'écoles élémentaires pour tous les enfants:

> [...] *Le droit pour chaque chrétien d'interpréter les Saintes Écritures ne peut aller sans l'obligation de l'enseignement pour tous. Il faut que chacun soit capable de lire les textes et de pénétrer la doctrine prise directement à sa source.* (Hubert, 1949, p. 44.)

Le protestantisme a donc été un mouvement déterminant dans la création des écoles et la scolarisation des masses. Parias (1981, t. II, p. 252) indique que du moment où ils ont commencé à bâtir leurs églises, les protestants ont aussi construit des écoles de leur confession.

Il faut noter qu'à cette époque l'immense majorité de la population ne sait ni lire ni écrire. En fait, même si le christianisme est une religion savante, il reste néanmoins que ce sont surtout les rites qui ont été appris par la population, et non les Écritures, sauf pour l'élite et le clergé qui se chargeaient d'enseigner. L'Église était ouverte à tous (pauvres et riches) pour la connaissance des Écritures, mais pour cela il fallait se destiner à une vocation religieuse. Le pape, par le biais du clergé, enseignait à la population, mais celle-ci demeurait encore analphabète pour une large majorité.

La Contre-Réforme catholique

Au tout début, la Réforme protestante n'a pas eu trop d'effet sur l'organisation de l'enseignement dans les écoles catholiques. Les catholiques ont eu une attitude surtout défensive en s'assurant que les maîtres dans les paroisses soient d'authentiques catholiques (Parias, 1981, t. II, p. 257). Cependant, par la suite, à la fin du XVIe siècle, les catholiques ont adopté une attitude plus offensive, car ils se rendaient compte que ce n'était pas assez de prêcher et de confesser; il fallait mettre en place un instrument plus efficace encore pour dominer les âmes. En conséquence, ils ont fondé eux aussi des écoles.

> *Entraînés par l'exemple des protestants et soucieux de vaincre ceux-ci sur leur propre terrain, les*

catholiques se trouvent amenés à utiliser la lecture comme moyen d'évangélisation. (Parias, 1981, t. II, p. 21.)

L'exemple le plus éloquent est la formation de la communauté des Jésuites. Ceux-ci, soldats de Jésus-Christ, formant une milice religieuse et enseignante, une communauté ayant prononcé un vœu de fidélité au pape, avaient pour mission de combattre le protestantisme en dehors des monastères, c'est-à-dire dans le monde. Les Jésuites voulaient donner à la parole du Christ la place qu'elle avait avant l'avènement du protestantisme. Ils voulaient donner au christianisme un pouvoir offensif qui lui faisait défaut en ne limitant pas la religion à un rôle réactif aux différentes hérésies, mais en introduisant (et en enracinant) la religion dès le début dans le cœur des jeunes.

Ce qui avait suscité l'ordre des Jésuites, c'est le besoin ressenti par la catholicité d'arrêter les progrès de plus en plus menaçants du protestantisme. Avec une extraordinaire rapidité, les doctrines de Luther et de Calvin avaient gagné l'Angleterre, l'Allemagne à peu près tout entière, la Suisse, les Pays-Bas, la Suède, une notable partie de la France. En dépit de toutes les rigueurs déployées, l'Église se sentait impuissante et commençait à craindre que l'empire du monde ne lui échappât définitivement. C'est alors que pour mieux endiguer l'hérésie et la refouler mieux, si c'était possible, Ignace de Loyola eut l'idée de lever une milice religieuse d'un genre tout à fait nouveau. Il comprit que les temps étaient passés où l'on pouvait gouverner les âmes du fond d'un cloître. [...] il fallait constituer une armée de troupes légères [...]. La Compagnie de Jésus fut cette armée. (Durkheim, 1969, p. 267.)

Les Jésuites ouvrirent de nombreux collèges qui eurent une grande renommée. Par exemple, on comptait en France près de 300 collèges de Jésuites en 1600 et, à la fin du XVIIIe siècle, on en dénombrait au-delà de 1500. Plusieurs grands esprits, tel Descartes, ont été éduqués dans les collèges jésuites. En conséquence, le clivage entre catholiques et protestants a entraîné la création d'écoles.

Le nouveau sentiment de l'enfance

Parmi les facteurs qui ont influencé la naissance de la pédagogie, il faut mentionner également l'apparition d'un nouveau sentiment envers l'enfance au XVIIe siècle. En effet, l'enfance devient alors un souci moral pour l'adulte.

Selon Ariès (1973), la vision de l'enfance, et partant le comportement des adultes à leur endroit, a varié au fil des époques. Selon cet auteur, dans la société médiévale, ce sentiment à l'égard de l'enfance n'existait pas. L'enfant, dès son plus jeune âge, une fois le risque de mortalité infantile passé, était mêlé aux adultes; il appartenait à la société des adultes. Il prenait part avec son père aux activités agricoles ou, avec sa mère, à la cueillette ou au jardinage. Les enfants étaient évidemment aimés, mais cette affection ne correspondait pas nécessairement à une conscience de la particularité enfantine faisant en sorte que l'enfant fut distingué de l'adulte (Ariès, 1973, p. 177). Ariès argumente en faveur de sa thèse par l'exemple des miniatures du XIIe siècle, où les enfants étaient représentés nus et musclés comme des adultes, et aussi par le fait qu'on les habillait comme des adultes (Ariès, 1973, p. 53). Selon lui, cela est un signe qu'on les considérait comme des adultes à la taille réduite, et non comme des enfants ayant une psychologie et une identité propres.

Au XVIe siècle, on commence à voir une particularité de l'enfance, mais on la considère comme une source d'amusement. Cette période serait celle du « mignotage »; l'enfant est considéré alors comme un jouet charmant dans la famille. On le cajole mais cela n'entraîne pas nécessairement des actions précises, orientées vers son éducation. Un peu plus tard, au XVIIe siècle, l'enfance devient un véritable souci moral. Sa légèreté (son désordre, son vice, son péché) devait être rectifiée. L'enfance est vue durant cette époque comme une période négative qu'on doit guérir. Ce travail de guérison de l'enfance est pris en charge par des agents extérieurs à la famille, les religieux.

Mais au XVIIe siècle un nouveau sentiment de l'enfance apparaît qui vient de l'extérieur, des hommes d'Église, soucieux de policer les mœurs. Ils étaient aussi devenus sensibles au phénomène jadis négligé de l'enfance, mais ils répugnaient à considérer ces enfants comme des jouets charmants, car ils voyaient en eux de fragiles créatures de Dieu qu'il fallait à la fois préserver et assagir. (Ariès, 1973, p. 185.)

Il s'agissait donc là, dit Ariès, des débuts d'un sentiment sérieux et authentique à l'égard de l'enfance[3]. On ne pouvait plus désormais s'accommoder de la légèreté de l'enfance. Au contraire, cette enfance, il fallait la rectifier. D'où l'enfermement des enfants dans des institutions qui se substituaient alors à la famille. On sent donc la nécessité de créer des écoles pour répondre à ce nouveau sentiment moral envers l'enfance. Même si la thèse d'Ariès a été célèbre durant les années 1970, il reste qu'elle a été passablement nuancée par la suite. Elle a donné lieu à plusieurs études qui ont, par de multiples contre-exemples, fait ressortir notamment la réalité du sentiment à l'égard de l'enfance dès le Moyen Âge[4]. Cependant, un fait demeure, c'est l'importance morale accordée à l'éducation de l'enfance au XVIIe siècle qui, conjuguée aux autres facteurs, a stimulé leur éducation et la création d'écoles.

Le problème urbain

Le nouveau regard moral sur l'enfance a sans doute incité les notables des villes à pointer du doigt la jeunesse turbulente, et à vouloir corriger une situation malsaine. En effet, à cette époque, les jeunes désœuvrés devenaient, pour les gens des bourgs, un tracas de plus en plus important. Ils étaient de plus en plus nombreux à vagabonder, à mendier, à voler dans les villes causant scandale ou crainte chez les habitants. C'est alors qu'une nouvelle idée fit son chemin. Démia (s.d.) déclara qu'ouvrir une école c'était fermer une prison. Cette thèse de Charles Démia est fort importante parce que, pour la première fois, on argumentait sur l'utilité sociale de l'école. En effet, Démia avait observé que les jeunes de Lyon, particulièrement les enfants du peuple, «étaient dans le dernier libertinage faute d'instruction» (Démia, s.d., avis au lecteur) et qu'il fallait les éduquer «par l'établissement des catéchismes et de la discipline des écoles» (Chartier, Compère et Julia, 1976, p. 60), faute de quoi l'ordre social serait perturbé. Cette position était fort différente de celle de la Renaissance où l'école était surtout réservée à l'élite et n'était pas véritablement utile sur le plan social. On se rappelle que pour Rabelais il était important de savoir et mauvais d'ignorer, mais chez lui c'était là une valorisation du savoir pour le savoir, et non du savoir en vue d'une utilité quelconque. De même, à la Renaissance, l'éducation du peuple n'était pas valorisée, alors qu'avec une opinion comme celle de Démia (s.d.), reprise par Jean-Baptiste de La Salle (1951), on se rend compte qu'elle peut être aussi l'affaire du peuple, et que toute la société gagne à être instruite. Cette nouvelle vision de l'utilité sociale de l'école a donc eu pour effet de favoriser l'éducation du peuple et, partant, la création d'écoles.

4.1.2 Les effets de ces facteurs

L'effet combiné des quatre facteurs plus haut mentionnés (la Réforme protestante, la Contre-Réforme catholique, le nouveau sentiment de l'enfance et le problème urbain causé par les jeunes) s'est traduit, d'une part, par une augmentation notable du nombre d'élèves avec l'arrivée à l'école des enfants du peuple, des enfants errants et des enfants plus jeunes et, d'autre part, par une augmentation du nombre d'écoles. En effet, Chartier, Compère et Julia (1976) soulignent que dans le nord de la France, au XVIIe siècle, dans la région de l'Île-de-France, quatre paroisses sur cinq avaient une école. Plus encore, ce phénomène ne se limite pas à la France mais englobe toute l'Europe:

> *Cette marche vers l'école devient une ruée dans le premier tiers du* XVIIe *siècle.* [...] *Cet empressement aux études se vérifie dans l'espace européen.* (Chartier, Compère et Julia, 1976, p. 294.)

À titre d'exemple, les auteurs mentionnent que c'est entre 1575 et 1625 qu'on trouve en Pologne la plus grande densité d'écoles paroissiales urbaines et rurales, et que se met en place un premier réseau de collèges et d'académies jésuites. De même, en Angleterre, les associations en faveur des écoles atteignent leur apogée et, en France, les collèges des Jésuites connaissent une popularité croissante et accueillent plus de 40000 élèves (Chartier, Compère et Julia, 1976, p. 294).

3. Il faut bien noter cependant qu'un souci de l'enfance n'est pas encore une théorie; la première véritable grande théorie de l'enfance viendra avec Rousseau au XVIIIe siècle.
4. Voir à ce sujet l'excellent article de Danièle-Alexandre Bidon (1991), «Grandeur et Renaissance du sentiment de l'enfance au Moyen Âge».

Cependant — et là repose l'essentiel de notre thèse — s'il y a beaucoup plus d'enfants d'âges différents qui fréquentent l'école durant des périodes de temps plus longues, cela ne va pas sans créer des problèmes pédagogiques, puisque la pédagogie utilisée jusqu'alors était encore une pédagogie au singulier, c'est-à-dire une pédagogie où le maître recevait à tour de rôle les élèves (qui étaient peu nombreux dans sa classe) et où le seul savoir pédagogique véritablement établi consistait à connaître la matière enseignée. Quiconque savait lire pouvait enseigner la lecture. Or, l'arrivée d'un plus grand nombre d'enfants à l'école, et leur fréquentation plus assidue, devient le révélateur de l'insuffisance de méthodes d'enseignement. Certains propos d'auteurs de l'époque en témoignent:

> *La Barque de notre didactique dirigera sa proue et sa poupe à la recherche et à la découverte de la méthode qui permettra aux enseignants de moins enseigner et aux étudiants d'apprendre davantage,* ***aux écoles de connaître moins de bruit, moins de dégoût, moins de travail inutile et plus de loisirs, plus d'agrément et de solide profit*** [nous soulignons] [...]. (Comenius, 1952, p. 31.)

Ou encore:

> *Afin donc de soulager en quelque façon ceux qui sont dans cet emploi, en leur donnant quelque sorte de facilité pour* ***enseigner avec moins de peine, et en moins de temps*** [nous soulignons] *ce que la jeunesse doit savoir de ses premiers Principes.* (De Batencour, 1669, préface.)

C'est donc dire qu'enseigner à des groupes d'enfants n'était pas facile et que le maître avait à faire face à bien des problèmes de discipline, de motivation, d'organisation de la classe, etc. Aussi cette tâche nécessitait bien plus que la maîtrise du contenu; elle nécessitait la mise en place de tout un système de règles et de procédés, système qui devait englober la totalité de la vie de la classe.

C'est en vue de régler ces problèmes d'enseignement que des maîtres d'écoles ont entrepris la recherche de solutions. Cela a consisté en la mise en place de ce que nous appelons ici la **pédagogie**, c'est-à-dire l'établissement d'une **méthode et de procédés détaillés et précis pour faire la classe**. Ces procédés impliquent la prise en compte de l'organisation du temps, de l'espace, des contenus à voir, de la gestion disciplinaire; bref, il s'agit d'une méthode régissant la totalité de la vie scolaire, des micro-événements aux aspects plus généraux, de l'arrivée des élèves à leur sortie, du premier jour de l'année scolaire au dernier.

Qu'est-ce donc que la pédagogie? C'est un discours et une pratique d'ordre qui visent à contrer toute forme de désordre dans la classe. La question pédagogique devient alors: comment enseigner à des **groupes d'enfants** (du peuple) pour une **période continue** dans un **local** donné et en faisant en sorte qu'ils apprennent **plus, plus vite et mieux**?

> *Nous avons l'audace, nous, de promettre une «Grande Didactique», je veux dire un traité de l'art complet d'enseigner tout à tous. Et de l'enseigner de telle sorte que le résultat soit infaillible. Et de l'enseigner vite, c'est-à-dire sans aucun dégoût et sans aucune peine pour les élèves et pour les maîtres, mais plutôt avec un extrême plaisir pour les uns et les autres. Et de l'enseigner solidement, et non superficiellement et en paroles, mais en promouvant les élèves à la vraie culture scientifique, littéraire et artistique, aux bonnes mœurs, à la piété.* (Comenius, 1952, p. 33.)

La mise en place d'une méthode d'enseignement va de pair avec la formation des maîtres, puisque les plaintes dénonçant la mauvaise qualité des maîtres des petites écoles urbaines étaient nombreuses (Chartier, Compère et Julia, 1976, p. 67). Tant qu'enseigner n'était qu'une affaire de contenu, cela ne nécessitait que la maîtrise de sa matière et n'obligeait pas à une quelconque formation. L'enseignant apprenait auprès d'un confrère ou, le plus souvent, il était laissé seul à lui-même et apprenait sur le tas (Parias, 1981, t. II, p. 277). Ceux qui exerçaient le métier étaient bien souvent ceux qui n'avaient pas réussi à se trouver de place ailleurs:

> [...] *de là un étrange mélange d'ouvriers, d'anciens soldats, de domestiques en mal de situation, d'invalides de guerre. Ou bien ce seront de tout jeunes gens qui s'improvisent maîtres d'école pour avoir le temps de chercher un métier véritable.* (Snyders, 1971, p. 301.)

Mais, à partir du moment où des problèmes d'enseignement sont survenus et que certains enseignants se sont mis à réfléchir à leur métier, à le codifier, on s'est rendu compte que la seule maîtrise du contenu ne suffisait plus et que l'apprentissage du métier nécessitait une formation particulière. Au fond, on a compris que l'enseignement est un métier spécialisé qui demande la formalisation et l'apprentissage d'un code. On attribue à Charles Démia (s.d.) une des premières tentatives de formation des maîtres (Marc, dans Avanzini, 1981, p. 250). Démia, qui s'inspira abondamment de l'œuvre de de Batencour (1669), a créé le premier organisme français de formation des maîtres en 1678. Les Frères des Écoles chrétiennes, communauté exclusivement vouée à l'enseignement, ont aussi mis en place une formation rigoureuse de leurs novices. Les Jésuites se sont également rendus célèbres par l'excellente formation donnée aux membres de leur communauté qui se destinaient à l'enseignement. Dans ces deux cas, on a instauré un ordre véritable dans les classes: toutes les classes des Jésuites se ressemblaient, toutes les classes des Frères des Écoles chrétiennes également, peu importe qu'elles soient situées en France, en Nouvelle-France ou ailleurs.

4.2 LA PÉDAGOGIE COMME NOUVEAU SAVOIR MÉTHODIQUE SUR L'ENSEIGNEMENT DANS LES ÉCOLES

4.2.1 Une méthode inspirée de la nature

Enseigner, c'est plus que simplement dispenser un contenu, le diviser en séquences et le transmettre; c'est aussi se soucier d'autrui. L'enseignement implique un élan vers l'autre, l'élève, pour le saisir, le soutenir, lui donner ce dont il a besoin. Cela suppose donc une méthode qui dépasse les seules considérations au sujet de la matière, et qui s'intéresse à celui à qui on s'adresse. Tant que l'enseignement s'appliquait à quelques enfants à la fois et de façon épisodique, il n'y avait pas de problèmes à proprement parler puisque le maître était suffisamment près de ses élèves pour s'ajuster, au besoin, et gérer les problèmes qui pouvaient se poser. Mais à partir du moment où l'autre, l'élève, n'est plus au singulier et devient un groupe plus permanent, alors tout change et c'est là qu'il y a lieu de se donner une méthode pour gérer ce collectif. Le sous-titre de l'ouvrage de Comenius (1952) est révélateur à ce chapitre. En effet, «enseigner tout à tous» signifie de ne pas seulement se limiter au contenu, ni de travailler selon le mode du préceptorat, mais de faire en sorte que «tous» aient accès au contenu, peu importe leurs différences individuelles. C'est déjà tout le programme de la pédagogie que trace Comenius, pédagogie qui ne se conjugue qu'au pluriel et qui nécessite une méthode, c'est-à-dire la mise en place d'un ordre soigneusement pensé, afin de s'assurer que les élèves apprennent plus, plus vite et mieux.

Pour les pédagogues du XVIIe siècle, la nature nous livre la méthode. On voit là sans doute l'influence des idées de la Renaissance. Mais il faut bien comprendre que la nature dont il est question est une nature bien «surnaturelle». En effet, pour Ratichius, il faut respecter l'œuvre de Dieu, la nature, et s'y conformer. Or, celle-ci est essentiellement harmonieuse. Par conséquent, la nature fournit une méthode:

> *La nature, ennemie du désordre, s'efforce de tout ordonner pour que tout soit normalement enseigné et appris d'une manière rapide et précise.* (Ratichius, cité par Rioux, 1963, p. 249.)

De même, pour Comenius (1952, p. 76), il faut suivre l'ordre de la nature:

> *Si nous recherchons en vertu de quelle force l'univers composé de parties si distinctes se maintient dans son être, nous constatons que c'est uniquement par l'ordre qui est la juste disposition des choses dans l'espace et dans le temps* [...]. *C'est pourquoi quelqu'un a dit que l'ordre est l'âme des choses.*

Et un peu plus loin il indique ceci:

> [Il faudrait essayer de] *donner aux écoles une organisation telle qu'elle soit, en tout point, aussi précise que celle d'une horloge.* (Comenius, 1952, p. 79.)

Les catholiques, avec de Batencour (1669), Démia (s.d.) et les Jésuites, vont dans le même sens, à peu près à la même époque. Par exemple, on verra de Batencour (1669, p. 8) affirmer que «tout ce qui est de Dieu est selon l'ordre». Bref, la méthode en pédagogie s'inspire alors de la nature et cette dernière, œuvre divine, est parfaite aux yeux des pédagogues du XVIIe siècle: entièrement ordonnée, sans hasard. La pédagogie, comme méthode s'inspirant de la nature, s'efforce par conséquent de conjurer le désordre sous toutes ses formes. Et de la méthode vient le succès:

Nous avons l'audace, nous, de promettre une « Grande Didactique », je veux dire un traité de l'art complet d'enseigner tout à tous. Et de l'enseigner de telle sorte que le résultat soit infaillible. Et de l'enseigner vite, c'est-à-dire sans aucun dégoût et sans aucune peine pour les élèves et pour les maîtres, mais plutôt avec un extrême plaisir pour les uns et les autres. (Comenius, 1952, p. 33.)

Voilà donc le grand idéal pédagogique qui se met en place au XVIIe siècle et qui a un succès certain. En effet, Snyders (1971, p. 289) attribue précisément à la méthode le succès de la pédagogie des Jésuites qui s'est élaborée au XVIIe siècle :

Le caractère le plus évident des collèges du XVIIe siècle, et une des causes du succès que connurent les Jésuites, apparaît comme l'effort pour faire vivre une jeunesse turbulente d'une façon méthodique.

4.2.2 Les caractéristiques de la méthode

Nous avons vu que la pédagogie est essentiellement méthode, c'est-à-dire ordre et contrôle minutieux de tous les éléments de la classe. Examinons maintenant par le détail la nature de ces mécanismes de contrôle. Il faut bien comprendre que certains de ces procédés de contrôle ont pu apparaître à des époques antérieures, mais ce qui nous semble particulièrement important c'est leur mise en place, en même temps et de façon systématique, et leur effet conjugué qui a donné naissance à ce qu'il a été convenu d'appeler la pédagogie.

La maîtrise du groupe : l'enseignement simultané

Premièrement, l'enseignement simultané implique que le maître puisse voir l'ensemble du groupe d'élèves d'un seul coup d'œil, afin de mieux le maîtriser. En se plaçant devant la classe, face aux élèves, souvent sur une petite marche appelée la tribune, le maître peut livrer sa leçon, donner ses consignes à tous ses élèves pour l'exécution d'un même travail et, d'un simple balayage des yeux, surveiller le fonctionnement du groupe. Même si cette forme d'enseignement était déjà présente, par exemple au Moyen Âge, dans les universités, elle ne se rencontrait pas vraiment dans les petites écoles, sans doute parce que le nombre d'élèves ne le justifiait pas. En effet, le maître d'école du XVe ou du XVIe siècle enseignait de manière individuelle en recevant les élèves à tour de rôle à sa table, alors que les quelques autres devaient s'occuper par eux-mêmes.

Le maître interroge l'un des enfants sous la menace de sa férule ; pendant ce temps les autres, de tous sexes et de tous âges, éparpillés aux quatre coins, jouent ou écrivent, lisent ou se chamaillent. (Chartier, Compère et Julia, 1976, p. 111.)

La pédagogie élémentaire était encore conçue au singulier avant le XVIIe siècle.

L'enseignement simultané suppose plusieurs éléments qui n'étaient pas réunis auparavant, du moins en ce qui concerne l'enseignement élémentaire. D'abord il implique que les enfants ayant les mêmes capacités soient regroupés. Cela est maintenant davantage possible depuis que l'on se soucie de l'éducation de l'enfance et particulièrement des enfants du peuple ; les classes sont donc plus nombreuses. À en croire des commentaires de de Batencour (1669, p. 49), prêtre catholique enseignant à Paris, ses classes pouvaient regrouper environ cent élèves. Il y a donc plus d'enfants qui fréquentent les écoles et, partant, une plus grande possibilité de les regrouper selon leur niveau. Avec une classe de cent élèves, on imagine mal le maître recevoir chacun d'entre eux à tour de rôle pour l'interroger. Pressés par les exigences d'un nouveau contexte, les maîtres n'ont eu d'autres choix que d'innover. On rapporte que même les tableaux de lecture sur les murs de la classe sont en relation avec le développement de cette méthode simultanée (Chartier, Compère et Julia, 1976, p. 130). De plus, pour que l'enseignement simultané se concrétise, il fallait que les enfants aient chacun un exemplaire du même livre, et non plus seulement le maître, comme cela était le cas auparavant ; cela n'est devenu possible qu'avec l'invention de l'imprimerie. Les effets de cette invention du XVe siècle (1455) se font sentir d'une manière assez évidente au XVIIe siècle. On sait qu'Érasme (1989) a profité de cette invention pour écrire le premier best-seller au XVIe siècle (*Éloge de la folie*), et on sait que les idées de Luther ne se seraient pas diffusées autant sans le support de l'imprimerie. Avec l'imprimerie, le livre devient de moins en moins un objet de luxe, comme c'était le cas au temps de Charlemagne, à l'époque où il était considéré comme un vase précieux serti de diamants. Le livre devient un objet de consommation courante. Un plus grand accès à l'écrit a ainsi modifié la façon d'enseigner. Avec l'enseignement simultané, voici que l'on a une alternative sérieuse pour mettre fin à l'école désordonnée et bruyante illustrée par le tableau de Van Ostade.

La gestion du temps

Deuxièmement, à l'école, le maître doit gérer le temps. L'horaire est soigneusement préparé de sorte que, de l'arrivée des élèves à leur sortie, il n'y ait aucun temps mort dans la journée. Les activités se succèdent rapidement: entrée, prière, déjeuner, leçons, messe, catéchisme, etc. L'oisiveté, «mère de tous les vices», est perçue comme une source de désordre; il convient donc d'occuper les enfants à tout moment (Chartier, Compère et Julia, 1976, p. 114). On assiste alors à une obsession de l'horaire. Le temps n'est pas laissé au hasard; il est prévu, minuté, rempli. Chaque activité se déroule à heure fixe, à la fois pour éviter l'empiétement de l'une sur l'autre, pour éviter l'omission d'aspects importants et pour parer à l'imprévu (Jouvency, 1892, p. 93). Jean-Baptiste de La Salle (1951, p. 262) recommande à l'inspecteur des écoles de voir à ce «qu'il ne reste pas de temps aux maîtres après avoir fait lire tous les écoliers» et, s'il y a moins d'élèves dans la classe qu'il n'en faut pour remplir le temps, le maître devra faire «lire à chaque écolier à peu près autant de lignes qu'il sera nécessaire pour occuper tout le temps qui doit être employé à lire dans cette classe, n'y devant pas avoir de temps inutile dans aucune classe».

Cette obsession de l'emploi du temps est, selon Durkheim (1969), ce qui explique, en partie du moins, l'énorme succès remporté par la pédagogie des Jésuites. En effet, les Jésuites tenaient à ce que les élèves soient sans cesse occupés. Pour ce faire, pour ne pas que les élèves restent inactifs, ils ont inventé les devoirs écrits:

> *Inconnus au temps de la scolastique, les devoirs écrits prirent avec les Jésuites une belle revanche. C'est chez les Jésuites qu'a pris naissance ce système pédagogique qui fait du devoir écrit le type du devoir scolaire. [...] Dès les classes inférieures, l'élève était tenu de faire par jour au moins deux devoirs latins, sans préjudice des devoirs grecs. Mais le nombre et l'importance des devoirs allaient croissant à mesure qu'on s'élevait dans la hiérarchie des classes.* (Durkheim, 1969, p. 285.)

La gestion de l'espace

Troisièmement, le maître doit aussi gérer l'espace: «les enfants n'ayant pas chacun leur place ne font que de la confusion et du bruit dans l'école»(de Batencour, 1669, p. 138). Là également les directives abondent. D'abord, plusieurs recommandations ont trait à l'école en général; celle-ci doit être un lieu fermé au monde extérieur pour éviter toute distraction qui risquerait de causer le désordre. Selon de Batencour (1669), elle doit être située de préférence à l'écart du voisinage, ou encore, selon de La Salle (1951), l'école ne doit pas avoir de fenêtres à moins de deux mètres du sol (dans le texte original, on parle de sept pieds). On voit là l'envers de la pédagogie nouvelle du XXe siècle qui s'efforce d'ouvrir l'école sur le monde.

D'autres directives ont trait à l'organisation de la classe, dont l'espace est soigneusement quadrillé:

> *Chacun des écoliers en particulier aura sa place réglée, et aucun d'eux ne quittera, ni ne changera la sienne, que par l'ordre et le consentement de l'inspecteur des écoles.* (De La Salle, 1951, p. 251.)

Ce quadrillage de l'espace est réglé selon toute une série de critères précis. Par exemple, on assigne des places précises à chacun: les premières aux élèves les plus avancés, ceux qui étudient le latin; ensuite, d'autres places sont prévues pour ceux qui apprennent à écrire; finalement, de chaque côté on place ceux qui lisent sans écrire. À ces grandes catégories s'ajoutent des subdivisions, des places assignées selon les capacités, selon la richesse (pour des motifs hygiéniques!), ou encore des places particulières pour les nouveaux. Les élèves punis méritent le banc d'infamie (ou banc des ignorants) situé derrière la porte ou dans le lieu le plus sordide de l'école (Chartier, Compère et Julia, 1976, p. 119).

Enfin, des estimations sont également faites afin de déterminer le ratio idéal espace-nombre d'écoliers, les images à afficher, la dimension des bancs, etc. (Chartier, Compère et Julia, 1976, p. 119). Par exemple, de Batencour (1669, p. 138) fait les recommandations suivantes:

Ces tables doivent être placées au lieu le plus clair de l'école, chaque bout de celles-ci posé sur la fenêtre, en sorte que les enfants aient le côté gauche vers ladite fenêtre. Chacun doit avoir quatorze pouces [environ 35 cm] *pour sa place, s'il est de médiocre grandeur; si c'est un petit, douze* [environ 30 cm]*; si c'est un grand, seize* [environ 40 cm]. *Il est encore nécessaire que les tables ne soient pas toutes de pareille hauteur, mais qu'il y en ait partie de plus grandes ou de plus petites, afin de pouvoir placer commodément les enfants pour bien écrire.*

Avec toutes ces recommandations concernant l'organisation des lieux, on voit que le local de classe devient un espace spécialisé dont l'arrangement sert à des fins précises. On est bien loin du fouillis illustré par Van Ostade.

La direction de l'enfant

Quatrièmement, le maître doit diriger l'enfant: sa posture, ses déplacements, sa conduite lui sont dictés.

La posture

Le XVIIe siècle a institué un véritable code des postures. On dit qu'une mauvaise posture est un signe de relâchement (de désordre); l'extérieur est à l'image de l'intérieur. Un corps bien tenu est l'expression d'une âme forte, dit-on aussi. Les élèves adoptent telle posture pendant les leçons, telle autre pendant les prières, une troisième pour les exercices d'écriture, une autre pour la lecture (le doigt près du mot à lire), etc. Par exemple, en ce qui concerne l'écriture, on dit ceci:

[Après avoir bien appris à tenir la plume,] *il faut faire tenir le corps de celui qui écrit, de telle façon qu'il ne soit ni trop penché sur le papier, ni trop droit mais dans une agréable médiocrité: à cet effet, il observera, que le bras gauche soit posé à son aise sur la table, et que la pesanteur du corps y soit entièrement appuyée, afin de soulager le bras droit, qui par ce moyen demeurera plus libre pour bien écrire, et arrêté. Il faut tenir le corps droit devant le papier, n'inclinant ni à droite ni à gauche, mais seulement baissant médiocrement la tête et les épaules vers l'écriture. Le bras droit doit porter sur la table jusqu'au milieu de l'intervalle qui est depuis le bout des doigts jusqu'au coude: que le reste du corps, notamment l'estomac ne soit appuyé sur la table, sinon légèrement, car outre que cela est mauvaise grâce, cette posture pourrait causer de grandes douleurs à l'estomac, à quoi il faut prendre garde* [...]. (De Batencour, 1669, p. 199-200.)

Bref, il s'agit là de la mise en place d'un véritable mécanisme de contrôle des corps. Pour ceux qui ont connu l'école élémentaire avant la révolution tranquille, au Québec, on se souviendra qu'il s'est transmis sans trop de modifications. Rappelons, par exemple, la position dans laquelle les écoliers devaient tenir la plume, et le transparent qui devait être glissé sous la feuille du cahier d'écriture.

Les déplacements

Non seulement la posture fait-elle l'objet d'un contrôle minutieux, mais également les déplacements. D'abord, les déplacements des élèves à l'extérieur de la classe (ou de l'école) s'exécutent dans l'ordre, en **rang**. Chaque élève a une place qui lui est assignée selon des critères précis (par exemple, selon la taille, du plus petit au plus grand). Le rang devient la méthode par excellence pour gérer les déplacements:

Les écoliers des plus basses classes sortiront avant ceux des plus hautes; ceux, par exemple, de la plus basse sortiront pendant qu'on chantera des cantiques. Les écoliers sortiront de leurs classes et de l'école deux à deux, chacun ayant son compagnon qui lui sera donné par le maître. Les écoliers sortiront de leur place avec ordre de cette manière: le maître ayant fait signe au premier d'un banc de se lever, cet écolier partira de sa place, le chapeau bas, les bras croisés, et, en même temps, celui qui lui aura été donné pour compagnon [...]. *Les écoliers, étant hors de leur classe, cesseront de prier Dieu haut, et marcheront en silence et avec ordre, les uns après les autres.* (De La Salle, 1951, p. 111.)

Même le retour à la maison se fait sous la responsabilité de «dizainiers», des officiers de la classe qui s'occupent de la conduite des élèves dans les rues.

À l'intérieur de la classe, les déplacements des élèves s'effectuent avec discrétion et en silence. On a même pris soin de préciser comment les élèves doivent procéder pour aller aux «nécessités»: l'élève prend une petite baguette accrochée au mur à sa sortie, et la remet en place à son retour (Démia, s.d.). Cela évite au maître de parler inutilement et de déranger la classe. Aucun élève ne peut aller aux toilettes s'il ne voit pas la petite baguette accrochée à sa place. Également, pour diminuer le va-et-vient dans la classe, on fait appel à des officiers distributeurs et collecteurs de papier qui se chargent, comme leur nom l'indique, de l'exécution de ces tâches (de La Salle, 1951, p. 223).

De plus, on instaure une série de **signes** qui permettent l'exécution de tâches tout en maintenant le silence. Ces signaux permettent un enchaînement ordonné entre les activités ou les déplacements. Un coup, deux coups avec le «signal»[5] signifie qu'il faut commencer à lire, cesser de lire, etc. La cloche, à l'extérieur et dans les corridors, ainsi que la clochette, dans la classe, ont cette même fonction. Ces instruments assurent l'ordre en maintenant le silence. Les activités se succèdent sans perte de temps. Le maître peut aussi faire les signes avec son corps:

> *Pour faire réciter les prières, le maître joindra ses mains. Pour avertir de répéter les réponses de la Sainte Messe, il frappera sa poitrine. Pour avertir de répéter le catéchisme, il fera le signe de la Sainte Croix.* (De La Salle, 1951, p. 126.)

La conduite

Au-delà de la posture et des déplacements de l'enfant, les écoles du XVIIe siècle mettent en place un véritable **système de surveillance**. La base de ce système consiste à ne jamais laisser l'élève seul et à faire en sorte qu'il soit toujours surveillé, même symboliquement. Ce système se compose d'abord de dispositifs de surveillance pouvant être utilisés par le maître. De Batencour (1669) parle de prévoir, dans l'architecture scolaire, une petite fenêtre, appelée «jalousie», d'où il serait possible de surveiller les élèves de l'extérieur sans être vu. On pense aussi à la chaire surélevée, appelée «tribune», permettant de voir tous les enfants d'un seul regard. Ensuite, la surveillance peut être assurée aussi par les officiers de la classe, c'est-à-dire par des élèves spécialement désignés pour prendre note du nom des contrevenants et pour les dénoncer au maître. Ce sont les rapporteurs officiels, ceux qui prennent en quelque sorte le relais du maître en son absence.

Plus encore, le système de surveillance se raffine au point où on fait appel à Dieu lui-même. «L'œil de Dieu te regarde»; «Dieu te surveille». C'est ici qu'on voit apparaître ce que nous appelons la surveillance symbolique permanente, par le jeu des images saintes illustrant, entre autres, Jésus crucifié, le Jugement dernier et l'enfer. De Batencour (1669, p. 52) dit que l'image de l'enfer sert à faire peur aux enfants quand ils ont fait une faute, et celle du paradis les encourage quant à elle à la vertu. La surveillance va encore plus loin, entre autres dans les collèges des Jésuites, où la confession permet de recevoir les aveux, de connaître les secrets des élèves. Bref, non seulement l'extérieur est vu, mais l'intérieur également; l'âme est épiée, l'intimité profonde est scrutée. C'est là un formidable système d'intimidation dont l'efficacité a été largement reconnue.

Pour mieux diriger la conduite des élèves, en plus du système de surveillance, on a modifié la **structure des peines et des récompenses**. L'idée de base est d'introduire la rationalité dans ces pratiques:

> *Le maître dispensera avec prudence et précaution la louange et le blâme. Il ne prodiguera pas les récompenses au hasard et sans mesure.* [...] *Et l'on se gardera surtout de montrer de la haine ou de l'aversion pour celui à qui l'on adresse un reproche ou un blâme* [...]. (Jouvency, 1892, p. 89.)

On allait passer du rapport cruauté/affection au rapport de humiliation/récompense. Dans cette perspective, Jouvency (1892, p. 87) a déclaré ceci:

> *On a observé, dans nos règles, avec beaucoup de sagesse et de vérité, que l'on réussit beaucoup plus auprès des enfants par la crainte du déshonneur que par la crainte des châtiments* [...]. *C'est pourquoi un maître sage doit se borner à l'emploi de ces deux moyens, la louange et le blâme.*

En ce qui concerne les punitions, les fautifs sont punis mais les châtiments changent de forme. Les peines sont graduées selon la gravité du délit, et prennent un caractère d'humiliation. On a beaucoup fait état de la cruauté à l'école au Moyen Âge. Ici, il

---

5. «Le signal traditionnel se compose de deux tiges en bois dur: une grosse renflée vers le bout, et une mince appliquée sur ce renflement par une cordelette qui s'y enroule. En abaissant, puis en relâchant la tige mince, elle frappe sur le bout de la grosse en émettant un petit claquement» (de La Salle, 1951, p. 125). Parmi ceux qui sont nés avant la réforme de l'enseignement au Québec, plusieurs ont sans doute connu le «frappoir» ou «claquoir», petit instrument fait de deux morceaux de bois creusés légèrement à l'intérieur, et reliés entre eux par une penture; cet instrument servait à gérer les déplacements et les activités de la classe.

est recommandé au maître de ne pas se laisser emporter par ses émotions. S'il punit, il doit le faire sans colère ni passion, avec distance, avec une gravité de père, dit de La Salle (1951). Le châtiment corporel n'est pas aboli, mais c'est maintenant la dernière mesure d'une série de peines graduelle. Au XVIIe siècle on préfère remplacer les châtiments corporels par des pénitences qui visent à humilier l'élève (bonnet d'âne, banc du déshonneur, latomies (prison dans l'Antiquité), banc des ignorants, ou encore pensums (copie).

> [La place de l'âne] *où l'on mettra un petit ratelier avec du foin, un vieux morceau de bride à cheval où on mettra les paresseux; et même il doit y avoir attaché au-dessus un vieux bonnet de carte avec des grandes oreilles de carte qui y seront attachées, qu'il faut mettre sur la tête des paresseux, un petit ais d'un pied en carré où sera peinte la figure d'un âne et une petite attache pour le pendre; il y aura quelque vieux haillon de tapis de droguet pour servir de housse sur le dos de l'âne et celui qui sera mis en cette place sera revêtu de ces beaux habits d'âne et promené par l'école, avec un balai à la main et attaché par le bras au ratelier en la place de l'âne, tant que le maître le trouvera à propos et le fera huer de tous les écoliers.* (Chartier, Compère et Julia, 1976, p. 119, citant de Batencour.)

De la même façon, les récompenses ne sont plus les mêmes. Au lieu de se livrer à des transports amoureux, à des caresses, plutôt que de se laisser dominer par sa passion du moment, le maître récompense avec rationalité. Il maintient une certaine réserve dans son enthousiasme pour souligner le bon comportement des élèves. Les récompenses sont graduées: par exemple, il y a un ordre de «dignité» dans les places des élèves qui sont attribuées tous les quinze jours aux élèves qui les ont méritées (de Batencour, 1669, p. 234). Le maître peut aussi attribuer des points de «diligence» dont il tient le compte dans un grand livre (de Batencour, 1669, p. 235). Il peut ainsi distribuer des livres en récompense (récompense extraordinaire), des images de piété ou des figurines de plâtre et finalement, le plus souvent, des sentences imprimées en gros caractère (de La Salle, 1951, p. 145). En somme, aux pratiques largement répandues de récompense et de punition par des caresses et des châtiments corporels se substitue un système rationnel qui contrôle les débordements affectifs par la mise en place de gratifications et de sanctions graduelles.

Les pédagogues du XVIIe siècle mettent également en place une série de **registres** (ou catalogues) «bien réglés» pour «maintenir l'ordre dans les écoles» et qui s'ajoute au système de surveillance. Jean-Baptiste de La Salle (1951, p. 132) en mentionne six. Premièrement, le catalogue de réception sur lequel sont écrits les noms de tous les élèves admis à l'école du début à la fin de l'année; deuxièmement, le catalogue des changements de leçon permet de noter la leçon où en est rendu chaque élève en écriture, en arithmétique, etc.; troisièmement, le catalogue des ordres de leçon permet de tenir à jour tous les noms des écoliers par ordre de leçon; quatrièmement, le catalogue des bonnes et mauvaises qualités des écoliers permet de dresser le portrait personnel de chaque enfant, sa personnalité, son comportement; cinquièmement, le catalogue du banc permet de consigner les retards et absences des écoliers qui sont assis sur le même banc; sixièmement, le catalogue des visiteurs des absents rempli par les «officiers visiteurs» qui se rendent au foyer des élèves permet de s'enquérir des causes des absences des élèves.

Au-delà de l'établissement du système de surveillance et d'une nouvelle structuration des peines et des récompenses, les pédagogues du XVIIe siècle ont mis en place tout un **système d'émulation.** Ce système s'exerce d'abord par l'établissement de responsabilités assumées par des officiers. De Batencour (1669, p. 69) en indique le sens de la façon suivante:

> *Pour bien conduire un Royaume, une armée, une Ville, une famille, il faut qu'il y ait de l'ordre. Et celui qui est le Chef doit se servir de divers Officiers qui se rapportent l'un à l'autre par subordination. C'est ce qui se doit pratiquer exactement dans une école, où le maître qui en est le chef, doit se servir de ses écoliers qui lui aideront non seulement à conduire leurs compagnons, mais encore à les porter eux-mêmes dans la perfection de la Vertu et de la science par émulation* [...]. *C'est le dessein que le Maître doit avoir avec les enfants, pour conserver un ordre dans l'école, d'établir des officiers: ce qui servira à les porter par émulation les uns des autres à bien faire, puisque ces offices ne seront donnés qu'à ceux qui les auront mérités par leur travail ou par leur Vertu et qui se changeront de temps en temps afin de donner courage à un chacun d'y aspirer, par leur piété et leur diligence*.

La liste des officiers est assez longue et peut comprendre des intendants, des répétiteurs, des observateurs, des lecteurs, des récitants de prières, des officiers d'écriture, des receveurs pour l'encre et la poudre, des balayeurs, des porteurs d'eau, des portiers, des aumôniers, des visiteurs, des porte-chapelets, des porte-aspersoir, des sonneurs, des inspecteurs, des surveillants, des distributeurs et des collecteurs de papier. Le système d'émulation s'exerce aussi par la compétition entre les élèves. La compétition peut se faire à l'intérieur d'un groupe assigné au même banc, où la première place est réservée au meilleur élève et ainsi de suite jusqu'au dernier. Mais elle a été portée à sa plus haute expression par les Jésuites, qui ont introduit systématiquement la compétition entre les élèves dans leurs classes. On écoutera avec profit les propos de Jouvency (1892, p. 87), qui plaide pour la nécessité d'établir des luttes entre les élèves:

> *Qu'aucun d'eux* [les élèves], *par exemple, ne lise seul son devoir; il lui faut un rival qui soit prêt à le reprendre, à le presser, à le combattre, à se réjouir de sa défaite. De même, on ne peut avec fruit interroger quelqu'un isolément; il est nécessaire qu'il y ait un antagonisme qui le relève s'il trébuche dans ses réponses, qui le reprenne s'il hésite, et parle à sa place s'il est réduit à se taire. Mettez une classe supérieure aux prises avec une classe inférieure; choisissez des combattants dans les deux camps; établissez des juges; invitez des spectateurs soit de la maison, soit du dehors, et pour ces derniers choisissez, s'il est possible, des personnes distinguées.*

L'organisation des savoirs

Cette forme d'organisation est évidemment la plus ancienne et la plus répandue. Puisque l'école a toujours été organisée autour des savoirs à transmettre, l'organisation de ces savoirs fait l'objet de spécifications depuis plusieurs siècles. D'abord, le territoire des savoirs à transmettre a été décortiqué. Pour les petites écoles, trois ordres de savoirs ont ainsi été délimités: en premier lieu la formation chrétienne; en deuxième lieu la maîtrise des rudiments (lire, écrire, compter); et en troisième lieu l'affinement des mœurs, les civilités.

La formation chrétienne

Dès le Moyen Âge, l'école a une fonction de conversion religieuse. Il s'agit d'influencer en profondeur les élèves, d'élever leur âme, de les bien instruire dans les vérités de la religion. L'école du XVIIe siècle ne modifie pas cette fonction originelle; elle vise encore à façonner un bon chrétien, croyant et fidèle pratiquant. C'est la même idée tant pour les catholiques que pour les protestants. Les maîtres d'école, on l'a vu, sont un des instruments fondamentaux de la Réforme et de la Contre-Réforme. Les traités de pédagogie, pour la plupart écrits par des religieux, s'attardent longuement sur l'enseignement de la religion. En gros, l'accent est mis sur trois volets de la formation chrétienne: le catéchisme, la messe quotidienne et les prières.

La maîtrise des rudiments

Ensuite vient la lecture. Il est intéressant de voir apparaître de nouvelles idées sur l'enseignement de la lecture. Les élèves ont souvent appris à lire d'abord en latin, pour ensuite passer au français. De Batencour (1669) recommande que les élèves apprennent le latin avant le français. Dans les collèges des Jésuites tout se passe également en latin. Il faut dire que le latin est la langue de l'Église et qu'on n'y rencontre aucune syllabe muette, ce qui en facilite l'apprentissage. Par contre, au XVIIe siècle on commence aussi à favoriser de plus en plus l'apprentissage de la lecture dans la langue maternelle. Jean-Baptiste de La Salle (1951) plaide qu'il est plus facile et plus utile d'apprendre d'abord le français, qui n'a pas le défaut d'être une langue morte.

> *De quelle utilité peut être la lecture du latin à des gens qui n'en feront aucun usage dans leur vie? Or, quel usage peut faire de la langue latine, la jeunesse de l'un et de l'autre sexe qui vient aux écoles chrétiennes et gratuites? Les religieuses qui disent l'office divin en latin ont à la vérité besoin de le savoir très bien lire, mais de cent filles qui viennent aux écoles gratuites, à peine y en a-t-il une qui puisse devenir fille de chœur dans un monastère? Pareillement, de cent garçons qui sont dans les écoles des Frères, combien y en a-t-il qui étudient ensuite la langue latine?* [...] *L'expérience apprend que ceux et celles qui viennent aux écoles chrétiennes ne persévèrent pas longtemps à y venir et n'y viennent pas un temps suffisant pour apprendre à bien lire le latin et le français. D'abord qu'ils sont en âge de travailler, on les retire; ou ils ne peuvent plus venir à cause de la nécessité de gagner leur vie. Cela étant, si on commence par leur apprendre à lire en latin, voici les inconvénients qui en arrivent: ils se retirent avant*

que d'avoir appris à lire en français, ou de savoir le bien lire. Quand ils se retirent, ils ne savent qu'imparfaitement lire le latin et ils oublient en peu de temps ce qu'ils savaient, d'où il arrive qu'ils ne savent jamais lire ni en latin ni en français. (De La Salle, cité par Chartier, Compère et Julia, 1976, p. 129.)

Puis, c'est l'écriture. En ces siècles où on ne peut compter ni sur le téléphone, ni sur la radio, ni sur la télévision, ni sur aucun procédé d'enregistrement, l'écriture revêt une importance capitale. Il faut donc savoir écrire et savoir bien écrire au sens de la maîtrise de la calligraphie. Les traités de pédagogie recèlent mille et une précisions sur la posture générale du corps, sur la tenue de la plume, sur les techniques d'aiguisage des plumes d'oie, etc. On a simplifié beaucoup malgré tout les techniques d'écriture des maîtres écrivains qui en faisaient non seulement un métier, mais aussi un pouvoir (la lettre M avait douze parties à maîtriser).

Compter est le dernier apprentissage scolaire. La plupart des enfants quittent l'école avant de l'avoir appris. Cependant, compter est toujours appris en rapport avec la vie quotidienne. On montre à compter avec des jetons ou d'autres objets familiers.

L'affinement des mœurs: les civilités

Depuis le succès qu'a connu le livre d'Érasme traitant de la civilité, ce thème a connu une vogue qui ne s'est pas démentie. Dès le XVIe siècle, la civilité est devenue un thème scolaire (Chartier, Compère et Julia, 1976, p. 137). Jean-Baptiste de La Salle (1951) en a écrit une version chrétienne. Pour lui, l'étude des civilités permet d'abord de parfaire l'apprentissage de la lecture, mais aussi et surtout «d'enseigner les règles d'une morale chrétienne» (Chartier, Compère et Julia, 1976, p. 137). Alors qu'autrefois les règles de la civilité étaient réservées à l'élite, au monde de la cour, désormais, avec la Réforme catholique, l'apprentissage de la civilité devient accessible au plus grand nombre.

À côté du catéchisme et du prône, son apprentissage est un des moyens pour déraciner les mauvaises mœurs, policer une société encore violente et contrôler les déportements dangereux de l'affectivité. (Chartier, Compère et Julia, 1976, p. 138.)

Il faut dire que, pour les chrétiens, le visible est à l'image de l'invisible, le corps reflète l'âme. Aussi, on trouve une foule de conseils et de préceptes quant à la tenue, aux vêtements, au rire, à la façon de manger, de se moucher, etc. Par exemple, se croiser les bras est un signe de paresse, fixer des yeux un signe d'effronterie, etc. Ce sont donc des dispositifs de contrôle de l'affectivité. Il s'agit de retenir son sentiment excessif et de dominer tout débordement.

Non seulement le territoire du savoir à transmettre a-t-il été divisé en trois grandes régions, mais chaque région a ensuite été divisée en de multiples parties étalées sur une échelle qui sera apprise, en commençant par la partie la plus simple pour passer à la plus complexe. Cette division du savoir va aussi de pair avec la division du temps. On distingue, par exemple, plusieurs étapes pour l'apprentissage de la lecture; de Batencour (1669) en énumère six, Démia (s.d.) sept et de La Salle (1951), neuf. À l'intérieur de ces grandes divisions, il y a toute une série de micro-étapes à franchir, si bien que la trajectoire du savoir scolaire à maîtriser se dessine comme un long escalier.

Jean-Baptiste de La Salle (1951) esquisse, par exemple, une idée de cet ordre général pour l'apprentissage de la lecture:

Carte d'alphabet: 2 mois. Carte des syllabes: 1 mois. Syllabaire: 5 mois dont commençants, 2 mois; médiocres, 1 mois; avancés, 1 mois. Épellation dans le premier livre: 3 mois (1 mois dans chaque ordre). Épellation et lecture dans le 2e livre: 3 mois (1 mois dans chaque ordre). Lecture seule dans le 2e livre: 3 mois (1 mois dans chaque ordre). Lecture dans le 3e livre: 6 mois (2 mois dans chaque ordre). Lecture en latin dans le Psautier : 6 mois (2 mois dans chaque ordre). Lecture dans la Civilité: 1er ordre, 2 mois; 2e ordre, autant qu'ils continueront de venir à l'école. (De La Salle, cité par Chartier, Compère et Julia, 1976, p. 118.)

CONCLUSION: LE XVIIe SIÈCLE MARQUE L'APPARITION D'UN NOUVEL ORDRE SCOLAIRE

Comme on vient de le voir, l'effet conjugué de plusieurs facteurs (Réforme protestante, Contre-Réforme catholique, nouveau sentiment à l'égard de l'enfance, problèmes de délinquance dans les villes) a amené à l'école un plus grand nombre d'enfants. Le maître a alors été obligé de régler de nouveaux problèmes, qui jusque-là ne se posaient pas avec autant d'acuité. Aussi, on a assisté, au XVIIe siècle, à la publication de plusieurs traités de pédagogie. L'originalité de ces traités, leur importance et leur retentissement nous font dire que la pédagogie est l'œuvre du XVIIe siècle. En effet, si on prend alors la peine de donner tant de directives aux maîtres, c'est que, sous l'effet conjugué de ces éléments nouveaux, l'enseignement devient un souci, un problème, et qu'il appelle un savoir méthodique particulier. L'importance de ce siècle sur le plan pédagogique est rarement soulignée, tant il semble terne lorsqu'il est comparé à la Renaissance (Rabelais, Érasme, Montaigne) ou au siècle des Lumières (Rousseau, Diderot, Voltaire). Pourtant, c'est bien dans ce XVIIe siècle oublié que l'on rencontre le plus d'indications précises à l'intention des enseignants à propos de l'organisation de l'enseignement dans la classe. C'est au XVIIe siècle que s'élaborent les premiers énoncés d'un savoir pédagogique, savoir qui se situe à un niveau différent de la doctrine.

> *Mais, telles que nous les trouvons exposées dans les œuvres d'Érasme, de Rabelais, de Vives, de Ramus, ces doctrines ne sont encore que des systèmes d'idées, des conceptions toutes théoriques, des plans et des projets de reconstruction.* (Durkheim, 1969, p. 261.)

Le XVIIe siècle cherche plutôt à organiser la pratique scolaire. Ainsi les protestants, sous l'impulsion de Ratichius (Rioux, 1963), produisent une *Introduction générale à la didactique ou art d'enseigner.* Plus tard, Comenius (1952) écrit un livre pédagogique magnifique: *La grande didactique. Traité de l'art universel d'enseigner tout à tous,* qui, selon son auteur, sera «un des premiers, sinon le premier essai de systématisation de la pédagogie et de la didactique» (Comenius, 1952, p. 18). Les catholiques ne sont pas en reste. Jacques de Batencour (1669) rédige *L'école paroissiale ou la manière de bien enseigner dans les petites écoles;* Charles Démia (s.d.) se fait connaître par ses *Règlements pour les écoles de la ville et du diocèse de Lyon;* Jean-Baptiste de La Salle (1951) publie la *Conduite des écoles chrétiennes;* les Jésuites marquent l'époque avec leur *Ratio Studiorum* (*Programme et règlement des études de la Société de Jésus*).

Fait nouveau, ces traités de pédagogie ne sont pas l'œuvre d'une élite intellectuelle qui n'enseigne pas. Au contraire, pour écrire des traités de pédagogie aussi précis sur la façon d'enseigner, il fallait avoir été soi-même engagé dans la pratique du métier pendant plusieurs années. Les auteurs de ces traités ne sont pas issus de la noblesse. Ces ouvrages n'ont pas été écrits dans la tour d'un château; ce sont des discours pédagogiques construits sur le terrain de la classe, par des enseignants et pour des enseignants. Les nouveaux discours pédagogiques du XVIIe siècle sont donc l'œuvre de pédagogues aguerris. Ces enseignants explicitent leur savoir pédagogique, leur savoir dans l'action, fruit de nombreuses années d'expérience d'enseignement et non limité à d'abstraites spéculations philosophiques. Tous les traités mentionnent cet élément capital. Ce sera, par exemple, le cas de de Batencour (1669, préface), prêtre et enseignant de carrière:

> *J'ai cru qu'il ne serait pas inutile de faire part au Public de ce que l'usage et l'expérience m'ont appris dans cet Exercice.*

Ce le sera encore plus avec de La Salle, en 1706, dans la préface de sa *Conduite des écoles chrétiennes*:

> *Cette Conduite n'a été rédigée en forme de règlement qu'après un très grand nombre de conférences avec des Frères de cet Institut les plus anciens et les plus capables de bien faire l'école; et après une expérience de plusieurs années...*

Ce le sera également avec les Jésuites qui, après trente années de pratique des instructions d'Ignace de Loyola, coordonnent et fixent les résultats de leur expérience en un document qui devient célèbre et qu'on appelle le plus souvent le *Ratio Studiorum* (Durkheim, 1969, p. 275).

Fondamentalement, on l'a vu, ce nouveau savoir pédagogique mis en place a pour objectif de conjurer le hasard, d'éliminer le désordre, source de péché, en régulant chaque aspect de l'enseignement. Tout est prévu, calculé, minuté. Cette pédagogie, tant du côté catholique que protestant, veut soumettre les corps et les âmes aux bonnes mœurs en faisant de chaque enfant un sujet policé, instruit et chrétien.

C'est en cela que les traités de pédagogie du XVIIe siècle nous semblent fondateurs. Ils inaugurent la méthode d'enseignement dans les écoles et sont ainsi le signe manifeste d'une nouvelle préoccupation. Les traités sont conçus pour définir les actions du maître dans son enseignement à des groupes d'enfants du peuple. Ils ne se limitent pas à des conseils à l'usage d'un précepteur dans une perspective individuelle; ils dépassent la logique du contenu comme cela avait toujours été, et vont plus loin qu'une critique théorique comme l'ont fait les humanistes de la Renaissance. Ces traités de pédagogie systématisent des procédés d'enseignement, et définissent complètement le rapport à l'autre (au groupe), et cela afin de mieux assurer sa conversion.

La méthode en pédagogie mise en place au XVIIe siècle s'est répandue ensuite assez fidèlement selon les directives des fondateurs comme le rappelle, par exemple, de La Salle (1951, préface) dans la *Conduite des écoles chrétiennes*:

> Les Supé*rieurs des maisons de cet Institut et les Inspecteurs des écoles s'appliqueront à le bien apprendre (i.e. La conduite des Écoles) et à posséder parfaitement tout ce qui y est renfermé, et feront en sorte que les maîtres ne manquent à rien et observent exactement toutes les pratiques qui y sont prescrites jusqu'aux moindres, afin de procurer par ce moyen un grand ordre dans les écoles, une conduite bien réglée et uniforme dans les Frères qui en seront chargés et un fruit très considérable à l'égard des enfants qui y seront instruits.*

En conséquence, rien ne ressemble plus à un collège des Jésuites qu'un autre collège des Jésuites ou à une école des Frères des Écoles chrétiennes qu'une autre école des Frères des Écoles chrétiennes. La pédagogie ainsi instituée se constitue peu à peu en tradition. Les habiletés des maîtres sont ensuite transmises à leurs successeurs qui, à leur tour, les lèguent à ceux qui les remplacent. Ainsi se cristallise progressivement un code uniforme des savoir-faire, une tradition pédagogique ou ce qu'il convient d'appeler la «pédagogie traditionnelle», pédagogie composée d'un ensemble de réponses, de prescriptions, de rites quasi sacrés à reproduire.

Il ne faut pas oublier, enfin, que cette tradition pédagogique sera exportée, en Amérique. En effet, on rapporte que le livre de de Batencour (1669) était en usage en Nouvelle-France. On sait aussi que de nombreuses communautés religieuses enseignantes sont venues chez nous, qu'il suffise de mentionner les Frères des Écoles chrétiennes, les Jésuites et les Ursulines.

QUESTIONS

1. La pédagogie est pratique d'ordre. Commentez à partir des caractéristiques de la pédagogie au XVIIe siècle.
2. À partir des deux illustrations, indiquez en quoi consistent les transformations majeures dans la façon d'enseigner.
3. Peut-on associer la conception de la pédagogie du XVIIe siècle à la représentation du monde que les pédagogues se faisaient à l'époque? Commentez.
4. À partir de ce qui a été vu jusqu'à présent, établissez des distinctions entre les concepts suivants: éducation, école, pédagogie.
5. Un certain nombre de facteurs ont favorisé l'apparition de la pédagogie. Expliquez le contexte historique.
6. L'attitude de l'enseignant, dans sa tâche d'enseigner autant que dans son rapport à l'élève, change-t-elle comparativement aux époques précédentes? Choisissez quelques types d'éducation et commentez.
7. Vous semble-t-il que notre système actuel d'éducation a conservé la tradition pédagogique du XVIIe siècle? Expliquez en systématisant vos arguments.
8. L'éducation existait avant la pédagogie. Que gagne la première avec l'avènement de la seconde? Peut-on parler, avec la pédagogie, de gain pour l'éducation? Décrivez brièvement les deux types d'éducation et définissez la notion de gain.
9. Que peut-on dire de la notion du temps dans l'école du XVIIe siècle? Commentez, puis comparez cette vision à la vôtre.
10. La pédagogie a-t-elle transformé les contenus à transmettre? Dites en quoi consistent ces contenus d'enseignement à l'école du XVIIe siècle et en quoi, s'il en est, la pédagogie a eu une influence sur eux.

BIBLIOGRAPHIE

Ariès, P. (1973). *L'enfant et la vie familiale sous l'Ancien Régime.* Paris: Seuil.

Avanzini, G. (sous la dir. de) (1981). *Histoire de la pédagogie du XVIIe siècle à nos jours.* Toulouse: Privat.

Batencour, J. de (1669). *Instruction méthodique pour l'école paroissiale dressée en faveur des petites écoles (L'école paroissiale ou la manière de bien enseigner dans les petites écoles).* Paris: Pierre Trichard.

Bidon, D.-A. (1991). «Grandeur et renaissance du sentiment de l'enfance au Moyen Âge». *Histoire de l'éducation,* mai, n° 50, p. 39-65.

Buisson, F. (1968). *Répertoire des ouvrages pédagogiques du XVIe siècle.* 2e éd. Paris: Nieuwkoop et P. de Graff. (Publication originale en 1886.)

Chartier, R., Compère, M., et Julia, D. (1976). *L'éducation en France du XVIe au XVIIIe siècle.* Paris: SEDES.

Comenius, J.A. (1952). *La grande didactique. Traité de l'art universel d'enseigner tout à tous.* Trad.: J.-B. Piobetta. Paris: Presses universitaires de France. (Publication originale en 1657.)

Démia, C. (s.d.). *Règlements pour les écoles de la ville et diocèse de Lyon.* Paris: Bibliothèque nationale.

Durkheim, É. (1969). *L'évolution pédagogique en France.* Paris: Presses universitaires de France.

Érasme (1989). *Éloge de la folie.* Bordeaux: Le Castor Astral.

Hubert, R. (1949). *Histoire de la pédagogie.* Paris: Presses universitaires de France.

Jouvency, J. (1892). *De ratione discendi et docendi* (De la manière d'apprendre et d'enseigner). Trad.: H. Ferté. Paris: Hachette.

La Salle, J.-B. de (1951). *Conduite des écoles chrétiennes.* Manuscrit 11.759. Paris: Bibliothèque nationale de Paris. (Publication originale en 1705.)

Marrou, H.-I. (1948). *Histoire de l'éducation dans l'Antiquité. Tome 1: Le monde grec.* Paris: Seuil.

Moreau, J. (1966). «Platon et l'éducation», dans *Les grands pédagogues.* Paris: Presses universitaires de France.

Paré, G., Brunet, A., et Tremblay, P. (1933). *La renaissance du XIIe siècle. Les écoles et l'enseignement.* Ottawa: Institut d'études médiévales.

Parias, L. (1981). *Histoire générale de l'enseignement et de l'éducation en France.* Tomes I-II. Paris: G. V. Labat éditeur, Nouvelle Librairie de France.

Platon (1966). *La République.* Trad.: R. Baccou. Paris: Flammarion.

Programme et règlement des études de la Société de Jésus (1892). (*Ratio atque institutio studiorum societatis jesu*). Trad.: H. Ferté. Paris: Hachette.

Rioux, G. (1963). *L'œuvre pédagogique de Wolfgangus Ratichius (1571-1635).* Paris: Vrin.

Saint Augustin (1988). *De magistro* (Le maître). Trad: B. Jolibert. Paris: Klincksieck.

Saint Thomas d'Aquin (1983). *Questions disputées sur la vérité. Question XI. Le maître* (*De magistro*). Trad.: B. Jollès. Paris: Vrin. (Publication originale en latin de l'édition Léonine.)

Snyders, G. (1971). «Les XVIIe et XVIIIe siècles», dans M. Debesse et G. Mialaret (sous la dir. de), *Traité des sciences pédagogiques.* Tome 2. Paris: Presses universitaires de France.

CHAPITRE 5

Jean-Jacques Rousseau: le Copernic de la pédagogie

Stéphane Martineau

CONTENU

RÉSUMÉ

Ce chapitre retrace la contribution de Jean-Jacques Rousseau au domaine de l'éducation. Outre l'introduction et la conclusion, le texte est divisé en trois grandes sections. Dans la première, nous brossons un rapide portrait du contexte historique dans lequel évoluait le philosophe d'origine suisse. À cette occasion, nous donnons un aperçu de la philosophie des Lumières, courant de pensée majeur du XVIIIe siècle. Dans la deuxième section, nous présentons le personnage qu'était Jean-Jacques Rousseau ainsi que certains éléments de son immense œuvre. Enfin, dans la troisième section, nous décrivons sa pensée éducative. Cette section a pour objectif de bien faire ressortir à la fois la rigueur et l'originalité des idées de Rousseau; le lecteur y trouvera un tableau comparatif de la pédagogie utilisée dans les écoles du XVIIIe siècle et celle que propose Rousseau.

INTRODUCTION

Les doctrines éducatives se sont considérablement modifiées depuis l'époque des Grecs. Tel est en effet le constat qui ressort sans équivoque des chapitres précédents. Ces modifications ont généralement pris naissance autour d'un événement majeur: dans l'Antiquité, l'apparition de l'enseignement avec les sophistes; au Moyen Âge, la mise sur pied des premières écoles; à la Renaissance, le triomphe de l'humanisme qui fait de l'être humain la mesure de toutes choses; au XVIIe siècle, la naissance de la pédagogie.

En ce qui concerne plus particulièrement les deux dernières périodes, nous avons pu constater que, à la Renaissance, on tente de dégager l'enseignement de la scolastique et que, au XVIIe siècle, on essaie de répondre à des problèmes très concrets d'organisation de la matière et de la classe. Dans ce dernier siècle apparaît aussi une conception plus ou moins diffuse du caractère distinct de l'enfant qui dépasse la simple pratique du «mignotage» propre au XVIe siècle. Cette conception est essentiellement issue de la prise de conscience d'une certaine spécificité de l'enfance par rapport à l'âge adulte. Cependant, il faut se rappeler que dans ce même XVIIe siècle on se représente l'enfant d'une manière plutôt négative: c'est un être désordonné, incapable de se contrôler seul, un être dont il faut réguler les passions, limiter les désirs.

Or, ce qui saute aux yeux lorsqu'on examine les discours éducatifs de l'Antiquité au XVIIe siècle, c'est l'omniprésence du point de vue de l'adulte et l'absence de réflexion profonde et sérieuse sur l'enfant. En effet, l'enfant est défini non pas dans sa spécificité mais seulement en tant qu'adulte en devenir. Ce qui revient à dire que le projet éducatif se structure non pas en fonction de ce qui est bon pour l'enfant mais plutôt en fonction d'un modèle idéalisé de l'adulte. En somme, tout se passe comme si ces discours éducatifs étaient élaborés sans souci pour les réponses aux questions fondamentales suivantes: Qui est l'enfant? A-t-il des besoins particuliers? Si oui, lesquels? A-t-il une nature qui lui est propre? Si c'est le cas, qu'est-ce qui le différencie de l'adulte? Et, surtout, s'il possède une nature particulière, comment s'effectue le processus de développement qui mène de l'enfance à la maturité?

Voilà justement des questions auxquelles Rousseau apportera des réponses originales. En fait, l'aspect novateur introduit par Rousseau à partir du XVIIIe siècle est non seulement une vision positive de l'enfant mais également, et de manière plus fondamentale, une véritable théorie de l'enfance, c'est-à-dire une tentative articulée et logique de comprendre qui est réellement l'enfant. De plus, à cette réflexion théorique Rousseau joindra un programme éducatif très précis; théoricien, il ne perdra toutefois jamais de vue l'importance de dégager des règles pratiques pour guider les éducateurs dans leur tâche auprès des élèves.

Jean-Jacques Rousseau sera appelé le Copernic[1] de la pédagogie. À partir de son œuvre se met en place un discours qui ne placera plus l'adulte mais l'enfant au centre de l'éducation. Rousseau décentre donc le monde de l'éducation de la même façon que Copernic avait décentré le monde des astres. Toutefois, ce décentrement ne se produit pas comme un coup de tonnerre dans un ciel bleu. Bien au contraire, comme nous allons le voir dans les pages suivantes, la pensée de Rousseau, quoiqu'elle s'y oppose en partie, est solidement enracinée dans son siècle, le siècle des Lumières.

Le présent chapitre est divisé en trois grandes sections. La première brosse un portrait du XVIIIe siècle, plus communément appelé le siècle des Lumières. Nous y verrons entre autres le rôle capital qu'y jouent les philosophes et la place majeure faite à la raison, au progrès et à la science. La deuxième section dresse un rapide portrait de Rousseau et permet par le fait même de mieux saisir l'importance du personnage et l'ampleur de son œuvre. Finalement, la troisième section est entièrement consacrée à la présentation de la pensée éducative de Rousseau.

5.1 LE XVIIIe SIÈCLE: LE SIÈCLE DES LUMIÈRES[2]

5.1.1 L'annonce du XVIIIe siècle

Nous avons vu dans les chapitres antérieurs que ce qu'il est convenu d'appeler la modernité débute à l'époque de la Renaissance. Cette période charnière de l'histoire de l'Occident est marquée par l'émergence du discours humaniste. Ce discours est porteur des éléments fondamentaux de la culture moderne à savoir, notamment, la critique de la religion et la valorisation de la raison et de la culture. Le XVIe siècle sera, en quelque sorte, le siècle de l'humanisme, courant de pensée qui jouera un rôle dominant dans le discours des idéologues et des philosophes.

Pour sa part, le XVIIe siècle, l'âge des réformes et des contre-réformes, se veut plutôt un temps de réaction et de recherche de compromis aux nombreux bouleversements issus de la Renaissance. C'est précisément à ce moment que se met en place la pédagogie—laquelle peut être définie sommairement comme un discours sur la manière d'organiser l'enseignement dans la classe—et, par le fait même, que se façonnent les bases d'une tradition pédagogique. Par exemple, en France, que ce soit chez les Jésuites ou chez les Frères des Écoles chrétiennes, on cherche avant tout à codifier les pratiques des enseignants afin de répondre au nouveau défi posé par les écoles urbaines qui accueillent désormais un grand nombre d'élèves.

En ce qui concerne le XVIIIe siècle, il convient dès le départ de préciser que celui-ci n'est pas que le prolongement de tout le mouvement de modernisation mis en place dès la Renaissance: il en est aussi, et surtout, la radicalisation. En effet, le siècle des Lumières poussera jusqu'à ses ultimes limites à la fois les possibilités critiques de l'être humain face aux idées reçues et aux pouvoirs établis et la valorisation de la raison et de l'individualisme. En somme, si la culture moderne se constitue à la Renaissance à la faveur du discours humaniste, la société moderne, elle, naîtra au XVIIIe siècle. Cette société moderne fournira à la culture issue de la Renaissance les bases matérielles, politiques et sociales nécessaires à son incarnation dans des institutions durables.

5.1.2 Qu'est-ce que le siècle des Lumières?

En Europe, le XVIIIe siècle a été traversé par un mouvement d'une ampleur considérable: la philosophie

1. Nicolas Copernic (1473-1543) fut un astronome polonais. Il émit l'hypothèse du mouvement des planètes sur elles-mêmes et autour du Soleil et publia quelques mois avant sa mort son traité *De revolutionibus orbium cœlestium libri sex* (1543). Par sa découverte, il effectue un véritable décentrement du monde humain. En effet, jusque-là l'Église soutenait la thèse de la Terre comme centre de l'univers. Or, Copernic démontre dans sa théorie que la Terre, loin d'être le centre de l'univers, n'est en fait qu'un astre parmi tant d'autres.
2. Pour un excellent exposé sur la philosophie qui anime tout le XVIIIe siècle, le lecteur se référera à l'ouvrage de Ernst Cassirer (1966), *La philosophie des Lumières.*

des Lumières (l'*Aufklärung* selon le terme allemand). Plusieurs noms célèbres lui sont associés: en France, Montesquieu et Voltaire; en Angleterre, Newton et Locke; en Allemagne, Wolff et Lessing. Même Kant[3] sera influencé par ce mouvement.

Mais, dans ce contexte, que représente donc ce terme «Lumières»? Il signifie le triomphe de la raison, de la rationalité. Mais le triomphe de la raison dans quels domaines? Trois champs de l'activité humaine seront particulièrement frappés par la philosophie des Lumières; il s'agit de la science, des arts et de la technique. Chacun de ces domaines devra par conséquent se mettre au service du progrès et du bonheur de l'humanité. Fondamentalement optimiste, on croit alors que le progrès et le bonheur peuvent être littéralement construits grâce à la raison.

Toutefois, il faut immédiatement préciser que la raison dont il est question ici n'est pas la même que celle que l'on retrouvait chez les Grecs ou les chrétiens. En effet, chez ces derniers, la raison désignait une réalité objective indépendante de l'homme. Ainsi, de l'Antiquité au XVIIIe siècle, le monde est rationnel en soi (les Idées platoniciennes) ou conçu et orchestré par un créateur rationnel (Dieu dans la religion catholique).

À partir du XVIIIe siècle, l'axiome fondamental est à peu près le suivant: toute réalité, matérielle ou morale, est analysable. Pour connaître cette réalité, il suffit de la décomposer de telle façon qu'on puisse en apercevoir chacun des éléments, même les plus simples; ensuite, on recompose ces éléments en suivant un plan logique; ce qui donne comme résultat un système rationnel. La raison devient en somme une faculté subjective spécifiquement humaine. Désormais, ce n'est donc plus le monde qui est rationnel mais bien l'être humain. Par le fait même, l'être humain joue alors le rôle d'étalon de mesure de ce qui est ou n'est pas rationnel. La philosophie des Lumières marque à l'évidence une rupture avec les idéologies du passé.

Mais quelle idéologie anime le siècle des Lumières? Les penseurs et philosophes de cette époque opposent la raison à la foi, à l'autorité et à l'ignorance. Contre la tradition et la tutelle du pouvoir héritées des siècles antérieurs, ils prétendent redonner à l'être humain sa liberté, une liberté qui se caractérise par le «libre examen»—lequel peut même aller jusqu'au scepticisme—et une attitude critique. Par exemple, inspirée de la méthode scientifique, l'exigence de rigueur intellectuelle se traduit, entre autres, dans le domaine de l'exégèse, par la substitution des sciences religieuses à la science sacrée traditionnelle. C'est donc dire qu'au XVIIIe siècle la raison est devenue non seulement une faculté humaine mais représente aussi une valeur désirable, inséparable de la recherche de la liberté.

De ce qui précède ressort un certain nombre d'éléments qui caractérisent le siècle des Lumières. Nous allons les examiner un à un afin de bien saisir les différentes particularités de cette période. Cela nous permettra en outre de mieux situer la pensée de Rousseau vis-à-vis de son époque à la fois dans ce qu'elle doit au contexte et dans ce qu'elle offre comme radicale nouveauté.

5.1.3 La raison comme faculté critique

Comme nous l'avons mentionné plus haut, dans la philosophie des Lumières, la raison s'oppose à la foi, à l'autorité et à l'ignorance. Et qui dit opposition dit nécessairement critique; la raison se veut donc une faculté critique. À travers ces différentes oppositions, la raison humaine affirme ainsi son droit de raisonner librement. Regardons l'un après l'autre les trois objets de la critique.

Les chapitres précédents l'ont clairement démontré, à partir de la fin de l'Empire romain l'Église a joué un rôle primordial dans la préservation de la culture. Seule institution encore solide, elle a su, au Moyen Âge, conserver les acquis les plus précieux de la civilisation. Toutefois, comme cela arrive souvent dans le cas d'institutions qui exercent un vaste pouvoir, l'Église en est venue à être perçue comme une

3. Emmanuel Kant (1724-1804) est, encore aujourd'hui, considéré comme l'un des plus grands philosophes allemands. Il passa la majeure partie de son existence dans sa ville natale, Königsberg, où il enseigna à l'université. Il délimita le domaine de la philosophie à partir des questions suivantes: Que puis-je savoir? Que dois-je faire? Que m'est-il permis d'espérer? Qu'est-ce que l'homme? Il fut particulièrement influencé par Rousseau en ce qui concerne le problème de la conscience morale.

entrave à la liberté d'expression, un frein à la recherche et au questionnement scientifique, bref un frein à la raison. Ainsi, l'opposition à la foi se manifestera contre les vérités religieuses et, partant, contre l'Église elle-même. En effet, la philosophie des Lumières affirme bien haut que l'homme peut se faire une idée rationnelle du monde indépendamment de la religion. Par conséquent, l'athéisme, du moins chez les intellectuels, se répand peu à peu en Occident.

La raison s'oppose également aux pouvoirs politiques. Tout comme l'Église, ces pouvoirs sont vus comme l'expression d'un certain obscurantisme. Au XVIIIe siècle, l'Europe est encore gouvernée par des rois; les hommes et les femmes vivent pour la plupart sous un régime monarchique. Or, ces régimes «de droit divin» reposent sur l'arbitraire (généralement celui du roi). Par le fait même, ils ne peuvent garantir les libertés individuelles. Et ces libertés, comme on l'a vu, sont fondamentales aux philosophes des Lumières; d'où leur opposition à ces régimes, et leur désir de les voir remplacés par d'autres plus respectueux de la libre pensée.

Finalement, la raison s'oppose à l'ignorance. Marchant main dans la main, l'Église et le pouvoir monarchique ont longtemps réduit le peuple à un niveau de culture extrêmement bas. Face à cette ignorance, la raison élève le flambeau des Lumières. Ce n'est donc pas étonnant que les philosophes de cette époque valorisent l'éducation et l'instruction[4]. Chaque individu doit être, selon eux, en possession d'une certaine quantité de vérités afin d'être en mesure de se faire une idée personnelle des choses et des événements qui le concernent[5].

> *Le XVIIIe siècle est pénétré de la foi en l'unité et l'immutabilité de la raison. La raison est une et identique pour tout sujet pensant, pour toute nation, toute époque, toute culture.* (Cassirer, 1966, p. 41.)

Bien que tous possèdent la raison, tous ne possèdent pas les outils pour l'exercer adéquatement. Ce sera la tâche de l'instruction de fournir ces outils. À remarquer ici que l'instruction ne consiste plus, comme ce fut le cas très souvent dans le passé, à apprendre simplement à lire pour avoir accès directement aux Saintes Écritures. Il s'agit plutôt de s'instruire, d'une part, pour connaître le monde (en cela le XVIIIe siècle prolonge la Renaissance: on pense immédiatement au programme encyclopédique de Rabelais) et, d'autre part, pour pouvoir le contrôler, le façonner à sa guise et, surtout, le dépasser par la critique (en cela le XVIIIe siècle va plus loin que la Renaissance).

5.1.4 La raison comme réalité positive

Discours critique vis-à-vis de la foi, de l'autorité et l'ignorance, la raison l'est assurément. D'ailleurs, elle se serait limitée à cette fonction critique et cela aurait représenté déjà un énorme apport à l'histoire de l'Occident. Mais ce ne fut pas le cas. Loin de se confiner à la seule critique des institutions existantes, la raison s'est également posée en réalité positive. Cet aspect positif de la raison s'est traduit de deux manières différentes: les droits de l'individu; les droits collectifs et l'universalité du genre humain.

L'individualisme moderne prend réellement naissance au XVIIIe siècle. L'affirmation des droits de l'individu en est l'expression la plus profonde. Ces droits reposent sur l'idée que tous les êtres humains possèdent la faculté de raisonner et que, par conséquent, tous sont égaux face à la raison.

Par ailleurs, dans leur discours sur la raison, les philosophes des Lumières ont dépassé les seuls droits de l'individu pour réfléchir systématiquement sur le droit des peuples à se gouverner eux-mêmes et à décider de leur destin. Si tous les êtres humains sont égaux, il s'ensuit que la volonté générale de tous les individus doit être le critère sociopolitique de base. Ainsi, les décisions portant sur la chose publique doivent nécessairement être prises par tous et non pas

4. Cette valorisation de l'éducation et de l'instruction ne se ramène pas à la mise sur pied de programmes scolaires. Par exemple, les penseurs de cette époque feront preuve d'une réelle préoccupation pour ce qu'on pourrait appeler aujourd'hui les ouvrages de vulgarisation scientifique. On pense, entre autres, aux *Entretiens sur la pluralité des mondes* de Fontenelle, œuvre destinée à instruire le public féminin si souvent négligé par l'école.

5. Il convient toutefois de préciser que les penseurs des Lumières éprouvent généralement du dédain pour l'instruction du peuple. Leur représentation de l'éducation peut être qualifiée d'élitiste. Par exemple, en France, il faudra attendre la révolution de 1789 pour que l'éducation nationale devienne une préoccupation centrale et qu'elle englobe aussi les couches les plus pauvres de la population (voir Jacquet-Francillon, 1995, p. 79-88).

seulement par le roi, les nobles ou l'Église. On reconnaît là, bien sûr, le principe moteur de tout régime démocratique.

5.1.5 Le siècle du progrès et de la science

Le XVIIIe siècle voit l'idéologie du progrès se répandre dans toutes les couches de la société. Ce progrès s'appuie sur l'idée que la raison ne sert pas qu'à connaître le monde mais sert également à agir sur lui. Il n'est plus question de chercher à atteindre l'absolu des choses mais seulement d'en connaître la nature par l'expérience. En d'autres mots, la raison n'est pas un système clos mais ce qui émerge des faits à la suite de leur observation, de leur connaissance[6].

> *La puissance de la raison n'est pas de* ***rompre*** *les limites du monde de l'expérience pour nous ménager une issue vers le monde de la transcendance mais de nous apprendre à* ***parcourir*** *en toute sûreté ce monde empirique, à l'habiter commodément.* (Cassirer, 1966, p. 47.)

Il faut bien comprendre que le rationalisme du siècle des Lumières est orienté vers la *vita activa*—et non pas vers la *vita contemplativa* comme dans la scolastique du Moyen Âge—, c'est-à-dire vers les réalités terrestres, vers le monde réel, vers la vie active et pratique. De plus, contrairement au XVIIe, le XVIIIe siècle voit la raison non pas comme un contenu déterminé de connaissances, de principes, de vérités, mais plutôt comme une sorte d'énergie, une force que l'on perçoit complètement uniquement dans son action ou dans ses effets.

Le progrès signifie donc non seulement la possibilité d'action sur la nature mais aussi la possibilité de contrôle sur le monde de l'être humain. En cela, il ne se réduit plus à la pure connaissance sans visée pratique telle qu'on pouvait encore la retrouver à la Renaissance. Il ne s'agit plus que de connaître le monde; il s'agit de le connaître en vue de le dominer et de le plier à la volonté humaine. En ce sens, le XVIIIe siècle contient le germe de l'esprit technicien qui, à notre époque, connaît de grandes heures de gloire.

Malgré tout, cette idéologie du progrès ne repose pas sur une pure chimère. Bien au contraire, elle s'enracine dans un fait réel: les progrès des sciences de la nature qui sont le noyau dur du rationalisme. Il appert que, contrairement à la religion et à la philosophie, la science est capable d'effectuer de véritables progrès tant sur le plan des connaissances théoriques que sur celui des techniques. Ce progrès serait par nature un apport positif pour l'être humain et la société. Cette vision optimiste se double d'une orientation normative qui assigne une direction particulière au progrès. En effet, tout comme au XVIIe siècle, l'idée d'unité et l'idée de science sont encore, au XVIIIe siècle, complètement interchangeables. En conséquence, le progrès issu de la science sera uniquement perçu comme une recherche d'unité. «La mise en ordre rationnel, la domination rationnelle du donné n'est pas possible sans une rigoureuse unification» (Cassirer, 1966, p. 57).

La méthode, l'observation et l'application technique caractérisent la science. Celle-ci devient le modèle général applicable directement non seulement à l'étude de la nature mais aussi à l'analyse, à la prévision et au contrôle des dimensions sociales et culturelles du monde humain. En fait, l'idéal méthodologique de la raison—donc de la science et du progrès—se trouve dans les sciences physiques (ou sciences de la nature): partir des faits relevés par observation et montrer leurs liens, c'est-à-dire se faire une représentation «systémique» des faits en allant du particulier au général[7]. Il ne reste plus alors qu'à transposer ces éléments dans la conduite des choses politiques, économiques, éducatives, etc. De cette façon, il est possible pour toute société de vouloir, de préparer et de diriger son propre progrès.

5.1.6 Le siècle des philosophes

À l'époque de Rousseau, la philosophie a occupé une place tellement importante que son courant dit «des

6. Le XVIIIe siècle se caractérise, entre autres, par son attitude newtonienne vis-à-vis de la recherche: ce n'est pas la déduction pure qui doit guider notre démarche, mais l'analyse des faits.

7. Méthode inductive par opposition à la méthode déductive par laquelle on «déduit» de principes généraux certains faits particuliers.

Lumières» en est venu à donner son nom à l'ensemble du siècle. Ainsi, à bon droit, on peut qualifier le XVIIIe siècle de siècle des philosophes. On assiste en effet au règne incontesté des philosophes et, parmi eux, les Français occupent une place prépondérante. Cela n'a rien de véritablement étonnant quand on songe que, durant cette même période, la culture française s'affirme comme la culture dominante de l'Europe, celle qui sert de modèle aux autres.

En fait, les philosophes français, bien qu'ils aient joué un rôle capital dans la propagation de la philosophie des Lumières, ne doivent en aucune manière en recevoir tout le crédit. Loin de construire à partir du vide, leurs œuvres se sont fortement inspirées de plusieurs grands savants et philosophes anglais. Des écrits de ces derniers, les Français ont conservé les idéaux rationalistes, sensualistes et critiques. Leurs principaux inspirateurs étaient John Locke (1632-1704), Isaac Newton (1642-1727) et David Hume (1711-1776).

Mais qui étaient donc ces philosophes français, contemporains de Rousseau? Essentiellement, il s'agissait de voyageurs, d'essayistes et de critiques. Ils fréquentaient la noblesse, la bourgeoisie, bref, les puissants de ce monde. Toutefois, ils portaient en eux la prétention de parler au nom du peuple et des idéaux démocratiques. Dans un sens, on peut dire qu'ils représentaient l'équivalent de certains de nos journalistes, dans la mesure où ils étaient des «hommes médiatiques», des «hommes publics» qui se donnaient la tâche de répandre les principes de la philosophie des Lumières. Ces philosophes disposaient d'une arme redoutable: l'*Encyclopédie* ou le *Dictionnaire raisonné des sciences, des arts et des métiers*[8], ouvrage publié sous la direction de Diderot[9] et dont d'Alembert[10] rédigea le «discours préliminaire». Cette encyclopédie avait pour but de rassembler en une seule œuvre l'ensemble des connaissances et des idées acquises jusqu'à ce jour.

5.1.7 La consolidation de l'économie de marché[11]

À cette époque, on voit également s'étendre un mode de production reposant sur une économie de marché. En effet, à partir de la Renaissance, le capitalisme marchand—remplaçant l'ancienne organisation issue de la féodalité— s'était affirmé comme un système essentiel à la richesse des nations européennes (on pense immédiatement au commerce avec l'Afrique et l'Amérique[12]). Cependant, peu à peu, ce type de capitalisme se transforme sous l'impulsion décisive de nombreuses découvertes techniques permettant d'accroître la production (par exemple, les

8. Publication dirigée par Diderot entre 1751et 1772 et inspirée d'un ouvrage similaire de l'anglais Chambers (1729). Elle avait pour objectif de faire connaître les progrès de la science et de la pensée dans tous les domaines. On désigne sous le nom d'«encyclopédistes» les savants, les philosophes et les spécialistes de toutes les disciplines qui collaborèrent à sa rédaction (par exemple Voltaire, Montesquieu, Jaucourt et, bien sûr, Rousseau). Le «Discours préliminaire» écrit par d'Alembert est un tableau synthétique des connaissances à cette époque.

9. Denis Diderot (1713-1783) fut un écrivain et un philosophe français. Il était considéré par ses contemporains comme le «philosophe par excellence». Il manifesta un génie multiple, créant la critique d'art (*Salons*, 1759-1781), une nouvelle forme romanesque (*Jacques le Fataliste et son maître*), clarifiant le rapport entre la science et la métaphysique (*Lettre sur les aveugles à l'usage de ceux qui voient*), définissant et illustrant une nouvelle esthétique dramatique (*Paradoxe sur le comédien, Le Fils naturel*) et, finalement, brossant le portrait tumultueux de sa vie et de son art (*Le Neveu de Rameau*). Toutefois, il doit sa gloire à l'entreprise qu'il mena pendant vingt ans: l'*Encyclopédie*.

10. Jean Le Rond d'Alembert (1717-1783) fut écrivain, philosophe et mathématicien. Sceptique en religion et en métaphysique, défenseur de la tolérance, il exposa dans son «Discours préliminaire» de l'*Encyclopédie* la philosophie naturelle et l'esprit scientifique qui présidaient à l'œuvre entreprise. Membre de l'Académie des sciences, secrétaire perpétuel de l'Académie française, il a laissé des *Éloges académiques* et des travaux mathématiques sur les équations différentielles et la mécanique. Son œuvre capitale est le *Traité de la dynamique* (1743), où se trouve défini le théorème connu sous le nom de «principe de d'Alembert».

11. Pour un exposé succinct de la situation tant économique que sociale, politique et culturelle de cette époque et les transformations que connaîtra l'Europe durant les XVIIIe et XIXe siècles, le lecteur se référera au manuel de Brunet (1990), *La civilisation occidentale*, p. 114-155.

12. Tout au long du XVIIIe siècle, un seul secteur économique sera vraiment prospère: le commerce outre-mer. Les activités commerciales se font sous forme de triangle: les bateaux partent d'Europe chargés de marchandises de toutes sortes (étoffes, armes, etc.), font escale en Afrique afin d'échanger leur chargement contre des esclaves noirs que l'on transporte ensuite en Amérique d'où l'on revient avec du sucre et du rhum.

machines à tisser[13]). Nous assistons alors, en milieu urbain, à la naissance des premières manufactures, ancêtres des usines.

Ce mouvement se continue au XVIIIe siècle qui sert, en quelque sorte, d'introduction à l'ère de l'industrialisation, dont le triomphe viendra au siècle suivant. Par son idéologie de l'individualisme, de la raison et du progrès, le XVIIIe siècle met en place un discours capable de légitimer la montée de la classe bourgeoise dont les intérêts sont étroitement liés à l'essor du nouveau mode de production présent dans les grandes villes.

Et c'est l'Angleterre qui donne le ton. En effet, l'essor du capitalisme, la monopolisation du pouvoir économique par la bourgeoisie et l'industrialisation y seront plus rapides qu'ailleurs. Pour sa part, la France tardera à «prendre le train», notamment en raison d'une distribution de la population qui favorise grandement les milieux ruraux (économie principalement agricole), des choix de certains dirigeants (la monarchie et la noblesse ne voient pas immédiatement l'intérêt du système capitaliste) et des troubles politiques (la Révolution, l'Empire, la Restauration, etc.). Mais comment se présente donc le paysage économique du XVIIIe siècle?

À l'époque de Rousseau, les bases de l'économie sont encore essentiellement agricoles. En effet, ce secteur d'activité occupe environ 80% de la population (Brunet, 1990, p. 119). Le niveau de vie est généralement très bas et une grande partie des paysans vivent constamment au bord de la disette. Cette situation s'explique en partie par le manque de transport terrestre, économique, rapide et puissant (au XIXe siècle le chemin de fer viendra diminuer considérablement ce problème). Par exemple, il est extrêmement difficile de transporter rapidement le blé des régions productrices vers celles qui n'en produisent pas. En conséquence, pour la grande majorité de la population, l'activité économique ne se déroule que localement.

Bien entendu, cette insuffisance chronique de transport entraîne une paralysie de l'industrie. Si le textile occupe la première place dans les échanges de marchandises, ce n'est pas en fonction des besoins réels mais uniquement en fonction de la légèreté de cette matière qui rend plus aisés son transport et sa distribution. Par contre, les minerais et les combustibles continuent d'être à peu près intransportables par voie terrestre. En outre, les longues caravanes de chariots auxquelles on a recours pour le transport des denrées essentielles (comme le sel) demandent des investissements élevés.

Disons en terminant que, au XIXe siècle, les conséquences de l'instauration du mode de production capitaliste seront nombreuses et parfois dramatiques pour les couches les plus pauvres de la population. Citons-en quelques-unes: l'augmentation de la capacité de production; la création lente mais inéluctable d'un marché de consommateurs; l'exode massif des travailleurs des campagnes vers les grands centres urbains; phénomène lié au précédent, l'accroissement de la mobilité géographique et sociale; la généralisation du salariat qui se solde toutefois par une extrême pauvreté du peuple; la montée irrésistible des valeurs matérialistes (lesquelles trouveront leur apogée dans la deuxième moitié du XXe siècle); la consolidation de la bourgeoisie en tant que classe dominante sur le plan économique.

5.1.8 Le siècle des bouleversements politiques et des révolutions

Le XVIIIe siècle a connu de très nombreux bouleversements. Évidemment, on pense immédiatement à la guerre de Sept Ans qui opposera entre autres l'Angleterre et la France (1757-1763) et dont le Canada sera un des enjeux[14]. De plus, les guerres et les conflits feront rage sur tout le territoire du vieux continent: par exemple, la conquête des régions de la Baltique (1689-1726) et de la mer Noire (1762-1796) par les Russes qui en chassent les Turcs; la guerre de

13. Afin d'augmenter la production et de faire face à la demande croissante du commerce, l'industrie textile a recours de plus en plus à des machines. D'ailleurs, le coton remplace désormais la laine comme produit textile de première importance et supporte d'ailleurs beaucoup mieux le travail mécanique.

14. Durant cette guerre, la Prusse était l'alliée de l'Angleterre contre l'Autriche, la Russie et la France.

succession de Pologne (1733-1738); la guerre de succession d'Autriche (1740-1748); les partages de la Pologne entre la Russie et l'Autriche (le premier en 1772, le deuxième et le troisième entre 1793-1795).

Le siècle dans lequel a vécu Jean-Jacques Rousseau est aussi marqué par deux révolutions majeures qui ont changé le cours de l'histoire de l'Occident: la révolution américaine (1776-1783)[15] et la Révolution française (1789).

La révolution américaine prend la forme d'une guerre de libération coloniale contre l'Empire britannique. Afin de renflouer ses coffres vidés par la guerre de Sept Ans, l'Angleterre exige de ses treize colonies d'Amérique des impôts et des taxes, notamment sur le thé. Les colons refusent systématiquement de payer. Suit alors un long conflit juridique (1765-1773) qui entraînera une rupture entre la métropole et ses colonies. Après une première déclaration des droits par le Congrès de Philadelphie (1774), par laquelle ses signataires revendiquent l'indépendance des colonies américaines, la guerre éclate. Le Congrès américain vota le 4 juillet 1776 la «Déclaration d'Indépendance des États-Unis d'Amérique», mais ce ne fut qu'à la signature du traité de Versailles en 1783 que cette indépendance fut reconnue par l'Angleterre.

La Révolution française est réellement une révolution du peuple contre les privilèges de la noblesse et l'arbitraire de la monarchie absolue[16]. Elle a amené de vastes transformations dans la société française: ce n'est plus le roi mais la nation tout entière qui détient la souveraineté. Le régime monarchique n'existe plus, il fait place à la république; les pouvoirs législatif, exécutif et judiciaire sont maintenant séparés.

Ces deux révolutions, survenues à quelques années d'intervalle, sont vraiment à l'origine des principales institutions de nos sociétés actuelles. Par exemple, elles mettent toutes deux l'accent, d'une part, sur le rôle indispensable de l'État dans l'affirmation et la protection des droits privés et publics et, d'autre part, sur l'importance du caractère laïc des institutions publiques.

5.2 JEAN-JACQUES ROUSSEAU: LE PERSONNAGE ET SON ŒUVRE[17]

5.2.1 Quelques éléments biographiques

Jean-Jacques Rousseau est né le 28 juin 1712 en Suisse, dans la ville de Genève, d'un père protestant qui exerçait le métier d'horloger; sa mère meurt à sa naissance. Jusqu'à son décès, survenu à Ermenonville en France le 2 juin 1778, il mènera une vie essentiellement vagabonde et changera deux fois de religion: à seize ans, il abjure le protestantisme pour embrasser la foi catholique, mais en 1753 il reviendra à sa première confession. Il quitte très tôt sa famille et pratique plusieurs métiers. À l'âge de vingt ans, il fait la rencontre de Mme de Warens qui devient alors sa bienfaitrice. C'est en effet chez elle qu'il s'adonne à la lecture et qu'il s'initie au latin et à la musique. En 1741, alors âgé de 29 ans, il s'installe à Paris et y fait la rencontre de Diderot. Quelques années plus tard, en 1750, son ouvrage intitulé *Discours sur les sciences et les arts* lui apporte un succès fortement teinté de scandale. Cette première parution n'est que le début d'une longue controverse autour de son œuvre. Ainsi, parce que Rousseau dénonce la société de son époque, ses écrits ultérieurs lui attireront de nombreux ennemis (on pense entre autres à Voltaire) et lui vaudront plusieurs démêlés avec les pouvoirs publics.

En 1756, Rousseau séjourne chez Mme d'Épinay non loin de la forêt de Montmorency. Là, il peut travailler dans le calme. Ce calme sera cependant de courte durée puisque, dès 1762, la publication de l'*Émile* réveille la haine de ses ennemis. Rousseau doit alors s'enfuir de la France. Il gagne tout d'abord son pays d'origine, la Suisse, puis se réfugie en Angleterre chez le philosophe Hume avec qui il ne tardera

15. On se souviendra que les troupes américaines étaient sous le commandement de Georges Washington (1732-1799). Celui-ci devint en 1789 le premier président des États-Unis d'Amérique.
16. En 1789, l'Assemblée nationale rédige une constitution pour la nation française. L'absolutisme royal est aboli ainsi que les pouvoirs féodaux et les droits nobiliaires. Le 26 août de la même année, une charte révolutionnaire est proclamée. Elle affirme les principes universels des droits de l'homme.

17. Pour une pénétrante analyse de l'œuvre de Rousseau, on consultera le très beau livre de Jean Starobinski (1971), *Jacques Rousseau, la transparence et l'obstacle.*

pas à se brouiller. Une fois les esprits de ses ennemis apaisés, il revient à Paris où il compose ses dernières œuvres, notamment *Les Confessions.*

5.2.2 Les apports intellectuels de Rousseau à son siècle

Les éléments biographiques qui précèdent permettent au lecteur de se faire une certaine idée du personnage qu'a été Jean-Jacques Rousseau. Toutefois, afin de bien saisir l'importance de ce philosophe, il faut examiner la diversité de ses champs d'intérêts. Cet homme s'est penché aussi bien sur la politique, la littérature et la musique que sur l'éducation.

Comme nous le verrons un peu plus bas, Rousseau est l'un des fondateurs de la pensée politique moderne. Avec son ouvrage *Du Contrat social, ou Principes du droit politique*, il prône l'égalité de tous les êtres humains et fonde l'ordre politique sur l'idée de contrat passé entre les citoyens. Ce contrat social résulterait des volontés particulières unies en une volonté générale.

Rousseau est aussi un innovateur en matière de littérature doublé d'un compositeur et d'un théoricien de la musique. Dans le domaine de l'écriture, il crée lui-même un nouveau genre littéraire: l'autobiographie. Celle-ci consiste en un récit où l'auteur se raconte lui-même. Dans ce genre, ses œuvres majeures seront *Les Rêveries d'un promeneur solitaire* et *Les Confessions.* En ce qui concerne la musique, il composera un opéra en 1752 intitulé *Le Devin du village* et rédigera un traité théorique, *Lettre sur la musique française* (1753).

Ses nombreuses œuvres le montrent également comme un individualiste, un théoricien de la liberté et un critique virulent des idées à la mode. Individualiste, Rousseau l'est sans aucun doute puisque pour lui l'individu est le fondement de l'ordre social. En tant que théoricien, il soutient que la liberté est une caractéristique propre à tout être humain: tous naissent libres et égaux. Cette liberté individuelle se prolonge en liberté collective et, par le fait même, s'étend à toute la société. Cela revient à dire que la souveraineté est inaliénable et indivisible et que, par conséquent, les pouvoirs doivent être l'émanation du corps social.

Rousseau est bien entendu un représentant de son siècle mais il en fera aussi la critique sous plusieurs aspects. Par exemple, il dénonce vivement les tares du modernisme, le côté sombre et moins reluisant du progrès. Selon lui, la raison, la science et le progrès sont de bonnes choses mais non en elles-mêmes. En réalité, c'est la pureté du cœur, la conscience droite, qui importent vraiment. Si l'individu ne possède pas un cœur pur, alors le progrès, la science et la raison ne serviront pas au bonheur de l'humanité. Bien au contraire, ils peuvent même devenir des instruments au service des passions malsaines et des intérêts mesquins. Donc, Rousseau ne croit pas en une connaissance qui procurerait automatiquement la sagesse. Au lieu de s'en remettre à la raison pour guider la conduite humaine, il fait plutôt appel à la rectitude morale.

Ainsi, il s'oppose à la philosophie dominant en Occident depuis l'époque de la Grèce ancienne. Cette tradition reposait en effet sur l'idée que la connaissance améliore la nature de l'être humain; ce qui revenait à dire que le savoir n'est pas seulement différent de l'ignorance, il lui est aussi supérieur (la connaissance étant bonne en elle-même, le «savant» est donc meilleur que l'ignorant). Or, pour Rousseau, la connaissance n'est bonne que dans la mesure où l'être humain est bon. En définitive, ce qu'il affirme, c'est l'inexistence d'un lien direct entre la science et l'éthique.

5.2.3 Des clés pour la compréhension de son œuvre

Jean-Jacques Rousseau est un homme de contradictions, de paradoxes, qui cherche la liberté et le bonheur pour l'individu, qui hésite toujours entre l'autonomie individuelle et la suprématie de la société. Il est aussi un homme de remords, sûr d'être la victime d'une persécution systématique, un homme qui cherche le paradis perdu fait de «la transparence réciproque des consciences, la communication totale et confiante» (Starobinski, 1971, p. 19).

La succession de plusieurs échecs confortera Rousseau dans sa conviction profonde que la société du XVIIIe siècle est foncièrement mauvaise. Cette conviction explique en bonne partie son projet de découvrir l'origine du malheur de ses contemporains en élaborant une histoire de l'être humain (spéculative et non pas basée sur l'analyse de documents concrets) qui insistera sur sa bonté antérieure. À plusieurs égards, la pensée de Rousseau ira par le fait même à contre-courant du discours élaboré par les philosophes des Lumières.

Ayant souffert de la société, Rousseau la juge donc globalement nuisible pour l'être humain. Il se montre par conséquent particulièrement méfiant envers l'ensemble des caractéristiques propres à cette société et dont la philosophie des Lumières se fait en quelque sorte l'écho. Ainsi, afin de corriger les excès possibles de la froide logique issue du règne absolu de la raison, il oppose les voies du cœur et des sentiments. De plus, aux sournoises apparences mondaines il préférera la vérité intérieure des êtres.

À la suite des dénonciations des symptômes du mal social que l'on trouve dans le *Discours sur les sciences et les arts* et dans le *Discours sur l'origine et les fondements de l'inégalité parmi les hommes*, Rousseau élaborera ses solutions dans *Du Contrat social, ou Principes du droit politique* et l'*Émile*. Il est bien entendu complètement illusoire de prétendre que l'être humain puisse retourner à l'état de nature. C'est donc par une fuite en avant que l'on pourra recomposer artificiellement les qualités perdues. Cette fuite en avant passera par les instances politiques et éducatives qui devront répondre le plus possible à la nature profonde de l'individu en modelant leur action respective sur cette nature.

De son vivant, Rousseau a été la cible de violentes attaques en raison de son antirationalisme et de son apparente hostilité envers le progrès. Cela n'empêchera pas Kant d'admirer profondément ce penseur de la liberté individuelle. Par ailleurs, sa vision anthropologique anticipe celles de Hegel et Marx et, au XXe siècle, l'ethnologie se souviendra de lui comme l'un de ses plus importants précurseurs. Ajoutons que son ouvrage *Le Contrat social* constitue, encore aujourd'hui, un élément incontournable de la réflexion politique.

Afin de mieux saisir sa pensée, nous allons maintenant jeter un regard sur deux œuvres majeures de Rousseau, lesquelles sont étroitement liées à l'*Émile*.

5.2.4 *Discours sur l'origine et les fondements de l'inégalité parmi les hommes* (1755)

Cet ouvrage propose rien de moins qu'une histoire de l'humanité. Il ne s'agit toutefois pas d'une recherche scientifique. En fait, Rousseau propose une interprétation de l'histoire qui n'est que vraisemblable. Cette interprétation est néanmoins en mesure de fournir une explication du malheur qui afflige les êtres humains. Cette histoire se divise en trois principales périodes.

La première est celle de l'homme de la nature que l'on peut définir comme «un animal présociable». Il vit seul, ne possède aucun langage et est animé par le seul amour de soi. Cet homme satisfait ses besoins immédiatement à partir des ressources que lui fournit la nature. Doté de la capacité de changer en fonction des circonstances (la perfectibilité), il s'est adapté aux modifications de son environnement en se joignant à ses semblables pour créer les premières sociétés. Ce regroupement était nécessaire pour la survie de l'espèce.

La deuxième période se caractérise par l'acquisition de l'ensemble des différentes qualités propres aux humains: la pitié (premier sentiment acquis par l'homme de la nature), le langage, la pensée. Il vit en totale harmonie à la fois avec les membres de la société et avec la nature qui l'entoure. Il s'agit là, pour Rousseau, d'un véritable âge d'or de l'humanité, empreint de transparence.

Cependant, cet état de grâce n'a pas duré. En effet, l'inégalité physique entre les individus (phénomène naturel) entraîne une détérioration complète des relations et la perversion des qualités humaines. Commence alors la troisième période, celle de la société du paraître. Dans cette société, on ne peut plus parler de l'homme de la nature; on est devant un nouveau type d'homme, l'homme social. Son apparition s'explique par l'incapacité des êtres humains à exercer un contrôle adéquat des effets négatifs de la nature elle-même. C'est ici que commence l'aliénation et que son cortège d'effets négatifs s'ensuit: le mensonge, la jalousie, l'amour-propre, etc. En politique, cette décadence se traduit par un régime tyrannique.

5.2.5 *Du contrat social, ou Principes du droit politique* (1762)

Constatant que le fondement de la société repose la plupart du temps sur l'autorité paternelle, la volonté divine ou encore la force brute, Rousseau se donne ici comme objectif d'établir la légitimité d'un pouvoir politique dont le fondement prendrait racine dans un pacte d'association où chaque individu s'engagerait volontairement envers l'ensemble de ses semblables, renonçant en cela à sa liberté individuelle naturelle. En retour, la société lui assurerait le statut de citoyen. Ce statut se caractériserait par l'égalité juridique et morale et la liberté civile. De cette façon se produirait le passage de l'indépendance originelle à la liberté politique. Par la même occasion, il serait possible de développer une véritable morale répondant aux besoins et aux désirs de la volonté générale. Cette volonté générale ne correspondrait d'ailleurs pas à la somme des volontés individuelles et des intérêts particuliers mais plutôt à l'expression de la souveraineté du peuple (dont le législateur est l'interprète). Parce que cette souveraineté demeurait à la fois inaliénable et indivisible, les pouvoirs ne devraient être que l'émanation du corps social.

5.3 LA PENSÉE ÉDUCATIVE DE ROUSSEAU

Nous allons maintenant aborder la pensée de Rousseau sur l'éducation. L'œuvre de référence est ici l'*Émile* qui fut publiée en 1762 et qui provoqua de vives réactions chez les dirigeants de l'époque. Dans un premier temps, nous présenterons très brièvement cet ouvrage tout en le situant par rapport à l'ensemble de son œuvre. L'*Émile* forme en effet une sorte de triptyque avec le *Discours sur l'origine et les fondements de l'inégalité parmi les hommes* et *Du Contrat social, ou Principes du droit politique.* Dans un deuxième temps, nous indiquerons en quoi l'*Émile* peut être qualifié de discours politique. Ensuite, nous dégagerons les deux principes fondamentaux de la pédagogie rousseauiste ainsi que ses trois lois psychologiques et leurs corollaires pédagogiques. Par ailleurs, la sous-section suivante de cette troisième partie tirera quatre conséquences éducatives majeures de cette pensée. Finalement, nous terminerons en faisant ressortir, à l'aide d'un tableau, les éléments novateurs des idées de Rousseau.

5.3.1 *Émile ou De l'éducation* (1762)

L'*Émile* est la plupart du temps présenté comme une sorte de vaste traité de «pédagogie naturelle». En réalité, Rousseau «y place l'enfant à éduquer dans des situations généralement artificielles, organisées ou contrôlées par le précepteur» (Durozoi et Roussel, 1990, p. 292). Ainsi, l'importance historique de cet ouvrage tient beaucoup plus au fait que Rousseau y affirme la spécificité de l'enfance et de sa mentalité. Cette affirmation entraîne un certain nombre de conséquences non seulement pour l'enseignement des matières telles la géographie ou les mathématiques mais aussi pour l'enseignement de la religion. En effet, comme le disent Durozoi et Roussel (1990, p. 292):

> [La pédagogie de Rousseau démontre] *l'inutilité d'une éducation prématurée (l'enfant étant incapable de la comprendre) et l'accès à Dieu par les seules voies du cœur* [...] *indépendamment des textes et intermédiaires consacrés—ce qui entraînera la condamnation de l'ouvrage par l'archevêque de Paris.*

De la même façon que le *Discours sur l'origine et les fondements de l'inégalité parmi les hommes*, l'*Émile* relève d'une histoire conjecturale. Par ailleurs, l'ouvrage est étroitement associé au *Contrat social* (les deux sont d'ailleurs parus la même année) en ce qu'il propose un programme éducatif adapté à une véritable société politique.

> *Rousseau a voulu énoncer une philosophie, formuler un discours continu sur l'homme, sur ses origines, son histoire, ses institutions; l'*Émile *est une psychologie génétique sur laquelle prennent appui une pédagogie, une religion (ou une «religiosité»), et une politique.* (Starobinski, 1971, p. 321-322.)

5.3.2 L'éducation comme politique: nature-culture

On a souvent reproché à Rousseau d'être un naïf, ayant conçu un utopique paradis perdu où l'homme au naturel serait totalement bon. En fait, il n'en est rien. Le sens de sa pensée est plutôt que le développement doit nécessairement faire un retour involutif sur quelque chose d'«archaïque», au sens propre de la racine grecque *arkhe*, c'est-à-dire revenir à un principe fondamental et premier[18]. Ce principe premier auquel Rousseau fait allusion, c'est la nature. La tâche de l'éducation sera justement de réaliser ce retour «et de restaurer chez l'individu-enfant, en tant qu'il n'est pas encore modifié par son environnement social, la spontanéité du jugement et du sentiment» (Ottavi, 1995, p. 20).

On l'a vu plus haut, les valeurs véhiculées par Rousseau sont l'individualisme, la liberté et la bonté du cœur. L'éducation représente donc pour lui un moyen de sortir de l'histoire et de reprendre l'être humain à son état naturel (retour involutif). En ce sens, l'éducation pour Jean-Jacques Rousseau est un moyen politique. Cela signifie qu'à l'aide de l'éducation l'auteur de l'*Émile* veut amener une réforme profonde de l'individu en le prenant tel qu'il est à son état de nature originelle. Par conséquent, cette nature joue un double rôle: à la fois origine et modèle[19]. Rousseau veut réformer la société devenue mauvaise et pervertie car trop éloignée de la nature. Créer un être humain «naturel» par l'éducation, c'est en ce sens créer un individu libre qui pourra changer la société (une révolution sociale ne se fait pas sans une révolution éducative).

Il faut bien comprendre que, dans son optique, la nature humaine est par essence un état de perfection. C'est la société qui fait sortir l'individu de cet état de perfection: ce qui se traduit trop souvent selon Rousseau par une dégradation morale de la société et de ses membres. L'imperfection vient de l'inadéquation entre les désirs et la nature réelle du sujet. Or, justement, la société fait naître des désirs inappropriés à la nature des êtres humains. C'est pourquoi, si l'on souhaite éviter la corruption de l'individu, il faut modeler l'éducation sur la nature (la nature est un modèle parce qu'elle est état de perfection). Fait important à retenir, cet être naturel n'ayant pas été corrompu par la société est précisément **l'enfant**.

Cependant, Rousseau n'affirme pas que l'adulte doit se modeler sur l'enfant. Ce qu'il avance, c'est tout simplement que **l'enfant est un être humain à l'état de nature**; c'est-à-dire non dénaturé par la société[20]. Par le fait même, il faut connaître la nature de l'enfant. Pour ce faire, Rousseau élaborera une véritable théorie de l'enfance, identifiant cinq stades de développement (nous y reviendrons plus loin).

Si la nature représente un état de perfection, il n'en demeure pas moins que l'individu vit en société (c'est un être social diront les sociologues); il ne peut par conséquent être laissé à l'état de nature. Il ne lui suffit pas de s'adapter à son environnement naturel, il doit aussi s'adapter à son environnement social. C'est pourquoi il faut l'éduquer. Mais cette éducation, si l'on souhaite qu'elle puisse réellement rendre l'homme et la femme heureux, doit concilier nature et culture.

Cette conciliation se fera en éduquant l'enfant selon sa nature d'enfant. En somme, **l'éducateur aura comme tâche de former un individu en harmonie avec son milieu.** Pourquoi? Parce que l'idéal pour tout être humain, c'est d'être pleinement adapté à sa société (milieu). Cette adaptation se vérifie autant par l'équilibre étroit existant entre ses besoins et les moyens dont il dispose pour les réaliser, que dans l'équilibre entre ses différentes facultés et les désirs qui l'habitent. C'est là la condition du bonheur.

Rousseau constate que ses contemporains habitent un monde corrompu qui ne les rend pas heureux. Ayant des désirs illimités qu'ils n'ont pas appris à contrôler, ils se sentent misérables. Pour modifier cette décadence morale, Rousseau a imaginé une

18. «Jamais Rousseau n'a commis l'erreur de Diderot qui consiste à idéaliser l'homme naturel. Il ne risque pas de mêler l'état de nature et l'état de société; il sait que ce dernier est inhérent à l'homme, mais il entraîne des maux: la seule question est de savoir si ces maux sont eux-mêmes inhérents à l'état. Derrière les abus et les crimes, on recherchera donc la base inébranlable de la société humaine.» (Lévi-Strauss, 1973, p. 468.)

19. L'être humain «naturel» est non seulement celui du début de l'humanité, mais également l'être humain dans sa pureté, celui dont les vertus morales n'ont pas été altérées par les influences néfastes de la société. L'origine indique le modèle à suivre.

20. En d'autres termes, l'enfant représente l'être humain le moins modifié par l'action socialisatrice de la culture. En conséquence, il est plus proche de la nature que l'adulte. De plus, la nature étant perçue comme un état de perfection, l'enfant est donc plus parfait que l'adulte. Si l'on souhaite conserver cette pureté, il faut logiquement éduquer l'enfant selon sa nature d'enfant; ce qui revient à dire prendre la nature comme guide.

société (dans son *Contrat social*) et un individu (dans l'*Émile*) pleinement adaptés l'un à l'autre.

Pour rendre l'être humain heureux, il faut mettre un frein à ses désirs. Cet arrêt doit venir de la nature et non de la culture, car seules les contraintes de la nature peuvent être réellement ressenties comme une nécessité. Ainsi, par l'éducation, on fera sentir à l'enfant la nécessité des choses afin qu'il devienne plus tard un être totalement adapté à son milieu. Autrement dit, éduqué selon la nature, l'enfant apprend la nécessité des choses et non l'arbitraire des hommes. Devenu adulte, il sera heureux, car il aura fait l'expérience des bornes posées par la nature elle-même. Il aura donc appris à refréner ses désirs.

5.3.3 Les principes dans l'éducation rousseauiste

Une lecture attentive de l'*Émile* permet de dégager deux principes fondamentaux dans l'éducation: l'homme n'est pas un moyen mais une fin; il faut redécouvrir l'homme naturel. Voyons plus en détail ces deux principes.

L'homme n'est pas un moyen mais une fin

Chez les pédagogues qui précédèrent Rousseau, tous les principes d'éducation avaient comme caractéristique de vouloir former l'homme en vue de quelque chose. Par exemple, on éduquait dans le but de rendre l'homme savant, croyant, pour en faire un citoyen, un érudit, un lettré, etc. L'éducation utilisait le petit homme (l'enfant) comme un moyen pour atteindre un but, réaliser un modèle.

Dans l'optique de Rousseau, la situation doit changer radicalement. Il ne traite pas l'homme et l'enfant comme des moyens mais plutôt comme des fins absolues. Pour lui, l'éducation ne doit pas chercher à former un type d'homme ou de femme en particulier mais bien l'homme et la femme dans leur essence même. C'est pourquoi, tout au long de l'œuvre, Rousseau cherche constamment à écarter l'accidentel, le variable, afin de trouver l'essentiel. L'éducation doit permettre et favoriser la formation de l'être humain lui-même, l'être humain tel qu'il est dans sa nature profonde. Cet individu libre et unique est à la fois désir, besoin, passion, raison, sens et intellect.

La réalisation de cet objectif passe par trois types d'éducation: l'éducation qui vient de la nature (développement des facultés et organes); l'éducation qui vient des hommes (usages de ce développement); l'éducation qui vient des choses (l'expérience personnelle sur les objets).

La pédagogie doit harmoniser ces trois types d'éducation. Pour ce faire, l'être humain doit savoir qu'il n'a aucun contrôle sur la nature et très peu sur les choses. **Seule l'éducation des hommes et des femmes est à sa portée.** L'action éducative doit par conséquent orienter l'éducation des choses et l'éducation des êtres humains vers celle de la nature, car elle est la seule sur laquelle on n'a aucune prise (en outre elle est la plus générale, et Rousseau cherche justement à former un être humain «entier» et non un individu pour tel type de société ou telle époque particulière). En ayant recours au modèle de la nature, la pédagogie peut échapper à l'arbitraire et avoir un objet de connaissance, un objet d'observation, matière d'une science sur laquelle elle pourra reposer.

Redécouvrir l'homme naturel

En somme, à la société et à la culture, Rousseau oppose l'état de nature: les deux premières sont corrompues, la seconde est pure[21]. Selon lui, l'attitude qu'il faut adopter c'est de laisser faire et de laisser être la nature (la nature est un modèle, un guide que le pédagogue doit suivre). **L'éducation ne doit pas superposer à l'enfant une culture comme seconde nature artificielle, mais laisser l'enfant se développer librement sans entraver son développement.** Comme on l'a laissé entendre plus haut, l'éducation doit imiter la nature et suivre le développement naturel de l'enfant à tous les points de vue: affectif, moral, intellectuel. De cette façon pourra naître un homme meilleur dans une société meilleure.

21. «Toute notre sagesse consiste en préjugés serviles; tous nos usages ne sont qu'assujettissement, gêne et contrainte. L'homme civil naît, vit et meurt dans l'esclavage: à sa naissance on le coud dans un maillot; à sa mort on le cloue dans une bière; tant qu'il garde la figure humaine, il est enchaîné par nos institutions.» (Rousseau, 1966, p. 43.)

5.3.4 Les lois dans l'éducation rousseauiste

Après avoir exposé les deux principes fondamentaux de la pédagogie de Rousseau, il est temps de préciser sur quelles lois psychologiques repose ce système. Sans plus de commentaires, nous exposons ici de façon schématique les trois lois et leurs corollaires:

- **Première loi psychologique**: La nature a fixé les lois nécessaires au développement de l'enfant.
  - **Corollaire pédagogique de la première loi**: L'enseignant doit respecter la marche de l'évolution mentale de l'enfant.
- **Deuxième loi psychologique**: L'exercice de la fonction la développe et prépare l'éclosion de fonctions ultérieures.
  - **Corollaire pédagogique de la deuxième loi**: L'enseignant doit laisser la fonction agir selon son mode: qu'il la contrôle, qu'il la guide, mais qu'il ne l'écrase pas par des raisonnements autant livresques et théoriques que prématurés.
- **Troisième loi psychologique**: L'action naturelle est celle qui tend à satisfaire l'intérêt ou le besoin du moment.
  - **Corollaire pédagogique de la troisième loi**: L'enseignant doit motiver l'élève à apprendre.

5.3.5 Les conséquences éducatives des principes et des lois de la pédagogie rousseauiste

L'enfant-modèle: sa connaissance et ses stades de développement

Les humanistes avaient pris l'homme pour modèle éducatif. Rousseau, quant à lui, prend l'enfant comme modèle de l'individu idéal, naturel. Il y a là un renversement des idées tout à fait capital.

Pour Rousseau, l'enfant a une nature qui lui est propre. Cette nature est différente de celle de l'adulte. C'est ainsi qu'aujourd'hui Rousseau reçoit légitimement le titre de découvreur de **l'enfance comme état fondamental de la vie, état distinct de l'existence adulte**. Avec cette thèse fondamentale, c'est toute la pédagogie moderne qui prend naissance, pédagogie qui repose non pas sur une connaissance de ce que l'enfant doit être lorsqu'il sera grand mais plutôt sur ce qu'il est (une connaissance de sa nature propre).

En fait, Rousseau pose la question suivante: qui est l'enfant? Il dit d'ailleurs, dans son célèbre ouvrage *Émile*, «avant de l'éduquer, tâchez de connaître votre élève». Cette idée implique une observation de l'enfant afin de le saisir tel qu'il est. C'est pourquoi Rousseau insiste tant sur l'importance de l'examen minutieux. En quelque sorte, il pourrait être qualifié de précurseur d'une pédagogie qui se veut scientifique parce qu'elle est appuyée sur une psychologie expérimentale.

Il y a ici un principe important. La pédagogie de Rousseau est innovatrice en ce qu'elle présente un caractère psychologique (connaître la psychologie de l'enfant). Mais, de cela dérive un caractère encore plus général. Cette psychologie ne repose pas sur des idées reçues, des idéologies, des préjugés traduisant les sentiments et les aspirations des pédagogues. Elle se fonde sur l'observation menée à partir de critères objectifs. Ainsi, Rousseau a le mérite de poser les principes de base d'une psychologie de l'enfant vraiment scientifique. Par exemple, il soutient que le développement de l'enfant passe par différents stades naturels:

- l'âge des besoins (le stade infantile);
- l'âge du développement des désirs et des sens (l'âge de la puérilité allant jusqu'à 12 ans);
- l'âge du sens commun ou l'âge de raison (le stade intermédiaire, c'est-à-dire de 12 à 15 ans);
- l'âge des sentiments (la période de l'adolescence, soit de 15 à 20 ans);
- l'âge du mariage, de la vie de travail, de la parentalité et de l'exercice des droits de citoyen (la maturité après 20 ans).

L'éducation doit respecter ces stades. En ce sens, Rousseau peut être vu comme l'un des précurseurs de la psychologie des stades du développement qui, au XXe siècle, sera considérablement approfondie, notamment par Piaget.

L'enfant actif et responsable de son éducation

Selon la thèse de Rousseau, l'enfant, tout autant que l'adulte, possède une liberté qui doit être respectée. Cela signifie que son rôle dans l'éducation ne doit pas se résumer à celui d'un être passif qui reçoit la connaissance de l'extérieur; tout au contraire, l'éducateur doit en faire un être actif dont l'action contribue fondamentalement à sa propre formation.

Par le fait même, le rôle de l'éducation n'est pas de réduire l'enfant à une attitude passive mais plutôt de se servir de son activité naturelle—par exemple ses jeux, ses explorations sensorielles, ses intérêts, ses besoins—comme base de son processus éducatif (apprentissage). Donc, pour Rousseau, l'enfant doit être actif durant le processus d'apprentissage. Ce processus repose d'ailleurs essentiellement sur l'observation directe et l'expérimentation. Il s'agit en fait de fournir à l'enfant les outils nécessaires pour qu'il puisse connaître par lui-même (l'apprentissage par soi-même, à travers l'observation et l'expérimentation, est la condition indispensable pour que l'élève utilise pleinement sa raison). Les outils de connaissances sont en cela beaucoup plus importants que les connaissances elles-mêmes. Ce qui revient à dire qu'en éducation la qualité importe plus que la quantité[22]. En outre, la pédagogie rousseauiste adopte le principe que bien juger est plus important que bien connaître. L'observation et l'expérimentation viseront donc à développer la capacité de jugement de l'élève.

Le but de l'éducation: former un être humain libre

Il découle de ce qui précède que, pour Rousseau, le but de l'éducation n'est pas de remplir la tête des enfants de mille et une choses inventées et imaginées par les adultes. Il s'agit beaucoup plus de favoriser leur libre épanouissement naturel. **Ce qu'il faut former, ce n'est pas un type d'homme en particulier mais bien l'homme lui-même**, «l'entier unitaire», c'est-à-dire l'individu libre et responsable.

En somme, **le but ultime de l'éducation est de former un homme libre**. Or, l'homme peut devenir libre à condition d'être traité comme un être libre dès sa naissance. En ce sens, pour l'auteur de l'*Émile*, la liberté ne s'apprend pas, elle se déploie dans l'activité humaine. C'est pourquoi il faut la laisser être. **On ne peut pas apprendre à être libre, car la liberté est inscrite dans la nature même de l'être humain.**

Une manière d'éduquer: l'éducation négative

Qu'est-ce que l'éducation négative? Pour répondre à cette question, laissons la parole à Rousseau (1966, p. 149): «Jeune instituteur, je vous prêche un art difficile, c'est de gouverner sans préceptes, et de tout faire en ne faisant rien.» Toute l'idée de l'éducation négative se trouve là, résumée dans cette simple invitation du philosophe. Ainsi, lorsque l'on parle d'éducation négative, on fait référence à une éducation où l'individu et la société sont exclus au profit de la nature; une éducation qui refuse les opinions et la morale; une éducation où le maître ne produit aucune action informative, car l'apprentissage doit venir de l'expérience des choses et non de la connaissance par les mots. Citons à nouveau l'auteur de l'*Émile* (Rousseau, 1966, p. 215):

> *Rendez votre élève attentif aux phénomènes de la nature, bientôt vous le rendrez curieux; mais, pour nourrir sa curiosité, ne vous pressez jamais de la satisfaire. Mettez les questions à sa portée, et laissez-les lui résoudre. Qu'il ne sache rien parce que vous le lui avez dit, mais parce qu'il l'a compris lui-même; qu'il n'apprenne pas la science, qu'il l'invente.*

L'éducation négative à la façon de Rousseau laisse la nature agir. **L'enfant apprend par sa propre expérience face aux choses.** Donc, pas de discours théorique ni moral. Pour Rousseau, la meilleure morale c'est celle qui vient directement de la nature (il faut se souvenir que, pour lui, la nature est un état de perfection, donc bonne en elle-même). Dans l'état de nature, l'individu est moralement innocent (bon); par conséquent, il ne faut pas gâcher cette innocente bonté par une action arbitraire fondée sur des préjugés propres à une époque particulière. **L'enfant doit évoluer dans un monde purement physique, sans morale.**

Dans la perspective de Rousseau, **le rôle de l'éducateur consiste principalement à protéger son élève contre les méfaits de la société, contre les influences néfastes de la culture et son cortège de corruptions**

22. «*Souvenez-vous toujours que l'esprit de mon institution n'est pas d'enseigner à l'enfant beaucoup de choses, mais de ne laisser jamais entrer dans son cerveau que des idées justes et claires.*» (Rousseau, 1966, p. 220.)

et de préjugés[23]. Rappelons ici que, pour lui, la société est corruptrice de la nature humaine. C'est ce qu'il exprime lorsqu'au tout début de son *Émile* il déclare: «Tout est bien sortant des mains de l'Auteur des choses, tout dégénère entre les mains de l'homme» (Rousseau, 1966, p. 35).

Si le pédagogue laisse la nature agir, il n'est pas pour autant réduit à un rôle totalement passif. En réalité, tout en suivant scrupuleusement la nature, il choisit tout de même à la fois le contenu (expériences et observations) et le moment propice pour l'administrer:

> *Puisque la contradictoire de chaque position fausse est une vérité, le nombre des vérités est inépuisable comme celui des erreurs. Il y a donc un choix dans les choses qu'on doit enseigner ainsi que dans le temps propre à les apprendre.* (Rousseau, 1966, p. 213.)

Il n'en demeure pas moins que, comme on l'a dit plus haut, l'enfant doit faire ses propres expériences.

C'est pourquoi **l'enfance doit être une période où le jeune peut s'exprimer dans la plus totale liberté**. Par conséquent, Rousseau propose d'isoler l'enfant de la source négative que représente la société des adultes. **L'éducation idéale se ferait sous forme de préceptorat.** Qu'est-ce à dire? L'éducateur et son élève seront en continuelle présence l'un de l'autre. L'enfant n'aura de maître que son éducateur, et l'éducateur n'aura qu'un seul élève. La relation maître–élève ne se réduira d'ailleurs pas à une simple interaction pédagogique, elle offrira également une forte dimension affective.

Rousseau a donc élaboré une **pédagogie active** (l'enfant participe entièrement au processus d'apprentissage), **concrète** (elle recourt à l'observation), **essentiellement utilitaire**[24] (elle prépare à la vie parmi les membres de la société), **axée sur l'expérimentation**[25] et non sur l'étude livresque ou les exposés magistraux (ce sont les choses et non les discours qui doivent parler parce que les premières, contrairement aux seconds, ont la force de la nécessité). À travers les différents stades de son développement, l'enfant apprend directement au contact des choses et non des mots ou des idées. C'est de cette manière que sa raison naturelle pourra se développer sainement, évitant ainsi la contamination par les préjugés.

En résumé, la pédagogie de Rousseau peut être dite négative dans la mesure où elle propose d'intervenir le moins possible auprès de l'enfant afin de le laisser faire ses propres expériences. Le défi que doit relever l'éducateur consiste non seulement à écarter la corruption venant de la société (afin que la nature puisse se réaliser dans toute sa beauté) mais également à créer chez son élève le goût de l'instruction. De ce fait, loin d'imposer ses désirs, l'éducateur doit amener l'élève à désirer apprendre par lui-même; **il faut que l'enfant se plaise à s'instruire**: «Le talent d'instruire est de faire que le disciple se plaise à l'instruction» (Rousseau, 1966, p. 323). C'est à cette condition que le maître pourra dire «mission accomplie».

5.3.6 Une comparaison entre la pédagogie du XVIIIe siècle et la pensée éducative proposée par Rousseau

Avant de conclure ce chapitre, et dans le but de bien saisir la radicale nouveauté des idées de Rousseau, comparons maintenant, au tableau 5.1, la pédagogie du XVIIIe siècle et la pensée éducative proposée par le philosophe d'origine suisse.

23. Par exemple, l'éducateur Rousseau amène son élève Émile à la campagne afin de le soustraire aux trop nombreuses distractions de la ville.
24. «Ne montrez jamais rien à l'enfant qu'il ne puisse voir. Tandis que l'humanité lui est presque étrangère, ne pouvant l'élever à l'état d'homme, rabaissez pour lui l'homme à l'état d'enfant. En songeant à ce qui lui peut être utile dans un autre âge, ne lui parlez que de ce dont il voit dès à présent l'utilité.» (Rousseau, 1966, p. 238.)
25. «Il s'agit moins de lui apprendre une vérité que de lui montrer comment il faut s'y prendre pour découvrir toujours la vérité» (Rousseau, 1966, p. 267). Également: «Maître, peu de discours; mais apprenez à choisir les lieux, les temps, les personnes, puis donnez toutes vos leçons en exemples, et soyez sûr de leur effet» (Rousseau, 1966, p. 301). Ou encore, un peu plus loin: «Je ne me lasse point de le redire: mettez toutes les leçons des jeunes gens en action plutôt qu'en discours; qu'ils n'apprennent rien dans les livres de ce que l'expérience peut leur enseigner» (p. 328).

TABLEAU 5.1
Une comparaison entre la pédagogie au XVIIIe siècle et la pensée éducative de Rousseau

	La pédagogie établie au XVIIIe siècle	**La formulation d'un nouvel idéal selon Rousseau**
La conception de l'enfant ou de l'apprenant	L'enfant doit imiter le plus possible l'adulte, qui est son modèle. Sur le plan éducatif, l'enfant n'est donc qu'un moyen dont la fin réside dans l'adulte.	L'enfant est son propre modèle. Il est naturellement bon et libre. Il est même meilleur que l'adulte, car ce dernier est corrompu par la civilisation.
La conception du maître ou de l'enseignant	Le maître constitue le pôle important et actif de la relation pédagogique. L'enfant doit essentiellement écouter. Le savoir coule du maître vers l'enfant.	Le maître constitue le pôle secondaire de la relation pédagogique. Il doit être au service de l'enfant. Le savoir naît de l'enfant.
	Comment s'y prendre: les moyens proposés dans les écoles	**Comment s'y prendre: les moyens proposés par Rousseau**
La conception de l'apprentissage	L'apprentissage se fait de façon traditionnelle: obéissance et imitation des modèles, sophistique, rhétorique.	L'apprentissage part du principe que l'être humain possède en lui-même la raison. L'éducation cherche à favoriser le développement de l'homme complet.

CONCLUSION

Le XVIIIe siècle fut un moment d'intenses bouleversements sur les plans tant économique et politique que social et culturel. Tout est en mouvement: le commerce, l'industrie, les régimes politiques, les institutions sociales, les modes de vie, la science, les arts, les philosophies. L'Occident est traversé par un vaste courant de changements qui conduira à l'établissement des bases sur lesquelles s'élèveront nos sociétés. À partir de cette époque naît donc véritablement notre monde moderne.

Jean-Jacques Rousseau fut un des penseurs majeurs de ce siècle. Plus qu'un simple représentant des idées en vogue, il fut un critique sévère et original. C'est pourquoi sa pensée paraît encore aujourd'hui si féconde, notamment en pédagogie.

La pensée éducative de Rousseau, uniquement fonctionnelle[26], repose sur un certain nombre de notions fondamentales dont nous avons fait l'examen plus haut. Résumons-les rapidement:

- La pédagogie doit être fondée sur l'observation de l'enfant et reliée à une théorie générale de la nature humaine.
- Il existe une nature propre à l'âme enfantine.
- Il faut distinguer les étapes successives du développement naturel.
- L'éducation par les choses doit primer sur celle par les mots et, par conséquent, les méthodes sensitives, intuitives et actives doivent être privilégiées.
- L'apprentissage n'est valable que dans la mesure où il mobilise l'intérêt de l'enfant.
- Il ne peut y avoir de révolution des institutions et des mœurs sans une révolution de l'éducation.

L'*Émile* était, pour son temps, une œuvre particulièrement révolutionnaire. Cet ouvrage effectuait un renversement sans précédent de la conception de l'enfant et de l'éducation qui devait lui être prodiguée. Cependant, la «pédagogie» de Rousseau, reposant sur une relation face à face entre un maître et un élève (le préceptorat), se prêtait fort mal à une

26. Cette conception implique une vision exclusivement utilitariste de la culture: l'enfant ne doit apprendre que ce qui lui sera directement utile durant son existence.

adaptation dans les écoles urbaines. En effet, comment intégrer sa méthode à l'enseignement à un groupe d'élèves? Rousseau n'apportait pas de réponse à cette question, bien contraire, il s'en désintéressait totalement[27].

27. En ce sens, il est permis d'affirmer qu'il a imaginé une méthode éducative «aristocratique», réservée à quelques membres privilégiés de la société.

C'est pourquoi, au delà des expériences de Pestalozzi et de quelques autres, la pensée de Rousseau eut finalement assez peu d'effets sur les pratiques éducatives des XVIIIe et XIXe siècles, lesquelles transmettront l'essentiel des principes pédagogiques hérités du XVIIe siècle. D'ailleurs, en matière d'éducation, on s'intéressera davantage au XIXe siècle aux questions législatives qu'aux questions pédagogiques. Dans un certain sens, il faudra donc attendre le début du XXe siècle pour voir réapparaître les idées de Rousseau, reprises cette fois par le courant de la pédagogie nouvelle.

QUESTIONS

1. Qu'est-ce que la philosophie des Lumières et quelles en sont les principales idées?
2. Rousseau n'est pas complètement d'accord avec certaines idées des Lumières. Quel est son plus grand désaccord et pourquoi?
3. En quoi la conception de la nature humaine de Rousseau influence-t-elle sa conception de l'éducation?
4. Rousseau a développé une pensée éducative dont la base est l'idée de liberté naturelle. Expliquez.
5. Décrivez la théorie du développement de l'enfant telle qu'elle est conçue par Rousseau.
6. Pourquoi peut-on dire que Rousseau assigne un rôle actif à l'élève dans l'apprentissage?
7. Pour Rousseau, l'éducation est un moyen politique. Expliquez.
8. Quel rôle joue l'éducateur dans la pédagogie rousseauiste?
9. Selon Rousseau, pourquoi l'éducation par les choses doit-elle primer sur l'éducation par les mots?
10. Qu'est-ce que la pédagogie négative?

BIBLIOGRAPHIE

BRUNET, A. (1990). *La civilisation occidentale.* Paris: Hachette.

CASSIRER, E. (1966). *La philosophie des Lumières.* Paris: Fayard.

CHÂTEAU, J. (1969). «Jean-Jacques Rousseau ou la pédagogie de la vocation», dans J. Château (sous la dir. de), *Les grands pédagogues.* Paris: Presses universitaires de France.

DURKHEIM, É. (1919). «La "pédagogie" de Rousseau». *Revue de métaphysique et de morale,* n° 26, p. 153-180.

DUROZOI, G., et ROUSSEL, A. (1990). *Dictionnaire de philosophie.* Paris: Éditions Nathan.

JACQUET-FRANCILLON, F. (1995). «Éduquer: des Lumières à la Révolution». *(le) Télémaque,* n° 1, p. 79-88.

LÉVI-STRAUSS, C. (1973). *Tristes tropiques.* Paris: Plon. (Publication originale en 1955.)

OTTAVI, D. (1995). «L'éducation naturelle: un retour aux origines?». *(le) Télémaque,* n° 1, p. 19-31.

ROUSSEAU, J.-J. (1966). *Émile ou De l'éducation.* Paris: Flammarion.

ROUSSEAU, J.-J. (1968). *Discours sur l'origine et les fondements de l'inégalité parmi les hommes.* Paris: Éditions sociales (coll. «Les classiques du peuple»).

ROUSSEAU, J.-J. (1978). *Du Contrat social.* Précédé d'un essai sur la politique de Rousseau par Bertrand de Jouvenel. Paris: Le Livre de Poche (coll. «Pluriel»).

STAROBINSKI, J. (1971). *Jean-Jacques Rousseau, la transparence et l'obstacle.* Paris: Gallimard (coll. «Tel»).

VANDER ELST, P. (1986). «(Re)lire l'Émile avec Rousseau». *Revue belge de psychologie et de pédagogie,* vol. 48, n° 193, p. 25-29.

PARTIE II

L'évolution des idées et des pratiques pédagogiques contemporaines : le XXe siècle

CHAPITRE 6

De la pédagogie traditionnelle à la pédagogie nouvelle

Clermont Gauthier

CONTENU

RÉSUMÉ

La fin du XIXe et le début du XXe siècle sont marqués par le passage de la pédagogie traditionnelle à la pédagogie nouvelle. La pédagogie traditionnelle, porteuse des usages des siècles passés, se définit comme une pratique de savoir-faire conservatrice, prescriptive et ritualisée, et comme une formule qui respecte et perpétue la méthode d'enseignement du XVIIe siècle. Cette tradition, basée sur l'ordre, se voit poussée à l'extrême au XIXe siècle, dans la période dite «d'enseignement mutuel» qui correspond à la révolution industrielle. La pédagogie traditionnelle est caractérisée par un souci d'efficacité toujours plus grand, emprunté au modèle économique dominant, et par le développement de l'éducation populaire, c'est-à-dire l'apparition d'énormes groupes-classes exigeant une organisation globale extrêmement détaillée.

Néanmoins, c'est au début du XXe siècle que la pédagogie traditionnelle est contestée par l'École nouvelle. Les facteurs qui sous-tendent cette révolution relèvent notamment de la science, qui prend désormais une place prépondérante, et du désir d'être davantage à l'écoute des besoins de l'enfant afin de créer un homme nouveau. La pédagogie est abordée comme un domaine de pratique devant relever de la science en général, et de la psychologie de l'enfant en particulier. On fait appel à l'observation et à l'expérimentation objectives afin de créer une science de l'éducation. La pédagogie nouvelle se forme dans une opposition étroite à la tradition: concentration de l'attention sur l'enfant, sur ses besoins et ses intérêts; définition de l'enseignant comme guide, etc. En somme, la pédagogie nouvelle place l'enfant au centre de ses préoccupations et s'oppose à une pédagogie traditionnellement centrée sur le maître et sur les contenus à transmettre. Ce mouvement est le point de départ d'une multitude de courants de pensée qui existent encore aujourd'hui et qui influencent l'ensemble des pratiques pédagogiques actuelles.

INTRODUCTION

Entre une période éclatante comme le XVIIIe siècle et les transformations colossales qui ont eu lieu durant le XXe siècle, bien des événements se sont produits qui pourraient être mentionnés dans un ouvrage comme celui-ci, portant sur l'évolution des idées et des pratiques pédagogiques. Cependant, nous avons choisi de nous limiter et de mettre en lumière un aspect qui nous semble majeur, quitte à laisser dans l'ombre certains auteurs de premier plan, certains événements éducatifs qui peuvent, à d'autres, paraître importants ou encore certaines idées qui ont connu un quelconque succès. Nous avons décidé de concentrer nos efforts dans l'analyse de la transition entre deux manières de faire l'école, deux visions de la pédagogie: la pédagogie traditionnelle et la pédagogie nouvelle. Nous insisterons sur la signification de cette transformation profonde du discours et des pratiques pédagogiques.

Deux raisons motivent notre choix. D'abord, il faut le reconnaître (même si le XVIIIe siècle a connu un penseur de génie tel Rousseau) qu'il n'y a pas eu de changements en pédagogie, entre le XVIIIe et le XIXe siècle, qui ont modifié cette science de manière profonde et durable. On pense immédiatement à Pestalozzi, fidèle continuateur de l'œuvre de Rousseau; mais il nous semble que la renommée de ses tentatives courageuses et ingénieuses est hors de proportion comparativement à la vague de fond qui a submergé le monde scolaire à partir du XVIIe siècle. En effet, la pédagogie, dont on a supposé la naissance au XVIIe siècle, s'est maintenue d'une manière relativement stable jusqu'au XIXe siècle, tant dans son esprit que dans ses pratiques, pour constituer une sorte de tradition pédagogique en Europe. En France, notamment, tout se passe comme si l'attention avait été détournée de la pédagogie, vers les débats législatifs portant sur les grandes réformes de l'éducation: instruction laïque, obligatoire, publique. Sans vouloir diminuer l'importance de ces efforts au XIXe siècle, il n'en demeure pas moins qu'ils ne concernent qu'indirectement notre sujet d'étude, l'évolution des idées et des pratiques pédagogiques, et qu'ils ne semblent pas influencer, pas directement du moins, la manière d'enseigner dans les classes, c'est-à-dire la pédagogie.

Par contre, et c'est là notre seconde raison, on voit apparaître, à la fin du XIXe et au début du XXe siècle, un mouvement important qui vise à renverser cette tradition pédagogique. Sous l'influence de la science de l'éducation naissante et de l'idée de réforme par l'éducation de la société détruite par la guerre, un mouvement nouveau s'impose de plus en plus, et provoque des transformations majeures dans les idées et les pratiques pédagogiques. Ce mouvement, qui a marqué le présent siècle, est celui de la pédagogie nouvelle.

Pour bien saisir les idées développées par les auteurs représentatifs de ce mouvement, nous avons divisé ce chapitre en trois parties. D'abord, nous examinons la tradition pédagogique qui se perpétue au XIXe siècle. Ensuite, nous analysons le renversement qui s'opère à la fin du XIXe siècle et nous voyons comment la science devient critique de la tradition pédagogique. Enfin, nous expliquons que la pédagogie nouvelle se définit de façon polémique, c'est-à-dire par opposition à la pédagogie traditionnelle.

6.1 LE XIXe SIÈCLE ET LA TRADITION PÉDAGOGIQUE[1]

Nous avons émis l'hypothèse que la pédagogie est apparue au XVIIe siècle. Une nouvelle manière de faire l'école s'est imposée qui différait considérablement des pratiques antérieures. En fait, il serait plus juste de dire qu'il y avait une tradition d'enseignement avant le XVIIe siècle, qu'il y avait des pratiques diverses de l'art d'enseigner dans l'Antiquité, au Moyen Âge et à la Renaissance, pratiques transmises de génération en génération d'enseignants. Cependant, s'il y avait tradition d'enseignement, il n'y avait pas encore de tradition pédagogique. Les approches, même dans des classes aux effectifs restreints, étaient encore routinières, peu élaborées et réduites surtout à des considérations de contenu à organiser logiquement.

La pédagogie est plutôt l'affaire du XVIIe siècle. Comme on l'a vu, au XVIIe siècle le contexte scolaire change et les usages d'enseignement en vigueur se modifient. Les écoles sont alors plus nombreuses, elles accueillent plus d'enfants et ceux-ci la fréquentent de manière un peu plus assidue. Les maîtres développent un nouveau savoir-faire pour régler les problèmes quotidiens. Ce savoir-faire codifié touche non seulement aux contenus à enseigner, mais à tous les aspects de la vie de la classe (enseignement simultané, code régissant la posture, les déplacements, les châtiments, la place de chaque élève dans la classe, etc.).

Ces habiletés sont ensuite transmises à leurs successeurs qui, à leur tour, les lèguent à ceux qui les remplacent. Ainsi se constitue peu à peu un code d'enseignement uniforme, une **tradition pédagogique** qui se perpétue pendant des siècles. Mais, pour qu'il y ait une tradition pédagogique, il fallait au préalable que la pédagogie se révèle comme objet de préoccupation. Cela ne fut pas possible avant le XVIIe siècle. Plus encore, il fallait que ce code d'enseignement uniforme s'inscrive dans des conditions propices pour se perpétuer.

1. Quelques éléments de ce chapitre sont tirés du chapitre 2 de l'ouvrage de Clermont Gauthier (1993), *Tranches de savoir.*

6.1.1 Les caractéristiques de la tradition pédagogique

Pour les besoins de la présente analyse, quatre caractéristiques seront mises en valeur afin de bien rendre compte de la formation d'une tradition pédagogique à compter du XVIIe siècle. Premièrement, on reconnaît dans la tradition la sédimentation des gestes qui nous ont précédés, la conservation des usages antérieurs. Une tradition renferme certains comportements passés, elle promeut les mêmes modèles de conduite. Deuxièmement, toute tradition adapte progressivement ces manières de faire à de nouveaux contextes. Une tradition est donc plus que la simple reproduction de comportements, elle les transforme peu à peu. Troisièmement, il faut souligner l'aspect prescriptif de la tradition, au sens où elle est davantage un réservoir de réponses qu'un ensemble de questions nécessitant des explications. En effet, une tradition dit quoi faire, elle fait faire; elle n'a pas pour fonction de remettre en question. Quatrièmement, les comportements deviennent graduellement des rituels et acquièrent un statut presque sacré.

Appliquons à la pédagogie ces caractéristiques de la tradition.

Supposer que la pédagogie soit apparue au XVIIe siècle, dans le monde occidental chrétien, implique évidemment qu'il y ait eu conservation de certains usages ancestraux quant à ce qu'il convenait de faire pour enseigner dans les écoles. Cela suppose aussi une modification de ces habitus afin de répondre aux exigences des nouveaux contextes. De Batencour par exemple, dans la préface de son *Instruction méthodique pour l'école paroissiale* (1669), illustre de manière intéressante ces deux caractéristiques de la tradition, la conservation et l'adaptation:

> *J'ai cru qu'il ne serait pas inutile de faire part au Public, de ce que l'**usage** et l'**expérience*** [nous soulignons] *m'ont appris dans cet Exercice.*

Par l'usage, il entend la tradition qui l'entourait, qui l'habitait et lui dictait les façons de faire pour enseigner par l'imitation plus ou moins consciente des maîtres qu'il avait connus. De Batencour reprend donc les façons de faire l'école qu'il a vues autour de lui, qu'il a probablement vécues dans son enfance et qui font que, généralement, chaque maître enseigne en partie comme on lui a enseigné.

Mais l'usage n'est pas tout, car une tradition transforme également les façons de faire. En effet, de Batencour parle aussi de l'expérience, autrement dit de ce qu'il avait dû apporter personnellement comme adaptation, comme modification aux usages antérieurs, compte tenu des nouvelles contraintes liées au contexte de son époque, contraintes qui n'existaient pas (ou peu) avant lui: un enseignement de niveau élémentaire à des groupes d'enfants du peuple. Il a écrit son ouvrage pour bien montrer la nature des changements qu'il avait lui-même apportés à la façon de faire l'école de son temps. De même, on remarque que la pédagogie des Frères des Écoles chrétiennes, telle que consignée dans la *Conduite des écoles chrétiennes*, est le résultat des apports respectifs des usages et des expériences. Jean-Baptiste de La Salle (1951) le signale dans sa préface:

> *Cette **Conduite** n'a été rédigée en forme de règlement qu'après un très grand nombre de conférences avec des Frères de cet Institut les plus anciens et les plus capables de bien faire l'école; et après une expérience de plusieurs années; on n'y a rien mis qui n'ait été bien concerté et bien éprouvé, dont on n'ait prévu autant qu'on a pu les bévues ou les mauvaises suites.*

Les caractères prescriptifs et sacrés de la tradition trouvent leur illustration encore une fois dans la préface de la *Conduite des écoles chrétiennes*:

> *Les Supérieurs des maisons de cet Institut et les Inspecteurs des écoles s'appliqueront à le bien apprendre* [le livre de la *Conduite*] *et à posséder parfaitement tout ce qui y est renfermé, et feront en sorte que les maîtres ne manquent à rien et observent exactement toutes les pratiques qui y sont prescrites jusqu'aux moindres, afin de procurer par ce moyen un grand ordre dans les écoles, une conduite bien réglée et uniforme dans les Frères qui en seront chargés et un fruit très considérable à l'égard des enfants qui y seront instruits.* (De La Salle, 1951, p. 6.)

Le savoir-faire des Frères dans la *Conduite des écoles chrétiennes*, véritable code de conduite au sens strict du mot, a donc été appliqué à leurs écoles. De plus, le code a été reproduit, exactement et dans ses moindres détails, sans être remis en question, comme s'il contenait la réponse définitive à toutes les ambiguïtés. Bref, la *Conduite des écoles chrétiennes* cristallise les réponses apportées par les Frères dans leur enseignement en une tradition. Rien ne ressemble plus à une école des Frères des Écoles chrétiennes qu'une autre école de la même communauté, rien également ne se rapproche plus d'un collège des Jésuites qu'un autre, peu importe qu'il soit situé en Amérique, en Europe ou ailleurs.

Par ce travail des communautés religieuses enseignantes, une tradition pédagogique se met en place, une sorte de dispositif de répétition de la façon de faire l'école qui se perpétue sans trop de modifications jusqu'au début du XXe siècle. Par exemple, il faut attendre jusqu'en 1837 pour voir dans la *Conduite des écoles chrétiennes* une justification de l'apprentissage de la lecture, de l'écriture et du calcul de manière successive et non simultanée; c'est dire à quel point cette pratique ancestrale n'avait pas été contestée jusque-là (Prost, 1968, p. 118). Cette tradition pédagogique atteint son apogée avec l'enseignement mutuel.

6.1.2 L'enseignement mutuel au XIXe siècle comme perfectionnement de la tradition pédagogique héritée du XVIIe siècle

Il vaut la peine d'examiner le système de l'enseignement mutuel parce qu'il constitue ce que nous pourrions appeler l'extrémité d'un continuum d'idées et de pratiques pédagogiques. Si nous avions à situer l'enseignement mutuel sur un axe ayant à un de ses pôles «l'ordre» et à l'autre, «le hasard», il se verrait placé à l'extrême limite du côté de «l'ordre» alors que, par exemple, Neill et sa pédagogie libertaire, que l'on étudiera dans un chapitre ultérieur, serait tout à l'opposé. En effet, l'enseignement mutuel emploie un discours et une pratique de contrôle à peu près inégalés dans l'histoire de l'éducation, et constitue à ce titre un formidable excès de contrôle pédagogique. Même si, au chapitre portant sur le XVIIe siècle, nous avons insisté sur l'ordre pédagogique naissant qui entourait et quadrillait toute la vie scolaire, cet ordre semble presque mitigé lorsque comparé à celui qui se met en place avec l'enseignement mutuel au XIXe siècle.

Quels sont la nature, les principes, les modalités d'organisation de cette nouvelle approche? L'enseignement mutuel est un système d'enseignement dans les écoles élémentaires qui apparaît à la fin du XVIIIe siècle, en Angleterre. Il est destiné à alphabétiser le plus grand nombre d'élèves au meilleur coût et dans les meilleurs délais (Lesage, 1981, p. 241). Cette méthode a été systématisée par Bell et par Lancaster. Elle a connu par la suite un succès important en France, vers 1820. L'enseignement mutuel fut en usage un peu partout dans le monde, au Canada anglais et même au Québec; Joseph-François Perrault l'a notamment utilisé et a encouragé son implantation. On dénombrait, en France, entre 1815 et 1820, 1 000 écoles mutuelles qui rassemblaient environ 150 000 élèves, alors que les écoles des Frères des Écoles chrétiennes n'instruisaient que 50 000 enfants (Léon, 1971, p. 342).

Contrairement au mode simultané, où le maître est l'agent d'enseignement, le principe de base de l'enseignement mutuel est que l'enfant lui-même se charge d'enseigner à ses pairs. Comme le mot «mutuel» l'indique en français («*monitorial system*» en anglais), les enfants s'enseignent mutuellement. Plus précisément, certains, les plus doués, deviennent les moniteurs de leurs camarades plus faibles.

À ce premier principe s'en greffe un second: l'économie. Il faut en effet instruire une multitude d'enfants aux mêmes coûts qu'un petit nombre (Bally, 1819, p. 277). Il faut dire qu'en France, tout comme en Angleterre, certains commencent à prendre conscience de la valeur économique (pas seulement sociale comme au XVIIe avec Démia) de l'éducation populaire:

> *La moralité du peuple et le maintien de l'ordre social ne sont pas les seuls motifs qui réclament une éducation populaire. L'agriculture, les arts mécaniques, les fabriques et tous les genres d'industrie, en retireront des avantages, qui ne contribueront pas moins à l'aisance et à la fortune des particuliers, qu'à la force et à la prospérité de l'État.* (De Lasteyrie, 1819, p. 47.)

Cependant, même s'il y a une volonté d'éduquer le peuple, on sait bien que cette éducation coûte cher et, sans la gratuité scolaire, on comprend d'autant mieux l'intérêt de stimuler l'enseignement mutuel, formule d'enseignement beaucoup plus économique que toute autre méthode. Par exemple, on décide que, puisque les livres s'usent rapidement et coûtent cher aux pauvres, il est préférable d'utiliser des tableaux d'affichage pour les remplacer. De même, le papier et les plumes sont troqués pour des ardoises et des crayons de schiste beaucoup plus économiques. Dans cet esprit, de Lasteyrie (1819, p. 26) vante l'école de Lancaster qui n'utilise qu'un seul livre pour mille enfants!

Enfin, on adopte un principe d'efficacité qui découle des nécessités d'économie et qui vise à «tayloriser» l'instruction. Ce n'est sans doute pas par hasard si l'enseignement mutuel prend son essor en Angleterre, pays de la révolution industrielle. Les promoteurs de l'enseignement mutuel veulent appliquer à l'école les méthodes de division du travail en vigueur dans l'industrie naissante afin de pouvoir réduire les coûts d'instruction (Léon, 1971, p. 368).

Concrètement, dans les écoles régies par le système d'enseignement mutuel, on trouve un seul maître pour enseigner à un groupe pouvant aller jusqu'à 1000 élèves, et même au-delà dans les grandes villes; cependant, le nombre se situe le plus souvent autour de 250 élèves. Un tel système ne peut exister et fonctionner efficacement que s'il est basé sur l'application d'un ordre absolu. C'est pourquoi nous soutenons qu'il participe du même souci de l'ordre qui était en vigueur 200 ans plus tôt, et qu'il est le prolongement de la tradition pédagogique du XVIIe siècle.

Examinons cette hypothèse et voyons comment ce système est le perfectionnement des procédés de contrôle déjà établis deux siècles plus tôt. D'abord, d'un point de vue général, on remarque qu'un discours d'ordre émane de cette conception:

> *Le maître doit donc porter son attention spéciale sur tous les objets de détail, et établir un règlement tellement fixe, que son exécution marche d'elle-même, et pour ainsi dire à son insu. Ici l'ordre règne partout, même dans les plus petits objets: le panier, les plumes, les livres, les tableaux; tout a sa place, tout y a été classé, mis à son rang; rien n'est arbitraire: c'est dans ce sens qu'on interprète le tableau qu'on voit dans nos institutions, avec ces mots: «Une place pour chaque chose et chaque chose à sa place.»* (Bally, 1819, p. 195.)

Plus encore, de Lasteyrie (1819, p. 6), dans son manuel d'enseignement mutuel, va jusqu'à utiliser la métaphore de l'armée pour décrire le système: «chaque classe est commandée, enseignée, inspectée

TABLEAU 6.1
L'organisation du temps dans une classe d'enseignement mutuel: la classe du matin

Heure/minutes	Activités
8 h 30	Entrée du maître et du moniteur général
8 h 45	Entrée des moniteurs de service
8 h 50	Appel des moniteurs
8 h 55	Entrée des enfants, placement des paniers
9 h 00	Prière
9 h 04	Appel et compte rendu
	Écriture
9 h 09	*Première ardoise*
9 h 14	Fin de la dictée, correction
9 h 18	*Deuxième ardoise*
9 h 23	Correction
9 h 27	*Troisième ardoise*
9 h 32	Correction
9 h 36	*Quatrième ardoise*
9 h 41	Correction
9 h 45	*Cinquième dictée*
9 h 51	Correction
9 h 55	Ordre de poser, d'enlever le crayon
	Lecture
9 h 56	Signal pour sortir des bancs et se former en classe de lecture
10 h 00	Recensement des élèves; nomination des moniteurs
10 h 03	Marche des moniteurs de lecture, pour prendre les baguettes; dans le même moment le moniteur place les tableaux
10 h 04	Le moniteur général dit: «Toute la classe...» et il donne un coup de sonnette: les enfants alors se mettent en marche vers les demi-cercles, ce qui dure trois minutes.
10 h 07	*Première lecture*
10 h 22	*Deuxième lecture*
10 h 37	*Troisième lecture*
10 h 52	Mouvements des élèves pour se ranger contre le mur; sortie des moniteurs et premiers élèves; distribution des billets
10 h 55	Formation des classes d'arithmétique dans les bancs →

TABLEAU 6.1 (suite)
L'organisation du temps dans une classe d'enseignement mutuel: la classe du matin

Heure/ minutes	Activités
	Arithmétique
11 h 00	Il faut deux minutes pour faire déposer les baguettes aux moniteurs de lecture, faire descendre les moniteurs de dessus les bancs et pour que les élèves aient le temps de s'asseoir.
11 h 02	Nettoiement des ardoises; distribution des crayons; rentrée des moniteurs
11 h 03	*Première dictée.* Dure 5 minutes
11 h 08	Correction. Dure 2 minutes
11 h 10	*Deuxième dictée*
11 h 15	Correction
11 h 17	*Troisième dictée*
11 h 22	Correction
11 h 24	Nettoiement des ardoises
11 h 25	Nomination des moniteurs; prise des baguettes
11 h 28	«Toute la classe.» Coup de sonnette. La classe marche vers le demi-cercle
11 h 31	*Premier exercice d'arithmétique*
11 h 45	*Deuxième exercice*
11 h 58	Ordre de revenir aux bancs pour faire la prière et sortir de la classe

Source: Bally (1819), p. 230.

et maintenue dans l'ordre par un commandant et par un inspecteur de classe, qui sont aidés par des sous-commandants»; tous sont sous la juridiction d'un commandant général qui examine si les ordres donnés aux niveaux inférieurs s'exécutent.

Ainsi, non seulement l'enseignement mutuel reprend des procédés de contrôle déjà vus au XVIIe siècle, mais il les raffine davantage. Par exemple, à la suite d'un calcul précis de l'espace de la classe, il est établi qu'un local de 45 mètres sur 9 doit contenir 1000 élèves, et un local de 9 mètres sur 5, quelque 70 élèves, soit 0,4 mètre par élève. Le manuel de Bally (1819) contient de multiples consignes à propos de l'espace nécessaire au maître, de l'élévation du plafond, des dimensions de l'estrade, etc. De même, le matériel et le mobilier y sont longuement décrits pendant une quarantaine de pages: la table du maître, la boîte à billets de récompenses, les ardoises, les bancs des élèves, leur hauteur et leur longueur, etc. Tout y est précisé.

Le temps fait également l'objet d'une planification minutieuse. La journée de six heures de classe est divisée en de multiples moments de cinq minutes environ (voir le tableau 6.1). On comprend alors la nécessité de mettre en place un système codé de transmission des ordres par divers moyens (la voix, une sonnette, un sifflet ou un signe) et de voir à leur exécution dans un délai raisonnable (voir le tableau 6.2).

TABLEAU 6.2
Les signes en usage dans les écoles élémentaires, dirigées selon la méthode d'enseignement mutuel

	Exercices	Signes
Entrée en classe, appel et prière	1. Pour obtenir le silence	• Un coup de sifflet
	2. – faire tourner les enfants vers les moniteurs généraux	• – coup de sonnette
	3. – les faire mettre à genoux pour la prière	• – coup de sonnette
	4. – les faire relever	• – coup de sonnette
	5. – les faire préparer à entrer dans les bancs	• Les bras étendus horizontalement, le droit en avant, le gauche en arrière
	6. – faire entrer dans les bancs et asseoir	• La main droite portée de bas en haut

⟶

TABLEAU 6.2 (suite)
Les signes en usage dans les écoles élémentaires, dirigées selon la méthode d'enseignement mutuel

	Exercices	Signes
Entrée en classe, appel et prière (suite)	7. – faire mettre les mains derrière le dos	• Les deux mains horizontales; et ensuite portées derrière le dos
	8. – commander l'appel aux moniteurs et faire rendre compte	• MONITEURS – et un coup de sonnette
Écriture	9. Pour faire mettre les mains sur les genoux aux enfants de la table du sable	• MAINS SUR LES GENOUX
	10. – les faire préparer à tracer une lettre sur le sable	• Un doigt étendu horizontalement
	11. – leur faire former la lettre indiquée	• FAITES LA LETTRE – N
	12. – faire préparer les enfants à nettoyer les ardoises	• Main droite à la bouche et la gauche à hauteur de ceinture
	13. – faire nettoyer les ardoises	• Main droite agitée horizontalement
	14. – faire cesser le nettoiement	• Coup de sonnette
	15. – faire saisir les ardoises par les extrémités, en croisant les bras	• Les deux bras croisés horizontalement
	16. – faire décroiser les bras sans quitter les ardoises	• Les deux bras décroisés et un peu relevés
	17. – faire poser les ardoises de champ	• Les deux mains baissées vivement
	18. – faire inspecter les ardoises par les moniteurs	• MONITEURS – et un mouvement de la main de gauche à droite
	19. – faire revenir les moniteurs à leurs places	• Coup de sonnette
	20.– faire abaisser les ardoises près du pupitre	• Les mains étendues et baissées doucement
	21. – faire retirer les pouces vivement	• Les deux mains baissées vivement
	22. – faire mettre les mains sur les genoux	• Coup de sonnette
	23. – faire distribuer les crayons	• MONITEURS – et un coup de sonnette
	24. – faire commencer la dictée	• HUITIÈME CLASSE – COMMENCEZ
	25. – faire corriger	• Coup de sonnette et mouvement de main de gauche à droite
	26. – faire retourner les moniteurs à leurs places	• Coup de sonnette
	27. – faire préparer à poser les crayons	• Main droite étendue
	28. – faire poser les crayons	• Mains baissées vivement
	29. – faire enlever les crayons	• MONITEURS – et un coup de sonnette
	30. – faire rendre compte des crayons (les moniteurs montés sur leurs bancs)	• Iere. COMBIEN? IIe. COMBIEN? etc.
Lecture	31. Pour faire préparer les enfants à sortir des bancs	• Les bras écartés à la hauteur de la ceinture
	32. – les faire sortir des bancs	• Signe de la main droite portée de bas en haut ⟶

TABLEAU 6.2 (suite)
Les signes en usage dans les écoles élémentaires, dirigées selon la méthode d'enseignement mutuel

	Exercices	Signes
Lecture (suite)	33. – faire aller aux bancs pour former les classes de lecture	• TOUTE LA CLASSE – et un coup de sonnette
	34. – faire cesser la marche	• Un coup de sifflet
	35. – nommer les moniteurs de lecture, les envoyer prendre les baguettes pour se placer à la tête de leurs classes respectives	• MONITEURS DE LECTURE – et un coup de sonnette
	36. – faire aller tous les élèves aux demi-cercles	• TOUTE LA CLASSE – et un coup de sonnette
	37. – faire descendre les moniteurs des bancs	• MONITEURS – et un coup de sonnette
	38. – faire baisser les cercles de fer (s'il y en a) et commencer la lecture	• Deux coups de sifflet
	39. – faire répéter de mémoire	• Deux coups de sifflet
	40. – faire épeler par cœur	• Deux coups de sifflet
	41. – faire cesser la lecture et suspendre les tableaux	• Deux coups de sifflet
	42. – faire ranger les enfants contre le mur	• Un coup de sonnette
	43. – faire sortir des rangs les moniteurs et premiers élèves	• Un coup de sonnette
	44. – faire distribuer les billets	• Un coup de sifflet
	45. – faire rentrer dans les rangs les moniteurs et premiers élèves	• Un coup de sonnette
	46. – faire reporter les baguettes à l'estrade	• Un coup de sonnette
	47. – faire monter les moniteurs sur les bancs	• MONITEURS DE CLASSE – et un coup de sonnette
	48. – faire tourner les enfants	• Mouvement de la main de droite à gauche
Arithmétique	49. Pour faire rentrer dans les bancs et former les classes d'arithmétique	• EN CLASSE D'ARITHMÉTIQUE – et un coup de sonnette
	50. – faire tourner les enfants vers le moniteur général	• Un coup de sonnette
	51. – faire préparer à entrer dans les bancs, y faire entrer	• Voir les numéros 5, 6, 7, 13, 14, 18, 19, 22, 23, 24, 25, et 26
	52. – nommer les moniteurs d'arithmétique, les faire sortir et marcher	• MONITEURS D'ARITHMÉTIQUE – et un coup de sonnette
	53. – faire sortir les élèves des bancs	• Voyez les numéros 31 et 32
	54. – les faire tourner du côté du moniteur général	• Un coup de sonnette
	55. – faire poser les mains sur les ardoises	• Les deux mains étendues et baissées en avant
	56. – faire enlever les crayons ainsi que les ardoises, et les faire mettre derrière le dos	• Les deux mains portées de bas en haut, et jetées en arrière

⟶

TABLEAU 6.2 (suite)
Les signes en usage dans les écoles élémentaires, dirigées selon la méthode d'enseignement mutuel

	Exercices	Signes
Arithmétique (suite)	57. – envoyer vers les demi-cercles et faire les trois exercices d'arithmétique 58. – faire revenir des cercles aux bancs d'arithmétique 59. – faire déposer les ardoises, les crayons, etc.	• Voyez les numéros 36, 38, 39, 40, 41, 42, 43, 44, 45, 47, 48 • Voyez les numéros 48, 49, 50 • Voyez les numéros 17, 20, 21, 27, 28, 29, 30
Prière et sortie	60. Pour faire la prière, et faire tourner les enfants avant le départ 61. – les faire sortir en marchant au pas, et aller dans le préau 62. Pour faire continuer un exercice interrompu	• Voyez les numéros 3, 4, 48 • TOUTE LA CLASSE – et un coup de sonnette • CONTINUEZ *Nota.* Tous les mots écrits en lettres capitales doivent êtres articulés.

Source: Bally (1819), p. 236.

Le système des moniteurs reprend, en le poussant plus loin, celui des officiers du XVIIe siècle. On estime qu'une classe de 200 à 250 élèves nécessite une quarantaine de moniteurs. Ces derniers sont choisis parmi les enfants les plus avancés et ayant la meilleure conduite; ils sont l'élément essentiel de la méthode (Lesage, 1981, p. 243). Un ordre hiérarchique classe les moniteurs par niveau, selon leurs responsabilités et leurs tâches. Les plus haut gradés, les moniteurs généraux, surveillent la discipline des autres lors des changements d'activité et le bon fonctionnement des entrées et des sorties de l'école, ils dirigent les prières et interviennent également auprès des moniteurs ordinaires. Ces derniers, choisis parmi les plus avancés des différentes disciplines à enseigner, sont responsables d'un groupe d'une dizaine d'enfants de même niveau. D'autres responsabilités sont aussi données à différents enfants; par exemple, un moniteur est portier; un autre est moniteur de quartier et veille à reconduire les élèves en bon ordre le matin et le soir, etc.

Le contenu de chaque matière est également soigneusement précisé et hiérarchisé dans un programme comportant huit niveaux, duquel est responsable chacun des moniteurs. Un changement important par rapport à l'enseignement du XVIIe siècle est que les matières s'enseignent désormais simultanément, et non successivement. En effet, on apprend de front la lecture, l'écriture, le calcul, le dessin et la religion. De plus, comme les programmes sont évalués de façon très précise, un enfant peut être affecté à un sous-groupe pour la lecture, à un autre pour l'écriture ou le calcul, etc.

Par souci d'économie on utilise, pour la lecture, l'écriture, le dessin et le calcul, des tableaux (148 au total) imprimés d'un seul côté, montés sur des cartons et gradués minutieusement. Ces tableaux remplacent les livres. Bally (1819) critique la méthode simultanée, très onéreuse, qui nécessiterait 1000 livres pour 1000 élèves, et ce dans une seule matière. Non seulement ces livres coûtent fort cher, dit-il, mais aussi ils sont abîmés, salis et en plus on n'en utilise souvent qu'une seule partie, les autres étant à ce moment-là inutiles (Bally, 1819, p. 278).

La discipline est basée comme auparavant sur un système de récompenses et de sanctions. Comme tout est hiérarchisé en huit niveaux par matière, chaque enfant connaît sa place et celle du niveau supérieur qu'il peut atteindre; l'émulation s'entretient donc aisément. Les récompenses sont souvent des billets qui s'échangent contre de l'argent ou un prix à la fin de la semaine. On écrit aux parents pour les informer des progrès de leur enfant; l'enfant peut aussi apporter chez lui une médaille du mérite. Les présences, les absences, le progrès scolaire et la conduite sont minutieusement consignés dans des registres qui permettent de suivre l'évolution du comportement des élèves. Quant aux punitions, elles sont soigneusement décrites en 18 catégories. Ces écoles mettent en place un jury par le biais duquel les enfants s'infligent eux-mêmes des sanctions pour leurs délits. L'humiliation est encore présente, mais les procédés sont plus sophistiqués. Par exemple, on trouve en premier lieu que «l'enfant qui lit le moins bien cède sa place à celui qui lit mieux», et en quinzième place: «On les attache à un poteau lorsqu'ils sont trop indociles, ou qu'ils désobéissent formellement au maître» (Bally, 1819, p. 189). On signale qu'en Angleterre on attache autour du cou de l'enfant récalcitrant un billot de bois de 2 à 3 kilogrammes. On peut aussi lui nouer une pièce de bois entre les jambes et l'obliger à marcher autour de la classe. Parfois on place même les délinquants dans un panier ou un grand sac que l'on suspend au plafond de l'école, à la vue de tous. Les enfants paresseux peuvent également être mis dans un berceau et bercés par un camarade, etc. (Bally, 1819, p. 193).

Pourquoi un tel engouement pour cette méthode d'enseignement? Le fait que l'enseignement des matières de base se fasse simultanément a été une cause du succès important de l'enseignement mutuel. On sait que les Frères des Écoles chrétiennes, encore en 1837, maintenaient la tradition de l'enseignement «en succession» où il fallait savoir lire avant d'écrire. Cette organisation vieillotte entraînait une perte de temps considérable, en plus de susciter ennui et dégoût chez l'élève (Prost, 1968, p. 118). L'enseignement mutuel était, selon ses partisans, plus efficace et plus économique. L'apprentissage était supposé plus rapide parce que les enfants étaient placés selon leur niveau, parce qu'ils apprenaient toutes les matières en même temps et parce qu'avec les moniteurs il n'y avait pas de perte de temps (Bally, 1819, p. 281). De plus, en remplaçant les livres par des tableaux, l'enseignement mutuel permettait des économies appréciables.

Pourquoi cette approche a-t-elle décliné? En France, le clergé catholique, soutenu par les royalistes (les Ultras), s'inquiétait de la propagation d'une méthode anglaise et protestante. Il lui préférait la méthode d'enseignement simultané des Frères des Écoles chrétiennes. Après bien des conflits entre les partisans des deux clans, les royalistes ont dominé (1820-1828) et ont favorisé les écoles des congrégations ce qui a entraîné une diminution de moitié des écoles mutuelles (Gontard, 1981, p. 256). Puis, à partir du moment où la loi Guizot (1833) est entrée en application, l'enseignement mutuel s'est éteint progressivement (Léon, 1971, p. 343). La loi Guizot obligeait chaque commune à mettre sur pied des écoles; une telle multiplication de petites écoles a entraîné la fin des écoles mutuelles. D'autres griefs à l'endroit des écoles mutuelles faisaient valoir que les parents n'aimaient pas voir leurs enfants perdre leur temps à servir de moniteurs au lieu de se consacrer à apprendre; ou encore on reprochait à ces écoles de former des automates ou des militaires (Léon, 1971, p. 342). Mais on ne se trompe guère en affirmant que les véritables causes du déclin des écoles mutuelles sont d'abord politiques.

Pour conclure, il faut indiquer que même si l'enseignement mutuel constitue une innovation pédagogique fort intéressante, notamment avec l'usage des tableaux et avec l'enseignement de toutes les matières simultanément, il n'en demeure pas moins qu'il s'inscrit dans le prolongement de la pédagogie du XVIIe siècle. En fait, le grand mérite de l'enseignement mutuel a peut-être été surtout de réaliser l'importance d'une fonction de l'école autrefois absente: la fonction économique.

> *Or, refuser l'instruction, c'est étouffer le génie, et priver la société des* talens *qui forment son plus bel éclat.* (De Lasteyrie, 1819, p. 51.)

On envisage désormais qu'il peut être payant pour un État d'instruire le peuple; non seulement les coûts de son éducation peuvent ne pas être prohibitifs, mais l'État peut également prospérer grâce à des citoyens plus instruits. Cette fonction économique de l'école est portée à son apogée au XXe siècle.

6.1.3 Le XIXe siècle a été un siècle fertile en discussions à propos de la législation et de l'organisation scolaires

Il semble que plusieurs historiens de l'éducation considèrent le XIXe siècle comme une période mineure (Léon, 1971, p. 333). Nous partageons cet avis qui mérite cependant d'être nuancé. L'apport principal du XIXe siècle concernant l'éducation se situe davantage sur le plan de l'organisation de l'éducation populaire que sur celui de l'innovation des méthodes pédagogiques. En effet, encore au début du XIXe siècle, seulement le tiers ou le quart des enfants de France vont à l'école et cette dernière demeure tributaire des initiatives locales (Gontard, 1981, p. 255). Cependant, à la fin du siècle, presque tous les enfants sont scolarisés; c'est dire l'efficacité des mesures législatives adoptées, et l'importance des efforts consentis à ce chapitre (Gontard, 1981, p. 261).

Comme le signale Prost (1968, p. 8), au XIXe siècle, même si on discute énormément de la question scolaire, on ne «discute pas de pédagogie». De fait, selon lui, derrière la longue querelle idéologique à propos du contrôle de l'école par les laïcs ou par les religieux, il y a une sorte d'accord général sur les fins et les moyens. On ne semble pas, qu'on soit républicain ou conservateur, remettre en cause les principes d'ordre et d'autorité de l'école; on se méfie encore de la spontanéité de l'enfant (Prost, 1968, p. 8). Les querelles quant aux méthodes pédagogiques surviennent vers la fin du siècle. Bien sûr, il y a des grands noms, Fröbel, Herbart, Itard, Pestalozzi, Tolstoï, Kergomard, etc., mais, selon Prost (1968, p. 9), leur audience réelle reste toujours limitée et leur impact se fait sentir quelques décennies plus tard, à la fin du siècle, quand leurs idées et pratiques sont reprises par les partisans de la pédagogie nouvelle. De même, il y a des changements notables dans l'enseignement de certaines matières, comme c'est le cas pour la lecture à partir de méthodes phonétiques, l'écriture avec l'arrivée de la plume d'acier qui remplace la plume d'oie, et pour l'usage de l'ardoise qui remplace le papier dans l'enseignement de plusieurs matières. Mais on est loin d'une révolution pédagogique totale et en profondeur; il s'agit plutôt d'une évolution graduelle de certaines pratiques.

L'apport fondamental du XIXe siècle à l'éducation est ailleurs. C'est à cette époque que l'on perçoit plus nettement le lien étroit unissant l'éducation à l'évolution politique et économique (Léon, 1971, p. 376); cela aura des conséquences importantes sur l'organisation scolaire.

D'abord, sur le plan politique, on ne peut que constater les effets de la Révolution française: le monde évolue progressivement vers la démocratie. Cette dernière ne peut se concevoir sans l'instruction du peuple, qui doit posséder les connaissances indispensables à l'exercice du pouvoir. On assiste ainsi à la mise en place de plusieurs lois pour rendre l'enseignement primaire obligatoire et gratuit. Il est évident, étant donné les écarts de fortune dans la population, que l'obligation scolaire a pour conséquence immédiate la gratuité. Le fameux projet de loi de Condorcet, en 1792, illustre parfaitement la nature des débats scolaires qui ont lieu tout au long du XIXe siècle. Son plan d'éducation propose d'un part une école unique pour les deux sexes, l'instruction populaire obligatoire, laïque et gratuite; et d'autre part un enseignement secondaire ouvert à tous, et axé sur les sciences. Le plan de Condorcet est constamment présent à l'esprit des réformateurs de la fin du XIXe siècle. Plus d'une dizaine de mesures législatives s'en inspirent par la suite.

Sur le plan économique, avec le développement industriel, commercial et agricole que connaît l'Europe, la société a besoin pour son fonctionnement d'autres enseignants que des humanistes cultivés à la manière classique. Dorénavant, on sent le besoin de relier l'école au système de production économique et de former un personnel rompu aux sciences et aux techniques. La révolution industrielle a non seulement pour effet d'accroître les exigences en ce qui concerne l'enseignement primaire, mais elle rend nécessaire la création de salles d'asile (écoles maternelles) pour occuper les enfants dont les mères travaillent dans les fabriques (Léon, 1971, p. 353).

Enfin, sur le plan social, on dispute à l'Église le monopole scolaire, ce qui a pour effet de séculariser l'école davantage. La distinction entre les sexes va aussi en s'atténuant. Le fossé entre les écoles primaire et secondaire se comble également. L'école primaire est de moins en moins réservée au peuple et l'école secondaire n'est plus exclusivement accessible à la bourgeoisie. On discute du passage harmonieux entre les deux écoles pour assurer l'égalité de tous devant l'instruction (Gontard, 1981, p. 253).

En conclusion, on pourrait dire que, de la même façon qu'au XVIIe siècle, une fois les enfants à l'école, on a senti le besoin de réformer les pratiques pédagogiques; à la fin du XIXe siècle, après avoir découvert que l'instruction populaire était nécessaire à la prospérité de l'État, et après avoir mis en place tout un menu législatif pour assurer l'instruction populaire, on s'est aperçu de la nécessité de réformer les méthodes pédagogiques. La pédagogie a peu changé depuis presque trois siècles, mais c'est elle qui fera l'objet des prochains bouleversements.

6.2 LA SCIENCE CRITIQUE LA TRADITION PÉDAGOGIQUE

Il est très important d'insister sur le fait que le savoir pédagogique reproduit de génération en génération par les Frères des Écoles chrétiennes, les Jésuites et les maîtres de l'école mutuelle est un savoir que l'on pourrait qualifier de traditionnel. C'est un savoir qui s'acquiert surtout par imitation, au contact de pédagogues plus expérimentés (Isambert-Jamati, 1990, p. 89). On a vu plus haut que la tradition implique un ensemble d'actions ritualisées, exécutées machinalement et qui font que le jésuite novice, par exemple, enseigne comme on lui a enseigné, « sans même y penser ». Encore au XIXe siècle, les Frères des Écoles chrétiennes enseignent à peu près de la même manière qu'au XVIIe siècle; la méthode de l'enseignement mutuel, outre quelques adaptations nécessitées par le grand nombre d'élèves, participe, par bien des aspects, de la même idéologie d'ordre et de contrôle en vigueur deux siècles plus tôt. On l'a vu, la ressemblance est frappante.

C'est cette tradition pédagogique que dénoncent, dans la première moitié du XXe siècle, les partisans de la pédagogie nouvelle. Ce savoir pédagogique sédimenté depuis trois siècles est un savoir acquis par imitation, c'est une banque de préceptes à appliquer, préceptes issus de l'usage et modifiés par l'expérience. Cet ensemble de réponses toutes faites, ce répertoire d'actions pédagogiques à répéter comporte évidemment des erreurs. Il faut désormais remettre en question ce savoir, passer au peigne fin de la critique des affirmations qui datent de trois siècles et, possiblement, transformer la tradition pédagogique en une pédagogie plus adaptée au nouveau contexte.

Une des fonctions fondamentales de la science est précisément de tester des hypothèses, de vérifier la véracité de certaines affirmations, de corriger les erreurs. La science, qui avait connu une forte impulsion durant le siècle des Lumières, commence à prendre une importance décisive à la fin du XIXe siècle. En effet, on connaît l'impact qu'aura la doctrine positiviste d'Auguste Comte (1798-1857). Ce dernier affirme que l'humanité passe par un certain nombre de stades dans son évolution. D'abord, un stade théologique caractérisé par des explications surnaturelles des phénomènes; puis, un stade métaphysique où les entités surnaturelles comme Dieu sont remplacées par d'autres concepts abstraits de même nature; enfin, un stade positif où les hommes, renonçant à ce genre d'explications, découvrent par l'observation et le raisonnement scientifique les lois qui régissent le réel. La science, selon Comte, est donc le stade le plus avancé de l'évolution de l'humanité. Dans la même veine, on connaît également l'influence énorme qu'a eu l'ouvrage du médecin Claude Bernard intitulé *Introduction à l'étude de la médecine expérimentale* et publié en 1865. En substance, cet auteur soutient que si toute science commence par l'observation et l'expérience fortuite, ce ne doit être cependant que la première étape de son développement. Selon lui, l'empirisme doit être dépassé par l'expérimentation contrôlée. Il donne l'exemple de la croyance traditionnelle des médecins en l'efficacité du traitement de la pneumonie par la saignée. Cette pratique, largement répandue, était une erreur bien figée dans la tradition médicale, et seule une expérimentation scientifique contrôlée a permis de s'en rendre compte.

On ne sera donc pas surpris de voir apparaître, à la fin du XIXe siècle et au début du XXe siècle, plusieurs auteurs prônant la nécessité de dépasser la tradition et de fonder la pédagogie sur la science. Plus précisément, Charbonnel (1988) situe aux alentours de 1880, en France, ce mouvement visant à faire de la pédagogie LA science de l'éducation:

> *Une discipline est née, intellectuellement et institutionnellement, la Science de l'éducation. Pour la*

première fois en France, à la Sorbonne, à Lyon, à Bordeaux, des hommes montent en chaire de Faculté pour professer des cours de Pédagogie. (Charbonnel, 1988, p. 18.)[2]

Dans le *Dictionnaire de pédagogie et d'instruction primaire*, publié en 1888 sous la direction de F. Buisson, H. Marion signe l'article «Pédagogie» et définit cette dernière comme étant la «science» de l'éducation. Cette précaution linguistique n'est pas simplement un jeu de mot superficiel, elle marque un changement fondamental dans la façon de concevoir la pédagogie et son évolution à venir. Par la recherche de nouveaux fondements plus solides, ce qu'on appelle la modernité consacre précisément cette rupture avec la tradition, formée de comportements sacralisés fondés sur l'usage, l'expérience, le tâtonnement. L'article de Marion va dans ce sens:

> [Il est important de fonder la pédagogie comme science] *ou du moins comme corps de doctrine si solide, si cohérent, si satisfaisant pour l'esprit, que tout bon vouloir y trouve un appui sûr et une direction, tout sophisme sa réfutation, toute erreur de bonne foi son remède.* (Marion, 1888, p. 2240.)

Ailleurs, dans le même texte, il insiste encore:

> *La différence entre l'éducateur soucieux d'obéir à une doctrine pédagogique et celui qui croit pouvoir s'en passer, c'est que sur tous ces points le premier tâche de se faire par la réflexion et l'étude une conviction rationnelle, tandis que l'autre s'abandonne à des opinions toutes faites, à des préférences irréfléchies, dont peut-être même la portée lui échappe.* (Marion, 1888, p. 2240.)

En 1879, l'historien G. Compayré, dans la préface de son célèbre livre *Histoire critique des doctrines de l'éducation en France depuis le seizième siècle* (1883), formulait également une critique de la tradition qui illustre bien le nouveau souci scientifique de cette époque:

> *D'un autre côté, la pratique de l'éducation est encore moins avancée que les théories des philosophes: on y obéit le plus souvent à une routine irréfléchie; on y hésite entre plusieurs inspirations contraires. Les méthodes en usage et que recommande une longue expérience, contiennent des parties excellentes, mais elles ont le tort grave de n'être point coordonnées, de ne pas tendre au même but. Elles offrent un singulier mélange de vieilles traditions et de surcharges modernes. Elles témoignent enfin par leur incohérence qu'elles sont le produit composite de longs tâtonnements, non l'œuvre simple et forte d'une raison réfléchie, sérieusement éclairée sur les moyens à employer et sur le but à poursuivre.*

Binet, le fondateur de la pédagogie expérimentale, s'exprimait dans le même sens en 1898:

> *L'ancienne pédagogie, malgré de bonnes parties de détail, doit être complètement supprimée, car elle est affectée d'un vice radical, elle a été faite de chic, elle est le résultat d'idées préconçues; elle procède par affirmations gratuites, elle confond les affirmations rigoureuses avec des citations littéraires; elle tranche les plus graves problèmes en invoquant la pensée d'autorités comme Quintilien et Bossuet, elle remplace les faits par des exhortations et des sermons.* (Binet, cité dans Cousinet, 1965, p. 64.)

Et il concluait que la pédagogie devait se fonder sur l'observation et l'expérience, qu'elle devait être avant tout expérimentale.

Un peu plus tard, Claparède (1958), dans son célèbre texte intitulé *Pourquoi les sciences de l'éducation?*, publié pour la première fois en 1912, exprime aussi le double objectif d'éliminer ce qui existait auparavant en pédagogie et d'élaborer un nouvel esprit pédagogique scientifique:

> *Or ce qu'il fallait, c'était le raser* [l'édifice pédagogique antérieur] *et le reconstruire, car le plan même en est mauvais. Ce sera la tâche de demain.* (Claparède, 1958, p. 93.)

Détruire l'édifice pédagogique ancien, c'est démolir tout ce qui, en pédagogie, se fonde sur le bon sens (la tradition); reconstruire un nouvel édifice, c'est faire de la pédagogie une discipline expérimentale (Claparède, 1958, p. 118). «Ce n'est que dans l'observation contrôlée et dans l'observation provoquée que gît le salut de la pédagogie» (p. 115) et cela permettra de faire plus, plus vite et mieux (p. 112).

Bref, on ne veut plus désormais que la pédagogie soit simplement l'expression naïve de la tradition éducative, comme elle le fut depuis trois siècles; on souhaite que la pédagogie corresponde à un ensemble

---

2. Il est intéressant de noter qu'à peu près à la même époque l'Université du Michigan, aux États-Unis, instaurait une chaire de *science and art of teaching* (Hazlett, 1989, p. 11).

de savoirs positifs et à un savoir-faire issu de vérifications scientifiques. Ainsi, plutôt que de se fonder sur la tradition et de risquer la perpétuation d'erreurs graves, la pédagogie se base désormais sur la science pour éclairer sa pratique. On ne sera donc pas surpris de constater que, parmi les premiers grands noms de la pédagogie nouvelle, on trouve Montessori et Decroly, de même que leurs prédécesseurs Itard et Seguin, qui sont des médecins rompus aux méthodes d'observation scientifique.

Si la tradition ne constitue plus désormais la base de l'activité de l'éducateur, et que la science peut dorénavant prendre le relais, à quelle science en particulier fera-t-on appel? Pour Claparède, c'est la psychologie qui est la science toute désignée pour soutenir la pédagogie. Ainsi, il se demande pourquoi la pédagogie, contrairement à d'autres disciplines appliquées comme la médecine, la sociologie, la politique et le droit, n'a pas encore connu des bouleversements qui ont eu pour effet de renouveler complètement la façon de voir et de comprendre (Claparède, 1958, p. 92). La raison tient, selon lui, au fait qu'elle est mal fondée. La pédagogie n'a pas de base scientifique, estime Clarapède (1958, p. 102), et c'est la psychologie qui devrait lui donner cette assise scientifique.

> *Seul un fondement rigoureusement scientifique et psychologique donnera à la pédagogie l'autorité qui lui est indispensable pour conquérir l'opinion et forcer l'adhésion aux réformes désirables.* (Claparède, 1958, p. 104.)

Pour Claparède, à l'image de l'horticulteur qui doit avoir une certaine connaissance de la botanique, le pédagogue doit connaître l'enfant. Cette analogie n'est pas banale, elle illustre l'idée que la pédagogie, dans l'esprit de ces auteurs du début du XXe siècle, est une psychologie appliquée. Les vérités reconnues en psychologie sont donc transposées en maximes pédagogiques (Compayré, dans Berthelot et autres, 1898, p. 216):

> *En tout cas, c'est aux progrès de cette science* [la psychologie] *qu'est suspendu l'avenir de l'éducation. Pédagogie et psychologie sont désormais deux termes inséparables, comme la conséquence et le principe. On finira par comprendre que, sans une connaissance précise des lois de l'organisation mentale, il est impossible de régler l'ordre des études, d'apprécier la valeur pédagogique des divers objets de l'enseignement, de faire un choix entre les sciences et les lettres, d'établir année par année, en les appropriant à l'âge et aux dispositions naturelles, les exercices qui conviennent le mieux pour élever les hommes.* (Compayré, 1883, t. 1, p. 9.)

La pédagogie devient donc, pour ces auteurs de la fin du XIXe siècle et du début du XXe siècle, non seulement une science mais une science appliquée dont le sort est lié à l'état d'avancement des connaissances fondamentales en psychologie. Ainsi on comprend sans peine la forte influence de la psychologie dans les nouvelles approches pédagogiques qui se mettront en place par la suite.

6.3 LA PÉDAGOGIE NOUVELLE S'IMPOSE EN OPPOSITION À LA PÉDAGOGIE TRADITIONNELLE

6.3.1 Les débuts de la pédagogie nouvelle

Claparède fait de Rousseau le grand inspirateur de la pédagogie nouvelle[3]:

> *Il est certainement le premier qu'ait préoccupé la question du pourquoi de l'enfance, et il a même donné une réponse si satisfaisante que celles que l'on propose aujourd'hui ne font guère que développer, préciser, grâce aux lumières nouvelles de la science contemporaine, l'esquisse que, dans une extraordinaire intuition de génie, il avait tracée d'une main si sûre.* (Claparède, 1958, p. 80.)

3. D'autres, comme Kessler (1964) et Médici (1969), contestent cette affirmation pour des raisons différentes. En effet, Rousseau est encore, par certains côtés, assez loin de ce qui se fera concrètement au début du XXe siècle. Par exemple, Rousseau a encore une approche individuelle modelée sur le préceptorat, alors que les exigences de l'école obligent à mettre en place une pédagogie qui convient à des collectifs d'enfants. De plus, en certains endroits de son *Émile*, il montre un rapport à l'enfant très manipulateur qui témoigne plus d'un manque de confiance que d'une foi dans l'enfance. Également, son ouvrage est une fiction: Émile est un personnage inventé, et Rousseau, auteur de génie, n'a pas pratiqué d'observations systématiques des enfants, il n'est pas enseignant de métier; on ne peut donc savoir ce que valent, sur le terrain de la classe, les idées qu'il avance pour l'instruction et l'éducation des enfants. Enfin, certains autres grands penseurs tels Montaigne et Condillac pourraient également revendiquer ce titre.

Il est en effet difficile de nier le changement important et fondamental de la conception de l'enfance et de l'éducation que l'œuvre de Rousseau a inspiré. Il a ouvert un énorme chantier de réflexion sur l'éducation. Il faut toutefois attendre jusqu'à la fin du XIXe siècle pour constater dans les classes la réalisation de certaines de ses intuitions.

À part Rousseau, comme lointain inspirateur, on ne peut assigner à l'éducation nouvelle un fondateur en particulier. On trouve plutôt, étalés entre la fin du XIXe et la première moitié du XXe siècle, toute une série d'auteurs dont les initiatives diverses, mais apparentées par l'esprit, permettent de nommer ce mouvement[4].

Une première vague déferle à la fin du XIXe siècle. Selon Ferrière, l'expression «*École nouvelle*» («*New School*») semble être apparue en Angleterre vers 1889, au moment où l'école nouvelle d'Abbotsholme est créée par Reddie. En 1894, Dewey est nommé professeur de psychologie et de pédagogie à l'université de Chicago, et crée sa fameuse école élémentaire rattachée à l'université. Kerschensteiner commence la même année ses premières expériences dans les écoles de Munich en Allemagne (*Arbeitsschule*: école active). En 1898, Binet publie son ouvrage *La fatigue intellectuelle* dans lequel il «déclare la guerre» à la pédagogie traditionnelle. Le Bureau international des écoles nouvelles est fondé en 1899 par Ferrière. Montessori crée à Rome la première «*casa dei bambini*» (maison des enfants) en 1900. Decroly fonde, en 1907 à Bruxelles, l'École de l'Hermitage et présente une nouvelle méthode de lecture globale dite naturelle.

Une deuxième vague importante suit au lendemain de la Première Guerre mondiale. Selon Cousinet (1965), plusieurs Européens ont alors senti la nécessité de réformer l'éducation pour assurer le salut de l'humanité. Ils souhaitent en effet, au moyen de l'éducation, créer un nouveau type d'homme afin de supprimer définitivement les causes de la guerre (Skidelsky, 1972, p. 147):

> *Au lendemain d'un effroyable bouleversement qui avait découragé les hommes, et leur avait enlevé toute confiance en eux-mêmes, un grand espoir naissait qu'une éducation mieux comprise formerait des individus capables de mettre fin aux guerres et d'organiser, par la compréhension mutuelle, un monde meilleur.* (Skidelsky, 1972, p. 83.)

On assiste donc à la mise en place de toute une série de tentatives pédagogiques. Par exemple, on inaugure la Fondation des Communautés libres de Hambourg, où les enfants doivent organiser seuls leur vie scolaire, choisir leurs responsables et rédiger leurs règlements (Médici, 1969, p. 33). La création de l'Association pour l'éducation nouvelle, en 1921, et l'organisation du premier Congrès international d'éducation nouvelle, la même année, en sont d'autres exemples. Neill fonde sa célèbre école Summerhill, en Angleterre, en 1921. Parkhurst fait connaître, en 1922, le Plan Dalton qui prône la méthode du travail individualisé et, la même année, Washburne dirige l'école de Winnetka qui développe une méthode particulière d'éducation nouvelle en sciences et en arithmétique. La revue *Pour l'Ère nouvelle* est fondée en 1923. Piaget commence la même année à publier une série d'ouvrages sur la psychologie de l'enfant qui ont une influence considérable sur le développement de l'éducation nouvelle. Cousinet publie sa méthode de travail libre par groupes en 1925, et Freinet invente l'imprimerie à l'école durant la même période.

Des dizaines d'autres ouvrages sont publiés dans ces années d'intense activité de recherche pédagogique. On ne peut les nommer tous. Cependant les exemples qui précèdent suffisent à montrer que la période allant de la fin du XIXe au début du XXe siècle est un moment fort, peut-être même inégalé dans l'histoire de la pédagogie au sens large, et de la pédagogie nouvelle en particulier.

Les décennies qui suivent sont en quelque sorte le prolongement de ce mouvement dont on perçoit encore les effets de nos jours. Tout comme il y avait, dans les débuts, une préoccupation commune centrée autour de l'enfant que partageaient les pionniers, mais aussi une foule de tendances diverses et hétéroclites, on retrouve le même phénomène tout au long du XXe siècle. Plusieurs approches et courants se rencontrent, les uns ont un penchant un peu

4. On consultera avec profit l'ouvrage de F. Chatelain et R. Cousinet (1966), *Initiation à l'éducation nouvelle*, pour obtenir une chronologie détaillée des événements et les titres des ouvrages des auteurs les plus importants associés à la pédagogie nouvelle entre 1870 et 1966.

mystique, d'autres sont plus scientifiques, certains sont centrés sur les problèmes de pouvoir et de coopération, quelques-uns ont une orientation expérientielle, etc. Tous ont cependant en commun l'idée de s'opposer à l'éducation traditionnelle et de centrer leur action sur l'enfant.

6.3.2 L'opposition à la pédagogie traditionnelle

Cette opposition systématique à la pédagogie traditionnelle est vraiment un élément important dans les discours de l'époque. Cependant, Kessler (1964) fait judicieusement remarquer, à la suite d'une analyse approfondie des discours des pionniers de la pédagogie nouvelle, que la dénonciation de la pédagogie traditionnelle prend une forme curieuse. En effet, non seulement la pédagogie traditionnelle n'a pas la même origine historique selon les auteurs (certains font remonter la pédagogie traditionnelle au Moyen Âge, d'autres à Aristote), mais aussi son contenu peut varier (certains auteurs la définissent de manière partielle, d'autres lui donnent plusieurs caractéristiques). Plus encore, malgré la présence constante de critiques à l'endroit de la pédagogie traditionnelle dans les ouvrages des partisans de la pédagogie nouvelle, on ne trouve aucune étude historique et systématique au sujet de la pédagogie traditionnelle (Kessler, 1964, p. 32); comme si tous s'entendaient pour la dénoncer, mais qu'aucun ne sentait la nécessité de soumettre son analyse à l'épreuve des faits et de la vérification rigoureuse. Aussi Kessler (1964, p. 176) conclut ainsi:

> *Il n'y a donc plus lieu de parler d'une école traditionnelle dans le sens d'une pédagogie transmise et fondée sur des principes scolastiques, médiévaux, philosophiques, dogmatiques ou empiriques.*

Pourtant, les adeptes de la pédagogie nouvelle ne manquent pas de critiquer la pédagogie traditionnelle. En fait, les partisans de la pédagogie nouvelle dénoncent la pédagogie traditionnelle comme si elle était une doctrine vivante, comportant des arguments précis, appartenant à un auteur particulier, située à une époque et dans un lieu déterminés. Mais en réalité, ils ont affaire à un objet plus subtil, aux contours plus flous et aux composantes multiples. Tout se passe comme si, n'ayant pas pu (ou su) identifier précisément, dans l'histoire, l'origine de la pédagogie traditionnelle et les arguments de ses représentants, ils s'étaient résignés à pourfendre une tradition dont ils avaient eu l'expérience en y ayant été imprégnés eux-mêmes comme élèves; comme si cette tradition était l'incarnation d'une volonté encore active de représentants toujours réels et engagés dans la lutte. Or, comme on l'a vu, la tradition finit par s'insinuer dans nos vies à notre insu. La tradition est faite de prêt-à-penser, et repose sur le fait que chacun pose des gestes par imitation sans y réfléchir. La tradition que condamnent les partisans de la pédagogie nouvelle a eu, on l'a vu, une origine réelle et des partisans déclarés mais, trois siècles plus tard, c'est comme si la locomotive avançait encore sur ses rails sans conducteur, propulsée uniquement par une sorte d'habitude. Les partisans de la pédagogie nouvelle ont vu un personnage là où il n'y avait qu'un spectre, ils ont pris les effets de la tradition pour une doctrine.

Comme ils critiquaient une tradition, dont les auteurs sont par définition absents, ils avaient beau jeu de lui composer le visage qu'ils voulaient. Ils ont ainsi créé une caricature à laquelle ils ont donné le nom de pédagogie traditionnelle:

> [...] *C'est un tollé général contre les principes prêtés à l'école traditionnelle. À ce tribunal on n'admet pas de témoins, on les ignore même. Ou plutôt les juges eux-mêmes sont témoins pour autant que, ayant été eux-mêmes élèves de l'école traditionnelle, ils estiment avoir été lésés dans leur développement naturel. Ils sont donc partie plaignante, témoins et juges à la fois.* (Kessler, 1964, p. 31.)

Et comme la tradition pédagogique comporte des dimensions qui touchent à la totalité de la vie de la classe, la dénonciation de la tradition se fait de la même manière, c'est-à-dire par opposition radicale à un système pédagogique composée d'éléments jugés mauvais. La pédagogie traditionnelle honnie, proscrite, porte en elle tous les péchés du monde: verbalisme, méconnaissance de la psychologie enfantine, confusion des buts et des moyens. Ce travers manichéen amène Kessler (1964, p. 30) à soutenir l'hypothèse que les partisans de l'école nouvelle ont créé, pour les besoins de leur cause, une sorte de caricature de la pédagogie traditionnelle qui leur a servi de repoussoir dans leur stratégie pour définir leur propre pédagogie. La tradition pédagogique que nous avons décrite plus haut devient donc, progressivement, dans la bouche de ses détracteurs, la «pédagogie traditionnelle», avec la charge négative, péjorative à l'excès que le mot comporte encore de nos jours.

Autrement dit, les opposants à la pédagogie traditionnelle critiquaient non pas un objet réel mais une caricature, et ce dans une visée polémique. Cette pédagogie traditionnelle dénoncée était en réalité une figure utile, inventée à des fins éristiques et fonctionnant comme repoussoir pour infléchir la direction de l'action pédagogique vers une autre destination. À titre d'exemple, pensons à la vieille métaphore de la cruche. Chacun n'a-t-il pas déjà entendu que, dans la pédagogie traditionnelle, on concevait l'esprit de l'enfant comme une simple cruche à remplir? Or, si l'on se fie à l'exemple rapporté par Isambert-Jamati (1990, p. 88), la métaphore d'origine, tirée des textes de Jouvency au XVIIe siècle, est en réalité beaucoup plus subtile:

> *Le maître n'oubliera pas que l'esprit des enfants est comme un petit vase d'étroite embouchure, qui rejette la liqueur qu'on y jette à flots et qui reçoit celle qu'on y introduit goutte à goutte.*

Il y avait chez les Jésuites un souci de l'enfance qui a été complètement occulté par cet usage caricatural de la métaphore fait par les partisans de la pédagogie nouvelle dans un but polémique.

Il faut noter cependant que leurs critiques n'étaient pas sans fondements. La tradition n'évolue pas assez vite pour faire face aux nouveaux contextes et l'école traditionnelle mérite sa part du blâme. Cependant, «prétendre qu'à toute innovation de l'École Nouvelle corresponde un défaut de l'école traditionnelle, c'est pousser la systématisation un peu loin» (Kessler, 1964, p. 33). En créant ainsi une sorte d'ennemi présentant tous les défauts, les partisans de la pédagogie nouvelle pouvaient ensuite faire valoir, dans une opposition presque terme à terme, les caractéristiques de leur propre pédagogie dont ils faisaient la promotion. C'est un jeu séduisant que d'opposer tous les défauts du monde au charme de ce que l'on se propose de créer (Snyders, 1975, p. 13) et les partisans de la pédagogie nouvelle ne s'en sont pas privés.

6.3.3 Les caractéristiques de l'opposition entre la pédagogie traditionnelle et la pédagogie nouvelle

Examinons, par le jeu de cette opposition entre la pédagogie traditionnelle et la pédagogie nouvelle, le portrait de l'une et de l'autre tel qu'il a été dessiné par les partisans de la pédagogie nouvelle. Pour en faciliter la lecture nous avons repris les principaux éléments de description que nous présentons ci-après sous forme de tableau (voir le tableau 6.3).

Il nous semble en premier lieu que Bloch (1973, p. 34) a raison de souligner que la pédagogie nouvelle est d'abord et avant tout un esprit plutôt qu'une méthode particulière. En effet, on l'a vu plus haut, ce mouvement regroupe plusieurs acteurs qui, dans des contextes nationaux différents (France, Belgique, Allemagne, Angleterre, États-Unis, etc.), ont développé des façons de faire l'école assez différentes les unes des autres. On verra, par exemple, à quel point l'approche de Montessori peut être différente de celle de Neill, et celles-là de l'approche développée par Freinet. Or, en dépit de ces différences, tous partagent la même idée de centrer l'éducation sur l'enfant et non pas sur les connaissances à transmettre.

Cette idée fondamentale, dont les conséquences sont développées concrètement dans toutes les dimensions de la pédagogie, constitue une sorte de révolution copernicienne de l'enseignement. On l'a déjà souligné pour Rousseau. Mais ici s'opère un véritable bouleversement, non seulement en ce qui a trait aux conceptions, mais aussi aux pratiques; renversement analogue à ce que Marx a pu faire avec Hegel en le «remettant à l'endroit». La pédagogie nouvelle remet, pour ainsi dire, sur ses pieds une pédagogie traditionnelle qui fonctionnait, selon elle, à l'envers. Bloch (1973, p. 33), reprenant la célèbre expression de Claparède, écrit:

> *Mais demander ainsi à l'éducateur de mettre le centre de gravité dans l'enfant lui-même, ce n'est rien lui demander de moins que d'accomplir une véritable révolution, s'il est vrai que jusqu'ici, comme nous l'avons vu, le centre de gravité ait toujours été situé en dehors de lui. C'est cette révolution — exigence fondamentale du mouvement d'éducation nouvelle — que Claparède compare à celle que*

TABLEAU 6.3
L'opposition entre la pédagogie traditionnelle et la pédagogie nouvelle
(d'après les partisans de la pédagogie nouvelle)

Caractéristiques	Pédagogie traditionnelle	Pédagogie nouvelle
Terminologie	– Pédagogie traditionnelle – Pédagogie fermée et formelle – Approche mécanique – Pédagogie encyclopédique – Enseignement dogmatique – Pédagogie centrée sur l'école N.B.: Plusieurs de ces expressions apparaissent entre 1917 et 1920.	– Pédagogie nouvelle – École active – Éducation fonctionnelle – École rénovée – Approche organique – Pédagogie ouverte et informelle – École nouvelle (*New School*) – Éducation puérocentrique (pédagogie centrée sur l'enfant) N.B.: L'expression «École nouvelle» («*New School*») apparaît en 1889 en Angleterre et en 1899 en France.
Finalité de l'éducation	– Transmettre la culture «objective» aux générations montantes – Former, mouler l'enfant – Valeurs objectives (le Vrai, le Beau, le Bien)	– «Transmettre» la culture à partir des forces vives de l'enfant – Permettre le développement des forces immanentes à l'enfant – Valeurs subjectives, personnelles
Méthode	– Éduquer du «dehors» vers le «dedans» – Point de départ: le système objectif de la culture que l'on découpe en parties à être assimilées – Pédagogie de l'effort – École passive (suivre le modèle) – Encyclopédisme	– Éduquer du «dedans» vers le «dehors» – Point de départ: le côté subjectif, personnel de l'enfant – Pédagogie de l'intérêt – École active (*learning by doing*) – Éducation fonctionnelle
Conception de l'enfant	– L'enfant est comme de la cire molle. – L'enfance a peu de valeur par rapport à l'état adulte. – Il faut agir sur l'enfant. – L'intelligence est surtout visée. – L'enfant tourne autour d'un programme défini en dehors de lui.	– L'enfant a des besoins, des intérêts, une énergie créatrice. – L'enfance a une valeur en elle-même. – L'enfant agit. – Il y a développement intégral de l'enfant. – Le programme gravite autour de l'enfant.
Conception du programme	– Le contenu à enseigner aux enfants ne tient pas compte de leurs intérêts (culture objective). – Le programme est idéaliste (contenu désincarné).	– Les intérêts des enfants déterminent le programme (structure et contenu). – Le programme est réaliste (contenu lié au milieu dans lequel vit l'enfant). →

TABLEAU 6.3 (suite)
L'opposition entre la pédagogie traditionnelle et la pédagogie nouvelle
(d'après les partisans de la pédagogie nouvelle)

Caractéristiques	Pédagogie traditionnelle	Pédagogie nouvelle
Auteurs représentatifs	Tradition dont les origines se perdent	Dewey, Kerschensteiner, Claparède, Decroly, Cousinet, Freinet, Montessori, Ferrière
Conception de l'école	Milieu artificiellement créé – Retenue des émotions (distance) – Là-bas, jadis – Résolution des problèmes artificiels – L'école prépare à l'avenir.	Milieu naturel et social dans lequel s'écoule la vie de l'enfant (l'école comme milieu de vie) – Spontanéité enfantine – Ici et maintenant – Résolution des problèmes réels pour l'enfant – L'école fait vivre à l'enfant ses propres problèmes.
Rôle du maître	– Le maître dirige. – Le maître est au centre de l'action: il donne son savoir. – Le maître est actif: il fait l'exercice devant l'enfant; il est le modèle à imiter.	– Le maître guide, conseille, éveille l'enfant au savoir. Il est une personne-ressource. – L'enfant est au centre de l'action. – L'enfant s'exerce.
Discipline	– Discipline autoritaire (extrinsèque à l'individu: récompenses /punitions) – Discipline extérieure qui vise à contraindre	– Discipline personnelle (basée sur les intérêts intrinsèques) – Discipline qui vient de l'intérieur
Type de pédagogie	– Pédagogie de l'objet: la culture à transmettre – Pédagogie de l'ordre mécanique	– Pédagogie du sujet: la personne à développer – Pédagogie de l'ordre spontané (naturel)

Copernic a accomplie en astronomie, et qu'il définit avec tant de bonheur dans les lignes suivantes: «Les méthodes et les programmes gravitant autour de l'enfant, et non plus l'enfant tournant tant bien que mal autour d'un programme arrêté en dehors de lui, telle est la révolution «copernicienne» à laquelle la psychologie convie l'éducateur».

Le **but** de l'éducation nouvelle est donc de développer tous les dons que l'enfant apporte avec lui en naissant (Dewey, cité par Bloch, 1973, p. 31). L'école ne se limite plus désormais aux seules dimensions intellectuelles; elle s'occupe de la totalité des aspects de l'être humain. Par exemple, Kerschensteiner estimait que l'*Arbeitsschule* devait concentrer ses efforts sur le développement des capacités manuelles, artistiques, morales et intellectuelles des enfants (Bloch, 1973, p. 49 et 62). De plus, développer l'enfant signifie qu'au lieu de mettre l'accent sur la transmission par un maître de certains contenus culturels, on comprend ce développement comme étant ce qui permet l'épanouissement des forces spirituelles de l'enfant (Bloch, 1973, p. 32).

Pour favoriser un tel but, il fallait que la **conception de l'enfant** change considérablement. Dans la perspective de la pédagogie nouvelle, l'enfant n'est pas un *homunculus*, un homme réduit, mais un être propre, distinct de l'adulte, qui a ses manières de penser et d'agir (Cousinet, 1965, p. 67):

> *L'enfant n'est pas une cire molle que nous puissions pétrir à notre gré, l'enfant a des dons, des besoins, des appétits intellectuels, des curiosités, «une énergie créatrice et assimilatrice».* (Bloch, 1973, p. 31.)

C'est sur cette valeur positive de l'enfance que toute l'éducation nouvelle reposera. Dans ce sens Cousinet reprend le message de Rousseau qui voulait apprendre le métier de la vie à son personnage Émile. En effet, pour Cousinet (1965, p. 89), l'éducation est l'œuvre de l'enfant (et non du maître) car l'enfant n'a qu'à vivre:

> [...] *La vie est pour l'enfant, simplement parce qu'il est un enfant, compréhension et apprentissage. Pour apprendre et comprendre, il n'a besoin que de vivre. Pour lui la vie par soi seule est éducation.*

Pourquoi faut-il laisser vivre l'enfant?

> [Parce que] *sa nature le pousse à faire ce qui est nécessaire à sa croissance. Ces poussées vitales que les psychologues ont appelé les «intérêts profonds» de l'enfant sont, on le voit, des leviers naturels de son activité, à chaque étape de son développement.* (Chatelain et Cousinet, 1966, p. 21.)

Dans cette perspective, l'enfant sait naturellement ce qui est bon pour lui. Il a une individualité propre qui oriente son développement, en quelque sorte, comme en témoigne la réflexion de Ferrière cité par Mialaret (1969, p. 13):

> *L'enfant grandit comme une petite plante. Chaque enfant selon son espèce comme chaque plante selon son espèce, comme chaque petit animal selon son espèce. L'un sera un sensoriel toute sa vie: poursuite de la jouissance, poursuite de l'argent. L'autre, doué de mémoire, imitatif, ambitieux peut-être, sera un conventionnel, un adepte soumis du conformisme social; puis, à son tour, un défenseur du conformisme, un conservateur de l'ordre admis et du comme il faut. Un autre encore sera un intuitif dont le regard et la pensée cherchent, par-delà la réalité sensible, d'autres réalités à son avis plus assurées, parce qu'elles sont la quintessence tour à tour de l'individuel et de l'universel. Un quatrième enfin sera un esprit rationnel pour qui l'action se fonde sur des arguments objectifs, pour qui les arguments sont hiérarchisés par ordre de valeur et pour qui la valeur obéit à une philosophie de l'esprit dont la science est la clef. Ainsi chaque enfant grandit selon son espèce, selon sa variété, selon la nuance particulière de son esprit.*

Cette insistance quant à la nature de l'enfant a des répercussions importantes sur le **rôle du professeur**. En effet, si l'épanouissement de l'enfant doit se réaliser du dedans vers le dehors, alors pour cela «il faut que l'adulte évite de multiplier les interventions intempestives s'exerçant du dehors au dedans» (Ferrière, cité par Bloch, 1973, p. 31). Tel est le choix décisif effectué par les partisans de la pédagogie nouvelle en ce qui concerne le rôle de l'enseignant. Ils nous invitent à situer le débat autour de deux options: la première, traditionnelle et néfaste, agit «du dehors au dedans»; la seconde, plus appropriée, veut l'épanouissement de l'enfant «du dedans au dehors» (Bloch, 1973, p. 32). Le maître cesse donc d'être celui qui donne constamment du savoir (Bloch, 1973, p. 48). Son rôle consiste plutôt, en ayant l'enfant comme centre de ses préoccupations, à répondre aux besoins de celui-ci:

> *En premier lieu il crée l'ambiance, le milieu favorable. Et d'abord le cadre. Il y a une organisation du local scolaire, une disposition des pupitres, des tables, un soin, un souci de beauté et de renouvellement qui sont déjà une invitation au travail actif.* (Chatelain et Cousinet, 1966, p. 33.)

Ensuite, il présente une attitude inspirant le calme, la compréhension, la confiance, la proximité des élèves. On est loin de l'attitude grave et distante de la pédagogie traditionnelle. Dans le travail lui-même, il est avant tout un éveilleur, un guide; il est présent mais effacé. Or, et c'est sans doute la dimension la plus importante de son rôle, il veille à baser toute activité sur les intérêts profonds de l'enfant et à le faire s'épanouir. Pour Claparède (1958), l'éducation fonctionnelle est celle qui répond aux besoins de l'enfant. L'activité de tout individu est suscitée par un besoin. Il ne s'agit plus d'imposer des besoins d'adultes aux enfants comme cela se faisait dans la pédagogie traditionnelle où tout était décidé d'avance et en dehors de l'enfant, les programmes, les activités, les leçons, etc. Il faut plutôt que le maître soit à l'écoute de ce que vivent et ressentent les élèves. Il est un observateur attentif de ce qu'ils font et peut ainsi faire la différence entre un caprice passager et un besoin profond. Comme on le disait si bien à l'époque, l'aide de l'enseignant peut être utile mais sa direction n'est pas nécessaire.

L'ensemble des activités qui se déroulent dans la classe s'en trouvent modifiées. Dans la logique de ce qui a été vu plus haut, toute activité doit répondre à un besoin (Claparède, cité par Bloch, 1973, p. 36). Par conséquent, aucune activité n'est imposée de l'extérieur. L'école active dont on parle n'est pas simplement une école où se dérouleront des activités; au contraire, l'école active est un concept précis dont Kerschensteiner (dans Bloch, 1973, p. 44) donne une définition complexe mais intéressante:

> *Il ne s'agit pas que l'enfant soit «actif», mais il faut qu'il soit «actif par lui-même» et qu'il soit «actif par lui-même» ne signifie pas seulement qu'il doit être «lui-même actif» mais que le principe de ce qui le contraint à l'activité doit être «en lui-même» et que cette contrainte doit émaner «de lui-même», de ses «propres intérêts», et traduire l'urgence avec laquelle ceux-ci réclament les moyens de leur satisfaction.*

Une certaine insistance, on le comprend, est mise sur les activités d'expression. En effet, en favorisant l'expression enfantine, on peut mieux percevoir les besoins et intérêts de l'enfant. C'est ainsi que sont abondamment exploitées des activités de dessin libre, de rédaction sur des sujets choisis par les élèves, de jeux libres, de causeries où les enfants discutent de ce qui les préoccupe vraiment. De plus, les activités doivent «prendre toujours pour point de départ le milieu naturel et social dans lequel s'écoule la vie de l'enfant» (Bloch, 1973, p. 34). L'école nouvelle est une école ouverte sur le monde et non pas coupée de la vie. En ce sens, l'enseignant ne s'acharne pas à faire réaliser aux enfants des activités qui ne seraient pas significatives pour eux et dont l'utilité ne serait estimée qu'à l'aune des critères des adultes. On fait plutôt entrer à l'école le monde de l'enfant. Et son monde, c'est ce qui le préoccupe «ici et maintenant». John Dewey disait que l'enfant cherche constamment à résoudre les problèmes auxquels il a à faire face. Pas des problèmes fictifs et en dehors de l'expérience vivante de l'enfant dont l'école traditionnelle s'est faite l'experte, mais des problèmes concrets, issus de son monde intérieur (Bloch, 1973, p. 36). C'est pour cette raison que la méthode des projets fut si populaire à l'école nouvelle. Le fameux «*learning by doing*» de Dewey exprime bien cette idée que c'est en faisant des activités (qui correspondent à ses besoins) que l'enfant se développe et apprend. Mais il faut noter que, lorsque le maître prépare des activités attrayantes, il ne répond pas nécessairement aux besoins de l'enfant. Tant Dewey que Claparède dénoncent sévèrement les artifices inventés par les professeurs habiles pour susciter de l'intérêt par des activités amusantes mais non significatives pour les enfants (Chatelain et Cousinet, 1966, p. 38). Selon eux, un intérêt ne peut être stimulé de l'extérieur, il ne peut que surgir du fond de l'individu lui-même.

Une telle approche a une incidence importante sur le **programme** à «transmettre» aux élèves. À l'école nouvelle, il n'y a pas de programme préétabli. Pour Dewey, les programmes sont étrangers à l'expérience de l'enfant, ils sont une préparation pour plus tard. En étant étrangers à l'expérience de l'enfant, ils ne sauraient être véritablement éducatifs. Les besoins et intérêts des élèves doivent donc être à la base des programmes:

> *Nous verrons comment aux yeux de Dewey aucune matière ne saurait prétendre figurer au programme d'études qui ne se justifie précisément de ce point de vue, et ne saurait y être introduite qu'au moment où elle intervient dans le cycle vivant des intérêts de l'enfant pour lui permettre de résoudre ses problèmes: cette règle vaut pour l'enseignement des sciences comme pour celui de l'histoire, de la géographie, de la langue maternelle. Elle implique la condamnation de tout enseignement dogmatique imposé aux élèves en vertu d'un programme préétabli, et proclame que «toute leçon doit être une réponse»* [à un besoin]. (Bloch, 1973, p. 38.)

La pédagogie nouvelle se situe donc à l'opposé de l'encyclopédisme de la pédagogie traditionnelle.

Une différence importante dans l'approche centrée sur les intérêts des enfants est la conception de la **discipline**. Dans l'école traditionnelle, celle-ci est maintenue de façon autoritaire, comme si l'élève était constamment en proie à l'agitation et au désordre et qu'il fallait le discipliner de l'extérieur. Tout autre est la conception de la discipline dans une perspective nouvelle. Quand les intérêts sont présents dans la classe, quand l'élève peut travailler sur ce qui le motive vraiment, la question de la discipline se pose différemment et est aux trois quarts résolue:

> *La vieille discipline autoritaire et policière,* [...] *la discipline d'hétéronomie et de contrainte avec toutes ses foudres peut s'effacer. «L'intérêt, l'intérêt profond pour la chose qu'il s'agit d'assimiler ou d'exécuter» remplace comme «ressort de l'éducation» la crainte du châtiment, et même le désir des récompenses. Il devient ainsi principe d'une discipline qui, en opposition à «la discipline purement extérieure des méthodes traditionnelles... vient de l'intérieur»; la discipline intérieure doit remplacer la discipline extérieure.* (Bloch, 1973, p. 52.)

Cette discipline intérieure se manifeste dans l'atmosphère générale d'une classe nouvelle. On n'y retrouve pas l'ordre mécanique et excessif de la classe traditionnelle, ce climat sérieux et triste; la classe ressemble plutôt à une ruche où tous sont affairés à leurs tâches respectives dans une sorte d'ambiance sereine (Bloch, 1973, p. 43).

En conclusion, le portrait que font les partisans de la pédagogie nouvelle de la pédagogie traditionnelle est plutôt sombre. Cependant, cet artifice rhétorique leur a permis de définir le type de pédagogie qu'ils prônaient. Alors que la pédagogie traditionnelle est présentée comme une pédagogie de l'objet, de la culture à transmettre par l'enseignant à l'élève, la pédagogie nouvelle s'inscrit dans une dynamique opposée; elle substitue l'apprentissage de l'élève à l'enseignement du maître et se définit, par conséquent, comme une pédagogie du sujet. Cette vision de la pédagogie traverse la presque totalité du XXe siècle.

CONCLUSION

L'étude des transformations qui se sont produites dans l'éducation au XIXe et au XXe siècle a permis de faire apparaître un certain nombre d'éléments importants. D'abord, nous avons pu prendre conscience de l'existence d'une tradition pédagogique qui a pris son origine au XVIIe siècle et qui s'est consolidée dans les siècles suivants. Ensuite, nous avons pu constater que l'apport du XIXe siècle à l'éducation réside surtout dans une série de mesures législatives (obligation scolaire, gratuité, laïcité), l'enseignement mutuel n'étant pas à proprement parler une innovation, mais plutôt une consolidation de l'idéologie pédagogique du XIXe siècle. Nous avons analysé également le renversement des conceptions qui s'opère à la fin du XIXe siècle. Nous avons vu le rôle important que joue alors la science comme critique de la tradition, et les efforts déployés à ce moment pour fonder la pédagogie sur la science. Plus particulièrement, nous avons signalé l'importance de la psychologie dans la constitution des nouveaux discours pédagogiques et des efforts de cette discipline dans l'étude de l'enfant et de ses besoins. Enfin, nous avons insisté sur un mouvement pédagogique d'une grande ampleur qui s'est dessiné au début du XXe siècle, l'école nouvelle. Nous avons vu que la pédagogie nouvelle s'est définie de façon polémique, c'est-à-dire par opposition à la pédagogie traditionnelle. Il s'agit là d'une véritable révolution des idées et des pratiques pédagogiques qui s'amorce et qui s'étale sur tout le siècle.

Dans les chapitres qui vont suivre, nous allons aborder plusieurs auteurs qui, en dépit de leurs grandes différences, participent à ce même courant de la pédagogie nouvelle. En effet, ils critiquent la pédagogie traditionnelle et font de l'enfant leur préoccupation première. Outre leur importance respective dans le champ éducatif, nous avons surtout choisi de les analyser pour la raison suivante; ils ont mis en place, pour la presque totalité d'entre eux, ce que l'on pourrait appeler un modèle pédagogique complet, c'est-à-dire que des écoles existent ou ont existé selon leurs modèles. Ces pédagogues ont donc trouvé des réponses concrètes à certaines des questions qui surgissent quand on met sur pied une école: gestion du temps, de l'espace, discipline, programme, récompenses, etc.

Certains parmi eux sont plus anciens et peuvent être considérés comme étant à l'origine du mouvement. Par exemple, Montessori a donné une énorme impulsion à la recherche et à la pratique pédagogiques, et son œuvre est encore vivante de nos jours dans des écoles disséminées un peu partout dans le monde. Freinet a été un extraordinaire inventeur en pédagogie; non seulement on lui doit toute une série d'innovations telles que l'imprimerie à l'école, le texte libre, la correspondance scolaire, mais aussi un réseau d'écoles encore bien actif et solidement implanté en France et au Québec. Neill présente un intérêt certain parce qu'il a osé inventer une pédagogie qui fait une plus grande place à la liberté. Il a inspiré plusieurs tentatives un peu partout dans le monde, tentatives qui se sont avérées souvent infructueuses, mais il n'en demeure pas moins que Summerhill a duré suffisamment longtemps pour être considérée comme un succès. Un autre comme Steiner, fort différent, prend son sens en ce qu'il a apporté une vision mystique à la pédagogie, vision dont était imbibé le courant de la pédagogie nouvelle à ses débuts. Un courant spiritualiste est en vogue au Québec depuis quelques années, et à ce titre il mérite d'être étudié.

D'autres auteurs sont plus récents. On ne peut ignorer l'influence sur l'école de Rogers et des autres psychologues humanistes. Le Québec des années 1970 s'est abreuvé à cette source, en instaurant de nombreux programmes-cadres dont on parlera dans un chapitre ultérieur. On ne peut non plus passer sous silence toutes les approches plus scientifiques qui participent également de l'éducation nouvelle. Quelques-uns seront surpris par exemple de voir le béhaviorisme associé à l'éducation nouvelle. Il ne faut pas oublier que le béhaviorisme est un courant de la psychologie qui a permis de poursuivre la critique de l'école traditionnelle, et qui a obligé le maître à définir son action en regard de l'enfant. Quant aux approches cognitivistes et constructivistes, elles doivent une bonne part de leur impulsion aux travaux de Piaget, lequel était présent aux tout débuts de l'École nouvelle, et trouvent leur incarnation pédagogique dans l'approche par la maîtrise (*mastery learning*) et dans la pédagogie différenciée.

En conclusion, le présent chapitre a joué un rôle charnière. D'un côté, il décrit la fin d'un long processus de structuration de la pédagogie qui a commencé avec les Grecs, traversé le Moyen Âge, parcouru la Renaissance, le XVIIe siècle, le siècle des Lumières, et abouti au XIXe; et d'un autre côté, il ouvre la porte sur le XXe siècle, notre siècle qui s'achève et qui fut incroyablement fécond sur le plan des idées et des pratiques pédagogiques. Allons voir.

QUESTIONS

1. L'enseignement mutuel peut-il être considéré comme le dernier tournant de la pédagogie traditionnelle? Expliquez en quoi il consiste et pourquoi il semble être le prolongement de la tradition.
2. Quelles sont les quatre caractéristiques majeures de la pédagogie traditionnelle? Nommez-les et décrivez-les.
3. Si l'enseignement mutuel fait encore partie de la tradition pédagogique, il n'en comporte pas moins des innovations. Lesquelles?
4. Au début du XXe siècle, on se met à parler de science de l'éducation. Que signifie l'expression «science de l'éducation»?
5. Quelles sont les deux caractéristiques majeures de la pédagogie nouvelle? Commentez.
6. En quoi la pédagogie nouvelle se construit-elle contre la pédagogie traditionnelle? Expliquez et illustrez.
7. Pourquoi parle-t-on de la pédagogie nouvelle comme d'une «révolution»? Commentez le sens de ce dernier terme.
8. Quelle est la nature de l'enseignement mutuel? Décrivez.
9. En quoi l'enfant est-il un point d'intérêt nouveau dans la pédagogie nouvelle? Commentez.
10. La pédagogie nouvelle marque l'avènement d'une nouvelle façon de voir l'éducation. En quoi celle-ci reste-t-elle encore valable de nos jours?
11. Le personnage d'Itard, dans le film de Truffaut *Le sauvage de l'Aveyron*, incarne-t-il la pédagogie nouvelle? Expliquez.

BIBLIOGRAPHIE

AVANZINI, G. (1969). *Alfred Binet et la pédagogie scientifique*. Paris: Vrin.

BALLY (1819). *Guide de l'enseignement mutuel*. 3e éd. Paris: Colas.

BATENCOUR, J. DE (1669). *Instruction méthodique pour l'école paroissiale dressée en faveur des petites écoles*. Paris: Pierre Trichard.

BERNARD, C. (1966). *Introduction à l'étude de la médecine expérimentale*. Paris: Garnier-Flammarion. (Publication originale en 1865.)

BERTHELOT, M., et AUTRES (sous la dir. de) (1898). *La Grande Encyclopédie: inventaire raisonné des sciences, des lettres et des arts par une société de savants et de gens de lettres*. Paris: Société anonyme de la Grande Encyclopédie.

BLOCH, M.A. (1973). *Philosophie de l'éducation nouvelle*. Paris: Presses universitaires de France.

BUISSON, F. (sous la dir. de) (1888). *Dictionnaire de pédagogie et d'instruction primaire*. Paris: Hachette.

CHARBONNEL, N. (1988). *Pour une critique de la raison éducative*. Berne: Peter Lang.

CHATELAIN, F., et COUSINET, R. (1966). *Initiation à l'éducation nouvelle*. Paris: Les Cahiers de l'enfance.

CLAPARÈDE, É. (1953). *L'école sur mesure*. Paris: Delachaux et Niestlé.

CLAPARÈDE, É. (1958). *L'éducation fonctionnelle*. 5e éd. Paris: Delachaux et Niestlé. (Publication originale en 1912.)

COMPAYRÉ, G. (1883). *Histoire critique des doctrines de l'éducation en France depuis le seizième siècle*. Tomes 1 et 2. Paris: Hachette.

COUSINET, R. (1965). *L'éducation nouvelle*. Paris: Delachaux et Niestlé.

DEBESSE, M., et MIALARET, G. (sous la dir. de) (1971). *Traité des sciences pédagogiques*. Tome 2. Paris: Presses universitaires de France.

DURAND, S.M. (1961). *Pour ou contre l'éducation nouvelle. Essai de synthèse pédagogique*. Québec: Éditions du Pélican.

GAUTHIER, C. (1993). *Tranches de savoir. L'insoutenable légèreté de la pédagogie*. Montréal: Éditions Logiques.

GONTARD, M. (1981). «Les enseignements primaires et secondaires en France», dans G. Mialaret et J. Vial (sous la dir. de), *Histoire mondiale de l'éducation*. Tome 3: De 1815 à 1945. Paris: Presses universitaires de France, p. 251-289.

HAZLETT, J.S. (1989). *Education Professors: The Centennial of an Identity Crisis*, dans R. Ducharme et E. Wisniewski (sous la dir. de), *The Professors of Teaching*. New York: State University of New York Press.

ISAMBERT-JAMATI, V. (1990). *Les savoirs scolaires. Enjeux sociaux des contenus d'enseignement et de leurs réformes*. Paris: Éditions universitaires.

KESSLER, A. (1964). *La fonction éducative de l'école. École traditionnelle/école nouvelle*. Fribourg: Éditions universitaires.

LANCASTER, J. (1811). *Hints and Direction for Building, Fitting up and Arranging School-Rooms on the British System of Education*. Londres.

LA SALLE, J.-B. DE (1951). *Conduite des écoles chrétiennes*. Manuscrit 11.759. Paris: Bibliothèque nationale de Paris.

LASTEYRIE DE (1819). *Nouveau système d'éducation et d'enseignement ou l'enseignement mutuel appliqué aux langues, aux sciences et aux arts*. Paris: Colas.

LÉON, A. (1971). *De la Révolution française aux débuts de la IIIe République*, dans M. Debesse et G. Mialaret (sous la dir. de), *Traité des sciences pédagogiques*. Tome 2. Paris: Presses universitaires de France.

LESAGE, P. (1981). «L'enseignement mutuel», dans G. Mialaret et J. Vial (sous la dir. de), *Histoire mondiale de l'éducation*. Tome 3. De 1815 à 1945. Paris: Presses universitaires de France, p. 241-250.

MARION, H. (1888). «Pédagogie», dans F. Buisson (sous la dir. de), *Dictionnaire de pédagogie et d'instruction primaire*. Paris: Hachette.

MÉDICI, A. (1969). *L'éducation nouvelle*. Paris: Presses universitaires de France.

MIALARET, G. (1969). *Éducation nouvelle et monde moderne*. Paris: Presses universitaires de France.

MIALARET, G., et VIAL, J. (sous la dir. de) (1981). *Histoire mondiale de l'éducation*. Tome 3: De 1815 à 1945. Paris: Presses universitaires de France.

PELICIER, Y., et THUILLIER, G. (1980). *Édouard Seguin (1812-1880). « L'instituteur des idiots»*. Paris: Économica.

PROST, A. (1968). *L'enseignement en France. 1800-1967*. Paris: Armand Colin.

REIGART, J.-F. (1916). *The Landcasterian System of Instruction in the Schools of New York City*. New York: Teachers College, Columbia University.

ROUSSEAU, J.-J. (1966). *Émile ou De l'éducation*. Paris: Garnier-Flammarion, (Publication originale en 1762.)

SKIDELSKY, R. (1972). *Le mouvement des écoles nouvelles anglaises. Abbotsholme, Summerhill, Dartington Hall, Gordonstoun*. Paris: Maspero.

SNYDERS, G. (1975). *Pédagogie progressiste*. Paris: Presses universitaires de France.

ZULA, F. (1948). *Alfred Binet et la pédagogie expérimentale*. Paris: Vrin.

CHAPITRE 7

Maria Montessori : l'enfant et son éducation

Benoît Dubuc

CONTENU

RÉSUMÉ

«L'éducation comme aide à la vie»: tout le programme éducatif des écoles Montessori est contenu dans cette expression. Maria Montessori a défini l'enfant comme la source de son développement, comme la première personne engagée activement dans la construction de sa personnalité; à ce titre, l'adulte et l'enseignant sont des aides à sa croissance. C'est aussi en partant de ses observations réalisées sur les enfants et de la prise en compte des stades de son développement que Maria Montessori a pensé l'organisation de la classe et l'acte éducatif: la première est aménagée à la mesure de l'enfant pour ce qui est de son organisation physique et didactique, le second répond à une finalité d'éducation intellectuelle, affective, sociale et universelle, intégrant le double mode des activités individuelles et collectives. L'acte éducatif de Maria Montessori intègre ainsi l'accompagnement au développement de l'individualité enfantine à une œuvre plus grande, soit celle de la vie et celle de la vie humaine dans l'univers.

INTRODUCTION

Si une approche éducative stimulait les enfants sans faire appel à leur esprit de compétition; si elle permettait d'apprendre à écrire, à lire et à compter parfaitement en bas âge; si elle ouvrait la porte à la découverte des lois qui régissent le monde; si elle formait au respect, au travail, à la réflexion, à la discipline personnelle tout en soutenant les efforts de responsabilisation; si cette approche atteignait ces objectifs dans un cadre essentiellement respectueux de l'enfant, ne serions-nous pas en présence d'une proposition enthousiasmante pour renouveler notre action éducative à l'aube du XXIe siècle? C'est ce que réalise l'approche Montessori depuis 1907; mais c'est seulement depuis une génération qu'on a entrevu tout son potentiel et qu'elle s'est mise à se développer partout sur la planète où la démocratie régnait.

L'éducation, c'est l'aide à la vie! Voilà l'exclamation de Maria Montessori à propos de ce grand sujet. Mais la vie de qui? Celle de l'enfant, bien sûr, dans ses différentes manifestations. Et pourquoi parler d'aide? Parce que, comme tout mammifère, le petit de l'homme ne peut être laissé à lui-même à sa naissance; il doit être accompagné tout au long de son développement. Par extension, l'enfant est le moteur principal de ce développement et c'est de soutien qu'il a besoin pour se construire lui-même.

L'enfant par qui s'exprime la vie cherche avidement et assidûment à se développer. Laissée au hasard, cette croissance risquerait fort d'être déviée très tôt sur les plans tant physique que psychologique. Les connaissances actuelles permettent de pourvoir convenablement au bien-être physique, mais en est-il de même lorsqu'il s'agit de la santé psychologique? Voilà la question à laquelle Maria Montessori a consacré sa vie. Elle a cherché la manière optimale d'aider l'enfant à se développer positivement dans toutes ses dimensions. Elle l'a fait de façon scientifique, c'est-à-dire en observant l'enfant dans différentes situations et à différentes étapes de sa vie. Elle a fait de l'éducation une science non seulement parce qu'elle a procédé par observation, mais parce qu'elle a étudié divers milieux de développement dans lesquels elle a placé l'enfant. Ceux qui permettaient à l'enfant de se conduire au mieux de sa nature à un moment précis de son développement captaient l'attention et l'intérêt de cette chercheuse. Ses travaux ont ainsi abouti à une méthode systématique d'éducation, mais ils ont surtout projeté une vision de la nature même de l'enfant (Standing, 1972).

Maria Montessori est contemporaine de Freud qui, lui-même, définissait les étapes du processus inconscient du développement affectif de l'enfant. Dans l'approche Montessori, on retrouve cette dimension plus ou moins consciente du développement. Pour Maria Montessori, elle se manifeste dans l'effort que fait l'enfant pour assumer son potentiel véritable à chaque étape du développement. Toutefois, ce n'est pas sous l'angle de la libido qu'elle explique cet effort vital de l'enfant dans l'accomplissement de sa vraie nature. Elle appelle ce processus la « normalisation », concept sur lequel nous aurons l'occasion de revenir plus loin. Inspirée par Bergson, Maria Montessori (1991a) soulignera combien l'« élan vital » propulse le jeune enfant dans la vie, guidé par ce que les psychologues de son temps nommaient « *mneme* », cette trace du développement des générations antérieures laissée dans l'inconscient du jeune enfant.

Sur le plan intellectuel, Maria Montessori montrera comment l'action et la pensée de l'enfant peuvent s'organiser dans les conditions répondant aux tendances et aux besoins que la nature a donnés à l'enfant. Piaget, qui a été président de la société Montessori suisse, a repris le principe des périodes de développement. Il a toutefois réduit cette étude de l'enfant à l'observation d'un organisme en instance d'adaptation. Maria Montessori voit plutôt les efforts de l'enfant comme la manifestation d'une personnalité en train de se construire elle-même.

L'approche Montessori possède des liens avec la psychologie contemporaine. Toute l'importance que Maria Montessori accorde à la préparation de l'environnement n'est pas sans rappeler le béhaviorisme paradigmatique. Toutefois, elle ne façonne pas l'environnement pour que l'enfant fasse ce qu'on attend de lui, mais bien pour que lui-même trouve les racines de sa propre nature. Les volets culturel et moral sont si importants dans cette approche qu'il est difficile de pousser plus loin le parallèle avec le béhaviorisme. C'est beaucoup plus avec le développement de la personne qu'un lien filial peut être établi puisque le respect de l'enfant et de son potentiel, présent dans la pédagogie Montessori, demeure une dimension essentielle de la psychologie qui a été qualifiée d'humaniste.

S'il est possible de pousser plus loin les parallèles, rappelons que les travaux de Montessori ont subi l'épreuve du temps et de l'espace. Son approche s'est répandue dès 1907 dans tous les pays libres du monde et encore aujourd'hui, à la suite de l'enrichissement de cette pédagogie, le nombre d'écoles grandit sans cesse. Mais comment les premières découvertes ont-elles été faites ?

7.1 HISTORIQUE : À LA DÉCOUVERTE DE L'ENFANT

Maria Montessori est née en 1870 à Chiaravalle, près d'Ancône, en Italie. Elle acquiert son esprit scientifique par sa formation en médecine. Elle termine ses études avec la qualité de première femme médecin d'Italie. Elle travaillera ensuite avec des enfants que l'on dit « idiots ». S'inspirant des travaux des Français Itard et Seguin, travaux qu'elle traduira en italien, elle élaborera des méthodes basées sur l'observation. Elle obtiendra rapidement un tel succès qu'un bon nombre de ses enfants « idiots » pourront se mesurer aux enfants des écoles ordinaires. Ce succès attire l'attention ; mais alors qu'on s'intéresse à ses enfants déficients, elle se demande comment les enfants normaux n'arrivent pas à faire beaucoup plus que les siens. Ainsi naît cette idée d'étendre ses méthodes à tous les enfants.

L'anecdote suivante, qui souligne son sens aigu de l'observation, dévoile sa confiance en la nature humaine et son intelligence. Alors qu'elle visitait l'asile pour enfants « idiots », on lui a montré de jeunes résidents réunis dans une salle dénudée de tout matériel ou mobilier en train de jouer avec des miettes de pain laissées après le repas. Alors que l'hôte signalait combien ces enfants se conduisaient comme des animaux, elle se dit qu'au contraire leur jeu révélait une intelligence débordante. À défaut d'autres stimulations, ces enfants s'inventaient des jeux avec ce qu'ils avaient à leur disposition.

Dans une banlieue ouvrière de Rome, San Lorenzo, on lui confiera la direction d'une école. C'est là qu'elle mettra en application ses réflexions et méthodes avec des enfants défavorisés mais non déficients. Elle y poursuivra là ses travaux, patiemment et assidûment. Les résultats qu'elle obtient, extraordinaires pour l'époque, attireront l'attention générale au moment où l'éducation de masse devient une réalité sociale. On la visitera mais, surtout, elle sera invitée partout à venir exposer les résultats de ses travaux. Alexander Graham Bell préparera sa visite aux États-Unis, où elle fera une démonstration de classe à l'exposition universelle de San Francisco. On commencera dès lors à lui demander de participer à l'implantation d'écoles Montessori. Elle se montre intéressée, mais à la condition d'être responsable de la formation des maîtres. On viendra l'entendre de tous les coins de la planète pour apprendre sa méthode.

En 1929, Maria Montessori fonde l'Association Montessori internationale (AMI), qui sera vouée à la promotion de l'enfance et de son développement. Il fallait qu'un organisme puisse défendre l'intégrité de cette approche, car il arrivait que seuls certains aspects étaient retenus au détriment de l'ensemble. C'était penser qu'il ne s'agissait là que de méthodes didactiques sans finalité globale, alors qu'il était question tout autant d'une nécessaire philosophie de l'enfant que de l'organisation de moyens pour répondre aux besoins de développement de cet enfant.

La fondatrice aura à esquiver des dictateurs qui voudront la prendre à partie. En Italie, elle échappera à Mussolini pour se retrouver en Espagne, d'où elle se sauvera pour arriver en Angleterre. Hitler fera brûler tous ses ouvrages. Comme citoyenne italienne, elle sera assignée à résidence en Inde au cours de la Seconde Guerre mondiale. Là, elle formera plusieurs milliers de professeurs qui établiront sa marque dans ce pays. L'approche Montessori, ou école de la liberté responsable, n'a jamais pris racine dans des lieux où la dictature, sous quelque forme que ce soit, régnait. Sous le régime nazi, on a fermé les écoles Montessori en Allemagne; de même en Argentine sous le régime des colonels. En Europe de l'Est, de nouveaux projets voient le jour depuis la tombée du mur de Berlin.

Maria Montessori a réagi à l'horreur de la guerre en invitant les sociétés à travailler à la construction d'une personne nouvelle. Elle a fait l'apologie de l'enfant comme source d'espoir, particulièrement dans un de ses derniers ouvrages, *Éducation et paix* (1972). Ce message a été entendu partout dans le monde et continue de l'être. Elle a été en nomination pour le prix Nobel de la paix à plus d'une reprise avant de s'éteindre en Hollande en 1952.

Ses principes sont toujours appliqués dans de nombreuses écoles sur tous les continents. Si, à la fin des années 1950, il ne restait plus que quelques écoles aux États-Unis sous l'influence des idées du philosophe John Dewey et de ses disciples, aujourd'hui on en compte plus de 4500. Au Canada, la première école a été fondée dans les années 1910, par Alexander Graham Bell à sa résidence d'été en Nouvelle-Écosse; elle était dirigée par Miss Fletcher. Il y a près de 200 écoles Montessori au Canada actuellement.

Tous ces établissements ne respectent pas l'ensemble des exigences inhérentes à la démarche de Maria Montessori et on y trouve souvent beaucoup d'improvisation. Différentes organisations parallèles à l'Association Montessori internationale (AMI) ont vu le jour avec le temps. L'American Montessori Society, la St. Nicholas Society ou le London Montessori Center font la promotion de l'approche Montessori de façon intéressante, mais ils ne répondent pas à toutes ses exigences et ne sont dès lors pas reconnus par l'AMI. Décrivons les principes qui provoquent un tel engouement.

7.2 LE PRINCIPE DE BASE: SUIVRE L'ENFANT

7.2.1 La construction de la personne

Essentiellement, Maria Montessori montre que l'être humain se construit lui-même. L'adulte, par son action éducative, aide l'enfant dans son effort de construction; vu sous cet angle, l'adulte offre un service à l'enfant. Contrairement aux autres éléments du règne animal, l'être humain ne se développe pas par instinct mais en vertu de son potentiel. Comme être humain, nous possédons ainsi le privilège du choix, mais c'est par l'effort et le travail que nous pouvons devenir ce à quoi notre nature nous appelle. Même si ce travail de construction de la personne est intérieur, il est toutefois amorcé à partir de stimulations extérieures. Dans ce contexte, le rôle de l'adulte éducateur est important puisque celui-ci enlève les obstacles sur la voie du développement tout en assurant à l'enfant la liberté de se construire. Le leitmotiv de l'approche Montessori est : « Aide-moi à faire seul ! »

7.2.2 Les tendances humaines

Pour que l'adulte aide l'enfant dans son développement, il lui faut connaître les caractéristiques de celui-ci. Maria Montessori a pu déterminer autant des tendances propres à tout le genre humain que des particularités dans les périodes du développement. C'est de la façon que l'être humain satisfait ses besoins fondamentaux que les tendances peuvent être désignées. Par l'action, l'individu manifeste ces facteurs qui lui permettent de s'adapter à toutes les sociétés. Mario Montessori (1957), fils et collègue de Maria, soulignera qu'il faut connaître ces facteurs pour encourager l'effort du développement sans l'entraver.

Les tendances à l'orientation, à l'exploration et à l'ordre sont parmi les premières. Dans *The Secret of Childhood*, Maria Montessori (1986) raconte l'anecdote de la dame au parapluie. Un jeune enfant se fâche parce qu'une dame n'a pas posé son parapluie à l'endroit approprié ; il exige presque que la dame pose ce parapluie à sa place pour être satisfait. Dans ce cas, il ne s'agit pas d'un caprice, mais plutôt d'une indication que le jeune enfant a besoin de retrouver un ordre extérieur jusqu'à ce qu'il ait établi pour lui-même sa propre orientation dans le monde. Après avoir bien saisi où se situent les choses, l'enfant va commencer à explorer. S'il a appris à lire, il pourra explorer ce que les livres lui révéleront. Finalement, si l'on ne trouve pas une chose là où elle devrait être, on va chercher à la placer à l'endroit voulu ; par exemple, si à partir d'une recherche on a recueilli différents faits, il faudra rédiger un texte les mettant en relation de façon appropriée pour exprimer la connaissance.

Le travail, l'imagination, la précision ainsi que la répétition sont d'autres tendances humaines. Le travail permet de satisfaire ses besoins par le biais de l'action. Grâce à l'imagination, à l'action de l'esprit, ce qui est inexistant peut être conçu et prendre forme. C'est par le souci d'améliorer les choses qu'on peut voir à l'œuvre la tendance à la précision chez l'être humain. Pour atteindre un plus haut degré de précision, il faudra bien sûr répéter des gestes et des efforts.

Enfin, il y a la tendance à communiquer qui, dans sa forme générale, correspond à l'amour. Sans amour, la vie humaine n'est pas possible. Toutes ces tendances constituent la culture comme façon de vivre des individus. De plus, c'est parce que l'enfant veut ordonner, explorer, communiquer qu'on peut voir la voie de son développement. Dans la classe, le professeur doit donc se montrer attentif à la manifestation de ces tendances, pour ensuite les reconnaître sans délai. Ces tendances guident l'action pédagogique.

7.3 LES PÉRIODES DE DÉVELOPPEMENT

Suffit-il de discerner une tendance pour savoir quelle action éducative entreprendre ? La multitude des possibilités rendrait impossible l'intervention efficace. Mais le développement humain passe par des périodes de sensibilité particulières sur lesquelles l'approche Montessori est fondée. D'aucuns ont pensé et pensent encore que le développement de l'enfant est linéaire ; selon cette perspective, le système éducatif a pour rôle d'exercer une pression de plus en plus forte sur le jeune pour qu'il s'adapte à son milieu. Par ailleurs, on sait que l'enfant apprend par lui-même à parler simplement au contact de gens qui parlent. Ainsi, la vision linéaire ne passe pas l'épreuve de l'expérience.

Maria Montessori a pu observer que la construction de soi ne se produisait pas de façon linéaire mais par étapes successives, comme la métamorphose de la chenille en papillon. Le développement s'étend sur quatre grandes étapes, de la naissance à 24 ans. Cette idée de périodes a été reprise plus tard par Piaget, bien au fait de l'apport de Montessori. La première phase s'étale de la naissance à 6 ans. La deuxième, qui consolide quelque peu la première, commence à l'âge de raison et se termine à 12 ans, au début de l'adolescence. La troisième phase, qui couvre l'adolescence, se termine à 18 ans. Finalement, de 18 à 24 ans, le jeune adulte termine son développement. Soulignons que les tendances humaines se manifestent tout au long du développement mais de façon différente selon la période. Quelles sont les caractéristiques de chacune des périodes ? Nous exposerons dans les pages qui suivent les particularités des deux premières périodes.

7.4 LA PREMIÈRE PÉRIODE DE DÉVELOPPEMENT : L'ESPRIT ABSORBANT

Durant la première période, le jeune enfant cherche à acquérir une personnalité individuelle. Pour ce faire, il a besoin d'un milieu protecteur et réduit parce qu'il ne peut se protéger lui-même. Tous les efforts de l'enfant tendent à atteindre l'indépendance physique et c'est pourquoi le rôle de l'éducateur est d'éliminer les obstacles à l'atteinte de ce but.

Il faudra garder le nourrisson près de soi pour favoriser l'attachement nécessaire à l'acquisition de la confiance primordiale, l'aider dans la transition du sevrage vers une nourriture plus solide et l'encourager dans l'apprentissage de la marche ; il faudra utiliser tous les canaux de communication pour l'aider dans ses efforts à parler et le soutenir dans ses tentatives de participation aux activités pratiques de la maison.

La principale caractéristique de cette période est ce que Maria Montessori appelle l'« esprit absorbant », cette capacité que possède l'enfant d'assimiler tous les éléments de son milieu comme si son esprit était une éponge. Toute la recherche contemporaine en psychoneurologie met en évidence cette plasticité exceptionnelle du système nerveux de l'enfant. Celui-ci absorbera ainsi toute la culture environnante et, par le fait même, il deviendra chinois, américain, italien ou québécois.

Au cours de cette première période, l'exploration est principalement sensorielle alors qu'à la période suivante elle sera imaginative. L'enfant sera particulièrement sensible à l'ordre extérieur. Il a besoin de beaucoup de stabilité physique, de routines de vie. On le verra répéter les mêmes gestes pour arriver à maîtriser ses actions aussi parfaitement que possible. Il manifestera une réaction particulièrement sensible au langage, qu'il parviendra à posséder complètement et à enrichir progressivement sans restriction. Il se montre très habile dans l'apprentissage d'une langue étrangère à cette période. Il affermira sa volonté en fonction du milieu qu'il fréquentera ; si son entourage s'assume et est responsable, il réagira de même ; s'il est nonchalant, il le deviendra aussi. Souvent, on dira de l'enfant de cet âge qu'il est égocentrique ; il faut voir là la manifestation de tous ses efforts à construire son individualité propre. Il aime la compagnie d'autres enfants, mais ses amitiés sont légères et il se mêle facilement à différents groupes ; toutefois, il préfère travailler seul.

À partir de trois ans, l'enfant manifeste une intelligence plus intériorisée. Il s'intéresse à de multiples faits ainsi qu'au nom des choses. Il profitera d'un environnement élargi mais tout aussi prévisible et protecteur. Voici les qualités d'un environnement Montessori pour les trois à six ans :

1. Le milieu est très ordonné. Chaque chose possède une place et est à sa place.
2. Le milieu est beau, attirant et invitant.
3. Dans ce milieu, l'enfant reçoit de l'aide dans ses efforts de classification et d'acquisition du langage en nommant les choses qui l'entourent.
4. Le mobilier est fait à la mesure de l'enfant pour lui permettre d'atteindre l'indépendance.
5. L'enfant peut reprendre et répéter des activités.
6. Il est encouragé à raffiner ses gestes par l'expression de la politesse et de la courtoisie.
7. Tout dans l'environnement est imprégné de langage.
8. On encourage l'enfant à développer sa volonté et sa sociabilité en lui présentant un exemplaire unique de chaque activité, de façon à renforcer sa maîtrise de lui-même.

7.4.1 L'éducation du jeune enfant : l'aider à « faire » seul

Chez le nourrisson, Montanaro (1990) a mis en évidence les particularités de la période prénatale et les soins rattachés à une gestation bienveillante. Elle a souligné toute l'importance de l'attachement et de la symbiose maternels des deux premiers mois, le rôle du père dans le développement de l'indépendance ainsi que le sens des soins maternels et la portée de la communication. L'enfant coordonnera ses mouvements et apprendra à parler. Trois moments de crise surgiront: la naissance, le sevrage et l'opposition. Tous trois seront l'occasion de dépassement si l'on a aidé le nourrisson à les assumer.

Chez le jeune enfant âgé entre trois et six ans, l'intervention éducative est déjà plus organisée pour mieux répondre aux besoins vitaux de cette période. Selon l'approche Montessori, on réunit dans un même groupe une trentaine d'enfants de trois, quatre et cinq ans répartis également. Les plus jeunes, curieux, s'inspirent des plus vieux et s'imprègnent de l'ambiance créée. Ils s'insèrent dans une mini-société qui a ses règles, ses us et coutumes. Ils assimilent ces règles et s'y adaptent parfaitement. C'est à l'enseignant, qui a un rôle de guide pour l'essentiel, que revient la responsabilité de préparer l'environnement et de créer l'ambiance initiale que les enfants reproduiront par imitation. Les enfants doivent pouvoir se mouvoir parce qu'ils en ont un urgent besoin à cette étape de leur vie. Alors l'enseignant leur montrera comment se mouvoir, comment replacer une chaise lorsqu'on quitte une table de travail, comment respecter le travail qu'un autre enfant a disposé sur un petit tapis au sol, comment se dire bonjour en arrivant le matin et au revoir en se laissant le soir. Toutes ces façons de faire forment les règles de base. Elles sont la manifestation concrète de règles de vie et du savoir-vivre.

Les longues et minutieuses observations que Maria Montessori a pu faire des jeunes enfants devant le matériel qu'on leur présente lui ont montré que les enfants préféraient le travail au jeu. En effet, ils avaient tendance à se désintéresser des jouets rutilants mais sans intérêt pour l'esprit et à se concentrer sur le matériel qui présentait une énigme quelconque à résoudre ou qui exigeait une adresse particulière pour être utilisé. Pour se guider, elle s'est intéressée aux possibilités du matériel d'Itard et de Seguin. Elle a abstrait les principes inhérents à ce matériel, par ailleurs fascinant pour les enfants, dans le but de concevoir en système tout un éventail d'objets didactiques. Les activités disponibles à partir de ce matériel sont regroupées en quatre champs imprégnés chacun d'éléments culturels: la vie pratique, l'éducation sensorielle, le langage et la numération.

Comme l'enfant travaille de façon plutôt individuelle, l'enseignant lui présentera les activités une à une en jugeant de leur pertinence en fonction de l'état de son développement. De cette façon, la classe se transforme en véritable ruche. Chaque enfant est engagé dans une activité différente en général de celle du voisin. Cette personnalisation n'empêche pas les échanges, les activités de groupe comme les chansons, la lecture ou les activités psychomotrices. Mais il y aura un temps pour chaque chose dans la routine de la journée. Cette routine donne un caractère prévisible à l'environnement dans lequel est placé l'enfant et c'est elle qui lui permet d'assumer son indépendance.

7.4.2 La vie pratique

Lorsque l'enfant arrive au monde, sa première tâche est de s'adapter à son environnement pour devenir un membre du groupe humain auquel il appartient en propre. Les premiers éléments perçus et absorbés par l'enfant sont les nombreux niveaux d'ordre établis dans la maison. Les activités quotidiennes des adultes pour entretenir et embellir la vie de la maison, le soin des autres tout autant que de soi-même, les rituels d'accueil et d'hospitalité envers les invités sont tous plus fascinants les uns que les autres pour le jeune enfant parce qu'ils sont beaux, logiques et compréhensibles. Ils donnent à l'enfant la sécurité nécessaire à son développement. Dans les sociétés plus primitives, les jeunes enfants participent activement aux activités quotidiennes de la famille. Dans nos collectivités plus complexes et fragmentées, la richesse de l'expérience humaine accessible dans une petite communauté cohérente leur fait défaut. Évidemment, les mécanismes d'adaptation sont toujours présents et les exercices de la «vie pratique», à la base d'un environnement Montessori, offrent à l'enfant un éventail de possibilités pour acquérir le contrôle et la coordination des mouvements, la sensibilité à son milieu, des processus de pensée ordonnés, des habitudes pour un travail indépendant et plusieurs autres caractéristiques humaines atteintes seulement par une activité spontanée et déterminée.

Les exercices de la «vie pratique» se classent sous les rubriques suivantes: exercices préliminaires, soin de l'environnement, soin de sa personne, courtoisie et bonnes manières et mouvement. Pour chacun de ces domaines, la matériel didactique est adapté aux capacités et aux dimensions de l'enfant. Essentiellement, ces exercices sont les mêmes partout dans le monde, mais dans la pratique ils diffèrent selon les sociétés puisqu'ils reflètent la culture du coin de pays où est établie chaque école Montessori.

7.4.3 L'éducation sensorielle

Plusieurs noms ont été donnés au matériel d'éducation sensorielle: «Abstractions matérialisées», «Clés de l'univers», «Voies vers la culture», etc. Ce matériel est d'apparence très simple et tout à fait satisfaisant pour l'enfant. La raison de sa popularité réside dans le fait que l'enfant, s'il en a la possibilité, avec ou sans matériel spécialisé, classera les éléments selon le format, la couleur, la forme, la sonorité, la température, le poids, etc. Ce matériel sensoriel Montessori permettra à l'enfant de classifier ses impressions sensorielles d'une façon organisée, ordonnée et scientifique. Il est présenté de telle façon qu'il permet d'isoler un aspect ou une qualité à la fois pendant que les autres aspects ou qualités demeurent constants. De plus, chaque composante de ce matériel didactique possède un contrôle de l'erreur intrinsèque, ce qui aide l'enfant à acquérir l'habitude d'un travail indépendant en sachant que l'erreur fait partie du processus d'apprentissage. Parallèlement, une attitude d'honnêteté intellectuelle pourra ainsi prendre racine. Le travail avec ce matériel donnera à l'enfant une meilleure perception du monde qui l'entoure. Grâce à la clarté de chacun des concepts illustrés par ce matériel didactique, l'enfant aura une base solide pour l'étude éventuelle des mathématiques, de la géométrie, de la géographie, de la botanique, des arts et de la musique.

7.4.4 Le langage

Des visiteurs du monde entier sont venus voir les «enfants miracles» de Maria Montessori. Ces enfants provenaient de familles illettrées et ils avaient commencé à écrire et à lire «spontanément» après avoir travaillé avec du matériel très simple: les encastrements métalliques servant au contrôle du mouvement de l'écriture, les lettres rugueuses utilisées pour l'apprentissage du son et de la forme des lettres et l'alphabet mobile permettant de placer les lettres dans l'ordre nécessaire pour former des mots.

Lorsque des enfants de trois ans arrivent dans l'environnement Montessori, ils savent correctement parler. Leur vocabulaire est assez riche et leur grammaire est bien structurée. Leur intérêt pour l'apprentissage de la langue écrite est tout à fait naturel. Tout éducateur sait que le langage est quelque chose que l'enfant construit lui-même, guidé par un milieu d'apprentissage riche et varié. Le matériel de langage Montessori a été conçu pour isoler certains éléments universels de tout langage. Par exemple, tout mot est fait de sons rendus visibles par des signes écrits. Dans chaque langue, les mots ont différentes fonctions et les phrases ont une structure centrée sur l'action. L'apprentissage de ces clés permet à l'enfant de mieux prendre conscience de sa langue maternelle.

Par ailleurs, il faut ajouter que tout l'environnement a été préparé pour enrichir non seulement le langage courant mais surtout le langage précis et nuancé. Les activités dans ce secteur sont graduées à partir d'une phase de préparation indirecte à la langue écrite avant que l'enfant aborde les différents éléments de sa mécanique. Il apprendra en parallèle l'alphabet cursif et script sans éprouver de difficultés particulières. Il écrira en cursif et lira en script, l'écriture précédant la lecture dans l'approche Montessori. Des sons, il passera aux diagrammes (ai), puis aux mots phonétiques (domino), aux mots plus complexes jusqu'à ce que Maria Montessori appelle la «lecture totale», c'est-à-dire la lecture pour le sens de ce qui est écrit. L'enfant apprendra généralement à lire très bien et très tôt, sans dressage, par la découverte, l'intérêt et le dépassement.

Maria Montessori a souvent été critiquée pour sa démarche qui semble préconiser le décodage au détriment du sens. Pour l'éducatrice, il n'est pas ici question de méthode mais plutôt d'observation de l'enfant: c'est lui qui dicte son intervention à trois ans comme à six ans. Il faudra rappeler qu'elle offre à l'enfant de trois ans la forme écrite des sons, ce qui a beaucoup de sens pour un enfant de cet âge. Vers cinq ans, l'intelligence est plus vive, le sens du mot ou de la phrase devient plus intéressant pour l'enfant et il sera alors rendu à l'étape de la lecture totale. Elle ne préconise pas une telle série d'étapes pour un enfant qui apprend à lire à six ans parce qu'il a déjà atteint une autre étape de son développement. Les approches mixtes sauront alors mieux répondre à ses besoins. Maria Montessori aura observé qu'avant six ans l'enfant possède une sensibilité particulière pour le langage, non seulement oral mais écrit.

7.4.5 Les mathématiques

C'est peut-être le matériel de mathématiques qui est le plus attrayant. Sa simplicité plaît tout autant que son élégance et son caractère démonstratif. Avant que l'enfant travaille avec ce matériel, son esprit mathématique aura été préparé de façon indirecte par tous les exercices de la vie pratique requérant l'acquisition des séquences de comportements logiques. De même, les exercices d'éducation sensorielle auront servi de complément de préparation en vertu de l'ordre inhérent au matériel. Dans l'approche Montessori, la préparation indirecte qui agit de manière inconsciente chez l'enfant et qui correspond à sa façon naturelle d'apprendre est importante. Avec le matériel de mathématiques, chaque élément attire l'attention sur un concept unique. Ces concepts sont ensuite intégrés dans des exercices permettant une compréhension mathématique plus avancée.

Comme pour le langage, l'enfant apprendra par une série d'activités graduées: la forme des chiffres, la quantité et l'ordre dans les chiffres, les nombres pairs et impairs, le système décimal de 10 à 20, puis de 20 à 100, la suite des nombres jusqu'à 1000. De même, l'enfant apprendra chacune des opérations à l'aide d'objets qu'il pourra manipuler. Ainsi, lorsqu'il exécutera une opération, l'enfant empruntera, fera une retenue ou transformera littéralement les quantités. En regroupant les quantités ou en les séparant, l'enfant perçoit inconsciemment le jeu des nombres. Il fera de la sorte des acquisitions fondamentales à la connaissance mathématique, acquisitions qu'il pourra poursuivre plus abstraitement plus tard. Un enfant arrivera très bien à faire les quatre opérations à cinq ans et même avant dans une telle ambiance. Par la numération mathématique, c'est le sens de la rigueur qui est semé dans un esprit qui la recherche.

7.4.6 La culture

Lorsqu'il entre en classe préscolaire, l'enfant s'intéresse au langage tout autant qu'il explore sensoriellement. Mais il se montre aussi très curieux de l'univers qui l'entoure. Avec le matériel de géographie, l'enfant prend connaissance des éléments de son monde physique: la terre est une sphère constituée de territoires et d'étendues d'eau; ceux-ci ont des formes caractéristiques qui portent des noms précis; la réunion des territoires représente les continents alors que les étendues d'eau s'appellent des océans; finalement, les continents possèdent des noms que l'enfant apprendra pour parvenir à les distinguer. Il pourra ainsi apprendre le nom des pays et de leur capitale ainsi que reconnaître les drapeaux.

Parmi la multitude des expériences sensorielles que l'enfant aura faites avant trois ans, plusieurs l'auront mis en contact avec les plantes, les fleurs et les animaux. Dans l'environnement préparé d'une classe Montessori, l'enfant aura la chance d'explorer sensoriellement ces éléments et d'apprendre leur nom. Il pourra par exemple disposer d'un matériel qui lui permettra de distinguer la forme des feuilles, les parties de la fleur et de la plante. Il acquerra ainsi la base d'une éducation scientifique ultérieure.

Par des tableaux, des affiches et des objets, différents aspects de la culture humaine sont présentés à l'enfant pour l'inspirer. Il écoutera de la musique, on lui montrera la vie des compositeurs. Il en sera de même pour l'art et les artistes peintres. La classe Montessori se doit d'être un environnement culturel complet en miniature.

7.4.7 L'art d'éduquer et sa finalité: un «enfant normal»

Selon Maria Montessori, l'adulte qui guide l'enfant doit garder une position effacée dans ses interventions. Cet adulte sait observer l'enfant et comprendre ses besoins de base, qu'il distinguera de ses caprices. Il prend ses distances aussitôt que l'enfant participe à son développement et, à l'inverse, il ne fait preuve d'aucune tolérance pour les conduites de laisser-aller. Une grande part de jugement entre ici en ligne de compte et c'est pourquoi l'action éducative est un art. Maria Montessori (1958b, p. 41) souligner ceci:

> *Quand les maîtresses furent fatiguées de mes observations* [sur la liberté à accorder], *elles laissèrent faire aux enfants tout ce qu'ils voulaient: j'en vis certains les pieds sur la table et les doigts dans le nez sans qu'elles intervinssent pour les corriger; j'en vis d'autres donner des coups aux compagnons et arborer des expressions de violence sans qu'elles leur firent la moindre observation. Alors je dus intervenir patiemment, et montrer avec quelle rigueur absolue on devait empêcher et, peu à peu, étouffer tous les gestes indésirables, afin que l'enfant eût un clair discernement du bien et du mal.*

Quelques lignes plus loin, elle ajoute, pour rendre son propos plus clair:

> [...] *Le devoir de l'éducatrice* [sera] *d'empêcher l'enfant de confondre le bien avec l'immobilité, et le mal avec l'activité.*

Que devrait-on observer chez l'enfant qui reçoit une éducation normale? Pour Maria Montessori, la normalité est ce qu'on devrait pouvoir remarquer chez un enfant qui trouve un cadre approprié à ses efforts de développement. C'est en fonction de sa recherche d'individualisation que peut être établie la normalité de l'enfant de trois à six ans. Un enfant normal sera capable de travailler de façon indépendante en respectant l'occupation des autres, de se concentrer sur sa tâche, de démontrer sa maîtrise des bonnes manières; il saura se montrer attentif aux présentations qui pourraient lui être faites. Il contrôlera les mouvements de son corps et fera preuve d'une certaine dextérité; il pourra agir ainsi avec détermination et maîtrise. Mais qu'en est-il des déviations? Un enfant laissé à lui-même ou vivant dans un cadre désordonné et imprévisible risquera d'être capricieux, confus et mal assuré.

7.5 LA SECONDE PÉRIODE DE DÉVELOPPEMENT: LES CARACTÉRISTIQUES PSYCHOLOGIQUES

Dans l'approche Montessori, l'enfant renaît lors de la deuxième période de développement. Si l'individualité prenait forme au cours de la première période, c'est la personnalité sociale qui se construit de 6 à 12 ans. De la naissance à 6 ans, l'enfant s'est adapté au monde qui l'entoure; de 6 à 12 ans, il s'adaptera à la société et à ses règles. Comment se manifeste cette naissance sociale?

L'enfant se sépare de sa famille dans un certain sens. Il adopte les us et coutumes de ses pairs. Physiquement, il est beaucoup plus fort; il est moins souvent malade puisque son système immunitaire s'est développé. Il aime être avec son groupe d'amis et on dira qu'à partir de cet âge il a l'esprit grégaire. Mais de façon plus importante, son sens moral s'affine. Comme d'autres psychologues l'ont confirmé, dont Piaget, l'enfant commence à vivre en fonction de règles objectives. Dans une première phase, il aura tendance à critiquer les uns et les autres; après neuf ans, cette tendance disparaîtra.

Au cours de la première période, l'enfant explorait par ses sens et à partir de données concrètes; après six ans, c'est par l'imagination que ce penchant à l'exploration se manifestera. Si l'imagination était simplement une faculté de l'esprit, elle devient maintenant un outil utilisé consciemment et diligemment par l'enfant du primaire. Pourquoi éprouve-t-il autant d'admiration pour son professeur ou pour d'autres personnages? Il a le culte du héros et, selon lui, son enseignant sait tout, il l'inspire. Il aime tout ce qui est extraordinaire.

Intellectuellement, c'est la période au cours de laquelle l'enfant devient conscient des apprentissages qu'il fait. C'est l'âge de raison et il aime faire les efforts que le raisonnement exige. En vertu de ce besoin, le travail doit toujours être présenté comme un défi; l'enfant s'attend à relever des défis et à s'appliquer avec zèle. C'est grâce à cette application que sa concentration se développera. Il fera preuve, dans des conditions adéquates, d'une capacité de travail soutenue et prolongée. C'est à cet âge que son sens des responsabilités prendra de l'ampleur.

L'enfant cherche à s'insérer dans la société en adoptant ses façons de faire; encore faudra-t-il procurer l'environnement et les conditions favorables à ses efforts de construction. Essentiellement, il aura besoin de sentir que quelqu'un se préoccupe de lui. Il lui faut un espace qu'il peut lui-même dominer, une forme d'éducation où peut intervenir son imagination et des responsabilités relatives à son milieu de vie. Mais plus largement, ces enfants ont besoin d'un lien avec le monde, l'univers et le cosmos. Voilà fondamentalement, selon Maria Montessori, le lieu de leur intérêt. Ils apprécieront dès lors les sorties dites éducatives au cours desquelles ils feront l'expérience directe des phénomènes du monde.

Quel est principalement le contenu d'un programme scolaire adapté aux besoins de l'enfant de cet âge et à ses caractéristiques psychologiques? La compréhension du cosmos. Maria Montessori donnera le nom d'«éducation cosmique» à l'entreprise d'aide à la vie de l'enfant. Elle dira ceci:

> *Le secret de la réussite réside dans des interventions opportunes et imaginatives servant à éveiller la curiosité et à stimuler l'intérêt déjà suscité par les textes et les images accessibles à l'enfant; mais tout cela en étroite relation avec une idée centrale d'inspiration ennoblissante: le plan cosmique par lequel chacun, consciemment ou inconsciemment, participe à la finalité de la vie.* (Montessori, 1991b, p. 1-2; traduction libre.)

Pour l'essentiel, il s'agit de diffuser un maximum d'idées intéressantes qui seront reçues superficiellement d'abord, mais qui pourront s'enraciner par la suite. Quel contenu satisfera les besoins de l'enfant avide de raisonnements, fera appel à son imagination et lui présentera suffisamment de faits extraordinaires et inspirants, posera un défi intellectuel enthousiasmant et exigera le dépassement personnel comme l'intégrité morale? L'univers, rien de moins!

Souvent, l'approche Montessori est confondue avec la pédagogie ouverte ou la pédagogie active. Si, avec la pédagogie Montessori, l'enfant est actif et l'enseignement ouvert, il existe toutefois un programme d'activités graduées qui répondra systématiquement aux besoins de l'enfant. L'univers est ordonné et c'est cet ordre qu'on présente à l'enfant. Avec Maria Montessori, nous allons tenter de montrer les interrelations qui existent entre les choses et combien ces interrelations sont prévisibles. L'enfant qui réalise ce qu'il veut savoir et qui accepte une responsabilité personnelle comme membre d'une société possède les moyens nécessaires pour devenir un membre actif de la collectivité. Voilà l'enjeu de l'éducation cosmique.

Mais comment allons-nous ouvrir la porte à l'univers? L'enfant exécutera différentes activités en fonction de différentes matières, mais celles-ci seront introduites en début d'année par ce que Maria Montessori appelle les «grandes leçons». Il y a cinq grandes leçons. La première porte sur l'origine de l'univers. La deuxième concerne l'histoire de l'apparition de la vie. La troisième touche l'apparition des êtres humains. Ces trois premières leçons ont pour but de centrer l'enfant sur sa condition d'être humain dans l'ordre de l'univers. Cette question est particulièrement importante pour l'enfant à cette époque de sa vie.

Les quatrième et cinquième grandes leçons portent sur deux grandes inventions des êtres humains: l'écriture et les nombres. Elles ont pour fonction de susciter la gratitude envers nos ancêtres qui ont travaillé avant nous. Toutes ensemble, elles servent à susciter la motivation de l'enfant et à apporter un cadre de travail et de découverte.

Même quand elles ne sont pas expressément rattachées à une leçon en particulier, les activités demeurent reliées d'une façon quelconque à ces cinq grandes leçons. Dans la perspective Montessori, le programme ne doit pas primer sur la mise en considération des caractéristiques psychologiques de l'enfant. L'enfant doit demeurer dans le champ d'observation de l'enseignant et le programme doit répondre aux nécessités de son développement. Un enseignement centré sur la simple transmission des connaissances perdra éventuellement de vue la sensibilité de l'élève et toute l'entreprise éducative deviendra dès lors caduque.

Fondamentalement, l'enfant se pose des questions relatives à l'espace, au temps et à la vie. Les trois premières grandes leçons répondent à ces jeunes philosophes en herbe en transmettant un sentiment de gratitude envers les lois, l'ordre et l'harmonie de tout ce qui existe. Chaque activité ultérieure sera centrée sur une préoccupation plus pointue. Mais encore là, dans une discipline donnée, il existe un certain nombre d'étapes à suivre pour rendre l'apprentissage intelligible. Par exemple, si le concept de fraction est enseigné, il faudra d'abord présenter la dimension sensorielle et concrète d'une fraction, ensuite le symbole servant à représenter la fraction, etc. Les difficultés sont donc échelonnées et partent du concret pour se rendre à l'abstrait.

7.6 LA PERSPECTIVE DU PROGRAMME AU PRIMAIRE: L'ÉDUCATION AU COSMOS

Qualifiée de cosmique, l'approche Montessori au primaire fait-elle référence à quelque forme d'ésotérisme contemporain? Au contraire! Si Maria Montessori a choisi cet adjectif pour désigner sa pédagogie, c'est avant tout parce que l'enfant de cet âge cherche à comprendre le monde dans toutes ses manifestations. C'est ensuite pour transmettre à l'enfant qui se construit avec un sens moral en émergence la notion de finalité profonde qui anime l'univers qui l'entoure. Le monde physique possède ses lois tout en évoluant de façon constante; le monde vivant possède aussi ses lois, auxquelles participe l'être humain. Celui-ci est engagé dans une aventure de civilisation depuis la nuit des temps. Tout au long de ce long parcours, il a su par son intelligence et son humanité faire progresser la société des personnes. L'éducation primaire Montessori vise ainsi à aider l'enfant à s'inscrire dans l'avancement de la civilisation par cette téléologie. Maria Montessori (1991b, p. 9) dira ceci:

> *Puisqu'on sait qu'il faut donner beaucoup à l'enfant, donnons-lui une vision de l'univers dans son entier. L'univers est une réalité imposante et une réponse à toutes les questions. Nous devrons tous marcher sur le chemin de la vie puisque toutes choses font partie de l'univers et sont reliées les unes aux autres pour former une seule unité. Cette idée aide l'esprit de l'enfant à s'arrêter, à cesser de se perdre dans une quête de connaissance sans but. Il trouve satisfaction parce qu'il a trouvé le centre universel de lui-même en lien avec toutes choses.* (Traduction libre.)

À l'école traditionnelle, le programme est établi en fonction du régime pédagogique et d'un horaire serré. L'orientation est disciplinaire. L'approche Montessori se distingue de cette perspective en partant du fait que l'enfant, au début de son primaire, ne connaît pas les disciplines mais s'intéresse à la nature fondamentale des choses. Par ses questions, les recherches qu'il effectuera, les activités et exercices qu'il fera, il apprendra progressivement à structurer sa pensée en fonction des ensembles de connaissances que ses prédécesseurs auront su cerner, soit les matières comme la géographie, l'histoire, la biologie, le français, les mathématiques et les arts. En pratique, il passera autant de temps à étudier chacune des matières qu'il l'aurait fait avec le régime pédagogique; seulement, au lieu de travailler selon un horaire serré, il apprendra en fonction d'un plan de travail dont il sera responsable et à partir duquel il devra prendre et assumer des décisions. Évidemment, son travail ne s'effectue pas en vase clos; l'enseignant a la responsabilité d'observer les enfants et de déterminer les moments propices aux encouragements, aux nouvelles présentations ainsi qu'au passage en revue du travail déjà accompli. Toutes ces interventions sont accomplies au quotidien.

7.6.1 La géographie

Si l'on s'arrête aux différentes disciplines, soulignons, par exemple, que la géographie n'est pas enseignée en tant que matière avec ses différents secteurs de connaissances. L'intérêt des enfants porte sur l'univers, c'est pourquoi l'enseignant commencera par raconter l'origine de l'univers (première grande leçon). Ce domaine sera ensuite présenté comme un sac à surprises; tous les éléments qu'on montrera auront un lien avec la Terre et ses phénomènes. Des sujets comme l'astronomie et la physique seront abordés parce qu'ils sont en relation avec la Terre. Au préscolaire, les rudiments de la géographie ont été enseignés avec une grande attention accordée à la précision du langage. Au primaire, le programme évoluera pour amener l'enfant à la compréhension de la dynamique des phénomènes. Lorsque la question des cultures et de leurs coutumes est abordée au primaire, il faut essentiellement viser à ce que l'enfant puisse comprendre que les gens vivent et s'habillent en fonction du climat, de la flore et de la richesse du pays. Par la géographie, l'enfant apprendra que le monde physique obéit à des lois. Il pourra aisément nourrir sa fascination pour l'extraordinaire, pour la grandeur et pour l'ordre des choses.

7.6.2 L'histoire

À travers l'étude des premiers hommes, des premières civilisations et de celles qui les ont suivies jusqu'à aujourd'hui, il devient possible de comprendre que l'humanité s'est tissée par les échanges et par la satisfaction des besoins vitaux. Les enfants peuvent très bien voir et comprendre qu'aucun pays ou aucune culture n'est véritablement meilleur qu'un autre; aucun d'eux ne possède tout et, en conséquence, l'échange devient nécessaire. Maria Montessori (1991a, p. 77) dira ceci:

> *Nous ne cultivons pas chez l'enfant l'admiration des aventuriers et explorateurs du passé pour leur exprimer notre gratitude; ils ne sont pas là pour la recevoir. Mais nous cherchons à aider l'enfant à réaliser combien l'humanité est responsable de l'état des choses et combien elle continue d'avoir ce rôle à jouer. C'est cette réalité qui inspire l'âme et la conscience.* (Traduction libre.)

Avec l'histoire, on essaie de transmettre à l'enfant le bilan des progrès de l'humanité. Il faut transmettre l'héroïsme d'une multitude de personnes qui ont aidé à construire le présent. Ce n'est pas seulement les constructions des hommes sur lesquelles on s'arrête, mais également sur la transmission de la connaissance. Celle-ci s'est faite dans un geste essentiellement d'amour. Par l'histoire, on répond à une caractéristique psychologique fondamentale de l'enfant, son culte des héros. Mais on sensibilise également l'enfant à la contribution des personnes ordinaires, comme le travail des ouvriers des voies romaines ou des usines manufacturières du XIXe siècle. Tous ces récits alimentent le besoin de grandeur et de dépassement des enfants.

7.6.3 La biologie

Pour l'enfant, la biologie, c'est d'abord l'expérience des formes vivantes. S'il fait l'expérience de la vie dans son existence quotidienne, il est important qu'il trouve dans son environnement de classe les manifestations de la vie végétale et animale. Dans le plan « cosmique » que l'approche Montessori propose à l'enfant du primaire, dans « l'univers et ses lois », c'est la manifestation de la vie qui retient son attention et suscite son intérêt. La leçon sur l'apparition de la vie exprimera cette grande vision vitale. Il demeure toutefois important de situer les détails en fonction du tout, en indiquant combien chaque détail contribue au dessin d'ensemble. Toutes les activités ou présentations sont situées par rapport à l'ensemble. Les détails ne sont pas présentés en vue de compartimenter le savoir mais pour donner différents aspects de l'ensemble. Maria Montessori nous donne plusieurs exemples de cet enseignement dans son livre intitulé *De l'enfant à l'adolescent* (1958).

Mais comment procéder? On fera appel à l'imagination des enfants par des histoires et à leur penchant pour l'exploration par des sorties. Essentiellement, les besoins des animaux et des plantes constitueront le centre des activités. Ils feront l'expérience de différentes formes de vie et, puisque les enfants du primaire ont la propension à mettre en ordre en conceptualisant, ils seront amenés à classer. La classification étant un facteur clé dans l'étude de la biologie, ces enfants établiront par là les bases de leurs connaissances dans ce domaine.

7.6.4 Le langage (français)

L'enfant qui arrive au primaire possède déjà sa langue; s'il vient du préscolaire Montessori, il sait même lire et écrire. Alors, il ne s'agit pas de lui montrer le langage, mais de l'aider à se développer dans sa vie et, avec un langage plus nuancé, il pourra devenir un meilleur être humain. Le langage sert à communiquer avec les autres. Par celui-ci, il est possible de penser à plus de choses: le langage est le support des concepts.

Dans cette perspective de communication, Maria Montessori nous rappellera qu'on ne l'enseigne pas pour passer des examens. Par exemple, l'enseignement de la ponctuation n'a pas pour fonction de mieux faire réussir aux évaluations mais bien d'aider l'enfant à mieux s'exprimer. Il y a lieu également, et Maria Montessori insiste là-dessus, de faire comprendre à l'enfant que la langue est un domaine dont la progression relève de sa responsabilité propre.

Au préscolaire, il aura appris à écrire et à lire non pas pour prouver au reste du monde qu'il maîtrise ces habiletés mais plutôt pour 1) découvrir qu'il existe beaucoup plus de mots que ce qu'il connaît déjà, 2) communiquer avec d'autres sans parler, 3) apprendre des choses des autres sans que ceux-ci lui parlent, 4) découvrir que les mots possèdent une fonction, et finalement 5) apprendre que des mots mis ensemble dans un certain ordre véhiculent une signification. L'adulte aide l'enfant non pas en enseignant mais en l'amenant à prendre conscience de ces aspects du langage.

Dans le projet d'«éducation cosmique», comment l'enfant sera-t-il mis en relation avec l'univers? Essentiellement par la langue. Puisque l'univers n'est pas accessible directement dans la plupart des cas, il y aura lieu de faire appel à l'imagination par le véhicule que sera la langue. Il apprendra l'histoire du langage et plus particulièrement celle de la langue écrite, incluant la grammaire. La grammaire jouera un rôle important puisqu'elle répond au besoin de l'enfant de raisonner. Il ne s'agit pas seulement de susciter un intérêt pour le langage mais bien de transmettre toute la vie qui accompagne la langue orale comme la langue écrite.

L'enfant pourra acquérir un langage nuancé, notamment par les conversations, mais aussi par les chansons, qui visent cet objectif. Et que dire de la littérature, sinon qu'elle libère et ouvre l'esprit, qu'elle transmet de façon exceptionnelle tous les enjeux moraux?

Plus précisément, l'enfant fera de la grammaire, de la morphologie, de la syntaxe, de la phonologie, de la compréhension de textes et de l'étymologie. Maria Montessori a conçu un matériel servant à l'étude des mots et de la fonction des mots et à l'analyse de phrases. Elle a rassemblé ses réflexions dans un ouvrage intitulé *Psycho-Grammar* (s.d.). Cette étude se penche plus particulièrement sur l'enfant entre cinq et huit ans. Après cet âge, le besoin de matériel concret est moins essentiel puisque l'enfant a atteint un niveau d'abstraction plus élevé. À la suite du premier cycle, le travail se fera sur le plan de la généralisation dans la rédaction de textes comme dans la lecture ou l'expression orale. À ce stade, les graines semées ont germé et l'enfant cherchera à perfectionner ses habiletés. La structure et les genres des textes constituent des avenues d'approfondissement nouvelles.

7.6.5 Les mathématiques

Maria Montessori (1971) a écrit abondamment pour montrer que les mathématiques et la géométrie ne représentent pas strictement des disciplines pour l'enfant mais qu'elles répondent à ses besoins psychologiques. Les mathématiques sont d'abord une activité de l'esprit humain qui sert à la généralisation. Par exemple, de trois pommes posées sur la table, on peut abstraire la notion «trois», qui ne se trouve nulle part, mais on peut trouver trois objets partout; essentiellement, les mathématiques nous renvoient à l'abstraction. Maria Montessori décrit l'esprit mathématique comme une tendance humaine à faire des inférences, à généraliser, à abstraire, à conceptualiser et à vouloir aboutir à des théorèmes. Les êtres humains accomplissent ces opérations depuis la nuit des temps.

Une personne qui abstrait une notion le fait à partir d'images mentales; il existe donc un lien entre l'esprit mathématique et l'imagination. À partir d'abstractions, le raisonnement entre en jeu pour arriver à des conclusions logiques. La pensée mathématique met en mouvement toute l'activité intellectuelle.

Fondamentalement, on voudra **présenter** l'information relative aux mathématiques plutôt que l'**enseigner**. Pour que l'esprit mathématique se développe, il est essentiel que les procédés mathématiques soient abstraits et que l'enfant soit aidé dans cette activité. Si tous les procédés sont donnés, l'imagination n'est pas sollicitée et le développement devient impossible. Voilà pourquoi il est très utile de présenter un nouveau concept mathématique en commençant avec du matériel qui concrétise le concept. Le matériel montessorien en mathématiques stimule le développement de l'esprit mathématique de l'enfant.

7.6.6 La géométrie

La géométrie n'est pas à proprement parler une matière scolaire mais représente plutôt un aspect de la nature. Toutes sortes de formes géométriques font partie de la nature: les cristaux, les ronds dans l'eau, une bulle d'air, les polygones dans les toiles d'araignée, une étoile de mer. Dans les choses fabriquées de main d'homme, il se trouve encore plus de formes géométriques. Les êtres humains ont tendance à mathématiser le monde qui, par ailleurs, se présente de façon chaotique. Avec l'approche Montessori, l'enfant fera l'expérience de la géométrie par les sens d'abord, avant d'arriver à plus d'abstraction. C'est dans *Psycho-Geometrica* (s.d.) que Maria Montessori exposera ses idées sur l'importance de garder la présentation de la géométrie près du réel.

Au préscolaire, les graines de la géométrie sont semées. L'enfant apprendra à voir, à toucher et à nommer des formes géométriques. Le but principal à ce stade est de raffiner les sens. Dans plusieurs activités, l'enfant sera sensibilisé à la géométrie : les cubes d'une tour, les solides géométriques, etc.

Au primaire, alors que l'enfant a besoin de raisonner, il sera nécessaire d'enseigner la nomenclature. En soi, il ne s'agit pas d'activités particulièrement intéressantes; toutefois, il faut remarquer que les noms employés ont généralement une histoire intéressante. Par exemple, le nom « géométrie » nous vient des Égyptiens, qui mesuraient la terre après les crues du Nil : « *gaea* », « terre », et « *metra* », « mesure ». Voilà comment frapper l'imagination de l'enfant ! C'est par le raisonnement, stimulé par de telles activités, que l'enfant s'ouvrira à l'exploration. Il est également pertinent d'initier l'enfant aux origines historiques de la géométrie; pour cela, Maria Montessori présentera une histoire intitulée « Comment la géométrie a acquis son nom ». On y apprendra que les *harpenodapta*, les tireurs de ligne égyptiens, l'ont inventée pour refaire les limites des terres effacées après les crues du Nil et que Thalès, Pythagore, Platon, Euclide, tous des Grecs de l'Antiquité, ont formulé la géométrie théorique.

Ce ne sont pas des théorèmes qu'on présente à l'enfant du primaire, c'est plutôt l'exploration sensorielle de ceux-ci qu'on lui propose. Voilà encore un principe majeur de la pédagogie Montessori, celui de répandre les semences de ce qui fera l'objet d'une étude approfondie ultérieurement. Au primaire, on sème la part sensorielle des théorèmes pour préparer leur étude proprement dite à l'adolescence. Évidemment, les activités seront présentées selon une séquence adaptée au degré de difficulté des concepts à apprendre : la forme peut difficilement être étudiée sans la connaissance de la ligne, la ligne sans la connaissance du point, etc. Il en est ainsi pour la géométrie comme pour les autres matières.

7.6.7 La liberté et la discipline : un enfant qui s'assume

Selon Maria Montessori, le travail demeure une tendance essentielle de l'espèce. À la suite de ses observations, elle a décrit l'activité des enfants dans l'environnement en parlant de leur **travail**, même s'ils ne faisaient que manipuler des blocs, des tablettes de couleur ou des cadres d'habillage. Ces activités peuvent ne paraître que ludiques aux yeux de l'adulte si celui-ci fait preuve d'anthropomorphisme; mais l'enfant démontre par le sérieux de son comportement qu'il ne fait pas que jouer, qu'il travaille aussi. Cette façon de voir la conduite de l'enfant a fait l'objet de critiques (Polakow Suransky, 1981, 1982) auxquelles a répondu Jean Miller (1982). Renilde Montessori (1987, p. 7) dira ceci de ces critiques apologétiques du jeu :

> *Une caractéristique humaine des plus remarquables est notre tendance à jouer. On reconnaît que les jeunes enfants « apprennent en jouant ». On admet cela à un point tel que plusieurs adultes affirment que les enfants ne devraient pas être forcés à travailler avant un certain âge, autrement on leur impose une chose à laquelle ils ne sont pas préparés par nature. Les enfants sont dès lors condamnés à fonctionner à vide dans des environnements meublés d'objets devenus ennuyeux jusqu'à ce qu'ils atteignent l'âge de pouvoir travailler. Tout cela suppose une dichotomie parfaitement irréaliste entre le travail et le jeu puisque ces deux activités sont en fait intimement liées, pas seulement chez l'enfant, mais chez toute personne au cours de sa vie.* (Traduction libre.)

Mais encore faudrait-il définir le travail pour mieux saisir cette vision des choses. Tout enseignant qui applique aujourd'hui l'approche Montessori peut montrer concrètement combien le travail apporte le plus grand bonheur. C'est dans le travail qu'il y a accomplissement et dépassement de soi. Dans cette perspective où le travail procure la joie, Maria Montessori démontre qu'il constitue un cheminement « normalisant », dans le sens où il correspond au côté positif de la nature humaine. Comment ne pas penser ainsi lorsque 30 jeunes enfants de différents âges s'activent à leur tâche chacun de leur côté alors que l'enseignant circule dans la classe, présentant ici quelque chose, écoutant là autre chose, faisant en définitive partie intégrante de cette ruche d'enfants ? Voilà l'expérience quotidienne d'une classe Montessori.

Mais est-ce que le travail n'asservit pas ? Non, sauf s'il est forcé. Le travail dans la liberté rend capable de la plus grande autodiscipline. Il s'agit là de deux valeurs chères à Maria Montessori : la liberté et la discipline. La construction de soi ne peut s'effectuer sans la liberté; alors, il faut l'accorder à l'enfant. Il ne faut pas craindre qu'il en abuse, sauf si elle est confondue avec l'anarchie.

Retenons que la liberté d'activité n'est pas synonyme d'impolitesse, d'agressivité et d'inconduite en général. En fait, il s'agit pour l'enseignant de préparer un environnement propice à l'exercice de la liberté. Particulièrement au primaire, il faudra inculquer aux enfants que la liberté de travailler ne veut pas dire faire ce que bon leur semble. À cette étape de leur vie, ils ont un fort esprit grégaire; dès lors, il faudra leur accorder la liberté de travailler en équipe, à la condition toutefois qu'ils s'en montrent dignes. Dans une classe primaire Montessori, les enfants possèdent une certaine responsabilité quant à l'organisation de leur travail. Mais cette liberté n'est pas absolue. Ce qu'ils maîtrisent, ils peuvent l'assumer eux-mêmes; mais de nouveaux exercices ou des travaux plus importants nécessitent un encadrement clair. Il faudra retenir, selon Maria Montessori, que la liberté représente une conquête progressive chez l'enfant et non pas une valeur innée, comme le prétendait Rousseau, qui s'effrite peu à peu avec l'approche de l'âge adulte.

L'enfant au seuil de l'adolescence aura le sentiment d'avoir complété quelque chose. Il aura construit sa personnalité sociale. Le «plan cosmique» que l'approche Montessori lui aura proposé l'amènera, à tout le moins inconsciemment, à prendre conscience de son appartenance à une longue tradition de civilisation humaine, de sa capacité à comprendre les phénomènes de l'univers et du monde qui l'entoure, de sa responsabilité à poursuivre l'œuvre de construction humaine. Il sera prêt à la vie de l'adolescence.

Margaret E. Stephenson (1993, p. 17) note ceci au sujet de l'«éducation cosmique»:

> *L'adulte travaillant auprès de l'enfant du primaire a la grave responsabilité de ne pas enseigner de matières scolaires mais de préparer l'enfant à reconnaître sa responsabilité d'être humain envers l'environnement et la société. On peut faire cela seulement si l'on comprend soi-même cette responsabilité; si l'on peut apprécier la finalité grandiose du plan cosmique; si l'on peut propager l'enthousiasme et le questionnement auprès des enfants et les stimuler par rapport à cet acte éloquent qu'est la création dans toutes ses manifestations.* (Traduction libre.)

Maria Montessori croyait que l'enfant exposé aux idées du projet d'éducation cosmique en viendrait à se demander qui il était, quelle était la tâche de chaque individu dans cet univers (Stephenson, 1993). Ce sont précisément ces questions auxquelles fera face l'enfant sain au seuil de l'adolescence.

L'approche Montessori est également mise en application au secondaire mais sans avoir pris toute l'expansion qu'on lui connaît au préscolaire et au primaire. Un bon nombre de principes éducatifs ont été énoncés jusqu'à présent; ils sont tirés en particulier de l'ouvrage *De l'enfant à l'adolescent* (1958). Plusieurs observations sont faites sur la vie de l'adolescent. Maria Montessori n'a pu elle-même élaborer tout le contenu des activités ni déterminer tous les principes de préparation de l'environnement; toutefois, d'autres ont poursuivi ce travail et on trouve des écoles secondaires Montessori en Hollande et aux États-Unis par exemple. Il suffit de dire qu'elle observait dans l'adolescence une période de grandes transformations comme l'a été la première étape, celle de la naissance à 6 ans, alors que celle du primaire constituait une phase de relative consolidation.

7.7 LA FORMATION DES MAÎTRES MONTESSORI: UNE FORMATION GÉNÉRALISTE ÉCLAIRÉE

À partir de 1907, de tous les coins du monde on est venu étudier l'enfant auprès de Maria Montessori. Dès lors, elle a formé des maîtres qui ont répandu cette approche dans tout le monde libre. À la fin des années 1920, surtout pour faire la promotion de l'enfant comme source d'évolution de la société alors qu'on commençait à appliquer des aspects de son approche sans en préserver l'intégrité, elle a fondé l'Association Montessori internationale (AMI). Ses objectifs sont de défendre, de propager et de développer les idées et principes montessoriens pour le plein épanouissement de l'être humain. Elle en a été la présidente jusqu'à sa mort, en 1952.

En plus de regrouper différentes sociétés Montessori nationales, l'AMI a formé un comité pédagogique, un comité de commandite, un comité de matériel en plus de comités administratifs. Chacun de ces comités voit à l'application correcte et à l'avancement de l'approche Montessori. Le comité pédagogique veille aux programmes de formation des maîtres en s'occupant de leur contenu et de la qualité de la formation donnée. Cette formation est sous la responsabilité de professeurs qui possèdent au minimum cinq ans de pratique auprès des enfants et qui ont à leur actif au moins cinq ans d'apprentissage qui leur confèrent le titre de formateur qualifié. La formule est celle de l'apprenti formateur en exercice dans un centre de formation. Pour le préscolaire, ces centres de formation sont disséminés de par le monde; pour le primaire, cinq centres existent, en Italie, en Irlande et aux États-Unis (qui en comptent trois). Le comité de commandite voit au suivi des apprentis formateurs pour s'assurer de la qualité de leur formation. Le comité du matériel s'occupe de la précision du matériel et s'assure du respect des normes établies auprès des manufacturiers.

Devant le succès d'une telle approche dans le monde depuis les premières années, il n'est pas surprenant d'apprendre qu'il existe certaines controverses qui entachent le message de Maria Montessori. Par exemple, des sociétés parallèles se sont formées pour offrir des programmes de formation de maîtres Montessori: l'American Montessori Society, le St. Nicolas Montessori Center ou encore le London Montessori Center. Les idées appartiennent à tous et la liberté d'entreprise demeure une valeur primordiale en démocratie. Il est toutefois nécessaire d'être bien informé quant à la véritable approche et l'Association Montessori internationale, vouée à la cause de l'enfant nouveau, diffuse cette information et le savoir-faire éducatif. L'excellence entraîne souvent ce risque d'une imitation, maladroite la plupart du temps, et d'un emprunt de certains aspects d'une philosophie qui, malheureusement, ne rendent pas justice à la valeur de l'ensemble de l'œuvre.

Une formation Montessori authentique, celle de l'AMI, exige 10 mois d'études intensives après un premier diplôme universitaire. L'étudiant suivra une formation théorique qui se concrétisera dans la rédaction d'albums de présentation d'activités. Chacune de ces présentations est située dans le programme d'ensemble, requiert un matériel particulier, est conçue pour un certain niveau de développement, suit et précède d'autres présentations. Maria Montessori préconisait le travail sensoriel même chez l'adulte puisque l'étudiant devra rédiger ses propres albums illustrant cette théorie et toutes ces présentations. Feront partie de cette formation plusieurs semaines de stages dans les classes, sous la supervision d'un maître reconnu.

En Amérique, une école peut également être reconnue par l'AMI. Pour obtenir cette reconnaissance, l'école doit être visitée tous les trois ans par un consultant. Celui-ci s'assure de la compétence de chaque enseignant responsable d'une classe, que les procédés et la philosophie appliqués dans chaque classe sont conformes à l'approche Montessori et que le matériel utilisé est approprié. Cette reconnaissance permet de distinguer les écoles véritablement engagées dans l'éducation Montessori de celles qui improvisent à partir d'éléments isolés.

On trouvera en annexe à ce chapitre quelques adresses utiles relativement à la formation des maîtres Montessori.

CONCLUSION: SUIVRE L'ENFANT

Ce qui a débuté dans une banlieue pauvre de Rome est devenu un mouvement international visant la reconnaissance de l'enfant en tant qu'avenir de la personne humaine. À l'heure du questionnement et des réformes en éducation, le message de Maria Montessori nous enjoignant de «suivre l'enfant comme notre guide» continue d'être très actuel. Le renouveau de l'éducation sans l'enfant comme moteur principal est voué à l'échec. Si nos sociétés veulent recentrer l'éducation dans sa nature véritable, elles devront redécouvrir le secret de l'enfance et bâtir à partir de l'enfant. C'est certainement le message que continue de nous communiquer cette grande dame. Il faudra s'approcher de la vie et puiser en notre âme de jardinier pour la cultiver à travers l'enfant. Ce ne seront pas nos systèmes, nos programmes ou nos institutions qui apporteront les solutions aux questions fondamentales de civilisation qui se posent, mais la vie et la personne de l'enfant, celui qui actuellement semble être le citoyen oublié. Maria Montessori nous invite, à travers toute son œuvre, à trouver dans les yeux mêmes de l'enfant la motivation et la détermination nécessaires à la tâche d'éducation:

> *Une des plus belles choses qu'on trouve chez les enfants est la limpidité de leur vision et l'honnêteté de leur regard.* (dans R. Montessori, 1987, p. 1; traduction libre.)

QUESTIONS

1. Les objectifs et finalités de l'école Montessori sont en lien étroit avec les postulats de la théorie montessorienne. Développez quelques aspects de ces liens en en faisant ressortir le fil directeur.
2. Comment les matières scolaires sont-elles présentées à l'élève? À quels besoins psychologiques vont-elles répondre?
3. Développez les dimensions concourant à l'acte pédagogique des écoles Montessori (relation enseignant-élève, relation élève-matériel didactique, nature des contenus, etc.) ou expliquez comment s'organise la classe Montessori.

BIBLIOGRAPHIE

MILLER, J. (1982). « La bureaucratisation de l'enfance par la méthode Montessori ». *Revue canadienne de psycho-éducation*, vol. 11, n° 1, p. 63-65.

MONTANARO, S.Q. (1990). *Understanding the Human Being*. Mountain View: Nienhuis Montessori U.S.A.

MONTESSORI, MARIA (s.d.). *Psycho-Geometrica*. Amsterdam: Association Montessori internationale.

MONTESSORI, MARIA (s.d.). *Psycho-Grammar*. Amsterdam: Association Montessori internationale.

MONTESSORI, MARIA (1958a). *De l'enfant à l'adolescent*. Paris: Desclée de Brouwer.

MONTESSORI, MARIA (1958b). *Pédagogie scientifique*. Paris: Desclée de Brouwer.

MONTESSORI, MARIA (1971). *Psycho-Arithmetica*. Milan: Garzanti.

MONTESSORI, MARIA (1972). *Education and Peace*. Madras: Kalakshetra Press.

MONTESSORI, MARIA (1986). *The Secret of Childhood*. Bombay: Orient Longman.

MONTESSORI, MARIA (1991a). *The Formation of Man*. Madras: Kalakshetra Press.

MONTESSORI, MARIA (1991b). *To Educate the Human Potential*. Madras: Kalakshetra Press.

MONTESSORI, MARIO (1957). *The Human Tendencies and Montessori Education*. Amsterdam: Association Montessori internationale.

Montessori, Renilde (1987). *Reflections in our Children's Eyes*. Toronto: Foundation for Montessori Education.

POLAKOW SURANSKY, V. (1981). « La bureaucratisation de l'enfance: Montessori et l'éthique du travail ». *Revue canadienne de psycho-éducation*, vol. 10, n° 2.

POLAKOW SURANSKY, V. (1982). « Réponse à Jean Miller: la question est toujours là ». *Revue canadienne de psycho-éducation*, vol 11, n° 1.

STANDING, E.M. (1972). *Maria Montessori: à la découverte de l'enfant*. Paris: Desclée de Brouwer.

STEPHENSON, M.E. (1993). « Cosmic Education ». *AMI Communications*, vol. 1. Amsterdam.

ANNEXE: ADRESSES UTILES

Association Montessori internationale, Koninginneweg 161, 1075, CN Amsterdam, Pays-Bas; tél.: 020-679 89 32.

Benoît Dubuc, 1265, av. du Buisson, Sillery (Québec), G1T 2C4; tél.: (418) 688-7646.

Centre de formation Montessori de Montréal, 7400, boul. Saint-Laurent, Montréal (Québec), H2R 2Y1; tél.: (514) 465-4860.

Renilde Montessori, Foundation for Montessori Education, 2444 Bloor Street West, Toronto (Ontario), M6S 1R2; tél.: (416) 769-7457.

North American Montessori Teacher Association (NAMTA), 2859 Scarborough Road, Cleveland Heights, Ohio, 44118, USA.

CHAPITRE 8

La pédagogie Freinet

Marc Audet

CONTENU

RÉSUMÉ

L'école Freinet, créée en 1933 et caractérisée par l'engagement sociopolitique de son fondateur, Célestin Freinet, s'inscrit dans le mouvement de la pédagogie nouvelle. Les principes qui orientent son action sont le respect de l'individualité de l'élève et le respect de la communauté, l'individu étant partie intégrante de la communauté et les deux formant un tout solidaire. Freinet décrira son approche comme une pédagogie de la participation et de la coopération. Pour permettre à chaque enfant de faire épanouir son propre potentiel, il faudra, d'une part, harmoniser le programme d'enseignement, le contenu et les activités de façon à favoriser l'expression sous ses diverses formes, et faire participer l'enfant à l'organisation du plan de travail scolaire. Il faudra, d'autre part, développer la dimension communicative et sociale de l'enfant: l'apprentissage aboutit naturellement, dans les écoles Freinet, à un partage des savoirs, à une communication ouverte, soulignant ainsi l'importance attribuée à la contribution mutuelle de ses membres. Freinet est d'ailleurs l'instigateur de l'introduction de l'imprimerie dans les classes et de la création du journal scolaire. Les caractéristiques de sa pédagogie sont l'alternance de l'enseignement collectif et individuel, la participation de l'élève au conseil de classe (qui décide, avec l'enseignant et sous son autorité, des activités et des contenus scolaires ainsi que de la gestion de la vie dans la classe) et le partage des responsabilités. Les écoles issues de la pédagogie Freinet se sont constituées en un mouvement organisé et international, actif dans ses échanges.

INTRODUCTION

Si l'on peut dire de la pédagogie nouvelle qu'elle manifeste un formidable renversement de la vision de l'éducation, il convient de saisir ce que cela signifie. La pédagogie Freinet, autant d'ailleurs que d'autres courants modernes, nous ouvre ainsi d'autres horizons. Le cheminement de Freinet dans l'édification d'une école nouvelle démontre la façon dont s'incarne, dans une action éducative concrète, la sensibilité sociale et politique d'un membre d'une communauté donnée; la description de ce qu'on peut bien appeler la lutte de Freinet pour l'« école populaire » fait ressortir les obstacles sur lesquels une telle démarche a dû se buter. La pédagogie Freinet définit un nouveau rapport entre l'enseignant et son élève et entre les élèves eux-mêmes, et promeut un usage différent du matériel pédagogique. L'école Freinet incarne en ce sens, et de façon particulièrement vivante à travers les notions de respect de l'individualité, d'expression de l'enfant, de coopération, d'échange, de communication et de communauté, les nouvelles finalités de l'école.

8.1 QUELQUES ÉLÉMENTS HISTORIQUES ET BIOGRAPHIQUES

La pédagogie Freinet est le fruit du travail de Célestin Freinet, éducateur praticien du début du siècle. Inscrit à l'école normale départementale, comme tous les instituteurs français de l'époque, il achevait sa formation lorsque se déclencha la Première Guerre mondiale. Rapidement enrôlé dans l'armée française, il participa aux combats et y fut grièvement blessé. Il dut passer un long moment en convalescence, et ce n'est qu'en 1921 qu'il put enfin obtenir son premier poste, à l'école communale de Bar-sur-Loup, dans les Alpes-Maritimes.

C'est ainsi dans une petite école de campagne que Freinet fit ses premières armes. Ses blessures très sérieuses l'avaient privé d'un poumon et lui avaient laissé une santé chancelante. C'est par conséquent d'abord par nécessité qu'il chercha des moyens pratiques de travailler avec ses élèves, sans devoir parler de trop longs moments ou être contraint à supporter la poussière de la craie des tableaux noirs: il organisa ainsi des séances de travail où chaque enfant participait activement. Par la suite, il s'ingénia à mettre en place des manières de travailler par lesquelles il lui était plus aisé d'intervenir auprès de chacun et grâce auxquelles il pouvait délaisser les leçons magistrales.

Freinet était par ailleurs imprégné des grandes idées des penseurs de l'«école nouvelle» et de l'«école active», tels Dottrens, Cousinet, Claparède et Ferrière, tous acteurs très engagés dans les transformations que la pédagogie subissait à l'époque. Une certitude l'animait, celle qu'il y a en chaque enfant des ressources qui le poussent à agir et une curiosité qui l'incite à vouloir apprendre, tendances qu'il s'agit de réveiller. Il était persuadé que l'école avait une habitude manifeste d'ignorer ces ressources et de faire comme si l'enfant était une terre vierge où ceux qui savent doivent semer la connaissance et la culture. Il rêvait de trouver les moyens de repousser le pouvoir qu'exerçait l'école magistrale traditionnelle sur les enfants au profit d'une approche participative, coopérative, qui utilise les intérêts de ceux qui apprennent et les savoirs et savoir-faire qu'ils ont déjà comme point de départ.

Il fut aussi largement inspiré par les penseurs sociaux et politiques de son époque. L'entre-deux-guerres fut un moment fort agité de l'histoire contemporaine, période caractérisée par la naissance des grands mouvements de libération de la classe ouvrière et du socialisme politique. Les penseurs de gauche luttaient pour la valorisation du prolétariat, et Freinet s'en inspira largement. Toutefois, contrairement à ces penseurs politiques et à plusieurs des grands éducateurs du moment, il était un homme de terrain, un praticien qui avait à faire face au quotidien de la classe. Il ne pouvait se contenter de discours.

C'est ainsi sur le terrain que Freinet forgea et consolida ses idées d'une école coopérative, où chaque participant doit se développer dans son intégralité et son individualité, puisque la richesse et la force d'un groupe dépendent en définitive de celles des personnes qui le composent. C'est là qu'il acquit la certitude qu'il faut permettre à chacun d'aller jusqu'où le mènent ses capacités, plutôt que de laisser l'élite régner sur la masse.

De 1921 à 1928, Freinet crée diverses techniques de travail scolaire qui marqueront son itinéraire et celui du mouvement qui porte son nom. Il commence par permettre aux enfants d'exprimer leurs propres connaissances et sentiments dans des «textes libres», qu'il utilise ensuite en classe comme matériel de travail non seulement sur le plan de l'apprentissage de l'écriture, mais aussi pour ce qu'ils sont, c'est-à-dire l'expression d'une individualité, de la communication avec les autres et du partage de connaissances. Pour en valoriser l'importance et en faciliter la communication, il installe en classe l'imprimerie. Désormais, après qu'un texte a été mis au point, il est imprimé et diffusé. Les textes sont rassemblés: le journal scolaire est né.

Parallèlement à ces démarches, Freinet se met à utiliser de plus en plus le milieu environnant comme source de connaissances pour les enfants. Ce qu'ils observent, ce qu'ils y apprennent, est rapporté en classe et fait l'objet de mises au point, de recherche et de consignation, activités qui viennent enrichir encore l'expression et la communication. Déjà, il en parle abondamment dans des articles qu'il produit dans divers journaux ou revues. D'autres enseignants s'intéressent à ce qu'il fait, et des contacts s'établissent. Naturellement, des échanges s'installent entre eux, et les premières «correspondances scolaires» voient le jour. On y privilégie bien sûr les échanges entre classes, mais les maîtres échangent aussi entre eux: c'est ainsi que les idées font leur chemin et que les techniques naissantes s'installent ici et là.

En 1926, plusieurs adeptes de la pédagogie Freinet profitent d'un congrès d'enseignants pour se rencontrer et échanger. À l'été 1927, le mouvement «L'imprimerie à l'école» tient son premier congrès. Un an plus tard, Freinet demande sa mutation à Saint-Paul-de-Vence. Entre-temps, Élise devient sa compagne, celle qui l'épaulera dans toutes ses luttes.

Saint-Paul-de-Vence est un milieu différent de Bar-sur-Loup. On y trouve de grandes propriétés offrant du travail à plusieurs ouvriers agricoles. Freinet reçoit dans sa classe les enfants des propriétaires et des ouvriers. Son engagement dans la communauté et les réformes qu'il mène parallèlement dans sa classe le mettent peu à peu en conflit avec les personnalités éminentes. Il suscite des prises de position enflammées de part et d'autre. Les journaux locaux d'abord, puis ceux d'ailleurs, font écho de ces conflits, et suscitent bientôt ce qu'il a été convenu d'appeler «l'affaire de Saint-Paul». Pour résoudre le conflit, les autorités scolaires décident d'imposer un congé à Freinet. Tous les sympathisants et les membres du nouveau mouvement pressent Freinet de ne pas abandonner le combat pour l'école populaire.

Ainsi naît l'école de Vence, en 1933, construite par Freinet et financée par sa famille et ses amis. C'est un internat où il accueille d'abord les enfants d'amis et de sympathisants, puis des enfants espagnols réfugiés fuyant la guerre civile. Mais il n'a pas abandonné pour autant l'idée de faire tout ce qui était possible pour transformer l'école publique. Il multiplie les interventions et les conférences sur la scène publique et participe à l'action syndicale et sociale. À la suite de la mise sur pied, par les premiers militants du mouvement, de la Coopérative de l'enseignement laïc (CEL), société d'édition dont le but est de publier le matériel nécessaire à l'école moderne, on crée plusieurs documents qui deviendront des appuis matériels à la modernisation des classes: la collection BT («Bibliothèque de travail», qui existe toujours), le *Fichier scolaire coopératif*, les fichiers de travail autocorrectifs, *La Gerbe* (un recueil de textes échangés de plusieurs classes du mouvement), du matériel d'imprimerie et la nouvelle revue du mouvement, *L'Éducateur prolétarien* (devenue depuis *L'Éducateur*).

Lors de la déclaration de la guerre, en 1939, Freinet devient suspect pour les autorités militaires, puisqu'il a des contacts partout, y compris dans les pays ennemis. *L'Éducateur prolétarien* subit la censure — même si c'est une revue strictement pédagogique — et doit modifier son nom, considéré comme provocateur. La défaite de la France en 1940 n'améliore pas les choses. Freinet est interné par les autorités de Vichy parce qu'il est militant de gauche et soupçonné d'être sympathisant de la résistance qui s'organise et à laquelle il parvient effectivement à se joindre en 1944. Dans l'intervalle, il a réussi à mettre sur papier sa pensée, dans des livres désormais classiques: *Conseil aux parents, L'École moderne française, L'Éducation du travail* et *Essai de psychologie sensible*. Élise, de son côté, réunit les éléments dans son ouvrage *Naissance d'une pédagogie populaire*.

En automne 1945, la vie reprend et l'école de Vence rouvre ses portes. Les activités de la CEL aussi. Les militants du mouvement décident de créer en 1947 l'*Institut coopératif de l'école moderne* (ICÉM), qui affirme la vocation pédagogique du mouvement. En 1949, le film *L'École buissonnière*, du réalisateur Le Chanois, vient illustrer la naissance de la pédagogie Freinet. Dans ces années d'après-guerre, les mêmes combats reprennent; même certains alliés d'hier s'en prennent au mouvement, en s'écartant de l'engagement tacite à militer, tout en se gardant d'être sectaires, pour le changement social et pédagogique. L'ICÉM demeure un mouvement strictement pédagogique.

Comme plusieurs pays ont alors leur propre «mouvement d'école moderne», les congrès amènent en France de plus en plus d'enseignants étrangers. On décide en 1957 de former la FIMÉM, la *Fédération internationale des mouvements d'école moderne*, consacrant ainsi le caractère universel des innovations apportées par la pédagogie Freinet.

Jusqu'à la fin de sa vie, Freinet luttera pour la propagation de ses idées, et suscitera le changement et l'engagement de milliers d'éducateurs. Il s'est éteint en octobre 1966, mais son œuvre lui a survécu et les mouvements d'école moderne continuent de promouvoir le changement.

8.2 LES FINALITÉS DE L'APPROCHE

En pédagogie Freinet, la place de l'individu est particulière. Celui-ci est à la fois unique et participant actif du groupe. Il possède ses intérêts propres, ses besoins particuliers. Il est riche en potentiel, mais dépendant de l'éducation pour le développer. Il fait partie d'une société qui règne avec sa loi, mais qui tire sa richesse des individus qui la composent et de leur diversité. C'est pourquoi ni l'un ni l'autre n'a de primauté sur sa contrepartie; ils sont étroitement solidaires et interdépendants.

La pédagogie Freinet prend appui sur des valeurs pédagogiques et sociales particulières; elle fonde aussi son action sur une conception précise de l'homme et de l'apprentissage. Elle est également une pédagogie matérialiste. On ne fait pas qu'y proposer des valeurs et un idéal; on veille à s'assurer aussi qu'à chaque principe, à chaque affirmation, corresponde une pratique, un outil ou une technique permettant de concrétiser cette croyance.

Outre les besoins fondamentaux de conservation, de subsistance et de réalisation personnelle qui caractérisent tout individu, la pédagogie Freinet inclut dans sa philosophie les besoins de chacun de s'exprimer et de communiquer, de coopérer, d'apprendre et de s'organiser.

8.2.1 S'exprimer et communiquer

Chaque individu est unique et doit pouvoir trouver une manière d'exprimer ses particularités, parce que s'exprimer, c'est d'abord prendre conscience de ce que l'on est. Par ailleurs, chacun doit pouvoir explorer plusieurs modes d'expression. Tous les milieux éducatifs, y compris l'école, doivent ainsi fournir le plus de situations possible qui permettent à l'individu d'exprimer ce qu'il est, de développer pleinement ses capacités.

C'est pourquoi on dit de la pédagogie Freinet qu'elle est une pédagogie d'expression. Progressivement, par expérimentation, elle a mis en place et organisé toute une série d'outils et de techniques susceptibles de permettre à chaque individu de trouver sa propre porte d'entrée dans le groupe. C'est par l'expression qu'un individu se découvre lui-même, prend conscience de ce qu'il est et de ce qu'il veut: c'est sa première libération. Certains se sentiront à l'aise avec la parole, d'aucuns avec l'écrit. Mais il existe bien d'autres manières de s'exprimer. C'est pourquoi la pédagogie Freinet propose aussi des outils d'expression tels que les arts plastiques ou les arts dramatiques. Chaque enfant doit trouver en classe le moyen qui lui permet d'entrer en contact avec les autres.

Mais on ne s'exprime pas à vide, pour soi seulement; car on vit en communauté. À toute expression, à peu d'exceptions près, correspond une communication. L'expression et la communication sont liées, jusqu'à être dépendantes l'une de l'autre. On affine son expression pour qu'elle soit comprise des autres, et on communique avec les autres pour s'affirmer et être reconnu. Ainsi, et logiquement, la pédagogie Freinet propose des outils de communication.

L'expression des enfants, tout d'abord orale, est prise en compte de plusieurs manières. En diverses occasions, chacun trouvera la manière de parler de ses intérêts, de poser ses questions, et aussi de s'intéresser aux autres. La causerie permettra aux uns de parler de leur famille, aux autres de présenter leur collection ou de s'intéresser à celle de leurs amis. Les nombreuses autres occasions de présentations orales permettront à chacun de s'exprimer «pour vrai», soit en s'adressant à de vraies personnes, à partir de vrais intérêts. Il s'agit là d'une pratique systématique. En effet, tout ce qui a mérité qu'on lui accorde du temps mérite également d'être communiqué: recherches, apprentissages, projets, réalisations personnelles ou en petites équipes, sont objets de communication et de débat. C'est là une bonne occasion de s'affirmer comme personne et de s'intéresser à ce que font les autres et à ce qu'ils peuvent nous apporter.

La communication écrite des enfants a donc pris beaucoup d'importance en pédagogie Freinet. L'apprentissage et l'utilisation de la langue écrite à l'école ne se justifient d'ailleurs pas autrement que par le fait de son utilité pour communiquer avec ses semblables. C'est bien plus qu'une matière scolaire, un élément de programme. Apprendre à lire, c'est comprendre et savoir utiliser le code d'accès aux autres; avoir enfin accès à ce qu'ils disent, à ce qu'ils ont dit. Apprendre à écrire, c'est apprendre à utiliser un code commun pour communiquer ses propres réflexions, ses créations. Comme le dit si bien un militant de la pédagogie Freinet:

> *Chez nous, nous lisons l'écriture des autres, et nous écrivons leur lecture. Il ne saurait donc être question, dans nos classes, d'une autre lecture et d'une autre écriture que celles que nous faisons et qui nous sont utiles. L'écriture-exercice pour elle-même, comme la lecture-exercice pour elle-même, n'ont pas de réalité significative chez nous.*

Cela dit, il n'est pas exclu d'utiliser l'écriture d'autres auteurs; au contraire. Elle peut être source d'inspiration et de connaissance, de modèle ou de plaisir. Mais elle n'est pas plus importante que celle de n'importe qui d'autre, parce qu'elle est plus éloignée que celle des personnes que l'on côtoie quotidiennement. Il est essentiel de souligner ici que la pédagogie Freinet accorde à la modélisation, qui est majeure et primordiale dans la pédagogie traditionnelle, une place plutôt secondaire dans son approche, et cela au profit d'une démarche de tâtonnement expérimental sur laquelle nous reviendrons.

On ne peut donc pas parler, en classe Freinet, d'écriture sans parler de sa diffusion. Favoriser l'écriture, c'est mettre en place des outils qui la rendent utilisable le plus rapidement possible pour les autres. Le mieux possible aussi, c'est évident! C'est d'ailleurs là que se justifie tout le travail technique pouvant être fait autour de la lecture et de l'écriture. Connaître du vocabulaire, manipuler les règles de syntaxe et de grammaire facilement, ne sont utiles que si on lit et on écrit vraiment. Autrement, ce n'est, selon les adeptes de la pédagogie Freinet, qu'accumulation d'une connaissance décrochée de sa réalité et de sa nécessité; les résultats de l'approche traditionnelle sont d'ailleurs, selon eux, éloquents à ce titre.

Nous avons évoqué plus haut l'imprimerie; cet outil technique a eu son heure de gloire. Il est aujourd'hui pratiquement abandonné au profit d'outils de diffusion plus performants, notamment les photocopieurs, l'informatique et ses traitements de texte. Toutefois, ceux-ci ne peuvent assurer l'autre fonction que remplissait l'imprimerie: promouvoir l'organisation coopérative de la classe.

Quoi qu'il en soit, l'écriture reste encore une technique de communication fort répandue en classe Freinet, car, comme la parole orale, la parole écrite donne du pouvoir à celui qui l'a maîtrisée. C'est d'abord en ce qui a trait à la structure de la pensée que cette maîtrise prend forme; et ensuite, dans la diversité des relations qu'elle permet avec un interlocuteur. C'est pourquoi, en classe Freinet, on multiplie les occasions où les enfants peuvent utiliser avec profit l'écriture, mais aussi on diversifie les formes d'écriture qu'ils pourront perfectionner.

Le texte libre, les albums d'expression, les recueils divers, prennent beaucoup de place et de temps. Ils reçoivent de l'attention, le maître y investit beaucoup d'énergie et met en place différents moyens pour assister les enfants dans leurs expériences. L'horaire y est également assujetti dans une large mesure, et l'ensemble de ces activités justifie amplement les mesures plus pédagogiques qui sont prises pour perfectionner l'outil qu'est la langue, vraie raison d'être des apprentissages à faire (plutôt que la nécessité de passer à travers un programme). Les enfants ne font pas de la grammaire parce que le programme le prescrit, mais parce qu'il est nécessaire pour communiquer de développer un code commun à tous.

D'autres formes de communication peuvent être utilisées: l'art notamment. Plusieurs enfants y trouveront en effet un mode d'expression qui leur convient mieux. Des saynètes, des dramatiques, des marionnettes, ou bien de la peinture, du bricolage, du modelage, permettront à chacun de trouver une manière appropriée de s'extérioriser et d'affirmer l'unicité de sa personnalité, son originalité, en même temps qu'ils enrichiront le groupe en développant en son sein toutes sortes d'habiletés utiles.

Le désir d'expression et de communication, besoins communs à chaque individu, est bien sûr aussi celui des enseignants. C'est pourquoi chaque classe Freinet a sa personnalité. Elle a la couleur de celui ou celle qui l'anime. Un enseignant pourra avoir plus de facilité à organiser et à animer certaines activités d'expression et de communication qu'un autre. Aucune classe n'est identique à une autre. Ainsi, chaque classe valorisera l'écriture à sa manière; mais partout elle sera présente.

8.2.2 Coopérer

L'expression et la communication, ainsi que toutes les structures qu'on met en place pour les développer, sont facilitées par une organisation coopérative de la classe. Il est plus facile de réaliser ce qu'on veut quand on peut compter sur l'aide de ceux qui sont plus avancés, de ceux qui ont déjà expérimenté, ou, tout au moins, de partager avec ceux qui sont en train de faire les mêmes tâtonnements que soi. Il est plus facile de se lancer, quand on voit les autres le faire aussi, et plus profitable de le faire en coopérant, en échangeant des manières d'agir, en profitant de la multiplicité des talents et des variétés d'approches. La coopération est en quelque sorte une nécessité, parce qu'elle fait reculer les limites. Ainsi, en pédagogie

Freinet, la coopération est non seulement souhaitable, mais nécessaire, parce qu'elle facilite l'apprentissage de chacun et augmente la richesse du groupe; plusieurs des outils ou des techniques de travail utilisés ne prennent d'ailleurs leur sens que par la coopération.

La coopération, c'est aussi un choix social. En ceci, la pédagogie Freinet est une pédagogie engagée: elle a choisi de valoriser la coopération au détriment de la compétition. Elle affirme la nocivité de mettre en opposition les personnes et, ainsi, de limiter leur développement. La compétition interdit de voir chez les autres des ressources pouvant être utiles à son propre développement, ressources qui peuvent prendre la forme d'un talent que l'on ne possède pas, d'une connaissance que l'on n'a pas. Chaque individu est complémentaire des autres dans un groupe coopératif; si les autres sont ses ressources sur quelques plans, c'est lui qui l'est pour les autres sur d'autres plans. C'eût pu être une question de «bonté»; c'est plutôt une affaire de bon sens.

Il en va de même des apprentissages. Il est plus facile et plus efficace d'apprendre grâce à la compétence de ceux qui savent déjà, et qui peuvent nous aider, que de se limiter à n'avoir l'ambition que de les égaler ou les dépasser. Et il devient tout à fait logique, dans cette perspective, de devenir à son tour la ressource des autres qui vont avoir à apprendre ce que l'on sait déjà. La coopération trouve là son couronnement, en quelque sorte.

Et la pédagogie Freinet offre là aussi des outils ou des techniques qui facilitent cette coopération: le conseil qui organise la classe et gère son fonctionnement; le plan de travail qui répartit le temps, organise les besoins et les ressources; les mises au point diverses qui permettent de réajuster ce qui a été planifié en fonction de nouvelles données; les «lois» issues des expériences objectivées et qui deviennent des nécessités fonctionnelles, etc.

8.2.3 Apprendre

Dans toute situation naturelle d'apprentissage, en dehors de l'école, on apprend tous par l'expérience. On essaie, on tâtonne dans certains cas, on recommence plusieurs fois le même exercice. Un petit succès vient couronner les premiers efforts. On répète les démarches qui nous ont conduit à ce premier succès et, une bonne fois, l'expérience aidant, on innove: on introduit une variante de l'action qui se révèle une erreur ou une réussite. Une réussite amène d'autres tâtonnements, d'autres erreurs ou réussites... Peu à peu, on perfectionne sa manière de faire. Si on a la chance d'avoir un maître et d'être son apprenti, on peut imiter. Et il n'est pas rare que pareillement soutenu, l'apprenti dépasse finalement le maître.

Ce n'est généralement qu'une fois les tâtonnements démarrés que les enseignements théoriques ou pratiques du maître prennent un sens pour l'élève. Un enseignement préalable n'aurait probablement pas eu de sens. En effet, il ne prend son sens et sa portée que dans le cours de l'expérimentation en situation réelle. Des gens, par exemple, apprennent seuls à jouer de la guitare. Ils grattent longtemps avant d'accumuler suffisamment de découvertes pour commencer à maîtriser l'instrument. Parfois, des insuccès répétés ou un progrès jugé trop lent inciteront l'amateur à faire appel à un maître. Les enseignements tomberont à ce moment en terrain fertile, puisqu'ils sont attendus, désirés.

Mais il faut d'abord avoir envie de jouer de la guitare! Il faut que l'amateur y ait intérêt, qu'il sente qu'apprendre à jouer représente pour lui une activité désirable. La situation est-elle trop peu exemplaire? Regardons un enfant apprendre à marcher. L'effort est tellement considérable, les progrès peuvent sembler si aléatoires, qu'il lui faut une très grande motivation pour poursuivre les tâtonnements nécessaires. Pourtant, presque tous les enfants essaient et réussissent. L'effort et les difficultés ne les rebutent pas. L'encouragement et le soutien de l'entourage peuvent aider, mais l'essentiel de la tâche, c'est l'enfant qui le fait. Il en est de même de l'apprentissage de la parole. Chacun tentera de développer un niveau de langage qui rend ses tâtonnements utiles et féconds. La motivation découle de l'utilité de l'apprentissage.

En pédagogie Freinet, ce processus de «tâtonnement expérimental» est considéré comme universel. Toute réelle motivation, tout apprentissage conçu comme une amélioration de sa condition, conduit le sujet à s'ouvrir à l'expérimentation, aux tâtonnements, pour finalement intégrer, par perfectionnements successifs, un nouveau savoir, un nouveau savoir-faire à sa personnalité. La tâche de l'école est alors de mettre en place des situations réelles de travail où le fait de développer son savoir ou son savoir-faire sera conçu comme un progrès souhaitable. Apprendre à lire, à écrire, à compter, quand savoir lire, écrire et compter ne servent qu'à obéir à quelqu'un ou, au mieux, à lui faire plaisir, ça ne peut être que peu motivant à la longue, car il s'agit là de tâches plutôt rebutantes en elles-mêmes.

Mais si le milieu environnant est ainsi structuré que le fait de savoir mieux lire est utile pour être en contact réel avec les autres, alors faire les efforts nécessaires pour perfectionner sa lecture devient un besoin de l'enfant. Si savoir mieux écrire peut l'aider à maintenir et à renforcer ce lien, apprendre ou perfectionner son écriture devient son objectif. Il faudra alors créer des situations réelles où la lecture et l'écriture sont utilisées comme elles doivent l'être, soit comme des manières de communiquer. Cela dépasse largement la conception qui fait d'elles de simples matières scolaires. L'idée maîtresse est que tant que l'énergie personnelle de l'enfant n'est pas à l'œuvre, l'objectif n'est pas atteint.

C'est pourquoi, dans les classes Freinet, les enfants ont l'occasion, par exemple, d'écrire librement sur ce qu'ils désirent exprimer, et avec le style qu'ils ont envie d'employer. C'est aussi pourquoi leurs travaux d'écriture sont utilisés pour ce qu'ils sont: des communications réelles. On s'en occupe; on les publie et on les diffuse auprès d'autres lecteurs. Tout le travail technique qui permet à une écriture d'être plus efficace, la grammaire, la syntaxe, y est intégré au fur et à mesure des besoins de chaque écrivain; c'est là seulement que l'écriture prend un sens de nécessité pour un enfant.

De toute façon, selon les adeptes de la pédagogie Freinet, même dans une approche qui établit rigoureusement ce qu'il faut enseigner aux enfants, chacun fait l'apprentissage de ce qu'il veut bien, à l'heure qu'il a choisie. Qui plus est, si la pédagogie ne mise pas sur le contrôle, beaucoup d'enfants n'auront pas « retenu la leçon ». Ainsi, avec ce type d'approche plus traditionnel, on devra, pour être efficace, mettre en route toute une série de mesures de stimulation, utiliser la récompense ou la punition. Pourtant, soulignent les adeptes de la pédagogie Freinet, la seule motivation qui met en œuvre les forces de celui qui apprend, c'est celle de l'individu lui-même.

8.2.4 Individualiser l'apprentissage

Les postulats présentés ci-dessus montrent bien dans quelle mesure chaque enfant est, en pédagogie Freinet, un être particulier. Individualiser les apprentissages, et par conséquent les interventions, est une nécessité. Tous les enfants n'ont pas en effet les mêmes besoins d'assistance et d'apprentissage; et ils ne les ont pas non plus au même moment. Chacun doit avoir son menu. Pour l'un, il sera nécessaire d'investir beaucoup en lecture, pour un autre ce sera sur son approche logique des mathématiques qu'il faudra travailler. Encore là, il existe une nette distinction entre l'approche traditionnelle de l'apprentissage et celle préconisée en pédagogie Freinet.

Habituellement, quand on entend parler d'individualisation, il s'agit en pratique de distiller la même matière à des rythmes différents. Bien que les tenants de la pédagogie Freinet ne nient pas que chaque individu ait un rythme qui lui est propre, ils affirment que ce qui distingue encore davantage les individus, ce sont leurs différences de motivations, de besoins. Un enfant peut par exemple avoir une connaissance intuitive de certaines règles de grammaire: point n'est besoin qu'il y travaille avec des exercices pour la maîtriser dans son écriture; il le fait sans difficulté et écrit sans erreur. Un autre doit plutôt exercer son habileté et mieux comprendre la logique d'une règle pour savoir l'appliquer. Dans les deux cas, l'objectif pédagogique est le même: savoir utiliser la grammaire pour s'exprimer clairement. Mais chacun n'aura pas le même besoin d'assistance de la part du maître. Une leçon de grammaire est en quelque sorte du temps perdu pour l'un, alors qu'elle est essentielle pour l'autre. Voilà le sens que l'on donne à l'expression « individualiser les apprentissages » en classe Freinet.

Ainsi, lorsque les leçons se font pour toute la classe, c'est qu'elles sont jugées utiles à une bonne majorité; par ailleurs, dans toutes les situations où cela est possible, on privilégie des approches individualisées. Là encore, la pédagogie Freinet a créé une pratique et des outils qui rendent possible cette individualisation. Des fichiers individualisés de travail, et souvent autocorrectifs, ont été mis au point pour plusieurs matières scolaires et permettent aux enfants et au maître d'aménager le travail selon les besoins réels de chacun. Il est évident que l'organisation de la classe s'en trouve également modifiée, notamment en ce qui a trait à l'emploi du temps.

Revenons à l'idée de rythme, enfin, pour ajouter qu'il y a là bien des leurres. Il n'est pas question de nier l'existence des forces et des faiblesses; les rythmes d'apprentissage sont une réalité indéniable. Il y a cependant une sorte de croyance, dans les différentes pratiques observées en classe, dans le fait que les rythmes deviennent effectivement différents chez les enfants à partir du moment où ils sont intégrés à une classe privilégiant la pédagogie Freinet, croyance qui véhicule également que, dans une classe où l'enseignement est collectif, les «rapides» sont freinés, alors que les «lents» sont remorqués et bousculés, quand ils ne sont pas laissés pour compte. Ces derniers sont justement bien la preuve, selon les tenants de la pédagogie Freinet, que les rythmes n'ont que faire de la prétendue efficacité d'un enseignement collectif généralisé. Et selon eux, de toute façon, à l'école comme ailleurs, les enfants apprennent chacun à leur vitesse, et, au grand désespoir de certains, ils n'apprennent que ce qu'ils veulent bien apprendre.

Comment concilier l'idée de programme scolaire avec une telle conception de l'apprentissage? Disons d'abord qu'en pédagogie Freinet, comme dans les autres types d'enseignement, le contenu des programmes n'est pas l'affaire des enfants: c'est celle du maître. Il est important que ce dernier sache ce qu'il espère réussir avec les enfants. Généralement, les programmes sont ainsi faits qu'ils proposent des objectifs dont le temps et les générations ont prouvé la nécessité. Les enfants, pour leur part, ont des préoccupations d'apprendre, ce qui est différent. Ils ont envie d'apprendre, de savoir, de comprendre; parce que ça leur paraît utile! Nous avons déjà expliqué combien ce désir est essentiel; nous n'y reviendrons pas. C'est donc l'affaire du maître de voir passer, dans les projets que vivent les enfants, les occasions d'acquérir ou d'améliorer une connaissance ou une habileté requise dans les programmes. Là aussi, la nécessité d'individualiser est évidente. Le maître doit savoir suivre chaque enfant, dans ses réalisations, et répondre à ses besoins d'apprentissage.

Organiser la vie dans une classe Freinet, c'est donc aménager le temps et les ressources en fonction des projets de recherche de connaissances et de développement d'habiletés que les enfants apportent. Le matériel de travail, ce sont leurs idées et ce qu'ils en feront. C'est là aussi une différence majeure avec une approche plus traditionnelle de l'école. Il ne s'agit pas de créer de toutes pièces des activités ayant pour but de faire apprendre. Même quand on les rend intéressantes, qu'on parvient à les colorer, ces activités demeurent décrochées des intérêts des enfants. Il s'agit plutôt d'accueillir les idées, les projets des enfants, leur permettre de les développer et leur apprendre ce qu'il faut pour que les résultats de leur travail soient une réussite. Si ces projets se multiplient, tous azimuts, ils ont toutes les chances de couvrir l'ensemble des objets d'apprentissage que les programmes prévoient. Il arrive même souvent qu'ils les dépassent.

Et comme toute réalisation est objet de présentation, tous les enfants finissent par couvrir, comme auteurs ou comme participants, tous les domaines de connaissances. Dans ces échanges multiples, l'enseignant s'attache à faire en sorte que non seulement le résultat du travail d'un enfant ou d'une équipe soit présenté, mais aussi que cet enfant ou cette équipe s'arrête à comprendre comment il en est arrivé à un tel résultat. Il y a là une sorte de transfert de connaissances d'abord, ce qui en soi est bien; mais les enfants ont aussi accès aux apprentissages techniques qui ont rendu possible la connaissance. C'est de cette façon qu'ils ont accès au monde mathématique, à celui des sciences physiques ou des sciences humaines, lesquels constituent différents aspects de la réalité. Là également, les enfants peuvent perfectionner des connaissances avec du matériel pédagogique, si le besoin s'en fait sentir.

D'autre part, le maître étant un individu qui fait partie de l'ensemble-classe, rien ne l'empêche lui aussi d'apporter sa contribution aux présentations, d'enrichir le groupe des savoirs qu'il a ou des habiletés qu'il maîtrise. Si d'aventure il s'avérait qu'un aspect de connaissance a été négligé par toutes les autres occasions d'échanges dans la classe, il peut très bien le proposer lui-même.

En pédagogie Freinet, on ne nie donc pas la nécessité des programmes pédagogiques, quoiqu'on puisse parfois se questionner sur la pertinence de certains choix de contenu. Quand les technocrates et les administrateurs scolaires font, défont ou refont les contenus de programmes sous la poussée des pressions sociales ou politiques, comme c'est souvent le cas, les enseignants sont en droit de remettre en question la pertinence de certaines orientations. Ainsi, les enseignants suivant les principes de la pédagogie Freinet sont particulièrement sensibles aux réorientations qui touchent les domaines de l'expression et de la communication, ou à celles qui valorisent des conceptions de l'apprentissage en niant la nécessité de la motivation, du tâtonnement expérimental et du travail à la fois individuel et collectif.

8.2.5 S'organiser

Une telle approche exige évidemment une organisation particulière de la classe. D'une part, il ne faut plus penser exclusivement en fonction du groupe, puisque chaque enfant doit avoir du temps à lui pour ses projets, ses travaux. D'autre part, puisque le groupe vit des situations de communication multiples, il est également nécessaire de réserver à l'horaire des périodes collectives. En outre, comme chacun contribue d'une façon précise aux activités dans la classe, il va de soi que l'enseignant ne pourra plus être le seul organisateur.

Dans la mesure où l'individualisation se met en place en classe, que les enfants commencent à utiliser les moyens de s'exprimer et de communiquer qu'on a mis à leur disposition, qu'ils commencent à travailler sur leur propres projets, qu'on commence à répondre à leurs propres besoins d'apprentissage ou de perfectionnement, les plages de temps individuel, appelées également périodes de travail individuel (TI) ou de travail personnel (TP), s'élargissent. On pourrait assimiler ces périodes à du travail d'atelier, où chacun est occupé à sa tâche, où les petites équipes travaillent sur un projet; ces moments sont d'ailleurs souvent appelés des ateliers.

C'est d'ailleurs dans le cadre de ces ateliers que l'enseignant intervient auprès des enfants, selon leurs besoins. Avec l'un, il travaillera à corriger un texte qui doit paraître au journal; il en profitera pour introduire une connaissance grammaticale par exemple, si cela s'avère nécessaire et approprié. Avec un autre, il suggérera une manière de présenter un travail que l'enfant vient de terminer. Il dépannera un enfant qui bûche sur sa lettre de correspondant. Il expliquera une situation mathématique à un autre qui ne l'a pas comprise. Il enseignera une technique de calcul que quelqu'un est en train d'essayer de comprendre. Il aidera une équipe à mettre au point le scénario du sketch qu'elle désire présenter…

Ainsi, ce sont ces moments de proximité du maître avec chaque enfant qui lui permettent de suivre de près l'évolution de chacun. On pourrait croire, *a priori*, que les occasions de voir chaque enfant sont moins fréquentes que dans une classe traditionnelle. En réalité, c'est l'inverse: l'intensité d'un contact à deux permet plus d'approfondissement et une meilleure compréhension des difficulté de chacun. Cela permet aussi de trouver un mode d'intervention plus efficace, car plus personnalisé.

Dans bien des classes, ces temps d'ateliers prennent jusqu'à la moitié du temps de présence des enfants. Ces moments ont été prévus dans le plan de travail fait collectivement en début de semaine ou de quinzaine. Chez les plus petits, les plans de travail couvrent parfois des temps plus courts. Mais il s'agit toujours de moments de planification collective. On y discute de ce qu'il y a à faire; les projets qui concernent tout le monde sont les premiers à être placés à l'horaire. On décide par la même occasion comment se fera le travail, qui prendra quelle tâche et quand elle devra être faite. La plupart des activités rattachées à ces projets se feront en atelier. On y décide aussi des ressources auxquelles il faudra faire appel. Ensuite, on planifie les projets de moindre envergure, ceux des petites équipes: les sketches, les recherches à plusieurs, les enquêtes qui nécessitent une répartition de travail. Et, enfin, on passe au travail plus individuel. On décide de combien de temps on dispose en atelier et, si cela s'avère nécessaire, des priorités à établir.

Le temps de travail collectif est constitué des travaux qui concernent tout le monde: une lettre collective aux correspondants, une activité à mettre en place, la contribution à un projet d'école, des présentations suivis de «retours», des périodes d'écriture ou de lecture, des mises au point de texte, parfois une leçon de grammaire qu'on a décidé de faire ensemble par souci d'économie, une discussion mathématique qu'on trouve pratique pour tout le monde, ou qu'on a tous envie de faire...

À la fin de la période prévue pour le plan de travail, un bilan est fait, sorte d'évaluation qui permet non seulement de faire le point et de savoir ce que le travail a donné, mais aussi d'enclencher la suite, le prochain plan de travail. Ce qui n'exclut pas qu'il puisse y avoir, à l'intérieur de la période sur laquelle le plan s'étend, de petits bilans ponctuels pour corriger une trajectoire ou pour tenir compte d'un fait nouveau comme l'arrivée d'un colis des correspondants.

8.2.6 S'autogérer

Très souvent, dans le cours du travail, ou au moment des bilans, la nécessité de déterminer des règles de fonctionnement se fait sentir. Nul groupe ne peut se passer d'établir des normes, des «lois», des règles de vie. Toute vie coopérative comporte des relations multiples entre ses participants. Il devient vite nécessaire de gérer ces relations et les conditions de travail communes. Et c'est au conseil de classe que se prennent les décisions de cet ordre. Le temps alloué au conseil est déterminé lors du plan de travail. Le conseil gère des demandes faites par les enfants sur tout sujet qui paraît de nature à toucher tout le monde. Dans certaines classes, un tableau en facilite la préparation. Chaque enfant est libre d'y inscrire ses félicitations, de demander la discussion sur une proposition, la résolution d'un problème dans le groupe, de proposer des activités, etc. Dans d'autres classes, l'ordre du jour est constitué des demandes acheminées à un responsable choisi dans le groupe. Chaque classe a sa manière. Généralement, le maître anime les débats, au moins au début, afin de générer l'habitude de procédés efficaces. Mais on voit souvent, surtout chez les plus grands, des enfants prendre eux-mêmes la relève, mener la discussion et s'habiliter ainsi à une autre forme de gestion.

Dans une telle classe coopérative, dans la mesure où les enfants travaillent sur des contenus qu'ils ont décidés avec le maître, dans la mesure également où ils ont accès aux décisions qui entourent les contenus, c'est-à-dire les procédés, les justifications des actions du groupe et leur évaluation, la motivation qu'ils manifestent est garante de la bonne marche des choses. La discipline est fonctionnelle: elle vient autant, et parfois plus, des enfants eux-mêmes que du maître. Le maître est celui qui se porte garant du groupe. Il a pour rôle de gérer ou, mieux, d'animer les décisions prises au conseil, dont il fait partie, soulignons-le.

Il est bien évident que tout ne fonctionne pas sans heurt; tout groupe de personnes travaillant en commun, dans un lieu restreint, doit forcément se pencher sur ses règles de travail, et celles-ci ne s'établissent qu'après un certain tâtonnement. En pédagogie Freinet, on considère qu'il s'agit là de quelque chose de normal, et c'est à l'intérieur de la dynamique de la classe que l'on s'en occupe. Ainsi, tout le monde sait, parce que tout le monde partage la réflexion; et, selon les tenants de cette approche, les conflits ont généralement de meilleures chances de trouver leur solution, parce qu'ils sont moins traités de façon souterraine, en dehors de la classe.

Par ailleurs, comme on travaille tous ensemble, sur des choses qui concernent toutes plus ou moins chacun, on partage aussi les tâches. Une décentralisation des responsabilités est un autre indice de la vigueur de la vie coopérative. Ainsi, le maître n'est plus le seul dépositaire de l'autorité. Le conseil en assume une large part d'abord, par les décisions qu'il prend et la gestion des activités et du temps qu'il fait. Ensuite, chaque enfant prend aussi une part des responsabilités, lorsqu'il y a une distribution des différentes tâches à faire. Chacun doit rendre compte de ce qu'on lui confie au conseil. Ainsi, chacun est non seulement engagé dans ses propres démarches d'apprentissage, mais aussi appelé à faire sa part dans la gestion du groupe et l'efficacité de l'organisation.

Comme le maître est le dépositaire de l'autorité que lui a confiée l'établissement scolaire, c'est à lui de déterminer quelle part il délègue au conseil. Car il ne s'agit pas, en pédagogie Freinet, de laisser les enfants à eux-mêmes. Les faire participer à la gestion de la classe ne signifie pas leur abandonner tout. Le maître reste responsable de l'autorité que lui a confiée l'école, et il en est redevable. Il doit donc s'assurer de rester à l'aise avec le fonctionnement de la classe. Il ne s'agit pas là d'une position de crainte, mais d'un engagement face à sa responsabilité: celle de participer à l'instruction et l'éducation des enfants qui lui sont confiés, mais aussi celle d'assumer pleinement les choix pédagogiques et sociaux qu'il a faits.

Il y a donc un partage à faire avec les enfants, c'est-à-dire qu'il faut délimiter avec eux les champs d'action respectifs de chacun. Mais une fois que ce partage est fait, il doit être définitif. Les enfants, comme n'importe qui, n'ont aucune confiance en quelqu'un qui donne d'une main ce qu'il reprend de l'autre. Le maître intervient donc en pédagogie Freinet: il gère vraiment ce qui lui appartient, et assure aussi auprès de chaque enfant la part de l'autorité du groupe qui lui revient.

8.2.7 Évaluer

Si plusieurs champs d'action sont partagés avec les enfants, le maître demeure responsable de l'évaluation. Ce qui ne veut pas dire que les enfants n'y participent pas, au contraire. Ils sont appelés régulièrement à donner leur point de vue, à évaluer leur production, à coter eux-mêmes leurs efforts. Les bilans de semaine ou de quinzaine sont notamment un moment intense d'évaluation. Pour chaque enfant d'abord, il s'agit de faire un retour sur lui-même. Les plans de travail comportent généralement une section pour l'évaluation personnelle; elle sert souvent en même temps de communication aux parents, qui peuvent ainsi suivre le cheminement de leur enfant et y participer activement.

Le groupe aussi procède à ce moment à son évaluation: ses activités, ses réussites ou ses échecs, les relations des participants, tout est analysé en fonction de continuer en améliorant les choses. Là également, des enfants plus habitués aux procédés peuvent devenir responsables de cette évaluation, mais le maître en reste le dépositaire et peut intervenir pour pousser plus loin la recherche de solutions aux difficultés de tout ordre qui sont rencontrées.

D'autre part, à travers les travaux multiples que font les enfants, le maître est capable de poser des jugements sur l'évolution des apprentissages, et de les consigner afin de répondre au besoin de l'école comme aux siens propres. D'ailleurs, plusieurs outils individualisés dont nous avons parlé plus haut comportent des travaux d'évaluation qui permettent à l'enfant comme au maître de juger de l'efficacité du travail. Si de tels outils manquent pour un domaine particulier de connaissances, le maître procédera autrement, quitte à utiliser des outils d'évaluation plus habituels.

Il lui sera nécessaire de pouvoir consigner ces évaluations et ces jugements, et plusieurs enseignants s'inventent à ce titre des outils de consignation personnalisés de collecte d'informations. Les uns ont l'habitude de noter tout ce qu'ils observent, d'autres constituent des dossiers d'enfants où toutes les productions sont ramassées, pour analyse ultérieure. Sur ce plan, la pédagogie Freinet a inventé des outils fondés sur sa pratique. Les uns sont à l'usage des enfants, les autres à celui du maître. Souvent, une série d'apprentissages successifs conduisent à des «brevets», sortes de déclarations de compétence, émanant du maître ou du conseil, qui endossent un apprentissage fait. Connus et publicisés, ils deviennent l'annonce pour les autres qu'une ressource vient d'éclore et de s'ajouter à toutes les autres du groupe. Ailleurs, on utilise les «ceintures» ou les «couleurs», outils de reconnaissance collective des habiletés et des savoirs de quelqu'un; il s'agit d'un système analogue aux ceintures de judo, où la couleur indique le degré de maîtrise de quelqu'un. Là encore, il s'agit de faire savoir au groupe qu'un enfant peut être une ressource pour les autres dans un domaine.

On comprendra aisément que dans une classe décentralisée comme une classe Freinet il serait difficile de passer des batteries de tests à tous, au même moment et sur le même contenu. C'est pourquoi une grande partie de l'évaluation est individualisée, au même titre et pour les mêmes raisons que pour le reste. Cela n'empêche pas la tenue de ce genre d'évaluation à la fin d'une année ou d'un cycle. En effet, si les expérimentations ont été assez diversifiées, si les travaux faits en classe ont couvert une grande étendue de connaissances, la majorité des enfants devraient avoir vu ce que les programmes avaient prévu qu'ils voient.

8.3 LA PÉDAGOGIE FREINET D'AUJOURD'HUI

La pédagogie Freinet a évolué depuis ses débuts. D'abord parce qu'elle est pratiquée depuis longtemps et par un grand nombre d'enseignants. Il existe une tradition de coopération entre les enseignants qui la pratiquent, parce qu'ils sont pour la plupart des pédagogues de terrain, aux prises avec des questions immédiates d'organisation et d'efficacité. La diversité joue en ce domaine comme ailleurs. Les talents individuels ont provoqué nombre d'innovations dans les manières de faire, les méthodes de travail et la mise au point d'outils efficients. Comme ces enseignants se rencontrent souvent dans des groupes organisés, le partage a permis aux bonnes idées de se diffuser, et aux expériences de se raffiner plus vite.

Les outils sont encore de nos jours adaptés aux situations qui les justifient. La correspondance scolaire, le journal, le conseil et les autres techniques ont évolué, mais servent toujours les valeurs de la pédagogie Freinet. Des outils ont disparu parce qu'ils ne rendaient plus le service qu'on en attendait. Mais les grands axes de la pédagogie Freinet définis au départ sont toujours les mêmes. Les enfants d'aujourd'hui ont toujours les besoins de ceux d'autrefois: s'exprimer, communiquer, apprendre, s'organiser. Leur environnement a changé cependant. L'école n'est plus la seule source d'information et de formation, hors la famille. Le développement des médias a forcément eu une influence sur l'école. Mais le matériel sur lequel on travaille en classe Freinet est apporté par les enfants: on a ainsi toujours les pieds dans le réel de la vie.

CONCLUSION

Quand la pédagogie Freinet s'est mise en place, il y a près de trois quarts de siècle, elle était vraiment une pédagogie de libération. La plupart des enfants, à cette époque, n'avaient droit à l'école ni à la parole ni au pouvoir. Leur ouvrir de telles voies, ne serait-ce que modestement, les aiderait à se libérer. Aujourd'hui, plusieurs éducateurs se plaignent au contraire de ce que les enfants ne connaissent plus de limites. L'éclatement des familles, l'envahissement des médias qui a brisé le monopole de l'école sur la connaissance, la facilité de la vie que les enfants mènent parfois, l'individualisme forcené qui se développe dans la société actuelle, tout a effectivement comme résultat de réduire la présence et l'importance de l'école pour les enfants. Mais ils ont toujours le besoin de trouver un lieu où tout ce qui les environne prend un sens.

Dans une certaine mesure, de pédagogie de libération qu'elle était, la pédagogie Freinet est devenue un peu celle des contraintes. Il est vrai que des enfants trouvent difficile parfois, dans ces classes, de domestiquer leur énergie, de discipliner leur effort, d'organiser leurs démarches. Mais, selon ses adeptes, la pédagogie Freinet, avec ses outils et ses structures, est mieux à même de le faire que n'importe quelle autre. Il a toujours été difficile d'apprendre à faire face à soi-même et aux autres, à se regarder sans complaisance, à découvrir chez les autres autre chose que des adversaires. C'était difficile de le faire pour des enfants qui n'avaient pas grand pouvoir; mais c'est aussi difficile de le faire pour des enfants qui en ont trop. La tâche d'aujourd'hui, quoique différente, est aussi difficile que celle d'hier. Les enfants ont peut-être plus besoin maintenant qu'avant de quelqu'un qui témoigne des principes qu'il annonce dans ses gestes quotidiens. L'éducateur Freinet est ainsi, selon les adeptes de ce type de pédagogie, un maître au vrai sens du terme.

QUESTIONS

1. La pédagogie Freinet fait partie du mouvement des écoles nouvelles. Précisez.
2. Commentez les caractéristiques de la méthode éducative de Freinet.
3. Si Freinet et Montessori sont tous deux des pédagogues œuvrant dans une perspective sociale, leur engagement sociopolitique présente des différences. Situez-les et commentez.
4. Dans quel but Freinet a-t-il introduit l'imprimerie dans la classe et qu'en est-il aujourd'hui? Commentez.
5. Quels sont les objectifs de la pédagogie Freinet?

6. Décrivez le type de relation enseignant-élève dans une école Freinet.
7. L'approche Freinet se définit comme une pédagogie de la participation et de la coopération. Commentez.
8. La notion de communication est essentielle dans la méthode de Freinet. Expliquez la signification qui lui est attribuée.
9. À l'aide d'un ou de quelques qualificatifs, définissez le rôle de l'enseignant dans les écoles Freinet.
10. L'école Freinet se base sur des valeurs et des idéaux sociaux. Précisez, en vous servant des différences entre « auparavant » et « aujourd'hui ».

BIBLIOGRAPHIE

FREINET, C. (1967). *Les dits de Mathieu.* Paris: Delachaux et Niestlé.

FREINET, C. (1975). *Les techniques Freinet de l'École moderne.* Paris: Armand Colin.

FREINET, C. (1978a). *Essai de psychologie sensible appliquée à l'éducation.* Paris: Delachaux et Niestlé.

FREINET, C. (1978b). *L'éducation du travail.* Paris: Delachaux et Niestlé.

FREINET, É. (1977). *L'itinéraire de Célestin Freinet.* Paris: Payot.

FREINET, É. (1978). *Naissance d'une pédagogie populaire.* Paris: Maspéro.

CHAPITRE 9

Alexander S. Neill et la pédagogie libertaire

Clermont Gauthier

CONTENU

RÉSUMÉ

Laisser l'enfant épuiser son désir et ses intérêts: telle est la devise et la finalité de la pédagogie libertaire de Alexander S. Neill, qui a fondé Summerhill, l'école de la liberté, en 1921. Neill se distingue d'à peu près tous les pédagogues de l'École nouvelle. Sa méthode s'inscrit en opposition à la tradition, conformément au mouvement de l'École nouvelle, mais elle se démarque aussi de cette dernière, qui est critiquée pour ses caractères affichés de scientificité, de moralisation et de culture de l'esprit. Pour Neill, l'éducation est l'exploration affective du soi. Neill fonde sa méthode sur l'hypothèse que l'être humain est fondamentalement bon, que l'enfant possède un sens inné de la justice, et que c'est la société qui le pervertit par son action moralisatrice et castratrice. On voit ici l'inspiration psychanalytique du pédagogue: partisan de l'expression du désir et de la libre manifestation de la sexualité, son approche met en œuvre des méthodes alignées sur ses postulats: en ce qui concerne la conduite des enfants, elle ne fait l'objet d'aucune condamnation, tous les comportements sont acceptés inconditionnellement; quant à la présence des enfants aux cours, elle n'est pas obligatoire, seuls les intérêts et la volonté des élèves font office de directives. Bref, ni censure ni punition, ni obligation ni moralisation.

Il s'agit, selon Neill, de créer un environnement libre mais non anarchique, de permettre la liberté individuelle dans le respect de la liberté des autres. La vie collective de l'école est régie par des règles élaborées par les enfants et par les enseignants; la voix de chacun a le même poids décisionnel. Summerhill demeure la seule école à appliquer les méthodes de Neill: cette école mixte accueille une soixantaine d'enfants. On dit de Summerhill qu'elle s'est plus construite sur le charisme de son fondateur qu'en suivant une théorie solidement étayée. Dans ce sens, l'action éducative de Neill s'entend davantage comme une profession de foi que comme une méthode «objective».

INTRODUCTION

Dans un chapitre précédent, nous avons suggéré de situer l'enseignement mutuel, caractérisé par le contrôle absolu de l'environnement pédagogique, à l'extrémité d'un axe «liberté-ordre». La pédagogie libertaire se trouve à l'opposé, au pôle où le hasard est une composante essentielle. Il est intéressant d'examiner maintenant cette dernière, la pédagogie de Neill, parce qu'elle est non seulement une approche pédagogique qui a eu ses heures de gloire, mais aussi et surtout parce qu'elle constitue un formidable «excès» de liberté pédagogique. À Summerhill, l'école fondée par Alexander S. Neill, il n'y a pas de programme à voir à tout prix; les élèves ne sont donc pas obligés d'étudier, ils peuvent occuper leur temps comme ils le veulent.

Ce modèle pédagogique mise sur la liberté des élèves à un point rarement égalé dans l'histoire de la pédagogie. Voilà une approche fort différente, en comparaison des modèles pédagogiques traditionnels qui sont par nature très contraignants. Elle est également révolutionnaire en regard des autres exemples de pédagogie nouvelle inventés au début du xxe siècle. Encore de nos jours, une telle école conserve un caractère de surprenante étrangeté. Il y a eu, dans le passé, bien des tentatives pour créer des écoles libres; la majorité de ces essais se sont cependant soldés par des échecs. Or, Summerhill est une école qui a duré. On a pu voir ses élèves devenir des adultes, exercer un métier, fonctionner normalement dans la société et avoir eux-mêmes des enfants. Cette école n'a pas produit, comme certains le croyaient, des pervers ou des désaxés[1]. Enfin, cette expérience s'est maintenue suffisamment longtemps, au-delà d'un demi-siècle, pour qu'on l'évalue, malgré des critiques de tous ordres, positivement.

Notre compte rendu de cette approche se fera en plusieurs étapes. Il convient, dans un premier temps, de connaître un peu mieux le fondateur de Summerhill, Alexander S. Neill, puisque sa personnalité et ses idées colorent fortement son école. Ensuite, nous ferons un détour par la psychanalyse afin d'isoler quelques concepts importants et de saisir les bases théoriques de la conception pédagogique de Neill. Partant de là, nous étudierons les liens entre ses idées et une approche psychanalytique particulière, celle de Wilhelm Reich. Nous examinerons ensuite la conception de l'éducation de Neill et la manière concrète dont elle se traduit dans l'organisation de son école. Enfin, nous terminerons notre étude par une réflexion sur les limites de cette approche.

9.1 NOTES BIOGRAPHIQUES

Alexander Sutherland Neill est né en 1883 à Forfar, banlieue d'Édimbourg en Écosse. Il y avait dans ce village, indique Neill, une sorte d'ambiance négative qui se répandait partout. C'était sans doute, selon lui, l'effet de la religion protestante calviniste qui projetait l'image d'un Dieu menaçant et soutenait une pesante morale répressive selon laquelle la sexualité, par exemple, était considérée comme mauvaise. L'atmosphère était imprégnée d'une sorte de tristesse de l'âme, d'une sensation d'être pécheur, d'une culpabilité d'exister. Bref, la vie se déroulait dans un climat général de négation de la vie, et elle était ressentie comme un insoutenable fardeau.

Neill est issu d'un milieu familial sévère, religieux, modeste et ambitieux. À la maison, l'école est très valorisée. On le comprend aisément car son père, Georges, est instituteur et directeur d'école. Il souhaite que ses 13 enfants fassent de bonnes études. Sa mère, institutrice de métier, a cessé d'enseigner pour élever ses enfants. Fière, elle a de hautes ambitions pour sa famille; Neill la qualifie même de snob (Saffange, 1985, p. 23). Il mentionne combien il lui était difficile d'arrêter ses jeux avec ses camarades pour aller étudier, tandis qu'eux n'avaient pas cette même pression familiale.

Neill a un cheminement scolaire peu orthodoxe. Il ne fait pas grand-chose à l'école alors qu'un de ses frères aînés, studieux, devient pasteur, et un autre médecin. De tous ses frères et sœurs il est le seul à ne pas entreprendre d'études secondaires. Il se décrit lui-même comme le raté de la famille. À 14 ans, il quitte la maison pour occuper un emploi de bureau à 160 kilomètres de chez lui en échange d'un maigre salaire. S'ennuyant énormément, il revient au domicile parental et se trouve un emploi chez un drapier où il livre des paquets chez les clients. Là non plus ce n'est pas un succès et il doit abandonner:

> *Il n'y a rien à tirer de ce garçon, déclara sombrement mon père. Il pourrait peut-être devenir instituteur, suggéra ma mère. Effectivement, il n'est bon qu'à ça, répondit mon père d'un ton sinistre et sans l'ombre d'un sourire.* (Saffange, 1985, p. 27.)

À 15 ans, il entre comme élève-instituteur (moniteur) à l'école de son père. Ce dernier enseigne à 130 élèves, selon le système d'enseignement mutuel de Bell, et est aidé uniquement d'un assistant et d'un élève-maître. À 19 ans, Neill finit par réussir de justesse l'examen national pour enseigner; il termine au 103e rang sur 104 et peut être engagé à titre d'« ex-élève-maître ». Il enseigne par la suite à plusieurs endroits. Il s'inscrit enfin à l'université d'Édimbourg à 25 ans. Il commence par des études en agriculture, puis il opte pour les lettres et obtient sa licence après quatre ans d'études. Son goût de l'écriture se développe et il devient rédacteur en chef de la revue de l'université. Il publie par la suite des articles dans

1. Hemmings (1981, p. 115) rapporte une remarque intéressante de Neill: « Les enfants élevés dans la liberté ont de bonnes manières naturelles, mais ils ne connaissent pas les conventions sociales. Ils disent rarement « merci », mais ils n'imiteront jamais un bégayeur, pas plus qu'ils n'accrocheront une casserole à la queue d'un chien. »

différentes revues. Même s'il ne veut pas enseigner à cette époque, il se retrouve malgré tout, en 1915, directeur d'école dans un petit village perdu d'Écosse. Comme la loi oblige les directeurs à tenir un journal de tout ce qui se passe quotidiennement (présences, absences, retards, maladies, etc.), il écrit *A Dominie's Log* (*Journal d'un instituteur de campagne)*, un écrit non conventionnel dans lequel il fait valoir sa conception de la pédagogie. Cet ouvrage lui vaut un succès considérable.

9.1.1 Les influences de Neill et l'émergence de sa pédagogie libertaire

Il faut souligner également les liens que Neill entretient avec le mouvement de l'éducation nouvelle qui se met en place après la Première Guerre mondiale. À la suite des traumatismes profonds laissés par la guerre, l'avènement d'un Homme nouveau est souhaité par plusieurs éducateurs. L'éducation a désormais pour mission, selon eux, d'empêcher les guerres à tout jamais. La guerre, pense-t-on, est causée par des méthodes d'éducation qui étouffent la personnalité et produisent chez l'individu des tensions qui s'expriment par la cruauté et la haine (Skidelsky, 1972, p. 148). Neill se rapproche de ce mouvement et, en 1920, il devient rédacteur de la revue *Ère nouvelle.* Cette revue est l'organe de l'Association de l'éducation nouvelle qui vient d'être fondée et qui regroupe les divers mouvements de réforme pédagogique visant à créer une nouvelle fraternité démocratique.

Mais les opinions de Neill sont loin de faire l'unanimité au sein de ce regroupement et, en 1923, il rompt avec l'*Ère nouvelle.* Il a du mal à supporter Montessori, monstre sacré à l'époque:

> *Cette révérence pour la méthode et l'appareil scientifiques, facteur essentiel de la doctrine Montessori, Neill ne pouvait la supporter. «Je la sens toujours scientifique et jamais artiste. Son système est hautement intellectuel mais il parle tellement peu aux émotions que c'en est affligeant.» Il déplorait l'attitude, à ses yeux désapprobatrice, de la pédagogie vis-à-vis des «fantasmes» qu'il considérait, quant à lui, comme une partie indispensable de la vie mentale de l'enfant. C'est «son moyen à lui de vaincre la réalité* [...] *». On pourrait objecter que les fantasmes sont les premiers stades de la folie. «Oui, mais c'est le dernier stade de la poésie* [...]. *Je crains qu'un enfant élevé à la Montessori, une fois devenu grand, n'apporte un jour la preuve irréfutable que sous les pas de Maud, marchant dans la prairie, ne naissent pas les roses. Non, le monde de Montessori est trop scientifique pour moi; il est trop ordonné, trop didactique. La seule expression « matériel didactique» m'effraie.»* (Hemmings, 1981, p. 64.)

Il critique également la nouvelle méthode de suggestion prônée par Coué, laquelle consiste à suggérer aux enfants certains comportements, attitudes et valeurs morales. Il s'inscrit en faux contre ceux qu'il appelle les «fanatiques de la Vie Supérieure» et dont l'un des buts est endossé par l'association: «entraîner l'enfant à désirer la suprématie de l'esprit sur la matière» (Hemmings, 1981, p. 60). Cette vision spiritualiste théosophiste est alors prônée par plusieurs membres du mouvement. Neill critique leur conception naturaliste et idéaliste de la vie. Ils désirent changer le monde industriel et glorifient le retour à la terre. Ils proposent une conception de l'enfance interdisant de fumer, de boire, de danser, d'aller au cinéma. Tout cela est bien à l'opposé des idées que Neill véhicule, notamment celle que l'enfant doit suivre son désir. Former un enfant avec violence comme dans la pédagogie traditionnelle, ou le mouler avec ruse comme ces approches de la pédagogie nouvelle, tout cela participe, selon lui, de la même erreur fondamentale qui consiste à imposer un idéal à l'enfant et à ne pas faire confiance à ses instincts profonds.

Par ailleurs, Neill a plusieurs contacts avec la psychanalyse. On mentionne qu'il a été psychanalysé par Lane, par Sketel et par Reich. Lane l'a particulièrement influencé au début. Durant la guerre de 1914-1918, la garnison dont faisait partie Neill était campée juste à côté de l'école de Homer Lane. Ce dernier a fondé une école pour délinquants, The Little Commonwealth, école assez originale et gérée par un «gouvernement d'enfants». Homer Lane soutient qu'un mauvais enfant est le résultat d'une mauvaise éducation parce qu'en réalité chaque enfant est né bon (Hemmings, 1981, p. 51). Pour lui, un enfant devient délinquant parce qu'il a été privé d'affection et de compréhension. En conséquence, sa guérison s'obtient par l'amour et l'approbation (Skidelsky, 1972, p. 134). L'école de Lane ferme après la Grande

Guerre, et ce dernier devient psychothérapeute à Londres. Summerhill, l'école de Neill, sera plus tard fortement influencée par les idées de Lane sur la liberté, sur la foi en la bonté originelle des individus, sur la nécessité de faire du bonheur le but de l'éducation et d'accorder une place primordiale aux émotions (Hemmings, 1981, p. 170).

En 1937, Neill rencontre le grand psychanalyste Wilhelm Reich, qui a une forte influence sur lui. Il suit une courte thérapie et se lie d'amitié avec ce dernier. Leur correspondance (Placzek, 1982) témoigne de l'intensité de leur relation et du fait qu'ils s'encourageaient mutuellement. La fille de Neill, Zoé, a été élevée selon l'idée d'autorégulation de Reich, c'est-à-dire une éducation à la liberté même pendant la prime enfance (Hemmings, 1981, p. 186-193)[2].

Ce voisinage continu de Neill avec la psychanalyse a un effet direct sur sa conception de l'enseignement. L'enseignement est devenu pour lui l'exploration affective du soi, une sorte de psychanalyse (Skidelsky, 1972, p. 132). Il a même, à un moment donné, utilisé une technique d'inspiration psychanalytique pour travailler avec les enfants (technique appelée «leçons particulières»). Pour mieux saisir la pensée pédagogique de Neill, il faut donc passer par le chemin de la psychanalyse.

9.2 LE DÉTOUR PSYCHANALYTIQUE: FREUD ET REICH

Les propos de Neill nous obligent à faire ce détour par la psychanalyse car il s'inspire de Reich et ce dernier a fini par se marginaliser de l'orthodoxie freudienne. Aussi faut-il remonter la filiation par le début, et saisir le sens de la problématique psychanalytique freudienne, pour ensuite analyser les adaptations apportées par Reich afin de mieux comprendre la conception de l'éducation de Neill. Voyons d'abord sommairement les principales idées de la psychanalyse qui nous seront utiles dans l'analyse du discours de Neill.

9.2.1 Freud et la psychanalyse

Alors, qu'est-ce que la psychanalyse? Pour en avoir un aperçu, il faut passer par les idées de son fondateur, Sigmund Freud. Comme la psychanalyse est une immense théorie fort complexe, nous nous limiterons aux seuls aspects nécessaires pour aborder la pensée de Neill.

Sigmund Freud (1856-1939) est un Autrichien de confession juive. Il a reçu sa formation médicale à Vienne où il a passé la majeure partie de sa vie et s'est spécialisé dans le traitement des troubles nerveux. Cette branche de la médecine en était encore à ses débuts à ce moment-là. Quelques pistes attiraient l'attention. Par exemple, Freud est allé en France étudier l'hypnose avec Charcot afin de comprendre et d'améliorer le traitement de l'hystérie. On émettait alors l'hypothèse que des maladies nerveuses comme l'hystérie, qui n'impliquent pas de lésions organiques, étaient liées à des problèmes psychiques. Cependant, Freud était peu satisfait de ce traitement par l'hypnose parce que les effets étaient trop passagers. Il a ensuite étudié la méthode de Breuer qui consiste à laisser le malade se raconter. Freud a progressivement élaboré sa propre méthode, la psychanalyse.

Qu'est-ce que la psychanalyse?, demandions-nous plus haut. La psychanalyse est une méthode clinique qui cherche à supprimer les troubles psychiques par une analyse de l'inconscient dont la formation est expliquée à partir du développement sexuel.

Selon Freud, la sexualité est la base du développement psychique. La pulsion sexuelle n'apparaît pas à la puberté, mais dès les premiers instants de la vie. Cependant, une fois devenu adulte, chacun oublie son enfance comme s'il y avait des forces qui l'empêchaient de se souvenir. Ces forces «invisibles», ou inconscientes, n'en ont pas moins une grande influence sur la vie concrète des individus et peuvent, dans certains cas, provoquer des problèmes à divers degrés. C'est là la grande découverte de Freud: toute une partie de notre vie est dans l'inconscient, refoulée dans une zone secrète. Cet inconscient, il est possible de l'explorer par divers moyens.

Toujours selon Freud, le refoulement est causé principalement par une situation fort troublante que nous rencontrons tous dans notre développement personnel, la situation œdipienne. Pour Freud, le

2. Zoé est née en 1947. Elle fut le seul enfant de Neill. Son éducation libre fut racontée dans l'ouvrage *The Free Child* que Neill écrivit quand Zoé eut cinq ans.

complexe d'Œdipe est le noyau central de toute névrose et, par conséquent, le dépassement de l'Œdipe est la condition indispensable pour aboutir à l'état adulte. Il est donc nécessaire d'examiner en quoi consiste le complexe d'Œdipe, pour ensuite comprendre comment il est possible de dépasser cette situation difficile.

Freud, homme fort cultivé, connaissait bien ses classiques; il s'est aperçu que le conflit psychique dont il faisait l'hypothèse était très bien exprimé par le récit du mythe d'Œdipe. Sophocle (496-406 avant Jésus-Christ), poète grec , a écrit *Œdipe roi.* L'histoire de ce drame met en scène les deux souverains de Thèbes, Laïos et Jocaste, qui apprennent par un oracle que le destin de leur fils, Œdipe, est de tuer son père et d'épouser sa mère. Troublés, ils décident de l'abandonner dès sa naissance. Ce dernier est recueilli par les souverains de Corinthe qui, n'ayant pas d'enfant, en font leur propre fils et l'élèvent jusqu'à sa maturité. Or, Œdipe apprend un jour la triste prédiction qui le guette, et quitte ses parents adoptifs de Corinthe qu'il aime et prend pour ses vrais parents. Il s'enfuit, part en exil pour ne pas que l'oracle se réalise. Plus tard, à la tête d'une armée, il combat son véritable père, Laïos, et le tue; puis, entrant à Thèbes, il épouse Jocaste, sa vraie mère. Apprenant finalement l'horrible vérité, il se punit en se crevant les yeux.

Œdipe est donc l'histoire d'un conflit intérieur et Freud, par analogie, s'est servi de cette histoire pour expliquer la dynamique psychique. Pour lui, on ne peut comprendre le fonctionnement psychique adulte sans connaître les principales étapes de son développement. Comme la sexualité joue un rôle central dans la genèse de ce conflit et qu'elle se manifeste dès la plus tendre enfance, il faut donc bien comprendre les transformations par lesquelles elle passe. Par sexualité, on entend tout ce qui entraîne la recherche du plaisir par l'individu. Le plaisir entraîne la jouissance et en vient à être recherché pour lui-même, à être reproduit. Cette énergie libidinale est présente dès les premiers instants de la vie, elle est liée à la vie même de chacun.

Plusieurs stades du développement de la sexualité ont été identifiés. Nous les présentons dans les paragraphes qui suivent.

Le stade oral

Le stade oral est cette première période au cours de laquelle le nourrisson, tétant le sein ou le biberon, apaise sa faim. La bouche de l'enfant a d'abord une fonction alimentaire. Cependant, l'activité dite sexuelle a lieu en même temps que l'ingestion d'aliments. L'enfant découvre ainsi un plaisir parallèle. Ce plaisir est ensuite recherché pour lui-même, par la succion de divers objets, du pouce, etc. C'est un plaisir autoérotique; il est provoqué et recherché par l'enfant lui-même.

Le stade anal

Le deuxième stade, le stade anal, prend ensuite de l'importance à mesure que se consolide le contrôle volontaire de la musculature, vers la deuxième année de vie de l'enfant. Quand l'enfant finit par contrôler ses sphincters, il associe la défécation à un plaisir. Retenir, tout comme expulser les matières fécales, provoque chez lui une forme de jouissance qu'il est porté à rechercher pour elle-même. Durant cette période, la dissociation masculin-féminin ne joue encore aucun rôle. C'est plutôt le couple actif-passif, retenir-relâcher, tendre-détendre qui est en jeu.

Le stade phallique

Le troisième stade est appelé le stade phallique. Cette phase, qui se déroule approximativement entre trois ans et cinq ans, se caractérise par le complexe d'Œdipe. Durant ce stade, le pénis et son équivalent féminin le clitoris deviennent des zones d'intérêt dominantes. L'enfant découvre son sexe, il l'explore, ce qui entraîne du plaisir. Il cherche à reproduire son plaisir en se masturbant. La découverte de ses organes génitaux amène l'enfant à se questionner sur son appartenance à un sexe ou à l'autre, et sur le rôle de chaque sexe dans la société :

> *Le pénis constitue pour les deux sexes le seul attribut sexuel reconnu; la différence entre le garçon et la fille n'est faite que de sa présence ou de sa non-présence apparente; cette non-présence est considérée, soit comme le résultat d'une mutilation, soit comme le manque provisoire de quelque chose qui peut encore se développer.* (Brabant, 1973, p. 44.)

C'est à cet âge (trois ans environ) qu'un nouveau personnage, un tiers, entre en scène: le père. Jusqu'alors, la relation de l'enfant à son entourage a été presque exclusivement avec la mère. Or, le complexe d'Œdipe se structure quand la mère est réellement distinguée du père. Situation nouvelle qui crée le triangle classique composé du père, de la mère et de l'enfant. Le père ne joue plus un rôle de satellite de la mère, assurant lui aussi gratification et sécurité, mais devient un autre pôle significatif dans la relation. Cette différentiation du père et de la mère crée chez le garçon et chez la fille un double processus: une identification au parent du même sexe et un élan amoureux.

L'**identification** se fait donc avec le parent du même sexe. Le garçon cherche à s'identifier à son père, qui est pris comme modèle «viril». La petite fille, de son côté, en s'identifiant à sa mère, forgera graduellement sa «féminité».

Dans le processus de l'**élan amoureux**, c'est le contraire qui se produit. L'enfant fait l'expérience de l'amour avec le parent du sexe opposé. Il veut non pas être, non pas s'identifier, mais avoir, il veut posséder l'objet désiré. Le garçon ne change pas d'objet d'amour; sa mère reste l'objet désiré qui donne chaleur et tendresse. La fille, pour sa part, éprouve en grandissant un élan vers le père.

Dans son élan amoureux vers la mère, le garçon découvre qu'il n'est pas tout pour elle. Elle en aime aussi un autre, le père. Ce dernier fait alors figure de rival. Aussi, à côté des sentiments d'admiration qu'il lui voue, cohabitent également des sentiments hostiles, des souhaits de mort à son endroit. Ces sentiments créent de la culpabilité chez l'enfant et lui font craindre le pire, la castration. N'oublions pas que la masculinité est à cette étape de sa vie la chose la plus importante pour l'enfant mâle, on comprend alors qu'il ait peur de perdre son pénis, ce bien le plus précieux pour lui. Cette crainte de la castration par le père n'a cependant rien à voir avec la castration réelle. C'est plutôt une castration symbolique (Hesnard, 1971, p. 73). Le phallus symbolise la différence sexuelle, la puissance masculine. C'est de cette perte de masculinité que le garçon a peur. S'il ne peut être comme son père—être phallus—, alors comment pourra-t-il séduire sa mère qui, elle, couche avec un homme?

Chez la fille, le problème est différent puisque l'absence de pénis est un fait de nature. Cependant, tout comme le garçon, elle s'identifie au parent de son sexe. Cette identification à la mère en fait en même temps une rivale pour l'obtention de l'amour du père. Elle se sent coupable de vouloir posséder celui qui est la possession exclusive de la mère. Contrairement au garçon qui vit péniblement l'angoisse de la castration, elle, pour sa part, aura à subir l'angoisse du viol. Ce désir pour le père (désir du phallus) provoque chez elle la peur du phallus qu'elle voit énorme et menaçant.

Ces sentiments contradictoires, à la fois hostiles et tendres, sont, tant pour le garçon que pour la fille, extrêmement difficiles à supporter. Aussi les refouleront-ils dans leur inconscient:

> *Ces intentions et ces pensées, si elles étaient conscientes, apparaîtraient en conflit avec celles que nous acceptons de regarder en face ou de considérer comme nôtres. Cette situation de conflit serait elle-même une situation pénible, imposant une tension difficile à supporter, et c'est une solution à coup sûr moins onéreuse d'ignorer aussi longtemps que possible l'un des termes du conflit. Dans tous les cas, c'est une tendance à éviter le déplaisir qui éloigne de la conscience certaines pensées et certaines représentations.* (Brabant, 1973, p. 19.)

Le refoulement est donc le pilier sur lequel repose l'édifice de la psychanalyse (Freud, 1971, p. 81). Il faut remarquer que «refoulé» ne veut pas dire «sans effet» dans l'existence de chacun. Au contraire, les trous de mémoire, les lapsus, les actes manqués, sont pour les psychanalystes des indices significatifs de conflits psychiques. Ils manifestent une censure extrêmement efficace qui rejette dans l'inconscient ce qui est trop pénible à supporter pour la conscience. Par exemple, pour Freud, le contenu du rêve représente un désir symboliquement réalisé, mais l'obscurité de son contenu est l'œuvre de la censure qui modifie et travestit les matériaux refoulés (Freud, 1925, p. 100):

> *La tâche de la psychanalyse sera dès lors de retracer l'histoire de ces lacunes et falsifications, et de découvrir par quels procédés, et quand, elles se sont formées; de préciser le sort des éléments disparus; d'inventer et d'utiliser une technique visant à combler les lacunes et à redresser les falsifications de sorte que puisse être reconstitué, dans la mesure du*

possible, un texte authentique et intégral, où chacun pourrait lire la vérité jusque-là méconnue de ses intentions et de ses désirs. (Brabant, 1973, p. 15.)[3]

La période de latence

Finalement, au stade phallique succède une période de latence (entre 5 et 12 ans). Durant cette période, les pulsions sexuelles et agressives demeurent dans une sorte de demi-sommeil. Elles se réveillent à la puberté avec les changements physiques importants qui surviennent alors.

La résolution de la situation œdipienne

Après ce long détour on comprend mieux pourquoi Freud soutient que la sexualité, loin de commencer à la puberté, comme on le croit généralement, est déjà présente dès les premiers instants de la vie en tant que recherche permanente du plaisir. On saisit mieux, également, le fonctionnement psychique des individus d'après cette perspective.

Mais revenons un peu en arrière, car une question fort importante mérite examen. Comment sort-on de la situation œdipienne?

Le garçon en vient progressivement à renoncer à sa mère comme objet de désir et sauve ainsi son pénis de la destruction. Il intériorise cet interdit de l'inceste. De même, la fille finit par renoncer à son père. On donne le nom de surmoi à cette intériorisation de l'interdit. Tout se passe comme si le surmoi était la voix des parents intériorisée dans la conscience des enfants. C'est dans ce sens que Freud qualifie le surmoi d'héritier du complexe d'Œdipe.

Mais l'intégration de l'interdit n'enlève pas pour autant l'énergie libidinale. Il lui faudra trouver des voies de substitution où elle pourra s'engager sans éveiller de nouvelles culpabilités:

> *Ainsi la compétition scolaire ou sportive pourra-t-elle se substituer à la rivalité œdipienne, le désir de savoir et de connaître, à la curiosité sexuelle, etc. Si l'enfant ne rencontre pas d'entraves extérieures ni d'interdits nouveaux dans ces voies de substitution, et si d'autre part il réussit, au niveau du surmoi, à méconnaître efficacement, ou à accepter, que les intérêts nouveaux prennent le relais d'intérêts sexuels antérieurs, il trouvera du plaisir à s'y engager, il y évoluera avec aisance, et avec le sentiment enrichissant d'y exercer librement sa créativité.* (Brabant, 1973, p. 54.)

La sublimation du désir implique que l'enfant se satisfasse d'objets de remplacement, et que cette satisfaction symbolique puisse équivaloir à une satisfaction «réelle».

La sublimation constitue, selon Freud (1962, p. 70), l'un des facteurs les plus importants de la création de la civilisation. En effet, selon lui, la civilisation sombrerait dans le chaos si les gens donnaient libre cours à leurs instincts; mais, d'un autre côté, sacrifier sa libido n'est pas sans peine ni sans danger pour l'individu. C'est pourquoi il se pose la question: que faire? Que devons-nous faire comme éducateurs en regard d'Œdipe?

> *Que devons-nous faire en présence de l'activité sexuelle de la première enfance? Nous connaissons la responsabilité que nous encourons en l'étouffant, et cependant nous n'osons pas la laisser s'épanouir sans entraves. Les peuples de civilisation inférieure et les couches sociales les plus basses des peuples civilisés semblent laisser toute liberté à la sexualité de leurs enfants. Ainsi se réalise sans doute une protection efficace contre la névrose individuelle ultérieure, mais en même temps quelle perte en aptitudes pour la civilisation? On a l'impression de se retrouver ici entre Charybde et Scylla.* (Cattier, 1974, p. 59.)

Face à ce dilemme, Freud fait un choix et opte malgré tout pour la sublimation. Pour lui, l'individu doit sublimer sa sexualité; un contrôle volontaire des pulsions doit se substituer au refoulement inconscient.

9.2.2 Reich

Tous n'envisagent pas la résolution du complexe d'Œdipe de la même manière. En effet, la sublimation est précisément un des éléments qui a causé la rupture entre Freud et Reich, en 1933. Wilhelm Reich, psychanalyste dans la tradition freudienne, était l'un des plus jeunes du cercle des intimes de

3. Même si de nos jours la notion de famille a débordé du cadre traditionnel, c'est le même mécanisme de triangulation œdipien qui joue.

Freud et, à un moment donné, un des favoris. Cependant, il ne tarda pas à se faire marginaliser par l'orthodoxie, notamment en raison de ses prises de position politiques et de sa conception de l'origine sexuelle des névroses. Pour lui, la prise de conscience des pulsions génitales ne suffit pas à entraîner la guérison. Il faut aller beaucoup plus loin: la sexualité génitale doit s'épanouir dans la vie concrète de l'individu:

> *Autrement dit, Reich affirmait que la libération des besoins génitaux devait aller de pair avec leur satisfaction, et que si ces deux conditions n'étaient pas simultanément remplies, l'individu restait ou devenait névrosé.* (Cattier, 1974, p. 55.)

On voit bien que les conclusions de Reich ne vont pas dans le sens de la sublimation. Pourquoi aboutit-il à une telle conclusion? Pour deux raisons principales. D'abord, parce qu'il ajoute une dimension sociopolitique à l'analyse freudienne, dimension qui le conduit à prendre conscience de l'idéologie de classe présente dans le discours freudien. Ensuite, parce qu'il suppose l'homme doté d'une «bonté» originelle perdue et qu'il peut et doit la retrouver. Voyons cela.

Un cadre plus sociologique

Comme on le sait, on ne peut séparer les écrits de Freud du contexte qui a permis leur naissance: la bourgeoisie autrichienne de la fin du XIXe siècle. Freud avait peu de préoccupations politiques et celles-ci étaient, somme toute, assez conformistes. Aussi, lorsqu'il accorde une primauté à la «civilisation» par la sublimation, il ne s'adresse, en réalité, qu'à une minorité d'individus de classe sociale aisée capables de mobiliser leur énergie sexuelle au service du travail culturel. Qui, à part le bourgeois (de Vienne) de cette époque, peut se permettre de sublimer son désir en jetant son dévolu sur la musique ou la création littéraire? Reich reproche à Freud d'ignorer les conditions de travail et d'existence des classes laborieuses qui ne favorisent en rien la sublimation mais qui, au contraire, sont la source des plus grandes frustrations. Pour Reich, il faut une approche différente pour les classes laborieuses, car ces gens ont rarement une vie sexuelle épanouie; leur énergie sexuelle est réprimée au profit du travail aliénant et du rendement. Cette répression sexuelle sert de fondement à la soumission des masses.

Reich tente d'assimiler la psychologie freudienne à l'analyse marxiste de la société. Pour Reich, la notion de sublimation est une notion qui ne tient pas compte du contexte social ou qui, si elle le fait, en rend compte à l'envers, comme si le social était analysé à partir de l'individu et non l'inverse. En effet, selon Freud, la civilisation émerge par l'individu qui sublime ses pulsions alors que, pour Reich, il n'y a d'issue que par une lutte politique afin que tous les individus puissent vivre dans des conditions matérielles dans lesquelles leurs besoins génitaux pourront se libérer. Pour lui, l'équilibre psychologique implique une vie sexuelle épanouie et un désir qui doit être assouvi. Cela nécessite un travail sur la «civilisation» elle-même, sur la structure sociale, et sur les conditions de vie qui ne facilitent pas cette libération. En d'autres mots, Reich situe la psychanalyse sur le terrain politique; la libération sexuelle passe par une attaque de l'ordre social établi qui entrave l'expression de cette liberté (Cattier, 1974, p. 91). En conséquence, il ne peut être un partisan de la sublimation.

De plus, pour Reich, il ne suffit pas de prendre conscience de ses pulsions sexuelles pour guérir. Il faut être capable d'aller beaucoup plus loin et de satisfaire sa sexualité dans la vie concrète. L'équilibre psychologique implique une vie sexuelle épanouie et un désir assouvi. Cela parce que l'individu est fondamentalement sain et qu'il a été corrompu par la société. En chacun de nous il y a, selon Reich, une énergie vitale, l'orgone, laquelle au lieu de circuler librement serait bloquée par endroits, causant ainsi la névrose. La jouissance sexuelle permet de rompre les barrages et de faire circuler cette énergie vitale positive. Il faut donc, toujours selon lui, restaurer la puissance sexuelle plutôt que la sublimer. On retrouverait ainsi l'homme à son naturel, c'est-à-dire un être orgastiquement sain qui s'autorégule sans morale répressive:

> *Pour lui, l'homme ne naît pas pervers, il le devient lorsqu'on le prive des satisfactions élémentaires. Si l'inconscient de l'individu de notre temps contient des impulsions incompatibles avec la vie en société, la faute en incombe à l'éducation patriarcale et à la morale antisexuelle. La société engendre donc les*

penchants asociaux qu'elle condamne. Cela signifie qu'en changeant la société, on pourrait du même coup supprimer les conditions matérielles qui font de l'homme un animal pervers et cruel… Reich en arrive donc à la conclusion qu'un individu sain, c'est-à-dire orgastiquement puissant, n'a pas besoin d'être tenu en laisse par une morale répressive. En effet, les impulsions perverses proviennent de la fixation de la libido à des stades infantiles, et sont alimentées par la stase sexuelle (énergie sexuelle bloquée qu'on ne parvient pas à libérer). Comme la libido de l'individu sain est entièrement génitale et se décharge régulièrement dans l'acte sexuel, il n'a aucune tendance cruelle à refouler. L'organisme sain est donc capable d'une autorégulation, c'est-à-dire qu'il peut se passer d'une morale extérieure autoritaire, et se comporter spontanément d'une manière sociable. (Cattier, 1974, p. 145.)

Cet individu orgastiquement sain, Reich en parle aussi de la façon suivante:

> *Je fis des enquêtes sur le comportement des animaux sauvages et j'appris qu'ils sont inoffensifs lorsque leur faim et leurs besoins sexuels sont satisfaits.* […] *Ainsi on commence à comprendre les traits de caractère cruels chez les individus qui souffrent d'insatisfaction sexuelle chronique.* […] *Par contraste, la douceur et la gentillesse des individus capables de satisfaction génitale est frappante. Je n'ai jamais connu d'individus capables de satisfaction génitale qui eussent des traits de caractère sadiques: s'ils montraient quelque tendance sadique, on pouvait être sûr qu'ils avaient rencontré un obstacle soudain à leur satisfaction habituelle.* (Dans Rycroft, 1972, p. 47.)

Reich révise donc certaines affirmations freudiennes et les replace dans un cadre plus sociologique. Pour Freud, l'enfant se socialise en apprenant à renoncer à ses plaisirs, à en différer la satisfaction; c'est ce qu'il appelle le principe de réalité qui se substitue au principe de plaisir. Principe de réalité qui incarne les contraintes sociales. Reich n'est d'accord qu'en partie avec cela, et la nuance qu'il apporte est relative au contenu de ce principe de réalité. Selon lui, le contenu du principe de réalité n'est que l'expression des interdits d'une société de classes. C'est la morale sexuelle de la société bourgeoise qui exerce sa répression et finit par rendre l'individu névrosé. Non seulement faut-il prendre conscience de cette répression, mais il est également nécessaire de créer les conditions matérielles favorisant cette libération sexuelle. Aussi l'idée freudienne de la substitution du principe de réalité au principe du plaisir est critiquable parce qu'elle implique, en bout de ligne, une acceptation tacite des inégalités de classes. Or, sans travail sur ces inégalités, il n'y a pas de libération sexuelle possible puisque, selon Reich (1970b), l'individu exploité vivant dans des conditions de travail et d'existence aliénantes peut difficilement avoir une vie sexuelle heureuse.

Reich, contrairement à Freud, pose comme fondement de la personnalité un individu fondamentalement sain, qui a été perverti par un contexte social donné; par conséquent, il suffit pour le guérir de modifier le contexte social pour lui permettre de se libérer sexuellement. Cette libération sexuelle va au-delà d'une simple prise de conscience; elle cherche à s'investir concrètement dans la réalisation maximale de l'orgasme. La révolution politique sert de support à la libération sexuelle afin de permettre à l'individu de retrouver sa «bonté» originelle perdue, sa santé orgasmique.

9.3 NEILL ET L'ÉDUCATION

9.3.1 La critique sociale et la psychanalyse

Neill s'est inspiré de Reich, à tout le moins partiellement, puisqu'il a déjà auparavant subi l'influence de la conception psychanalytique de l'éducation de Lane, qui soutient que chaque enfant est né bon et que s'il devient mauvais, la faute doit en être imputée à l'autoritarisme (Hemmings, 1981, p. 51). Neill et Reich font connaissance et se lient d'amitié en 1937 (Neill, 1973, p. 146)[4]. Sur le plan des idées, deux grandes zones conceptuelles leur permettent de se

4. Voir aussi Rycroft (1972, p. 103), Hemmings (1981, p. 170) et Skidelsky (1972, p. 168). En 1937, Neill, ayant été invité à donner une conférence à Oslo, en Norvège, sut que Wilhelm Reich était dans l'assistance. Or, comme Neill venait de lire son ouvrage *The Mass Psychology of Facism* et qu'il en était très impressionné, il téléphona à l'auteur; ils se rencontrèrent et discutèrent ce jour-là jusqu'au petit matin. Pendant les deux années qui suivirent, Neill retourna en Norvège durant ses vacances, à la fois pour étudier les idées de Reich et pour suivre une thérapie avec lui.

rejoindre. D'abord, une critique de la société, et ensuite un refus du concept de sublimation. Cependant, ils n'ont pas commencé leur démarche respective au même point de départ. Alors que Reich amorce son cheminement par la psychanalyse pour aboutir un peu plus tard à une critique sociale, Neill débute par une critique sociale pour arriver à une certaine forme de psychanalyse.

La critique sociale de Neill est surtout présente dans son premier livre, *Journal d'un instituteur de campagne* (1975a), dans lequel il lutte contre les préjugés bourgeois de son époque. Contrairement à Reich, pour qui il faut d'abord et avant tout travailler sur la structure sociale, le projet politique de Neill consiste à changer l'individu afin de changer la société. Neill est absolument sans pitié envers les préjugés de son temps. L'ordre, la discipline, la religion, les bonnes manières, etc., tout y passe:

> *Je suis décidé à arracher toutes ces guenilles hypocrites qui recouvrent les simples vérités de l'existence; j'apprendrai à mes gosses à douter de tout.* (Neill, 1975a, p. 21.)

> *Après tout ce n'est pas du socialisme que j'enseigne, c'est de l'hérésie. J'essaie de former des esprits qui questionneront, détruiront et rebâtiront.* (Neill, 1975a, p. 61.)

La dimension psychanalytique de parenté reichienne vient plus tard et s'articule autour de l'idée qu'il est nécessaire à l'enfant d'épuiser son désir (donc de lutter contre le surmoi, cet interdit du désir qui entraîne le refoulement) s'il veut atteindre l'équilibre, le bonheur. Cette seconde dimension, présente notamment dans *Libres enfants de Summerhill* (Neill, 1973) et dans *La liberté, pas l'anarchie* (Neill, 1972a), implique au départ la reconnaissance du rôle important qui est joué par la sexualité dans le développement de l'individu:

> *Freud voit la sexualité comme la grande force derrière la conduite humaine. Tout honnête observateur ne peut qu'être d'accord avec lui. Mais l'éducation morale a accentué la sexualité. La première correction que la mère apporte lorsque l'enfant se touche l'organe sexuel fait de la sexualité la chose la plus fascinante et la plus mystérieuse au monde. Défendre un fruit, c'est le rendre délectable et séduisant. Le tabou sexuel est la racine du mal qui cause le refoulement chez les enfants. Je ne confine pas le mot sexualité aux organes génitaux. Il est probable que l'enfant au sein se sent malheureux si sa mère désapprouve quelque partie de son propre corps ou met un obstacle au plaisir de son corps à lui. La sexualité est à la base de toutes les attitudes négatives envers la vie. Les enfants qui n'ont pas de culpabilité sexuelle ne demandent ni religion, ni mysticisme d'aucune sorte. Puisque la sexualité est considérée comme le grand péché, les enfants qui sont relativement libérés de la peur et de la honte sexuelle, ne cherchent pas de dieu auquel ils doivent demander pardon ou miséricorde, parce qu'ils ne se sentent pas coupables.* (Neill, 1973, p. 186.)

Mais Neill va plus loin encore et c'est là où il se rapproche le plus de Reich: il déclare que «l'idée entière de Summerhill se résume par la libération: permettre à l'enfant d'épuiser ses intérêts naturels» (Neill, 1973, p. 111). En ce sens, pour Neill comme pour Reich, il faut accomplir le désir et non le sublimer.

> *Summerhill (au moins du temps de sa prospérité) a offert tout l'éventail des «arts», travaux manuels et autres sublimations; une de ses spécialités était le théâtre écrit, joué et créé de toutes pièces par les élèves eux-mêmes. Si Neill dans ses ouvrages n'insiste pas trop sur ces sublimations, c'est parce qu'il soupçonne que beaucoup d'éducateurs qui se veulent modernes les encouragent un peu trop et les substituent à la véritable liberté, comme ceux, par exemple, qui se croient éclairés et racontent aux jeunes garçons qu'il vaut mieux faire du sport que se masturber. Il se peut que ce soit vrai, pense Neill, mais à moins qu'on ait laissé le garçon «épuiser» son intérêt pour la masturbation sans lui faire de reproches et sans éveiller chez lui de culpabilité, la sublimation ne se fera pas réellement, le symptôme sera tout simplement déplacé.* (Skidelsky, 1972, p. 163.)

Neill se fonde sur la croyance que l'homme a une essence bonne au départ et que la société, par son attitude moralisatrice et castratrice, l'a rendu méchant:

> *Je soutiens, personnellement, que la méchanceté n'est pas fondamentale dans la nature humaine, pas plus que dans la nature du lapin ou du lion. Enchaînez un chien et de bon chien il deviendra méchant. Disciplinez un enfant et cet enfant a priori sociable deviendra mauvais, menteur et haineux.* (Neill, 1973, p. 147.)[5]

5. Voir aussi dans le même ouvrage, p. 217.

Cet exemple n'est pas sans similitude avec celui de Reich, qui déclare qu'un animal au désir satisfait n'est pas méchant. Il n'est pas sans rappeler non plus la célèbre phrase de Rousseau (1966, p. 35): «Tout est bien sortant des mains de l'Auteur des choses, tout dégénère entre les mains de l'homme». Cette croyance dans l'essence bonne de l'homme amène également Neill à parler de l'autonomie comme étant la conduite inspirée par le moi et non par une force extérieure (Neill, 1972a, p. 23). Il va même jusqu'à affirmer l'idée d'un sens inné de la justice chez les enfants (Neill, 1973, p. 59).

Par la libération de l'enfant, Neill pense qu'il évitera ainsi les névroses qu'il définit comme étant un interdit s'opposant au vouloir d'un enfant:

> *La névrose est le résultat d'un conflit entre ce qu'on vous a dit que vous ne pouviez pas avoir et ce que vous voulez vraiment.* (Neill, 1973, p. 247.)

> *S'il en est ainsi, alors dans mon école, nous ne censurerons, ni ne punirons, ni ne moraliserons. Nous permettrons à chaque enfant de vivre selon ses impulsions profondes.* (Neill, 1973, p. 257.)

Aussi, même si Neill s'inspire de la psychanalyse, il ne s'embarrasse pas trop d'une vision freudienne orthodoxe[6]. Déjà Lane, qu'il admirait, était un thérapeute très marginal[7]. De plus il semble avoir délaissé les leçons particulières qu'il pratiquait au début[8].

> *De nos jours, je ne fais plus de thérapie. Avec la moyenne des enfants, une fois qu'on a éclairci la question de la naissance et celle de la masturbation, qu'on a expliqué que la situation familiale crée des haines et des jalousies, il ne reste plus grand-chose à ajouter. Pour guérir une névrose chez un enfant, il suffit de libérer l'émotion et la cure ne sera pas plus avancée parce qu'on exposera à l'enfant des théories psychiatriques et qu'on lui dira qu'il a un complexe.* (Neill, 1973, p. 50.)

9.3.2 Summerhill

En quoi consiste Summerhill plus précisément? Cette école a été fondée par Neill en 1921. Elle a déménagé, en 1927, de Lyme Regis à Leiston dans le Suffolk, à 160 kilomètres de Londres, dans une grande propriété de plusieurs hectares, et elle était encore en opération en 1994[9].

L'organisation physique des lieux, à l'origine, ressemblait à ceci:

> *Les bâtiments qui sont restés les mêmes pendant toutes ces décennies et que les arbres immenses du parc cachent aux yeux des visiteurs, frappent par leur modestie. Ils s'ordonnent autour d'un «cottage» fait de briques et de bois, semblable en cela à tous ceux du Suffolk. Le rez-de-chaussée est divisé en plusieurs grandes salles. La plus vaste sert pour les réunions, pour les fêtes et le théâtre. Outre une cheminée, elle ne comporte que peu de meubles, divers sièges, divans et fauteuils. Ici, en effet, et comme partout dans l'école, le mobilier est réduit à sa plus simple expression. «Le mobilier, pour l'enfant, n'existe pratiquement pas. Aussi, à Summerhill, nous achetons de vieux sièges d'automobiles ou d'autobus.»* (Saffange, 1985, p. 56.)

---

6. «Ce n'était pas vraiment «en freudien» que Neill insistait ainsi sur le sexe. Il s'était éloigné de la théorie freudienne classique assez tôt —suggérant, par exemple, que la situation œdipienne était davantage un conflit de pouvoir que sexuel. Il critiquait plus encore chez les freudiens leur répugnance à rejoindre la lutte pour la libération sexuelle, la timidité dont ils faisaient preuve en évitant de prendre nettement position contre la répression de la sexualité infantile, ou pour la libération de la sexualité de l'adolescent, ou encore pour l'abolition du code moral anachronique réglementant le comportement sexuel de l'adulte. Il cessa réellement d'être freudien quand, pour emprunter les termes de Marcuse, il devint clair à quel point la psychanalyse continuait d'être étroitement liée à la société dont elle révélait les secrets. La croyance psychanalytique en l'inaltérabilité fondamentale de la nature humaine apparut comme «réactionnaire». La théorie freudienne «semblait impliquer que les idéaux humanitaires du socialisme étaient humainement inaccessibles» (Hemmings, 1981, p. 166).
7. Hemmings (1981, p. 49) signale le côté spectaculaire des thérapies de Lane: «Il était prêt à accompagner ses patients dans des boîtes de nuit si c'était ce dont ils avaient besoin ou encore à les emmener dans sa voiture et rouler à un train d'enfer à travers la campagne.»
8. Les leçons particulières sont comme des psychanalyses en miniature. Elles servent à libérer l'émotion de l'enfant et non à faire en sorte de l'adapter afin qu'il apprenne les matières scolaires (Skidelsky, 1972, p. 163).
9. Aux dernières nouvelles, en date de février 1994, Summerhill était encore aux prises avec de nombreuses difficultés financières et sa survie était grandement menacée (voir l'épilogue à la fin de ce chapitre).

On y trouve également une bibliothèque où les livres sont nombreux. Les dortoirs sont à l'étage et certains élèves, les plus grands, ont une chambre personnelle. À l'arrière du bâtiment principal, on trouve les réfectoires, les cuisines et, dans une autre bâtisse, un atelier où règne un désordre important. L'enseignement se donne dans «de petits baraquements, de conception très rustique, situés à l'arrière du bâtiment principal» (Saffange, 1985, p. 57). D'autres petites constructions ou roulottes sont disséminées çà et là sur le terrain; elle servent de logements à des enfants et à des professeurs. Enfin, il y a une grande serre, une piscine et des terrains de sports pour le tennis et le football qui ont été aménagés progressivement.

Summerhill est un pensionnat mixte accueillant environ 25 garçons et 20 filles âgés entre 5 et 15 ans. Au début, durant les premières années à Lyme Regis, il y avait à peine 10 enfants à Summerhill. On comprendra les difficultés financières rencontrées. Puis Neill a publié son ouvrage *The Problem Child* qui a été réédité à de nombreuses reprises et qui lui a valu une grande renommée[10]. En 1927, il y avait 35 élèves et, vers 1934, on comptait environ 70 enfants et 14 membres du personnel. C'était d'ailleurs l'effectif maximum que l'établissement pouvait accueillir et la liste d'attente était longue. La population des élèves est assez cosmopolite: Allemands, Américains, Anglais, Français, Hollandais, Japonais, Scandinaves. Étant donné les incessantes difficultés financières de Summerhill, les enfants proviennent en général d'une classe moyenne assez fortunée pour payer une pension relativement élevée. On trouve davantage d'enfants issus des milieux culturels (écrivains, acteurs), et du milieu enseignant que de celui des affaires, lequel est quasiment absent. Au début, Summerhill recevait, à l'instar de l'école de Lane, des enfants difficiles, puis, par la suite, vers 1937, il y en a beaucoup moins. Les déficients mentaux ne sont pas acceptés.

Comme le mentionne Hemmings (1981, p. 194), Summerhill est une école réduite à sa plus simple expression; une fois expliqués les principes fondamentaux de cette approche, on se rend compte que l'organisation pédagogique est minimale:

> *Une école dotée d'une structure et d'un équipement élaborés passe pour offrir plus de liberté, parce qu'elle présente plus de possibilités, mais dans la pratique, les systèmes complexes agissent autant comme des contraintes que comme des libertés. Neill a débarrassé son école de tout ce qui n'était pas essentiel, il l'a délestée de tout raffinement oppressif pour n'en faire, pour ainsi dire, qu'un jouet rudimentaire qu'il mettait à la disposition des enfants pour que chacun l'utilise comme il l'entendait, à mesure qu'il se découvrait de nouveaux intérêts.* (Hemmings, 1981, p. 195.)

Par exemple, l'organisation du temps n'est pas très compliquée. Pour les élèves qui en veulent, les cours ont lieu entre 9h30 et 12h30. L'après-midi, les enfants font ce qui leur plaît sur le terrain de l'école[11]. Les soirs de la semaine sont consacrés à des activités particulières. Plusieurs vont au cinéma le lundi ou le jeudi soir. Souvent, le mardi soir, Neill organise une causerie sur la psychologie. Le mercredi et le vendredi sont consacrés à des activités artistiques, aux danses ou aux répétitions de pièces de théâtre, et le samedi soir est réservé à l'assemblée générale.

Pour Neill, l'étude forcée est une perte de temps. En apparence l'élève obéit mais en réalité il pense à autre chose. Aussi, à Summerhill, il n'y a pas de programme à voir à tout prix et les cours ne sont pas obligatoires; un élève peut ne pas les suivre aussi longtemps qu'il lui plaît et jouer aussi longtemps qu'il veut. Neill parle d'un enfant qui a passé 10 ans à Summerhill sans assister à un seul cours et d'un autre qui, à 17 ans, ne savait pas encore lire.

Il n'y a aucune méthode particulière d'enseignement parce que, selon Neill, les méthodes ne sont pas importantes en elles-mêmes; c'est plutôt le vouloir de l'enfant qui importe (Neill, 1973, p. 2). Selon lui, un enfant qui a le goût d'apprendre à lire le fera beaucoup plus rapidement que cet autre que le professeur doit motiver constamment par toutes sortes d'artifices. Les élèves qui n'ont pas le goût d'aller en

10. Il était déjà connu avec ses cinq ouvrages de la série *Dominie*, mais le succès de *The Problem Child* lui permit sans doute d'acheter sa propriété du Suffolk (Hemmings, 1981, p. 94).

11. Les élèves ne pouvaient sortir de l'enceinte de l'école durant les heures de classe à cause de la loi anglaise sur la scolarité obligatoire (Hemmings, 1981, p. 197).

classe peuvent donc s'adonner aux activités qui les intéressent: peinture, mécanique, jouer aux gangsters, etc., et ce aussi longtemps qu'ils le veulent.

Cette liberté ne signifie cependant pas l'anarchie. D'ailleurs, Neill a senti la nécessité d'écrire un ouvrage sur cette question parce que la confusion entre liberté et anarchie a donné lieu a bien des erreurs d'interprétation (voir Neill, 1972a). La liberté dont il est question à Summerhill ne signifie pas l'absence de règles. Il y a, par exemple, des assemblées générales au cours desquelles sont proposées diverses règles concernant la vie en commun[12]. Cependant, le vote d'un enfant de six ans a le même poids que celui de Neill[13]. Les règles sont non seulement édictées par les enfants, mais ce sont également eux qui doivent voir à leur application. Les manquements à l'observance des règles sont examinés par un «tribunal» dont les membres sont nommés par l'assemblée générale. En règle générale, une assemblée dure autour d'une heure et l'on y discute surtout des centres d'intérêts de l'ensemble de la communauté[14]. À Summerhill, l'enfant est libre de faire ce qui lui plaît mais dans la mesure où cela ne brime pas la liberté des autres (Neill, 1972a, p. 15). Par exemple, un enfant ne peut jouer de la trompette dans la salle de lecture pendant que ses compagnons lisent. Voilà donc des limites à l'exercice de la liberté. D'autres limites tombent sous le sens. Par exemple, Neill garde le contrôle des menus, de l'hygiène, du recrutement du personnel, des finances et de l'administration en général. De même les baignades sans surveillance sont interdites. Officiellement, les relations sexuelles sont prohibées et, là-dessus, Neill indique que c'est d'abord et avant tout à cause de l'opinion publique et des dangers réels de fermeture de l'école[15].

Le professeur à Summerhill joue le rôle d'un émancipateur[16]. D'une part, il n'agit pas comme un castrateur, il n'impose pas à l'enfant une morale autoritaire et, d'autre part, il le laisse épuiser ses intérêts.

> *Le travail d'un maître est simple: découvrir en quoi réside l'intérêt d'un enfant et l'aider à l'épuiser. C'est la seule façon de faire.* (Neill, 1973, p. 158.)[17]

> *Ma longue expérience des enfants à Summerhill m'a convaincu qu'il est absolument inutile d'enseigner à l'enfant comment se conduire. Il apprend en temps voulu ce qui est bien et ce qui est mal, à condition qu'on n'exerce sur lui aucune pression.* (Neill, 1973, p. 224.)

12. Sur l'un des murs du hall sont épinglées les règles discutées et adoptées lors des assemblées générales. Tucker (cité par Hemmings, 1981, p. 201) note ceci: «Les règles sont rédigées avec une candeur rafraîchissante, bien que parfois peu grammaticales, ce qui nous change agréablement du style constipé que l'on réserve généralement à ce genre de texte. "Ne vous cachez pas derrière la chaudière. Tous les trous d'homme sont interdits. Après dix heures du soir, personne n'a le droit de quitter sa chambre sauf pour aller aux chiottes. Il faut avoir la permission de Neill si on veut couper de grandes branches d'arbres."»
13. Un autre exemple intéressant est rapporté par Hemmings (1981, p. 211): «On peut voir un exemple de rejet d'une motion proposée par Neill dans un film télévisé en 1968. Une équipe était venue tourner à l'école et la question s'était posée de savoir si l'on devait permettre à l'équipe de filmer la piscine de l'école où de nombreux élèves et certains des professeurs se baignaient habituellement nus. Au cours de l'assemblée où l'on débattit du problème, assemblée qui fut elle-même filmée, Neill s'éleva avec force et une visible conviction contre cette idée. Il soutint que le public avait une attitude pervertie par rapport au sexe, que la vision d'adolescents nus sur le petit écran serait mal interprétée et cause de scandale, et que la baignade serait la seule chose que les téléspectateurs se rappelleraient de l'école, quoi qu'on ait pu leur montrer. Certains élèves firent valoir qu'il fallait présenter un document complet et véridique sur l'école, et qu'ils n'avaient rien à cacher. Les arguments de Neill furent rejetés au cours du vote, et la baignade fut filmée et diffusée dans l'émission *24 heures.* (À la suite de laquelle, d'ailleurs, la BBC reçut une multitude d'appels téléphoniques indignés. La BBC se refusa à tout commentaire.)»
14. Pour un compte rendu des thèmes discutés lors de ces assemblées, voir Hemmings (1981, p. 202).
15. Hemmings (1981, p. 174 et 176) mentionne que les enfants à Summerhill partageaient les mêmes salles de bain, se baignaient nus à l'occasion, proféraient à l'occasion des jurons à caractère sexuel et n'étaient pas censurés dans leurs lectures. De plus, il indique qu'il n'existait pas de surveillance pour empêcher les élèves d'aller coucher dans le lit de leur ami-e de cœur. Pourtant, et c'était la grande crainte de Neill qui aurait causé la fermeture de l'école, aucune élève n'est devenue enceinte.
16. En apparence le rôle du professeur est plus simple que dans une classe traditionnelle. En réalité on demande beaucoup à un tel professeur. Non seulement il doit adhérer à la philosophie de l'école, mais en outre ses conditions matérielles sont très difficiles. Il est moins bien payé qu'ailleurs, il doit également travailler plus d'heures parce que Summerhill est un pensionnat. Pour le logement, il doit se contenter d'une caravane installée dans le parc. On comprendra aisément que le recrutement des professeurs a été un souci constant pour Neill (Saffange, 1985, p. 63).
17. Voir aussi dans le même ouvrage des propos semblables aux pages 67, 70 et 111.

> *Je crois que ma tâche première est d'approuver tout ce qu'un enfant désapprouve en lui-même— c'est-à-dire de briser la conscience qui lui est imposée par l'éducation et qui n'aboutit qu'à la haine de son moi. Un nouvel élève jure. Je souris et dis: «Ne te gêne pas, va, il n'y a pas de mal à jurer». De même j'approuve quand il s'agit de masturbation, de mensonge, de vol ou de toute autre activité condamnée par la société.* (Neill, 1973, p. 254.)

> *Je crois que c'est l'instruction morale qui rend l'enfant mauvais. J'ai découvert que quand je démolissais l'instruction que l'enfant avait reçue, il devenait bon.* (Neill, 1973, p. 222.)

Le rôle du professeur sera donc en harmonie avec la vision de l'éducation proposée par Neill: aider l'enfant à retrouver son essence positive perdue à cause d'une éducation moralisante.

CONCLUSION

Neill a cru profondément en son système.

> *Mais comment, me dira-t-on, puis-je savoir que mon idéal est le bon? Je ne pourrais l'expliquer; je le sais, c'est tout.* (Neill, 1975a, p. 40.)

C'est encore une forte croyance qui l'amène à déclarer que l'enfant est bon:

> *Ce dont nous avions besoin, nous l'avions: une croyance absolue dans le fait que l'enfant n'est pas mauvais, mais bon. Depuis presque quarante ans maintenant cette croyance n'a pas changé, elle est devenue une profession de foi.* (Neill, 1973, p. 23.)

Ou encore:

> *Summerhill a débuté un peu comme une expérience. Mais elle n'en est plus là; elle en est maintenant au stade de la démonstration, car elle a prouvé que l'éducation dans la liberté réussit.* (Neill, 1973, p. 22.)

Toutefois, il faut bien reconnaître qu'une certitude n'est pas une explication, même si elle est affirmée avec force conviction. Même s'il y a eu de nombreux cas, répertoriés au fil des ans, d'enfants heureux et épanouis à Summerhill, il n'en demeure pas moins qu'il y a un écart entre constater le fait et en donner une explication pertinente. À ce chapitre, Bettelheim considère que, sur le plan théorique, la lecture de Neill est plutôt décevante:

> *Quoique ses actes démontrent la profondeur de sa compréhension de la psyché de l'enfant, il a souvent beaucoup de mal à s'expliquer. C'est pourquoi il est plus convaincant dans l'action et c'est pourquoi dans* Libres enfants de Summerhill *il donne de nombreux exemples concrets. C'est aussi pourquoi, en dépit de la richesse de ses exemples et de sa sagesse psychologique, il s'exprime souvent maladroitement et naïvement.* (Bettelheim, dans Ackerman, 1976, p. 87.)

C'est peut-être, en fin de compte, davantage cette croyance dans sa théorie de la libération du désir de l'enfant que la solidité de cette théorie elle-même qui pourrait expliquer un certain succès de Summerhill. Une croyance a un effet positif d'entraînement sur soi et sur les autres. Les enfants ont confiance, les autres professeurs aussi, les parents également. Tous ont la certitude que c'est la direction qu'il faut prendre en éducation. Comme le dit la parole biblique, la foi transporte les montagnes, de même la croyance dans l'idée de Neill déplace les énergies de tous les participants de l'école dans un grand élan d'enthousiasme.

Par ailleurs, quand la croyance sert d'explication en elle-même, tous les contre-exemples sont rejetés du revers de la main. Car, il faut bien le reconnaître, Summerhill n'a pas réussi avec tous les enfants. Or, dans ces cas d'échec, la réponse de Neill est assez constante: c'est la faute des parents qui avaient déjà trop injecté leur morale répressive dans le surmoi de l'enfant. Nous sommes donc en plein cercle vicieux: d'un côté, si l'éducation à Summerhill s'avère un succès avec tel enfant, c'est donc une confirmation de l'idée de non-interférence dans la croissance de l'enfant; et si, de l'autre côté, elle échoue, c'est parce que l'éducation que cet enfant avait reçue avant son entrée à l'école avait déjà fait son travail destructeur. Dans les deux cas, le système de Neill est sauf. On n'a donc pas affaire à une théorie scientifique qui questionne et construit des explications, mais à une doctrine irréfutable qui a réponse à tout et qui se valide constamment.

Si un système pédagogique a un certain succès mais que l'explication fournie pour en rendre compte est insuffisante, il faut alors rechercher ailleurs les causes de ce succès. Déjà la forte personnalité de Neill avait été remarquée par des inspecteurs qui avaient fait un rapport sur l'école en 1949:

Le directeur est un homme profondément convaincu et sincère. Sa foi et sa patience semblent inépuisables. Il a le rare pouvoir d'avoir une forte personnalité sans être dominateur. Il est impossible de le voir dans son école sans le respecter... (Neill, 1973, p. 86.)

Bettelheim soutient même que Summerhill peut être considérée comme une extension de la personnalité de Neill; pour lui, cette expérience a eu du succès tout simplement parce que les enfants s'identifiaient, au sens psychanalytique du mot, à Neill.

Il ne comprend pas que Summerhill ait un succès non pas parce que l'école est un lieu idéal pour éduquer les enfants, mais parce qu'elle est une extension de sa personnalité à lui. Tout à Summerhill est une expression de Neill. (Bettelheim, dans Ackerman, 1976, p. 104.)

Neill n'est pas d'accord avec cette affirmation. Ce n'est pas, selon lui, sa personnalité qui domine, mais l'idée fondamentale de non-interférence dans le processus de croissance de l'enfant.

On me demande souvent: «Mais Summerhill n'est-elle pas l'école d'un seul homme? Pourrait-elle continuer de fonctionner sans vous?» Summerhill n'est absolument pas l'école d'un seul homme. Dans le travail quotidien, ma femme et les professeurs sont aussi importants que moi. C'est l'idée de la non-interférence avec la croissance de l'enfant et de la non-pression sur l'enfant qui fait de l'école ce qu'elle est. (Neill, 1973, p. 92.)

Pourtant, bien d'autres expériences de non-interférence ont été tentées et n'ont pas connu de succès. Qu'on se rappelle la tentative avortée, ici au Québec, d'une école libre près de Montréal[18]. Il y a donc probablement plus que cette seule idée de non-interférence qui a joué un rôle capital dans la réussite de Summerhill mais aussi la forte personnalité de Neill, le dévouement exemplaire des éducateurs, un certain type de parents, l'importance du pensionnat dans la formation, un petit nombre d'enfants, la renommée de l'école, etc.

18. Consulter l'ouvrage de Frappier et Frappier (1978, p. 15) pour en connaître davantage à ce propos. Ce livre relate davantage, à notre avis, l'histoire d'un échec que d'une réussite: «Ce que l'école libre, telle que nous l'avions définie et réalisée, engendre ne va pas dans le sens de l'objectif visé, soit l'accession des enfants à la totalité de leur pouvoir d'être.»

Si l'aspect théorique déçoit, la dimension pratique, par contre, séduit énormément. Neill manifeste une sorte de sagacité dans les interventions qu'il relate. Ces dernières, décrites abondamment dans ses ouvrages, sont tout à fait étonnantes mais semblent néanmoins fort pertinentes. On ne peut demeurer indifférent à la lecture de ses ouvrages. Cependant, l'explication qu'il donne de ce qu'il fait, c'est-à-dire l'interprétation théorique de sa pratique, est d'une naïveté déconcertante, d'une «docte ignorance» comme dirait Bourdieu[19].

En fait, derrière son apparence rationnelle et sa valorisation psychologique, la pensée de Neill reste charismatique. Le style polémique du livre, le découpage en parties qui sont autant de chapitres «coups de poing», sans lien théorique déductif mais réitérant le thème mobilisateur de la liberté, l'appel répété à la vie et à l'amour en font un ouvrage plus affectif que scientifique. (Jolibert, 1989, p. 27.)

Snyders (1973) a mis en évidence plusieurs dangers d'une approche pédagogique comme celle de Neill. D'abord, en laissant la place au désir de l'enfant, Neill ne se rend pas compte qu'il laisse en même temps, et peut-être surtout, tout l'espace à l'expression d'un désir qui n'est pas propre à l'enfant mais déjà socialisé, stéréotypé:

Illusion typique du pédagogue «pur» qui, à force de vivre dans l'enceinte scolaire, en arrive à ignorer à quel point la famille, le milieu de vie, les perspectives d'avenir, bref, les structures sociales et les oppositions qu'elles entérinent ont influencé, modelé la personnalité de l'enfant—aussi bien que sa façon d'établir des rapports avec autrui, ou de s'y dérober. (Snyders, 1973, p. 52.)

Il poursuit plus loin:

Et lorsque l'éducateur choisit de s'abstenir, de renoncer à tout guidage, la place demeure disponible non pas pour un mécanisme transcendantalement

19. «L'explicitation que les agents peuvent fournir de leur pratique, au prix d'un retour quasi théorique sur leur pratique, dissimule, à leurs yeux même, la vérité de leur maîtrise pratique comme «docte ignorance», c'est-à-dire comme mode de connaissance pratique n'enfermant pas la connaissance de ses propres principes... Il s'ensuit que cette docte ignorance ne peut donner lieu qu'à un discours de trompeur trompé, ignorant et la vérité objective de sa maîtrise pratique comme ignorance de sa propre vérité, et le véritable principe de la connaissance qu'elle enferme» (Bourdieu, 1972, p. 202).

dirigé vers le Bien, mais pour un amas d'influences diffuses, cet inextricable mélange de préjugés, de stéréotypes et de vérités dans lequel il est inévitable que chaque enfant soit d'abord empêtré. (Snyders, 1973, p. 57.)

Par ailleurs, Neill condamne trop rapidement l'intervention de l'adulte. Pour lui, l'autorité de l'adulte conduit nécessairement à un échec névrotique de la personnalité de l'enfant; au contraire, l'autorité adulte n'est pas mauvaise en soi, les interdits peuvent aussi servir à construire la personnalité de l'enfant (Jolibert, 1989, p. 25).

De plus, selon Snyders (1973), cette approche, loin d'être révolutionnaire, favorise plutôt le plus grand conservatisme social:

> *L'enfant a, pour Neill, des «capacités naturelles», qui le définissent, qui constituent un donné irréfutable; elles lui ont été attribuées par une Providence, pudiquement appelée Nature—et une fois pour toutes. On nous a bien répété qu'il suffit de les laisser croître et s'exprimer, sans prétendre interférer avec leur mouvement propre. La conséquence inéluctable c'est que le désir du fils d'ouvrier de devenir ouvrier, sa «capacité» moindre dans les études («voyez, il réussit moins bien que les enfants de bourgeois») sont admis tels quels, sont ratifiés sans même poser de problème; et c'est ainsi toute la société établie qui se trouve justifiée.* (Snyders, 1973, p. 49.)
>
> [Ainsi,] *fidèle à cette logique, Summerhill reste un lieu où ceux qui ont les capacités naturelles et la volonté nécessaire pour devenir savants le deviendront, alors que ceux qui n'ont que des capacités pour balayer les rues les balaieront.* (Snyders, 1973, p. 22.)

Un peu ironiquement, Snyders fait le commentaire suivant: la «nature» fait bizarrement les choses puisque, statistiquement, c'est d'un côté de l'échelle sociale que jaillissent les vocations de savants et de l'autre les vocations de balayeurs (Snyders, 1973, p. 43).

En conclusion, malgré des critiques importantes adressées à cette approche par plusieurs auteurs, il n'en demeure pas moins que Summerhill a été une tentative unique et intéressante dans l'histoire de la pédagogie. Cependant, on ne doit pas oublier que la réussite de cette approche doit beaucoup à la personnalité charismatique de son fondateur, donc sur quelque chose qui ne s'enseigne pas; en conséquence, elle peut difficilement être imitée (Jolibert, 1989, p. 28).

ÉPILOGUE

Le journal *La Presse* du 10 février 1994 a publié un entrefilet intitulé «L'école de Summerhill menacée de fermeture». Ce texte, qui se passe de commentaires, se lit comme suit:

> *L'école privée de Summerhill, bastion de l'enseignement progressiste, a été menacée hier de fermeture par l'inspection scolaire britannique. «L'école assure mal les besoins pédagogiques des élèves», peut-on lire dans un rapport publié mercredi. Le document ajoute que certaines salles de classe sont «inconfortables et lugubres» et ont «une apparence sordide». Ses auteurs donnent à l'école deux mois pour répondre aux critiques sous peine de fermeture. L'école, fondée en 1921 dans le comté anglais de Suffolk, a acquis depuis lors une réputation internationale pour le caractère coopératif et libertaire de son enseignement. Elle ne compte que 66 élèves de 6 à 17 ans, dont beaucoup viennent d'Allemagne et du Japon. Les frais de scolarité y sont de 5000 livres sterling (9800$ CAN) par an. La directrice, Zoé Readhead, fille du fondateur de l'école, A.S. Neill, a toutefois rétorqué que les inspecteurs n'avaient pas compris l'essence même de Summerhill. «Notre but n'est pas d'assurer une kyrielle de mentions très bien. On ne peut pas juger du bonheur, de la confiance et de la responsabilité avec une pièce de papier. C'est un peu comme si une église se faisait inspecter par des athées» a-t-elle dit.*

QUESTIONS

1. En quoi l'éducation selon Neill s'inscrit-elle en opposition à la pédagogie traditionnelle et à la pédagogie nouvelle?
2. La psychanalyse, en particulier reichienne, est source d'inspiration de l'action éducative chez Neill. Tentez de la situer dans l'ensemble de sa pratique.
3. Religion, mysticisme, morale: voilà trois sphères condamnées par Neill. Commentez cette condamnation en relation avec son approche éducative.
4. Parmi les fondements neilliens, celui d'«autonomie» semble important. Que signifie ce concept et qu'implique-t-il en référence à l'éducation?
5. Quel est le rôle de l'enseignant dans la perspective de Neill?
6. Dites en quoi Neill, dans son type d'approche psychanalytique de l'enfant, se distancie en particulier de la théorie freudienne.
7. Selon Neill, liberté n'égale pas anarchie. Expliquez les deux concepts et illustrez, par des exemples, comment la liberté ne signifie pas l'anarchie.
8. On dit que l'approche de Neill ne repose pas vraiment sur une théorie probante. Expliquez en ouvrant sur des implications possibles.
9. On peut dire que la pédagogie de Neill est à la fois révolutionnaire et conservatrice. Commentez les deux points de vue.
10. La vie collective de l'école est régie par deux instances. Nommez-les et décrivez en quoi elles consistent.

BIBLIOGRAPHIE

ACKERMAN, N.W. (sous la dir. de) (1976). *Pour ou contre Summerhill*. Paris: Petite Bibliothèque Payot.

BOURDIEU, P. (1972). *Esquisse d'une théorie de la pratique. Précédé de trois études d'ethnologie kabyle*. Paris: Droz.

BRABANT, G.P. (1973). *Clefs pour la psychanalyse*. Paris: Seghers.

CATTIER, M. (1974). *Ce que Reich a vraiment dit*. Verviers (Belgique): Marabout Université.

CROALL, J. (1983a). *All the Best, Neill. Letters from Summerhill*. Londres: Andre Deuch.

CROALL, J. (1983b). *Neill of Summerhill. The Permanent Rebel*. Philadelphie: Temple University Press.

FRAPPIER, M., et FRAPPIER, A. (1978). *L'enfant, le dernier des opprimés*. Montréal: Les éditions Quinze.

FREUD, S. (1925). *Le rêve et son interprétation*. Paris: Gallimard.

FREUD, S. (1962). *Trois essais sur la théorie de la sexualité*. Paris: Gallimard.

FREUD, S. (1971). *Cinq leçons sur la psychanalyse*. Paris: Payot.

HEMMINGS, R. (1981). *Cinquante ans de liberté avec Neill. Une étude du développement des idées de A.S. Neill*. Paris: Hachette.

HESNARD, A. (1971). *De Freud à Lacan*. Paris: ESF.

JOLIBERT, B. (1989). *L'éducation contemporaine*. Paris: Klincksieck.

NEILL, A.S. (1944). *The Problem Teacher*. New York: International University Press.

NEILL, A.S. (1953). *The Free Child*. Londres: Herbert Jenkins.

NEILL, A.S. (1972a). *La liberté, pas l'anarchie*. Paris: Payot.

NEILL, A.S. (1972b). *Neill! Neill! Orange Peel! An Autobiography by A.S. Neill*. New York: Hart.

NEILL, A.S. (1972c). *Talking of Summerhill*. Londres: Victor Gollancz.

NEILL, A.S. (1973). *Libres enfants de Summerhill*. Paris: Maspero.

NEILL, A.S. (1974). *Le nuage vert ou le dernier survivant*. Trad.: I. Lamblin. Paris: Gallimard (coll. «Folio Junior»).

NEILL, A.S. (1975a). *Journal d'un instituteur de campagne*. Paris: Payot.

NEILL, A.S. (1975b). *The Dominie Books. A Dominie's Log. A Dominie in Doubt. A Dominie Dismissed*. New York: Hart.

NIETZSCHE, F. (1976). *Fragments posthumes, Automne 1887-mars 1888*. Trad.: P. Klossowski et H.-A. Baatsch. Paris: Gallimard.

PLACZEK, B.R. (sous la dir. de) (1982). *Record of a Friendship. The Correspondence between Wilhelm Reich and A.S. Neill (1936-1957)*. Londres: Victor Gollancz.

REICH, W. (1970a). *La fonction de l'orgasme*. Paris: L'Arche.

REICH, W. (1970b). *La révolution sexuelle: pour une autonomie caractérielle de l'homme.* Paris: Union générale d'éditions.

REICH, W. (1970c). *The Mass Psychology of Fascism.* New York: Farrar, Straus & Giroux.

ROUSSEAU, J.-J. (1966). *Émile ou De l'éducation.* Paris: Garnier-Flammarion. (Publication originale en 1762.)

RYCROFT, C. (1972). *Wilhelm Reich.* Paris: Seghers.

SAFFANGE, J.-F. (1985). *Libres enfants de Summerhill.* Berne: Peter lang.

SKIDELSKY, R. (1972). *Le mouvement des écoles nouvelles anglaises. Abbotsholme, Summerhill, Dartington Hall, Gordonstoun.* Paris: Maspero.

SNYDERS, G. (1973). *Où vont les pédagogies non directives?* Paris: Presses universitaires de France.

SOPHOCLE (1964). *Théâtre complet.* Paris: Garnier-Flammarion.

WALMSLEY, J. (1969). *Neill and Summerhill. A Man and his Work. A Pictorial Study by John Walmsley.* Baltimore: Penguin Books.

CHAPITRE 10

Le projet de création d'une science de l'éducation au XXe siècle : analyse et comparaison de deux psychologies scientifiques

Maurice Tardif

CONTENU

RÉSUMÉ

Ce chapitre étudie l'un des projets intellectuels constitutifs de l'éducation au XXe siècle, à savoir la création d'une science de l'éducation, c'est-à-dire d'une approche scientifique de l'enseignement et de l'apprentissage. Il montre en introduction que ce projet scientifique est directement assumé par la psychologie, qui cherche à s'imposer depuis le début de ce siècle et encore de nos jours comme la science qui constituerait le fondement de la pédagogie. La première partie de ce chapitre brosse un tableau de l'évolution des idées qui a conduit, à la fin du XIXe siècle et au début du XXe, à l'édification de ce projet d'une science de l'éducation. Nous avons dressé un parallèle, qui se veut éclairant, entre cette vision scientifique et la vision traditionnelle, qui assimile l'éducation à un art. La deuxième partie du chapitre étudie de façon plus détaillée la conception béhavioriste de l'enseignement et de l'apprentissage; elle aborde et expose rapidement les principaux concepts de cette psychologie importante, tout en établissant ses principales conséquences pour l'activité de l'enseignant. La troisième partie procède à la même démarche analytique à propos de la psychologie cognitive et de ses retombées sur l'enseignement. Cette partie se termine par une brève comparaison entre ces deux psychologies.

INTRODUCTION

Le but de ce chapitre est de présenter l'un des projets intellectuels constitutifs de l'éducation au XXe siècle, à savoir la création d'une science de l'éducation, c'est-à-dire d'une approche scientifique de l'enseignement et de l'apprentissage. Nous utilisons ici l'expression «**science de l'éducation**» au singulier pour bien marquer qu'il s'agit d'une science de l'enseignement et de l'apprentissage, alors que l'expression «**sciences de l'éducation**» au pluriel englobe plusieurs autres champs d'étude: société, culture, système éducatif, histoire des idées éducatives, etc. Nous verrons également que la science de l'éducation se rapporte *grosso modo* à la psychologie et à la psychopédagogie, alors que les sciences de l'éducation renvoient à l'ensemble des sciences sociales et humaines qui contribuent à l'étude de l'éducation, ainsi qu'à diverses autres disciplines plus ou moins scientifiques, plus ou moins savantes: évaluation, didactique, administration scolaire, etc.

Nous avons divisé ce chapitre en trois parties. La première partie présente le contexte historique et les fondements de ce projet de création d'une science de l'éducation, ainsi que certaines de ses conséquences sur la conception de l'enseignement. Les deux parties suivantes analysent deux psychologies qui ont tour à tour essayé d'occuper la position de la science de l'éducation: la psychologie du comportement et la psychologie cognitive inspirée de la théorie du traitement de l'information. En guise de conclusion, nous proposons une brève comparaison entre les visions de l'art et celles de la science en éducation.

10.1 L'IDÉE DE «SCIENCE DE L'ÉDUCATION»: ORIGINES ET FONDEMENTS

En Occident, ce n'est pas avant la fin du XIXe siècle que l'on commence sérieusement à concevoir la possibilité d'une éducation fondée sur la science.

Auparavant, aussi bien chez les Grecs, les Romains, les chrétiens que chez les penseurs plus «modernes» de la Renaissance et de la Réforme, l'éducation et l'enseignement avaient toujours été assimilés à un art et non à une science. Même Rousseau, celui qu'on a appelé le Copernic de la pédagogie et dont les idées devaient révolutionner si profondément la pensée éducative moderne, reste largement attaché, par certains aspects essentiels de sa pensée, à cette conception, puisqu'il définit, dans son *Émile*, l'éducation comme un art. Il reprend ainsi à son compte une définition déjà en vigueur chez les Grecs anciens et vieille par conséquent de deux millénaires et demi.

Dans la Grèce ancienne, l'identification de l'éducation à un art constitue une idée commune soutenue par tous les penseurs de l'éducation, savants, sages, sophistes ou philosophes. Cette conception n'est donc pas l'œuvre d'un esprit particulier, mais représente le fruit d'un effort collectif qui s'enracine lui-même dans les idéologies dominantes de cette époque. Cette représentation est reprise par les Romains et intégrée au christianisme, qui la transmet à son tour aux grands penseurs de l'éducation au début des temps modernes, lors de la Renaissance et de la Réforme. Bref, cette conception est donc aussi ancienne que la tradition pédagogique occidentale. Précisons-la rapidement, ce qui permettra de mieux caractériser par la suite l'éducation comme science.

10.1.1 L'éducation comme art et l'enseignant comme artisan

Pour les Anciens, l'art ou la technique, notions à peu près équivalentes à leurs yeux, se distingue profondément de la science. La science porte sur des phénomènes universels, abstraits, réguliers, susceptibles de définitions claires et précises, et tombant sous le coup de raisonnements logiques (par exemple, déductif, démonstratif, etc.)[1]. De son côté, l'art se rapporte à des phénomènes singuliers, concrets, changeants, relevant de définitions provisoires et souvent obscures, faisant appel à l'émotion, au sentiment, à la sensibilité plutôt qu'au raisonnement et à la logique. Dans la pensée antique, le savant est d'abord l'homme contemplatif, méditatif, à l'écoute du dialogue de l'âme avec elle-même ou bien dont l'esprit est tourné vers la contemplation des réalités éternelles. À l'opposé, l'art (*technè*) relève de l'action, du faire. L'artiste ne veut pas connaître mais agir et réaliser. Il subordonne la connaissance au geste, le savoir à l'action, la pensée à la réalisation. La connaissance intéresse l'artiste uniquement si elle se fait connaissance vivante, connaissance vécue, éprouvée, ressentie, totalement intégrée à l'œuvre et se confondant pour ainsi dire avec la personnalité de l'artiste. À la mort de Mallarmé, de Rembrandt, de Joyce ou de Rimbaud, personne n'a pu prendre leur place et poursuivre leur œuvre. À ce titre, le savoir-faire de l'artiste se distingue du savoir scientifique au moins en cela qu'il s'agit d'un savoir toujours précaire puisque singulier et tributaire du créateur. À l'inverse, la science semble transmissible et universelle, largement indépendante de l'individu; c'est pourquoi la mort d'un savant—aussi grand soit-il: Newton, Einstein, Heisenberg, etc.—ne nuit pas en principe au développement de la science.

Selon cette conception, l'éducateur n'est pas un savant, puisque son but n'est pas de connaître l'homme mais d'agir et de former, dans l'ici-et-maintenant d'une situation contingente, des hommes concrets, des individus. Or, ces individus ne sont pas la simple expression de la définition scientifique de l'homme; ils représentent dans chaque cas des êtres particuliers, dotés de potentialités spécifiques. En d'autres termes, si le savant s'attache par définition au général, à l'abstrait, à l'universel, l'éducateur œuvre, quant à lui, en fonction du singulier, du concret, de l'individuel. L'éducateur n'est pas non plus un technicien au sens moderne de ce terme. Son action n'est pas fondée sur un savoir rigoureux portant sur des phénomènes qu'il s'agit d'organiser dans un système de causes et d'effets.

Ce qui par conséquent caractérise l'éducation comme art, telle que la concevaient les Anciens, c'est d'abord l'idée que l'action éducative s'occupe des réalités contingentes et individuelles sur lesquelles il est impossible de porter des jugements scientifiques rigoureux et nécessaires. Selon les Anciens, l'éducateur est une sorte d'artisan. Voici les éléments qui le

1. Rappelons que, dans l'Antiquité, le modèle idéal de la science était le discours démonstratif.

définissent lorsque cette conception est traduite en langage moderne:

- Comme artisan, l'enseignant possède une idée, une représentation générale du but qu'il s'est fixé. Alors que le savant s'intéresse à un objet qu'il veut connaître, l'artisan vise un objectif qu'il veut atteindre. De plus, ce but est général; c'est dire que l'artisan ne suit pas, comme le technicien, un plan défini d'avance, dans lequel toutes les étapes et les opérations sont précisées selon un modèle rigoureux. Au contraire, l'artisan sait dans les grandes lignes où il s'en va et cela lui suffit. À partir d'un objectif général, il crée pour ainsi dire le chemin y conduisant. C'est pourquoi les œuvres de l'artisan sont dans chaque cas uniques, tout en possédant des traits communs.
- L'enseignant-artisan possède aussi une connaissance acquise et concrète du «matériau» avec lequel il travaille, en l'occurrence les enfants. Cette connaissance n'est pas abstraite, rigoureuse, apprise à l'école, à l'université. Elle est plutôt issue de la pratique du métier et validée par celle-ci. Comme le disent les enseignants de métier, on apprend à enseigner en enseignant.
- L'enseignant-artisan agit d'après des coutumes et des recettes éprouvées propres à son art. En effet, l'artisan travaille souvent seul (c'est d'ailleurs un des traits qui le distingue de l'ouvrier d'usine); il appartient cependant à un métier, à une tradition de travail qui incorpore l'expérience collective de tous les bons artisans et qui permet ainsi aux individus de profiter de ce savoir collectif, transmis par contact direct et apprentissage sur le tas. Les artisans apprennent au contact des artisans. On apprend à enseigner en regardant enseigner les bons maîtres, en les imitant. Ainsi, l'enseignement s'apparente à l'apprentissage d'activités traditionnelles, routinières, de groupe et formatives.
- L'enseignant-artisan se fie également à son talent. En effet, sans un don particulier, l'art véritable n'existerait pas. Les enseignants, outre leur expérience, doivent par conséquent posséder un certain nombre d'habiletés de base naturelles, qu'ils apprennent à cultiver par la pratique du métier.
- Enfin, l'enseignant-artisan agit en prenant pour guide son expérience, source des bonnes habitudes, c'est-à-dire des manières de faire, des façons de s'y prendre éprouvées par le temps et les réussites successives. En ce sens, l'expérience vécue est l'une des sources principales du savoir-enseigner. L'expérience se cristallise en routines, en pratiques régulières qui permettent aux enseignants d'affronter, dans l'action, les situations changeantes de l'enseignement.

Nous verrons en conclusion comment le projet d'une science de l'éducation s'oppose point par point à cette conception artisanale de l'enseignement. Mais avant d'aborder ce sujet, situons rapidement le contexte historique dans lequel naît ce projet scientifique.

10.1.2 La vision scientifique

Avec l'économie industrielle, la technologie, la culture de masse, l'individualisme (ou subjectivisme) et l'instauration des sociétés totalitaires, la science représente l'un des phénomènes fondamentaux de la société moderne qui connaît son apogée au XXe siècle. Historiquement parlant, la science moderne naît à la fin du XVIe siècle et au début du XVIIe, lorsque Kepler, Copernic, Galilée, Descartes, etc., formulent pour la première fois les cadres intellectuels généraux de la pensée scientifique. Ces cadres intellectuels reposent sur un certain nombre d'idées de base (Koyré, 1988).

Parmi ces idées figure celle de l'unité de la nature. Selon cette idée, la nature est partout semblable et tous les phénomènes naturels sont partout les mêmes, quelle que soit la «région» du monde concernée. Cette idée, qui rend possible l'universalité des lois scientifiques, la mathématisation et la quantification des phénomènes naturels, s'oppose aux anciennes visions qualitatives de la nature. Ces visions qualitatives (grecques, romaines, chrétiennes, etc.) divisaient la nature en différentes régions (le Ciel, l'Enfer, le Haut, le Bas, etc.) qui étaient régies par des principes différents. Selon cette classification, il devait forcément exister plusieurs types de sciences: naturelles, humaines, théologiques, etc., qui s'appliquaient aux êtres de toutes ces régions. Quelle est dès lors la conséquence de cette nouvelle conception scientifique sur l'homme? L'homme devient une partie de la nature: il doit être étudié comme les animaux, les plantes et les autres composantes de la nature. On assiste alors au développement d'une science naturelle de l'homme qui va apparaître au XIXe siècle. L'homme devient ainsi un phénomène scientifique et peut être étudié avec les mêmes méthodes et moyens que ceux en usage dans les sciences naturelles. On verra plus loin que cette idée est justement à la base des psychologies scientifiques, notamment du béhaviorisme.

Une autre idée à la base de la science moderne est la croyance en une rationalité forte et dans le déterminisme, c'est-à-dire dans la conception selon laquelle le monde naturel est régi par des lois strictes, des causes et des effets précis. Selon cette conception, l'état du monde en un temps donné (T2) s'explique par son état en un temps antérieur (T1), l'état T3 s'explique par l'état T2 et ainsi de suite à l'infini. Par conséquent, si l'on connaît parfaitement l'état T1, on peut prédire l'état T2, etc. Enfin, à ses débuts, la science promeut une vision mécaniste de l'ordre naturel, où la nature est assimilée à une sorte de gigantesque horloge; tout s'explique alors grâce à des rouages précis, des poussées, des frottements, des forces sans intelligence mais qui agissent toujours de la même façon inéluctable. Appliquée à l'homme, cette vision signifie que les comportements humains sont eux aussi régis par des forces aveugles, des mécanismes... Ainsi la conscience est-elle considérée comme un mythe auquel on oppose l'homme-mécanique, l'homme-robot, l'automate, bref, une vision déterministe de l'homme.

D'abord limitée à un très petit groupe de savants, la vision scientifique du monde se répand lentement en Europe tout au long des XVIIe et XVIIIe siècles, parmi les couches instruites de la population. Au XVIIIe siècle, cette vision est intégrée à une conception plus large, l'idéologie rationaliste des Lumières (Chaunu, 1982; Hazard, 1968). Cette idéologie s'appuie sur les triomphes de la pensée scientifique, qui devient dès lors à la fois symbole et modèle de la raison. Elle prône du même coup une extension de l'activité de la raison à tous les domaines de l'activité humaine. Pour les penseurs des Lumières (Rousseau, Voltaire, Diderot, etc.), la raison humaine doit s'appliquer partout et pas seulement à l'étude de la nature. L'histoire, la société, la politique, le droit, l'éducation, tout doit être analysé et réformé à l'aide de la raison humaine. La science devient ainsi la clé de voûte de la société moderne, telle que la conçoit le nouveau rationalisme: société ouverte, égalitaire et mobile, société en progrès, fondée sur la démocratie et l'instruction.

Au XIXe siècle, le rationalisme des Lumières connaît un double destin. D'une part, il subit la réaction critique du romantisme et du traditionalisme, qui lui reprochent d'oublier le monde vécu, les sentiments constitutifs de toute action raisonnable et d'inventer un nouveau type d'homme, une véritable abstraction désincarnée, l'homme sans tradition, l'homme sans préjugé, l'homme sans histoire ni passé. Comme on l'a vu au chapitre 5, ces critiques sont déjà partiellement formulées par Rousseau, qui voit dans le rationalisme de son époque un processus de dénaturation de l'homme. Au XIXe siècle, les sciences humaines naissantes reprendront à leur compte, principalement dans les pays de culture germanique, ces critiques du rationalisme des Lumières. Les sciences humaines, en particulier l'histoire, l'anthropologie et la sociologie, tenteront de promouvoir elles aussi une vision scientifique de l'homme, mais en tenant compte des dimensions symbolique, subjective, langagière et intentionnelle qui accompagnent toujours les phénomènes humains.

D'autre part, ce rationalisme des Lumières vit une radicalisation dans ces mouvements d'idées, toujours actuels du reste, que sont le positivisme et le scientisme. Ces conceptions voient d'abord dans la science la seule connaissance possible, toutes les autres formes traditionnelles de la connaissance (philosophie, religion, savoir quotidien, etc.) étant du même coup définitivement déconsidérées: désormais science et connaissance forment une seule et même chose. Ensuite, ces conceptions soutiennent que tous les véritables problèmes humains possèdent une solution scientifique, ce qui revient à considérer la science comme la solution universelle de tous les maux humains. Enfin, elles proposent d'appliquer partout les méthodes et les moyens de la recherche scientifique: politique, gestion étatique, économie, peuvent être soumises à l'approche scientifique. Nous verrons plus loin que ces idées ont exercé aussi une influence prépondérante en éducation. Mais auparavant, examinons comment va se développer, à partir de ce contexte général que nous venons d'esquisser, l'idée plus particulière d'une science de l'éducation.

10.1.3 La vision scientifique appliquée à l'éducation

Le projet moderne de fonder une science de l'éducation germe lentement au XVIIIe siècle sous l'influence de Rousseau, du rationalisme des Lumières, de l'empirisme anglais et du progrès des sciences de la nature, d'abord de la physique mécanique et ensuite, vers le milieu du XIXe siècle, des sciences de la vie. Darwin publie son ouvrage *De l'origine des espèces par voie de sélection naturelle* en 1859, dans lequel les espèces vivantes, y compris l'espèce humaine, sont vues comme des produits de mécanismes naturels de sélection. Claude Bernard publie sa célèbre *Introduction à l'étude de la médecine expérimentale* en 1865, où sont définies les règles de l'observation scientifique pour une médecine expérimentale, c'est-à-dire une science naturelle de l'homme. Dans ce nouveau cadre idéologique, l'homme est peu à peu considéré comme un animal parmi d'autres et non pas comme un être à part. Il devient un phénomène naturel dont l'étude relève des sciences de la nature et de leurs méthodes.

On propose alors des approches carrément matérialistes susceptibles de rendre compte de l'esprit, de la connaissance ou de l'apprentissage. Par exemple, l'esprit devient une production du cerveau, de la même façon que l'urine est produite par les reins. À la même époque, la statistique sociale commence également à prendre de l'importance, et Galton, précurseur de la psychométrie et des tests scientifiques, publie en 1869 son ouvrage *Hereditary Genius.* Mais c'est le développement de la psychologie expérimentale, à la fin du XIXe siècle, qui fournit à l'éducation sa première base scientifique. La psychologie expérimentale s'inspire elle-même des travaux en psychophysique expérimentale, consacrés à la perception, la sensation et l'influx nerveux et poursuivis entre autres par Weber, Helmholtz, Fechner, Wundt. Ces travaux s'efforcent tous d'établir une corrélation entre les processus psychologiques et des mécanismes physiques, corporels, matériels, neurologiques ou autres. On verra que c'est cette même approche qui oriente les sciences cognitives anglo-saxonnes.

En France, également au XIXe siècle, existe une même volonté d'élaborer une approche scientifique de l'éducation, bien que le scientisme professé y soit différent. On l'a vu au chapitre précédent, Marion, responsable de la première chaire de pédagogie en France, définit la pédagogie comme la science de l'éducation[2]. De son côté, le célèbre psychologue Claparède (1953) considère, au début du XXe siècle, que la pédagogie deviendra un champ d'activité sérieux uniquement si elle se place sous l'autorité de la science. Ces idées s'appuient aussi sur une virulente critique de la tradition pédagogique élaborée par les ordres religieux, notamment les Frères des écoles chrétiennes. Cette critique est développée par les partisans de l'éducation nouvelle, qui ne voient dans la pédagogie traditionnelle qu'une activité inconsciente d'elle-même, basée sur des préjugés, des opinions, des procédés sans valeur scientifique. Bref, la science est bonne, mais la tradition est mauvaise.

À côté du courant de la pensée scientifique se développe également une problématique sociale de la gestion de l'éducation et de sa planification. Aux États-Unis, la fin du XIXe siècle et le début du XXe voient naître les premières écoles publiques de masse, qui posent aux responsables politiques et de l'éducation des problèmes d'organisation et de contrôle; ces problèmes deviendront courants par la suite dans les pays industriels, appelés à moderniser leur système scolaire. C'est dans le cadre de cette modernisation que les premières «sciences de l'éducation» sont intégrées à la pratique éducative institutionnalisée. Au début du siècle, on met au point les tests et les divers instruments de mesure quantitative (Binet, 1905), pendant que la didactique expérimentale acquiert de l'importance, notamment sous l'influence des théories du comportement, représentées en éducation par Thorndike[3]. Ces tests et ces instruments permettront la définition d'un ensemble de critères quantitatifs pour l'identification et le classement des enfants. Ils fourniront éventuellement à la pédagogie un support scientifique et

2. *Dictionnaire de pédagogie et d'instruction primaire,* publié en 1888.
3. Il publie en 1904 *An Introduction to the Theory of Mental and Social Measurement.*

technique. En l'espace d'une vingtaine d'années, on voit se constituer une science de l'apprentissage à fondement expérimental, grâce aux travaux de Watson (1913), de Guthrie (1921) et de Skinner (1930), doublée d'une technique de modification du comportement susceptible de servir de base à une pédagogie «scientifique» applicable aux enfants normaux et en difficulté d'apprentissage. Nous y reviendrons.

10.1.4 La psychologie scientifique

Nous avons mis précédemment en évidence le contexte dans lequel est née cette approche scientifique. Or, cette approche va surtout être défendue et illustrée par cette science particulière qu'on appelle la psychologie. Au XXe siècle, c'est essentiellement la psychologie qui va chercher à s'imposer comme la science de l'éducation. En fait, durant de nombreuses années, la science de l'éducation et la psychologie de l'éducation formeront, du moins dans l'esprit des psychologues, une seule et même science basée sur le modèle des sciences naturelles.

On peut dresser un parallèle avec la médecine et l'ingénierie pour mieux faire comprendre notre propos. La médecine ne représente pas vraiment une science puisque son but premier n'est pas de connaître mais d'agir, c'est-à-dire de guérir; néanmoins, la médecine actuelle se fonde manifestement sur une base de connaissances scientifiques. Elle puise dans la biologie, la chimie, la neurologie, la génétique, la pharmacologie, etc., les principes, les explications et les traitements appropriés. À ce titre, elle peut être considérée comme une science appliquée, son objectif principal n'étant pas de transmettre de nouvelles connaissances mais de mettre au service des patients les acquis les plus récents et les plus éprouvés des diverses sciences constitutives du savoir médical. Dans le même sens, l'ingénieur travaille en se basant, par exemple, sur la physique, les mathématiques, la topologie, etc. Comme la médecine, l'ingénierie est donc une science appliquée: son but n'est pas la connaissance mais l'action; cependant, cette action est informée et nourrie directement par diverses sciences qui forment le savoir du médecin ou de l'ingénieur. Bien sûr, la science appliquée fournit aux praticiens des règles d'action relativement générales qu'ils doivent adapter aux situations concrètes. C'est toujours un patient en particulier que soigne un médecin et non le patient en général. Il en va de même pour l'ingénieur. Néanmoins, même si la médecine et l'ingénierie s'occupent de cas singuliers, ces réalités sont en principe toujours abordées comme des cas relevant de lois générales.

Comme l'illustre le tableau 10.1, c'est ce modèle de relation entre les sciences fondamentales et les sciences appliquées que va essayer d'instaurer la psychologie par rapport à l'éducation. La psychologie va donc se considérer comme la science fondamentale, jouant ainsi le rôle de la biologie pour la médecine. La psychopédagogie sera alors la science appliquée, c'est-à-dire la médecine savante apprise à l'université et appliquée dans les classes. Enfin, les enseignants seront des experts qui utiliseront leurs connaissances pédagogiques dans les situations concrètes en appliquant aux cas singuliers les lois générales de la psychologie et de la psychopédagogie.

On constate, à l'aide de ce tableau, que la vision de la psychologie scientifique est profondément hiérarchique, car elle repose sur l'idée que l'enseignement est une connaissance appliquée qui se fonde sur des principes généraux et sur la résolution de problèmes concrets. Une science appliquée (la psychopédagogie) s'appuie sur une science fondamentale (la psychologie) et l'enseignement en classe s'appuie à son tour sur la science appliquée. Selon cette vision, les chercheurs vont élaborer les connaissances qui seront utilisées ensuite par les praticiens. La seule formation appropriée des enseignants se donnera dans les universités, selon les traditions des vieilles facultés professionnelles telles que la médecine, le droit, etc.

Les choses ne sont cependant pas si simples! En effet, cette vision suppose qu'il existe vraiment une psychologie scientifique capable d'offrir, comme la biologie pour la médecine, des connaissances réellement applicables et utiles pour l'enseignement. Or, depuis un siècle, cette vision n'est guère conforme à la réalité pour la simple raison qu'il n'existe pas une psychologie mais plusieurs; de plus, parmi elles, certaines prétendent au titre unique de psychologie scientifique et pensent réfuter du même coup toutes les autres.

TABLEAU 10.1
La relation entre les sciences fondamentales et les sciences appliquées

Hiérarchie des savoirs	Éducation	Nature du savoir	Exemple
Science fondamentale	**Psychologie**: élaboration et validation des théories de l'apprentissage	Le savoir porte sur des faits justiciables de contrôle scientifique.	Théories relatives à la mémoire
Science appliquée	**Psychopédagogie**: étude des applications des théories de l'apprentissage à l'enseignement	Le savoir porte sur des théories à partir desquelles on peut inférer des procédés et des applications.	Conséquences de ces théories sur l'apprentissage en classe et l'organisation de l'enseignement
Situation concrète où agit l'enseignant	**Enseignement en classe**: applications techniques des théories de l'apprentissage à des cas particuliers	Le savoir porte sur des faits, des actes, des cas, mais dans une situation singulière et contingente qu'il s'agit de contrôler à l'aide de procédés et en fonction de buts définis.	Mise en application d'une théorie dans l'apprentissage de la langue ou des mathématiques au primaire

Avant de poursuivre, il s'avère donc important de bien comprendre que la psychologie comme science unique n'existe pas. Il existe une mathématique, une biologie, une physique, mais on compte plusieurs psychologies. Voici d'ailleurs les plus importantes au XXe siècle:

- La psychanalyse issue des travaux de Sigmund Freud, qui s'intéresse plus particulièrement aux dimensions affective, émotionnelle et sexuelle, ainsi qu'aux conflits intrapsychiques qu'elles engendrent. La psychanalyse est avant tout un «art d'interprétation», une herméneutique des symboles et des signifiants inconscients qui déterminent la conscience humaine à son insu.
- La psychologie du comportement, ou béhaviorisme, qui est représentative du courant empiriste nord-américain et dont les principaux leaders furent John Watson et Burrhus Skinner. Cette psychologie fut longtemps dominante en Amérique du Nord.
- La psychologie de la forme, ou gestalt, qui s'intéresse aux structures et aux fonctions cognitives intervenant dans la perception et les autres activités cognitives.
- La psychologie cognitive inspirée du constructivisme génétique de Jean Piaget, qui propose une théorie de l'origine et du développement des connaissances en partant de l'étude des différents stades traversés dans sa construction par la pensée humaine de la petite enfance jusqu'à la fin de l'adolescence.
- La psychologie cognitive basée sur la théorie du traitement de l'information et qui développe une approche innéiste et «computationnelle»[4] de l'apprentissage et des autres mécanismes cognitifs.

4. L'adjectif «computationnelle» est forgé à partir du mot anglais «*computer*» qui veut dire «ordinateur» mais aussi «calculer».

- La psychologie humaniste et personnaliste, défendue notamment par Carl Rogers, qui plaide en faveur des idées de liberté, de responsabilité et de dignité de la personne.
- La psychologie phénoménologique, qui provient des travaux de Edmund Husserl, Maurice Merleau-Ponty, etc., qui s'intéresse au monde vécu plutôt qu'aux faits, à la subjectivité de l'expérience humaine plutôt qu'à l'objectivité de la science.
- La psychologie transpersonnelle, qui s'efforce d'intégrer des valeurs spirituelles et des dimensions transcendantales (Dieu, l'esprit, la vie après la mort, les seuils de conscience, etc.).

Ces nombreuses psychologies, toujours actuelles, ne sont pas étanches, en ce sens que leurs frontières sont perméables et mouvantes; en outre, elles s'influencent, s'échangeant sans cesse des langages, des concepts, des idées, des théories. Par ailleurs, chacune de ces psychologies donne lieu à des écoles, à des conceptions différentes et parfois contradictoires. Par exemple, la psychanalyse a engendré les écoles freudienne, jungienne, lacanienne, etc. De son côté, la psychologie piagétienne a produit diverses variantes qui mettent l'accent tantôt sur le sujet, tantôt sur l'intersubjectivité ou encore sur les dimensions sociales. Enfin, toutes ces psychologies sont également influencées par les autres grands courants d'idées issus aussi bien de la philosophie et des sciences naturelles et humaines que des grandes idéologies sociales. Ainsi, la psychologie cognitive doit son importance actuelle entre autres au phénomène informatique et aux recherches sur l'intelligence artificielle. Son approche de l'esprit humain est très influencée par l'idéologie américaine de l'expertise et du professionnalisme, qui croit possible de résoudre les problèmes humains à l'aide de démarches claires, précises, logiques et algorithmiques.

Cependant, si toutes ces psychologies se valent, deux sont habituellement considérées comme «plus scientifiques», ce terme se référant aux principes et aux méthodes en usage dans les sciences naturelles: la psychologie du comportement et la psychologie cognitive, qui inclut les approches inspirées de Piaget et les approches anglo-saxonnes basées sur des modèles du traitement de l'information. De plus, ce sont ces deux psychologies qui ont exercé sans doute le plus d'influence en éducation, avec la psychologie humaniste. Les programmes de l'enseignement primaire s'inspirent directement du béhaviorisme. La psychologie cognitive américaine, quant à elle, est la plus récente, mais elle est à la base de la plupart des recherches menées actuellement dans le champ des théories de l'apprentissage. Ajoutons que les universitaires en sciences de l'éducation qui travaillent dans le champ de la psychopédagogie se réfèrent à ces théories. Elles sont donc incorporées aux programmes de formation des maîtres. La plupart des cours en enseignement au préscolaire, au primaire et au secondaire renvoient à ces théories dès qu'il est question d'enseignement et d'apprentissage. Au surplus, nous le verrons, ces deux psychologies ne sont pas seulement théoriques: elles débouchent concrètement sur des stratégies pédagogiques que les enseignants peuvent utiliser en classe. En ce sens, elles sont pratiques et utiles à connaître. Ce sont donc elles que nous allons analyser dans la suite de ce chapitre.

Cependant, nous n'allons pas analyser l'ensemble des aspects étudiés par ces deux psychologies, cela représenterait une tâche impossible compte tenu des limites de ce chapitre; nous allons plutôt nous intéresser aux conceptions respectives qu'elles véhiculent au sujet de l'être humain, de l'enfant, de la connaissance et de l'apprentissage. Pour chacune de ces deux psychologies, nous allons procéder de la même façon: nous allons débuter par un bref historique, suivi d'un court exposé des grands postulats de la psychologie en cause, et terminer par une étude de ses conséquences sur l'enseignement. Soulignons également que nous allons centrer notre analyse sur la «version dure» de chacune de ces deux psychologies, c'est-à-dire sur les idées et les thèses de leurs défenseurs les plus intransigeants. Dans le cas du béhaviorisme, les idées des fondateurs, tels Watson et Skinner, semblent les plus conformes à cette version dure de la psychologie empiriste.

Dans le cas de la psychologie cognitive, nous allons principalement nous limiter à l'approche basée sur la théorie du traitement de l'information, et par conséquent nous n'étudierons pas les théories proposées par Piaget. Ce choix se justifie d'abord, outre les questions relatives à l'espace dont nous disposons dans ce chapitre, par le fait que les théories piagétiennes ont donné lieu à peu d'applications pédagogiques concrètes, qu'elles n'ont guère de la sorte influé sur la pratique des enseignants de métier. Nous parlons bien sûr ici de la situation nord-américaine; il en va autrement en Europe, où Piaget a exercé une influence certes plus importante. Ce choix découle aussi du fait que les approches les plus récentes du cognitivisme américain s'éloignent considérablement de la pensée de Piaget, comme le laissait déjà pressentir le débat entre Piaget et Chomsky en 1976. En ce sens, il faudrait vraiment écrire un tout autre chapitre sur Piaget.

10.2 L'APPROCHE EMPIRISTE ET ASSOCIATIONNISTE

En Amérique du Nord, toute la psychologie a été dominée durant près de cinquante ans—des années 1910 aux années 1960—par une approche qu'on appelle le béhaviorisme, terme tiré de l'anglais «*behavior*», qui signifie «comportement». Au sens strict, le béhaviorisme représente la psychologie du comportement. Cette notion renvoie à des manifestations visibles, observables et en principe mesurables d'un organisme vivant par opposition à des manifestations invisibles (l'esprit, l'âme, la conscience) ou à des mécanismes cachés (la rétention, la compréhension, etc.). Le but du béhaviorisme est de faire de la psychologie une science naturelle, au même titre que la biologie, la physique ou la chimie. Dans cette optique, le béhaviorisme ne se limite pas à l'étude des comportements humains, mais s'intéresse aux comportements de tous les organismes vivants. Selon cette approche, la psychologie est une science naturelle et l'homme est un animal semblable aux autres. Cette psychologie propose des explications purement matérialistes et causalistes des comportements humains, susceptibles d'être justifiées par des faits empiriques. Son idéal méthodologique est la méthode expérimentale; son milieu naturel de pratique est le laboratoire; ses cobayes favoris sont les souris, les rats, les pigeons et les enfants!

Le béhaviorisme s'oppose radicalement aux psychologies qui s'intéressent aux réalités psychiques, comme la psychanalyse, ou à des entités invisibles (la personnalité, la dignité, la liberté, la responsabilité, etc.), comme les psychologies humanistes, ou encore à des processus cognitifs cachés qui seraient à l'origine des comportements. Selon les défenseurs du béhaviorisme, ces entités sont en dehors du domaine de la recherche scientifique, précisément parce qu'elles sont inobservables empiriquement. Il en va de même pour les méthodes s'inspirant de la psychanalyse, basées sur l'introspection. Ces méthodes ne sont pas vérifiables empiriquement. Elles débouchent sur le subjectivisme.

En Amérique du Nord, le béhaviorisme a exercé une influence importante puisqu'il a dominé dans les facultés universitaires de psychologie durant plusieurs années. En éducation, il est notamment à la base de la pédagogie par objectifs, de l'enseignement programmé, sans parler des nombreuses démarches pédagogiques qui s'inspirent encore de ses idées, particulièrement dans le secteur des troubles d'apprentissage et des troubles de comportement ainsi que dans le cadre de divers types de thérapies dites comportementales. Bien que dépassée aujourd'hui, la psychologie du comportement demeure un acquis certain dans l'évolution de cette discipline. Plusieurs psychologues actuels, qui disent se réclamer du cognitivisme, maintiennent par ailleurs des liens étroits avec la vision béhavioriste.

10.2.1 L'historique et les fondements philosophiques

L'approche de la psychologie béhavioriste est caractéristique de la tradition philosophique empiriste issue de la pensée anglo-saxonne, marquée par des penseurs comme Francis Bacon, John Locke, George Berkeley, David Hume. Ces penseurs s'opposent aussi bien au rationalisme qu'à l'innéisme. Autrement dit, ils ne croient ni à l'existence d'une «connaissance pure» et indépendante de l'expérience ni à l'existence d'idées innées, naturelles. Au contraire, pour eux, nos connaissances et nos idées dérivent toutes de l'expérience. L'approche empiriste est très vieille, car on peut faire remonter ses origines à l'Antiquité grecque, notamment aux travaux d'Aristote. Comme toute philosophie, l'empirisme s'intéresse au problème de l'origine et de la nature des connaissances ainsi qu'à la question de l'esprit humain. Résumons rapidement ses principales thèses à propos de ces questions.

L'origine de nos connaissances selon l'empirisme

L'empirisme est la doctrine selon laquelle toutes nos connaissances dérivent exclusivement de l'expérience. Nos connaissances proviennent des contacts que nous entretenons avec le monde extérieur, avec ce que l'on appelle aujourd'hui l'environnement. En ce sens, toute connaissance est acquise et non innée ou *a priori*. En venant au monde, l'enfant possède un esprit totalement vierge: son existence ultérieure va le former au contact direct des choses, des situations, des personnes. Bref, toutes nos connaissances viennent de l'expérience et nous nous formons au contact même des choses, des êtres, des situations. Selon Locke et Hume, l'esprit de l'enfant est comme une feuille blanche et tout son contenu provient du monde extérieur. L'esprit humain est donc assimilé à une sorte de seau vide rempli progressivement par l'expérience. L'empirisme propose une théorie associationniste de l'apprentissage, c'est-à-dire de l'origine et de l'accumulation des connaissances. Cette théorie opère sur deux plans:

- **Le rapport entre les idées et les choses**. Selon l'empirisme, nous apprenons grâce aux impressions que nous dégageons des choses sensibles et que nous transformons en images mentales; une idée élémentaire est donc par conséquent toujours associée à une chose, à un état de choses par l'intermédiaire d'une sensation, d'une perception. Notre idée du rouge dérive des objets rouges dont nous avons fait l'expérience perceptive. Ainsi, l'induction représente la forme unique de l'apprentissage: c'est à force d'habitude et de répétition que nous associons telle idée et telle chose.
- **Les rapports des idées entre elles**. À leur tour, les idées, les images mentales s'associent entre elles selon certains principes, notamment par ressemblance, contiguïté, répétition. La pensée n'est donc pas un processus volontaire, dans lequel intervient sans cesse le libre arbitre; elle est un processus mécanique régi par des lois d'association: nos idées naissent d'autres idées selon des règles d'association précises et simples, croit l'empirisme.

La philosophie empiriste va exercer une influence extraordinaire sur la culture anglo-saxonne et notamment américaine au XXe siècle. Elle va féconder aussi plusieurs recherches en logique et en philosophie du langage (empirisme logique), en épistémologie et dans les théories de la science. Elle repose sur trois grands postulats qui, on le verra, vont être repris tels quels par le béhaviorisme.

Les trois postulats de base de cette tradition

Le premier postulat de la philosophie empiriste est le **postulat épistémologique** de l'unité de la science, dont les sciences de la nature (physique, chimie) constituent le modèle idéal de scientificité. Ce postulat signifie que tous les phénomènes sont fondés sur les mêmes lois et donc que les phénomènes humains et l'être humain lui-même sont régis également par des lois assimilables aux lois de la nature. De la sorte, seules les différences de degré et de complexité mais non de nature ou de principe distinguent les phénomènes inanimés, les phénomènes biologiques (les animaux) et les phénomènes humains. Il en découle que la connaissance de l'homme doit procéder de la même façon et par la même méthode que celle en usage dans les sciences de la nature: l'observation, la méthode expérimentale, les tests scientifiques des hypothèses, etc. Comme on le verra plus loin, le béhaviorisme s'inspire directement de ce postulat.

Le second postulat est le **postulat méthodologique**, qu'on peut qualifier d'« externaliste ». Si l'homme est un produit de la nature soumis à ses lois alors, en lui, tout doit s'expliquer à l'aide de mécanismes, de causes et d'effets observables. Par conséquent, tout ce qui n'est pas observable doit être éliminé de l'investigation scientifique: la conscience, la volonté, la liberté, la dignité, etc. Il faut donc étudier l'homme comme s'il s'agissait d'un animal compliqué. Ce qu'il faut expliquer, ce sont ses comportements observables en cherchant à mettre en évidence les mécanismes de ces comportements, mécanismes qui sont de nature biologique ou bien environnementale. L'empirisme refuse de recourir à des « entités occultes » telles la conscience ou la volonté pour expliquer les comportements observables.

Enfin, le troisième postulat est le **postulat anthropologique** de la plasticité de l'être humain, qui définit la nature de l'être humain, de son développement et de son apprentissage. Selon l'empirisme, l'être humain n'est pas un être qui possède en soi une nature, un noyau de caractéristiques invariables, une personnalité, un soi, un je, mais un être qui se forme par adaptation aux contraintes extérieures. Ces contraintes ou stimuli conditionnent et sélectionnent des réponses comportementales qui se fixent alors par habitude et répétition. À la naissance, l'homme possède seulement une infrastructure biologique très souple (son corps, son cerveau, son système nerveux) qui s'exprime par un montage de comportements réflexes que l'environnement va progressivement modifier. Bref, le milieu façonne le sujet humain; il joue le rôle d'un dispositif de conditionnement des comportements humains: nous sommes ce que la vie et l'expérience ont fait de nous; nous devenons graduellement, par apprentissage conditionné, un ensemble de réponses adaptées et adaptatives au milieu. Notre nature est passive et plastique: elle se moule peu à peu aux contraintes que le milieu exerce sur nous. Elle est conditionnée par l'expérience, la répétition et l'habitude.

10.2.2 L'empirisme et l'associationnisme en psychologie: le béhaviorisme

Le béhaviorisme américain reprend à son compte les postulats et les conceptions qui se trouvent à la base de l'empirisme et qui vont influencer directement les psychologues fondateurs de ce mouvement: Thorndike, Watson, Skinner, etc. Cependant le béhaviorisme ne s'intéresse pas directement aux questions philosophiques. Il vise avant tout à faire de la psychologie une science expérimentale. Sur le plan pédagogique, ce courant conduit à l'idée d'une pédagogie technique et scientifique qui cherche à conditionner le sujet par des stimuli, des réponses extérieures à lui, renforcées par des récompenses. Voyons tout cela plus en détail.

Définition du béhaviorisme

Selon ses fondateurs, le béhaviorisme est une psychologie scientifique, une science naturelle fondée sur l'observation et l'expérimentation empiriques des phénomènes comportementaux, c'est-à-dire des actions et réactions observables d'un organisme quelconque en réponse à des stimuli. Cette psychologie cherche à découvrir les lois qui régissent les comportements des organismes et donc à les prédire et à les contrôler. Elle s'applique indifféremment aux animaux et aux êtres humains. Son but est de mettre la connaissance scientifique des lois du comportement au service de techniques de contrôle de ce même comportement. Bref, à l'instar des sciences naturelles, le béhaviorisme se définit comme une science empirique, expérimentale, prédictive et nomothétique.

Au début du XXe siècle, le béhaviorisme naît de la rencontre de deux courants à l'origine indépendants l'un de l'autre:

- un courant en provenance de Russie et issu de la physiologie animale; son principal représentant est Pavlov, qui a élaboré la théorie du réflexe conditionné ou, comme on l'appelle, du conditionnement classique ou répondant;
- un courant en provenance des États-Unis et issu de la psychologie expérimentale; ses principaux représentants sont Thorndike, Watson, Guthrie, Hull et Skinner. Watson et Skinner en particulier ont été considérés comme les grands prêtres du béhaviorisme; ils ont exercé aux États-Unis une influence considérable et jugée souvent néfaste par les défenseurs de la tradition humaniste.

Ces deux courants partagent un but commun: élaborer une psychologie objective, qui ne s'intéresse pas à la conscience mais aux comportements des organismes. Alors que la psychologie traditionnelle s'était surtout préoccupée des états mentaux, le béhaviorisme s'attarde sur les états comportementaux: nous passons ainsi d'une psychologie mentaliste à une psychologie physicaliste. Essentiellement, les béhavioristes s'efforcent d'établir une théorie de l'acquisition des comportements et des facteurs qui contribuent à les modeler. Pour eux, apprendre équivaut à acquérir un nouveau comportement. La théorie qu'ils proposent se situe en droite ligne de la tradition empiriste associationniste. En effet, cette théorie de l'acquisition des comportements est basée sur l'idée d'une association ou d'une «connexion» (Thorndike) entre comportement et stimulus. Un comportement est engendré ou modifié par association avec un stimulus. Ce stimulus doit se répéter pour aboutir à une modification du comportement. Ce processus d'acquisition des comportements grâce à des stimuli correspond au processus de conditionnement. Skinner mettra en évidence deux types de conditionnement: le conditionnement classique ou répondant, découvert par Pavlov, et le conditionnement opérant, proposé par Skinner lui-même. Décrivons-les brièvement.

Le conditionnement classique ou répondant (Pavlov)

Ce premier type de conditionnement renvoie au comportement suscité automatiquement, chez un organisme, par un stimulus quelconque. Par exemple, devant un morceau de viande, un chien salive s'il a faim; face à un projectile lancé vers lui, l'œil se ferme; piqué, le nerf de la cuisse d'une grenouille se meut spasmodiquement. Bref, ces comportements sont des réponses physiologiques spontanées à des stimuli externes ou internes. Ils reposent sur des composantes organiques naturellement présentes chez les organismes, dont les réflexes forment le modèle de base. On doit à Pavlov les célèbres expériences menées sur des chiens et qui mettent en évidence le processus de conditionnement à partir du comportement répondant, basé sur le réflexe salivaire. Le tableau 10.2 présente le modèle classique du conditionnement.

Le résultat de ce processus de conditionnement est que le chien salive désormais à l'émission du son, en l'absence de viande. Il a donc été conditionné; autrement dit, son comportement a été modifié. Comme on le constate, le conditionnement répondant implique une relation entre un stimulus (S) et une réponse (R), qu'on note S-R. Cette relation nécessite que S et R soient rapprochés et répétés. En d'autres mots, le SI (la viande) et le SN (le son) doivent être présentés simultanément à plusieurs reprises. De plus, ce conditionnement suppose une idée de persistance: le comportement acquis a besoin du SI pour se maintenir, car, au bout d'un moment, si on ne présente pas de nouveau un morceau de viande à l'animal, le SC s'éteint et disparaît. En ce sens, l'effet du stimulus neutre ne peut durer qu'à condition de renforcer périodiquement ce stimulus par le stimulus inconditionné. Si on cesse de lui présenter de la viande, le chien arrêtera progressivement de saliver à l'émission du son.

TABLEAU 10.2
Le processus de conditionnement

Organisme: un chien. Un réflexe inné: le chien salive en présence de la nourriture. Ce réflexe inné est un comportement inconditionné (CI).	Environnement: un laboratoire. Un stimulus: on doit présenter de la nourriture au chien. Ce stimulus est naturel, c'est-à-dire inconditionné (SI).
L'expérience consiste à joindre au SI de façon répétée un stimulus neutre (SN), tel un son.	
Au bout d'un certain nombre d'essais, on constate l'acquisition d'un comportement conditionné (CC).	Le stimulus neutre devient conditionné (SC).
Désormais, le chien salive à l'émission du son (SC).	

Soulignons que le conditionnement répondant peut aussi se généraliser à partir du schéma de base précédent. Par exemple, on peut amener le chien à saliver à l'écoute de certains rythmes à l'aide d'un métronome (30, 40, 50 battements par minute). Ce comportement peut également être restreint à un rythme en particulier si l'on entraîne par exemple le chien à saliver uniquement à 60 battements par minute. Le comportement réflexe n'est donc pas aussi rigide qu'on le croit; il possède une souplesse mise en évidence par ces expériences.

Sur le plan d'une théorie de l'apprentissage, on peut tirer certaines conclusions fort importantes de cette expérience:

- La modification d'un comportement exige du temps, c'est-à-dire une répétition de la relation S-R. Il n'existe donc pas d'apprentissage durable qui se fasse instantanément. Homme ou animal, tout organisme doit être confronté à plusieurs reprises à une situation avant d'y adapter ses comportements.
- La modification d'un comportement exige une systématisation, c'est-à-dire qu'on doit s'efforcer de toujours présenter le stimulus neutre en même temps que le stimulus inconditionné.

- Enfin, un comportement n'est pas acquis une fois pour toutes, mais doit être périodiquement renforcé par le stimulus inconditionné. C'est là une limite évidente d'un conditionnement répondant, car il suppose toujours un comportement physiologique initial qui doit être réactivé.

Il résulte de ces principes que le comportement humain ou animal peut être modifié et prédit. Le comportement constitue un ensemble de réponses aux stimuli de l'environnement. L'environnement modèle en quelque sorte les comportements, il les oriente. Dans cet esprit, le scientifique dans son laboratoire, lorsqu'il conditionne les chiens, ne fait que reproduire artificiellement un phénomène naturel: il imite la nature mais de façon volontaire, consciente, systématique. Dans le même ordre d'idées, l'enseignant avec ses élèves, les parents avec leurs enfants, peuvent aussi reproduire volontairement ce modèle de conditionnement qui se produit de manière naturelle. Qu'on le veuille ou non, élever des enfants, c'est les conditionner selon le béhaviorisme.

Le conditionnement opérant (Skinner)

Ce second type de conditionnement a été mis en évidence par Skinner. Il s'agit encore une fois des réponses d'un organisme aux stimuli de l'environnement. Toutefois, dans ce cas, on ne peut pas relier les stimuli à des comportements réflexes ou automatiques. L'organisme agit de façon aléatoire et non à partir d'un réflexe inné; son action déclenche une réaction dans le milieu qui agit en retour sur l'organisme et le conditionne par renforcement. En d'autres termes, les comportements d'un organisme se modifient en fonction de ses propres actions et de leurs résultats. Nos comportements—nos actions—nous forment et nous façonnent progressivement. Nous devenons ce que nous faisons. Skinner a mis en relief le principe suivant: les actions des organismes peuvent être renforcées par le milieu, ce qui accroît la probabilité de leur répétition. Ici la notion de renforcement est centrale; elle signifie que les résultats des actions des organismes sont susceptibles d'accroître la probabilité que ces actions se répètent. En ce sens, la notion de renforcement est beaucoup plus générale que la notion de récompense. Le schéma du conditionnement opérant est présenté au tableau 10.3.

TABLEAU 10.3
Le schéma du conditionnement opérant

Organisme	Environnement
L'action aléatoire de l'organisme est la suivante: un rat tourne dans une boîte hermétique comportant un mécanisme d'accès à la nourriture.	Par hasard, il déclenche le mécanisme grâce auquel il obtient de la nourriture (renforcement).
Cette action aléatoire est donc renforcée.	
On observe une croissance probabiliste à voir se répéter le comportement: la probabilité que le rat déclenche le mécanisme une deuxième fois est plus grande que la première fois, et ainsi de suite.	Le comportement tend à se répéter avec l'effet du renforcement tant et aussi longtemps que le renforcement est maintenu.

Le conditionnement opérant permet donc, on le voit bien, de renforcer ou d'effacer les comportements des organismes en fonction des réponses que nous leur donnons. Ces réponses représentent des renforcements dans la mesure où elles accroissent la probabilité de voir se reproduire le comportement. L'acquisition d'un nouveau comportement n'est pas un processus purement mécanique, comme dans le cas du conditionnement répondant; au contraire, l'action aléatoire de l'organisme et le renforcement aléatoire constituent un modèle statistique souple d'acquisition des comportements. Le renforcement est nécessaire au maintien d'un comportement; en l'absence de renforcement, un comportement acquis finit par disparaître: il s'éteint. Soulignons que le conditionnement opérant obéit aux mêmes principes de contiguïté et de répétition que le conditionnement répondant; le renforcement doit suivre immédiatement le comportement et cette situation doit se répéter un certain nombre de fois pour qu'il y ait acquisition d'un nouveau comportement.

Selon le béhaviorisme, le comportement opérant constitue la base même de tout apprentissage, c'est-à-dire d'une adaptation au milieu. L'ensemble des comportements acquis de la sorte représente la vie même de l'organisme en relation avec son environnement. L'environnement modèle les comportements des organismes en les renforçant ou en les éteignant. Les comportements s'entremêlent et se renforcent mutuellement. Bref, on voit que le renforcement des comportements est la clé de voûte des apprentissages. Grâce au renforcement, on peut faire acquérir de nouveaux comportements; grâce à l'absence de renforcement, on peut faire disparaître des comportements déjà acquis.

10.2.3 Les conséquences pédagogiques et le rôle de l'enseignant

Dans son laboratoire, le savant béhavioriste ressemble à un sculpteur de comportements; il façonne les comportements de l'organisme à son gré, avec ou sans renforcement. Soulignons que l'environnement naturel joue exactement le même rôle pour les animaux, car il renforce ou non leurs comportements. Or, le milieu humain quotidien opère de la même façon sur les enfants. Les parents, les amis, les situations quotidiennes, renforcent ou non les comportements des enfants. **En éducation, le béhaviorisme propose simplement de systématiser volontairement les situations naturelles et quotidiennes d'apprentissage.** En d'autres termes, pour le béhaviorisme, l'éducation ne représente rien d'autre qu'un projet volontaire de contrôle des comportements. Éduquer, c'est employer volontairement et consciemment avec les élèves des renforcements de sorte à favoriser l'acquisition de certains comportements et la disparition de certains autres. L'éducation est donc une continuation ou un prolongement, par des moyens conscients et volontaires, des mécanismes inconscients et spontanés d'apprentissage. Dans cet esprit, la pédagogie béhavioriste respecte les conditions normales et naturelles d'apprentissage. Même si elle est issue de la science des laboratoires, cette pédagogie entend reproduire les conditions naturelles de l'apprentissage en les mettant au service d'objectifs clairement définis. Alors que la nature agit sans but en façonnant les comportements des organismes, le béhaviorisme propose aux éducateurs d'agir en connaissance de cause.

Les conséquences pédagogiques du béhaviorisme sont évidemment très intéressantes et variées. Le béhaviorisme permet le développement d'un système de contrôle du comportement humain. Son but est d'organiser la modification des comportements de façon rationnelle par le biais d'objectifs. Ces objectifs doivent être obligatoirement précisés en fonction de comportements observables. Mais quel est exactement le rôle de l'enseignant dans une perspective béhavioriste?

- L'enseignant doit maintenir, développer ou supprimer certains comportements à l'aide de renforcements adéquats (telles des récompenses). En ce sens, il a un rôle de «renforçateur» de comportements; il est une sorte de technicien qui applique de façon volontaire et systématique des renforcements.
- Mais avant d'appliquer des renforcements, l'enseignant doit déterminer des objectifs d'apprentissage très précis qui correspondent à des comportements observables chez les élèves. Sa mission ne consiste donc pas à discuter des grandes finalités de l'éducation ou à réfléchir sur le sens des valeurs éducatives. Au contraire, son action se situe sur le plan de la traduction et de la formulation d'objectifs opératoires très précis. L'enseignant doit partir d'objectifs généraux et les préciser selon des comportements observables.
- L'enseignant doit sérier les objectifs qu'il se propose d'atteindre. Autrement dit, il doit élaborer un plan d'apprentissage comportant autant d'objectifs que de comportements à acquérir. Ces objectifs doivent procéder du plus simple au plus complexe, les plus simples étant la condition de réalisation des plus complexes. Par exemple l'enseignant doit savoir que ses élèves seront capables, à la fin de chaque leçon, de faire telle chose en particulier.
- Une fois les objectifs précisés, l'enseignant doit observer les comportements des élèves et renforcer systématiquement et immédiatement les comportements qu'il veut maintenir ou développer et ignorer ceux qu'il veut voir disparaître. Ce qui distingue un «bon enseignant» d'un «mauvais enseignant», c'est justement cette capacité à renforcer systématiquement et immédiatement les comportements des élèves. Le renforcement doit suivre le comportement (loi de la

contiguïté) et être répété souvent (principe de répétition dans l'acquisition des comportements).

- Enfin, partant de cette situation primitive du S-R, l'enseignant doit élaborer des techniques de renforcement des comportements des élèves. Il pourra ainsi construire des systèmes de récompenses, des modèles, etc.

On voit donc que l'enseignement constitue une sorte de science appliquée inspirée de la psychologie fondamentale. Un enseignant, dans une optique béhavioriste, est en quelque sorte un ingénieur ou un médecin des comportements, bref, un expert dans les techniques de gestion des renforcements. Son but n'est pas de connaître, il n'est pas un savant; son but est d'agir sur les comportements, mais en se basant sur la science béhavioriste. La pédagogie dérive donc de la science expérimentale.

10.3 L'APPROCHE COGNITIVISTE ET INNÉISTE

Après avoir présenté la psychologie du comportement, abordons maintenant ce courant d'idées qu'on appelle le cognitivisme, inspiré de la théorie du traitement de l'information. Cette psychologie poursuit exactement les mêmes buts que le béhaviorisme, c'est-à-dire concevoir une science de l'apprentissage et faire de l'enseignement une science appliquée. Toutefois, elle est complètement différente. Le béhaviorisme est une psychologie au fond assez simple, basée sur des mécanismes précis. Le cognitivisme, quant à lui, est beaucoup plus complexe et fait appel à un grand nombre de principes. Le cognitivisme s'intéresse avant tout au fonctionnement de l'esprit et de l'intelligence, ainsi qu'à l'origine de nos connaissances, aux façons dont nous les assimilons, les conservons et les réutilisons. Le terme «cognitivisme» vient du nom «cognition», qui signifie tout simplement «connaissance», conçue à la fois comme une activité (connaître) et comme le résultat de cette activité (les connaissances).

Mais avant d'aller plus loin, présentons le contexte historique du cognitivisme et les grands principes sur lesquels il s'appuie. Nous exposerons par la suite sa théorie de l'enseignement et ses conséquences sur la pratique des enseignants.

10.3.1 La tradition cognitiviste ancienne et moderne

L'histoire du cognitivisme est assez complexe, car cette psychologie représente un amalgame de toutes sortes de tendances et de diverses sciences comme le montre le tableau 10.4.

TABLEAU 10.4
L'histoire du cognitivisme

XVIIe siècle **Descartes**	**XVIIIe siècle** **Kant**	**XIXe siècle** **Néokantisme**	**XXe siècle** **Piaget**	**Depuis les années 1950** **Les sciences cognitives**
Développement de la conception des idées innées, indépendantes de l'expérience Vision rationaliste de la connaissance	Conception de la connaissance comme l'activité d'un esprit déjà fortement structuré qui organise l'expérience en fonction de ses catégories intellectuelles	Vaste mouvement d'idées germaniques et francophones qui tente de donner une base matérialiste, empirique, physicaliste aux idées de Kant	Psychologie de la forme Fonctionnalisme Structuralisme	Informatique et intelligence artificielle Linguistique Neurosciences Psychologie Philosophie

On peut distinguer, pour les besoins de notre propos, trois phases dans cette longue évolution: une phase ancienne, dominée par la philosophie; une phase moderne, dont la figure dominante est Piaget; et une phase plus récente, marquée par les approches cognitivistes anglo-saxonnes, qui s'inspirent de la théorie du traitement de l'information et d'une vision neurocognitive de l'esprit.

La phase philosophique ancienne

René Descartes, célèbre philosophe français et l'un des fondateurs de la pensée moderne, propose une vision rationaliste de la connaissance, qui s'inspire de la mathématique et de la géométrie. Cette vision met l'accent sur une conception déductive et démonstrative de la science, qui tend à diminuer le poids de l'expérience. Pour Descartes, la connaissance est avant tout une affaire d'idées claires et distinctes, de raisonnement, de rigueur, plutôt que d'expérimentation, de sensation ou d'expérience. De plus, Descartes soutient qu'il existe, dans l'esprit humain, des idées innées, c'est-à-dire des idées que nous possédons en nous à la naissance et qui ne dérivent pas, par conséquent, de l'expérience. Chomsky, l'un des plus importants linguistes du XXe siècle et l'un des pères du cognitivisme, a repris ces idées cartésiennes en soutenant que nos compétences linguistiques humaines reposent en dernier ressort sur des règles innées, c'est-à-dire codées génétiquement. À la naissance, nous savons déjà, d'une certaine façon, parler, puisque nous avons en nous tout un ensemble de compétences précises dont l'éducation va favoriser la maturation. Par exemple, au contact de ses parents, le jeune enfant applique ses compétences linguistiques innées à l'apprentissage de sa langue maternelle; il n'apprend donc pas à parler au sens strict du terme, il apprend à appliquer au cas du français des règles qu'il possède déjà et à les maîtriser peu à peu.

Emmanuel Kant propose, de son côté, une vision nouvelle de la connaissance qui est une critique et une synthèse du rationalisme et de l'empirisme. Pour lui, il est vrai que toutes nos connaissances exigent d'être fondées sur l'expérience, c'est-à-dire que nos idées scientifiques doivent correspondre à des phénomènes. Cependant, sa vision n'implique pas que l'esprit humain est vierge et passif. Au contraire, pour Kant, l'esprit humain est d'emblée structuré, organisé et actif. **Alors que l'empirisme conçoit l'esprit comme une sorte de contenant que viennent remplir les sensations et images de l'expérience, Kant le conçoit comme un disposif, une structure vivante et active qui s'applique de façon dynamique à organiser les données que lui offre l'expérience.** Pour Kant, connaître, c'est appliquer aux phénomènes des catégories mentales *a priori*, à savoir des éléments qui ne dérivent pas de l'expérience mais qui la précèdent. Selon Kant, notre esprit possède déjà, avant toute expérience, un certain nombre d'idées et de structures grâce auxquelles il organise les données de l'expérience.

Au XIXe siècle, les idées de Kant vont être reprises par certains philosophes appelés les néokantiens, qui vont essayer de donner une base matérielle à la conception des idées *a priori*. Au lieu de proposer une philosophie de l'esprit comme Kant, ils s'efforcent de réduire l'esprit à des dimensions physiques, notamment neurologiques. Bref, ils tentent de substituer à l'approche mentaliste classique une approche physicaliste. Mais au XIXe siècle, la biologie et la neurologie sont encore trop embryonnaires pour permettre ce genre de recherche, qui reste philosophique et spéculative. Néanmoins, on verra plus loin que le cognitivisme actuel vise exactement le même but que le néokantisme, mais avec des moyens beaucoup plus puissants.

Piaget

Il n'est pas question ici de résumer les idées, nombreuses, originales et fécondes, de Piaget. Limitons-nous à un aperçu de sa contribution. Au XXe siècle, Piaget représente, dans l'ordre de la psychologie et de l'épistémologie, le véritable continuateur de Kant. Comme ce dernier, il considère que l'esprit humain n'est ni vierge ni passif, mais, au contraire, structuré et actif. Cependant, à la différence de Kant, Piaget soutient que nos structures mentales ne sont pas immuables et innées; il propose une vision constructiviste et évolutive de nos structures mentales et de la connaissance. Il estime par là que la connaissance n'est jamais un simple reflet du monde extérieur, qu'elle est construite, élaborée, transformée et adaptée par l'activité du sujet en interaction avec le milieu. Piaget conçoit l'esprit ou l'intelligence comme une activité ouverte (non déterminée à l'avance par le code génétique) d'adaptation du sujet humain à son milieu et d'accroissement de son contrôle sur les objets qui l'environnent. Cette conception se réfère au modèle d'adaptation biologique. Le sujet, selon Piaget, est en continuelle interaction avec le milieu: il y puise de l'information à partir de laquelle il modifie, transforme et construit sa propre intelligence, ses représentations et ses structures mentales.

Pour Piaget, l'empirisme a raison d'insister sur la relation entre l'organisme et l'environnement comme phénomène d'apprentissage. Nous apprenons lorsque nous modifions notre comportement. Mais alors que le béhaviorisme soutient que nous apprenons par habitude et par répétition, en subissant passivement l'effet du milieu, Piaget insiste, quant à lui, sur l'activité du sujet et son interaction avec l'environnement. Nous ne faisons pas que réagir au milieu, nous agissons également sur lui et lui agit sur nous. De plus, Piaget soutient que notre intelligence se construit de façon évolutive, à travers une genèse passant par différents stades de développement, qui vont des expériences sensorimotrices aux activités cognitives supérieures.

Ces idées de Piaget recoupent, dans la première moitié du XXe siècle, les théories proposées par la psychologie de la forme et les conceptions fonctionnaliste et structuraliste de l'intelligence. Ces divers courants mettent en effet eux aussi l'accent sur l'idée que l'esprit humain est actif et structuré avant toute expérience. Par exemple, nos perceptions ne sont jamais de simples agrégats de sensations empiriques; au contraire, elles possèdent d'emblée une forme propre à l'aide de laquelle les sensations sont organisées. Ainsi, lorsque nous regardons un arbre se détachant sur un ciel bleu, nous voyons un «arbre» et non des taches vertes, brunes, blanches et bleues qui s'additionnent peu à peu. La forme ou la structure que nous percevons n'est pas passivement tirée des éléments observés mais dépend de l'organisation de notre propre perception et de l'activité très complexe que nous exerçons en observant.

Les sciences cognitives actuelles

Les sciences cognitives actuelles remontent à peine à une quarantaine d'années; elles naissent en même temps que les recherches sur les ordinateurs, l'intelligence artificielle, la cybernétique, la neurologie, la linguistique, la «nouvelle philosophie de l'esprit» et la communication. Toutes ces sciences s'intéressent aux différents processus de traitement de l'information, peu importe les supports matériels qui les rendent possibles: la manipulation, la sélection, le classement, la conservation et la réutilisation de l'information constituent autant de processus se produisant dans un cerveau, dans un système expert, dans un ordinateur, dans une usine cybernétique, dans la communication, etc. La notion d'information couvre donc une multitude de phénomènes, aussi bien chimiques que symboliques, matériels ou sémantiques. La notion de processus de traitement de l'information renvoie, quant à elle, aux procédés, aux règles, aux dispositifs, aux schémas et aux structures utilisés par l'esprit humain ou par tout autre système apparenté pour traiter des éléments d'information.

Bien que très récentes, ces sciences n'en constituent pas moins aujourd'hui l'un des champs de recherche dont le développement est le plus intense et le plus accéléré. Ce développement s'explique en partie par la fécondité du programme scientifique cognitiviste, qui s'efforce de donner une base empirique aux problèmes traditionnels de la connaissance et de l'esprit (*mind*). Ces problèmes, fort complexes au demeurant, étaient jadis du ressort à peu près exclusif de la spéculation philosophique ou encore de psychologies dont les principes étaient soit trop étroits (béhaviorisme), soit invérifiables par le biais d'expérimentations (psychanalyse). Le développement des sciences cognitives s'explique aussi par la production, très rare dans les sciences humaines, d'une technologie efficace et très puissante, dont l'intelligence artificielle (IA) constitue le fer de lance. Cette technologie, qui ne provient pas exclusivement des sciences cognitives mais auxquelles elle est de nos jours largement identifiée, permet d'entrevoir pour la première fois la production de modèles et d'artefacts techniques (tels les ordinateurs) capables d'engendrer, de contrôler et de manipuler des connaissances, opérations qui étaient traditionnellement reconnues comme l'apanage de l'esprit humain. Bref, on peut formuler l'hypothèse que la technologie issue des sciences cognitives représente l'ultime technologie humaine, car elle reproduit et, dans certains cas, remplace l'esprit humain, source de toutes les technologies antérieures.

Produit d'origines très diverses, le champ des sciences cognitives conserve de nos jours une forte empreinte multidisciplinaire. Il ne s'agit donc pas d'un secteur homogène; certains chercheurs refusent même de parler de cognition ou récusent «l'étiquette» de cognitivisme. Les sciences cognitives renvoient en fait à une large variété de méthodes, de problèmes, de recherches, de théories et d'intérêts dont il est assez difficile de saisir l'unité. Cette unité, si elle existe, n'est pas celle d'une science unifiée, fonctionnant à partir d'un paradigme unique—comme c'est le cas en physique ou en biologie—; elle s'établirait plutôt grâce à une certaine communauté de préoccupations entre des chercheurs de disciplines diverses, parmi lesquelles la psychologie, la linguistique, l'informatique et la logique demeurent les plus importantes à ce jour. Si nous reconnaissons le caractère hétérogène des sciences cognitives, nous allons nous limiter ici, comme nous l'avons fait pour le béhaviorisme, à la version la plus «dure» du cognitivisme. Commençons encore une fois par l'examen d'un certain nombre de principes; nous aborderons par la suite leurs conséquences en éducation pour la conception et de l'enseignement et de l'apprentissage.

Quelques idées de base du cognitivisme

Exactement comme dans le cas du béhaviorisme, le cognitivisme repose sur le **postulat épistémologique** de l'unité de la science, qui considère les sciences de la nature comme le modèle unique et idéal de la science; ce principe suppose, si possible, l'utilisation de la méthode expérimentale, une vision naturaliste de l'esprit, etc. Cependant, ce postulat doit être adapté aux sciences cognitives. En effet, ces sciences s'efforcent d'étudier l'esprit humain et les phénomènes qui lui sont associés: mémoire, langage, pensée, compréhension, création, etc. Or, ces phénomènes sont immatériels. S'ils sont liés à un support (cerveau, mécanique ou informatique), ils correspondent à des processus mentaux, des schèmes, des représentations, des structures. Par exemple, une phrase présente une structure, mais cette structure—son sens—peut être codée sur différents supports: du papier, des images, des sons, etc. Dans le même sens, on peut dire que le cerveau est le support de la pensée. Mais la pensée ne se cache pas dans les neurones; elle correspond à l'organisation du cerveau, à sa structure et à ses processus de fonctionnement. Ainsi, les sciences cognitives n'étudient pas des phénomènes matériels mais des processus cognitifs. En simplifiant, on peut dire que le béhaviorisme étudie des comportements, alors que le cognitivisme étudie des structures et des processus mentaux.

On trouve également dans le cognitivisme un **postulat méthodologique** qu'on peut qualifier d'«internaliste». L'étude de l'homme ne peut pas se limiter aux phénomènes observables du dehors, elle doit aussi tenir compte des processus invisibles qui se déroulent dans l'esprit humain. Bref, observer des comportements ne suffit pas; il faut inférer des comportements les mécanismes sous-jacents. Ces mécanismes sont cognitifs; ils caractérisent le fonctionnement de notre esprit, de notre mémoire, de notre compréhension, de notre langage et de l'ensemble de nos facultés intellectuelles. Comment pense-t-on? Comment apprend-on? Comment lit-on? La méthode part des comportements observables et tente de déduire les lois cognitives qui les sous-tendent et les expliquent. En ce sens, on peut dire que le béhaviorisme se limite à l'étude des comportements, alors que le cognitivisme s'intéresse aux idées «derrière» les comportements.

Enfin, on constate que le cognitivisme repose sur un **postulat anthropologique** innéiste. Ce postulat définit la nature de l'être humain, son développement et son apprentissage. Il dit à peu près ceci: l'être humain possède à la naissance non seulement une infrastructure biologique très souple mais aussi un esprit, une intelligence dont l'organisation, la structure, détermine ses relations avec l'environnement. Bref, l'esprit humain n'est pas un seau vide que se charge de remplir l'expérience; il présente des fonctions qui impriment à l'expérience un sens, un ordre. Notre nature est donc active et déterminée: nous entrons en relation avec les phénomènes extérieurs en les organisant selon la nature de notre esprit. Le béhaviorisme considère l'être humain comme un objet plastique alors que le cognitivisme le considère comme une entité possédant une structure déjà définie. Le béhaviorisme aborde l'être humain en s'inspirant directement d'un modèle issu de la psychologie animale: l'homme n'est rien d'autre et rien de plus qu'un pigeon compliqué! Dans le cadre du cognitivisme, le modèle de référence est issu de l'intelligence artificielle: l'homme n'est rien d'autre et rien de plus qu'un ordinateur très compliqué! Un tel modèle peut être dit «computationnel». Le cognitivisme assimile l'esprit humain à un ordinateur.

10.3.2 Le cognitivisme en éducation

Il est normal que le cognitivisme n'ait exercé jusqu'à maintenant qu'une faible influence sur l'éducation puisqu'il s'agit d'un courant de recherche nouveau. Néanmoins, cette conception pénètre de plus en plus le monde de l'éducation et on ne compte plus désormais les recherches qui s'en réclament. De plus, le cognitivisme propose aux éducateurs plusieurs démarches pratiques conciliables avec les conditions réelles du métier, ce qui constitue un point très important. Essayons de voir plus concrètement ce qu'offre le cognitivisme et comment il entend devenir la science à la base de l'enseignement.

L'objet d'étude: la cognition de l'élève et de l'enseignant

Fondamentalement, le cognitivisme s'intéresse aux procédés, aux stratégies et aux règles suivis par l'esprit humain dans certaines situations: résolution de problèmes, apprentissage de la lecture, rétention d'éléments d'information, etc. Dans cette optique, ce qui importe réellement, c'est donc de comprendre les processus cognitifs, les procédés mentaux qui permettent aux élèves de bien apprendre et aux enseignants de bien enseigner. En ce sens, on ne peut pas se limiter à l'observation des comportements, comme le suggérait le béhaviorisme, il faut essayer de comprendre les idées des élèves et des enseignants, les cheminements intellectuels qu'ils suivent et les procédés mentaux qu'ils utilisent pour enseigner et pour apprendre. Qu'est-ce qui se passe dans la tête d'un élève en train d'apprendre? Comment assimile-t-il une nouvelle information, par exemple, en lisant un texte particulier? Comment la retient-il? Comment est-elle intégrée à l'ancienne? Comment les réutilise-t-il? Il en va de même du côté de l'enseignant. Comment planifie-t-il son enseignement? Quelles règles suit-il lorsqu'il intervient en classe, lorsqu'il donne un exemple, lorsqu'il expose un problème? Voilà le genre de questions que se posent les chercheurs en cognition intéressés par l'éducation et par l'apprentissage. Partant des réponses qu'ils obtiennent, ils tentent ensuite de les appliquer en classe afin de constituer une véritable science de l'enseignement.

Pour le cognitivisme, l'apprentissage et l'enseignement représentent des activités de «traitement de l'information». Que faut-il entendre par cette expression? Comme nous le disions plus haut, il s'agit essentiellement d'une conception «computationnelle», c'est-à-dire d'une conception qui assimile l'esprit humain à une sorte d'ordinateur biologique ou neurologique qui traite l'information en fonction de procédés et de séquences établis et qui est fondé sur une architecture interne: perception, mémoire à court et à long terme, etc. Tout comme un ordinateur, l'esprit de l'élève peut traiter un grand nombre d'éléments d'information de nature diverse: des mots, des images, des couleurs, des chiffres, etc. Cette information porte sur des phénomènes aussi bien affectifs (motivation, intérêt pour la tâche, etc.) et sociaux (organisation du groupe, travail en équipe, etc.) que cognitifs (connaissances transmises, exercices, etc.). Il en va de même pour l'enseignant dont l'esprit doit aussi traiter beaucoup d'information. Par exemple, il doit posséder de l'information sur le programme scolaire, sur les objectifs poursuivis ainsi que sur les tâches qui en découlent et sur l'évaluation de l'apprentissage. S'il doit aussi connaître les disciplines enseignées, il ne doit pas pour autant négliger ses élèves, sans parler des connaissances relatives aux groupes, à l'école, aux parents, à la culture sociale en général qu'il partage plus ou moins avec les élèves.

Le but de la psychologie cognitive est de comprendre et de reproduire les processus mentaux (ou cognitifs) qui sont à la base de ces activités de traitement de l'information tant chez l'élève que chez l'enseignant. Elle s'intéresse aux démarches et aux procédés mentaux qu'ils suivent pour acquérir de nouvelles connaissances, à la mémoire qui conserve ces connaissances et aux conditions de réutilisation de ces connaissances. Voyons ces points plus en détail. Nous allons d'abord nous arrêter sur l'apprentissage, pour ensuite mettre en évidence les conséquences qui en découlent pour les enseignants et l'enseignement.

Apprendre est une activité complexe nécessitant le concours de plusieurs dimensions cognitives et affectives

L'apprentissage, disions-nous, est une activité de traitement de l'information. C'est également une activité complexe et dynamique qui met en jeu un grand nombre de dimensions cognitives mais aussi affectives et qui traite, nous l'avons vu, plusieurs types d'information. Supposons que nous devions résoudre un problème quelconque en classe. Quelles sont les principales fonctions cognitives requises pour la résolution de ce problème?

- l'attention, c'est-à-dire la concentration de l'esprit sur le problème;
- la motivation, soit l'intérêt suscité par la tâche à accomplir ou par le résultat recherché;
- la représentation du problème et de ses différents éléments; il s'agit de la construction d'une image mentale organisée;
- la sélection des éléments pertinents et la rétention de ces différents éléments en mémoire à court terme;
- la mise en rapport du problème avec les connaissances antérieures;
- le stockage des connaissances antérieures dans la mémoire à long terme sous la forme de schémas;
- l'élaboration des diverses stratégies de solution;
- leur application;
- le choix d'une stratégie satisfaisante de résolution du problème;
- la construction d'une règle conservée en mémoire;
- la réutilisation de cette règle.

Nous sommes très loin ici d'un schéma simplifié stimulus-réponse. On voit que le stimulus, au contraire, est soumis à un traitement faisant appel à plusieurs dimensions cognitives et affectives qui déterminent la nature même de l'apprentissage qui sera réalisé. La présence de toutes ces dimensions montre que l'apprentissage est beaucoup plus complexe et actif que ne le soutient le béhaviorisme. Il en va de même pour l'enseignement. Enseigner, c'est aussi résoudre constamment des problèmes et notamment ces deux problèmes fondamentaux et constants: gérer les interactions avec le groupe d'élèves et transmettre la matière de telle sorte que les élèves l'assimilent réellement. Bref, tout comme l'élève, l'enseignant doit lui aussi résoudre des problèmes dont la solution exige la combinaison d'un nombre élevé de dimensions cognitives et affectives. Après avoir désigné ces dimensions, attardons-nous à quelques-unes d'entre elles afin de mieux comprendre les processus cognitifs qui sont à l'œuvre.

Une vision dynamique de l'apprentissage

Le cognitivisme promeut une conception active de l'intelligence, une vision dynamique de l'apprentissage. L'élève ne reçoit jamais l'information passivement. Au contraire, il sélectionne certains éléments d'information, certaines connaissances qu'il croit pertinentes. Par exemple, à la lecture de ce texte, on ne retiendra que certains éléments. Lorsque les élèves écoutent l'enseignant, ils ne retiennent pas tout son discours, mais seulement certaines paroles qui leur semblent importantes. Lorsqu'on regarde un film, une image, il en va de même: on ne sélectionne que certaines caractéristiques essentielles. Apprendre, c'est donc choisir parmi un grand nombre de renseignements ceux jugés pertinents. **Cette activité de sélection est spontanée et naturelle.** Nous sommes toujours en train de trier des éléments d'information à partir de la masse infinie de renseignements que nous présente sans arrêt l'environnement dans lequel nous vivons. En ce sens, nous ne sommes pas passifs devant les objets, les situations, les personnes, les symboles; même une attitude d'écoute exige la sélection de certaines données. En fait, l'acte de percevoir le plus élémentaire nécessite une activité de sélection et d'organisation des sensations. La perception est déjà le fruit d'un processus complexe à travers lequel l'esprit humain organise le monde perçu en fonction de sa structure, du langage, de la culture, etc.

Il découle de ce mécanisme une conséquence importante pour l'enseignement: si l'apprentissage est un processus dynamique, basé sur des activités de sélection et d'organisation de l'information, alors l'une des tâches de l'enseignant consiste à choisir et à organiser pour ses élèves les éléments qu'il juge essentiels. En d'autres termes, l'enseignant doit présenter aux élèves les connaissances qu'il veut transmettre de manière hiérarchisée. En préparant son cours, il doit bien définir les éléments principaux de la leçon. Dans une perspective de traitement de l'information, l'enseignant ne se limite pas à la simple transmission des connaissances, il doit les organiser de façon à toujours mettre en évidence les éléments centraux que les élèves doivent sélectionner et retenir.

Les représentations mentales

L'élève ne fait pas que choisir certaines données au hasard; en triant et en organisant les éléments d'information, il se construit une image mentale, une représentation des connaissances qu'on souhaite lui transmettre. La notion de représentation est centrale dans les sciences cognitives et dans différents secteurs de la psychologie. Les auteurs Dehnière et Richard (dans Iosif, 1993) s'expriment ainsi:

> *Comprendre, c'est construire une représentation, c'est-à-dire élaborer une interprétation qui soit compatible à la fois avec les données de la situation, symboliques (énoncé, texte, dessin) ou matérielles (objets physiques), avec la tâche à réaliser et avec les connaissances qui sont en mémoire.*

On peut assimiler les **représentations** à des **schémas** cognitifs construits par les élèves. Brien (1994, p. 38) définit le schéma comme une «unité cognitive»[5] composée de relations ou d'opérations et de variables. Tardif (1992, p. 202) mentionne ce qui suit à ce sujet:

> *Le schéma, comme forme d'organisation des connaissances dans la mémoire, est retenu parce que cette forme semble être la représentation la plus vraisemblable de l'organisation et de la hiérarchisation qui existent dans le système de traitement de l'information de l'être humain.*

Un schéma est une image mentale structurée à l'aide de laquelle l'esprit humain organise et gère ses connaissances, ses idées. Ce schéma peut prendre la forme d'une règle, c'est-à-dire d'une procédure cognitive qui semble fonctionner pour comprendre des données ou résoudre des problèmes. Un schéma mental s'applique à plusieurs situations et à plusieurs problèmes. L'esprit humain crée sans arrêt des règles pour comprendre le monde qui l'entoure et pour résoudre les différentes questions qui se posent à lui. Il ne s'intéresse pas à tout mais s'efforce de choisir certains éléments importants et de les organiser dans des schémas intelligibles, dans des règles de fonctionnement. Par exemple, un élève du primaire qui apprend sa langue maternelle ne se contente pas d'acquérir une suite de connaissances sans queue ni tête, il s'efforce de construire des schémas, des règles qui représentent le fonctionnement et l'organisation du français. Dans le même sens, pendant que vous lisez ce texte, vous essayez de vous faire une idée de ce que l'auteur veut dire, vous élaborez des règles pour pouvoir réutiliser ces connaissances dans un examen ou un travail. Dans la vie quotidienne, il en va de même. Nous utilisons sans cesse des règles pour nous orienter, traverser une rue, conduire une automobile, apprécier une personne, etc. Les connaissances ne sont donc jamais assimilées dans le désordre, au cas par cas, de façon purement aléatoire; au contraire, l'esprit s'efforce de dégager de la masse des connaissances des règles et des schémas qui lui permettent de maîtriser un grand nombre de situations.

Une fois qu'une règle est établie et semble fonctionner, elle acquiert une certaine permanence. Il est difficile de changer une image mentale lorsqu'elle est acquise. C'est ce qui explique la persistance des erreurs. Celles-ci ne sont pas isolées mais résultent d'une règle construite antérieurement. Pour l'enseignant, cela signifie qu'il doit faire très attention aux exemples qu'il donne pour faire comprendre les connaissances qu'il veut transmettre (Tardif, 1992). C'est à partir des exemples que les élèves construisent leurs règles. Lorsqu'on prépare un cours, on doit penser non seulement aux connaissances à transmettre mais aussi aux règles pour les appliquer. Une des tâches de l'enseignant consiste à choisir des exemples qui reflètent exactement les règles qu'il

5. Par exemple, cette unité cognitive peut être un concept, une proposition, une règle d'action, une procédure, etc. (Brien, 1994, p. 212).

veut enseigner. Une autre de ses tâches consiste à proposer à l'élève certains schémas d'organisation des connaissances.

Les développements précédents suggèrent donc que nos connaissances ne sont jamais de simples reflets du monde extérieur mais de véritables constructions cognitives à l'aide desquelles nous organisons le monde qui nous entoure. Cette idée de construction des connaissances met encore une fois l'accent sur la dimension active et dynamique de l'esprit humain. À la suite des travaux effectués par des chercheurs tels Ausubel (1968) et Norman et Rumelhart (1975), Richard (1990) et Brien (1994) ont établi différentes modalités de construction des connaissances. Ces modalités recoupent *grosso modo* les idées avancées par Piaget à ce sujet. Dans le cas de connaissances déjà existantes, Richard parle de possibilité d'enrichissement des schémas par l'adjonction de nouveaux éléments. En ce qui concerne la construction de nouvelles connaissances, il mentionne la possibilité de modifier (par réajustements ou par affinements) les schémas existants sans toucher leur structure, ou encore il fait état de la possibilité de restructurer ces schémas ou d'en créer de nouveaux. Piaget parlait dans ces deux premiers cas d'assimilation, alors que l'esprit intègre à ses structures mentales une information nouvelle sans modifier les premiers éléments. La restructuration ou construction de nouveaux schémas renvoie quant à elle à deux modes différents d'acquisition de nouvelles connaissances: l'apprentissage par structuration, où la structure d'un schéma se voit modifiée, puis l'apprentissage par superposition, où un schéma plus général empruntant des variables à plusieurs schémas indépendants est construit. Piaget avançait dans la même veine l'idée d'une accommodation: en assimilant une nouvelle information, l'esprit restructure ses connaissances antérieures.

Les connaissances antérieures

Les connaissances antérieures ou préalables jouent un rôle fondamental dans l'apprentissage. Si nous ne possédons aucune connaissance antérieure sur un problème, nous ne pouvons pas le comprendre. Nous apprenons toujours à partir de ce que nous savons déjà: la connaissance va du connu vers l'inconnu, de l'ancien vers le nouveau. Lorsque nous abordons une question nouvelle, nous essayons d'intégrer ses éléments à ce que nous savons déjà, c'est-à-dire à nos schémas mentaux, à nos règles acquises auparavant.

L'élève considère un problème à partir de ses acquis. L'enseignant doit donc toujours partir de ce que l'élève sait déjà et établir des liens entre les anciennes connaissances et les nouvelles. La première tâche de l'enseignant, lorsqu'il aborde une matière nouvelle, consiste à rappeler l'ancienne et à faire des liens entre les deux. L'enseignant doit s'efforcer de connaître le bagage de ses élèves. En fait, beaucoup de difficultés d'apprentissage proviennent du fait qu'on ne tient pas compte des connaissances antérieures des élèves. On se contente de leur montrer quelque chose de neuf, mais en ignorant les connaissances anciennes. Or, si ces connaissances anciennes sont erronées, les nouvelles, intégrées aux anciennes, seront elles aussi erronées.

La mémoire

Le discours cognitiviste à propos de la mémoire est dominé par une métaphore tirée du monde informatique. La mémoire comporte des récepteurs sensoriels, une mémoire dite à court terme et une autre à long terme, un générateur de réponses et des émetteurs. Les connaissances antérieures sont conservées dans la mémoire à long terme. Ces connaissances antérieures ne forment pas une somme de renseignements aléatoires mais sont organisées; elles constituent des règles, un répertoire de solutions plus ou moins confirmées contenu dans la mémoire à long terme. En d'autres mots, notre mémoire à long terme contient de l'information sous forme de schémas, de représentations. Les élèves ne retiennent donc jamais des connaissances isolées mais les intègrent à des schémas préexistants, à des représentations structurées. Si ces schémas sont «faux», les nouvelles connaissances pourtant vraies risquent d'entraîner des raisonnements erronés. Lorsqu'on transmet des connaissances nouvelles aux élèves, il faut par conséquent les intégrer dans les schémas des élèves.

Les différents types de connaissances

L'une des missions fondamentales de l'école est de faire acquérir aux élèves des connaissances nouvelles.

Mais quelle est la nature de ces connaissances? La psychologie cognitive distingue deux grandes catégories de connaissances:

- **Les connaissances déclaratives.** Il s'agit de connaissances théoriques et plutôt statiques relatives à des objets, des faits, des règles, des situations, etc. Les connaissances déclaratives permettent la représentation par un individu des objets et des faits (Brien, 1994). Ces connaissances sont largement dominantes dans l'enseignement scolaire: par exemple, Ottawa est la capitale du Canada, la terre est formée de cinq continents, etc.
- **Les connaissances procédurales.** Ces connaissances portent sur la façon d'accomplir une action, de résoudre un problème. Elles constituent une procédure d'action: comment faire, par quel moyen? Les connaissances procédurales permettent donc à l'individu d'effectuer diverses actions. Elles se composent des règles d'action et des procédés qui entrent dans la mémoire à long terme et qui rendent possible la réalisation de séquences d'actions. Pour acquérir des connaissances procédurales, l'élève doit les mettre en pratique avec des cas ou des exemples. Le professeur dépasse alors son rôle de communicateur pour devenir quelqu'un qui aide l'élève à élaborer des stratégies cognitives procédurales.

Tardif (1992) désigne une troisième catégorie de connaissances, qu'il appelle les **connaissances conditionnelles**. Elle portent sur le quand et le pourquoi: quand dois-je utiliser une règle? Pourquoi dois-je utiliser cette règle, cette stratégie et non pas telle autre? Il faut donc savoir non seulement comment faire quelque chose, mais aussi quand et pourquoi le faire. Les connaissances conditionnelles se réfèrent à nos capacités cognitives à distinguer, à choisir et à généraliser. Elles indiquent le moment de faire quelque chose ou d'utiliser telle stratégie. Toujours selon Tardif (1992), ces connaissances sont les plus négligées par l'école. C'est pourquoi, dès que les élèves changent de contexte, ils ne savent plus quoi faire avec leurs connaissances.

Le rôle de l'enseignant dans une perspective cognitiviste

Avec tout ce qui précède, on voit que le rôle de l'enseignant dans une perspective cognitiviste est nettement plus complexe que dans une perspective béhavioriste. Voici les principales caractéristiques de son enseignement.

- Il doit être bien renseigné sur les programmes, c'est-à-dire sur les types de connaissances (déclaratives et procédurales) qu'il veut transmettre et faire acquérir à ses élèves.
- Il doit très bien connaître ses élèves grâce à de l'information sur les composantes affectives et cognitives de leur personnalité.
- Le maître doit toujours partir des connaissances préalables des élèves.
- Il doit non seulement transmettre des connaissances mais aussi les présenter de façon hiérarchisée, sélective, afin que les élèves puissent découvrir et retenir les éléments importants.
- Il ne doit pas enseigner des connaissances isolées mais des connaissances structurées de façon à ce que les élèves puissent les intégrer de manière organisée à l'intérieur de schémas dans leur mémoire à long terme.
- Il doit favoriser chez les élèves la construction des connaissances, c'est-à-dire ne pas leur donner des solutions toutes faites, mais les laisser élaborer leurs propres conclusions.

10.3.3 Une comparaison entre les deux psychologies

Après notre étude de ces deux psychologies, comparons-les brièvement de manière à faire ressortir leurs points communs et leurs divergences.

Les points communs entre les approches empiriste et cognitiviste

Même s'il existe des différences marquées entre elles, ces deux psychologies sont orientées par certains buts communs:

- Elles visent à connaître scientifiquement la nature de l'être humain. Ces psychologies procèdent donc de théories empiriques et de vérifications expérimentales ou autres. Elles s'opposent ainsi à la simple introspection, c'est-à-dire à la connaissance subjective de la conscience par elle-même (autoanalyse). Elles rejettent également les jugements de valeur et se limitent autant que possible à l'analyse des faits qu'elles relient à des théories plus globales. Enfin, elles cherchent à mettre en évidence des relations causales, des lois ou des structures explicatives.

- Ces psychologies se proposent de découvrir les lois qui président au développement de l'être humain et de sa personnalité. Elles s'intéressent plus particulièrement au développement de la personne (comment devient-on ce qu'on est à l'âge adulte?) et au phénomène de l'apprentissage (comment apprend-on?, quelle est l'origine de nos connaissances?).
- Ces psychologies s'efforcent aussi de mettre la connaissance au service de l'action pédagogique. En ce sens, elles débouchent sur une science appliquée, une psychopédagogie. Elles proposent aux maîtres diverses formes d'activités pédagogiques favorisant l'apprentissage des élèves.

Partant de ces buts communs, ces deux psychologies tentent d'apporter des réponses scientifiques à ces grandes questions:

- Qu'est-ce que l'être humain?
- Comment se développe-t-il de l'enfance à l'état adulte, principalement sur le plan intellectuel?
- Qu'est-ce que l'apprentissage?
- Quelle est l'origine de nos connaissances?

Les divergences entre les approches empiriste et cognitiviste

Bien qu'elles poursuivent des buts communs et se posent des questions semblables, ces deux psychologies divergent, on l'a vu dans les développements précédents, sur un certain nombre de points fondamentaux. En vérité, elles proposent deux visions complètement différentes de l'être humain et de l'apprentissage. Le tableau 10.5 met en évidence les postulats de base de ces deux psychologies et leurs divergences profondes.

TABLEAU 10.5
Une comparaison des approches empiriste et cognitiviste

Psychologie	Empirisme (béhaviorisme)	Cognitivisme (innéisme)
Nature de l'être humain (sujet)	Il s'agit d'un être plastique et passif formé par son environnement.	Il s'agit d'un être structuré et actif formé par son propre programme génétique et l'auto-organisation de ses catégories mentales en interaction avec l'environnement.
Développement	Le développement se fait par conditionnement, habitude et répétition.	Le développement se fait par maturation des compétences, à travers laquelle le sujet accroît sa maîtrise.
Nature de l'apprentissage	L'apprentissage est une réaction à des stimuli externes.	L'apprentissage résulte de l'application de mécanismes cognitifs.
Nature de la connaissance	La connaissance est un conditionnement par répétition.	La connaissance est un processus de traitement de l'information et de construction du savoir.
Rôle de l'enseignant	L'enseignant gère le comportement. Il détermine des objectifs et les traduit en comportements observables. Il renforce les comportements désirables et ignore les comportements indésirables.	L'enseignant traite l'information. Il sélectionne, organise et schématise les connaissances pour les élèves. Il place les élèves en situation de construction de leurs propres savoirs.

CONCLUSION: DE L'ART À LA SCIENCE?

Pour conclure ce long chapitre, essayons de faire une synthèse de ce que propose la vision scientifique de l'éducation, telle que nous venons de l'étudier à travers ces deux psychologies.

La science de l'éducation propose principalement des théories de l'apprentissage à partir desquelles l'enseignement sera conçu et planifié. En d'autres mots, il s'agit de connaître de façon scientifique comment les enfants se développent et apprennent afin d'appliquer un enseignement rigoureusement scientifique, c'est-à-dire qui respecte les conditions de leur développement et de leur apprentissage. On voit que cette idée est apparentée aux principes de Rousseau, qui voulait que les maîtres connaissent leurs élèves et agissent en fonction de cette connaissance, respectant ainsi leur nature. Mais la vision scientifique va beaucoup plus loin que la conception philosophique de Rousseau: l'enseignement est conçu ici comme une sorte de science appliquée ou de technique scientifique, reposant sur la psychologie de l'apprentissage. Pour mieux mettre en évidence certaines conséquences de ces idées, établissons un parallèle entre elles et les points que nous avons abordés précédemment, dans la première partie de ce chapitre, lorsque nous avons présenté l'éducation comme un art:

- Dans le cadre de la vision scientifique de l'enseignement, l'enseignant doit posséder non seulement un objectif général, mais également des objectifs particuliers traduits en termes opératoires. En d'autres mots, son action doit être planifiée et contrôlée. Elle doit porter sur des phénomènes très précis (tel comportement, tel apprentissage, etc.) et susceptibles d'une observation empirique. L'enseignant est vu ici comme un expert dans l'organisation des conditions d'apprentissage.
- L'enseignant expert possède des connaissances dérivées des sciences de l'éducation. Ces connaissances sont acquises à l'université. Elles sont rigoureuses, abstraites, généralisables et soumises aux règles de la production scientifique. En ce sens, on apprend à enseigner en se basant sur la recherche scientifique.
- L'enseignant expert agit en prenant appui non sur des coutumes ou des recettes mais sur la connaissance scientifique. La tradition, les routines, doivent être éliminées et remplacées par des actions réfléchies, rationnelles, calculées.
- L'enseignant expert se fie moins à son talent qu'à ses connaissances rigoureuses. Comme les médecins, les ingénieurs ou les architectes, les enseignants doivent se fonder sur des connaissances généralisables, qui ne dépendent pas de la personnalité des individus, de leur vécu, mais des règles scientifiques générales.
- L'enseignant expert s'efforce, partout où il le peut, de remplacer l'expérience vécue par l'expérimentation contrôlée. L'expérience vécue est limitée; il suffit en effet que les faits et les situations changent pour que les anciennes stratégies cessent de fonctionner. En ce sens, l'expérience individuelle peut constituer une source potentielle d'erreurs; c'est notamment ce qui explique que des enseignants de métier peuvent fort bien verser dans des routines qui ne correspondent plus à la nouveauté des situations ou des problèmes. Bref, l'expérience fondée sur le temps et sur la répétition nécessite une stabilité des situations qui, lorsqu'elle fait défaut, risque d'entraîner un manque d'efficacité[6].

Le tableau 10.6 tente de schématiser les différences entre ces deux conceptions de l'enseignement: l'art et la science.

Il faudrait allonger indûment ce chapitre si nous voulions discuter plus à fond des rapports complexes entre ces deux visions de l'éducation et de l'enseignement. Soulignons simplement que les orientations actuelles en sciences de l'éducation vont nettement vers la reconnaissance de leur complémentarité.

6. Il n'y a qu'à penser ici aux bouleversements majeurs qu'a connus le système scolaire au Québec depuis la réforme pour saisir le caractère limité de l'expérience spontanée des enseignants de métier des années 1940-1950: dans le cadre d'un nouveau système, il n'est plus évident que cette expérience servait à quelque chose.

TABLEAU 10.6
Une comparaison entre deux conceptions de l'enseignement

	L'enseignement comme un art	**L'enseignement comme une science**
But de l'action	Objectif général mais dont l'atteinte n'est pas précisée	Objectif général traduit en objectifs opératoires et en comportements observables et mesurables
Nature et source des connaissances	Connaissances concrètes, quotidiennes, approximatives, issues de la pratique	Connaissances abstraites, scientifiques, rigoureuses, issues de la formation universitaire
Forme d'action	Activités traditionnelles, routinières, de groupe, formatives	Activités rationnelles, réfléchies, systématisées, planifiées
Place de la personne	Part très importante accordée au talent, à la dimension de la subjectivité	Part importante accordée à des règles de conduite et à des pratiques généralisables, transpersonnelles
Nature de l'expérience	Basée sur l'expérience vécue, le temps, l'intériorisation des modèles d'action	Basée sur l'expérimentation contrôlée et généralisable

QUESTIONS

1. Quels sont les grands principes qui servent de base à la science moderne et de quelle manière ces principes se retrouvent-ils dans la psychologie scientifique?
2. Distinguez l'art et la science, l'artiste et le savant au regard de leur rapport respectif avec le savoir, la connaissance.
3. Selon le béhaviorisme, les comportements humains sont déterminés par le milieu, l'environnement. Expliquez cette proposition.
4. Quel est le rôle de l'enseignant dans une perspective béhavioriste?
5. Pourquoi le béhaviorisme s'oppose-t-il aux psychologies basées sur l'introspection et sur des entités cachées (conscience, liberté, etc.)? Quels arguments justifient son opposition?
6. Pourquoi les connaissances antérieures sont-elles si importantes dans l'apprentissage selon le cognitivisme?
7. Pour le cognitivisme, l'apprentissage est un processus actif et constructif. Expliquez cette idée.
8. Au XXe siècle, la pédagogie est largement conçue en fonction de la psychologie, qui prétend être en quelque sorte la base scientifique et théorique de l'enseignement et de l'apprentissage. Étayez cette affirmation en vous référant aux psychologies béhavioriste, constructiviste et cognitiviste.
9. Comparez les approches béhavioriste et cognitiviste; mettez en évidence leurs différences théoriques ainsi que leurs différences pratiques, c'est-à-dire relatives à la pratique de l'enseignement.
10. Quelles sont les caractérisques de l'éducation scientifique?

BIBLIOGRAPHIE

ANDLER, D. (sous la dir. de) (1992). *Introduction aux sciences cognitives.* Paris: Gallimard.

AUSUBEL, D.P. (1968). *Educational Psychology: A Cognitive View.* New York: Holt, Rinehart and Winston.

BRIEN, R. (1994). *Science cognitive et formation.* 2e édition. Sainte-Foy: Presses de l'Université du Québec.

CHANGEUX, J.-P. (1983). *L'homme neuronal.* Paris: Fayard.

CHARLIER, E. (1989). *Planifier un cours c'est prendre des décisions.* Bruxelles: De Boeck-Wesmael.

Chaunu, P. (1982). *La civilisation de l'Europe des Lumières.* Paris: Flammarion.

CLAPARÈDE, É. (1953). *L'école sur mesure.* Paris: Delachaux et Niestlé. (Ouvrage publié pour la première fois en 1912.)

Conseil supérieur de l'éducation (1991). *La profession enseignante: vers un renouvellement du contrat social, Rapport annuel 1990-1991.* Québec: Le Conseil.

EHRLICH, S. (1985). «La notion de représentation: diversité et convergences». *Psychologie française,* vol. 30, nos 3-4, p. 226-230.

FODOR, J.A. (1975). *The Language of Thought.* New York: Crowell.

HAZARD, P. (1968). *La crise de la conscience européenne, 1680-1715.* Paris: Gallimard.

HOLTON, G. (1981). *L'imagination scientifique.* Paris: Gallimard.

IOSIF, G. (1993). «Théories et méthodologies: quelques aspects des relations entre modèle mental, représentations et modèle cognitif». *Le travail humain,* vol. 56, no 4, p. 281-297.

KOYRÉ, A. (1988). *Du monde clos à l'univers infini.* Paris: Gallimard.

LE NY, J.-F. (1985). «Comment (se) représenter les représentations». *Psychologie française,* vol. 30, nos 3-4, p. 226-230.

LIEURY, A. (1995). «Mémoire et apprentissage». *Éducations,* déc. 1994-janv. 1995, p. 42-45.

MINSKY, M.L. (1986). *The Society of Mind.* New York: Simon and Schuster.

MOSCOVICI, S. (1984). *Psychologie sociale.* Paris: Presses universitaires de France.

NORMAN, D.A., et RUMELHART, D.E. (1975). *Explorations in Cognition.* San Francisco: W.H. Freeman.

RATHUS, S.A. (1991). *Psychologie générale.* Montréal: Éditions HRW.

REUCHLIN, M. (1984). *Histoire de la psychologie.* Paris: Presses universitaires de France.

RICHARD, J.-F. (1990). *Les activités mentales.* Paris: Armand Colin.

SCHÖN, D.A. (1983). *The Reflective Practitionner. How Professionals Think in Action.* New York: Basic Books.

SILLAMY, N. (sous la dir. de) (1980). *Dictionnaire encyclopédique de psychologie (L-Z).* Paris: Bordas.

SPERBER, D. (1987). «Les sciences cognitives, les sciences sociales et le matérialisme». *Le Débat,* no 47, p. 103-115.

TARDIF, J. (1992). *Pour un enseignement stratégique: l'apport de la psychologie cognitive.* Montréal: Logiques.

TARDIF, M., LESSARD, C., et LAHAYE, L. (1991). «Les enseignants des ordres d'enseignement primaire et secondaire face aux savoirs. Esquisse d'une problématique du savoir enseignant». *Sociologie et Sociétés,* vol. 23, no 1, p. 55-70.

VARELA, J.F. (1989). *Connaître les sciences cognitives: tendances et perspectives.* Paris: Seuil.

CHAPITRE 11

Rudolf Steiner et le courant spiritualiste

Catherine Meyor

CONTENU

RÉSUMÉ

Si l'on peut qualifier l'éducation Waldorf de spiritualiste, c'est en partant du fondement steinérien selon lequel l'être humain n'est pas réductible à sa dimension matérielle, mais possède également une dimension spirituelle. L'approche Waldorf est guidée, dans son action, par deux considérations majeures: la formation de l'enfant dans sa totalité et la prise en compte de son individualité en devenir. La première considération met en œuvre une éducation fondée sur le développement septennal et s'adressant aux trois forces de l'âme, soit la volonté, le sentiment et la pensée; les principes intervenant dans la pratique éducative seront respectivement le rythme pour la volonté, l'imagination et l'art pour le sentiment, l'exercice rationnel pour la pensée. La seconde considération implique de développer chez l'élève les capacités d'ouverture et de sensibilité à son environnement social et universel, de lui donner des outils qui lui permettront non seulement d'œuvrer dans le monde, mais de le comprendre. L'école Waldorf se présente comme un organisme vivant, à l'instar du monde, et non comme un lieu programmé; dans ce sens, elle favorise la rencontre des individualités qui la constituent ainsi que l'accompagnement et l'éducation de la volonté: la classe devient un lieu d'apprentissage mais aussi de rencontre interindividuelle, l'école naît de la volonté des parents et comporte ainsi un esprit communautaire. Pour ce qui est de l'administration de l'éducation, la philosophie steinérienne prône la liberté de pensée.

INTRODUCTION

L'approche d'un mouvement aussi fécond que celui des écoles nouvelles semble requérir, pour sa compréhension, une sorte de mise en ordre des impulsions qui le caractérisent, voire une recherche de filiation entre elles. En effet, si l'on peut retenir comme grandes lignes de ce mouvement la critique de la pédagogie traditionnelle, l'attention centrée sur l'enfant, l'attraction exercée par une pédagogie scientifique, le développement des méthodes didactiques et la réflexion sur le rôle de l'éducateur, l'apparition de l'imprimerie et du journal dans l'environnement scolaire ou encore l'expérience de la liberté à l'école, la pédagogie steinérienne semble paradoxalement liée à ce mouvement par certaines filiations autant qu'elle s'en distingue.

Pour comprendre cela, il faut d'abord situer le personnage qu'était Rudolf Steiner, qui ne peut être décrit à travers sa seule qualité de pédagogue: Steiner fut à la fois un penseur, un scientifique, un artiste et d'abord un homme voué à la vie de l'esprit; son œuvre, prise dans son ensemble, défie les catégorisations tranchées qui sont notre mode contemporain d'approche des choses du monde et de la vie. Et si l'on pose la question de savoir quel fut le lien qui, pour cet homme, surpassa tout en unifiant les diverses activités humaines, la réponse est l'esprit.

C'est donc réellement dans une perspective spiritualiste et sur la base d'une philosophie de l'esprit que les écoles Waldorf ou écoles Steiner ont vu le jour. La première impulsion de ce qui est devenu un mouvement, puisqu'il existe aujourd'hui plus de 500 écoles Steiner dans le monde, s'est concrétisée en réponse aux graves troubles qui agitaient l'Allemagne à la fin de la Première Guerre mondiale, et c'est en réponse à une demande sociale que Steiner fonda, en 1919, la première école. Dans ce sens, il s'agit d'aborder l'école steinérienne dans un ensemble plus grand, soit celui de l'ordre social qui, lui-même, se doit de mettre en place les structures capables de répondre à la vie spirituelle; la pédagogie steinérienne n'est ainsi qu'une réalité inscrite dans une réalité plus vaste. C'est aussi ici qu'on peut retracer certaines filiations qui rattachent, mais dans une mesure qu'il resterait encore à préciser, les écoles Waldorf au mouvement des écoles nouvelles. Il est effectivement question dans certains courants pédagogiques nouveaux, tels que celui de Montessori—qu'on retrouve exposé dans cet ouvrage—ou celui de l'éducation holistique—apparu récemment et qui se nourrit des travaux de la psychologie transpersonnelle—, de prise en considération d'un ordre universel dans lequel l'enfant, et l'être humain en devenir qu'il est, a sa propre place; si l'on reconnaît à ce niveau une similitude de vision avec la philosophie steinérienne, c'est toutefois en n'omettant pas de souligner que la pensée pédagogique de Steiner est sous-tendue par une philosophie de l'ordre universel dont Steiner avait une claire conscience et qu'il a développée de façon approfondie dans ses ouvrages et conférences.

On se trouve ainsi placé au cœur d'un système global dans lequel s'inscrit la réalité éducative. Ce dernier point marque, par ailleurs, la manière dont l'œuvre steinérienne, qualifiée de «pensée anthroposophique», se différencie des réalisations strictement pédagogiques dont il est question dans cette présentation, car c'est ici qu'elle s'en détache: son impulsion ne trouve son motif profond ni dans l'opposition à la pédagogie traditionnelle, ni dans l'établissement d'une science basée exclusivement sur l'objectivité, ni dans l'application des principes freudiens à l'éducation scolaire, ni dans une quelconque exaltation de la nature de l'enfant; elle n'est pas à classer non plus dans la catégorie «mystique», si vite créée aujourd'hui. Elle doit plutôt être approchée en tant que vision spirituelle de l'univers.

Animé d'une force qu'on rencontre rarement, Rudolf Steiner s'est distingué et se distingue encore, par sa pensée capable d'embrasser la réalité humaine et universelle dans son ensemble et par son œuvre ouverte aux diverses activités humaines, des pédagogues dont l'activité est restée centrée sur la dynamique scolaire. C'est bien dans ce sens qu'il échappe, semble-t-il, au mouvement des écoles nouvelles, plus qu'il n'en fait partie.

11.1 LE CONTEXTE DE L'APPROCHE: ÉLÉMENTS HISTORIQUES ET BIOGRAPHIQUES

Tout ce que nous exposons à l'enfant doit être assez rempli de vie pour grandir avec lui. L'École Waldorf se considère comme une école de préparation à cette grande école de la vie qui achève de mûrir. En réalité, il ne s'agit pas de recevoir de l'école une formation achevée, mais de s'y préparer à la recevoir de la vie.

C'est en ces termes que Rudolf Steiner (1976, p. 24) exprime sa vision de la finalité de l'éducation dans des conférences données en 1922; c'est aussi dans cette perspective et sous son impulsion qu'est née, à Stuttgart (Allemagne) en 1919, l'école libre Waldorf, premier établissement d'un mouvement aujourd'hui répandu de par le monde (les écoles Waldorf ou Steiner), dont huit établissements ont vu le jour au Canada (deux dans la province de Québec).

11.1.1 Rudolf Steiner: courte biographie

Rudolf Steiner (1861-1925) est né près de la frontière austro-hongroise, dans une famille modeste; son père exerce le métier de gardien d'une station de chemin de fer et destine son fils à une carrière d'ingénieur des chemins de fer.

Rudolf Steiner s'engage, pendant ses jeunes années, dans une formation technique nécessaire à son entrée à l'École polytechnique de Vienne, tout en étudiant parallèlement et de façon autodidacte la philosophie de Kant. À 18 ans, il entreprend ses études à l'École polytechnique et décide de suivre à l'université, à titre d'étudiant libre, des cours de littérature, de philosophie, de psychologie et de médecine. Son double parcours scolaire le mène à une formation en mathématiques et en sciences ainsi qu'à une connaissance des œuvres philosophiques—en particulier celles de Hegel, Fichte, Schopenhauer, Nietzsche—et littéraires, dont celles de Lessing, Schiller et Gœthe; la pensée de ce dernier sera déterminante dans la propre démarche de Steiner.

À 22 ans, il devient l'éditeur des écrits scientifiques de Gœthe dans le cadre de la «Deutsche Nationalliteratur». En 1889, il est invité à Weimar, aux archives de Gœthe, pour assurer la publication de ses travaux scientifiques, sur lesquels il travaillera plusieurs années.

Le titre de docteur est décerné à Steiner en 1886 pour une thèse traitant de la théorie de la connaissance chez Gœthe; il publie en 1891 *Vérité et science*, un ouvrage d'épistémologie préludant à sa *Philosophie de la liberté*, son œuvre philosophique majeure, qui paraît en 1894. Il établit des contacts avec les personnalités intellectuelles de la vie allemande tels Hartmann, Haeckel, Herbart et Brentano, dont la rigueur le marque profondément. Une fois terminé son travail d'édition des écrits de Gœthe, Steiner part pour Berlin en vue d'un travail de rédaction pour la revue *Magazin für Literatur*. Pendant son séjour, il donne des cours et des conférences à l'École des travailleurs, à l'Université libre et dans le cadre de la société Giordano-Bruno (plus de 800 de 1899 à 1902).

C'est durant cette période que Steiner commence à exprimer sa vision des choses et sa conception de la connaissance; ainsi se précise sa véritable tâche: trouver de nouvelles méthodes ayant une base scientifique pour la recherche dans le domaine de l'âme, car, en cette époque marquée par l'orientation matérialiste, la vie de l'esprit reste, pour Steiner, la perspective majeure de sa recherche. Selon ses propres mots, en effet, son appréhension du monde était davantage d'ordre spirituel que physique. Cette conception, qu'il baptise «anthroposophie», est l'aboutissement de ses intérêts philosophiques, scientifiques et occultes; la Société théosophique devient le cadre principal de ses conférences. Il se sépare, en 1913, du mouvement théosophique à cause de divergences de vues et suit à partir de là son propre chemin; il crée la Société anthroposophique, fait construire en Suisse le Gœtheanum, bâtiment destiné d'abord au théâtre et étendu par la suite à une université de science spirituelle, toujours existante. Il se consacre dès lors totalement à l'expression de sa vision, qui se présente comme une connaissance «globale» débordant les systèmes disciplinaires du savoir; l'anthroposophie concerne de nombreux secteurs de l'activité humaine et a donné lieu à des mouvements dans les domaines tant de l'éducation que de la médecine, de la recherche scientifique que de l'architecture, l'agriculture, les arts, la pédagogie curative, etc.

11.1.2 Rudolf Steiner : sa vision

C'est autant, semble-t-il, dans la façon dont Steiner lui-même expérimente le monde, par laquelle il semble accéder aux dimensions à la fois matérielle et spirituelle, qu'au travers du climat culturel et social de l'Europe du début du siècle que se développe la position de Steiner. Ce contexte est marqué en particulier par l'élargissement du savoir avec la progression des connaissances scientifiques et techniques, l'apparition de nouveaux courants pédagogiques et un réexamen des valeurs religieuses. Cette situation où triomphent la rationalisation et l'intellectualisation engendre une civilisation de plus en plus objective, abstraite et mécanique dans laquelle ce qui relève de la sensibilité humaine et créatrice est évacué. L'ouverture à la pensée orientale, autre phénomène du temps, se présente comme une réaction à cet état de choses.

Dans cette dynamique sociale et culturelle, Rudolf Steiner prend position en soulignant l'omission de l'aspect moral et spirituel de l'univers; c'est dans cette perspective que s'insère l'anthroposophie. Celle-ci est, de l'expression même de son fondateur, «un chemin de connaissance qui veut réunir l'esprit dans l'homme à l'esprit dans l'univers». À l'axe horizontal de la connaissance, qui touche le domaine des sciences expérimentales, Steiner ajoute l'axe vertical, celui des sciences spirituelles; l'anthroposophie s'annonce comme une unification de la science et de la spiritualité et c'est d'ailleurs sous le nom de «science spirituelle» qu'elle est désignée. Si la pensée steinérienne ne va pas d'emblée à l'encontre de la connaissance scientifique basée sur l'empirisme, celle-ci étant une dimension du savoir tout en n'étant qu'une des dimensions de la connaissance, elle s'insurge toutefois contre l'«esprit» scientifique du temps, qui remet en question les critères considérés comme réducteurs, trop étroits, empreints d'un certain dogmatisme et même erronés lorsqu'ils appliquent les lois mécanistes à la vie de l'esprit. L'anthroposophie prône un élargissement des connaissances, désire prendre en considération autant le monde objectif, extérieur que la dimension humaine intérieure et repose de ce fait sur des fondements présentant une double nature.

11.1.3 Rudolf Steiner et le mouvement des écoles Waldorf

C'est en 1919 que Steiner prend en charge la création et l'organisation d'une école qui sera le premier élément de ce qui est devenu aujourd'hui le mouvement des écoles Waldorf. Ce temps de l'après-guerre en Allemagne se définit par une grande agitation et par des conditions de vie difficiles: écroulement de l'économie, chômage, faim, apparition d'épidémies, révoltes et naissance de mouvements extrémistes. Steiner est invité à exposer sa vision d'un nouvel ordre social et, dans des discours et des conférences, il explique sa conception de la tripartition sociale devant des fonctionnaires, des industriels et des ouvriers. Son livre *Fondements de l'organisme social* paraît la même année. Cette campagne pour la tripartition sociale trouve un grand écho dans le milieu ouvrier et c'est à la suite d'une conférence tenue dans l'usine Waldorf-Astoria que le directeur, E. Molt, intéressé par la position de Steiner et sur l'avis favorable des ouvriers, propose la fondation d'une école destinée aux enfants des ouvriers de l'usine.

Cette entreprise dans le monde de l'éducation n'est pas, pour Steiner, une activité nouvelle, car, dès l'âge de 15 ans et pour payer ses frais d'études, il donne des cours particuliers; cette activité d'enseignement se prolonge lors de sa propre scolarité à l'École polytechnique. C'est ainsi qu'en 1884 il accepte le poste de précepteur auprès d'un enfant hydrocéphale de 10 ans et travaille plusieurs années durant à une forme d'enseignement adaptée à la capacité de l'enfant. Cette expérience est marquante; la condition hydrocéphale régresse nettement au bout de deux années, l'enfant entre plus tard au lycée et poursuit ses études jusqu'à devenir médecin. Par la suite, à Berlin, Steiner donne des cours du soir à l'École des travailleurs. Il fait des conférences à l'Université libre et dans le cadre de la société Giordano-Bruno ainsi que de la Société théosophique, et continue son propre enseignement au sein de la Société anthroposophique.

C'est donc en continuation de ses pratiques éducatives, de la perception de son époque, de la nature de son engagement social ainsi que de ses intérêts pour les diverses formes de l'activité humaine que Steiner élabore le projet de l'école Waldorf. Il s'agit d'une école «libre», c'est-à-dire libre des règlements extérieurs dans sa gestion; elle ouvre en septembre 1919 et compte, dès ses débuts, 300 enfants.

L'école Waldorf ou Steiner repose, dans son organisation pédagogique et administrative, sur des principes tirés de l'anthroposophie: la tripartition sociale, les grands rythmes de l'évolution chez l'être humain, le principe du devenir et de la métamorphose. Toutes ces notions seront abordées de façon détaillée dans les sections qui suivent. Mais avant de voir les principes de la pédagogie steinérienne comme tels, il serait utile d'expliquer la méthode de connaissance contenue dans l'anthroposophie, ce qui permettra de saisir la vision éducative des écoles Waldorf.

11.1.4 Steiner et la démarche anthroposophique de connaissance

La méthode anthroposophique de connaissance découle de la conviction de Steiner que la science positiviste ne permet de livrer à la connaissance humaine qu'une dimension de la réalité; elle n'est pour la science spirituelle que l'aspect premier et limité de la connaissance. Nécessaire dans l'acte d'observation dont elle constitue le premier mouvement et par ailleurs incluse dans la démarche préconisée par Steiner, la science objective est considérée comme reposant sur l'activité de la pensée seule, ne faisant pas appel au sentiment et à la volonté; de ce fait, elle n'engage l'individu dans l'acte de connaissance qu'au travers d'une partie de ses potentialités et peut aboutir à ce que Steiner désigne comme le dessèchement de la pensée.

Il s'agit, dans la perspective steinérienne, tout en incluant l'observation de type expérimental, de dépasser ce premier niveau pour l'élever à une dimension supérieure. La méthode de connaissance selon l'anthroposophie est une méthode qui engage l'être humain entier dans l'acte de connaissance.

La participation totale de l'être humain dans la connaissance

Selon Steiner, l'être humain est constitué de trois facultés fondamentales, aussi appelées les trois forces de l'âme : la volonté, le sentiment et la pensée. La démarche expérimentale de connaissance qui repose sur l'exercice de la seule pensée peut selon Steiner entraîner une dissociation, chez l'individu, des trois forces de l'âme dans laquelle la pensée est coupée autant de la volonté que du sentiment. Comme seule la pensée est sollicitée, l'être humain court par ailleurs le risque, voire le danger, de l'intellectualisation à outrance et de l'abstraction grandissante au point d'éloigner la connaissance de la vie même.

Pour Steiner, l'observation nécessite la participation totale de l'être humain : à la force de la pensée doivent s'ajouter celles du sentiment et de la volonté. L'acte de connaissance exige d'apprendre à ressentir en soi-même l'objet observé dans sa nature propre ; on fait appel ici à un phénomène de résonance intérieure à partir d'une ouverture totale de la sensibilité humaine. Le sentiment allié à la pensée plonge l'individu plus profondément dans l'observation et la découverte des choses et de la vie, évitant ainsi le dessèchement dû à l'exercice de la seule pensée. Dans ce style de démarche, la volonté est aussi mise à contribution. Elle consiste à mener une démarche exempte de tout préjugé, tabou ou idée reçue, à activer la pensée créatrice et l'expérience du ressentir.

Les notions fondamentales dans l'observation

La méthode anthroposophique se fonde sur le postulat selon lequel à côté mais au-dedans même de la dimension matérielle, première dimension à laquelle l'individu a accès, il existe une réalité plus subtile, telle que celle de l'âme et celle de l'esprit. Ces deux dimensions de la matière et de l'esprit ne sont pour Steiner que les deux faces de la même réalité et c'est dans cette perspective d'appréhension de la réalité dans son ensemble que se situe sa recherche.

Cette méthode est bâtie sur les concepts fondamentaux de la métamorphose (inspirée par Gœthe), du devenir de la vie, donc de ses rythmes et de son évolution. Il ne s'agit pas ici d'examiner les formes arrêtées mais le mouvement de vie qui modèle une forme après l'autre par l'observation d'un phénomène vivant dans le temps. Il ne s'agit pas non plus de se détacher, en tant qu'observateur, du phénomène d'observation mais au contraire d'y participer pleinement et en toute conscience ; la connaissance procède, selon Steiner, d'une méthode objective-subjective.

Pour illustrer cette démarche, on mentionne souvent l'observation de la croissance d'un végétal, au cours de laquelle l'individu tente l'acte de participation à la floraison, la plénitude et la défloraison de la plante. L'exercice consiste à faire l'expérience intérieure des forces qui sont en action dans la plante et qui la modèlent. L'observation et la perception de ces forces modelantes iront se lier à un mouvement, à un rythme qui habite l'individu et qui fécondera son observation. La méthode consiste à remonter par l'activité mentale à l'observation du mouvement de vie qui engendre la forme. Cette dernière peut être considérée comme l'expression d'une fin de processus, comme un point terminal, mais seulement dans une certaine mesure. La forme a une grande importance, car c'est en elle que s'amortissent et se cristallisent les forces de vie. Cependant, il ne faudrait pas voir cette forme comme définitive, mais plutôt à l'image d'un point d'orgue dans un déroulement musical. À partir de cette forme, la vie reprend ses droits, elle germe à nouveau et engendre des formes d'expression à son image (par exemple le cycle végétal de l'arbre fruitier).

Le parcours effectué dans ce type d'observation fait appel à la participation progressive de l'être humain dans sa totalité au phénomène de la connaissance : il est autant sujet de connaissance qu'objet même de la science. Par ailleurs, il y a ici prise en considération du mouvement de vie et du passage du mouvement de vie à la forme : le mouvement et la forme ressortent de cette démarche comme des concepts fondamentaux de l'observation et de la connaissance. En outre, le postulat invoqué dans ce type de démarche consiste à reconnaître la pensée comme une réalité expérimentale ; c'est la façon dont la pensée humaine féconde la perception du monde qui rend possible la connaissance. Cette démarche comporte un apprentissage. Elle n'est pas donnée d'emblée; il faut apprendre à passer d'une pensée passive, statique qui enregistre le phénomène observé à une pensée dynamique, créatrice et participant à celui-ci.

Cette méthode de connaissance, où l'observateur est actif autant par son regard extérieur que par sa vision intérieure, est proche du regard voulant pénétrer et saisir une œuvre d'art; il exige dans l'un et l'autre cas une participation intense de l'être dans son entier. C'est de l'œuvre de Gœthe, qui a sensibilisé Steiner à la notion de métamorphose, que s'inspire cette méthode. Elle reste pour Steiner la méthode de connaissance applicable et valable dans tous les domaines; par ailleurs, elle constitue, en éducation, une démarche précieuse unissant l'observateur et l'objet d'observation dans un déroulement et un mouvement liés à la vie.

11.2 LES FONDEMENTS DE L'ÉDUCATION WALDORF

> *On ne peut enseigner, ni faire œuvre d'éducateur si l'on n'a pas constamment présent à l'esprit l'être complet, l'homme que sera plus tard l'enfant. Le but de toute éducation doit être d'aider l'enfant justement à devenir un homme et c'est pourquoi il importe, surtout pour ceux qui élèvent des enfants, de savoir ce qu'est un être humain dans sa totalité.* (Steiner, 1978, p. 43.)

L'éducation Waldorf est conçue comme un art. Elle repose sur une connaissance vivante et approfondie de l'être humain, et conséquemment de l'enfant en devenir, et non pas sur une connaissance théorique. Elle est fondée sur une anthropologie dont les fondements s'énoncent à travers la nature humaine tripartite, l'organisation humaine quaternaire, le concept de double hérédité, le rythme septennal de développement et les tempéraments.

11.2.1 La constitution humaine ternaire

L'être humain présente une nature tripartite composée du corps, de l'âme et de l'esprit, nature polarisée dont l'élément de médiation et d'harmonisation se trouve être l'âme.

Selon cette approche, au corps physique est rattaché un inconscient terrestre, révélé par les lois physiologiques, les multiples rythmes qui en sont l'expression ainsi que les impulsions inconscientes et les instincts incontrôlés. On peut le définir comme le lieu de l'inconscient physique, car l'être humain vit ces multiples rythmes sans en avoir une conscience claire.

L'esprit, présenté en polarité avec le corps, est le lieu de l'inconscient spirituel; il représente les potentialités humaines latentes et forme la sphère du dépassement humain dans le sens de l'élévation de l'être. C'est principalement à travers l'exercice de la pensée créatrice que l'être humain accède au monde de l'esprit et permet le dévoilement progressif de l'inconscient.

La dimension de l'âme constitue l'élément de médiation et d'harmonisation des rôles physique et spirituel. Elle est représentée comme la dimension psychique, le domaine de la conscience qui s'exerce à travers les trois forces de la volonté, du sentiment et de la pensée et par lequel l'être humain est rattaché à son existence terrestre. Cette vision présente l'évolution de la vie humaine dans un double mouvement de convergence du corps et de l'esprit vers l'âme.

L'unité humaine vivante est révélée par l'interdépendance des dimensions physique, psychique et spirituelle, dont l'organisation quaternaire permet de mieux rendre compte.

11.2.2 L'organisation humaine quaternaire

La pensée anthroposophique reconnaît à l'être humain une organisation quaternaire constituée du corps physique, du corps éthérique, du corps astral et du moi. Ces quatre constituants renvoient aux règnes minéral, végétal, animal et humain dont l'être humain constitue la synthèse vivante. Ces éléments présentent chacun leurs propres lois et caractéristiques, tout en étant interdépendants et constitutifs de l'ensemble qu'ils forment.

Le corps physique

Le corps physique est assimilé au règne minéral : il suit la loi de la désagrégation, de la décomposition. Sa caractéristique est son existence dans l'espace ; il obéit à la loi de la pesanteur et tend à occuper le point le plus bas de l'espace où il se trouve. Le règne minéral sert de support aux autres règnes. Chez l'être humain, ce règne est représenté par le squelette.

Le corps éthérique

Les éléments du règne végétal présentent la caractéristique d'être animés de forces de vie agissant en eux et les structurant : ces forces sont considérées comme formatrices ou modelantes. Le végétal ne se laisse pas assimiler par le minéral mais, grâce à ses forces de vie, attire à lui les éléments minéraux qui, conjugués à d'autres éléments (lumière, air, eau, etc.), se transforment et contribuent à la construction de la plante. Le monde végétal est ici perçu comme un organisme vivant et régi par des lois dont l'action ne peut être saisie que de façon indirecte au moyen d'une observation dans le temps, compte tenu des métamorphoses qui caractérisent le cycle végétal (graine-plante-fleur-fruit).

Dans la pensée anthroposophique, les forces modelantes du monde végétal sont l'expression des grands rythmes de l'univers. Ces forces se trouvent également dans la vie organique de l'être humain et sont désignées sous le terme de corps[1] éthérique (ou corps de vie) ; ce sont les forces qui habitent le corps physique humain et qui luttent contre la désintégration de celui-ci aussi longtemps que dure la vie. Le corps éthérique est formé de « centaines de rythmes en interaction dont chacun stimule un processus particulier ; à eux tous, ils assurent le fonctionnement de l'organisme entier » (Lievegœd, 1990, p. 189), sa croissance, la régénération et la reconstruction continuelles de ce qui est détruit par l'usure et la fatigue. Sa caractéristique est l'organisation dans le temps. On peut reconnaître ici cette œuvre dans la complexité de l'architecture humaine dont l'organisation se déroule sans que l'homme intervienne par les forces conscientes de sa volonté ; ici encore, les rythmes vitaux de l'organisme humain sont considérés comme l'expression des grands rythmes cosmiques. Comparativement au corps physique, le corps de vie représente une réalité suprasensible qui n'est perceptible que par ses manifestations.

Le corps astral

Comparativement aux règnes minéral et végétal, le règne animal présente une capacité de mouvement et de déplacement dans l'espace, exprimant une impulsion propre fondée sur la satisfaction des besoins et des instincts. De façon sommaire, l'observation du mouvement de l'animal permet de déceler chez lui deux pôles dans ses réponses aux stimuli du monde extérieur : ceux de l'attraction et de la répulsion, qui rendent compte d'une vie de sensibilité. Cette organisation, appelée « corps de sensibilité » ou « corps astral », témoigne, dans le règne animal, d'une intériorisation et d'une élévation à un niveau supérieur des forces de vie.

De même qu'il possède un corps éthérique, l'être humain est constitué d'un corps astral. Celui-ci est vu comme le siège des désirs, des émotions et des représentations et peut être abordé comme un système de qualités psychiques régi par ses propres lois. Bien qu'il se situe en dehors du temps, il influence l'organisation rythmique du corps éthérique et, par l'intermédiaire de celui-ci, agit sur le corps physique également.

Toutefois, par rapport à l'animal, l'homme et la femme d'aujourd'hui perdent de plus en plus leur vie instinctive et s'isolent de l'univers et des lois auxquelles leurs instincts les assujettissaient. C'est en gagnant en capacité de connaissance et de conscience autonome et individuelle que l'être humain s'éloigne de l'automatisme de sa vie instinctive et ainsi qu'il se trouve à même de recréer un lien libre et conscient avec les grandes lois de la nature. Ici apparaît un concept spécifique de la nature humaine, celui de la liberté et de la progression possible pour l'homme, au travers du gain de la conscience, vers la liberté.

Le moi

En plus des corps physique, éthérique et astral, l'être humain est doté d'un moi (qu'il convient d'entendre

1. Il convient d'aborder le terme de « corps » pour ce qui est de l'éthérique et de l'astral selon la perspective anthroposophique et suivant l'énoncé de Treichler (1988, p. 20), à savoir que « les formes modelantes ont pris une forme imperceptible pour les sens, constituant ainsi un organisme ».

comme le moi supérieur, non pas comme l'ego). Pour l'anthroposophie, le moi est l'esprit vivant dans l'être humain, son essence même. C'est le noyau spirituel dont le principe est l'évolution continuelle, autant individuelle que collective; cette conception repose sur le postulat selon lequel l'homme est porteur d'une conscience individuelle allant vers sa totale autonomie. Le moi est soumis au principe de réincarnation. L'esprit vivant dans l'homme est relié à l'esprit vivant dans l'univers, dont il tire son origine. Aujourd'hui, la seule sphère consciente de cet esprit dans l'homme se trouve être la faculté pensante, personnelle et libre, en tant qu'elle est créatrice; pour l'être humain, expérimenter l'activité spirituelle, c'est observer avec une pensée vivante comment, à l'échelle de son individualité, l'essence spirituelle agit créativement sur la nature qui le constitue.

Pour la pensée anthroposophique, le développement humain procède de l'émergence et de l'articulation de ces quatre éléments constitutifs en une organisation intime et selon un rythme septennal de progression. Dans le propos qui nous concerne ici, celui qui touche le temps de la scolarité, c'est de façon plus particulière les trois premiers corps qui forment les axes fondamentaux pris en compte dans l'éducation Waldorf.

11.2.3 Le concept de double hérédité

Soumis au principe de réincarnation, le moi supérieur est perçu comme une entité poursuivant son évolution. Cet énoncé, qui comporte la notion de karma, attribue à l'être humain une double hérédité. Celle-ci révèle «la lente pénétration d'un Moi, porteur d'un passé spirituel dans l'armature corporelle qui porte, elle, le passé d'une race, d'une famille. Une double hérédité fait ainsi remonter l'homme à deux origines différentes» (St-Onge, 1986, p. 106). Cette perspective fait ressortir, chez l'être humain, l'existence d'une individualité profonde dont l'émergence dans le milieu environnant et, surtout, la recherche d'harmonisation avec ses caractéristiques (conditions sociales, culturelles et historiques) s'inscrivent dans son projet de vie. Elle souligne par ailleurs la nécessité d'une prise en considération de la double exigence du milieu et de l'individualité.

11.2.4 Le rythme septennal de développement

Le développement humain s'effectue ici selon un rythme de sept années. Cette vision du développement associe chaque septénaire à un seuil biographique marqué, chez l'individu, par l'apparition de ressources nouvelles dans lesquelles on trouve le concept de métamorphose.

Le rythme septennal présente une évolution de l'être par degrés; l'individu émerge progressivement de stades ou niveaux à prépondérance corporelle, psychique puis spirituelle, chaque stade émergeant de celui qui le précède en l'incluant toutefois. On retrouve ici le postulat anthroposophique de la présence de l'esprit dans la matière:

> *La vie procède elle-même de l'esprit. Elle incorpore l'esprit et fait retour à l'esprit. La vie exige d'elle-même une ordonnance spirituelle au cours de l'existence.* (Treichler, 1988, p. 9.)

La progression du développement humain se fait selon une articulation étroite et vivante des différentes parties, par interpénétration dynamique des éléments, ces derniers étant, chacun, centrés sur l'élément constitutif correspondant. C'est donc de façon souple qu'il faut aborder la succession des septénaires puisque ceux-ci sont liés, dans la vision anthroposophique, à la nature du rythme. C'est aussi en considérant la nature de cette progression que la pensée anthroposophique dégage le rôle de l'être humain au cours de sa vie, dans le sens où il ne s'agit pas chez lui d'adaptation au monde mais d'évolution dans le monde. Cette perspective, étroitement associée au devenir humain, est aussi liée à la liberté qu'il revient à l'être adulte d'acquérir. Comme le plan scolaire est établi selon les caractéristiques de chacune des septaines, celles-ci seront exposées plus en détail dans la section concernant la conception de l'apprentissage chez l'enfant et l'articulation du plan scolaire.

11.2.5 Les tempéraments

L'éducation Waldorf accorde une grande importance à la notion des types humains caractéristiques ou tempéraments en ce qui concerne l'évolution générale des enfants, l'organisation spatiale de la classe ainsi que l'enseignement de certaines techniques (comme le choix de couleurs en peinture). Elle reconnaît dans l'être humain quatre tempéraments: le mélancolique, le flegmatique, le sanguin et le colérique.

Le mélancolique apparaît comme un enfant replié sur lui-même, introverti et silencieux; physiquement, il présente généralement un teint pâle, un visage allongé et un corps mince avec de longs membres. C'est un enfant qui, adulte, aura un dos voûté donnant l'impression d'un corps lourd à porter. La caractéristique prédominante qui le définit est son désir de compréhension des problèmes de l'existence, dénotant une grande sensibilité et une attitude généralement tournée vers le passé. Cet enfant semble ressentir particulièrement le poids de son corps; pour l'anthroposophie, il habite surtout le pôle du moi. Ainsi l'éducateur devra tenter de comprendre la nature de cette pesanteur corporelle et de ce monde intérieur et adapter ses interventions de façon harmonieuse au caractère mélancolique de l'enfant.

Le flegmatique vit de façon prédominante dans l'élément du corps physique. Il est peu tourné vers le monde extérieur, mais absorbé par lui-même. Ses traits physiques caractéristiques sont représentés par un visage et un corps ronds. Il est heureux dans son corps physique et aime manger et dormir. Il est facilement perçu comme apathique, paresseux, aimant le confort physique et les choses répétitives bien qu'il possède une bonne mémoire, que le pôle corporel soit actif et celui de la tête (neurosensoriel), plutôt inactif.

Le sanguin est caractérisé par l'activité du système plastique, le corps éthérique. De façon générale, il a un corps bien proportionné et des joues roses. Il démontre un besoin caractéristique de voler d'une sensation à l'autre; il lui est intolérable de fixer trop longtemps son attention sur une même chose. Il est souriant, accueillant et enthousiaste. Le sanguin est un enfant aérien, léger, rapide, étourdi, à la limite de la superficialité. C'est un enfant difficile à tenir.

Le colérique apparaît comme un enfant extraverti, bruyant. On dit de lui qu'il habite le pôle du corps astral. Ses yeux sont habituellement très expressifs et ses épaules, hautes. Il possède les caractéristiques des leaders et court au-devant des défis. C'est un enfant agité, et l'excitation ainsi que la domination sont ses traits prédominants. Il est plein d'énergie avec une tendance à la destruction. Il est tourné plutôt vers l'avenir.

Vis-à-vis des tempéraments, qui ne sont pas considérés comme «purs» chez les enfants mais comme des traits prédominants, l'attitude privilégiée par la pensée anthroposophique n'est pas de les «changer» ou de les combattre, mais de travailler sur leurs caractéristiques, de les ennoblir, d'harmoniser les extrêmes, de faire ressortir leurs aspects positifs afin d'en constituer une force. Le travail sur le tempérament s'effectue entre 6 et 14 ans, période la plus indiquée pour en équilibrer les caractéristiques.

Dans les classes, les enfants sont regroupés en fonction de leur tempérament; cette méthode est vue comme une espèce de traitement social puisque les enfants de même tempérament s'influencent. Cette action réciproque crée ainsi des réactions positives sur les caractéristiques de leur tempérament. En tant qu'éducateur, il convient en outre d'aborder les conduites enfantines liées aux tempéraments avec ouverture, imagination et humour: l'enseignant qui aperçoit un élève «bouillonner» sur sa chaise peut, par exemple, l'envoyer chercher des bâtonnets de craie à l'autre bout de l'école, ce qui constitue une occasion pour l'enfant de se défouler et de revenir détendu, à nouveau attentif au contenu de l'enseignement.

L'importance accordée par l'éducation Waldorf à la notion de tempérament tient au fait qu'à travers la nature de celui-ci l'enseignant peut trouver le chemin de l'individualité de l'enfant et entrer en contact profond avec lui. Il est donc recommandé à l'éducateur de porter une attention particulière aux tempéraments; il finira ainsi par les saisir d'intuition, presque d'instinct, et par y répondre adéquatement. Selon la discipline enseignée, certaines techniques seront adaptées en fonction des tempéraments: par exemple en peinture, on considérera les effets différents des couleurs sur l'un ou l'autre tempérament; ou encore en gymnastique, les mouvements proposés tiendront compte du caractère introverti ou extraverti de l'enfant.

Par ailleurs, la prise en considération des tempéraments dans les écoles Waldorf permet de souligner l'attention qu'elles accordent aux caractères physiques, aux signes de santé ou de fragilité comme indices révélateurs de la nature des rythmes physiologiques. S'il n'est pas possible d'aborder cette dimension ici, il est toutefois important de noter qu'elle fait partie de l'éducation Waldorf.

11.3 LA CONCEPTION DE L'ENFANT ET DE L'APPRENTISSAGE: LA NATURE DU PLAN SCOLAIRE

L'éducation Waldorf repose de façon directe sur la vision anthropologique de la connaissance, dont les principes ont été énoncés plus tôt; elle est orientée vers la prise en considération du devenir de l'enfant en présence. Le fondement essentiel de l'établissement du plan scolaire est le développement de l'enfant selon le rythme septennal; en conséquence, le mode d'enseignement présentera des variations selon l'âge des enfants. Mais avant de passer à la présentation des trois septaines et du curriculum s'y rapportant, mentionnons succinctement la dimension philosophique inhérente à l'instrument que constitue le plan scolaire.

11.3.1 Les aspects de la philosophie éducative

Rappelons tout d'abord que l'enseignement s'adresse ici à l'individu dans son entier, c'est-à-dire au corps, à l'âme et à l'esprit; plus concrètement, il œuvre à une ouverture de cœur et de pensée ainsi qu'à une volonté, chez l'individu, de poursuivre sa connaissance du monde. Par ailleurs, dans la pédagogie Waldorf, la relation qui s'établit entre l'enseignant et sa classe et entre l'enseignant et chacun de ses élèves n'est pas fortuite. Elle met en présence et en lien l'être de l'enseignant et celui de l'enfant. Au sein même de la relation pédagogique, qui consiste pour l'éducateur en la transmission d'un savoir, se profile et se constitue la dimension élargie du sens de la présence d'une individualité à une autre individualité, celle-ci en devenir. Ici, la matière dans son ensemble, tout en étant au service de l'acquisition de connaissances, n'en demeure pas moins l'outil dont dispose l'enseignant pour entrer en relation avec chacune des individualités que représentent les élèves. L'application du plan scolaire ne peut être vue comme la seule finalité éducative visée dans les écoles Waldorf et le plan ne peut être appliqué à l'instar d'un programme. Il sert les deux objectifs du développement moral de l'élève et de l'enseignant (pour ce dernier, à travers la relation établie avec les élèves) ainsi que de l'acquisition de connaissances. Il est considéré par conséquent comme un outil souple que chaque enseignant va s'approprier selon sa personnalité et selon la personnalité de son groupe. On peut dire de cette vision qu'elle sous-tend une attention portée à la dynamique de la classe entière et que cette même dynamique trouve sa place, et plus encore qu'elle intervient par son influence, dans le mode d'enseignement. Il y a là prise en considération, parallèlement au rythme septennal de développement, d'autres éléments jouant dans l'organisation de l'enseignement.

11.3.2 La progression du plan scolaire selon les septaines

La première septaine

Elle est étroitement liée au développement physique; c'est le temps de formation et d'achèvement de structures ou d'organes essentiels (cerveau, dentition, etc.). Il s'agit essentiellement d'une activité créatrice physique au cours de laquelle l'entourage participe au modelage des forces créatrices.

Pour ce qui est de sa perception du monde, l'enfant vit en tant qu'unité; il est vu tout entier comme un organe des sens. Il est façonné par les impressions qu'exerce sur lui le monde extérieur; intimement lié à son environnement naturel et humain, l'enfant s'identifie de façon étroite avec son milieu. Celui-ci continue de vivre en lui, l'enfant vit avec lui et s'y conforme.

Durant ce septénaire, l'enfant vit une activité intense de jeu et se développe à travers l'imitation; celle-ci devient pour lui une faculté de connaissance et il convient de ce fait que l'entourage mette en œuvre des moyens permettant l'exercice de cette faculté selon une dimension positive. L'enfant démontre une disposition à assimiler le vécu d'une manière active poussant à l'action, à des sorties spontanées, à des réactions aux éléments présentés: ses forces de volonté deviennent efficaces immédiatement. L'anthroposophie dit de lui qu'il habite le pôle inférieur ou «système métabolique-membres» de son corps, dont l'expression est le mouvement. Vers trois ans, un début de conscience de soi apparaît, marquant la naissance d'une individualité croissante.

Le plan scolaire

L'éducation Waldorf, qui correspond ici au jardin d'enfants, préconise d'inscrire l'enseignement dans l'image ou dans une suite d'images; elle accorde, pendant cette phase de développement, une importance toute particulière aux jeux libres grâce auxquels l'enfant peut déployer son sens de l'initiative et assimiler ses impressions sensorielles. Les activités créatives sont aussi très présentes, comme l'aquarelle, le modelage, les chants et les jeux chantés, l'eurythmie[2]. Les contes occupent une place de choix de par le pouvoir moral et imaginatif de leurs images. Le développement de la créativité et de la dextérité fine s'effectue à travers les activités manuelles avec une utilisation de substances et de fibres naturelles. Durant ce septénaire, l'éducation repose beaucoup sur la fonction équilibrante du rythme vis-à-vis de la nature volontaire de l'enfant.

La deuxième septaine

L'organogenèse active dans le corps durant le premier septénaire touche à sa fin et libère des forces créatrices qui se transforment en forces d'imagination. L'attitude d'imitation cède peu à peu le terrain à une attitude de création où s'éveille le sentiment et où se développent les représentations. C'est le début d'une vie affective personnelle qui oscille entre les pôles de la sympathie et de l'antipathie; elle entraîne une nouvelle relation avec le monde reposant essentiellement sur l'axe de l'affectivité et appelant une attitude d'autorité affectueuse de la part de l'entourage. L'enfant vit dans son système rythmique. Dans le contexte scolaire, il revient à l'éducateur de prendre en charge ce rôle d'autorité affectueuse; de même l'enseignement doit être conçu pour répondre aux caractéristiques de ce système rythmique en rapport direct avec les forces de volonté et de sentiment; l'axe éducatif de cette période est attaché principalement à l'élément artistique.

Le plan scolaire

Au début de la deuxième septaine commence la scolarité comme telle et l'enseignement présente une forme structurée. L'enseignement principal occupe les deux premières heures d'étude de la journée et se déroule par périodes qui s'étalent sur plusieurs semaines (de deux à trois); il porte sur l'écriture, la lecture, le calcul, l'étude de la langue maternelle, les sciences de la nature, l'histoire et s'étend progressivement à la géographie, la physique et la chimie. Comme ces disciplines exigent de la concentration de la part de l'élève, elles sont suivies de matières où l'activité créative ou physique est sollicitée (dessin, peinture, musique, travaux manuels, gymnastique, etc.). Le style d'enseignement donné durant le deuxième septénaire n'est pas uniforme; il varie selon les caractéristiques présentées par les enfants en fonction de l'évolution de leur développement.

Ainsi, au cours des trois premières années scolaires, l'enseignement est surtout oral et accorde une large place au mouvement, à l'expression imagée et artistique; selon la pédagogie Waldorf, c'est la façon la plus vivante de toucher l'enfant dans la totalité de son être. Durant la quatrième année, l'enfant fait l'expérience intérieure de sa séparation avec le monde. Parallèlement il y a un élargissement des matières avec l'introduction de l'étude de l'être humain, des animaux, des plantes, etc. Le plan scolaire passe des contes et légendes à l'étude des civilisations anciennes (mythologies indienne, persane, égyptienne, grecque). L'enseignement auparavant imagé devient un lieu où un sens plus grand de l'observation est sollicité. À partir de la sixième année, l'enfant entre dans l'âge de l'adolescence. C'est la transformation physique liée à la puberté. L'enseignement s'élargit encore par l'introduction à l'étude des lois du monde et de la matière (astronomie, minéralogie, physique, chimie). Il y a par la suite un retour à l'étude de l'homme, synthèse vivante des différents règnes de la nature.

Dans les écoles Waldorf, c'est le même enseignant qui se charge de l'enseignement principal pendant les huit premières années de scolarité. Parallèlement à

2. L'eurythmie est l'art de la parole et du chant (langage) rendu visible au travers du mouvement (Steiner, 1980a).

celui-ci se placent les matières complémentaires, données en général par des professeurs spécialisés, notamment dans les grandes classes: deux langues étrangères, le latin et le grec, le travail manuel (bois, métaux, jardinage) et les activités artistiques (peinture, musique, eurythmie) ainsi que l'éducation physique.

La troisième septaine

Cette période de développement s'étend de la puberté à l'âge adulte. Le jeune a dépassé le stade de la sensibilité globale qui caractérisait les années antérieures. L'individualité, le moi s'affirme de plus en plus en même temps qu'il fait l'expérience de la polarité des dimensions inférieure et supérieure, de l'émotivité et de la rationalisation. Un sentiment très fort surgit de la différence entre soi et le monde extérieur. Le jeune se sent enfermé dans son propre espace intérieur; il s'oppose, il est en conflit avec tout. Il commence à chercher seul des interrelations dans les aspects de la diversité du monde; il ne tolère plus l'autorité et veut établir par lui-même sa relation avec le monde environnant. Chez lui dominent le besoin de vérifier par la réflexion les données reçues, la dissimulation des sentiments et une certaine lourdeur intérieure quand il s'agit de prendre une initiative, quand la volonté doit devenir efficace.

Dans cette transformation, l'adolescent a acquis la capacité d'accueillir les éléments propres à développer les représentations abstraites, le jugement, la libre intelligence. Pour l'anthroposophie, il habite maintenant le pôle « tête » ou pôle neurosensoriel.

Le plan scolaire

L'enseignement donné s'aligne sur cette nouvelle relation de l'esprit du jeune avec le monde et dirige son action sur l'exercice de la raison, l'abstraction et la conceptualisation. Il tend à développer la libre faculté de jugement, une pensée vivante et forte, un sens profond de l'amour, à élargir toujours davantage sa perception, sa compréhension du monde, de l'homme et de l'univers, tout en le préparant à s'intégrer dans la vie sociale de demain. À ce stade-ci, la totalité de l'être (volonté, sentiment et pensée) est prise en compte par le plan scolaire.

Les matières se sont progressivement élargies et diversifiées jusqu'à toucher toutes les disciplines liées à l'enseignement (Bibeau, 1974). De la 9e à la 12e année, le maître de classe unique fait place à une équipe de professeurs spécialisés (dont l'enseignement continue d'être donné selon la formule des périodes); toutefois, un professeur responsable demeure dont le rôle n'est plus celui de l'autorité affectueuse, mais celui d'un guide et d'un conseiller auquel les adolescents peuvent confier leurs problèmes, leurs difficultés, leurs interrogations. Il convient de souligner que, si l'éducation Waldorf repose sur des principes tirés de l'anthroposophie, il n'est pas question d'enseigner l'anthroposophie dans les écoles Steiner. Les éducateurs peuvent puiser dans cette pensée et s'en nourrir, mais il n'est pas question d'en parler dans les classes.

11.3.3 Le rythme quotidien d'enseignement

Pour la pensée anthroposophique, l'enfant vit selon un rythme où alternent la veille et le sommeil, l'apprentissage et l'oubli. Le déroulement même de la journée d'enseignement est conçu sur cette base organique et fait ressortir une alternance de concentration et d'expression (ou contraction/expansion, réception/action). La concentration est sollicitée dans les activités principales ou l'enseignement du matin : de 9 h à environ 10 h 30, lequel est suivi d'une période de détente (activité plus physique) à laquelle succèdent les leçons spéciales fondées sur une activité rythmique, comme les cours de langue, de musique, d'eurythmie, données par d'autres enseignants. L'après-midi est consacré à des cours à caractère artistique ou pratique. Ce déroulement se présente comme une sorte de « respiration » calquée sur la nature humaine et dont l'objectif est l'équilibre dans le travail que doivent fournir les élèves. Ce rythme est aussi respecté à l'intérieur de chaque cours. Ainsi l'enseignement principal débute par une partie rythmique (pièce de flûte, chants ou récitations, exercices rythmiques) qui permet aux enfants de se « retrouver » dans la classe, de s'unir à son ambiance. L'enseignant fait ensuite un retour sur le cours de la veille et poursuit avec le nouveau contenu. Cette période d'exposé est suivie d'un temps d'activité pour les élèves: descriptions, résumés ou dessins sont effectués dans les cahiers. Le cours se termine par un récit adapté au niveau de la classe.

11.3.4 Remarques sur le plan scolaire

La progression du plan scolaire

Le curriculum des écoles Waldorf est conçu pour une scolarité de douze années sans différenciation entre les ordres primaire et secondaire (comme dans les collèges, lycées ou cégeps). La progression de l'enseignement est bâtie sur la seule dimension du développement de la nature humaine selon la vision steinérienne, sans l'intervention d'éléments extérieurs tels que des contraintes liées à l'orientation ou à la marche de l'économie. En outre, l'enseignement, dans sa nature, suit une évolution; il part de la vie de l'enfant, s'ouvre sur une variété toujours grandissante de matières pour aller jusqu'à l'environnement élargi. Il progresse du style imagé-artistique mis en place durant les premières années et donné de manière plus morale et imaginative vers une abstraction toujours croissante, menant à la connaissance scientifique de la nature. Le plan scolaire a pour objectif d'éveiller les enfants à différents modes de pensée, par l'histoire, les mythes, etc., et d'ouvrir leur esprit aux multiples modes de vie.

La méthode d'enseignement

Il est d'usage, dans l'enseignement des écoles Waldorf, de mettre en œuvre une didactique qui s'inspire d'une vision globale de la vie et qui reste proche, dans la mesure du possible, de celle-ci. De façon générale, c'est en partant de la notion d'ensemble, donc de la globalité, que l'éducateur passera à la notion de parties; ainsi l'enseignement des mathématiques commence toujours à partir de la totalité, celle-ci restant la même, pour aller vers les parties, celles-là pouvant être composées d'éléments très différents, donc variables.

Le bulletin

Le bulletin de classification ou de présentation de notes que l'on a coutume de rencontrer dans la plupart des écoles n'a pas sa place dans les écoles Waldorf. Il est remplacé par un rapport annuel dressant un portrait de l'enfant et de son comportement à l'école. Ce rapport ressemble à une petite biographie de l'enfant en cours d'année; il témoigne des expériences faites avec l'élève et de son atteinte des objectifs fixés. Il décrit en outre les points forts et les points faibles dans la volonté, le sentiment et la pensée de l'enfant. Ce rapport est établi par le collège des maîtres.

11.4 LE RÔLE DE L'ENSEIGNANT

> *Il ne s'agit pas seulement pour les enseignants d'avoir de bonnes méthodes d'enseignement; il leur faut intérieurement pouvoir se répondre à eux-mêmes en ce qui concerne le sens de la vie, le but de l'humanité, la valeur des civilisations par lesquelles les hommes ont passé, l'importance de l'époque contemporaine. Ils doivent avoir une véritable conception du monde* (Weltanschauung). *Et ces réponses ne doivent pas simplement tourner dans la tête, mais être assimilées par le cœur.* (Steiner, 1976, p. 141.)

Le rôle de l'enseignant Waldorf est double : il recouvre d'une part l'enseignement, d'autre part ce qu'on peut qualifier d'autoéducation.

Pour ce qui est de l'enseignement, l'éducateur ne peut ici s'en tenir à des directives d'ordre général, celles que Steiner a énoncées à propos du rythme de développement de l'enfant et de la progression du plan scolaire qui s'y rapporte. La méthode, la vie même dont il va imprégner son enseignement, ne dépend que de lui, de ses aptitudes pédagogiques et imaginatives: ici, l'enseignant est lui-même la méthode vivante et ne peut compter sur une «recette» toute faite qui lui serait fournie et qu'il ne lui resterait qu'à appliquer. En ce qui concerne l'enseignement, l'école Waldorf ne se distingue pas des autres écoles: elle offre le même contenu mais présenté de façon différente. Ni l'enseignant ni l'élève ne sont confinés au manuel scolaire et c'est ici que peut se comprendre la forme artistique que revêt ce style d'éducation. L'enseignant présente la matière de façon imagée, personnelle et met en jeu ses propres capacités d'imagination. À la fin du cours, les élèves notent le contenu dans un cahier en l'accompagnant de dessins et de couleurs. C'est avec les grandes classes qu'apparaissent les manuels; ceux-ci, toutefois, ne tiennent jamais la première place dans l'enseignement. Il en va de même pour le matériel audiovisuel ainsi que pour les différentes techniques éducatives qui sont perçus comme des outils pouvant compléter la tâche de l'enseignant sans jamais y suppléer. La relation enseignant-élève est privilégiée et le mode verbal d'expression suscitant l'imagination créatrice est fondamental.

Cette conception nécessite l'engagement de l'éducateur à plusieurs niveaux concourant à la vie de la classe: il lui revient de développer une conscience du type de vécu, d'action et d'assimilation de l'enfant suivant son âge et de faire en sorte que les matières lui soient accessibles; il lui incombe d'animer l'enseignement, autrement dit de le remplir d'une vie intérieure adaptée à la vie de l'enfant. Cette caractéristique est particulièrement importante dans l'enseignement donné aux premières classes alors que le style artistique-imagé est préconisé par Steiner; ici, c'est l'imagination créatrice de l'éducateur qui doit imprégner le contenu du cours et lui donner forme. Cet aspect de la pédagogie demande à l'enseignant de préparer ses cours avec soin et sous-tend, en outre, une observation soutenue de la nature de l'enfant, d'autant plus que l'éducation dans la perspective anthroposophique s'adresse à la totalité de l'individu.

La dynamique visée dans l'éducation Waldorf tient du modèle organique. L'enseignant est un élément autant qu'un membre du système éducatif et social; il se doit d'avoir une claire conscience de ce que signifie et de ce qu'est l'éducation ainsi qu'une position intérieure par rapport aux grandes questions de l'existence. Il lui revient de même, dans le cadre plus réduit de sa classe, d'établir une relation entre les éléments en présence, c'est-à-dire les enfants, la matière dans son ensemble et lui-même en tenant compte autant de la finalité liée à l'instruction que de celle liée à l'épanouissement de l'individualité de chacun.

Rappelons que, dans les écoles Waldorf, un éducateur «principal» prend en charge une classe pendant huit années et enseigne les disciplines de base. En suivant l'esprit steinérien, cette perspective évoque spontanément une démarche de l'ordre du cheminement de l'enseignant avec sa classe. Elle sous-tend diverses attitudes et tâches dont, notamment, celle qui consiste pour l'enseignant à être l'agent et le lien premier de la progression de la classe; celle-ci se réalise autant par la transmission des connaissances que par l'accompagnement de l'enfant dans le développement de son individualité. C'est donc un engagement à la fois humain et culturel (dans le sens large) dont fait preuve l'éducateur Waldorf. Tous ces éléments dans la perspective steinérienne forment une unité dont l'enseignant se trouve être le fil conducteur.

À l'intérieur même de la tâche d'enseignement, mais formant toutefois une dimension distincte, il est aussi question pour les éducateurs de l'école Waldorf d'autoéducation; cette dimension touche tout particulièrement l'être de l'éducateur.

Dans la perspective anthroposophique, la relation maître-élève et, de ce fait, l'influence de l'enseignant sur les élèves, ne se bâtit pas exclusivement au travers de l'expression verbale, mais aussi à partir de l'être conscient et inconscient de l'éducateur; il revient à ce dernier d'approfondir la connaissance de soi et d'avoir une conscience de sa propre nature. Cette attitude nécessite de sa part une capacité de recul et de réflexion sur son comportement et sa personnalité. De plus, et toujours dans la perspective steinérienne, le mode de saisie du vivant se fondant dans une attitude d'observation largement «artistique», l'éducateur se doit d'apprendre à développer un regard de cet ordre sur la vie évoluant autour de lui, ce qui signifie, au dire de Steiner, «de ressentir la nature de l'enfant comme le ressentirait un artiste». Ce regard témoigne d'une capacité à saisir la vie sous une forme non pas arrêtée, figée mais intérieurement mobile. Dans sa tâche, l'éducateur doit être conscient qu'il est, devant l'enfant, l'incarnation et la manifestation de qualités morales telles la beauté, la bonté, la vérité et la volonté.

Un autre fondement de la pédagogie Waldorf se retrouve dans la reconnaissance en l'enfant de capacités d'émerveillement, de reconnaissance et de responsabilité. Il revient au professeur de nourrir et de cultiver le sens de l'émerveillement, car il est vu comme un fondement d'une connaissance véritable et pas seulement d'un simple savoir; l'éducation Waldorf se pose dans la perspective de l'apprentissage dans sa totalité, non pas dans celui du seul processus de mémorisation. Il importe ici que le contenu scolaire soit abordé par l'élève autant par la dimension affective que par la dimension intellectuelle. La progression de l'enseignement des écoles Waldorf permet de nourrir ces facultés et la totalité de l'enfant est touchée par l'enseignement.

L'éducation Waldorf pose l'amour comme qualité fondamentale de l'action pédagogique: aimer l'enseignement et aimer les enfants. Cette vertu engendre un enthousiasme chez l'enseignant qui atteint les enfants comme une vague. À ces deux qualités s'ajoutent l'humour et la fantaisie (dans le sens d'imagination créatrice), qui permettent d'aborder les situations dérangeantes ou déroutantes survenant en classe avec souplesse, de les mener vers une issue favorable pour tout le monde plutôt que de les combattre par une attitude contraire et rigide. Toutefois, ces qualités représentent des «idéaux»; ici encore, aucune méthode n'est de mise, c'est à chaque enseignant d'agir et de réagir en fonction de sa personnalité et de ce que celle-ci lui laisse entrevoir.

À prendre en considération toutes les dimensions mentionnées, on peut comprendre que la tâche d'éducation engage l'enseignant Waldorf dans un parcours large et complexe, qui apparaît rempli d'exigences mais qui est toutefois très riche. Et de fait, selon les témoignages mêmes d'éducateurs Waldorf, c'est une tâche exigeante, nécessitant une grande préparation et une réflexion continuelle sur les multiples aspects que constitue la vie d'une classe, mais elle permet à l'éducateur d'atteindre une profondeur dans son être et dans les relations établies qui nourrit en retour sa propre individualité.

11.5 LES FINALITÉS DE L'ÉDUCATION WALDORF

Une première finalité énoncée tout au long de cette présentation se trouve dans la volonté d'éduquer l'être humain dans sa totalité: corps, âme et esprit, ce qui s'entend au travers de l'équilibre des trois forces de l'âme: la volonté, le sentiment et la pensée.

Par ailleurs, fondée sur la philosophie spiritualiste de Steiner, l'éducation Waldorf attache une grande importance au développement de l'individualité inscrite en chaque être humain. De façon générale, elle poursuit l'objectif de donner à l'individu la possibilité de se faire une place dans la vie; cette perspective est conçue comme un équilibre à atteindre à partir d'une polarité inscrite dans l'homme luimême et qui prend en compte l'existence d'un monde extérieur et celle d'un être intérieur. Le développement même de l'enfant est vu comme une prise de conscience progressive de son moi s'accompagnant, de façon parallèle, d'une réalisation de sa séparation avec le monde. Pour les éducateurs, l'essence de cette pédagogie réside dans l'accompagnement et le soutien de l'enfant dans la découverte de son moi afin que celui-ci ne soit ni trop détaché du monde, ce qui témoignerait d'une nature égocentrique, ni perdu dans le monde, ce qui inversement témoignerait d'une faiblesse du moi. Une des tâches de la pédagogie Steiner se trouve donc dans l'engagement qu'elle suscite chez l'individu d'accroître la connaissance et la compréhension de sa propre individualité en relation, toujours, avec le monde extérieur. Dans cette perspective, c'est autant la nature de la réalité extérieure, dans sa forme socioculturelle, qui est considérée que le développement de chaque individualité avec ses talents et ses potentialités, au sein de cette même réalité.

Dans le même ordre d'idée, cette orientation sous-tend la volonté de développer, chez l'enfant, une vigueur et une souplesse intérieures qui lui permettront d'être proche de la vie et responsable de ses gestes. Cet objectif semble primordial dans les écoles Steiner, où la question des valeurs morales est fondamentale. La responsabilité de soi, autant que celle de son environnement et peut-être même celle de l'humanité en général, représente une dimension première de l'école Waldorf; elle est d'autant plus présente que notre époque repose la question de la responsabilité, de la morale et de l'éthique de façon aiguë et qu'il nous revient de la considérer de façon nouvelle.

L'éducation Waldorf ne dirige pas son action dans une optique de compétition ni de carrières lucratives; elle s'attache au développement du meilleur en chacun, selon ses talents. Cet objectif repose sur la reconnaissance de la complémentarité humaine, dans laquelle chaque individu possède des capacités venant élargir le potentiel humain dans son ensemble; il est fondé prioritairement sur l'épanouissement de l'être humain. La philosophie éducative énoncée par

Steiner témoigne fortement d'un courant idéaliste, mais selon son fondateur lui-même «d'un idéalisme capable d'éveiller en l'être humain les forces et les facultés dont il aura besoin plus tard pour être un membre actif de la communauté et disposer lui-même d'une existence qui le soutienne».

En outre, ces finalités de l'éducation Waldorf témoignent de sa volonté de dépasser la dimension matérielle qui fonde notre vision actuelle des choses. Il ne s'agit pas ici de nier l'option matérialiste dans les conquêtes qu'elle a permises ni de la méconnaître; il s'agit plutôt de la situer à sa juste place, de l'aborder comme l'une des dimensions de la réalité sans prétendre en faire la réalité dans sa totalité.

La pensée steinérienne, dans ce sens, ne s'oppose pas et n'est pas fermée aux dérivés du matérialisme tels que les outils technologiques; elle est toutefois extrêmement prudente dans l'usage qu'elle en fait et reconnaît par-dessus tout l'infini potentiel humain à créer et à se créer, à participer à l'évolution de l'univers. Face à l'introduction massive de la technologie dans toutes les sphères de l'activité humaine (éducation, travail, loisirs), l'éducation Waldorf pose des limites là où, dans d'autres systèmes d'éducation, ces limites sont repoussées ou même abolies; elle voit à ce que la technologie conserve un statut d'outil et veille à ce que la machine n'asservisse pas l'individu. Par ailleurs, on retrouve ici la position anthroposophique mentionnée auparavant vis-à-vis de la connaissance scientifique: celle-ci est reconnue dans ses découvertes, sans toutefois constituer le seul niveau de connaissances relatives à l'être humain. La perspective steinérienne est de progresser de la connaissance scientifique moderne vers une compréhension de l'homme conforme à l'esprit. Considéré selon cette dernière vision, l'être humain est sur le chemin de sa liberté, révélée par le soi, de nature spirituelle. Cette dimension représente l'élément ultime de l'éducation.

La philosophie éducative énoncée par Steiner est en relation étroite avec d'autres aspects de sa pensée. Les finalités rencontrées dans les écoles Waldorf et, de ce fait, tout le système éducatif mis en place sont tirés de la pensée que Steiner a exprimée à propos du fonctionnement social sous le terme de «tripartition sociale».

11.5.1 L'école autonome et la tripartition sociale

Pour Steiner, l'enseignant ne peut bien accomplir sa tâche d'éducation que dans le face-à-face libre et individuel avec celui qu'il est chargé d'éduquer. Dans l'orientation de leur action, les éducateurs ne devraient se savoir dépendants que de connaissances sur la nature humaine, sur l'essence de l'ordre social et non pas de règlements et de lois imposés de l'extérieur. On considère qu'une action éducatrice «libre» exerce une influence directe sur les aptitudes de l'élève; la liberté dans l'enseignement permet le déploiement autant des facultés de l'enseignant que de celles de l'élève. L'école «libre» visée par Steiner est une école indépendante de l'État et de l'économie et fonctionnant dans sa gestion selon le principe de l'autonomie.

La tripartition sociale définit trois sphères d'activités humaines au sein de la société: la sphère culturelle, la sphère économique et la sphère politique, et propose une indépendance de chacune de ces sphères l'une par rapport à l'autre. Cette vision comporte par ailleurs une sorte de hiérarchie qui place le domaine de l'esprit et de la culture au sommet. Pour Steiner, il importe de nourrir l'ordre social de forces nouvelles issues de la jeune génération; il ne revient pas à l'ordre social existant de modeler cette dernière en fonction des besoins de l'organisation sociale en place:

> *C'est à la partie spirituelle de l'organisme social de mener, à partir de sa gestion autonome, les êtres humains jusqu'à un certain degré de formation correspondant aux dons qui sont les leurs, à l'État et à l'économie de prendre leurs dispositions en fonction des résultats du travail accompli au sein de la partie spirituelle.*[3]

Le principe de la tripartition sociale est un fondement de l'éducation Waldorf et, bien qu'il reste une visée à long terme, il s'établit en opposition avec l'état actuel de fonctionnement des sociétés occidentales. L'école publique dans son ensemble devient de plus en plus le lieu d'une gestion «industrielle» avec

3. Pour plus de détails sur la question de l'éducation et de l'ordre social, voir l'ouvrage de Steiner (1980b) *Éducation, un problème social.*

des objectifs de formation directement liés aux exigences de l'économie en place. Cet état de choses n'est pas sans raviver, de façon générale, les grandes questions sur le sens de l'éducation et, au sein même du mouvement éducatif Waldorf, sans redoubler le questionnement relatif à l'espace laissé au développement de chaque individualité en devenir (Carlgren et Klingborg, 1992).

11.5.2 L'école Waldorf : un organisme

L'école Waldorf se présente, dès sa formation, comme un organisme et non comme une organisation, car, pour Steiner, on ne peut guère organiser que ce qui est de nature mécanique. Cet organisme est composé des individualités de ceux qui en sont membres.

Outre les enseignants et les élèves dont il a déjà largement été question, l'école Waldorf est formée, dans sa partie administrative, d'autres instances.

La conférence ou le collège des maîtres

La direction de l'école s'exerce par la conférence ou le collège des maîtres (groupe d'enseignants engagés depuis deux ans et plus), qui prend en charge tous les aspects liés à l'éducation Waldorf: choix des enseignants, forme des programmes, règles d'inscription, structures administratives et relations avec les pouvoirs publics. Les tâches de cette instance découlent d'un principe d'autoresponsabilité et d'autogestion de l'éducation (selon l'idée de la tripartition sociale).

La réunion des maîtres

Il s'agit d'une rencontre hebdomadaire de tout le personnel enseignant et administratif pour traiter de problèmes pédagogiques et administratifs qui se posent quotidiennement ainsi que pour approfondir les fondements de la pédagogie et de la connaissance de l'être humain.

Le conseil d'administration

Il représente l'instance juridique de l'école qui veille à ce que tout soit en règle au point de vue légal comme au point de vue financier. Il voit aussi à la bonne gestion d'ensemble de l'école; il collabore étroitement avec le collège des maîtres.

Le conseil des parents

C'est le lieu d'échanges entre les parents d'élèves et les professeurs ainsi que le centre de nombreuses initiatives liées à l'école. En effet, l'école est très active en dehors de la dimension de l'enseignement. Des activités, dont l'organisation est confiée aux parents, ont régulièrement lieu pour faire connaître la pédagogie Waldorf (conférences et colloques) ou pour financer l'établissement lui-même (expositions, ventes, concerts, soupers-bénéfice, etc.). L'école Waldorf, pour ce qui est de l'esprit qui préside à son fonctionnement, se présente sous le mode de la collaboration enseignants-élèves-parents; elle ne peut être abordée sous le seul angle des méthodes pédagogiques mais relève d'une attitude générale envers la vie, voire d'une perspective communautaire. Elle a un statut d'association à but non lucratif dont sont membres les parents et les enseignants.

11.5.3 L'évolution du mouvement Waldorf

Depuis la création de la première école en 1919, le mouvement des écoles Waldorf s'est étendu à tous les continents et compte aujourd'hui quelque 500 établissements d'enseignement. Cette progression est généralement attribuée à l'importance que cette philosophie éducative accorde à toutes les dimensions de l'être humain ainsi qu'au respect de l'individualité de chacun. Pour beaucoup de ses adeptes, elle apparaît comme un élément de réponse aux questions existentielles et aux besoins profonds de vie intérieure de notre époque.

L'école Waldorf bénéficie d'un statut d'école privée, ce qui ne va pas sans poser de gros problèmes, particulièrement sur le plan financier; en effet, l'ouverture de telles écoles dépend de la volonté des parents d'en implanter une dans leur environnement; les coûts relatifs à son fonctionnement sont assumés différemment selon les pays (contributions de parents ou d'un groupe de soutien formé pour l'occasion, subventions possibles mais non garanties, campagnes de financement).

C'est ainsi que les deux écoles Waldorf établies au Québec fonctionnent à titre d'écoles privées et sur la base d'un projet approuvé par le ministère de l'Éducation, sans toutefois bénéficier de ses subventions. Ces établissements s'autofinancent puisque les fonds proviennent des frais d'inscription, de campagnes de financement ainsi que des nombreuses activités organisées et proposées par ces écoles: colloques, conférences, soupers-bénéfice, etc.

Ce type de gestion financière bâtie sur la philosophie politique steinérienne, qui vise le maintien de la liberté de pensée et d'action, ne va pas sans engager le corps professoral de chaque école ainsi que les parents d'élèves dans une dynamique recouvrant les deux plans de la philosophie et de la pratique. On peut donc dire que les écoles Waldorf se construisent véritablement sous l'impulsion et la volonté du milieu et que leur croissance repose tout entière sur l'engagement de ce même milieu. En ce sens, elles engagent la responsabilité des personnes concernées par ce projet à des niveaux multiples, dans une perspective qui reflète bien la vie d'un organisme plutôt que l'application mécanique d'un programme.

CONCLUSION

La philosophie éducative mise en place dans les écoles Waldorf, tout en présentant des aspects qu'il serait utile d'approfondir et de relier éventuellement à ceux d'autres systèmes d'éducation (le nombre d'études à ce sujet est restreint), propose une perspective difficilement conciliable, dans certaines de ses dimensions, avec l'éducation publique: pas d'examens ni de notes, un contenu spiritualiste implicite, une large participation des enseignants et des parents aux activités de l'école, etc. Les écoles Waldorf, dans ce sens, témoignent d'une orientation plus communautaire qu'individualiste. En outre, le principe de la tripartition sociale appliqué dans ces écoles ne s'inscrit que difficilement dans le contexte de nos sociétés occidentales.

C'est donc à des niveaux différents que les enjeux liés à l'éducation steinérienne se profilent; ceux-ci apparaissent exigeants pour les personnes désireuses de les vivre. Toutefois, au regard de son développement, le mouvement des écoles Waldorf semble bien répondre à des besoins que l'on peut qualifier d'ordre spirituel et que la philosophie éducative tirée de l'anthroposophie semble combler.

QUESTIONS

1. Il est question, dans l'éducation steinérienne, des trois forces de l'âme: nommez-les et commentez leur nature respective.
2. On parle volontiers de «rythme» dans le déroulement d'une journée à l'école Waldorf; commentez cette notion de rythme et situez-le dans une journée de cours.
3. L'éducation Waldorf s'articule selon une progression septennale: quelle est cette progression et quels axes met-elle en jeu?
4. Chaque septaine de développement appelle un type particulier d'enseignement. Mettez chaque septaine en relation avec le mode approprié d'enseignement et expliquez brièvement les caractéristiques de ce dernier.
5. L'approche Waldorf parle de l'enfant comme d'un «être en devenir»: commentez l'expression en la mettant en relation avec la méthode prônée.
6. Expliquez en quoi, pour Steiner, l'éducation est un art (plutôt qu'une technique).
7. Qu'est-ce qu'un enseignant principal dans les écoles Waldorf et quel est son rôle?
8. L'approche Waldorf a une attitude caractéristique vis-à-vis des techniques éducatives: expliquez en commentant le type d'enseignement favorisé.
9. La méthode éducative steinérienne présente des différences remarquables par rapport à l'éducation publique. Commentez ces différences.
10. L'école Waldorf se dit une «école libre». Commentez l'expression.

BIBLIOGRAPHIE

BIDEAU, H. (1974). *Le plan scolaire d'une école Rudolf Steiner.* Paris: Triades.

CARLGREN, F., et KLINGBORG, A. (1992). *Éduquer vers la liberté.* Chatou: Les Trois Arches.

HADJETLACHE, L. (1974). *Introduction à l'anthropologie de Steiner.* Paris: Fischbacher.

HARTMANN, G. (1983). *Pour éduquer l'enfant, connaître l'homme.* Paris: Triades.

LIEVEGŒD, B.C.J. (1990). *L'homme sur le seuil ou le pari du développement intérieur.* Chatou: Les Trois Arches.

QUERIDO, R.M. (1984). *Creativity in Education: The Waldorf Approach.* San Francisco: Dakin Company.

RIHOUET-COROZE, S. (1976). *Rudolf Steiner, une épopée de l'esprit au 20e siècle.* Paris: Triades.

STEINER, R. (1976). *Les bases spirituelles de l'éducation.* Paris: Triades.

STEINER, R. (1978). *L'enfant et le cours de la vie. L'art de l'éducation.* Paris: Triades.

STEINER, R. (1979). *Autobiographie.* Vol. 1 et 2. Genève: Éditions anthroposophiques romandes.

STEINER, R. (1980a). «Allocutions sur l'eurythmie». *Cahiers de la série Art,* n° 5. Paris: Triades.

STEINER, R. (1980b). *Éducation, un problème social.* Genève: Éditions anthroposophiques romandes.

STEINER, R. (1981). *L'enseignement et l'éducation selon l'anthroposophie.* Genève: Éditions anthroposophiques romandes.

STEINER, R. (1986). *Connaissance de l'homme et art de l'éducation.* Paris: Triades.

STEINER, R. (1987). *La nature humaine. La connaissance de l'homme, fondement de l'éducation.* Paris: Triades.

STEINER, R. (1988). *Éducation des éducateurs.* Genève: Éditions anthroposophiques romandes.

STEINER, R. (1989a). *L'éducation de l'enfant à la lumière de la science spirituelle.* Paris: Triades.

STEINER, R. (1989b). *La philosophie de la liberté.* Genève: Éditions anthroposophiques romandes.

ST-ONGE, R. (1986). «Pour une intégration de la philosophie éducative Waldorf au Québec: problématique pour une étude de la philosophie éducative de Rudolf Steiner». Mémoire de maîtrise. Université de Montréal.

TREICHLER, R. (1988). *Biographie et psychologie: évolution, troubles et maladies de l'âme humaine.* Paris: Triades.

CHAPITRE 12

Carl Rogers et la pédagogie ouverte

Denis Simard

CONTENU

RÉSUMÉ

Dans le domaine de l'enseignement et de l'apprentissage, la psychologie humaniste a joué un rôle non négligeable, particulièrement l'approche de Carl Rogers qui sera examinée dans ce chapitre. La première partie esquisse d'abord la vie de Rogers et quelques-unes des influences qu'il dit avoir subies, puis elle s'efforce de situer sa psychologie par rapport à la psychanalyse classique et au béhaviorisme. La deuxième partie aborde la conception de la personne qui constitue le fondement de sa psychothérapie et les conséquences qu'il en tire sur le plan de l'éducation. Cette section expose aussi brièvement ses principes éducatifs et présente les qualités dominantes de l'enseignant et son rôle comme «facilitateur». Enfin, les idées de Rogers ont eu un certain retentissement sur quelques pédagogues québécois. Dans une troisième et dernière partie, le modèle organique de l'activité éducative et du Conseil supérieur de l'éducation, la pédagogie ouverte d'André Paré puis celle de Claude Paquette seront tour à tour examinés sous l'angle des principes généraux, de la conception de l'apprentissage, de l'élève et de l'enseignant. Une brève conclusion termine ce chapitre et des questions d'appoint sont suggérées pour orienter l'étude et la révision.

INTRODUCTION

Tracer l'esquisse d'une vie, d'une œuvre ou d'une pensée relève toujours de l'entreprise périlleuse. En effet, comment saisir l'objet d'étude, lever le voile, repousser l'ombre et toucher la vérité? Comment le dire et le rendre en si peu de mots sans desservir celui ou celle que nous cherchons? En d'autres termes, comment dire l'essentiel sans l'affadir? Cette inquiétude est d'autant plus vive qu'il s'agit de Carl Rogers. Ce n'est pas qu'il fût difficile et ardu, qu'il possédât un style confus et une pensée abstruse, mais il fut souvent controversé, adulé par les uns, décrié par les autres. Et puis, il y a cette loi qui veut que toute vie se dérobe à quiconque prétend l'étreindre. Pour nous résumer, il est difficile de rendre justice au célèbre psychologue américain dans le cadre d'un court texte à visée didactique.

À travers la voix précipitée de ses détracteurs, les critiques prirent souvent la forme de condamnations sans appel et dénoncèrent en chœur le «simplisme», l'«angélisme» ou l'«optimisme» rogérien[1]. Mais le refrain des reproches sonne de nos jours comme une litanie usée. Le pari qui est le nôtre procède heureusement d'un autre dessein. Entre l'apologie futile et la moquerie facile, nous préférons la voie d'un regard tranquille et posé. Au demeurant, ce texte n'a qu'une seule ambition: introduire le lecteur dans la vie et dans la pensée de Carl Rogers. Modeste mais redoutable programme qui ne saurait, du reste, se substituer à des études plus approfondies.

Nous allons remplir la tâche qui nous incombe en donnant à notre propos la forme d'un triptyque. Premier tableau: les notes biographiques, les influences décisives et la situation de Rogers dans la psychologie américaine de son temps. Deuxième tableau: sa conception de la personne, sa psychothérapie dans ses grandes lignes, puis sa réflexion pédagogique et sa

1. Voir en particulier ce qu'en rapporte Marie-Louise Poeydomengue (1984) dans sa brève histoire du concept de non-directivité.

vision du rôle de l'enseignant. Troisième tableau: les démarches de quelques pédagogues québécois influencés par les idées de Rogers. Sur ce, et fidèles ici à ses propres recommandations, pour mieux comprendre sa pensée et davantage l'apprécier, découvrons d'abord le «sol culturel ou personnel où elle prend naissance» (De la Puente, 1970, p. 28).

12.1 NOTES BIOGRAPHIQUES

12.1.1 Sa famille

À deux années près, Carl Rogers naquit avec ce siècle. Et quel siècle! Les grands créateurs de la seconde moitié du XIXe—Nietzsche, Marx et Freud—préparent les changements rapides qui marqueront le XXe. L'accélération de l'histoire n'épargne aucune certitude d'hier. Le temps bascule et l'homme avance désormais, comme un navire sans gouverne sur les eaux, vers l'inconnu. Les fondations anciennes s'effritent et les systèmes de pensée volent en éclats sous l'effet combiné des grands bouleversements humains, de l'explosion des sciences et des techniques, du soupçon philosophique et de la sensibilité esthétique. D'un point de vue chronologique, peu de temps sépare la naissance de Rogers de la Première Guerre mondiale et de la révolution bolchevique. Sur les plans scientifique et artistique, Einstein ébranle les principes de la physique newtonienne alors que le cubisme en peinture, le surréalisme en littérature et le dodécaphonisme en musique témoignent d'une sensibilité renouvelée. Chicago, sa ville natale, est alors le foyer de l'architecture moderne. Tous les espoirs sont alors permis pour une Amérique jeune, confiante et pragmatique. Entre 1870 et 1910, sa population de 40 millions d'habitants fait plus que doubler et son produit national brut quadruple.

Le 8 janvier 1902, à Oak Park, dans la banlieue de Chicago, Carl Rogers devient le quatrième enfant d'une famille qui en comptera six, cinq garçons et une fille. De ses parents, Rogers dira qu'ils étaient disciplinés et exigeants, sévères sans être autoritaires. Ils recherchaient par-dessus tout l'unité familiale et déployaient une grande énergie pour assurer le bien-être de leurs enfants et, surtout, leur rectitude morale. «Aimants et dévoués», selon les mots de Rogers, ils étaient persuadés de la vertu du travail et du sens de l'effort dans les choses d'ici-bas. Pénétrée d'un profond sentiment religieux, comme son mari d'ailleurs, la mère du jeune Carl se plaisait à répéter quelques sentences bibliques dans lesquelles elle puisait l'essentiel de l'esprit qui la guidait: «Sortez du reste des nations et soyez séparés [...] toute notre rectitude n'est que haillons souillés devant Toi, Seigneur» (dans Rogers, 1971, p. 8). Ingénieur en agronomie, le père de Carl fonde une entreprise dans les travaux publics. Prospère et florissante, elle assure à la famille l'aisance matérielle réservée d'ordinaire à la couche supérieure de la classe moyenne américaine. Ce détail a son importance pour les futures études de Rogers.

À la maison, l'enfant, studieux et rêveur, partage son temps entre le jeu et la lecture. Lecteur précoce, il connaît très tôt l'ivresse des mots. À la première occasion venue, il plonge dans les livres et s'en imprègne tout entier. Et les heures passent à la faveur d'un récit biblique, d'une histoire des pionniers ou d'une aventure indienne dont il est si friand. D'un plaisir à l'autre et d'une connivence à l'autre, il partage de nombreuses heures complices avec Walter et John, ses deux frères cadets, et découvre que la vie familiale, quand elle est simple et que la famille est unie, comble parfois de bonheur la vie sociale et ludique d'un enfant.

Élève doué, les rêveries et les distractions du jeune Carl à l'école lui attirent le sobriquet de «professeur Nimbus». Conscient du tempérament rêveur de son fils, et plutôt hostile à la vie intellectuelle, le père entreprend bientôt d'initier lui-même le jeune Carl aux vertus du pragmatisme. Que faire alors, sinon l'instruire par l'exemple et l'expérience? Avec l'autorisation de l'école, le maître et l'apprenti visitent pendant quelques semaines les chantiers de la Nouvelle-Orléans, de Norfolk en Virginie et de New York. Il en résulte... un enthousiasme délirant pour «les chants des dockers nègres de la Nouvelle-Orléans et [...] une passion, acquise à Norfolk, pour des huîtres crues» (Rogers, 1971, p. 12). Pour le sens pratique, on repassera!

À l'âge de 12 ans, la famille du jeune Carl déménage dans un décor de rêve et de verdure. La campagne, paisible et mystérieuse, sera le théâtre de ses ébats. Loin du fracas de la ville et de ses maléfices, la rumeur grouillante des champs et des sous-bois le comble de bonheur. Dans ce lieu chéri de découvertes, premier laboratoire d'un scientifique en herbe, Rogers fait un apprentissage déterminant pour la suite de sa vie. Quelques papillons de nuit, attrapés non loin de la maison, sont la source de son premier ravissement. Dès lors, trêve de papillonnage, il se jette à corps perdu dans son premier projet de recherche. Rien ne lui échappe! Bien documenté, il élève les chenilles, fait éclore les œufs et observe minutieusement les métamorphoses successives de la chenille en chrysalide puis en papillon. Ces expériences, jointes à l'agriculture scientifique que pratique son père, façonnent l'esprit de l'adolescent et donnent une direction à sa vie à venir. Son premier attachement à la science et l'ardeur qu'il déploie par la suite pour assurer à sa psychologie clinique un fondement scientifique sont issus de cette époque.

12.1.2 Ses études

Ses premières années à l'université sont précédées d'un séjour estival dans une petite localité du Dakota du Nord. Il travaille durement dans un commerce de bois que possèdent trois de ses oncles. La journée terminée, Carl passe ses heures de solitude avec Carlyle, Hugo, Scott, Poe, Emerson, Dickens, Ruskin, Stevenson et d'autres auteurs. Demain déjà, au sortir de l'adolescence, il écrira le prochain chapitre de sa vie. Nous sommes en 1919, Carl Rogers a 17 ans.

Fidèle à ses racines, Carl Rogers fait ses premiers pas à l'Université du Wisconsin cet automne-là. Le dessein d'en sortir agronome anime ses ambitions. Très tôt, dans ce nouveau milieu, il connaît les joies de la camaraderie au sein d'un mouvement religieux protestant fort répandu aux États-Unis et dans le monde: le Young Men Christian Association (YMCA). Dirigé par le professeur Georges Humphrey, Rogers notera, rétrospectivement, qu'il était un excellent exemple de leadership non directif. Au cours de sa deuxième année, à la faveur d'un congrès des étudiants bénévoles à Des Moines dont le slogan était «Notre génération évangélisera le monde», il décide d'abandonner ses études en agronomie au profit d'études en histoire afin de devenir pasteur. L'année suivante, Rogers a l'insigne honneur d'être choisi pour assister à un congrès de la Fédération mondiale des étudiants chrétiens à Pékin. Plongé six mois dans cette aventure, le jeune homme en sortit bouleversé. Sur les flots des mers qui le portent vers la Chine, sur le sol oriental qu'il foule, Rogers dérive vers d'autres pensées et fortifie ses intuitions naissantes. Il quitte définitivement la chrysalide familiale et s'ouvre sur un monde qu'il ne soupçonnait pas. L'horizon s'élargit et les liens familiaux, intellectuels et religieux s'effritent au rythme des échanges et du choc des cultures. De ses pérégrinations orientales, Rogers (1971, p. 24) devait dire ceci:

> *Depuis ce voyage, mes choix, mes valeurs, mes buts, ma philosophie m'ont été personnels et se sont considérablement éloignés du point de vue de mes parents et de mon point de vue premier. Psychologiquement, c'est la période capitale où j'ai déclaré mon indépendance par rapport à ma famille.*

À son retour d'Extrême-Orient, il doit s'aliter pendant quelques semaines à cause d'un ulcère duodénal. Une fois rétabli, mais sous surveillance médicale et contraint à une diète sévère, Rogers se fait engager dans un magasin de bois pour remplacer le travail universitaire. Simultanément, un cours par correspondance de l'Université du Wisconsin l'initie à la psychologie de William James. Rogers (1971, p. 26) rapporte ceci: «Ce fut mon premier contact avec la psychologie. Je n'en fus pas autrement marqué.» Ses dernières années d'université se passent à la fraternité Alpha Kappa Lambda malgré le ferme désaccord de ses parents. En juin 1924, il obtient son grade de bachelier en histoire. En août de la même année, il convole en justes noces avec une amie d'enfance d'Oak Park, Helen Elliot, alors étudiante à la faculté des arts. Au volant de son coupé Ford modèle T, l'esprit gonflé d'idées et de projets, Rogers fait route vers New York, Helen à ses côtés.

C'est à New York que Rogers trouvera la voie de son orientation professionnelle, d'abord à l'Union Theological Seminary, puis au Teachers College of Colombia University, enfin à l'Institute for Child Guidance. Du séminaire, rappelons quelques souvenirs qu'il évoque dans son autobiographie. D'abord, il mentionne que les enseignements du professeur Harry Emerson Fesdick l'ont initié à des conceptions religieuses plus modernes et surtout plus conformes à des vues libérales. Ensuite, il évoque sa contribution à la mise en œuvre d'un projet d'enseignement non directif. C'est en ces termes qu'il se remémore l'épisode:

Nous voulions explorer nos propres questions et nos propres doutes et suivre notre propre cheminement. Nous réclamâmes de l'administration l'autorisation d'organiser un séminaire d'études (qui compterait pour l'examen) dans lequel il n'y aurait pas d'enseignant et dont le programme serait composé par nos seules questions. On comprend la perplexité de l'administration devant cette requête que, finalement, elle accepta. Seule restriction, un jeune instructeur devait assister à nos débats, mais sans prendre part à la discussion, sauf demande expresse de notre part. (Rogers, 1971, p. 32.)

Pour Rogers, le bénéfice de l'expérience fut double. D'une part, il en retire le germe d'une vision de l'éducation qu'il explicitera plus tard. D'autre part, et fidèle à sa paisible maturation d'ordre philosophique, il se détourne définitivement de sa vocation religieuse et porte dorénavant son regard vers le Teachers College of Colombia University. De la terre d'abord à l'Esprit saint ensuite, de l'agronomie à la religion, Rogers embrasse désormais les études sur l'homme… et ne les quittera plus.

À la célèbre école de pédagogie, Rogers fait la connaissance de William Kilpatrick et de Leta Hollingworth, rencontres-chocs qui laisseront sur lui des traces indélébiles. Kilpatrick l'initie le premier à l'œuvre monumentale de John Dewey et lui fait découvrir un large pan de la culture occidentale. Par l'entremise de Hollingworth, c'est tout le champ de la psychologie clinique qui se révèle à Rogers. Psychopédagogue et psychothérapeute, Rogers veut dorénavant le devenir; il a 24 ans.

En 1927, il devient titulaire d'une maîtrise ès arts. Sans avoir terminé sa scolarité de doctorat, il obtient une bourse d'études pour l'Institute for Child Guidance à New York. Affairé à l'élaboration d'un instrument sur «l'adaptation mesurée de la personnalité des enfants» de l'Institut, dans le cadre de sa thèse de doctorat, il prend alors douloureusement conscience du fossé qui sépare l'approche rigoureusement objective, expérimentale et statistique du Teachers College de l'éclectisme freudien qui prévaut à l'Institut. L'antagonisme l'aiguillonne et le pousse vers une possible troisième voie. En 1931, il publie sa thèse de doctorat défendue au Teachers College. Père d'un enfant, Rogers s'apprête à vivre ses premières années d'activités professionnelles.

12.1.3 Sa vie professionnelle

Successivement praticien, professeur et finalement chercheur, Rogers commence sa vie professionnelle à Rochester, dans l'État de New York. De 1928 à 1940, il est psychologue au Child Study Department of the Society of the Prevention of Cruelty to Children. Au cours de cette période, il s'initie à l'approche thérapeutique du psychanalyste américain d'origine autrichienne Otto Rank, dont il dira d'ailleurs que sa pratique l'impressionnait davantage que ses théories, et connaît une période d'intense activité à titre de psychologue clinicien auprès d'enfants difficiles et déshérités. Fruit de son labeur à Rochester, *The Clinical Treatment of the Problem Child* paraît en 1939.

Selon Rogers, cet ouvrage lui ouvre les portes de l'Université de l'Ohio. Il y exerce les fonctions de professeur de 1940 à 1945. Son deuxième ouvrage, *Counseling and Psychotherapy* (1942), est un succès de librairie. Rogers y propose une approche véritablement novatrice que l'expression désormais célèbre d'«orientation non directive» caractérise sur le plan psychothérapique.

En 1945, Rogers foule à nouveau les rivages du lac Michigan à la suite de l'invitation qui lui est faite d'enseigner à l'Université de Chicago et de fonder un centre de consultation. De son propre aveu, ces douze années d'enseignement furent particulièrement riches et fructueuses sur le plan des recherches, des théories et des innovations en matière d'éducation et de psychothérapie. Sur ses activités de professeur, Miguel de la Puente (1970, p. 37) a écrit ce passage éloquent:

En tant que professeur, Rogers se fait de plus en plus radical. Son hypothèse centrale est qu'«on ne peut pas directement enseigner à personne; on ne peut que lui faciliter l'apprentissage». Rogers applique les principes de la thérapie centrée sur le client à ses classes: il s'arrange pour travailler en petits groupes, pour enseigner dans un climat de liberté, suscitant l'intérêt des élèves.

En 1951 paraît l'ouvrage *Client-Centered Therapy*. C'est ici qu'il expose de façon systématique ses vues sur la psychothérapie et qu'il rapporte, sans négliger les détails, de nombreuses recherches expérimentales. Peu de temps après, au printemps 1952, il ébranle les murs de la prestigieuse Université Harvard à la suite de la conférence qu'il prononce sur le thème de l'influence de l'enseignement en classe sur le comportement. Il la reprend intégralement dans son ouvrage *Freedom to Learn* (1969). Nous aurons l'occasion d'y revenir en détail sous peu. Enfin, et toujours dans cette tranche de vie professionnelle, Rogers publie l'ouvrage *Psychotherapy and Personnality Change* en 1954. Ses collaborateurs et lui-même y présentent les résultats «de recherches expérimentales systématiques sur les effets de la psychothérapie centrée sur le client» (Pagès, 1986, p. 4).

Par l'entremise de Virgil Henick, ami personnel et professeur en éducation, Rogers renoue avec son *alma mater*, l'Université du Wisconsin, de 1957 à 1963. Il occupe un poste sur mesure, répondant à ses exigences: enseignement aux facultés de psychiatrie et de psychologie, possibilité de contribuer à la formation de psychologues et de psychiatres, pratique thérapeutique et recherches sur des sujets psychotiques et normaux. C'est au cours de cette période que paraît l'ouvrage *On Becoming a Person* (1961).

C'est à partir de 1964 qu'on retrouve Rogers au Western Behavioral Science Institute, à La Jolla, en Californie, au sujet duquel il dit avoir contribué à la fondation en 1958. Libéré enfin des tracasseries universitaires, Rogers se consacre en toute liberté à de nouvelles expériences et recherches, notamment à des expériences de groupe, à ce qu'il est convenu d'appeler le « *T-Group* » ou le « *basic encounter group* ». C'est en 1971 que paraît finalement son autobiographie[2]. Puis sont successivement publiés deux ouvrages en 1967 et 1968: *Person to Person* et *Man and the Science of Man.*

Dans un ouvrage de référence consacré à l'orientation non directive de Rogers dans le champ de la psychologie sociale, Max Pagès (1986, p. 3) résume ainsi l'itinéraire professionnel de Rogers:

> *Il alla de la pratique à l'enseignement et à la recherche. [...] Depuis son entrée à l'Université, la vie professionnelle de Rogers a été divisée en trois parts à peu près égales quantitativement: le travail clinique et pratique de psychothérapeute, quinze heures par semaine environ, qu'à notre connaissance il n'a jamais cessé, l'enseignement, les recherches expérimentales sur le processus thérapeutique, engagées avec des élèves ou des collègues. Il s'agit, en réalité, de trois aspects d'un même travail, qui se soutiennent et qui sont étroitement reliés non seulement pour Rogers mais pour ses étudiants et collaborateurs.*

En 1987, Carl Rogers s'éteint à l'âge de 85 ans, laissant derrière lui une œuvre riche et diverse, une œuvre que tisse mille fils autour du thème central de l'homme et de son développement.

12.2 LES INFLUENCES DE ROGERS

Le temps est venu d'examiner quelques-unes des influences qui ont façonné, à des degrés divers, la pratique et la pensée de Carl Rogers. Qu'il nous soit ici impossible de prétendre à l'exhaustivité, le lecteur le comprendra aisément. De toutes les influences que Rogers dit avoir subies, nous retiendrons celles qui nous paraissent les plus pertinentes dans le cadre de notre propos[3].

En matière de philosophie de l'éducation, et Rogers le rappellera en de nombreuses occasions, William Kilpatrick occupe certainement une place de choix. Précieux collaborateur de John Dewey, il est de la race rarissime des pédagogues aux yeux de Rogers. Homme érudit, et partisan d'une école jeffersonienne qu'il oppose à l'école napoléonienne[4], Kilpatrick est l'ardent défenseur de la liberté et de la démocratie dans les établissements éducatifs. Rogers lui est redevable d'une triple manière, croyons-nous.

D'abord, Kilpatrick confirme le jeune Rogers dans son effort d'émancipation des liens intellectuels et religieux qui le rattachent encore à la cellule familiale. Dans son magnifique ouvrage *Pensée et vérité de Carl Rogers*, André de Peretti (1974, p. 45) rapporte ces propos de Kilpatrick:

2. Pour une bibliographie exhaustive des écrits de Rogers, nous renvoyons le lecteur à l'excellent ouvrage de Miguel de la Puente (1970).

3. Pour une vue d'ensemble de ces diverses influences, voir l'ouvrage de Miguel de la Puente (1970, p. 41-46).

4. Pour Kilpatrick, l'école jeffersonienne amène l'élève à l'apprentissage d'une voie qui lui est propre, à l'apprentissage de l'autonomie et de la responsabilité. À l'inverse, l'école napoléonienne conduit à la dépendance par le dressage. Pour de plus amples détails, voir l'ouvrage d'André de Peretti (1974, p. 44-47).

> [...] *à quelque moment vers la fin de l'adolescence, chacun devrait réexaminer pour lui-même ce qu'il a antérieurement reçu comme établi, soit dans la tradition ou la foi ou au moins avec une intuition enfantine* (childlike insight). *Ce réexamen* (rethinking) *sera accompli au mieux s'il est fait en connexion avec des discussions conduites par un adulte sympathique et critique, qui sache comment questionner et guider sans interposer sa manière de penser pour empêcher le jeune d'aborder de lui-même ses problèmes réels et d'aller vers ses propres conclusions à la lumière des vues diverses que les hommes ont tenues ou tiennent sur de tels problèmes.*

Comme le notera judicieusement de Peretti (1974, p. 45), l'attitude de l'adulte envers le jeune que préconise Kilpatrick « [...] pourrait se réidentifier, chez Rogers, en forme de pratique à produire face aux adolescents montants (mais aussi dans toute psychothérapie)».

Ensuite, à travers les enseignements de Kilpatrick, Rogers découvre l'œuvre monumentale du célèbre professeur de philosophie, de psychologie et de pédagogie de l'Université de Chicago, John Dewey. Créateur d'une école expérimentale, par sa vision de l'apprentissage basée sur l'expérience personnelle de l'enfant—*«learning by doing»*—, il dirige de sévères critiques contre l'école traditionnelle qu'il juge anachronique, autoritaire et magistrale. Centrée sur l'enseignant et les programmes, elle entrave l'intelligence de l'élève et laisse en friche son imagination et son potentiel créateur.

Enfin, Kilpatrick apporte à Rogers de solides fondations philosophiques à sa formation. En effet, par son entremise bienveillante—son savoir ne connaît pas de frontières—, c'est tout un pan de la culture occidentale qui se révèle à Rogers.

> *Kilpatrick connaît et cite couramment Rabelais, Montaigne et Galilée; mais aussi Descartes et Pascal, Montesquieu, Condorcet et Adam Smith, Voltaire et Rousseau, Turgot et Napoléon, Kant et Hegel, Tocqueville et Shopenhauer, Darwin et Stuart Mill, Spencer et Nietzsche, mais encore Ortega y Gasset, Tagore, Bernard Shaw, Wells, Thorndike, Toynbee.* (De Peretti, 1974, p. 47.)

Bref, à travers Kilpatrick, Rogers puise les sources d'une position éducative qui affirme la place centrale de l'expérience et de la réflexion personnelles dans la construction de soi-même et adhère à une vision de l'éducation fondée sur le développement intégral de l'enfant et sur la dynamique du changement comme source de progrès individuel et collectif.

Dans le domaine de la psychologie clinique, plusieurs approches participent à la formation de sa pensée. Au Teachers College, Rogers se familiarise avec une psychologie scientifique, objective, opérationnelle et statistique. L'influence du Teachers College se fera sentir dans sa thèse de doctorat sur le plan méthodologique et le confirme—encore qu'il marquera plus tard ses distances—dans son effort de soumettre le processus thérapeutique à l'investigation scientifique. Peu de temps après, en 1927-1928, Rogers se forme à l'orientation freudienne de l'Institut de New York. Dans les propos que rapporte Miguel de la Puente (1970, p. 42), Rogers témoigne de sa dette envers «les notions freudiennes de répression et de relâche» et admet sans détour que «sans la contribution de Freud, son œuvre n'aurait pas été possible». Évidemment, son contact avec le freudisme déborde largement son court passage à l'Institut—pensons à ses échanges avec Karen Horney, H.S. Sullivan, Otto Fenichel, Alexander F. et T.M. French comme il l'écrit lui-même—, mais il provoque la prise de conscience du clivage très net entre ces deux grandes orientations thérapeutiques. Comment Rogers a-t-il ressenti le conflit et de quelle façon s'est-il employé à le dépasser? Questions pertinentes sur lesquelles nous reviendrons plus loin.

D'autres influences fécondent également son œuvre. Mentionnons, entre autres, l'approche thérapeutique du psychanalyste Otto Rank, qu'il rencontre à Rochester, et la pratique d'inspiration rankienne des psychologues de la clinique pour enfants de Philadelphie comme celle des travailleurs sociaux de l'école de Pennsylvanie. Durant cette période, Rogers s'initie à la *relationship therapy;* il y trouve les germes de sa vision thérapeutique naissante: le respect absolu de la personne, la foi en sa capacité de trouver en elle-même les ressources de sa libération, l'importance de la dimension émotionnelle, le rôle capital d'un climat d'accueil qui favorise l'expression de la personne et l'effort de compréhension du présent plutôt que l'interprétation du passé.

Sur un plan philosophique, les lectures de Kierkegaard et de Buber le confirment dans sa démarche et lui révèlent une parenté de vues qu'il ne soupçonnait pas jusqu'alors. «Par là, comme le précise De la Puente (1970, p. 44), il rejoint l'*existential psychology* de Rollo May, Abraham H. Maslow, et d'autres psychologues américains et européens.» Kierkegaard, c'est le philosophe qui oppose à la dialectique hégélienne le drame quotidien de l'existence humaine, à l'«hypersystématisation» l'angoisse et la mort qui troublent la tranquillité de son âme; Buber, c'est l'auteur de *Je et Tu* (1923), le philosophe de la relation humaine, l'homme de l'«entretien authentique» et de la «parole dialogique» (de Peretti, 1974, p. 92).

Il ne faudrait pas passer sous silence l'impact de F. Zimring sur Rogers et surtout la contribution d'Eugène Gentlin. De ce dernier, Rogers reprend le concept d'«*experiencing*» ou d'«expérience vécue» et procède à une formulation plus phénoménologique de son approche thérapeutique

> *En termes plus formels, l'«experiencing» est un processus de sentiments ressentis* (feelings), *qui a lieu dans le présent immédiat, qui est de nature organismique*[5] *préconceptuelle, qui contient des significations implicites, et auquel l'individu peut se référer pour former les concepts. Toute conceptualisation, toute signification est basée sur cette première donnée de l'«experiencing».* (De la Puente, 1970, p. 134.)

Enfin, Miguel de la Puente (1970, p. 45) rapporte ceci:

> *Rogers se sent également débiteur de la «culture américaine dans toute sa complexité. Il fait ici référence à la philosophie de la vie américaine, plus exactement au rapport qu'il voit entre sa thérapie centrée sur le client et les principes démocratiques de son pays.*

La liberté et l'égalité sont fondatrices de l'Amérique. Rappelons-le brièvement: «*Novus Ordo Saeclarum*» est sa devise, comme le notait Hannah Arendt dans son ouvrage *La crise de la culture* (1972); un «nouvel ordre du monde» pour éliminer l'oppression et la pauvreté et permettre à chacun de réaliser sa dignité d'homme.

5. Terme que Rogers emploie souvent et qui désigne «une manière d'être et de percevoir une situation avec l'unité de tout l'organisme corporel et psychique» (De la Puente, 1970, p. 54).

12.3 ROGERS ET LA PSYCHOLOGIE AMÉRICAINE

Dans un ouvrage récent, *De la phénoménologie à la psychanalyse* (1989), Marc-André Bouchard présente brièvement dans son premier chapitre les orientations diverses qui relèvent de l'approche phénoménologique-existentielle en psychothérapie. Pour les besoins de notre propos, et pour situer davantage Carl Rogers parmi ses contemporains, il n'est pas inutile de reprendre l'essentiel de cette présentation. Pour ce faire, quatre orientations seront successivement commentées: l'approche des analystes existentiels, celle des psychanalystes humanistes, celle des psychologues humanistes et la gestalt-thérapie. Mais avant, un mot s'impose sur les fondateurs de l'approche phénoménologique-existentielle.

Les philosophes de l'existence—Kierkegaard, Heidegger, Sartre, Marcel, Jaspers—ont révélé à la conscience contemporaine le tragique de la condition humaine, le drame personnel et temporel de chaque individu confronté à sa possibilité, sa liberté et sa vérité subjective. S'inspirant de la phénoménologie—Husserl—, ils tentent de retrouver, par-delà les préjugés, les *a priori* et les apparences empiriques, la vérité de l'expérience, l'essence du phénomène tel qu'il apparaît à la conscience subjective. Sur le plan de la psychothérapie, «l'attitude phénoménologique consistera à tenter d'éliminer tout présupposé et à retourner aux choses elles-mêmes» (Bouchard, 1989, p. 22).

Biswanger, Minkowski et Boss sont les noms familiers de l'approche des analystes existentiels. Héritiers de Kierkegaard et de Husserl, de Heidegger et de Jaspers, ils sont également débiteurs de l'œuvre de Sigmund Freud. Ces analystes ont en commun un certain nombre de caractéristiques. Européens, ils sont de culture germanique; phénoménologues, ils cherchent à pénétrer le cœur de l'expérience telle qu'elle est vécue par l'individu. Successeurs de Freud, ils lui reprochent toutefois son réductionnisme, son matérialisme et son déterminisme.

> *Enfin, ils ont réagi à la fois de manière critique et admirative face à Freud; ils considèrent que le modèle freudien est* ***réductionniste*** *en ce qu'il ramène la diversité de l'expérience humaine à un jeu de quelques forces, telles que l'instinct de vie*

et l'instinct de mort; ils lui reprochent son ***matérialisme*** *qui consiste, par exemple, à expliquer la créativité par la pulsion sexuelle; tous expriment des réserves et des critiques sérieuses face au* ***déterminisme*** *absolu de l'inconscient dynamique.* (Bouchard, 1989, p. 23.)

Parmi les psychanalystes humanistes, on retrouve les noms d'Erich Fromm, de Karen Horney et d'Otto Rank. Formés à la tradition psychanalytique européenne, ils émigrent aux États-Unis, où ils poursuivent des carrières indépendantes. Subtils critiques de Freud, ils élaborent une approche psychanalytique dite humaniste et développent une réflexion, entre autres thèmes, sur le rôle de la liberté et de l'angoisse dans la névrose (Fromm) ou sur l'influence de la conscience anticipatrice «sur l'expérience du présent» (Horney).

Viennent ensuite les psychologues humanistes ou les psychologues de la «troisième force», selon l'expression consacrée d'Abraham Maslow. Ils sont de culture nord-américaine et psychologues de formation. On trouve dans ce groupe les noms de Allport, Murray, Murphy et, plus tard, les noms de Rogers, Kelly, Maslow, May et Bugental. Ces psychologues, malgré leurs divergences et la diversité de leurs approches, s'opposent au béhaviorisme et à la psychanalyse freudienne, qui dominent alors le champ de la psychologie américaine. Ils partagent, outre le souci de l'homme concret, les thèmes de l'amour, de la liberté, des valeurs, de la conscience de soi et de la créativité. Et chacun sait que, dans les années soixante, la floraison des mouvements de contre-culture est associée à ces psychologies de l'autoréalisation.

Quant à la gestalt-thérapie, elle s'apparente aux deux orientations précédentes. Bouchard décèle d'ailleurs deux tendances au sein de la psychothérapie gestaltiste: celle de la côte Est, dite fondamentaliste, qui s'inspire de Freud, Reich, Fromm, Rank, Goodman; et celle de la côte Ouest, révisionniste, plus près de la psychologie humaniste. Forts de cet éclairage, examinons d'un peu plus près la position de Rogers et la manière tout à fait originale dont il entreprend de résoudre le conflit entre le béhaviorisme et la psychanalyse classique ou, selon ses termes, entre les pôles «objectif» et «subjectif» de la psychothérapie.

Comme nous l'avons déjà signalé, à l'instant où Carl Rogers fait son entrée sur la scène de la psychologie clinique, deux grandes théories du comportement humain occupent déjà les planches, le béhaviorisme et le freudisme. Dès son séjour à New York, Rogers prend douloureusement conscience du clivage qui les oppose. Rogers (1971, p. 37) témoigne en ces termes:

> *L'année 1927-1928 à l'Institut de Guidance infantile fut une année très féconde. Je terminais mon doctorat au Teachers College, où des choses comme les émotions, ou la dynamique de la personnalité étaient complètement méprisées par Percival Symonds et d'autres membres du corps enseignant; Freud était un mot obscène. Tout était centré autour des mensurations et des statistiques. Au nouvel Institut de Guidance infantile, l'accent était au contraire mis sur un freudisme éclectique et contrastait de manière si aiguë avec l'approche du Teachers College qu'il ne semblait y avoir aucun terrain de rencontre possible. Je ressentais très vivement la tension entre ces deux points de vue.*

Cet antagonisme l'entraîne sur les chemins d'une perspective nouvelle. Aboutissement de sa démarche, sa position échappe au piège d'une vision dualiste de la thérapie et propose une orientation épistémologique où les pôles «objectif» et «subjectif», au lieu de s'exclurent, s'engendrent et se fécondent.

Pour Rogers, les principes de ces tendances—béhavioriste et freudienne—conduisent à la réification de la personne: l'une par la seule méthode de l'étude du comportement extérieur, l'autre par l'interprétation de la conduite humaine sur la base d'une grille d'analyse prédéterminée. D'emblée, il esquive ce double déterminisme—déterminisme du milieu pour l'un, déterminisme des structures inconscientes pour l'autre—et se propose d'étudier la personne en évitant l'«introspectionisme vague» de l'un comme l'approche exclusivement statistique et objective de l'autre (De la Puente, 1970, p. 22).

Aux tenants de l'approche béhavioriste du comportement, Rogers rappelle la réalité première de l'expérience subjective individuelle dans le processus thérapeutique. Par rapport à cette réalité fondamentale, l'explication scientifique, bien qu'importante, demeure secondaire. Mais, redisons-le, et comme l'indique De la Puente, Rogers s'est toujours intéressé à l'aspect opérationnel de la recherche. Aux autres, les chantres de la psychanalyse classique, Rogers rappelle l'exigence de l'investigation scientifique dans le processus thérapeutique. Il faut pouvoir vérifier les théories et définir les concepts en termes opérationnels. Miguel de la Puente (1970, p. 73) résume bien l'effort de Rogers:

> [...] *si Rogers lutte contre une façon d'aborder les phénomènes de la thérapie qui étouffe le pôle subjectif de la science (d'où ses critiques de l'objectivité scientifique), il s'oppose aussi à une façon de formuler les expériences thérapeutiques qui ne tiendraient pas compte du côté opérationnel de la recherche (le subjectif).*

Mais c'est Max Pagès (1986, p. 10-11) qui a su le mieux dire la position de Rogers:

> *En fin de compte les deux exigences phénoménologique et expérimentale, au lieu de s'exclure, ou de se résoudre dans un compromis confus, se renforcent mutuellement. L'expérience authentique de soi et d'autrui dans la thérapie ne tend pas à se refermer sur elle-même, mais au contraire à s'ouvrir à d'autres formes d'expérience; elle se formule en langage, d'abord le langage intime et privé qui assure la communication entre le thérapeute et le client, puis en langage théorique plus universel qui permet des communications plus étendues.* [...] *La méthode expérimentale, d'autre part, se nourrit de l'expérience phénoménologique, à moins de se couper de ses sources; elle est guidée par elle dans chacune de ses démarches et débouche aussi sur elle à son terme, lorsqu'il s'agit d'apprécier les résultats, d'en tester la validité ultime, de forger de nouvelles hypothèses.*

Cette position épistémologique est la marque personnelle de Rogers dans le champ de la philosophie des sciences; son activité professionnelle porte l'empreinte de cette démarche originale et novatrice. Toute sa vie durant, dans d'autres aspects de son travail, il a navigué sur les eaux de la recherche et de l'action. Chez lui, la théorie et la pratique, au lieu de s'opposer, se renforcent et se complètent.

12.4 LES FONDEMENTS DE LA PENSÉE ROGÉRIENNE: PSYCHOTHÉRAPIE ET ENSEIGNEMENT

Chez Rogers, la psychothérapie et l'enseignement présentent des rapports étroits. Différents sur certains aspects—par exemple la relation maître-élève n'est pas assimilable à la relation thérapeute-client—, ils se rejoignent toutefois quant à l'objectif fondamental qu'ils poursuivent: permettre à l'individu de faire un apprentissage significatif. Nous reviendrons plus loin sur cet aspect essentiel. Pour l'heure, portons notre regard sur son approche thérapeutique et, au premier chef, sur la conception de la personne qui constitue le fondement de ses positions éducatives et psychothérapiques.

12.4.1 La conception de la personne

La conception rogérienne de la personne et de ses transformations repose sur l'hypothèse du développement[6] ou ce qu'il désigne par le terme «*growth*». Selon Pagès (1986, p. 16), cette capacité d'autodétermination est double: «elle postule d'une part une **tendance actualisante** de l'organisme [...], système motivationnel unifié», qui pousse la personne à se développer suivant des fins qui sont déterminées par elle, et d'autre part «une capacité de **régulation**» qui permet à la personne de réajuster ou de modifier son concept de soi (*self-concept*) en fonction d'une meilleure adaptation à «la totalité de son expérience».

André de Peretti (1974) soulignait d'ailleurs finement l'incidence des origines rurales de Rogers sur sa conception du développement de la personne; la métaphore agricole du «*growth*» est centrale dans sa théorie. Dans une perspective rogérienne, la personne porte en elle une aspiration vers la plénitude, l'autoréalisation et l'épanouissement. La «tendance actualisante» concerne aussi bien la satisfaction des besoins élémentaires de l'individu que la progression de son autonomie. «Quant à la régulation, comme le précise Pagès (1986, p. 16), c'est un système d'**évaluation** de l'expérience» qui permet la réorganisation par l'individu de certains aspects de sa personnalité. Notons également que le «*growth*» est inné et universel aussi bien chez la personne «normale» que chez l'individu «troublé». Par conséquent, tout

6. Pour un exposé plus complet sur l'hypothèse du développement de Rogers et la théorie rogérienne de la personne, voir l'excellent ouvrage de Max Pagès (1986, p. 15-22).

l'effort de l'intervenant, du psychothérapeute, consistera à libérer le flux de cette tendance, à faciliter l'émergence des potentialités qu'elle recèle.

Pour Rogers, faut-il le rappeler, la nature profonde et intime de la personne est positive. Dans *Le développement de la personne* (Rogers, 1966, p. 91), il s'exprime en ces termes:

> *Un des concepts révolutionnaires qui surgit de notre expérience clinique est l'intuition croissante que le noyau intime de la nature de l'homme, les couches les plus profondes de sa personnalité, la base de sa «nature animale» est de nature positive, est socialisée à sa base, progressive, rationnelle et réaliste.*

À l'encontre des visions béhavioriste et freudienne, Rogers introduit la réalité de la conscience individuelle dans l'étude du comportement humain. Au déterminisme béhavioriste du milieu et au déterminisme psychanalytique des structures inconscientes, il oppose l'indéterminisme de l'autodétermination.

Suivant cette option, le phénomène de l'idiosyncrasie (St-Arnaud, 1987) fait dès lors son entrée dans l'enceinte de l'étude du comportement humain. Chaque personne est unique et interagit d'une manière qui lui est propre avec les autres et l'environnement. Conçue comme une totalité, une gestalt, elle n'est réductible ni aux automatismes de la machine, ni aux influences du milieu, ni aux forces obscures de l'inconscient. Pour Miguel de la Puente (1970, p. 77), Rogers aborde l'homme à travers le prisme d'une orientation existentielle, «à partir de son cadre de référence interne et phénoménologique». En définitive, ce qui est primordial et central dans la conception rogérienne de la personne, plus que son hérédité, son milieu ou ses structures inconscientes, c'est la possibilité que possède chaque homme de se créer, de se dire et de se réaliser, de se comprendre et d'agir sur lui-même, sur les autres et sur le monde.

12.4.2 La psychothérapie

La psychologie américaine devait trouver dans le conflit opposant les orientations béhavioriste et psychanalytique—confirmant leur caractère relatif comme modèle unique d'explication du comportement (St-Arnaud, 1987)—la source d'une voie nouvelle en matière de psychothérapie. Les béhavioristes postulaient la non-liberté de l'homme et n'avaient que faire des mouvements de sa conscience. Ils soumettaient à l'investigation scientifique le comportement extérieur, observable et mesurable de l'individu qu'ils cherchaient à modifier dans un sens jugé souhaitable. Quant aux psychanalystes, ils étudiaient et interprétaient le comportement de la personne à la lumière d'un appareil conceptuel prédéterminé. Dans les deux cas, selon Rogers, une même dénégation de «l'expérience consciente», un même rejet de la liberté subjective, un même refus de reconnaître à l'individu une compétence dans sa démarche de compréhension de lui-même. Entre l'une — béhavioriste—qui vise la modification du comportement et l'autre—psychanalytique—qui l'interprète, Rogers propose une orientation que certains analystes qualifient d'existentielle et de phénoménologique (De la Puente, 1970; Pagès, 1986).

Par approche phénoménologique, il faut entendre que le thérapeute pénètre au cœur de l'expérience intime de la personne, au centre de son «cadre de référence interne», pour mieux comprendre ses sentiments et plus fidèlement refléter, par la technique du miroir, la substance de ce qui lui est transmis. La compréhension phénoménologique réside dans cette expérience unique d'une rencontre de soi-même et d'autrui, dans la vérité partagée entre des personnes réelles, dans l'intersubjectivité.

L'objectif de la thérapie centrée sur le client est de «faciliter à l'individu l'examen de ses propres pensées et sentiments et de l'aider à découvrir ses propres solutions» (Atkinson et coll., 1987, p. 579). Témoin privilégié, et complice fidèle de la démarche de compréhension du client, le thérapeute de l'approche rogérienne postule que l'individu possède en lui-même toutes les ressources pour s'approprier, comprendre et organiser les éléments de son expérience intérieure. Vu sous cet angle, le rôle du thérapeute s'en trouve considérablement modifié. Rogers lui préfère d'ailleurs le terme de «facilitateur». Qu'est-ce à dire?

Le facilitateur n'interprète ni ne cherche à modifier le comportement de la personne. Patient, vigilant, il aide le client dans la clarification de ses sentiments, ses émotions et ses idées. Ouvert et disponible, il n'intervient que pour faciliter le processus de symbolisation par lequel la personne objective les tumultes de sa vie intérieure et parvient à une meilleure compréhension d'elle-même. L'empathie, la chaleur et la sincérité (la congruence) sont les qualités premières du facilitateur.

> *L'**empathie** se réfère à la capacité de comprendre les sentiments que le client tente d'exprimer et la capacité de communiquer cette compréhension au client. Le thérapeute doit adopter le cadre de référence du client et il doit s'efforcer de voir les problèmes comme le client les voit. Par **chaleur**, Rogers veut dire une acceptation entière de l'individu tel qu'il est, y compris la conviction que cette personne a la capacité d'agir de façon constructive par rapport à ses problèmes. Le thérapeute qui est **sincère** est ouvert et honnête et ne joue pas un rôle, pas plus qu'il ne se dérobe sous une façade professionnelle pour agir.* (Atkinson et coll., 1987, p. 580.)

Forts de cet éclairage, nous pouvons maintenant aborder les vues éducatives et pédagogiques de Rogers.

12.4.3 La pédagogie

En avril 1952, la vague rogérienne déferle sur une assemblée de professeurs de «collège», d'enseignants «d'avant-garde» réunis pour un séminaire à l'Université Harvard autour du thème «Influence des méthodes pédagogiques sur le comportement». L'exposé de Rogers plonge soudainement l'auditoire dans une eau trouble et dangereuse. Il s'y distingue par la concision de son propos et l'originalité de son approche. Les vues qu'il propose, comme les horizons qu'elles dessinent, soulèvent alors des flots de critiques et lui attirent les foudres de l'assistance. Ses déclarations ébranlent les digues du conformisme et les soutènements de l'édifice pédagogique traditionnel. En gros, Rogers incite à mettre le cap sur un autre port, à tendre les voiles pour un vent nouveau.

C'est dans ce texte de Harvard[7] que Rogers présente pour la première fois «le suc essentiel» de ses positions éducatives. En déportant sur le pôle de l'apprentissage l'intérêt pédagogique, Rogers contribue à inverser l'ordre hiérarchique qui prévalait jusqu'alors et qui accordait la primauté, comme chacun le sait, à l'enseignement et à l'enseignant qui le pratique. Tiré de ses expériences, de sa pratique de psychothérapeute et d'enseignant, que nous dévoile, en substance, ce texte de Harvard?

Dans un style direct et dénué d'artifices, Rogers (1976, p. 152) soutient qu'on ne peut pas «enseigner à quelqu'un d'autre comment enseigner»; que l'enseignement ou les connaissances qui résultent d'un enseignement sont peu utiles à la personne qui apprend; que les seules connaissances qui importent sont celles qu'elle découvre par elle-même et ces connaissances ne sont pas directement communicables à autrui. Par conséquent, le métier d'enseignant lui semble de peu d'intérêt. C'est que Rogers affirme ne s'intéresser qu'à l'apprentissage qui transforme en profondeur la personne, au processus cognitif et émotionnel qui rend possible la découverte de connaissances significatives sur soi-même, les autres et l'environnement. Rogers, il faut le préciser, en tirera des conséquences pratiques: abolition de l'enseignement tel qu'on le pratique, des examens qui en mesurent l'effet, des diplômes et des sanctions qui l'accompagnent.

Toutefois, gardons-nous de conclure que Rogers en appelle à la fermeture des établissements d'enseignement et au sabordage de l'activité enseignante qui en assure la pérennité. Il nous invite plutôt à la rénovation de l'école, de la pédagogie et des méthodes, au renouvellement des objectifs et des pratiques sur la base d'une vision nouvelle de l'apprentissage.

Cette rénovation à laquelle il nous convie prend appui sur la distinction qu'il opère entre les verbes «enseigner» (*teaching*) et «apprendre» (*learning*). Enseigner au sens d'«instruire», de «communiquer des connaissances ou un savoir-faire», au sens de «faire connaître», de «montrer, guider, diriger», ne présente aucun intérêt pédagogique suivant le point de vue de Rogers. Cette pratique enseignante s'arroge le monopole de la connaissance et impose de l'extérieur les contenus à assimiler. Qui plus est, elle gêne l'autonomie de l'élève, l'exercice de sa liberté et ses capacités à s'autodéterminer.

Au sujet de l'apprentissage, Rogers formule l'hypothèse que «l'étudiant désire apprendre, créer, se développer» (Pagès, 1986, p. 108). L'apprentissage trouve donc tout naturellement son origine à

7. Il est d'ailleurs repris dans ses ouvrages *Le développement de la personne* (1966) et *Liberté pour apprendre?* (1976).

l'intérieur de la personne elle-même et procède «de son mouvement intime et personnel» (*self-initiated*). Engagé tout entier dans un processus de transformation —intelligence et sensibilité—, l'individu désire faire des «apprentissages significatifs», c'est-à-dire un apprentissage qui le transforme en profondeur. «L'acte d'apprendre est "pénétrant" (*pervasive*)», dira Marquet (1971, p. 82) dans un petit ouvrage sur Rogers; «il a pour effet de transformer l'élève—et pas seulement de lui apporter quelque chose de plus—, de modifier son comportement, ses attitudes et peut-être même sa personnalité». Premier maître d'œuvre de son évolution, l'individu qui apprend est aussi le plus compétent pour juger du chemin parcouru, des connaissances acquises et de la route à choisir. Ce qui fait écrire ce qui suit à Pagès (1986, p. 108):

> *C'est dire que cet apprentissage ne peut être dirigé que par l'étudiant lui-même; l'information nouvelle sur soi et sur le monde ne sera intégrable d'une manière significative à la personnalité totale de l'étudiant que si elle est conquise par lui dans un mouvement autonome. Par conséquent, cet apprentissage ne peut, par définition, pas être transmis de l'extérieur.*

Dans un effort de synthèse intellectuelle, l'auteur de *Liberté pour apprendre?* (1976) expose un certain nombre de principes qu'il croit pouvoir tirer de sa longue expérience, de sa pratique assidue et de l'expertise de plusieurs collaborateurs. Reprenons dans l'ordre la dizaine de principes qui forment l'ossature de sa pensée.

Premier principe: «Les êtres humains ont en eux une capacité naturelle d'apprendre» (Rogers, 1976, p. 156). Tout être humain porte en lui-même le désir de croître, de se développer et d'élargir l'éventail de ses connaissances et le champ de son expérience. Pour Rogers, on peut faire confiance à cette «tendance naturelle». Tout ce qu'il préconise, tout ce qu'il propose pour l'avenir se fonde sur «le désir naturel d'apprendre de l'élève».

Deuxième principe: «Un apprentissage valable a lieu lorsque son objet est perçu par l'étudiant comme ayant un rapport avec ses projets personnels» (Rogers, 1976, p. 156). En d'autres termes, l'intérêt de l'élève ou son projet personnel est la source d'un apprentissage significatif. Ce type d'apprentissage suppose que l'élève perçoit la pertinence de l'information, des connaissances ou des habiletés à acquérir. Il en découle une amélioration de la vitesse d'apprentissage et du temps d'assimilation des contenus.

Troisième principe: «L'apprentissage qui implique un changement dans l'organisation du moi, ou dans la perception du moi, est ressenti comme menaçant, et on tend à y résister» (Rogers, 1976, p. 157). Principe explicite qui nous évite, croyons-nous, des gloses inutiles. Soyons brefs! Tout apprentissage qui prend sa source dans une contradiction, une remise en question des valeurs ou des conduites peut être ressenti comme une menace et entraîner «un changement réel dans la structure du moi», selon Rogers.

Quatrième principe: «Ces apprentissages qui sont menaçants pour le moi sont plus facilement perçus et assimilés lorsque les menaces extérieures sont réduites au minimum» (Rogers, 1976, p. 157). Ce principe capital nous rappelle que la profondeur ou la qualité d'un apprentissage, la modification du comportement qu'il entraîne, dépend également des conditions — favorables ou défavorables — dans lesquelles il se produit. C'est que l'environnement éducatif, l'attitude de l'enseignant et l'appréciation des autres élèves font maintes fois la différence entre la réussite, l'intérêt et le progrès ou le piétinement, l'échec et l'indifférence.

Cinquième principe (qui est une conséquence du précédent): «Lorsque la menace contre le moi est faible, l'expérience vécue peut être perçue dans ses nuances, et l'apprentissage peut avoir lieu» (Rogers, 1976, p. 159). À ce sujet, Rogers (1976, p. 160) s'explique en ces termes:

> [Dans la situation scolaire ordinaire,] *l'humiliation, le ridicule, le rabaissement, la colère et le mépris constituent des menaces contre la personne elle-même, contre la perception que chacun a de soi et, comme telles, interfèrent fortement avec l'apprentissage. Par contre, lorsque la menace contre le moi est faible, chacun utilise les moyens d'apprendre qui se trouvent à sa disposition, de façon à renforcer son moi.*

Sixième principe: «On apprend beaucoup et valablement dans l'action» (Rogers, 1976, p. 160). Héritage de Dewey qui montre l'attachement de Rogers à une démarche d'apprentissage où l'enfant est confronté à «des problèmes pratiques, des problèmes sociaux, moraux et philosophiques, des difficultés personnelles et des problèmes de recherche». L'élève est le premier responsable de son apprentissage et la pédagogie s'organise autour de ses initiatives et de ses actions.

Septième principe: «L'apprentissage est facilité lorsque l'étudiant détient une part de responsabilité dans la méthode» (Rogers, 1976, p. 160). Contre un apprentissage passif où les objectifs et les moyens sont décidés de l'extérieur, l'orientation rogérienne se réalise à partir de l'activité de l'enfant, des questions qu'il se pose, des objectifs qu'il poursuit, des moyens qu'il se donne. Pour Rogers, dans l'industrie comme dans l'enseignement, ce principe a démontré sa nette supériorité.

Huitième principe: «Un enseignement autodéterminé qui engage la personne tout entière—avec les sentiments autant qu'avec son intelligence—est celui qui pénètre le plus profondément et qui est retenu le plus longtemps» (Rogers, 1976, p. 161). Un apprentissage devient authentique et efficace quand la personne s'engage d'elle-même et pour elle-même dans un processus qui la transforme en profondeur sur les plans de l'intelligence et de la sensibilité. «Il est profond et pénétrant», pour reprendre les mots de Rogers, et n'attend pas l'aval d'une autorité pour révéler son importance et sa valeur.

Neuvième principe: «L'indépendance d'esprit, la créativité, la confiance en soi sont facilitées lorsque l'autocritique et l'autoévaluation sont considérées comme fondamentales et que l'évaluation par autrui est vue comme secondaire» (Rogers, 1976, p. 161). Ces qualités s'acquièrent dans un climat qui les favorise, dans un contexte qui encourage pour chacun la prise en charge de son évaluation personnelle quant à ses attitudes, ses choix, ses idées et ses actions. Une saine ambiance de liberté relative est source d'autonomie et de créativité.

Dixième principe: «Dans le monde d'aujourd'hui, l'apprentissage le plus utile socialement, c'est l'apprentissage des processus d'apprentissage, c'est aussi d'apprendre à rester toujours ouvert à sa propre expérience et à intégrer en soi le processus même du changement» (Rogers, 1976, p. 162). «**Apprendre à apprendre**» est la pierre angulaire d'un renouveau pédagogique dans un monde de transformations rapides et qui fait du changement le sens même de son devenir. Il serait illusoire, selon Rogers, de se rabattre sur des contenus d'apprentissage issus d'un passé révolu; anachronique de poursuivre des finalités immuables et de soumettre l'élève à des processus et des formules figés. L'avenir du monde passe par l'éducation au changement.

Évidemment, dans l'esprit de Rogers, cette renaissance pédagogique doit s'accompagner d'un renouvellement des ressources, des visées et des pratiques et d'une transformation en profondeur du rôle de l'enseignant et de ses responsabilités. Pour soutenir cette «liberté pour apprendre», Rogers propose en enfilade quelques-unes des qualités requises pour exercer le métier et libérer l'élève de la sujétion et de la contrainte. Quel est le rôle de l'enseignant comme facilitateur d'apprentissage et quelles sont ces qualités essentielles?

D'abord, comme facilitateur, l'enseignant doit créer un environnement d'apprentissage riche et stimulant, axé sur la croissance personnelle, les besoins et les intérêts de l'élève (Tardif, 1992); un environnement libre et flexible qui permette à l'élève d'explorer des ressources et de faire des choix significatifs en fonction de ses besoins d'apprentissage. Il lui revient aussi, en tenant compte des conflits, de la diversité des caractères et des oppositions, de créer une atmosphère de sérénité, d'acceptation mutuelle et de confiance réciproque, et de s'y consacrer jour après jour par tous les moyens éducatifs possibles. Le facilitateur travaillera à la clarification des objectifs individuels d'apprentissage comme à la définition des projets collectifs de classe. Acceptant la diversité des intérêts et des projets—contradictoires ou complémentaires—, l'enseignant comme facilitateur considère d'abord le désir de l'élève de réaliser un projet significatif à ses yeux. Rogers (1976, p. 163) y voit «la force motivante qui soutient un apprentissage signifiant».

En outre, le facilitateur veille à procurer «le plus grand éventail possible de ressources d'apprentissage». Toutes s'équivalent si elles sont désirées par l'élève et susceptibles de le soutenir dans l'accomplissement de son projet: livres et textes, documents sonores ou audiovisuels, visites documentaires, aide d'une personne-ressource, d'un conseiller ou d'un expert, ou encore de l'enseignant lui-même si telle est la demande de l'élève et pour autant qu'il puisse convenablement répondre à la demande.

Si l'empathie est une des qualités du psychothérapeute, elle est également primordiale chez l'enseignant comme facilitateur. Pour l'essentiel, elle représente une attitude d'ouverture inconditionnelle à la dynamique du groupe sur les plans intellectuel et émotionnel, une capacité de comprendre de l'intérieur les sentiments ou les réactions des élèves. «Dans la mesure où il peut être authentique en agissant ainsi, dira Rogers (1976, p. 163), le facilitateur accepte les raisonnements et les conceptualisations aussi bien que les sentiments personnels et profonds.» Authentique autant que faire se peut, il partage ses vues et ses opinions, mais aussi ses craintes sans faux-fuyants. Dans le vocabulaire de Rogers, il est alors sincère, congruent. Peu à peu, suivant «le climat d'acceptation», le facilitateur devient lui-même un membre du groupe, une personne qui participe à chaque instant à l'effort d'apprentissage individuel ou collectif. Attentif et dévoué, il ne juge ni ne condamne et se garde de paroles culpabilisantes qui entravent ou retardent la progression de l'élève.

Enfin, et ce sera notre dernier point, le facilitateur est conscient de ses limites et de ses faiblesses. Il sait que l'exercice de la liberté est toujours difficile et qu'il ne peut donner de liberté à ses élèves que dans la mesure où lui-même peut l'assumer. Il sait aussi que son degré de compréhension est lié à son désir véritable d'entrer en communication sincère avec l'élève. Il ne se livre que pour autant qu'il en est capable et ne témoigne sa confiance que s'il l'éprouve. Au fond de lui-même, il sait que ses faiblesses, ses travers et ses manquements pavent quelquefois la voie de la méfiance. Alors il reprendra la tâche interminable de se connaître lui-même, de se dire et de s'exprimer pour ainsi, peut-être, «devenir un meilleur facilitateur d'apprentissage» (Rogers, 1976, p. 165).

12.5 LES PÉDAGOGIES OUVERTES AU QUÉBEC

Septembre 1959: les projecteurs s'éteignent et le rideau tombe sur les années du régime Duplessis. «Un homme passe, mais un peuple se renouvelle», disait Alfred de Vigny. Le Québec ne sera plus jamais le même. Après les durs moments de la crise de 1929 et les misères de la Seconde Guerre mondiale (1939-1945), le Québec connaît enfin les premières heures de la prospérité socio-économique. En effet, aussi bien le marché du travail—le chômage est de 2,5% en 1947 au Québec—que les services à la population, la production industrielle et l'exploitation des richesses naturelles progressent de façon notable. Sur le plan politique, le gouvernement de l'Union nationale (1944-1959) marque le Québec d'une forte empreinte nationaliste et traditionaliste. De connivence avec les dirigeants de l'Église, le régime Duplessis résiste à la modernisation de la société et tient les institutions sous l'emprise d'une vision conservatrice et dogmatique. «La grande noirceur» est l'expression consacrée pour désigner cette période d'immobilisme sociopolitique. À la mort de Duplessis, la tension monte et l'on sent bien le vent qui annonce de profonds changements. Témoin privilégié de l'époque et intellectuel de premier plan, cédons la parole au sociologue Guy Rocher. À la question que lui adresse Georges Khal: «Comment perceviez-vous le Québec à l'époque?» Guy Rocher (1989, p. 41) répond:

> *Comme un pays encore à faire. C'est-à-dire un pays qui sommeillait dans un passé dépassé. [...] Au point de vue social, c'était la grande noirceur du régime Duplessis. On était en pleine idéologie faussement traditionaliste, tandis qu'un nationalisme étriqué était au pouvoir. Et puis il y avait une telle connivence entre les pouvoirs religieux et politiques que tout paraissait bloqué.*

Juin 1960: les libéraux accèdent au pouvoir avec le slogan «C'est le temps que ça change». Dès lors, une ère nouvelle commence; le Québec entre de plain-pied dans la modernité[8]. Les changements, nombreux et rapides, touchent tous les aspects de la vie collective québécoise. Pour qualifier cette période de rattrapage et de transformations radicales, d'effervescence intellectuelle et de bouillonnement des idées, le Canada anglais propose l'expression devenue célèbre de «révolution tranquille». Avec une rapidité

8. Notre manière succincte de présenter les choses donne à penser que la mort de Duplessis a propulsé tout d'un coup le Québec dans la modernité. Évidemment, les choses sont plus nuancées. Le Québec amorce déjà sa modernisation à l'époque de la crise de 1929. Voir à ce sujet Claude Couture (1991).

étonnante, le Québec met en place une administration publique et des services sociaux, et procède à une restructuration collective de son économie. Sur le plan des mœurs également, de la culture et des représentations, le Québec devait connaître une prodigieuse mutation. L'ensemble des croyances et des pratiques qui cimentaient jadis l'édifice social est soudainement mis au rancart. Pour relever les défis de l'industrialisation et répondre aux exigences d'une société moderne, l'État procède à une vaste transformation de son système d'enseignement.

En 1961, la commission Parent voit le jour et elle remet son premier rapport en 1963. Dès 1964, à la suite de ses recommandations, le ministère de l'Éducation est créé. Quelques années plus tard, en 1966, la Commission royale d'enquête sur l'avenir de l'enseignement dans la province de Québec ajourne ses travaux après cinq années de réflexion soutenue, d'échanges intenses et de discussions serrées. Une profonde rénovation des structures administratives et pédagogiques sera dès lors à l'agenda des réformes qui attendent le Québec. La Commission propose la mise sur pied d'un véritable système public d'enseignement qui vise à rendre accessible à tous les enfants une éducation moderne, quels que soient leur langue, leur statut socio-économique ou leur lieu d'origine. En outre, pour faciliter l'accès du plus grand nombre à l'enseignement supérieur, le Québec se dote d'une structure collégiale d'enseignement général et professionnel et d'un vaste réseau d'établissements universitaires comprenant des constituantes, des écoles spécialisées et des instituts de recherche. Dès son premier rapport, la commission Parent (1963, p. 83) énonce clairement ses objectifs : « Donner à chacun la possibilité de s'instruire ; rendre accessibles à chacun les études les mieux adaptées à ses aptitudes et à ses goûts ; préparer l'individu à la vie en société. »

C'est également dans ce contexte de rénovation sociale que s'amorce une vaste réflexion philosophico-pédagogique sur le sens de l'activité éducative et les valeurs à transmettre. Déjà largement diffusées dans le monde anglo-saxon et la francophonie, les idées de Carl Rogers auront un certain retentissement sur la démarche de plusieurs pédagogues québécois. Dans la section qui suit, nous vous présentons leur réflexion. La pédagogie organique (Conseil supérieur de l'éducation, Pierre Angers), la pédagogie ouverte d'André Paré et la pédagogie de l'autodéveloppement de Claude Paquette seront successivement abordées.

12.5.1 Le modèle « organique » de l'activité éducative

Le modèle organique de l'activité éducative est proposé au moment où le Conseil supérieur de l'éducation (CSE) publie son rapport annuel intitulé *L'activité éducative* (1971). Simultanément, le ministère de l'Éducation rendait public le gigantesque rapport *L'Opération Départ* (1971). Quelques années plus tard, Pierre Angers présentait également sa conception organique de l'activité éducative dans *Les modèles de l'institution scolaire* (1976).

En même temps que le réaménagement des structures administratives et pédagogiques, le Québec poursuit une réflexion collective sur le sens, les valeurs et les finalités de l'activité éducative. Car c'est elle, en dernière instance, qui éclaire et achève les efforts consentis dans l'ordre des moyens. En d'autres termes, l'activité éducative est primordiale dans le système d'enseignement ; les instruments n'existent qu'en fonction de l'activité éducative, qui leur donne une portée réelle et véritable.

Réfléchir sur la nature de l'activité éducative, c'est réfléchir sur l'homme à façonner, l'homme d'aujourd'hui et de demain, auquel il reviendra de bâtir le monde à venir. Au cœur de l'activité éducative se trouve une question fondamentale : quelle image de l'homme avons-nous et suivant quelle idée voulons-nous le former ?

Dans leur rapport, les membres du Conseil supérieur de l'éducation (1971) proposent à la réflexion publique deux orientations différentes, deux conceptions de l'activité éducative : l'une s'inspirant d'une vue mécaniste des choses et l'autre, d'une vue organique. Cette polarisation des tendances mérite qu'on s'y attarde.

Suivant la conception mécaniste de l'activité éducative, l'enfant est un être passif qu'il faut éduquer par la contrainte, et son indolence, ou « sa résistance à l'apprentissage », s'explique par une sorte d'« inertie congénitale». Éduquer consiste alors à soumettre, à dresser et à redresser l'enfant sous l'effet d'une «action coercitive constante et soutenue» (CSE, 1971, p. 33).

Sur le plan épistémologique, la vision mécaniste du développement et de l'apprentissage procède d'une séparation radicale entre le sujet et l'objet, conçus dès lors comme des entités autonomes, «des en-soi pleinement constitués», dirait Angers. Dans cette perspective, le monde de l'objet est donné comme absolu et l'apprentissage résulte de «l'investissement du sujet par l'objet» (Angers, 1976, p. 44). Savoir consiste alors à se représenter, de façon claire et distincte, la réalité du monde donnée comme immuable. Conception rationaliste de la connaissance s'il en est une où «certitude et vérité» coïncident dans la conscience envisagée comme pure transparence.

Si on transpose cette vision sur le plan scolaire, enseigner consiste alors à transmettre des connaissances, à communiquer des objets de savoir préalablement choisis de l'extérieur, et organisés ensuite sous la forme d'un programme, que l'élève ingurgite en respectant la rigueur d'un processus séquentiel d'apprentissage. Si enseigner consiste à transmettre, alors apprendre consiste à recevoir, à enregistrer, à reproduire le savoir en vue d'un contrôle. Soumis à la logique de la matière et à l'autorité du maître, l'élève n'a plus qu'à se soumettre et à prendre la place qu'on lui assigne dans l'ordre inaltérable de la société. Expulsé du processus de sa formation, il n'a plus qu'à consentir et à s'offrir en pâture à l'action du maître.

Pour les tenants de la conception organique de l'activité éducative, l'orientation mécaniste présente plusieurs lacunes. D'abord, elle n'atteint pas les régions profondes de la personnalité de celui qui apprend: sa vie émotive, ses attitudes, sa perception de lui-même, ses motivations et ses désirs profonds. Ensuite, parce qu'elle demeure à la surface des choses et qu'elle effleure le frémissement de la vie réelle, la conception mécaniste de la pratique éducative débouche sur une «pédagogie de la contrainte». Ce faisant, elle n'amène pas l'élève à la compréhension véritable, qui prend racine dans les questions qu'il se pose et qui l'incitent à trouver des solutions originales, significatives et personnelles . «Les connaissances qui marquent et qu'une personne retient sont celles qu'elle recherche et qu'elle est motivée à apprendre» (CSE, 1971, p. 36). Enfin, dernière critique, l'idée de l'homme qu'elle comporte s'inspire d'une vue mécaniste des choses.

> *Nous voulons dire par ce mot que l'étudiant n'est pas considéré comme véritablement doué d'un dynamisme de croissance, comme pourvu des ressources et des motivations qui sont capables de le conduire à apprendre et à comprendre par lui-même les disciplines qu'il étudie, c'est-à-dire par goût et par décision personnelle.* (CSE, 1971, p. 36)

Tout autre est la conception organique de l'activité éducative. Elle s'enracine dans une vision des choses qui fait de l'élève un être doué de ressources intérieures et animé d'un dynamisme profond. Le postulat fondamental qui la soutient s'énonce comme suit:

> *Le centre de la nature humaine, les régions les plus intérieures de la personne, le dynamisme vital de la personnalité sont quelque chose de positif, ce dynamisme tend naturellement à la croissance et au développement de tout l'être; il est rationnel, réaliste et dirigé vers le progrès de la personne.* (CSE, 1971, p. 38.)

De cette conception de la personne et de son développement, on notera surtout les affinités qu'elle présente avec la pensée de Rogers. Pour les défenseurs de ce second modèle, l'élève, en effet, est un être actif, doué d'un élan intérieur, et orienté par les motivations profondes de son organisme. Il possède en lui-même toutes les ressources nécessaires à sa croissance et à son épanouissement. Inventif—pour autant que le milieu ne s'avise pas de l'entraver—, il est capable d'autonomie, d'engagement, de prise de décisions personnelles, d'autocontrôle, d'adaptation au changement, bref, d'autoéducation. C'est ce qui en fait d'ailleurs l'expert, l'agent premier de son apprentissage et de son développement. L'apprentissage présente donc les caractéristiques d'une expérience éminemment active et trouve son origine et sa finalité dans le dynamisme intérieur de celui qu'on appelle le «s'éduquant».

Mettre ainsi l'accent sur les ressources intérieures et le dynamisme de l'élève, c'est promouvoir une pratique éducative qui s'engage à éveiller ses facultés d'imagination et de création et à libérer ses «puissances de compréhension, d'intuition et d'interrogation» (CSE, 1971, p. 38). Une telle vision de l'intervention éducative adhère non seulement aux objectifs de formation intellectuelle, mais également aux objectifs de maturation affective et de développement social de l'élève.

> *Selon cette conception, le progrès interne de l'étudiant et le mouvement indéfini de sa croissance intérieure sont des objectifs infiniment plus importants que la somme de connaissances acquises, l'étendue du programme parcouru, le nombre des diplômes accumulés et le nombre d'années d'études poursuivies. Nous appelons ce modèle: organique, parce que l'activité éducative prend appui sur les ressources intérieures de l'étudiant.* (CSE, 1971, p. 39.)

Suivant Angers (1976), cette conception de l'activité éducative met en scène une conception de la connaissance qui prend sa source dans la philosophie, notamment dans la démarche phénoménologique et dans la réflexion épistémologique, et dans les cercles des sciences physiques et biologiques depuis le début du XXe siècle. En substance, il ressort de ce modèle que la connaissance résulte d'une démarche, d'un processus actif, d'un projet, d'une interaction entre le sujet et l'objet. Cette position amène Angers (1976, p. 65) à élaborer un modèle environnemental de l'activité éducative; il écrit:

> *Il n'est donc pas question de subordonner le dynamisme des démarches du s'éduquant à la logique de la matière, ni de subordonner la logique de la discipline à la logique du s'éduquant. Les deux termes doivent conserver, pour fonctionner pleinement, la plénitude de leur densité: le s'éduquant, l'usage complet de ses pouvoirs de connaissance et la discipline, l'intégrité de ses exigences.*

Il s'agit donc d'instaurer dans l'enseignement un environnement conforme à cette orientation épistémologique, c'est-à-dire un environnement stimulant, qui amène à l'interrogation, qui développe les capacités de l'élève et qui favorise l'émergence d'un projet éducatif individuel. Située dans une perspective environnementale, la didactique se concentre alors sur l'étude de l'activité de connaître «déclenchée par l'environnement scolaire, sur les formes d'assistance qu'il est utile de lui apporter et sur les conditions de l'environnement qui favorisent ou non l'apprentissage» (Angers, 1976, p. 70).

Quant à l'enseignant, centré sur l'élève et sur son processus d'apprentissage, il subordonne son activité et son assistance à l'activité de l'élève. Observateur attentif et fin analyste, il organise l'environnement éducatif de manière à le rendre dynamique et n'intervient dans le déroulement de l'interaction que s'il la favorise et s'il répond au besoin et au désir de l'élève. Ouvert, disponible et à l'écoute de l'élève, il fait preuve de «sympathie affective et intellectuelle» à son égard et se montre sensible à ses problèmes comme à ses besoins. Agent coopérateur, il offre son concours, son expérience et son savoir sans exercer de pressions aussi maladroites qu'inutiles sur l'élève.

Débordant le cadre étroit du seul établissement scolaire, la conception organique de l'activité éducative rejaillit sur l'ensemble de la société, qu'elle cherche à transformer sous l'effet d'une action politique éclairée et constructive. Affirmant sa foi dans l'homme, dans sa capacité de vivre d'une manière créative, elle refuse de subordonner la société aux fins d'un individualisme sauvage et aveugle comme elle refuse de subordonner l'homme aux fins absolues et extérieures de la société. Elle propose plutôt de maintenir en interaction, dans un état d'équilibre précaire et constamment renouvelé, les fins de l'homme et les fins de la société. Elle suscite de la part de chaque homme son engagement et l'incite à conjuguer ses forces aux efforts des autres hommes dans la construction du monde. Par les facultés de sa pensée, son action positive et sa capacité de distanciation critique, l'homme contribue au renouvellement de la société comme à celui des possibilités de création de l'homme par lui-même[9].

9. La conception organique de l'activité éducative de Pierre Angers est exposée et développée dans un grand nombre d'ouvrages. Dans son dernier titre, *L'activité éducative. Une théorie, une pratique* (1993), il examine, en collaboration avec Colette Bouchard, différents aspects de l'activité éducative: la création d'une vie collective, l'aménagement de la classe et l'intervention pédagogique. Pour une vue plus concrète de l'activité éducative de type organique, nous recommandons la lecture de ce livre.

12.5.2 La pédagogie ouverte de Paré

En 1977, André Paré proposait aux éducateurs le fruit de ses années de recherche, de sa réflexion personnelle et d'expériences menées dans le monde de l'éducation. «C'est une des intentions de cet ouvrage d'exprimer une conception de la pédagogie issue de l'action menée sur le terrain, dans les écoles et à l'université», dira-t-il dans l'avant-propos de son ouvrage (Paré, 1977, p. 19). Trois volumes constituent la totalité de l'ouvrage *Créativité et pédagogie ouverte.*

Paré consacre son premier volume, *Pédagogie encyclopédique et pédagogie ouverte*, à l'analyse critique de ce qu'il appelle l'école «encyclopédique» et s'applique à dégager les principes d'une pédagogie ouverte. L'étude de la créativité et de la résolution de problèmes constitue l'essentiel du deuxième volume, *Créativité et apprentissage.* C'est à partir de cet examen que Paré dégage les caractéristiques du fonctionnement optimal d'un individu. Le troisième volume, *Organisation de la classe et intervention pédagogique*, présente au lecteur des considérations sur l'organisation de la classe et aborde les problèmes que soulève la mise en place d'une pédagogie ouverte en milieu scolaire.

Il nous est impossible de présenter le détail de cet ouvrage dans le cadre d'un chapitre dont les développements ne dépassent guère l'esquisse. Par conséquent, nous passerons outre son analyse de l'école «encyclopédique». Ce genre d'école, qui s'appuie sur les postulats de l'encyclopédisme, du dogmatisme et de l'autoritarisme, produit sur l'organisme des effets pervers que l'expression «pathologie affective et cognitive» traduit sur le plan conceptuel. Nous passerons également sur la description de la démarche de créativité, sur les aspects rationnels et irrationnels qui l'alimentent comme sur les techniques qui la favorisent. Enfin, nous laisserons à des études ultérieures les problèmes d'organisation que suscite la mise en place d'une pédagogie ouverte. Nous nous en tiendrons rigoureusement à la présentation des postulats philosophiques et pédagogiques qui soutiennent l'approche de Paré ainsi qu'à la description de son modèle pédagogique fondé sur les propriétés de l'organisme, les composantes de l'environnement et les axes de l'apprentissage.

Les postulats

Toute conception de l'éducation, de la connaissance et de l'apprentissage propose une certaine vision de l'homme et toute transformation des croyances pédagogiques suppose une modification des postulats qui la soutiennent. Une pédagogie ouverte, une pédagogie orientée vers la croissance optimale de l'individu et centrée sur sa relation avec l'environnement repose sur des principes, des postulats ou des croyances—Paré n'établit pas de distinction entre ces termes—différents de ceux qui appuient la conception encyclopédique de l'apprentissage. Voyons en enfilade les principes énoncés par Kelly[10] et que Paré reprend dans un chapitre de son premier volume:

- «Les êtres humains sont ce qu'il y a de plus important au monde» (Paré, 1977a, p. 158). Le monde n'acquiert de signification que par l'action constante d'une conscience subjective. C'est dans cet échange permanent entre l'homme et le monde que résident la consistance du monde et la source de toute connaissance.
- «Les enfants sont des humains» (Paré, 1977a, p. 159). En cela, ils ont droit à tous les égards que réclame la dignité humaine. Libres et égaux en droits, ils sont capables d'autonomie, de prise de responsabilités et de libre arbitre. Aussi, ils ont le droit d'exprimer ouvertement ce qu'ils pensent et ce qu'ils sont et de progresser selon les tendances profondes qui les animent.
- «Chaque personne est unique» (Paré, 1977a, p. 160). Tout être humain est unique sur les plans biologique et psychologique et son développement tend à renforcer sa singularité.
- «Si un être humain est diminué, toute la collectivité est diminuée» (Paré, 1977a, p. 160). Nous vivons tous en interaction et dans une relation d'étroite interdépendance. Si l'un de nous est diminué, l'ensemble de la collectivité est affecté. La croissance optimale de l'un est liée à la croissance optimale de l'autre.
- «Les enfants viennent au monde normaux» (Paré, 1977a, p. 161). À l'exclusion d'une infime

10. E.C. Kelly publia en 1947 *Education for What is Real.*

proportion, tout être humain est normalement constitué à la naissance et possède en lui les ressources nécessaires à son plein épanouissement.

- «Tout au long de sa vie, l'être humain change et change pour le mieux» (Paré, 1977a, p. 161). Chacun trouve la voie qui lui est propre et les moyens appropriés pour se réaliser. Paré (1977a, p. 162) s'explique:

  > *Le changement est inscrit dans la nature comme une propriété de tout organisme.* [...] *Dans une terminologie rogérienne, nous pourrions dire que tout humain, dès sa naissance et jusqu'à sa mort, a en lui la capacité de trouver ce qui lui est nécessaire, ce qui est le plus utile à sa croissance et qu'il peut mieux que quiconque déterminer les voies et les directions qui lui conviennent.*

- «Aucune croissance n'est possible sans engagement» (Paré, 1977a, p. 162). La croissance personnelle procède d'un engagement de la personne dans un projet qui lui paraît significatif.
- «Les sentiments sont aussi importants que le savoir» (Paré, 1977a, p. 163). L'homme est une gestalt et c'est la totalité de son être qui interagit avec l'environnement. Toutes les propriétés de l'organisme sont des dimensions essentielles de l'apprentissage, de la croissance et du changement.
- «La réalisation d'un être humain implique la liberté» (Paré, 1977a, p. 163). L'homme libre dispose de sa personne. C'est dans cette libre disposition de lui-même, dans sa connaissance des limites de l'environnement et de ses ressources que réside sa réalisation.
- «Toute forme de rejet et de ségrégation est une entrave à la croissance» (Paré, 1977a, p. 163). Pour s'engager librement dans un processus de croissance, l'homme doit être libre des pressions extérieures, des forces de servitude qui cherchent à le modeler ou à l'asservir.
- «Notre tâche d'éducateur consiste à optimiser la croissance» (Paré, 1977a, p. 164). Par tous les moyens possibles, l'éducateur doit libérer le flux de la croissance individuelle, en faciliter le jaillissement et mettre en place les conditions qui la favorisent.

Sur la base de ces postulats, l'école a pour mission essentielle de produire des êtres humains actualisés, car l'actualisation de soi, dans la perspective de Paré (1977a), importe bien davantage que l'acquisition de simples techniques.

> *Se définir, s'identifier, se différencier, devenir de plus en plus conscient, mieux outillé sensoriellement, affectivement et cognitivement, voilà le sens de l'actualisation de soi.* (Paré, 1977a, p. 164.)

Paré puise d'ailleurs chez Rogers les caractéristiques d'une personne actualisée. D'abord, cette personne fait preuve d'**ouverture à l'expérience**, c'est-à-dire qu'elle est en contact avec ce qui se passe tant à l'intérieur qu'à l'extérieur d'elle-même. Ensuite, **la personne actualisée devient un processus**, elle prend conscience de sa croissance permanente. Acteur principal et observateur privilégié de son cheminement, l'individu est toujours en route, jamais fixé, et connaît les joies de l'engagement dans un processus de changement indéfini. Enfin, la personne actualisée a **confiance en son propre organisme** (Paré, 1977a, p. 168).

Cette nouvelle conception de l'homme et cette mission renouvelée de l'école incitent Paré à énoncer de nouveaux principes pédagogiques. Dans son premier volume, *Créativité et pédagogie ouverte*, Paré (1977a) fait siens les principes pédagogiques proposés par l'État du Vermont à ses éducateurs: mettre l'accent sur l'apprentissage plutôt que sur l'enseignement; accepter l'élève comme une personne à part entière; miser sur le désir que chacun possède de donner un sens à son environnement et d'apprendre; s'efforcer de développer l'imagination, l'originalité, la pensée créatrice individuelle; permettre à chacun de se développer selon ses habiletés physiques, intellectuelles, sociales ou affectives; concevoir l'éducateur comme un guide et un partenaire; encourager chez l'élève le sens des responsabilités et stimuler ses capacités d'autoévaluation.

Comment se définit alors une pédagogie ouverte? C'est une pédagogie intégrée qui tient compte à la fois des aspects individuels de l'apprentissage et des apports extérieurs, en d'autres termes des exigences individuelles de croissance optimale comme des richesses de l'environnement. Paré soutient une pédagogie intégrative, c'est-à-dire une pédagogie qui prend en considération la totalité de l'être et la totalité de l'univers. Toute connaissance résulte d'une interaction entre l'organisme humain et l'environnement. Cette relation constitue le pivot de l'apprentissage. L'individu et l'environnement forment donc les pôles indissociables de ce modèle pédagogique.

Le modèle pédagogique

Le modèle pédagogique de Paré est fondé sur les propriétés de l'organisme, soit les dimensions sensorielle, émotionnelle et intellectuelle de l'apprentissage. C'est d'abord par les sens que l'enfant prend contact avec l'univers, par les sens aussi qu'il puise dans le monde de l'information de toute nature. Les sens représentent autant de fenêtres ouvertes sur la réalité du monde. Mais la sensation ne vient pas seule, elle s'accompagne de réactions affectives, positives ou négatives: c'est l'aspect émotionnel de l'apprentissage. L'organisation et le traitement de l'information renvoient à la dimension intellectuelle de l'apprentissage et produit des comportements plus ou moins adaptés à l'environnement.

Mais l'organisme ne saurait se développer, et la structure interne de l'individu se construire—ce que Paré appelle aussi le *self* pour désigner l'état actuel de cette structure—sans une relation soutenue avec l'environnement, qui lui fournit ses données premières, ses stimulations et son information. C'est par cette relation que l'enfant élabore peu à peu ses schèmes d'action, ses représentations et ses concepts, et qu'il bâtit sa vision de l'homme et du monde. L'environnement est l'autre pôle de l'apprentissage.

> *J'appelle «environnement» tout ce qui existe autour de nous, c'est-à-dire l'ensemble du champ dans lequel, à tout instant, nous baignons, entendu que chaque individu fait lui-même partie de ce champ. C'est tout ce qui nous atteint ou tout ce que nous pouvons atteindre et qui nous fournit un matériel ou des informations diverses que notre organisme peut traiter.* (Paré, 1977a, p. 213.)

Paré distingue aussi trois types d'environnement: l'environnement physique, l'environnement social et l'environnement intérieur. Le premier concerne tout ce qui nous entoure, les éléments de la nature comme les objets qui la composent ou les phénomènes que nous essayons d'expliquer. L'ensemble des êtres avec lesquels nous vivons de même que l'ensemble de nos relations forment l'environnement social de l'individu. Enfin, l'environnement intérieur renvoie à nos modèles intérieurs, à notre manière propre de sentir les choses, à notre façon d'interpréter le monde. L'école, dit Paré, doit ménager une place à ces trois environnements dans l'organisation du milieu éducatif.

Le modèle de Paré, outre la place qu'il réserve à l'analyse des propriétés de l'organisme et aux composantes de l'environnement, fait également une large place à l'analyse des différentes directions suivant lesquelles l'organisme apprend et se développe: la recherche, l'expression et la gestion. Elles forment les axes autour desquels s'organise la pédagogie ouverte. Interdépendantes et «intimement imbriquées les unes dans les autres», ce n'est que pour les besoins de l'analyse que Paré s'applique à séparer ces dimensions de l'apprentissage.

L'axe de la recherche renvoie à la dimension accommodatrice de l'organisme, c'est-à-dire à la dimension de l'organisme qui recherche une plus grande cohérence entre ses modèles d'explication de la réalité et l'information qui afflue de l'extérieur. C'est la partie où l'organisme procède à des réajustements par une démarche de résolution de problèmes. Plusieurs phases la caractérisent: la phase d'exploration, de manipulation et d'observation; la phase de formulation du problème; la phase de recherche de l'information; la phase de formulation d'hypothèses et d'inférences; la phase de vérification et d'application des principes; enfin, la phase de communication des résultats. Évidemment, ces étapes ne sont pas toujours aussi distinctes et ne se présentent pas toujours dans cet ordre strict. C'est que la recherche comporte bien des surprises dont ne rend pas compte cette manière linéaire de présenter les choses.

S'il s'agit de faire entendre sa musique intérieure, ses harmoniques subjectives, ou d'expliquer de façon logique l'ordre du monde—les langages artistique et scientifique—, alors c'est l'axe de l'expression qui est privilégié.

> *Peu importe la véracité ou l'objectivité de ce qui est produit, l'individu dit ce qu'il est et ce qu'il comprend du monde ambiant; il projette ses modèles intérieurs, ce qui lui permet de mieux les percevoir et de les réajuster grâce à la confrontation au réel.* (Paré, 1977a, p. 219.)

Enfin, simultanément à la recherche et à l'expression, il nous faut tenir compte de la gestion de l'apprentissage. L'axe de la gestion renvoie aux activités d'organisation et de planification des gestes et des actions qui permettent à des individus de répondre à leurs besoins individuels et collectifs.

> *La gestion correspond à la nécessité et à la capacité qu'ont ces organismes de prendre en charge le déroulement de leurs activités et de les organiser conformément à leurs besoins personnels et collectifs.* (Paré, 1977a, p. 259.)

En terminant, soulignons que le modèle pédagogique que propose Paré nous invite à concevoir un autre type de programme scolaire. Paré refuse le cloisonnement rigide des disciplines et s'oppose à une approche systématique et séquentielle des champs disciplinaires. Son orientation se fonde plutôt sur la transformation continuelle de la structure intérieure d'un individu en relation avec son environnement, sur la connaissance profonde de ses caractéristiques et sur «l'utilisation et la maîtrise des différents langages» (Paré, 1977a, p. 218).

12.5.3 La pédagogie ouverte de Paquette

On ne saurait terminer ce tour d'horizon rapide des pédagogies ouvertes au Québec sans réserver une place à l'approche de Claude Paquette. Chercheur et praticien, il intervient régulièrement sur la scène éducative québécoise depuis une vingtaine d'années. Comme le notait pertinemment Bertrand (1992, p. 62) dans un ouvrage récent sur les théories contemporaines en éducation, «la pensée de Paquette s'est précisée avec les années; elle a atteint une grande maturité organisationnelle vers la fin des années quatre-vingt». Il est évidemment exclu de reprendre ici le détail de son parcours ou d'insister longuement sur les postulats philosophiques et pédagogiques de son approche. Elle présente assez de points communs avec les approches des auteurs précédemment étudiés pour que nous vous renvoyions à ces auteurs. Aussi, pour éviter la redite, nous porterons plutôt notre attention sur son effort d'analyse des courants pédagogiques au Québec et nous réserverons une certaine part de notre propos à sa description des composantes d'une pédagogie ouverte. Pour ce faire, un ouvrage de Paquette nous servira de phare. «Outil de travail», comme il le dira lui-même, *Vers une pratique de la pédagogie ouverte* (1979) posait les jalons d'une recherche pédagogique rigoureuse et cohérente. Mais surtout, Paquette fournissait aux éducateurs intéressés par la mise en place d'une pédagogie ouverte un outil d'accompagnement utile et intéressant. Abordons sur-le-champ le premier élément de notre présentation.

Les courants pédagogiques au Québec

Dans l'économie de son ouvrage, le premier chapitre occupe une place de choix. Partant des expériences pédagogiques menées au Québec, Paquette procède à une analyse des courants pédagogiques qui en émanent et propose au lecteur une démarche de réflexion de manière à rendre conformes pratique et théorie.

FIGURE 12.1
Les quatre courants pédagogiques

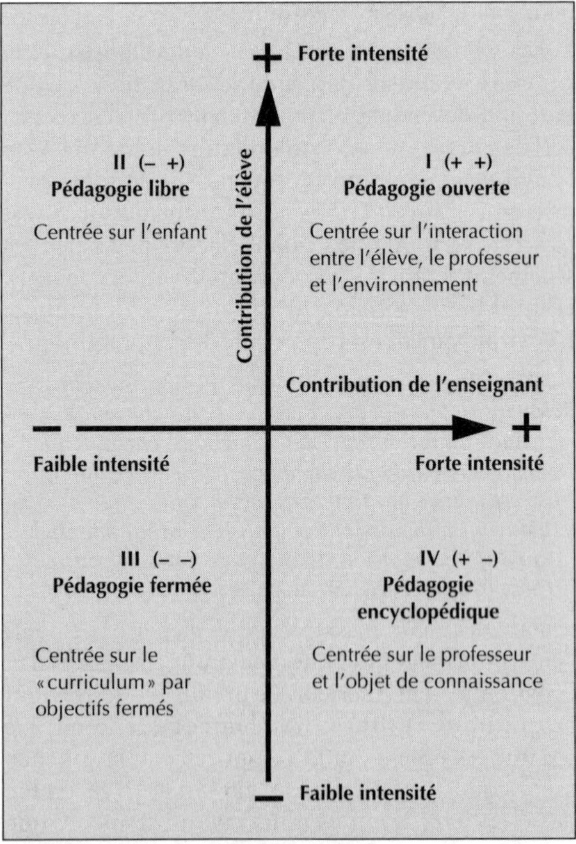

La typologie de Paquette (1979) se présente sous la forme d'un plan cartésien formé de deux axes: la contribution de l'élève à son apprentissage (+ -) en ordonnée et la contribution du maître (+ -) en abscisse. La figure 12.1 illustre notre propos. Signalons que son analyse des courants pédagogiques s'articule autour des paramètres qui suivent: l'élève, les objectifs, les dominantes—ou le concept d'individualisation auquel le courant donne lieu—, la conception de l'apprentissage et les valeurs privilégiées. La typologie de Paquette détermine les quatre courants pédagogiques que voici:

- **Quadrant I: la pédagogie ouverte.**

  > *Dans une pédagogie ouverte et informelle, l'étudiant est considéré comme possédant un appareillage interne lui permettant d'entreprendre une démarche de croissance autonome et personnelle. Cette croissance se réalisera dans la mesure où il y aura une interaction entre lui et un environnement aménagé. Le professeur jouera un rôle de premier plan dans l'aménagement conjoint (avec l'élève) de cet environnement. L'apprentissage est avant tout une prise de conscience des relations que l'enfant fera dans l'environnement éducatif. Les apprentissages seront variés et diversifiés. Les valeurs premières sont l'autonomie et la liberté (faire des choix et les assumer).* (Paquette, 1979, p. 29.)

- **Quadrant II: la pédagogie libre.** Dans ce courant pédagogique, la contribution de l'élève à son apprentissage est forte alors que la contribution de l'enseignant est de faible intensité. L'élève est entièrement responsable de son apprentissage et c'est à partir de ses besoins et de ses intérêts que les objectifs d'apprentissage sont déterminés. Mais le déroulement de l'apprentissage est ici aléatoire et dépend de l'expérience de l'élève. Suivant cette orientation, c'est par son activité quotidienne que l'élève construit peu à peu ses valeurs et sa représentation du monde.

- **Quadrant III: la pédagogie fermée.** Courant pédagogique où dominent les valeurs de productivité, d'efficacité et de rationalité, la pédagogie fermée est tout orientée vers l'atteinte d'objectifs prédéterminés présentés dans un ordre logique. Ni l'élève ni l'enseignant ne sont ici les responsables de l'apprentissage. Assujettis aux impératifs des programmes, l'un et l'autre s'y conforment en observant une séquence stricte et rigoureuse.

- **Quadrant IV: la pédagogie encyclopédique.** Dans la pédagogie encyclopédique, la contribution de l'enseignant est de forte intensité alors que celle de l'élève est secondaire. Ici, le maître transmet et l'élève assimile, mémorise et reproduit en vue d'un contrôle. L'obéissance, la conformité au modèle, le sens de l'effort, la volonté et la mémoire sont les valeurs privilégiées. L'élève est un homme en devenir. L'éduquer consiste alors à le former selon un modèle légué par la tradition.

L'analyse que présente Paquette l'amène à faire un choix en faveur de la pédagogie ouverte en raison des principes sur lesquels elle se fonde: respect des différences individuelles, des talents de chacun et de son rythme d'apprentissage; recherche d'une croissance organique individualisée, c'est-à-dire intégrée et harmonieuse; respect d'un processus d'apprentissage issu des ressources de l'élève et de son dynamisme intérieur; accent mis sur l'interaction entre l'individu et son environnement. Choisir une orientation pédagogique, c'est non seulement épouser des valeurs mais c'est également traduire cette sélection par une action quotidienne éclairée.

Les composantes de la pédagogie ouverte

La mise en place d'une pédagogie ouverte donne lieu, on s'en doute, à des transformations radicales sur les plans pédagogique et organisationnel. La pédagogie ouverte nécessite une certaine flexibilité dans l'usage du temps et de l'espace; l'organisation du travail s'adapte à la conjoncture et se caractérise par la contribution de l'élève à son apprentissage. Corrélativement, l'accent est mis sur l'exploration autonome et sur l'interaction entre l'élève et son environnement, ce qui ne manque pas de modifier les relations d'autorité entre le maître et l'élève, de diversifier et d'enrichir les rôles de chacun. Sur le plan des programmes, l'intégration disciplinaire se substitue au cloisonnement étanche des disciplines.

Sur ces aspects de la pédagogie ouverte, l'ouvrage de Paquette fourmille de propositions originales et de conseils pratiques. Pour Paquette (1979, p. 58), «l'environnement se définit comme étant l'interaction entre l'aménagement physique d'une classe, les activités d'apprentissage qui s'y vivent et les interventions du professeur». Quelques lignes plus loin, il ajoute: «Il s'agit d'un aménagement physique flexible, d'activités ouvertes d'apprentissage et d'une intervention informelle de la part du professeur.» Dans l'ordre, reprenons quelques-unes de ses propositions pour terminer:

- **Sur le plan de l'aménagement physique:**
  - L'organisation du temps et de l'espace doit être flexible; elle est de la responsabilité conjointe de l'enseignant et de l'élève.
  - L'élève doit avoir la possibilité de travailler seul, en petites unités ou en grand groupe.
  - L'environnement doit être riche et stimulant pour l'élève et susciter chez lui des interrogations.
  - L'aménagement spatial de la classe doit pouvoir être modifié en fonction des expériences multiples et variées des élèves.
- **Sur le plan des activités d'apprentissage:**
  - Les activités d'apprentissage doivent être ouvertes, c'est-à-dire qu'elles doivent partir de l'expérience de l'élève et lui permettre d'aboutir à des résultats diversifiés par des moyens variés.
  - Les activités d'apprentissage doivent permettre à l'élève de jouer un rôle actif dans l'acquisition des connaissances.
  - Les activités d'apprentissage sont conçues de manière à décloisonner les champs disciplinaires et de façon à favoriser leur intégration.
  - L'élève, comme l'éducateur, a la possibilité de proposer des activités d'apprentissage.
  - Les activités d'apprentissage mettent l'accent sur le processus de la découverte autonome et sur la résolution de problèmes.
  - De manière à répondre à ses besoins et à ses préoccupations, l'élève devrait pouvoir choisir parmi un ensemble d'activités d'apprentissage diversifiées.
- **Sur le plan de l'intervention de l'éducateur:**
  - L'intervention de l'enseignant est souple, c'est-à-dire conjoncturelle et interactionnelle.
  - L'intervention de l'enseignant est un acte volontaire et non directif, c'est-à-dire qu'elle ne cherche pas à modifier la démarche de l'élève.
  - L'intervention de l'enseignant a pour but d'analyser, de soutenir et d'outiller l'élève dans sa démarche d'apprentissage.
  - L'intervention de l'enseignant favorise un processus de gestion démocratique de la classe.
  - L'enseignant se soucie davantage du processus d'apprentissage que du résultat.
  - L'intervention de l'enseignant favorise l'autoévaluation et l'autoanalyse.
  - L'enseignant accepte l'élève tel qu'il est et lui-même se présente sans artifices, transparent et authentique.

CONCLUSION

Dans le contexte de renouvellement et de contestation des années 1960 et 1970, les théories personnalistes en éducation—l'expression est de Bertrand—auront connu un certain retentissement dans le monde anglo-saxon et la francophonie. En témoignent, entre autres, l'intérêt de Daniel Hameline et Marie-Joëlle Dardelin dès le début des années 1960 en France—*La liberté d'apprendre* paraît en 1967—, l'ouvrage d'André de Peretti, *Pensée et vérité de Carl Rogers* (1974) ou encore l'«enchantement non directif» dont parle Max Pagès dans la première édition de son ouvrage *L'orientation non directive en psychothérapie et en psychologie sociale* (1965). Aussi, on a vu combien certains pédagogues au Québec n'étaient pas moins enthousiastes à l'égard de la non-directivité que leurs confrères d'outre-mer. Comme le rapporte Bertrand, dans les faits, ici, la non-directivité a donné naissance à des pédagogies interactives dont la conception organique de l'activité éducative constitue un excellent exemple. Dans les facultés des sciences de l'éducation au Québec, un grand nombre de maîtres des années 1970 ont été formés à ces nouvelles orientations pédagogiques.

Mais il semble, pour l'observateur attentif, que l'effervescence a vite fait place au désenchantement comme si la source s'était tarie et que les pédagogues l'avaient désertée après avoir bu de son eau. Il faut dire que, dès le début des années 1970, Georges Snyders (1974) et Hubert Hannoun (1972) lui portent de durs coups. Jugée inappropriée pour l'éducation scolaire, la non-directivité est rejetée avec passion. Même Hameline et Dardelin (1977) tracent un bilan négatif de l'enseignement non directif et concluent que la non-directivité, comme méthode et comme concept, s'effondre sous le poids de ses contradictions. Plus récemment, en 1984, Poeydomengue notait que la non-directivité se portait mal. Même constat au Québec quand Bertrand (1992, p. 63) conclut dans son ouvrage:

> *Finalement, ce sont les contradictions de cette philosophie qui l'ont conduite au tombeau des idéologies. Dans toutes les pédagogies dites personnalistes, nous retrouvons cet étrange principe: il faut donner à l'étudiant des principes d'auto-organisation. Cela mène à un certain paradoxe: organiser pour l'étudiant un environnement éducatif alors que l'étudiant doit en être le principal organisateur.*

Et nous pourrions, bien sûr, continuer la liste des récriminations, relever les contradictions internes, accentuer les tensions et contester les postulats, dont celui de la positivité naturelle de l'homme. Mais là ne réside pas l'essentiel de notre propos et nous raterions l'objectif de ce texte d'introduction en épousant le cours de cette dérive. Car au-delà des reproches, des alarmes ou des refus, la non-directivité et les pédagogies ouvertes auront permis et permettent encore aujourd'hui de penser et de faire l'éducation autrement. Bon nombre d'éducateurs sont de nos jours beaucoup plus conscients de l'importance du développement intégral de l'élève et de l'importance de la prise en compte de son vécu dans la progression et la planification des activités d'apprentissage. Entre l'éducation traditionnelle, «fondée sur l'ordre et la discipline», et l'éducation «libertaire» ou la pédagogie du laisser-faire, les théories personnalistes auront permis d'envisager et de mettre en place une autre pédagogie, d'ouvrir un nouvel espace de réflexion et de pratiques pédagogiques.

Au-delà de ses contradictions et des problèmes que pose son application, les questions que suscite la pédagogie ouverte demeurent d'une brûlante actualité: quelle éducation voulons-nous pour nos enfants? Quelle éducation peut au mieux respecter les différences individuelles et le rythme d'apprentissage de chacun? permettre le développement maximal des potentialités de chacun? soutenir le désir d'apprendre de l'élève? favoriser le maximum de conscience et de lucidité? aider l'élève à se prendre en charge, à se construire, à comprendre le monde et à le transformer?

À l'heure où dominent les discours sur l'économique et le technoscientifique, à l'heure où les finalités éducatives sont subordonnées aux impératifs de la croissance économique et du développement technique, à l'heure où s'activent à l'école et autour d'elle les forces vives du conformisme, de l'utilitarisme et de l'uniformisation, les appels à la différence et à la pluralité des options semblent de peu de poids. Mais c'est précisément cette condition de précarité qui en détermine aussi l'urgence et la pertinence. Dans ce contexte, redonner la place à l'élève, le remettre au centre de l'école et de son apprentissage demeure encore de nos jours l'un des grands défis à relever à l'aube du XXIe siècle.

QUESTIONS

1. Montrez en quoi la conception éducative de Rogers est étroitement liée à sa conception du développement de la personne.
2. Suivant l'orientation pédagogique de Rogers, il faut centrer notre attention sur la facilitation de l'apprentissage. Dans cette optique, quel est le rôle de l'enseignant comme facilitateur et quelles doivent être ses qualités essentielles? (Au moins cinq éléments.)
3. Illustrez en quoi les principaux concepts de la psychologie de Carl Rogers (non-directivité, acceptation inconditionnelle d'autrui, empathie, importance de la personne, liberté, etc.) sont applicables dans le cadre d'une pédagogie ouverte.
4. Carl Rogers est un psychologue humaniste. Situez son orientation en la comparant avec le béhaviorisme et la psychanalyse classique.

5. Rogers soutient que les êtres humains ont une capacité naturelle d'apprendre. Expliquez ce principe de Rogers.
6. Rogers soutient qu'«on ne peut directement enseigner à personne; on ne peut que lui faciliter l'apprentissage». Pourquoi?
7. La conception de la personne de Rogers repose sur l'hypothèse du développement. En quoi consiste cette hypothèse?
8. Expliquez, dans vos propres termes, la conception organique de l'activité éducative de Pierre Angers, en l'examinant sous l'angle de sa conception de la connaissance, de l'environnement éducatif et du rôle de l'enseignant.
9. Selon André Paré, toute connaissance résulte d'une interaction entre l'organisme humain et l'environnement. Expliquez cette proposition en vous référant à son modèle pédagogique.
10. La mise en place d'une pédagogie ouverte donne lieu à des transformations importantes sur le plan pédagogique. Énumérez quelques-unes de ces caractéristiques sur les plans des activités d'apprentissage et du rôle de l'éducateur.

BIBLIOGRAPHIE

ANGERS, P. (1976). *Les modèles de l'institution scolaire.* Trois-Rivières: Centre de développement en environnement scolaire.

ARENDT, H. (1972). *La crise de la culture.* Trad.: P. Levy. Paris: Gallimard.

ATKINSON, R.L., ATKINSON, R.C., SMITH, E.E., et HILGARD, E.R. (1987). *Introduction à la psychologie.* 2e éd. Trad.: D. Bélanger. Montréal: Études vivantes.

BERTRAND, Y. (1992). *Théories contemporaines de l'éducation.* 2e éd. Montréal: Éditions Agence d'Arc.

BOUCHARD, M.-A. (1989). *De la phénoménologie à la psychanalyse.* Liège: Pierre Mardaga.

COMMISSION PARENT (1963). *Les structures supérieures du système scolaire.* Vol. 1. Québec: Éditeur officiel du Québec.

CONSEIL SUPÉRIEUR DE L'ÉDUCATION (1971). *L'activité éducative: rapport annuel 1969-1970.* Québec: Éditeur officiel du Québec.

COUTURE, C. (1991). *Le mythe de la modernisation du Québec.* Montréal: Éditions du Méridien.

FORQUIN, J.-C. (1989). *École et culture.* Bruxelles: De Boeck.

GOUVERNEMENT DU QUÉBEC (1971). *L'Opération Départ.* Montréal: Ministère de l'Éducation.

HAMELINE, D., et DARDELIN, M.-J. (1967). *La Liberté d'apprendre. Justifications pour un enseignement non directif.* Paris: Éditions ouvrières.

HAMELINE, D., et DARDELIN, M.-J. (1977). *La Liberté d'apprendre. Situation II.* Paris: Éditions ouvrières.

HANNOUN, H. (1972). *L'attitude non directive de C. Rogers.* Paris: ESF.

JANSON, J. (1981). *La connaissance.* Montréal: Fides.

MARQUET, P.B. (1971). *Rogers.* Paris: Éditions universitaires.

PAGÈS, M. (1986). *L'orientation non directive en psychothérapie et en psychologie sociale.* 3e éd. Paris: Dunod.

PAQUETTE, C. (1979). *Vers une pratique de la pédagogie ouverte.* 2e éd. Laval: Éditions NHP.

PARÉ, A. (1977a). *Créativité et pédagogie ouverte. Vol. 1. Pédagogie encyclopédique et pédagogie ouverte.* Laval: Éditions NHP.

PARÉ, A. (1977b). *Créativité et pédagogie ouverte. Vol. 2. Créativité et apprentissage.* Laval: Éditions NHP.

PARÉ, A. (1977c). *Créativité et pédagogie ouverte. Vol. 3. Organisation de la classe et intervention pédagogique.* Laval: Éditions NHP.

PERETTI, A. DE (1974). *Pensée et vérité de Carl Rogers.* Toulouse: Privat.

POEYDOMENGUE, M.-L. (1984). *L'éducation selon Rogers. Les enjeux de la non-directivité.* Paris: Dunod.

PUENTE, M. de la (1970). *Carl R. Rogers: de la psychothérapie à l'enseignement.* Paris: Épi.

ROCHER, G. (1989). *Entre les rêves et l'histoire.* Montréal: VLB.

ROGERS, C. (1966). *Le développement de la personne.* Trad.: L. Herbert. Paris: Dunod.

ROGERS, C. (1971). *Autobiographie.* Trad.: J. Hochman et C. Dubernard. Paris: Épi.

ROGERS, C. (1976). *Liberté pour apprendre?* Trad.: D. Le Bon. Paris: Dunod.

SNYDERS, G. (1974). *Où vont les pédagogies non directives?* Paris: Presses universitaires de France.

ST-ARNAUD, Y. (1987). «Qu'est-ce que le béhaviorisme et la psychanalyse ont apporté à la psychologie humaniste?», dans C. Lecomte et L.-G. Castonguay (sous la dir. de). *Rapprochement et intégration en psychothérapie. Psychanalyse, béhaviorisme et humanisme.* Boucherville: Gaëtan Morin.

TARDIF, J. (1992). *Pour un enseignement stratégique. L'apport de la psychologie cognitive.* Montréal: Éditions logiques.

PARTIE III

La situation au Québec: évolution et état actuel

CHAPITRE 13

Le personnel enseignant du Québec au XXe siècle

François Melançon
M'hammed Mellouki

CONTENU

RÉSUMÉ

Le corps enseignant québécois se définit aujourd'hui comme une organisation professionnelle et s'articule autour d'une identité commune. Ces deux aboutissements sont toutefois le fruit d'une évolution de la profession au cours du XXe siècle, évolution qui s'affirme sur trois plans: le plan numérique, le plan de la composition sociale et le plan professionnel.

Pour ce qui est de l'augmentation du nombre des enseignants, qui se stabilise au début des années 1970, elle est le résultat de la plus grande fréquentation scolaire due à l'accroissement démographique et d'une modification des structures scolaires dans leur ensemble, soit une amélioration de l'organisation scolaire du côté catholique et un mouvement de centralisation du côté protestant.

Sur le plan de la composition sociale, l'école et le corps enseignant ont longtemps été divisés selon les deux options confessionnelles existant au Québec; les années 1960 et surtout 1970 marquent un rapprochement ainsi qu'un passage de l'éthique religieuse à l'éthique moderne dans la profession. Par ailleurs, il faut noter la place considérable occupée par les femmes, notamment dans l'enseignement primaire, et la présence croissante des hommes dans l'enseignement secondaire.

Enfin, sur le plan professionnel, le tournant éducatif de la fin des années 1960, qu'il s'agisse du changement d'éthique ou de la centralisation de l'école autour de l'État, favorise une consolidation de l'esprit de corps des enseignants et suscite une multiplication de regroupements associatifs. En somme, l'identité professionnelle, l'esprit corporatif et syndical actuels témoignent de la démarche progressive de l'enseignant vers la professionnalisation et la politisation, sans que ce dernier en soit quitte pour l'instant, car, d'auxiliaire paroissial qu'il était encore au début du siècle, l'enseignant québécois s'achemine, semble-t-il, vers la définition des contenus de savoirs qui forgent son action; il est en voie de détermination de son nouveau statut: le «professionnel conscient de ses savoirs»!

INTRODUCTION

Le maître d'école laïque a rarement fait de l'enseignement une activité permanente dans le Québec des XVIIe, XVIIIe et XIXe siècles. Tributaire des capacités de payer des parents et perçu comme un auxiliaire du curé, il est longtemps resté confiné à un travail solitaire et subalterne, à l'ombre d'une église paroissiale dont il pouvait tout de même bénéficier du prestige. Au cours de cette période, seules les communautés religieuses enseignantes ont pu garantir une certaine stabilité à l'enseignement, renforcée dans le deuxième tiers du XIXe siècle par l'arrivée massive de nouvelles congrégations enseignantes de France. Parallèlement, les jeunes filles laïques, presque absentes jusqu'alors du marché de l'emploi, imposent de façon implacable leur présence grandissante au sein d'un système scolaire québécois en pleine structuration. Cette structuration s'organisait notamment autour d'une dualité confessionnelle qui allait en devenir un trait distinctif—enchâssé dans la Constitution canadienne—et qui allait surtout permettre l'organisation de systèmes d'enseignement catholique et protestant parallèles. Indépendants l'un de l'autre sur les plans tant administratif qu'idéologique et pédagogique, ces systèmes auront pourtant une frontière commune poreuse.

C'est aussi à cette époque que commence à prendre forme de façon plus organisée le métier d'enseignant, qui allait connaître, au cours du XXe siècle, des bouleversements majeurs. C'est moins à ces transformations du métier qu'à ceux qui l'exercent que nous allons nous attarder ici: nous allons montrer comment, au cours de ce siècle, le corps enseignant québécois a pris forme et s'est développé; comment l'accroissement de son poids numérique, l'amélioration de sa qualification et l'organisation de structures associatives lui ont permis de renforcer son rôle stratégique au sein du système d'éducation et d'améliorer à certains égards sa position sociale. Naît alors un sentiment d'appartenance et d'unité édifié autour d'une identité professionnelle—donnée et reçue—en perpétuelle redéfinition et conditionnée par de multiples facteurs endogènes et exogènes.

En plein cœur des années 1990, le corps enseignant pèse lourd dans le système scolaire québécois. Il se compose de plus de 65000 individus travaillant dans près de 2500 écoles publiques, dont un peu moins de 10% au sein du secteur protestant. Cette prépondérance numérique trouve sa source dans l'adaptation constante du corps enseignant aux différentes conjonctures sociales, économiques et politiques qui ponctuent l'histoire du Québec au XXe siècle, de même qu'aux transformations des structures et de l'effectif scolaires.

13.1 LE RECRUTEMENT ET L'ÉVOLUTION DU CORPS ENSEIGNANT

La force numérique du corps enseignant résulte d'une croissance continue depuis le début du XXe siècle jusqu'aux années 1970-1980; cette évolution est particulièrement importante au secondaire, où la progression est proportionnellement près de sept fois supérieure à celle de l'élémentaire chez les protestants, et près de trois fois supérieure chez les catholiques. Deux temps forts de renouvellement de l'effectif marquent ce mouvement ascendant. Le premier tiers du siècle montre d'abord un taux de croissance modéré où le nombre d'enseignants des écoles publiques double presque—passant de 8761 à 16762 dans le secteur catholique et de 1427 à 2705 dans le secteur protestant—avant d'être ralenti (catholique), voire diminué (protestant), par les bouleversements qu'occasionne la Seconde Guerre mondiale. Au lendemain du conflit, le mouvement prend une ampleur accrue et atteint son apogée en 1971: le nombre d'enseignants des écoles publiques catholiques croît de 223%, pour s'établir à 64563, alors que du côté protestant le nombre d'enseignants n'atteint son point culminant (6336) que 10 ans plus tard, résultat d'une augmentation de 145% depuis 1945. Par la suite, la fièvre tombe, l'élan est freiné. À partir des années 1970-1980 s'amorce une phase décroissante, de l'ordre de 7% dans le secteur catholique et de 12% dans le secteur protestant, qui tend cependant à ralentir à l'approche des années 1990 (Mellouki et Melançon, 1995).

Deux séries de facteurs ont exercé une influence majeure sur l'orientation du développement du corps enseignant: les pressions démographiques et les modifications des structures scolaires.

Personnel enseignant et clientèle scolaire sont étroitement liés, la croissance ou la décroissance de l'un ou de l'autre se répercutant soit sur l'embauche, soit sur la qualité de la relation pédagogique. C'est ainsi que, dans les deux premiers tiers du XXe siècle, la croissance de l'effectif scolaire semble traîner à sa suite, avec un léger décalage, celle du personnel enseignant. Décalage néanmoins suffisant pour qu'en dépit de la croissance continue du nombre d'enseignants dans les écoles publiques du Québec le recrutement d'un personnel légalement qualifié reste longtemps déficitaire, particulièrement dans les régions rurales et éloignées. Depuis la crise économique des années 1930 et la Seconde Guerre mondiale jusqu'au début des années 1970, le nombre des nouveaux diplômés des établissements de formation professionnelle ne suffit pas à assurer le renouvellement annuel normal de l'effectif enseignant, ni à pourvoir les nouveaux postes aménagés pour répondre aux besoins de la clientèle scolaire en plein essor

(Tremblay, 1955; Billings, 1963; Burgess, 1977). En près de 25 ans, c'est-à-dire entre 1945 et 1971, celle-ci triple dans les écoles catholiques, passant de 477951 à 1427552 élèves, et double dans les écoles protestantes, où le nombre passe de 63549 à 137758 élèves. Les cadres traditionnels sont ainsi fortement bousculés, surtout dans le secteur catholique qui voit le nombre d'élèves au secondaire augmenter de près de 750% au cours de la période 1955-1971 (Mellouki et Melançon, 1995).

Cette «explosion scolaire» résulte notamment des effets combinés des nouvelles exigences professionnelles et socioculturelles que suscitent l'industrialisation et la modernisation du Québec, de l'accroissement démographique de la population québécoise dans son ensemble (à la faveur d'une forte hausse du taux de natalité et de la reprise de l'immigration) et de l'adoption de certaines lois favorisant la fréquentation scolaire: loi sur la fréquentation scolaire obligatoire en 1943, relèvement progressif de l'âge légal minimum avant de pouvoir quitter l'école.

Cependant, au cours des années 1960 et 1970, la croissance numérique du corps enseignant semble réussir à s'affranchir de sa subordination au développement de la clientèle scolaire. Mieux organisé et plus nombreux, comptant sur un effectif plus stable, le corps enseignant des deux secteurs confessionnels acquiert un poids numérique et politique de plus en plus grand. Une meilleure coordination de ses activités et de ses revendications au sein d'organisations syndicales préside entre autres à ce changement et autorise une rupture avec le rôle traditionnel passif assumé par les enseignants. Ceux-ci se donnent désormais des moyens d'action et d'intervention qui leur permettent des gains appréciables, notamment au chapitre de la sécurité d'emploi. C'est ainsi que malgré la chute supérieure à 35% du nombre d'inscriptions dans les écoles publiques québécoises entre 1971 et 1989—occasionnée principalement par la diminution du taux de natalité — moins de 10% des postes d'enseignants n'ont pas été renouvelés au cours de la même période. La diminution de près de moitié du nombre moyen d'élèves par enseignant, entre le premier tiers du XXe siècle et les années 1980, illustre d'ailleurs bien ce changement de rapport entre clientèle scolaire et corps enseignant et montre à l'évidence la consolidation de la position de ce corps au sein de l'institution éducative (Mellouki et Melançon, 1995).

Deux modifications principales apportées aux structures scolaires, par leurs incidences directes sur la croissance de l'effectif scolaire et son regroupement, vont aussi orienter le développement du corps enseignant.

La première touche essentiellement le secteur catholique: il s'agit de la définition et de l'organisation du cycle d'études et des programmes pédagogiques. Dans le secteur protestant, le cycle des études semble acquérir très tôt sa forme définitive. Mis à part quelques modifications en 1924, le cycle des études et la classification des écoles de la communauté protestante québécoise ne varient pas, du tournant du XXe siècle jusqu'aux réformes scolaires des années 1960. Les multiples changements dont font l'objet les écoles du secteur catholique, surtout pendant les années 1920 et 1930 ainsi que pendant les années 1950, détonnent au regard de cette stabilité. C'est l'adoption d'un programme officiel pour le cours primaire supérieur en 1929 qui est sans contredit la mesure la plus significative à cette époque. Elle permet ainsi aux écoles autorisées par le Comité catholique du Conseil de l'instruction publique d'offrir dorénavant un programme d'études postélémentaires de cinq ans (cours complémentaire et supérieur) comparable, pour la durée, à celui déjà en place dans les écoles protestantes. Elle entraîne, de plus, des conséquences importantes sur la fréquentation scolaire et sur le travail enseignant dans les écoles publiques, l'ajout de trois années au cours primaire supérieur permettant ainsi de maintenir en classe un nombre plus grand d'élèves et de rassembler au sein d'un même établissement d'enseignement un nombre élevé d'enseignants. Par la suite, les réformes majeures des années 1960 vont contraindre la direction des deux secteurs confessionnels à adopter un modèle commun qui facilite la gestion administrative et pédagogique par l'État du nouveau système scolaire qu'il est en train de définir.

C'est ce même souci administratif et pédagogique qui préside au mouvement de centralisation des écoles, seconde modification significative apportée aux structures scolaires québécoises dans le courant du XXe siècle. Inspiré du modèle d'organisation des industries, ce processus vise à rationaliser l'utilisation des bâtiments scolaires et du personnel enseignant et à offrir à la clientèle scolaire un programme plus varié et un meilleur encadrement pédagogique. Cependant, la réalisation de ce projet, qui implique une réduction importante du parc immobilier scolaire, ne va pas sans hésitation, parce qu'il touche une corde sensible. Tant pour la communauté protestante que pour la communauté catholique, l'école joue un rôle de premier plan dans la formation et la conservation de l'identité culturelle. Paradoxalement, ce sont ces préoccupations identitaires communes qui vont conduire à des réactions contrastées de part et d'autre de la frontière confessionnelle. Ainsi, du côté protestant, le processus s'amorce dès le début du XXe siècle. La dureté et la précocité avec lesquelles la communauté protestante est touchée par l'exode rural l'obligent à prendre rapidement des moyens pour contourner les problèmes de financement scolaire en régions rurales et pour maintenir dans ces régions une qualité d'enseignement. Par le maintien d'établissements d'enseignement de qualité en régions, elle espère ainsi conserver un certain dynamisme culturel, même si cela doit se faire au détriment des valeurs traditionnelles du monde rural. De 1901 à 1945, le nombre d'écoles publiques protestantes passe de 951 à 519, avant de se stabiliser autour de 300 à partir du milieu des années 1950.

Du côté catholique, la centralisation des écoles prend du temps à se concrétiser. Pensée par les autorités publiques dominantes du début du siècle comme un prolongement de la famille et de l'Église, elle-même considérée comme responsable de la « survivance » des Canadiens français, l'école, tapie à l'ombre de l'église paroissiale dont elle partage bien souvent le même territoire, demeure un symbole fort de l'identité catholique, un des lieux de transmission par excellence de la culture religieuse. De ce fait, les communautés locales montrent beaucoup de réticences à s'en départir, même si elles n'ont guère plus les moyens financiers pour maintenir un nombre important de petits établissements scolaires que leurs homologues protestantes. Bien que la population québécoise soit majoritairement urbaine depuis le tournant des années 1920 et que près de la moitié de son effectif scolaire et de son personnel enseignant provienne, depuis les années 1940, de régions urbaines, le parc immobilier scolaire du secteur catholique reste majoritairement rural jusqu'au milieu des années 1960. Ce n'est qu'au cours des années 1950, alors même que ralentit le processus de centralisation des écoles protestantes, que s'amorce ce mouvement dans le secteur catholique. Plus tardif, il est par contre plus intense. Les autorités catholiques prennent deux fois moins de temps pour réduire leur parc immobilier scolaire que les autorités protestantes. En 20 ans, soit de 1955 à 1975, le nombre d'écoles publiques catholiques est ramené de 8 712 à 2 502, soit une diminution d'un peu plus de 70 % comparable à celle enregistrée dans le secteur protestant entre 1911 et 1955.

Cette centralisation progressive des écoles a joué un rôle non négligeable dans le développement et la consolidation de l'esprit de corps chez les enseignants du Québec. D'abord, sur le plan plus strictement professionnel, elle a favorisé une meilleure rétribution du travail enseignant et par conséquent le recrutement d'un personnel plus qualifié ainsi que d'un corps de spécialistes. Puis, sur le plan organisationnel, voire politique, en mettant un terme à l'isolement dans lequel se trouvaient plusieurs enseignants laïques des régions rurales et éloignées, elle a facilité une plus grande cohésion entre eux et permis le développement d'un esprit de solidarité autour de problèmes communs tels le statut professionnel, l'uniformité et la parité salariales.

13.2 LES CARACTÉRISTIQUES SOCIALES

Cheville ouvrière du système scolaire québécois, dont il est l'agent de transmission des savoirs, le corps enseignant constitue aujourd'hui une mosaïque sociale complexe qui prend sa source dans les transformations socioculturelles et politiques qui se sont chevauchées, puis succédé au cours du XXe siècle.

13.2.1 La confessionnalité

Le corps enseignant des secteurs catholique et protestant présente, jusqu'aux années 1960, un caractère homogène sur le plan confessionnel. Dans les deux secteurs, seuls les enseignants de religion catholique ou protestante attestée sont autorisés à enseigner dans les écoles relevant de leur confession. Unique exception à la règle dans un système scolaire protestant qui se veut confessionnel, certes, mais non sectaire: la forte présence d'enseignants juifs rendue nécessaire par les nombreux jeunes juifs dans les classes du secteur protestant de la région montréalaise depuis le tournant du siècle.

Dans le secteur catholique, c'est la présence significative de religieux qui fait sa spécificité. Alors que le personnel enseignant des écoles publiques protestantes ne compte jamais plus qu'une douzaine de ministres du culte dans ses rangs, les congréganistes forment, dans la première moitié du XXe siècle, un peu plus du tiers du personnel des écoles publiques catholiques. Cette proportion de religieux marque de son empreinte le travail enseignant, particulièrement dans les écoles complémentaire et supérieure où les frères éducateurs et les religieuses enseignantes forment, jusqu'au milieu des années 1950, entre 6 et 8 enseignants sur 10. Les congréganistes sont souvent préférés aux laïcs en raison de leur compétence, leur solide formation et leur plus grande polyvalence. Leur éthique du travail, reposant sur la vocation apostolique, favorise le maintien à la baisse de la condition salariale de l'ensemble du personnel enseignant et fait de ces éducateurs de redoutables concurrents sur le marché de l'emploi (Ryan, 1970; Audet, 1971). Cependant, l'absence de renouvellement du corps congréganiste (Hamelin, 1984), conjuguée au vieillissement du personnel religieux et à l'évolution sociale et économique qui touche le Québec, favorise une participation accrue des laïcs au recrutement du personnel enseignant, participation qui se radicalise. Entre le milieu des années 1950 et celui des années 1960, le nombre de religieux actifs dans l'enseignement chute du quart. De 34% du corps enseignant qu'il occupait toujours en 1955, le personnel religieux n'y compte plus que pour 15% en 1965, avant d'atteindre le seuil de 6% à la fin des années 1970. Cette laïcisation du corps enseignant du secteur catholique s'accompagne par ailleurs d'une modification majeure de la conception du travail enseignant, qui passe par une redéfinition de son statut. L'éthique moderne de la profession se substitue à l'éthique religieuse de la vocation apostolique, tandis que l'école exige de son personnel de nouvelles habiletés professionnelles (Thivierge, 1981; Mellouki, 1989).

Sur le plan ethnique, le portrait du corps professoral témoigne d'une disparité révélatrice des aires d'appartenance socioculturelle de chaque groupe confessionnel et des modes d'adaptation aux nouvelles réalités ethniques et linguistiques du Québec. Ainsi, le lien d'appartenance de la communauté anglo-protestante québécoise à une aire socioculturelle élargie qui déborde les simples frontières provinciales pour englober l'ensemble du monde anglo-saxon s'exprime clairement lorsque l'on confronte l'origine géographique des enseignants anglophones du Québec avec celle des enseignants francophones. Dans une étude menée en 1978 par le ministère de l'Éducation, il s'avère qu'une proportion écrasante (96%) de ces derniers est originaire de la province, tandis que plus du tiers des enseignants anglophones est d'origine extraprovinciale (Cormier et coll., 1979). Cette hétérogénéité ethnique et géographique du corps enseignant du secteur protestant, au regard de l'homogénéité enregistrée dans le secteur catholique, est par ailleurs renforcée par le souci des autorités administratives protestantes de s'adapter aux nouvelles réalités démographiques et linguistiques qui s'imposent à partir des années 1960. Répondant à une diversité ethnique et confessionnelle grandissante de la clientèle scolaire, ainsi qu'aux modifications juridiques en matière de langue d'enseignement et aux pressions exercées par les parents et les établissements scolaires locaux pour favoriser une meilleure insertion des jeunes anglo-protestants dans le Québec «tranquille», elles ont ainsi favorisé la présence de plus en plus grande d'enseignants franco-québécois, catholiques et d'autres communautés ethniques dans leurs classes[1], tout en leur permettant d'acquérir un savoir-faire original en matière d'enseignement immersif et d'éducation interculturelle (Rebuffot, 1993).

1. En 1988, la proportion des enseignants de religion catholique engagés par les écoles protestantes était évaluée à près de 25%, tandis que la présence d'enseignants musulmans, hindous, agnostiques et athées était également signalée (voir Association provinciale des enseignants protestants du Québec, 1988, p. 1).

13.2.2 La disparité sexuelle

Tout au long du XXe siècle, une majorité de femmes, et de femmes célibataires surtout, compose le corps enseignant des écoles publiques du Québec. Avant la Seconde Guerre mondiale, les femmes mariées sont en effet surtout confinées à un rôle de suppléantes. Notamment dans le secteur catholique, l'usage et les mentalités les excluent pour ainsi dire du marché du travail enseignant: leur vocation est de s'occuper de leur foyer et l'apostolat religieux constitue la norme éthique. Par conséquent, leur candidature n'est pas recherchée. Mais l'explosion démographique et migratoire qui marque la fin du second conflit mondial et ses répercussions sur la clientèle scolaire transforment plus ou moins rapidement ce qui semblait n'être qu'une expérience passagère en une réalité de fait (Thivierge, 1981). Dès le milieu des années 1950, les femmes mariées forment plus de la moitié du personnel enseignant féminin du secteur protestant, tandis que dans le secteur catholique la composition du personnel féminin prend plus de temps à se métamorphoser. Au début des années 1960, les femmes mariées ne constituent encore que le tiers du personnel féminin laïque de la province, tandis qu'au milieu de la décennie suivante elles sont désormais près de 70% (Gautrin, 1967; Cormier et coll., 1979).

Malgré la prépondérance des femmes au sein du corps professoral, la participation des hommes au travail enseignant, surtout encouragée par les autorités scolaires provinciales des deux secteurs confessionnels dans la première moitié du XXe siècle, ne cesse de progresser. Si elle était autour de 10% en 1901, la proportion d'hommes au sein du corps enseignant québécois s'établit à près de 35% au cours des années 1980. C'est surtout dans l'enseignement secondaire, secteur en pleine expansion dans les années 1950, que se concentre cette présence masculine accrue. Alors qu'ils ne forment jamais plus de 15% du personnel enseignant à l'élémentaire, ils constituent, à partir des années 1950 et 1960, plus de la moitié de celui du secondaire. Cette masculinisation relative du corps professoral a largement bénéficié des mesures prises au cours de cette période pour améliorer les conditions de travail et le prestige de la profession, dont plusieurs visaient précisément à favoriser la présence et le maintien du personnel masculin, que l'on jugeait alors plus apte à travailler auprès des adolescents.

13.3 LA FORMATION PROFESSIONNELLE

La formation des maîtres est graduellement devenue, à partir du second quart du XIXe siècle, un enjeu important des débats relatifs au monde de l'enseignement. Puisqu'il transmet des savoirs, qu'il est le lien entre les élèves et l'établissement scolaire qui s'impose désormais comme lieu de socialisation populaire et de construction des identités socioculturelles, le personnel enseignant devient le point de mire des autorités centrales du système scolaire québécois. Toute réforme des savoirs scolaires, de leurs finalités et des modalités de leur transmission se traduit invariablement par une redéfinition du travail enseignant et de la qualification nécessaire à son exécution. Se constitue ainsi peu à peu un corps de connaissances propre au personnel enseignant, qui va entraîner, pour un nombre grandissant de professeurs, l'instauration d'une identité professionnelle, l'appartenance à un groupe social.

Les profondes mutations sociales que subit le Québec au cours du XXe siècle, en réponse notamment à l'industrialisation, à l'urbanisation et au développement des communications, et qui commandent à l'école de nouvelles exigences, vont donc laisser leurs empreintes sur la formation professionnelle du corps enseignant. Ces empreintes seront d'autant plus déterminantes et significatives que les deux communautés confessionnelles adoptent des attitudes contrastées face au procès de modernisation qui saisit la société québécoise.

13.4 LES ÉTABLISSEMENTS DE FORMATION

Dès le milieu du XIXe siècle, les autorités scolaires provinciales se sont donné un instrument, l'école normale, qui leur permet de coordonner les activités de formation du personnel enseignant et d'orchestrer la diffusion des nouvelles philosophies de l'éducation et des méthodes d'enseignement qui y sont rattachées (Labarrère-Paulé, 1965).

13.4.1 Le secteur protestant

Jusqu'à la fin des années 1960, la formation professionnelle des enseignants du secteur protestant reste fortement centralisée autour de l'unique école normale qui dessert l'ensemble du réseau scolaire protestant du Québec et de l'Université McGill, avec laquelle l'école normale entretient depuis sa fondation d'étroites relations. Dès 1909, le diplôme nécessaire pour enseigner dans les écoles secondaires n'est plus délivré que par les universités[2], tandis qu'en 1955 le département d'éducation de l'Université McGill et l'école normale sont fondus au sein de l'Institut de pédagogie, intégré lui-même à la faculté des arts et des sciences de cette même université avant de donner lieu à la mise sur pied d'une faculté de l'éducation en 1965. Cette centralisation de la formation professionnelle des maîtres des écoles protestantes est par ailleurs renforcée par l'obligation, depuis la fin du XIXe siècle, de passer par l'école normale pour obtenir un permis légal d'enseignement.

De façon générale, le programme de formation de l'École normale MacDonald vise essentiellement à donner une formation professionnelle, laissant au réseau scolaire régulier la responsabilité de la formation générale. Ce programme est offert sans distinction aux garçons et aux filles. Outre le diplôme de classe I délivré au terme d'une formation universitaire qui autorise l'enseignement au secondaire, deux autres diplômes, ou brevets, viennent coiffer la formation des maîtres du secteur protestant: le brevet de classe III, pour ceux qui ont suivi les cours visant l'enseignement élémentaire, et le brevet de classe II, conduisant à enseigner dans les classes du premier cycle du secondaire.

Jusqu'en 1952, le séjour des futurs maîtres et maîtresses à l'École normale MacDonald ne dépasse jamais plus d'une année, voire quatre mois entre la fin des années 1910 et le milieu des années 1930. Seuls les candidats au diplôme supérieur jouissent d'une période de formation plus longue qui correspond généralement à la durée des études de baccalauréat en arts ou en sciences, soit quatre ans. Après 1955 et jusqu'au transfert complet de la formation des maîtres à l'université, un programme de formation facultatif de deux ans est également offert aux futurs maîtres qui veulent obtenir un brevet de classe II. Quant aux critères d'admissibilité, ils ne cessent de se resserrer. Dès la fin des années 1910, les candidats au brevet de classe III doivent être titulaires d'un diplôme d'études de 10e année, tandis que ceux qui optent pour le brevet de classe II doivent avoir terminé leur 11e année. Ces exigences seront haussées au tournant des années 1940, à la suite de l'ajout d'une 12e année au cours d'études régulier qui deviendra la norme d'admissibilité pour le brevet de classe II, tandis que seuls les candidats titulaires de leur diplôme de 11e année seront dorénavant admis pour le brevet de classe III (Melançon et Mellouki, 1991).

13.4.2 Le secteur catholique

Au regard de la centralisation, tant géographique qu'institutionnelle, de la formation des maîtres et maîtresses des écoles protestantes, l'organisation de cette formation du côté catholique prend une forme beaucoup plus éclatée. Elle comprend, répartis sur l'ensemble du territoire québécois tel un véritable réseau tentaculaire, une série d'établissements qui s'adressent à des clientèles différentes que distinguent leur état civil ou leur sexe. Dès le début du siècle, six écoles normales pour jeunes filles laïques, principalement situées dans les grands centres urbains, sont déjà en activité, auxquelles viennent s'ajouter, à partir des années 1930 et 1940, plus d'une soixantaine de nouveaux établissements. Ceux-ci, écoles normales de jeunes filles et scolasticats-écoles normales de religieux et de religieuses, seront principalement construits dans de petites agglomérations des régions éloignées.

En tout, à la veille des années 1960, le système scolaire catholique compte 125 écoles normales et scolasticats-écoles normales pour assurer la formation des candidats à l'enseignement. La volonté des

2. Outre l'Université McGill, l'Université Bishop forme un petit contingent d'enseignants pour les écoles protestantes.

responsables de l'enseignement catholique de participer au maintien de la dimension rurale de la société québécoise semble avoir guidé cette stratégie de développement du réseau des écoles normales hors des grands centres urbains (Mellouki, 1989). Cette dispersion géographique ne favorise d'ailleurs pas les relations avec le monde universitaire, avec lequel les écoles normales catholiques entretiennent très peu de liens. Les efforts des quatre instituts et écoles universitaires de pédagogie tardent à trouver des échos dans les milieux de formation des maîtres.

Jusqu'au début des années 1950, le programme de formation offert par les écoles normales catholiques vise avant tout à donner une formation générale. Le temps consacré à la formation professionnelle ne représente qu'une infime partie de l'horaire global des normaliens. C'est que dans le secteur catholique les écoles normales accueillent plus tôt les jeunes candidats à l'enseignement. De ce fait, elles assument la fin de leur formation générale tout en leur distillant une teinture de pédagogie et de psychologie et en encadrant leur apprentissage de l'enseignement pratique dans les écoles d'application (Mellouki, 1989).

Trois types de brevets sont délivrés par l'école normale. La politique de remise de ces brevets et leur dénomination varient cependant au rythme des changements qui touchent le programme même des écoles publiques, des transformations des savoirs pédagogiques et des exigences posées par la société en mutation. Le brevet élémentaire, couronnant le programme de formation le plus court, s'obtient généralement après un séjour d'un an à l'école normale, sauf durant la période qui s'étend de la réforme de 1924 à celle de 1953, où le séjour minimal est alors fixé à deux ans. Ce séjour est même fixé à trois ans pour les futurs maîtres inscrits dans les écoles normales de garçons entre 1935 et 1940, année de l'abolition de ce programme, rendu inutile par le peu d'hommes formés se destinant effectivement à travailler dans les écoles élémentaires. De son côté, le brevet complémentaire, ou son équivalent, s'obtient, jusqu'à la fin des années 1930, après une formation professionnelle de trois ans; toutefois, dès 1940 pour les futurs maîtres et à partir de 1953 pour les futures maîtresses, le séjour de formation est ramené à deux ans. Pour sa part, le brevet supérieur, ou son équivalent, nécessite une formation professionnelle de trois à cinq ans (Mellouki, 1989).

Contrairement à la politique appliquée dans le secteur protestant, la scolarité minimale exigée des candidats des écoles normales catholiques est la même pour tous les brevets. Les conditions d'admissibilité ne varient pas selon le programme de formation choisi, c'est plutôt la durée de ces programmes qui change. Jusqu'au milieu des années 1930, filles et garçons inscrits aux brevets élémentaire, modèle, académique, complémentaire ou supérieur doivent avoir terminé leur sixième année de formation générale pour être admis. On fait passer ce seuil minimal de scolarité pour l'entrée à l'école normale à la 9e année pour les filles et à la 11e année pour les garçons au moment de la refonte des programmes des écoles normales, entre 1940 et 1953. Cette différence entre filles et garçons ne résulte en fait que de l'abandon pour les normaliens du programme conduisant au brevet élémentaire, ce qui leur permettait d'accéder directement au programme du brevet complémentaire, ou son équivalent. La mise en application de l'importante réforme des programmes, en 1953, allait rétablir un nouveau plancher commun: dorénavant, tous les candidats à l'école normale devraient être titulaires d'une attestation de scolarité de 11e année.

13.4.3 L'uniformisation de la formation

Fortement encouragé par les membres de la commission Parent en 1964, le transfert complet de la formation des maîtres des écoles normales vers les universités trouve en fin de compte son aboutissement en 1970, après l'adoption par le ministère de l'Éducation du règlement no 4, en 1966, qui définit des règles communes d'attribution du permis d'enseignement. Ces règles prévoient notamment la généralisation du principe de probation déjà en vigueur dans le secteur protestant depuis 1935. L'importante disparité qui caractérisait la formation professionnelle des enseignants des deux secteurs confessionnels tend dès lors à se résorber. Désormais, cette formation s'uniformise autour des mêmes règles et se centralise autour d'un même lieu: l'université.

Cependant, ce qui s'annonçait être le point d'ancrage recherché pour la professionnalisation du métier d'enseignant, c'est-à-dire le rehaussement et l'uniformisation de la formation des maîtres par le sas universitaire, s'est avéré un processus beaucoup plus complexe. La difficile institutionnalisation des sciences de l'éducation, l'incapacité de ce champ à se définir, à se forger un statut et à établir des rapports harmonieux avec le reste des instances universitaires ont rapidement fragilisé le pacte. Cette progression dont la finalité était l'arrimage de deux démarches épistémologiquement complémentaires, l'une scientifique et théorique et l'autre pédagogique et pratique, s'est soldée par la dissociation de ces démarches. Tandis que l'absence de liens directs entre la pratique et la recherche enseignante en sciences de l'éducation se faisait patente, un fossé se creusait entre des enseignants, praticiens de l'enseignement, et une institution universitaire porteuse d'un discours scientifique véhiculant une image par trop dévalorisante de leur métier (Perron, Lessard et Bélanger, 1993).

Dès la fin des années 1970, une commission d'études prenait note des relations tendues entre l'université, les organisations professionnelles d'enseignants et les milieux scolaires (Commission d'étude des universités, 1979). La légitimation accrue de la science dans les universités au cours des années 1980-1990, dépréciant au sein même de l'institution universitaire l'« aspect professionnel de la formation des enseignants», allait accroître le fossé et conduire à une révision en profondeur des fondements de l'association université-formation des maîtres (Perron, Lessard et Bélanger, 1993).

La hausse du seuil minimal de scolarité nécessaire à l'obtention d'un brevet, à mesure que le siècle avance, témoigne bien du résultat de ces différentes modifications des structures institutionnelles de formation et du relèvement graduel des compétences générale et professionnelle exigées des enseignants dans les deux secteurs confessionnels. Alors que dans les premières années du XXe siècle, pour obtenir le diplôme le moins élevé, sept ans de formation générale et professionnelle suffisent aux normaliens et normaliennes catholiques et que neuf ans sont demandés aux protestants, dans les années 1940, dorénavant 11 et 13 ans sont respectivement requis pour les jeunes filles et les jeunes garçons du secteur catholique; mais en 1953, la nouvelle refonte des programmes normaliens établira un seuil de scolarité commun de 12 ans, seuil déjà atteint au début des années 1940 dans le secteur protestant. L'abolition, au tournant des années 1950, des brevets les moins élevés aura pour effet de hausser de nouveau ce seuil, tandis que la transformation du cycle d'études à la fin des années 1960, avec l'ajout notamment des deux années de formation préuniversitaire du cégep, et le transfert de la formation professionnelle des enseignants des deux secteurs sur les campus universitaires ont par la suite permis l'élévation commune de ce seuil à 14, puis à 16 années.

13.5 LES EXIGENCES INSTITUTIONNELLES ET LES RÉPONSES INDIVIDUELLES: BREVETS, ATTESTATION ET EXPÉRIENCE

Au cours du XXe siècle, une attention croissante est donc accordée à la formation professionnelle du personnel enseignant. Les autorités scolaires provinciales réunies au sein du Comité catholique et du Comité protestant du Conseil de l'instruction publique ont longtemps marqué le rythme. Elles sont conscientes que l'amélioration de la qualité de l'enseignement et la stabilisation du personnel enseignant passent par une meilleure qualification de ce personnel. Milite également à leur côté un nombre croissant de professeurs qui, tout en se faisant les porte-parole d'une éducation libérale et moderne—surtout dans le secteur protestant—cherchent à améliorer leur propre statut social et professionnel, lequel repose notamment sur la reconnaissance d'un certain degré de qualification distinct et monnayable.

La résistance, active ou passive, aux changements n'en est pas moins vive. Au sein même du corps professoral, les enseignants les plus rompus à l'enseignement refusent de succomber aux innovations pédagogiques qu'ils jugent parfois futiles ou inappropriées. Les commissaires d'école, tout comme les parents, sont parfois difficiles à convaincre des bien-fondés des réformes. Pour les premiers, le maintien sur le marché du travail d'un personnel non qualifié représente une mine d'or, une main-d'œuvre à bon marché qui favorise une évaluation à la baisse de la rétribution de l'ensemble des enseignants et l'équilibre budgétaire; pour les seconds, le statut de l'enseignant les préoccupe trop peu pour qu'ils s'inquiètent de la qualité de sa formation.

Jusqu'au tournant des années 1950 et 1960, les appels des autorités scolaires centrales et des organisations professionnelles d'enseignants en faveur d'une amélioration de la qualification du corps professoral ont toujours reçu un accueil mitigé. Chez les enseignants eux-mêmes, tous ne voient pas alors la pertinence d'une formation professionnelle ou n'ont pas les moyens financiers de se donner une telle formation. L'incapacité d'obtenir en régions éloignées ou en milieux ruraux une formation générale suffisante pour permettre l'admission dans une école normale, les frais engagés par la fréquentation d'un tel établissement, l'urgence d'obtenir des revenus ou encore la croyance populaire selon laquelle on naît enseignant mais on ne le devient pas sont autant de facteurs qui expliquent la réserve de certains d'entre eux.

De façon générale, entre la fin de la Seconde Guerre mondiale et les réformes scolaires des années 1960, une première disparité, qui longe la frontière confessionnelle, fait surface. Tandis que le personnel enseignant du secteur catholique marque une nette préférence pour les brevets les moins élevés, dans des proportions de près de 45%, le corps professoral du secteur protestant opte plutôt pour les brevets médians qui nécessitent une formation générale et professionnelle plus longue, sans pour autant imposer le passage par l'université. Ce passage, sanctionné chez les protestants par le brevet le plus élevé, retient l'attention de près du quart de leur personnel enseignant, soit sensiblement la même proportion que celle du personnel enseignant des écoles publiques catholiques optant pour le brevet le plus élevé.

Une seconde disparité s'établit le long de la ligne de partage entre les hommes et les femmes. Toutes confessions confondues, les hommes s'orientent dans une plus grande proportion que leurs consœurs vers les brevets les plus élevés, c'est-à-dire ceux qui demandent une plus longue formation. Entre 1901 et 1965, près de la moitié des enseignants possèdent un brevet supérieur, comparativement à 1 consœur sur 10. Ce choix exerce une incidence directe sur l'orientation de carrière et la propension à rester plus longtemps dans la profession, puisque ces brevets sont aussi ceux qui donnent accès aux postes les plus prestigieux, dans l'enseignement proprement dit ou dans l'administration scolaire. Les statistiques sur le nombre d'années d'expérience dans l'enseignement l'illustrent bien: les hommes ont tendance à demeurer plus longtemps dans la profession que les femmes. Cette situation est particulièrement criante dans le secteur catholique, où entre 18 et 27 points de pourcentage avantagent la proportion d'enseignants laïques possédant au moins 15 années d'expérience par rapport à leurs consœurs.

C'est qu'à l'inverse les institutrices des secteurs catholique et protestant penchent davantage pour les brevets les moins élevés. Cette tendance est encore plus manifeste dans le secteur catholique, où le caractère transitoire de la carrière d'enseignante pour les jeunes femmes de même que la vision apostolique de ce travail incitent près des deux tiers des institutrices laïques à opter prioritairement pour une formation de courte durée. Dans le secteur protestant, jamais plus d'une enseignante sur trois fera de même après les années 1920, alors qu'elle choisit plutôt, dans près de la moitié des cas, le brevet permettant d'enseigner au premier cycle du secondaire. Ces choix se traduisent par une instabilité du personnel enseignant féminin et son renouvellement perpétuel, nuisant de ce fait à la formation d'un esprit de corps et à la constitution d'une identité professionnelle forte. Dans le secteur catholique—secteur le plus durement touché—, les femmes laïques ne restent dans la profession en moyenne que six ans, soit jusqu'au jour de leur mariage (Thivierge, 1981). L'écart est flagrant au regard du cheminement des institutrices du secteur protestant: la proportion de ces institutrices ayant au moins 15 années d'expérience est presque 3 fois plus élevée que celle de leurs consœurs catholiques.

Jusqu'à l'orée des années 1960, la profession d'enseignant possède un faible degré de rétention. Les laïques catholiques—contingent dominant de ce corps confessionnel—et, dans une moindre mesure, les instituteurs protestants sont particulièrement difficiles à maintenir en poste dans les classes. Cependant, les multiples efforts consentis pour améliorer les conditions de travail du personnel enseignant et le prestige de la profession, la place grandissante accordée aux femmes mariées, une certaine professionnalisation de la tâche enseignante, jumelés au formidable boum démographique qui a forcé le recrutement massif de nouveaux professeurs ainsi qu'au mouvement progressif de renforcement et de politisation de leurs organisations professionnelles, ont modifié le portrait d'ensemble. Le corps enseignant s'est dès lors stabilisé, peut-être même jusqu'à l'excès puisque le système scolaire est aujourd'hui incapable de renouveler son effectif enseignant et d'absorber les jeunes professeurs qui sortent des universités. À la toute fin des années 1980, entre 5% et 8% seulement du personnel enseignant des écoles publiques catholiques et protestantes du Québec comptait moins de 5 années d'expérience dans l'enseignement, tandis qu'à l'autre extrémité ceux qui possèdent au moins 15 années d'expérience, à l'exception des enseignantes protestantes (54%), formaient près des trois quarts du corps professoral.

13.6 L'ORGANISATION DE LA PROFESSION ET LA QUÊTE D'UNE RECONNAISSANCE COLLECTIVE

La position stratégique des enseignants au sein du système scolaire québécois doit beaucoup à leur poids numérique et au rôle central qu'ils y assument en tant que principale courroie de transmission de l'héritage culturel de leur communauté respective. Mais elle doit aussi beaucoup aux structures associatives qu'ils se sont données pour défendre leurs intérêts et s'imposer collectivement comme acteurs du projet éducatif. Selon les conjonctures sociales, politiques et économiques, le corporatisme et le syndicalisme ont généralement constitué les deux principaux fondements idéologiques de leur organisation et de leur action.

13.6.1 Dans l'ombre des autorités administratives et de l'inspectorat

C'est au milieu du XIXe siècle que les enseignants laïques cherchent pour la première fois à se regrouper au sein d'organisations professionnelles, précédés en cela par les religieux catholiques pour lesquels le regroupement au sein de communautés ou de congrégations «professionnelles» était de tradition ancienne. On connaît mal les facteurs qui ont présidé aux initiatives laïques. Cependant, celles-ci coïncident avec une période où la vie associative jouit d'une grande popularité dans certains milieux francophones du Bas-Canada et où les immigrants britanniques continuent d'exercer un ascendant sur la pensée scolaire anglo-protestante (Cooper, 1956; Lamonde, 1991).

Les écoles normales, mises sur pied en 1857, allaient rapidement attirer dans leur giron ces premiers regroupements d'enseignants et en prendre le relais par le biais de nouvelles organisations plus proches des autorités scolaires provinciales et davantage intégrées aux structures institutionnelles du système scolaire bas-canadien en formation. Cette proximité entre les associations et les autorités scolaires ou ecclésiastiques provinciales laisse alors peu de place aux revendications enseignantes proprement dites. Les associations d'enseignants se présentent plutôt comme le prolongement du bras de l'inspectorat et des autorités administratives scolaires que comme un outil entre les mains de professionnels de l'enseignement. Elles constituent avant tout un complément au double programme de formation et de perfectionnement assumé par les écoles normales et les inspecteurs d'école.

Les principales activités de ces premières associations, ainsi que leur direction, sont essentiellement regroupées autour de centres urbains (Montréal, Québec, Bedford, Huntington, Lachute, Wakefield, Hull, etc.). Si elles représentent, au départ, des rassemblements autonomes dont les activités semblent indépendantes, les associations des enseignants des écoles protestantes sentent, dès 1863, le besoin de se regrouper afin d'établir une coordination provinciale de leurs activités et fondent, en 1864, la Provincial Association of Protestant Teachers (PAPT). Ainsi regroupés sur une base provinciale, les enseignants du secteur protestant semblent commencer à jouir d'une plus grande unité d'action et peser d'un poids plus lourd dans l'organisation du système scolaire protestant, puisque dès 1889 ils bénéficient d'une représentation directe au sein du Comité protestant du Conseil de l'Instruction publique, le principal organe de décision de l'enseignement protestant (Talbot, 1964).

De pareilles tentatives de regroupement provincial ont été amorcées dans le secteur catholique en cette seconde moitié du XIXe siècle, mais sans qu'aucun projet d'union entre l'Association des instituteurs en rapport avec l'École normale Laval (AIENL) et l'Association des instituteurs en rapport avec l'École normale Jacques-Cartier (AIENJC) n'aboutisse. Cet insuccès n'a pas été sans nuire aux relations entre les enseignants et les décideurs publics de ce secteur. Jusqu'aux réformes des années 1960, leur collaboration sera sporadique et officieuse: malgré les requêtes déposées par l'AIENL et l'AIENJC en 1865 et en 1894, aucun représentant officiel d'organisations d'enseignants ne siégera au Comité catholique, largement accaparé par des représentants des autorités religieuses et des congrégations enseignantes (Labarrère-Paulé, 1965).

La participation des femmes aux activités des associations d'enseignants est dès le départ acquise dans le secteur protestant en raison vraisemblablement de la mixité de son école normale. Dans le secteur catholique, le phénomène est beaucoup plus tardif et prend forme en marge des activités des associations masculines. Réclamée depuis les années 1880, cette participation ne s'établit qu'au tournant du XXe siècle, avec la création d'associations d'institutrices à Québec (AICQ) et à Montréal (AICM), de même qu'à Wakefield et à Hull. Les associations d'hommes et celles de femmes continueront jusque dans la première moitié des années 1950—du moins au sein des unités locales et régionales—de mener ainsi des activités et des actions indépendantes.

Les principales préoccupations des associations d'enseignants et d'enseignantes des deux secteurs confessionnels, au cours de ce premier demi-siècle d'existence, sont étroitement déterminées par leur composition et par leurs finalités sociales et pédagogiques. Les questions d'ordre didactique et méthodologique occupent le haut du pavé, tandis que sont également débattues les questions relatives à la qualité de la formation des maîtres et aux structures d'encadrement de cette formation. Le projet éducatif dans son ensemble retient surtout l'attention du côté protestant, où les membres de la PAPT s'inquiètent, dès les années 1870, de l'accès des jeunes à l'école et se déclarent en faveur de l'instauration de l'instruction obligatoire. La condition financière du personnel enseignant est déjà à l'ordre du jour de ces différentes associations, mais cette préoccupation ne se traduit pas encore en actions, si ce n'est sur le plan de l'organisation d'un régime de retraite.

13.6.2 Vers l'autonomie: la formation professionnelle et la mobilisation du corps enseignant

Les premières associations

Les années 1910 et 1920 constituent une première période charnière dans la mise sur pied des associations d'enseignants. La Première Guerre mondiale est venue bouleverser les idées établies en matière de droit à l'éducation et l'inflation exerce des pressions favorables au regroupement professionnel et aux revendications salariales. Dans la majorité des provinces du dominion canadien, les enseignants délaissent les anciens organismes voués à l'avancement de l'éducation et forment leurs propres organisations où leurs revendications professionnelles—la défense des intérêts matériels et la promotion du statut—occupent dorénavant le centre des préoccupations (Muir, 1968).

Au Québec, les enseignants des écoles protestantes préfèrent cependant accomplir les changements à l'intérieur des cadres déjà définis de la PAPT, dont ils prennent progressivement le contrôle. À cette fin, dès le milieu des années 1910, les administrateurs scolaires et autres personnalités de la communauté protestante sont exclus des postes de direction (Talbot, 1964). Parallèlement, les ambitions professionnelles de l'organisation se précisent et s'accroissent à mesure que sa légitimité est reconnue.

À l'opposé, les enseignants du secteur catholique optent pour une voie de contournement. Incapables de détourner à leur profit les cadres des associations attachées aux écoles normales et de s'affranchir de la tutelle des autorités scolaires et ecclésiastiques, ils font leurs premières tentatives de revendications professionnelles en marge des structures déjà établies. Il en résulte la création d'une multitude d'associations d'instituteurs et d'institutrices à la durée de vie plus ou moins longue et sans structures de coordination provinciale, dont les démarches restent infructueuses. L'inquiétude que suscite le ton particulièrement revendicateur de certaines de ces associations jointe à leur incapacité de pallier l'éparpillement de l'effectif professoral en régions rurales et la grande instabilité des enseignantes laïques—qui forment plus des deux tiers du personnel laïque—ne plaident pas en leur faveur. Elles ne réussissent pas non plus à s'imposer comme intermédiaires devant les commissions scolaires, qui acceptent mal leurs revendications salariales et qui refusent de les reconnaître comme porte-parole de leurs membres enseignants[3].

Le regroupement provincial

La crise économique qui frappe durement, à partir de 1932, les enseignants des régions urbaines et rurales allait cependant fournir aux enseignants du secteur catholique l'élément déclencheur d'une certaine prise de conscience de la force de leur nombre et de la nécessité d'une plus grande mobilisation. Profitant aussi de la législation du travail, établie en 1924, puis surtout de celle de 1944, ils se regroupent à l'échelle provinciale en syndicats professionnels constitués d'associations rurales— créées peu de temps auparavant— et urbaines—issues d'organisations déjà existantes[4]. En l'espace de 10 ans, la presque totalité du territoire scolaire public catholique du Québec se couvre d'un réseau d'associations professionnelles d'enseignants laïques établies sur une base syndicale et réparties à travers trois fédérations provinciales: la Fédération catholique des institutrices rurales (FCIR), la Fédération provinciale des instituteurs ruraux (FPIR) et la Fédération des instituteurs et institutrices catholiques des cités et villes de la province de Québec (FICV). Au cœur de leurs préoccupations immédiates: la sauvegarde des intérêts du personnel enseignant.

L'isolement des membres est battu en brèche. Les nouvelles associations apportent l'encadrement nécessaire pour canaliser les mécontentements contraints jusque-là de s'exprimer individuellement et pour les transformer en mouvement de masse, en prise de parole collective. Fortes des avantages que leur accorde le régime d'arbitrage exécutoire imposé par la Loi des différends entre les services publics et leurs salariés entre 1944 et 1946, elles rassemblent à cette époque plus de 95 % du personnel enseignant laïque des écoles publiques catholiques.

Quant aux enseignants des écoles protestantes, malgré les difficultés qu'ils éprouvent également à se mobiliser et à faire reconnaître leur légitimité en tant que collectivité lors des négociations salariales des années 1930, ils restent à l'écart du cadre légal dessiné par la Loi des syndicats professionnels de 1924 et par celle des relations ouvrières de 1944 et continuent ainsi de négocier à l'amiable avec les commissaires d'école jusqu'en 1967. Ainsi apparaît un autre trait distinctif de l'expérience associative des enseignants protestants.

Le milieu des années 1940 représente donc la seconde période charnière dans l'histoire de l'organisation de la profession enseignante au Québec. Dans le secteur catholique, l'idée qui circule depuis la fin des années 1930 de réunir à l'intérieur d'une corporation l'ensemble du personnel enseignant du système scolaire québécois, sans distinction de religion ou de langue, se concrétise avec la fondation de la Corporation générale des instituteurs et institutrices catholiques de la province de Québec (CIC). Toutefois, la loi d'incorporation qui reconnaît la CIC, en 1946, lui définit un projet bien plus modeste que celui souhaité. Seuls les laïcs des écoles publiques catholiques seront admis dans les rangs de la Corporation, à laquelle on refuse le pouvoir de contrôler l'admission à la pratique.

3. À Montréal par exemple, l'initiative de certains membres de l'AIENJC est rapidement contrecarrée par la Commission des écoles catholiques de Montréal (CECM): elle oppose à l'Association du bien-être, qui visait explicitement l'amélioration de la situation matérielle du personnel enseignant catholique de la région montréalaise, une alliance des enseignants plus proche du catholicisme social et de son respect des hiérarchies. De même, dans les régions rurales, des enseignants se regroupent au sein d'une association des écoles rurales catholiques du Québec pour exiger une amélioration des conditions salariales du personnel enseignant de ces régions. Malgré le patronage de l'Association assuré par le directeur de l'École normale de Montréal, les revendications restent lettre morte.
4. C'est le cas, par exemple, à Montréal, où l'Alliance révise sa charte afin d'y renforcer le rôle des enseignants et demande son accréditation syndicale en 1944. À Québec, les enseignants du cercle Morissette se regroupent au sein du Syndicat professionnel des instituteurs laïques dès 1937.

Fidèle à la doctrine sociale de l'Église, à l'instar de ses unités locales et de plusieurs organisations syndicales québécoises de cette époque, la Corporation voit également la loi d'incorporation de 1946 tisser un fort lien de dépendance entre elle et l'État. De plus, le regroupement des trois fédérations de syndicats d'enseignants au sein d'une corporation professionnelle dont les limites sont imposées par le Parlement donne à la CIC une structure hybride, mi-corporatiste, mi-syndicale. Elle n'est pas à proprement parler un syndicat, puisque ce sont les associations locales et les fédérations affiliées qui négocient généralement les conventions de travail; elle n'est pas non plus à proprement parler une corporation professionnelle, puisqu'elle compte parmi ses membres des directeurs d'école et des cadres scolaires et qu'elle ne contrôle pas l'accès à la profession. Néanmoins, des ambitions corporatistes déterminent les discours, les politiques et les revendications de la Corporation au cours des deux décennies suivantes.

De son côté, la PAPT poursuit sa route et profite des années 1940 pour consolider son caractère professionnel. Elle amende ainsi sa charte afin d'y inscrire une clause rendant automatique l'adhésion à l'association de chaque enseignant dès son engagement par une commission scolaire protestante québécoise. Cet amendement, qui reçoit l'assentiment royal en 1945, renforce le pouvoir de représentation de la PAPT auprès des autorités scolaires des échelles locale, régionale et provinciale et aide à sa reconnaissance comme partenaire légitime dans le champ scolaire. Assuré ainsi d'un nombre constant de membres, l'organisme jouit désormais d'une plus grande stabilité financière et peut consacrer ses énergies à des problèmes de fond plutôt qu'à l'incessant et épuisant travail de recrutement.

À partir du milieu des années 1940, le personnel enseignant des écoles publiques, à l'exception des religieux, dispose donc, de part et d'autre de la barrière confessionnelle, d'une organisation qui lui permet d'agir sur la structuration de son métier, de promouvoir son statut et d'améliorer ses conditions de travail, à commencer par sa situation financière.

En effet, la situation financière du personnel enseignant, surtout en régions rurales et éloignées, est alors particulièrement précaire. Contraints de négocier individuellement et à l'échelle locale ou régionale, les enseignants sont à la merci de la conjoncture économique, de la ponctualité des contribuables—payeurs de taxes scolaires—et des préoccupations budgétaires des commissaires. Leur sécurité professionnelle est pratiquement inexistante. Ils sont vulnérables et vivent dans l'insécurité. Leurs contrats d'engagement, annuellement renouvelés, peuvent être résiliés en tout temps, sans que les commissaires aient à justifier cette décision. Certaines commissions scolaires rurales pratiquent même une politique systématique de congédiement annuel qui permet ainsi l'ouverture chaque année d'un nouveau concours et oblige de ce fait l'enseignant en place à concourir avec de nouveaux venus, améliorant de la sorte les chances des commissaires de maintenir à la baisse les exigences salariales.

D'importantes disparités salariales sont d'ailleurs enregistrées à cette époque, d'abord entre les zones d'habitat, mais aussi selon l'ordre d'enseignement, le sexe, l'état civil et la confession. Au cours de l'année scolaire 1940-1941 par exemple, les salaires moyens, dans le secteur catholique, oscillaient entre 311$ pour une jeune institutrice laïque en fonction dans une école élémentaire rurale et 2022$ pour un instituteur laïque à l'emploi d'une école secondaire située en zone urbaine. À la même période, dans le secteur protestant, ces mêmes salaires moyens oscillaient pour leur part entre 502$ et 2667$ (Mellouki et Melançon, 1995).

Les actions concrètes et les revendications

Les associations passent donc à l'action. Entre 1940 et 1946, année où le droit d'arbitrage est retiré aux enseignants ruraux, près d'un millier de conventions collectives sont négociées avec les commissions scolaires catholiques, tandis qu'entre 1948 et 1952 la PAPT mène une véritable croisade pour faire adopter par la majorité des commissions scolaires une échelle salariale fixe, uniforme et commune. À travers ces revendications salariales, ce sont les structures de la profession enseignante que visent en réalité ces associations. Selon elles, il faut aux enseignants des conditions salariales adéquates qui leur permettent une reconnaissance professionnelle publique, favorisent une plus grande stabilité dans l'emploi et suscitent un plus grand intérêt pour acquérir une meilleure formation.

La définition et la reconnaissance du statut professionnel des enseignants sont d'ailleurs au cœur des revendications des deux corporations enseignantes surtout à partir des années 1950 jusqu'au milieu des années 1960. À titre d'exemple, la CIC recommande à ses membres de refuser l'exécution de travaux incompatibles avec la nature de leur profession (ménage et entretien des classes), de mieux faire connaître la profession d'enseignant, de se comporter comme des professionnels dans leur milieu social et d'assumer un rôle de promoteurs de la culture. Elle réclame voix au chapitre de la vie scolaire et participation active aux processus de prise de décision. Elle revendique ainsi le droit de siéger à divers comités et sous-comités du département de l'Instruction publique (par exemple le Comité de régie des examens officiels) et d'avoir un représentant au Comité catholique du Conseil de l'instruction publique. La Corporation considère également qu'en tant qu'expert et professionnel l'enseignant doit jouir d'une certaine autonomie dans l'exercice de ses fonctions et dans ses relations avec ses supérieurs immédiats, taxées devant la commission Parent, en 1962, de «paternalisme» et d'«autoritarisme». Elle demande de considérer le professionnel de l'enseignement comme un **collaborateur qualifié**.

Du côté protestant, la PAPT affiche, jusque dans la première moitié des années 1950, une certaine prudence dans ses revendications professionnelles. Afin de préserver ses bonnes relations avec les autorités scolaires provinciales, elle mesure ses critiques. Cette retenue ne l'empêche pas de revendiquer un accroissement de sa participation au projet éducatif à mesure que sa légitimité dans le champ scolaire se voit reconnue. Dans l'esprit des dirigeants de l'association, l'acquisition du statut professionnel passe irrémédiablement par une collaboration pédagogique accrue des enseignants à ce projet et par une plus grande participation aux instances décisionnelles. Par la suite, les revendications corporatistes et professionnelles subissent une véritable inflation.

Devant la commission Parent, la PAPT propose ni plus ni moins qu'un nouveau partage des pouvoirs à l'intérieur du système scolaire protestant du Québec, où les enseignants seraient appelés à jouer un rôle actif. Outre l'abandon de l'attitude paternaliste et «autoritariste» de certains fonctionnaires de l'enseignement, également réclamé par la CIC, la PAPT suggère la formation de nouveaux organismes (Curriculum Council, comité mixte sur la formation et l'attestation des enseignants, bureau d'interprétation) où des représentants des enseignants devraient travailler conjointement avec des représentants des commissions scolaires, des autorités provinciales ou des établissements de formation professionnelle. Elle va même jusqu'à proposer d'étudier la possibilité de remettre le contrôle de l'attestation entre ses mains puisqu'elle se considère comme mieux placée pour juger de la compétence du personnel enseignant et augmenter le degré de sa qualification.

La définition, l'amélioration et la recherche du contrôle des critères de reconnaissance des acquis et des savoir-faire propres à la profession enseignante représentent d'ailleurs, comme dans toute lutte pour la reconnaissance sociale d'un corps de métier, un des principaux fronts sur lequel se sont portées les associations d'enseignants catholiques et protestants du Québec. À cet effet, la CIC et la PAPT élaborent alors chacune de leur côté plusieurs projets de réforme dans le domaine de la formation professionnelle.

La réforme de la formation professionnelle

La Corporation générale des instituteurs et institutrices suggère ainsi à ses membres dûment qualifiés d'inscrire les lettres I.D. (instituteur ou institutrice diplômés) à la suite de leur nom afin que leur qualification soit reconnue. Elle réclame également la suppression du programme de formation d'un an conduisant à l'obtention du brevet C. Au regard de l'évolution rapide des techniques pédagogiques et de la complexité grandissante des problèmes éducatifs, une seule année d'école normale ne peut suffire, aux yeux de ses dirigeants, pour préparer adéquatement les candidats à l'enseignement. Détenir un statut professionnel exige de posséder une solide culture générale et des qualifications acquises pendant au moins deux années de préparation. En élevant les normes imposées aux normaliens et aux normaliennes à l'admission et en cours de formation, on devrait ainsi contribuer à redorer le blason de la profession.

Au cours des audiences devant la commission Parent, la CIC va donc insister sur le resserrement du contrôle de la formation des candidats et sur une meilleure planification du recrutement. La sélection des candidats à l'enseignement doit se faire plus rigoureuse et sans précipitation. Pour la CIC, comme pour la PAPT, la quantité ne doit pas primer la qualité. Les programmes de formation de même que la durée de la formation sont aussi à réviser selon la Corporation. Elle souhaite que l'accent soit mis davantage sur les matières professionnelles et considère que les enseignants, comme tous les professionnels, doivent se doter d'un système d'attestation uniforme sanctionnant un programme de formation échelonné sur un minimum de quatre années d'études après le diplôme de l'enseignement secondaire.

Même intransigeance en matière de formation professionnelle du côté protestant. Si les enseignants aspirent à une reconnaissance professionnelle, ils doivent donc posséder un niveau de formation conséquent et se doter, à l'instar des médecins, des avocats et des ingénieurs, d'une formation universitaire. Dès la fin des années 1930, le relèvement des critères d'admissibilité aux différents programmes de formation des maîtres va devenir un des chevaux de bataille des dirigeants de l'association, pour qui seuls les diplômés universitaires dotés d'une formation et d'une expérience professionnelles suffisantes devraient pouvoir obtenir un permis permanent d'enseignement. Les programmes mêmes de formation les intéressent moins, ils préfèrent davantage intervenir au sujet des modalités d'accès à la profession et des structures administratives qui régissent ces modalités.

Devant la commission Parent, la PAPT réclame notamment une plus grande représentation des enseignants au sein des organismes chargés d'administrer et de définir les programmes de formation des enseignants et propose de confier à un comité mixte—formé des représentants des établissements de formation, des autorités administratives provinciales et de la PAPT—toutes les tâches liées à la formation et à l'attestation des enseignants qui étaient jusque-là assumées par différents organismes. À terme, elle s'interroge sur la possibilité de remettre à la PAPT le contrôle de l'attestation.

Le rôle social

Si les actions et les revendications des deux principales associations professionnelles d'enseignants du Québec se recoupent en plusieurs endroits, des années 1940 jusqu'aux années 1960, il reste un domaine où les enseignants protestants et catholiques se démarquent; il s'agit de la question de l'accès à l'éducation. Si la CIC s'est intéressée à l'instruction obligatoire, avant les années 1960, les questions de gratuité scolaire et de démocratisation de l'enseignement lui restent encore étrangères. Ce n'est pas le cas de la PAPT, qui ne s'est jamais départie de son intérêt pour le progrès de l'éducation et les questions scolaires dans leur ensemble. L'accès à l'éducation et surtout l'égalité des chances d'accès à une éducation de qualité, adaptée aux besoins des régions et des élèves, constituent un des pivots autour duquel s'articule une partie de sa philosophie de l'éducation. Elle se prononce en faveur de l'instruction obligatoire et recommande l'abolition des frais de scolarité. Elle propose aussi la création d'un corps de jeunes enseignants volontaires pour venir en aide aux régions particulièrement pauvres en services scolaires en raison de leur éloignement ou de l'insuffisance de leurs revenus.

À la différence des représentants des enseignants des écoles catholiques, les porte-parole de la PAPT auront toujours à cœur d'accompagner leurs revendications professionnelles de considérations sur l'organisation du projet éducatif protestant dans son ensemble, comme si le discours sur l'identité professionnelle était étroitement lié au rôle idéologique qu'il assignait à l'enseignant, dispensateur des connaissances, des savoir-faire et de la culture nécessaires au maintien de la collectivité dont ils sont les représentants.

13.6.3 La politisation du champ scolaire: le jeu des alliances et les mutations idéologiques

Au cours des années 1960, les mutations structurelles et idéologiques qui gagnent l'ensemble de la société québécoise et le système éducatif en particulier imposent au corps enseignant des deux secteurs confessionnels, mais selon des modalités différentes, une redéfinition de ses formes d'organisation, de ses modes d'action et de ses rapports avec la société et les institutions qui la gouvernent: l'État et surtout l'Église.

Le cadre juridique des relations du travail

D'abord, le cadre juridique des relations du travail se modifie. Le personnel enseignant catholique des régions rurales regagne, en 1959, le droit à l'arbitrage qu'il avait perdu en 1946, tandis que le premier véritable Code du travail, adopté en 1964, reconnaît le droit de grève aux travailleurs des services publics, donc aux enseignants. Sur un autre plan, les structures scolaires subissent une refonte majeure, dont la création du ministère de l'Éducation et du Conseil supérieur de l'éducation en 1964 et l'adoption de la loi 25 en 1967 marquent les deux principaux pôles[5].

Le secteur protestant réagit différemment à ces transformations juridiques et scolaires. En fait, jusqu'en 1967, le corps enseignant est peu touché par les nouveaux cadres juridiques définis par le Code du travail. Tout comme avant, la négociation des conventions collectives continue de se faire à l'amiable entre les associations locales et les commissions scolaires. Par contre, les effets de l'étatisation du système scolaire québécois et les tendances à la centralisation et à la bureaucratisation de son administration qui l'accompagnent, surtout après la création du ministère de l'Éducation, sont beaucoup plus vifs. Ces transformations de l'administration scolaire provinciale bouleversent profondément les structures organisationnelles de la PAPT.

La diminution du pouvoir de la communauté anglo-protestante au sein de cette administration, au profit d'un État dont les structures sont par ailleurs occupées par un nombre grandissant de francophones, prive les enseignants de leur représentation directe et limite l'influence qu'ils exerçaient jusque-là dans la définition du projet éducatif. De même, la perte graduelle de l'autonomie des commissions scolaires dans leur gestion administrative, que consacre la loi 25, modifie les relations qui liaient les enseignants à l'unité administrative régionale qu'elles constituaient, forçant ainsi les enseignants des écoles protestantes à repenser leurs modes d'organisation, de négociation et d'action afin de mieux s'adapter aux nouvelles structures politiques et administratives.

L'alliance professionnelle de tous les enseignants

Dans un tel contexte de centralisation, l'alliance professionnelle de tous les enseignants québécois s'impose de plus en plus aux leaders d'opinion des deux principales associations comme la meilleure solution pour traiter d'égal à égal avec ces nouvelles autorités administratives qui leur sont désormais communes depuis la création du ministère de l'Éducation. Pour certains membres de la PAPT, toute forme d'isolationnisme ou de séparatisme de la part des associations d'enseignants est d'ailleurs perçue comme un suicide. À leurs yeux, l'unité et la solidarité de ces organisations apparaissent indispensables pour faire face à l'État et aux commissions scolaires sur le nouvel échiquier des rapports de force qu'institue la loi 25.

Dans la foulée, la PAPT est ainsi amenée graduellement à délaisser ses prétentions corporatistes pour s'engager de plain-pied, sans expérience politique ni habitude des négociations collectives, dans l'arène syndicale. Néanmoins, quelques mois après la promulgation de la loi 25, les associations membres obtiennent leur accréditation syndicale et se font reconnaître par le Code du travail, tandis que la PAPT se dote d'un nouveau mode d'organisation lui permettant d'agir à titre d'organisation parapluie et d'agent négociateur pour les syndicats locaux. La loi 249, adoptée en 1980, viendra confirmer juridiquement ces nouveaux rôles.

L'engagement politique et social

Dans le secteur catholique, le passage de la CIC d'un corporatisme professionnel longtemps alimenté par la doctrine sociale de l'Église au syndicalisme prend une orientation différente. Jusque-là tenus à l'écart des structures administratives provinciales, les

5. La loi 25, adoptée par le gouvernement de l'Union nationale pour mettre un frein à l'escalade des rapports conflictuels opposant depuis quelques années l'État et les syndicats des enseignants, suspend le droit de grève, oblige les enseignants à retourner dans leur classe, impose la négociation des conventions collectives sur le plan provincial et instaure une échelle salariale unique et uniforme pour tous les enseignants laïques.

enseignants des écoles catholiques, moins immédiatement touchés par les transformations qu'imposent la création d'un ministère de l'Éducation et l'étatisation du système scolaire québécois, semblent au contraire profiter de ce changement de direction et d'organisation. Dans ces premières années de réforme (1964-1966), la CIC collabore étroitement à la révision du système de formation des enseignants. Cette participation ne l'empêche pas pour autant de profiter des nouvelles dispositions du Code du travail pour faire de la grève l'arme ultime de négociation. Cependant, l'adoption de la loi 25 l'oblige à revoir son mode d'organisation, favorise chez elle l'émergence d'une structure plus centralisée, d'un discours critique radical et d'une action sociopolitique de type nouveau qui connaîtront leur forme achevée au milieu des années 1970 (Mellouki, 1991).

La CIC se métamorphose successivement: en 1967, elle devient la Corporation des enseignants du Québec, puis, en 1974, la Centrale de l'enseignement du Québec (CEQ). Ses actions s'orientent dorénavant vers des domaines sociopolitiques qui débordent le cadre étroit de l'enseignement proprement dit. Elles sont alimentées par un discours idéologique qui prête à l'enseignant un rôle d'agent de conscientisation au sein d'une société perçue comme une formation de classes sociales ayant entre elles des rapports d'exploitation et de domination. Dans une telle perspective, l'enseignant est donc investi d'une mission, celle de faire prendre conscience à ses élèves de cette exploitation et de cette domination qu'exerce la classe bourgeoise capitaliste sur la classe ouvrière. Cette «pédagogie de conscientisation» doit, par conséquent, guider à la fois son enseignement, ses procédés et méthodes pédagogiques et son action sociale et politique (CEQ, 1971; Mellouki, Côté et L'Hostie, 1993).

Au cours de la même période, la PAPT effectue également un déplacement de son champ d'intervention à la suite des bouleversements de l'administration scolaire provinciale et de ses propres structures organisationnelles. Elle maintient un regard attentif sur les questions qui avaient toujours capté jusque-là son attention: l'égalité d'accès à l'éducation, la définition des programmes d'études ainsi que la formation, le perfectionnement et l'attestation des enseignants. Cependant, la question linguistique, la restructuration des commissions scolaires, la détermination de la tâche de travail, la sécurité d'emploi et les conditions de travail des enseignants sont venus élargir ce champ.

Un essoufflement du mouvement syndical dans les deux secteurs confessionnels marque les années 1980. La remise en cause des acquis de la décennie précédente, l'incertitude de la valeur et de l'orientation de l'enseignement, les compressions budgétaires et la baisse de la clientèle scolaire freinent la dynamique. Des réajustements s'imposent. La PAPT tend à centraliser ses structures et à s'approprier des responsabilités dévolues jusqu'alors aux associations affiliées. À la CEQ, révision des orientations idéologiques et restructuration de l'organisation sont à l'ordre du jour. Sous des pressions internes et externes, la CEQ délaisse peu à peu le dirigisme idéologique des années 1970 pour un pluralisme idéologique qui reconnaît à l'enseignant le droit de choisir l'approche pédagogique qui lui convient, dans la mesure où il demeure conscient des conséquences sociales et économiques de son choix. Cette réorientation idéologique de la CEQ s'accompagne d'un nouveau partage des responsabilités avec les fédérations membres qui trouve principalement son expression dans une réorganisation des structures syndicales adoptée en 1992. Un peu plus décentralisées, ces structures permettent aux fédérations ou aux regroupements sectoriels—comme on préfère maintenant les appeler—de récupérer des responsabilités assumées depuis 1967 par la CEQ, notamment sur le plan professionnel et sur celui de la négociation des conventions collectives.

CONCLUSION

L'enseignant occupe au sein de la société une position stratégique puisqu'il participe, aux côtés d'autres agents, à la transmission des valeurs et des savoirs jugés nécessaires à la cohésion culturelle d'une communauté donnée. C'est pourquoi il constitue dès le départ une des pierres angulaires sur lesquelles repose le système scolaire québécois, qui commence à se structurer vers le milieu du XIXe siècle. Dès lors, l'enseignant sera souvent l'enjeu des différentes réformes qui toucheront l'organisation de ce système, tout en subissant par ailleurs, directement ou indirectement, les contrecoups des diverses conjonctures sociales, économiques et politiques qui sculpteront le visage du Québec tout au long du XXe siècle.

Le développement du corps enseignant au Québec ne se fait donc pas en vase clos. Il est étroitement lié au développement même du système scolaire québécois—à ses structures comme aux idées qui se disputent le droit de légitimation—et aux mutations profondes qui transforment la configuration sociale du Québec, notamment au lendemain de la Seconde Guerre mondiale. Par conséquent, son portrait est mouvant. Le personnel enseignant des écoles québécoises ne forme pas un corps monolithique. Au contraire, il ne cesse de se remodeler et de se redéfinir au gré de ces transformations qui orientent l'organisation du système éducatif et de la société québécoise, mais aussi en vertu de l'affirmation croissante de ses propres intérêts et de son expertise professionnelle ou pédagogique.

Trois grands axes retiennent notre attention. Il faut d'abord noter, sur le plan numérique, la progression constante du personnel enseignant jusque dans les années 1970-1980 à la faveur de deux périodes de fort recrutement. La seconde période, qui s'inscrit en plein cœur du XXe siècle, se démarque particulièrement par son ampleur, mais aussi par le fait qu'elle accompagne l'important processus de réforme des structures du système éducatif québécois—articulé autour de la commission d'enquête Parent—et qu'elle est à l'origine de l'embauchage de la majorité des enseignants permanents encore en service dans les écoles des années 1990.

Ensuite, sur le plan de la composition sociale, le corps enseignant québécois a subi de nombreuses modifications. Réparti de part et d'autre d'une frontière confessionnelle régissant l'organisation même du système scolaire, il est longtemps resté un corps pourfendu, séparé en deux entités distinctes, autonomes et parfois diamétralement opposées dans leurs démarches de légitimation. Cependant, l'unification, la centralisation et l'homogénéisation des structures scolaires autour de l'État québécois ont favorisé un rapprochement progressif des corps enseignants catholique et protestant qui trouve présentement son aboutissement dans une concertation plus étroite entre les deux principales organisations provinciales, la CEQ et la PAPT.

Autre caractéristique majeure de la composition du corps enseignant québécois, c'est la place considérable des femmes, surtout dans les écoles primaires où elles accaparent la presque totalité des postes. Cependant, on ne peut passer sous silence la proportion croissante d'hommes qui ont majoritairement gagné l'enseignement secondaire à partir du milieu du XXe siècle; cette progression témoigne des choix contrastés de cheminement socioprofessionnel entre les hommes et les femmes. Cette relative masculinisation du personnel enseignant coïncide, par ailleurs, dans le secteur catholique avec un ralentissement du recrutement religieux qui accroît la laïcisation du corps professoral.

Sur le plan professionnel enfin, il faut observer l'importante modification que subit la conception du travail enseignant, particulièrement dans le secteur catholique où l'éthique religieuse de la vocation apostolique cède peu à peu le pas à l'éthique moderne de la profession. Cette modification s'accompagne d'une consolidation de l'esprit de corps chez les enseignants et prend forme dans la mise sur pied de regroupements associatifs aux structures de plus en plus complexes mais aussi de plus en plus solides et polyvalentes. C'est justement par l'intermédiaire de ces regroupements mi-corporatifs et mi-syndicaux que l'action des enseignants se politise en réponse à la politisation même du système scolaire québécois inhérente à la prise en charge de ses destinées par l'État.

La crise que traverse aujourd'hui, dans les années 1990, le système scolaire québécois et les remises en cause dont font l'objet le statut des enseignants et leur rôle n'ont, dans un sens, rien d'alarmant. Elles ne sont qu'un symptôme parmi d'autres du malaise d'une société qui se cherche, en mal d'orientation et de certitudes. Les certitudes inscrites, au cours des années 1960, sur le papier des différentes commissions d'enquête et des législations fondatrices d'un nouvel État québécois ne font plus consensus, ou plutôt n'imposent plus leur autorité, ont perdu leur pouvoir de légitimation. Aux franges de ce maelström, des réformes s'esquissent furtivement et s'annoncent en catimini. Cependant, rien ne permet de prévoir leurs incidences sur le développement ultérieur de ce corps enseignant dont on ne cesse d'annoncer le renouvellement massif. Les questions restent ouvertes sur les effets conjugués de ce renouvellement massif d'enseignants, de la stagnation de l'effectif scolaire, des réformes des programmes de formation des maîtres et du programme éducatif dans son ensemble, de la remise en cause de l'intervention universitaire dans cette formation des maîtres et des tentatives de décentralisation des structures scolaires.

QUESTIONS

1. Le XXe siècle voit la fonction enseignante marquée de deux éthiques différentes. Expliquez.
2. On parle, entre 1945 et 1971, d'une augmentation considérable du nombre d'enseignants due à deux séries de facteurs. Nommez ces facteurs et commentez.
3. Les caractéristiques sociales du corps enseignant peuvent être représentées sous quatre axes. Développez-en deux.
4. Aujourd'hui encore, la PAPT et la CEQ constituent deux grandes corporations d'enseignants. Expliquez brièvement leur origine et leur fonction.
5. Au cours du siècle, on peut dire que l'enseignant québécois passe de la tutelle à l'émancipation. Expliquez.
6. L'enseignant québécois est entré, au cours du siècle, dans un champ de politisation. Expliquez.
7. Quels attributs peuvent aujourd'hui être donnés à la fonction enseignante?
8. Si l'on survole la transformation de la fonction enseignante du début du siècle à nos jours, trois axes majeurs semblent devoir être retenus. Nommez-les et commentez brièvement.
9. Commentez l'expression «professionnalisation du rôle d'enseignant».
10. On peut parler du métier d'enseignant de la fin du siècle dernier et du début du XXe siècle comme d'un métier «précaire». Commentez.

BIBLIOGRAPHIE

ASSOCIATION PROVINCIALE DES ENSEIGNANTS PROTESTANTS DU QUÉBEC (1988). *Mémoire présenté à la commission de l'éducation sur le projet de loi 107, loi sur l'instruction publique.* S.l.

AUDET, L.-P. (1971). *Histoire de l'enseignement au Québec.* Montréal: Holt, Rinehart et Winston.

BILLINGS, H.S. (1963). «Program for Progress». *The Educational Record*, vol. 79, nº 3, p. 151.

BURGESS, D.A. (1977). «Future Prospects for Education Graduates». *McGill Journal of Education*, vol. 12, nº 1, p. 147-152.

COMMISSION D'ÉTUDE DES UNIVERSITÉS (1979). *Rapport du Comité d'étude sur la formation et le perfectionnement des enseignants.* Québec: Gouvernement du Québec.

COOPER, J.I. (1956). «Some Early Teachers' Associations in Quebec». *Teachers' Magazine*, vol. 36, p. 28-35.

CORMIER, R., LESSARD, C., VALOIS, P., et TOUPIN, L. (1979). *Les enseignantes et enseignants du Québec. Une étude sociopédagogique. Vol. 3: Caractéristiques démographiques, socioculturelles et professionnelles.* Québec: Ministère de l'Éducation.

CORPORATION DES ENSEIGNANTS DU QUÉBEC (CEQ) (1971). *Premier plan. Livre blanc sur l'action politique.* Québec: CEQ.

GAUTRIN, J.-F. (1967). «Une évaluation quantitative des causes économiques de la mobilité géographique des enseignants». Mémoire de maîtrise. Université de Montréal.

HAMELIN, J. (1984). *Histoire du catholicisme québécois. Tome 2: De 1940 à nos jours.* Montréal: Boréal Express.

LABARRÈRE-PAULÉ, A. (1965). *Les instituteurs laïques au Canada français, 1836-1900.* Québec: Les Presses de l'Université Laval.

LAMONDE, Y. (1991). *Territoires de la culture québécoise.* Québec: Les Presses de l'Université Laval.

LAVERY, R.E. (1972). «Changes in the Teaching Profession». *McGill Journal of Education*, vol. 7, nº 2, p. 166-174.

MAIR, N.H. (1981a). *Protestant Education in Québec. Notes on the History of Education in the Protestant Public Schools of Quebec.* Québec: Comité protestant du Conseil supérieur de l'éducation.

MAIR, N.H. (1981b). *Recherche de la qualité à l'école publique protestante du Québec.* Québec: Comité protestant du Conseil supérieur de l'éducation.

MALOUIN, M.-P. (1992). «La laïcisation de l'école publique québécoise entre 1939 et 1969: un processus de masculinisation». Revue d'histoire de l'éducation/*Historical Studies in Education*, vol. 4, nº 1, p. 1-29.

MELANÇON, F., et MELLOUKI, M. (1991). «Le corps enseignant des écoles protestantes du Québec: portrait statistique (1900-1989)». *Revue d'histoire de l'Amérique française*, vol. 45, nº 1, p. 3-38.

MELLOUKI, M. (1989). *Savoir enseignant et idéologie réformiste.* Québec: Institut québécois de recherche sur la culture.

MELLOUKI, M. (1991). «La qualification des enseignants, un enjeu et ses acteurs», dans C. Lessard, M. Perron et P.W. Bélanger (sous la dir. de), *La profession enseignante au Québec. Enjeux et défis des années 1990.* Québec: Institut québécois de recherche sur la culture, p. 43-67.

MELLOUKI, M., CÔTÉ, P.-A., et L'HOSTIE, M. (1993). «Le discours syndical sur la formation et le rôle des enseignants au Québec, 1930-1990». *Revue d'histoire de l'éducation/Historical Studies in Education*, vol. 5, nº 1, p. 3-31.

MELLOUKI, M., et Melançon, F. (1995). *Le corps enseignant des écoles catholiques et protestantes du Québec: 1845-1989.* Montréal: Éditions logiques.

MUIR, J.D. (1968). *Collective Bargaining by Canadian Public School Teachers.* Ottawa: Privy Council Office.

PERRON, M., LESSARD, C., et BÉLANGER, P.W. (1993). «La professionnalisation de l'enseignement et de la formation des enseignants: tout a-t-il été dit?». *Revue des sciences de l'éducation*, vol. 19, nº 1, p. 5-32.

REBUFFOT, J.J. (1993). «La professionnalisation de l'enseignement chez les Anglo-Québécois». *Revue des sciences de l'éducation*, vol. 19, nº 1, p. 245-258.

RYAN, W.F. (1970). «L'Église et l'éducation au Québec», dans P.W. Bélanger et G. Rocher (sous la dir. de), *École et société au Québec.* Montréal: Éditions HMH, p. 181-208.

TALBOT, A.D. (1964). *PAPT: The First Century: A History of the Provincial Association of Protestant Teachers of Quebec.* Québec: Harpell's Press.

THIVIERGE, M. (1981). «Les institutrices laïques à l'école primaire catholique, au Québec, de 1900 à 1964». Thèse de doctorat. Université Laval, Québec.

TREMBLAY, A. (1955). *Contribution à l'étude des problèmes et des besoins de l'enseignement dans la province de Québec.* Annexe 4. Québec: Gouvernement du Québec.

WRIGHT, W.A. (1979). «Cooperation and Conflict: Relations among the Teachers' Association in Quebec. 1959-1969». Mémoire de maîtrise. Université McGill, Montréal.

CHAPITRE 14

Les idéologies dans les programmes scolaires au Québec du milieu du XIXe siècle à nos jours[1]

Clermont Gauthier
Claude Belzile

CONTENU

1. Ce texte a été tiré du rapport de recherche de Gauthier, Belzile et Tardif (1993). Nous en avons également publié une version remaniée dans la revue *Vie pédagogique*, n° 84, 1993, p. 26-30.

RÉSUMÉ

Si l'étude des pratiques pédagogiques permet de saisir les idéologies qui les sous-tendent, au Québec, c'est à travers les programmes scolaires qui se sont succédé du milieu du XIXe siècle à nos jours qu'elles sont repérables. Cette succession laisse voir trois types de programmes.

Premièrement, les programmes-catalogues (1905-1969), qui sont constitués de directives et de principes éducatifs très détaillés ; les représentations qu'ils mettent en œuvre sont celles d'une société traditionnelle, figée, homogène, sous l'autorité religieuse, où l'enfant doit être éduqué en vue de corriger sa nature, et ceci par l'imitation du maître qui, lui, se conforme au modèle suprême de Jésus-Christ. L'orientation de ces programmes, résolument attachée au conservatisme, et donc au passé, reflète un refus de considérer le présent, soit l'évolution urbaine du Québec ; l'idéologie est celle du fondamentalisme.

Deuxièmement, les programmes-cadres (1969-1979), qui se présentent comme un renversement de la situation : rejet du passé, attachement à un présent coupé de ses racines. Ils proposent un plan souple de poursuite d'objectifs scolaires qui tient davantage de l'état d'esprit que de l'élaboration d'objectifs. Il est question maintenant de se concentrer sur l'épanouissement des besoins et de l'individualité de l'élève, alors que l'enseignant est vu comme un jardinier et un « facilitateur ». L'autonomie, la liberté et l'initiative personnelle sont les notions clés de cette nouvelle idéologie, celle du vécu-centrisme.

Troisièmement, les programmes-habiletés (depuis 1979), qui réintroduisent des objectifs liés à l'apprentissage ainsi qu'une préoccupation pour les exigences sociales, sans rejeter le versant vécu-centriste. L'enseignant y tient le double rôle d'agent qui favorise le développement individuel et d'agent qui facilite l'apprentissage. On tente d'harmoniser le présent et le passé au travers de méthodes nécessitant des attitudes opposées ; c'est le discours de l'excellence et de la qualité totale. L'idéologie en place et inscrite dans les tensions plutôt que dans l'unité est celle du « qualitotalisme », à l'œuvre aujourd'hui dans les écoles québécoises.

INTRODUCTION

Nous avons vu au chapitre précédent comment, au XXe siècle, le corps enseignant a pris forme au Québec et s'est constitué progressivement une identité professionnelle encore en mouvement. Cependant, comme un corps est animé par un « esprit », on en sait encore peu sur l'idéologie pédagogique qui habite les enseignants. Même si nous avons souligné antérieurement qu'à bien des égards ce qui se fait au Québec était tributaire de ce qui se faisait ailleurs, aux États-Unis ou en Europe, il faut aller plus loin encore et examiner précisément, par exemple, comment on a digéré les idées pédagogiques qui ont séjourné ici et qui circulent encore en Occident, comment on s'est représenté le rôle du maître, comment on a pensé la pédagogie nouvelle, etc. Une manière de rendre compte de cette évolution est d'analyser les programmes scolaires; ceux-ci peuvent être considérés comme un condensé non seulement des choix de l'école et de son regard sur le monde mais d'une vision sur la façon de transmettre ce corpus aux générations montantes. En effet, les programmes scolaires expriment des conceptions de la société, des finalités de l'éducation, de l'enfant et de l'apprentissage, du maître et de son rôle. Ces représentations, qu'on pourrait aussi appeler idéologies, se sont transformées progressivement au cours de notre histoire scolaire. Il est important de noter que les programmes scolaires ne représentent pas nécessairement ce qui se fait en classe. Les enseignants peuvent jusqu'à un certain point ne pas les suivre, faire les choses différemment et dans un autre esprit. Cependant, il n'en demeure pas moins que les programmes traduisent à un certain degré «l'esprit du temps» et que, sur une période plus longue comme celle que nous décrivons, des mutations de cet esprit peuvent aussi être discernables dans les classes.

Nous avons choisi de commencer notre analyse au milieu du XIXe siècle parce que c'est à compter de cette époque qu'une certaine organisation, une certaine stabilité (en dépit de nombreux changements évidemment) et une certaine universalité se manifestent dans notre système scolaire. Les programmes scolaires ne sont plus locaux mais s'étendent alors à l'ensemble des écoles et commencent à prendre une forme qui ne cessera par la suite de se perfectionner. Ils peuvent donc être soumis à l'analyse.

On verra dans les pages suivantes que, de façon assez large, les idéologies pédagogiques au Québec telles qu'elles apparaissent dans les programmes scolaires peuvent être regroupées en trois types qui se sont succédé: le fondamentalisme, le vécu-centrisme et l'idéologie de la qualité totale.

14.1 LES TROIS GRANDES PÉRIODES DANS LA TRANSFORMATION DES PROGRAMMES

14.1.1 La première période: les programmes-catalogues (1905-1969)

Dans les années qui suivirent l'Acte d'union (1841), plusieurs lois scolaires furent votées et on assista à ce qu'on pourrait appeler les véritables débuts de notre système scolaire. Outre l'instauration des premières commissions scolaires, la création du poste de surintendant de l'Instruction publique, du Conseil de l'instruction publique, des premières écoles normales, des bureaux des examinateurs, des efforts furent également entrepris pour unifier et préciser les programmes d'enseignement, qui variaient considérablement d'une école à l'autre, voire d'un maître à l'autre.

Avant de prendre la forme sophistiquée et plus achevée qu'on observe aujourd'hui, les programmes sont passés lentement par une série de métamorphoses qui en ont modifié progressivement le visage. Avant 1905, des programmes «embryons» furent établis: les programmes d'examen et les programmes indicatifs. Les premiers, datant de 1861 et constitués uniquement de questions, servaient à l'évaluation des connaissances des candidats à l'enseignement par les bureaux des examinateurs. Les seconds, qui virent le jour en 1873 et qui furent révisés en 1888 et en 1898, indiquaient de façon très succincte les matières qui devaient être enseignées dans les écoles primaires, modèles et académiques. Ces programmes étaient tellement généraux qu'ils évoquaient la table des matières d'un livre. Étant donné leur structure très élémentaire, ces deux types de programmes présentent peu d'intérêt pour notre propos.

Cependant, à compter de 1905, un nouveau type de programme fut élaboré qui mérite d'être considéré comme le premier grand moment de l'évolution des programmes tellement il a marqué le paysage scolaire pendant plusieurs décennies. C'est le programme-catalogue. Comme son nom l'indique, le contenu de chaque matière du programme-catalogue était minutieusement détaillé pour chaque degré scolaire. Il comportait également des principes éducatifs et des directives pédagogiques. Par conséquent, ce type de programme orientait de façon précise les actions du maître. Des versions successives et améliorées des programmes-catalogues furent publiées lors des révisions de 1923-1929, de 1937-1939 et de 1948-1959.

14.1.2 La deuxième période: les programmes-cadres (1969-1979)

Avec la réforme scolaire des années 1960, des changements radicaux furent apportés aux programmes et le concept de programme-catalogue fut abandonné. On implanta alors les «programmes-cadres», qui furent définis comme un ensemble ordonné et souple de matières permettant aux établissements scolaires et aux élèves de poursuivre, de façon continue, les objectifs d'un niveau d'études (MEQ, 1966). Ces programmes étaient donc très généraux. Ils devaient servir en principe à l'élaboration d'un programme institutionnel pour tous les élèves et d'un programme individuel pour chacun d'entre eux. Les programmes-cadres constituent une véritable rupture avec les programmes-catalogues en ce qu'ils ne définissent pas, comme le faisaient ces derniers, la liste précise et détaillée des contenus à voir pour chaque matière et chaque année-degré. Ils indiquent plus un état d'esprit qu'un contenu précis, une démarche à entreprendre qu'un savoir figé.

14.1.3 La troisième période: les programmes-habiletés (de 1979 à nos jours)

Avec la publication de *L'école québécoise* en 1979, le ministère de l'Éducation amorça une nouvelle réforme des programmes qui donna naissance aux «nouveaux programmes» ou «programmes-habiletés». Ces programmes très détaillés, et encore en vigueur, visent à corriger un défaut d'imprécision des programmes-cadres sans pour autant retourner aux programmes-catalogues. Ils comportent pour chaque matière des objectifs formulés en fonction d'habiletés et hiérarchisés, des contenus obligatoires, des guides pédagogiques. À la différence des programmes-catalogues toutefois, les connaissances à enseigner dans ces programmes ont été traduites en habiletés d'apprentissage, ce qui aurait pour effet de moins centrer la pédagogie sur la transmission des contenus et de l'orienter davantage sur l'acquisition des habiletés.

14.2 L'ÉVOLUTION DES REPRÉSENTATIONS DANS LES PROGRAMMES

Aux trois grandes phases de transformation des programmes correspondent autant de façons de concevoir la société, les finalités de l'éducation, l'enfant et l'apprentissage, le rôle du maître. C'est ce que nous allons examiner brièvement.

14.2.1 La représentation de la société

Les programmes-catalogues

Dans les programmes préréformistes, il est souvent question de l'ordre social. Très souvent, les propos valorisent une société figée et homogène où règne l'ordre, une société où la religion est perçue comme le lien unificateur entre les hommes. Bref, c'est d'une société traditionnelle qu'il s'agit. Dans le prolongement de cette vision, l'agriculture, le patriotisme et la famille représentent des valeurs omniprésentes dans ces premiers programmes. Le programme de 1937, par exemple, énonce l'attachement aux traditions et aux institutions nationales, il insiste sur l'importance de l'héritage reçu des ancêtres et sur la noblesse de la profession agricole. On accorde à l'enseignement de l'agriculture une place considérable qui déborde les finalités strictement utilitaires puisqu'elle revêt une fonction de «conservation des mœurs». À cette époque, société agricole et collectivité religieuse vont de pair. Lorsque l'on considère l'étendue des entreprises agricoles, qui sont essentiellement des entreprises familiales, on comprend que la famille acquiert un statut privilégié puisqu'elle devient une source de main-d'œuvre.

Dans une société aussi unifiée par ses élites religieuses sera critiqué tout ce qui risque d'ébranler l'ordre social établi: l'intempérance est condamnée de même que le cinéma, auquel tous les dangers sont associés.

L'image de la religion comme une valeur de premier ordre dans la société persistera jusqu'au tout dernier programme d'avant la réforme. Même après la Seconde Guerre mondiale, dans le programme de 1956, alors que le Québec change rapidement, on tient encore le même discours où religion et société se superposent littéralement:

> *La formation du sens familial, civique, politique et social est donc l'une des plus lourdes tâches de l'école au niveau du secondaire. Les garçons ont autant besoin que les filles de préparation familiale: accéder à collaborer avec le Père éternel pour lancer des destinées éternelles suppose une conscience de la grandeur, de la noblesse de la paternité et de la maternité humaines. Elle suppose l'arrivée à une forte maîtrise de soi, l'acquisition d'une prudence à la fois naturelle et surnaturelle qui permette de forger des caractères, de marquer au sceau du Christ les âmes dont on a la charge. Les vies futures trouveront une meilleure assurance de bonheur dans les parents que l'école leur préparera.* (Comité catholique du Conseil de l'Instruction publique, 1956, p. 13.)

Dans l'ensemble des programmes, cette religiosité s'exprime non seulement par l'importance accordée à l'enseignement de la religion mais aussi par la «teinte» ou l'«odeur» religieuse qui imprègne, en quelque sorte, l'ensemble des autres matières.

Il ressort clairement des programmes d'enseignement une nette prédominance de la société sur l'individu. En ce sens, les normes sociales véhiculées et transmises par la famille, mais surtout par l'école, sont légitimées, valorisées et présentées comme des principes naturels. Le «survenant» n'a d'autres choix que de se soumettre à un système normatif préexistant, à un ensemble de repères et de prescriptions avalisé par la tradition et par un passé collectif chargé de sens.

Les programmes-cadres

Les premiers programmes issus de la réforme nous montrent l'accession subite du Québec à la modernité. Les programmes-cadres faisaient mention de cette nécessité de tenir compte de l'évolution de la société québécoise considérée comme industrialisée, hautement technique et pluraliste, mais ils proposeront une vision de la société nettement individualiste. En effet, puisque la pédagogie est vue comme prenant appui sur la psychologie (particulièrement la psychologie humaniste de Rogers, de Maslow), cette société pluraliste est désormais définie dans le cadre scolaire en référence à la personne, aux besoins de chacun des individus. Le rapport annuel du Conseil supérieur de l'éducation pour l'année 1969-1970 en est l'illustration la plus probante:

> *Nous touchons ici au postulat fondamental de cette conception du développement humain et de l'éducation. Il pourrait être formulé de la manière suivante: le centre de la nature humaine, les régions les plus intérieures de la personne, le dynamisme vital de la personnalité sont quelque chose de positif, ce dynamisme tend naturellement à la croissance et au développement de tout l'être; il est rationnel, réaliste et dirigé vers le progrès de la personne.* (Conseil supérieur de l'éducation, 1971, p. 38.)

Ce sera donc en puisant dans les ressources de l'intériorité individuelle qu'une société pourra changer. La société est donc réduite à la somme des individus qui la composent et son développement passera par le respect de leurs besoins et de leurs intérêts personnels, qui s'incarneraient dans l'impératif de l'ici-et-maintenant.

Le caractère pluraliste de la société et le grand respect des particularités des enfants manifestent en fait un changement radical dans la reconnaissance de l'autorité (jadis le maître), mais aussi dans toute la relation entre l'individu et la société. Lorsque cette dernière se caractérise par son unicité, le système normatif que l'école met en place trouve immédiatement sa légitimité. L'école impose alors aux individus un devenir qu'elle qualifie de «naturel». Mais à partir du moment où on insiste sur le caractère pluraliste de la société dans laquelle s'insère l'école, l'ensemble des prescriptions qu'elle dicte ne peut plus se légitimer de façon aussi univoque et se présenter comme allant de soi. L'école perd alors son fondement traditionnel. Elle doit rectifier ses sources, corriger son univers de référence. Où trouvera-t-elle cette base solide à laquelle se raccrocher? À l'intérieur même de l'individu[1]!

1. Cette problématique a été magnifiquement traitée par Christopher Lasch (1981). Il explique comment est né l'individualisme contemporain et montre que cette quête de soi est un processus sans fin, une véritable course à l'arc-en-ciel!

La culture qui nous est présentée ici est celle de l'individu, voire de l'individualisme. L'individu impose le respect et soumet l'institution scolaire à sa loi: c'est le règne de l'enfant-roi. De négatif qu'il était, l'enfant devient un être positif en fonction duquel l'école et l'autorité doivent ajuster leurs orientations et leurs interventions.

Les programmes-habiletés

En ce qui concerne les programmes-habiletés, *L'école québécoise* propose une société démocratique. Le ton est toutefois sensiblement différent. En premier lieu, l'approche est nettement plus «juridique», sans doute à cause de l'adoption récente à l'Assemblée nationale de la Charte des droits et libertés de la personne. On établit le constat d'une grande diversité d'options morales, religieuses, culturelles, linguistiques et autres dans la société québécoise et on en fait une valeur à protéger par le droit à la différence et à la dissidence. En second lieu, puisque l'éducation est jugée centrale dans la société québécoise, il convient d'unifier cette diversité par la formulation d'objectifs communs à tout le système éducatif. On se rappelle que cette dernière préoccupation avait été énoncée lors de la consultation sur le *Livre vert* qui exprimait de nombreuses critiques au sujet de la piètre qualité de l'éducation québécoise en dépit des efforts énormes consentis depuis le milieu des années 1960. Les programmes-habiletés ont donc vu le jour dans le contexte général du discours sur l'excellence en éducation. On déplorait la faible performance des élèves dans les matières de base et elle était particulièrement soulignée dans les études comparatives internationales. Face à cette situation, les milieux d'affaires s'inquiétaient pour l'avenir dans un cadre mondial où la compétition régnait en force et où le Québec devait tirer son épingle du jeu à l'échelle économique.

14.2.2 La finalité de l'école

Les programmes-catalogues

Dans les programmes d'avant 1923, les objectifs de formation ne font que très rarement l'objet de justifications explicites. Cependant, l'omniprésence de la religion dans les programmes, tout comme dans l'ensemble de la société canadienne-française de l'époque d'ailleurs, laisse facilement penser que les seules sources des buts et des finalités qu'on peut désigner sont les principes religieux ou bien ce qu'on pourrait appeler vaguement une «tradition scolaire». En effet, nous savons qu'à l'époque où ont été écrits ces anciens programmes la religion et la tradition constituaient en quelque sorte les fondements de la société québécoise, nommée précisément société traditionnelle. Le caractère religieux s'exprime notamment par des propos semblables à ceux compris dans le code scolaire de 1899:

> *L'enseignement de la religion doit tenir le premier rang parmi les matières du programme des études et doit se donner dans toutes les écoles.* (De Cazes, 1899, p. 54.)

Quant à la tradition scolaire, elle renvoie à certains contenus, toujours présents dans les programmes, dont on ne peut expliquer la survivance que parce qu'ils ont toujours été là. Par exemple, l'enseignement agricole est resté inscrit dans les programmes jusqu'à la réforme, alors que la société québécoise était devenue urbaine. L'absence de justification particulière des buts et des finalités des programmes de cette époque pourrait s'expliquer par cette homogénéité de la société où s'enracine l'école. Tout se passe comme si les finalités n'avaient pas besoin d'être discutées puisqu'elles tirent leur origine d'un univers symbolique presque unanimement partagé par les acteurs de l'époque. Dans les derniers programmes-catalogues, les finalités religieuses sont davantage explicitées et s'expriment notamment dans la perfection vers laquelle doit tendre tout individu: l'imitation du modèle par excellence, Jésus-Christ.

> *Une école sera donc catholique dans la mesure où elle tendra, de toutes façons, à réaliser chez l'enfant la conformité avec Jésus-Christ dans les pensées, les jugements et les actions.* (Comité catholique du Conseil de l'instruction publique, 1956, p. 30.)

Les programmes-cadres

Le règlement n° 1, adopté par le ministère de l'Éducation en 1965, indiquait les modalités générales de la réorganisation pédagogique des écoles primaires et secondaires. Ce court règlement d'à peine huit articles modifia profondément l'école québécoise. Un de ses postulats fondamentaux était que toute la réorientation pédagogique devait être axée sur l'enfant:

> *Toutes les mesures proposées ont comme objectif primordial d'assurer à chaque enfant une formation équilibrée en lui permettant de progresser au rythme qui convient le mieux à ses aptitudes et à sa personnalité.* (MEQ, 1966, p. 7.)

Bref, le règlement n° 1 intégrait concrètement dans l'organisation scolaire elle-même, et pas seulement dans le discours, l'objectif de l'adaptation de l'école aux différences individuelles. Entre autres innovations qui actualisaient cette concentration sur l'enfant, le règlement n° 1 mit en place les idées de progrès continu, de polyvalence, d'un âge d'admission identique pour tous les élèves, du passage automatique à l'école secondaire, etc. Même si l'école maintenait des objectifs généraux aux points de vue intellectuel, social et affectif, il reste qu'en se centrant sur l'enfant, sur son épanouissement, par la satisfaction de ses propres besoins, elle allait, en l'espace de quelques années seulement, se modifier plus qu'elle ne l'avait fait depuis un siècle.

Les programmes-habiletés

Les programmes-habiletés réaffirment la pertinence de l'option prise antérieurement avec les programmes-cadres en faveur du développement intégral de l'enfant. Cependant, on prend davantage en considération les besoins de la société dans l'élaboration des objectifs. Par exemple, dans *L'école québécoise* (MEQ, 1979, p. 27)on indiquait ceci:

> *L'école assume également un rôle primordial et double dans la formation du sens des valeurs. D'une part, elle stimule, chez les jeunes, la découverte des valeurs personnelles et, d'autre part, elle leur propose un certain nombre de valeurs déjà reconnues par la société.*

Ce rôle plus actif de la société dans la détermination des objectifs sera réaffirmé explicitement dans les programmes. Ainsi, on tiendra compte «des finalités de l'éducation, des besoins et intérêts de l'adolescent, du contenu de la matière concernée, des attentes de la société, de la conception de la matière en question et de la conception de l'apprentissage» (Direction générale du développement pédagogique, 1981, p. 14). Il ne sera donc pas seulement question des «besoins et intérêts» des élèves comme dans les programmes-cadres mais également des «attentes de la société». Il ne faudrait cependant pas croire que les impératifs sociaux étaient complètement ignorés dans les programmes précédents, mais la référence explicite aux attentes de la société dans les programmes-habiletés correspond aux critiques du *Livre vert* (MEQ, 1977) et se traduira entre autres par des programmes aux contenus beaucoup plus détaillés.

14.2.3 La représentation de l'enfant et de l'apprentissage

Les programmes-catalogues

Dans les *Réponses aux programmes de pédagogie et d'agriculture* rédigées par Langevin (1864), on peut déceler une vision négative de l'enfant. Déjà, à ce moment-là, l'éducation devait être totale: physique, intellectuelle et morale. Toutefois, l'enfant y était défini négativement, par ses travers. En effet, l'éducation physique était envisagée dans une perspective de propreté, d'hygiène, de maintien convenable. L'éducation intellectuelle devait «exercer la mémoire de l'enfant, rectifier son jugement, régler son imagination, et l'habituer à l'observation et à la réflexion» (Langevin, 1864, p. 6). Quant à l'éducation morale, elle «réprime chez l'enfant les défauts de caractère, développe les vertus dans son cœur, le plie à la discipline et lui donne les règles du savoir-vivre» (Langevin, 1864, p. 6). Dans son *Cours de pédagogie*, Langevin (1865, p. 57 et 65) indiquait ceci:

> *L'enfant est naturellement léger et inconstant.* [...] *Il faut détruire dans le cœur des élèves les mauvais penchants, les inclinations vicieuses, dont une seule suffirait à tout gâter et ensuite y semer les vertus contraires.*

Bref, l'enfant est soumis à ses passions, il est désordre, il doit être corrigé. Langevin compare le cœur et l'intelligence de l'enfant à une cire molle qui prend facilement toutes les impressions, bonnes ou mauvaises. Il faut donc que le maître empêche l'enfant d'être dominé par ses inclinations naturelles et assujetti à l'empire désordonné du mal. L'apprentissage se fera donc en suivant l'exemple du maître sur les plans intellectuel et moral. Le maître (imitateur de

Jésus) agit d'abord, l'élève, en bon disciple, s'exerce ensuite.

Les programmes-cadres

Avec la réforme, on se met à concevoir et à juger de façon différente les penchants de l'enfant. Il est maintenant considéré comme un être singulier dont on doit justement respecter les particularités et permettre l'expression des besoins. Alors qu'avant la réforme l'élève devait se conformer au modèle des modèles, Jésus, avec la réforme l'enfant devient son propre modèle; il a une identité à découvrir et à développer. La commission Parent (1964, p. 99) affirmait dans son rapport:

> *C'est autour des centres d'intérêts réels et naturels de l'enfant que l'école élémentaire doit organiser son programme.*

Donc les mêmes inclinations naturelles imposent désormais «le respect». Il est en effet conseillé au professeur de mettre en place les conditions idéales pour favoriser l'éclosion de ses potentialités, de ses ressources, de son style, etc. On va même jusqu'à affirmer dans *L'école coopérative: polyvalence et progrès continu* (MEQ, 1966) qu'avec les programmes-cadres les enfants pourraient être désormais **co-auteurs** de leur programme d'études tout au long de leur formation. Dans son rapport pour l'année 1969-1970, le Conseil supérieur de l'éducation (1971, p. 37) déclarait que l'élève était «l'expert» de son éducation et que le maître ne pouvait y coopérer que de l'extérieur. Telle une plante, le «s'éduquant» possède en lui les ressources nécessaires à sa croissance. Et le professeur, en bon jardinier, n'a plus qu'à l'«arroser».

Les programmes-habiletés

Avec les nouveaux programmes, l'enfant est encore au centre de l'éducation; il est vu comme un être particulier doté de talents et de ressources qu'il faut développer (MEQ, 1979, p. 29). Il ne faudrait toutefois pas pour autant négliger son insertion dans une société donnée.

> *L'éducation doit aussi contribuer à former des hommes capables de supporter les inévitables tensions et de résoudre les problèmes de la société aux plans des valeurs, de la science, de la technologie, de l'organisation sociale et des relations humaines.* (MEQ, 1977, p. 27.)

C'est comme si on nuançait désormais le postulat d'autrefois selon lequel l'enfant était l'expert de son apprentissage. *L'école québécoise* (MEQ, 1979) affirme plutôt que l'organisation pédagogique est centrée sur l'enfant, qu'elle veut en respecter les caractéristiques personnelles, mais aussi (et là, on fait moins naïvement confiance à l'enfant) qu'elle mettra en place un encadrement plus étroit visant à assurer les apprentissages fondamentaux, à procéder à des évaluations périodiques, à valoriser l'étude et les devoirs à domicile. En conséquence, les programmes-habiletés seront élaborés de manière à comprendre des objectifs de développement très généraux et des objectifs d'apprentissage précis et terminaux qui seront le résultat d'une démarche ordonnée dans l'acquisition des connaissances. Il ne suffit plus de rendre les enfants heureux, il faut qu'ils soient prêts à fonctionner dans une société qui leur demandera d'exceller dans les tâches qu'ils auront choisies.

14.2.4 La représentation du rôle de l'enseignant

Les programmes-catalogues

L'apprentissage basé sur l'imitation d'un modèle suppose que celui qui montre, l'enseignant, ait suivi le même processus en imitant le maître par excellence, Jésus, pour en arriver à devenir lui-même un modèle. Dans les premiers programmes de 1861, Langevin (1864, p. 5) décrivait ce modèle à imiter que devait représenter l'enseignant. Sur le plan moral, ses qualités essentielles étaient «la religion, la piété, l'humilité, la gravité, la douceur, la fermeté, la patience, l'activité, la prudence, la discrétion, l'équité, le zèle et la sobriété». Les qualités physiques étaient la «clarté de la vue et de l'ouïe, une voix convenable, une bonne prononciation distincte, des poumons sains et une santé suffisamment bonne». Finalement, les principales qualités intellectuelles comprenaient «une bonne mémoire, un jugement droit, une imagination réglée et un grand tact». Le maître réglera sa conduite quant à l'apprentissage des élèves sur ce mécanisme d'imitation. Il est aussi intéressant de noter que le professeur doit non seulement être un exemple à suivre pour ses élèves, mais qu'il doit s'exercer lui-même à la soumission et à la déférence envers les représentants de l'autorité, et particulièrement le clergé. Pour bien commander, il faut avoir su obéir, disait Langevin (1864).

> *L'instituteur doit regarder comme de la plus haute importance, sous tous les rapports, de se conserver dans un accord parfait avec l'autorité religieuse. Il doit donc, dans toutes les circonstances, faire preuve d'un profond respect pour M. le Curé de la paroisse où il enseigne, demander ses avis, les recevoir avec docilité et reconnaissance, et seconder ses vues pour le bien des enfants.*(Anonyme, 1861, p. 11.)

Les programmes-cadres

Dans son rapport pour l'année 1969-1970, le Conseil supérieur de l'éducation (1971, p. 38) affirmait que puisque l'élève était le principal agent de sa formation, le maître ne pouvait que coopérer de l'extérieur, comme médiateur, aux démarches d'apprentissage. Loin de représenter le modèle à imiter, il est désormais un «facilitateur» constamment à l'écoute de l'élève. Il doit donc se montrer lui-même disponible et puiser dans les ressources de son intériorité. Pour ce faire, on soulignait que, si la réforme du système de l'éducation était fondée sur l'autonomie, l'esprit d'initiative et la liberté des élèves, il allait de soi que les enseignants bénéficient à leur tour de la même autonomie et de la même liberté et fassent preuve du même esprit d'initiative qu'ils avaient à développer chez leurs élèves. Le ministère de l'Éducation posait même comme condition du succès de sa réforme la reconnaissance de la liberté pédagogique des enseignants et de leur responsabilité professionnelle (MEQ, 1966, p. 11).

Les programmes-habiletés

L'école québécoise (MEQ, 1979, p. 85) indique très nettement que, en dépit du fait que l'action pédagogique se fonde sur le potentiel même de l'élève et que ce dernier soit le premier artisan de sa formation, pour le maître ce principe «n'inclut pas, par nature, une attitude de non-intervention ou de non-directivité inconditionnelle». Le maître devra placer les élèves en situation d'apprendre un contenu de base uniforme dans toutes les écoles du Québec. Toutefois, le même document indique qu'il n'est pas question non plus de retourner à une «pédagogie régressive» centrée sur un enseignement encyclopédique qui rendrait l'enfant passif et étranger à son siècle, comme disait Descartes. Bref, le rôle du maître dans le modèle en émergence est comme une sorte de compromis entre les excès des deux modèles antérieurs.

14.3 LES TROIS GRANDES IDÉOLOGIES DES PROGRAMMES D'ENSEIGNEMENT

Les diverses représentations de la société, de l'enfance et de l'apprentissage, des finalités de l'école et du rôle de l'enseignant que nous avons dégagées brièvement dans cette analyse des programmes appartiennent en quelque sorte à un groupe social donné, à une élite intellectuelle ou charismatique. Nous voudrions insister sur cette dimension idéologique des programmes dans laquelle un idéal de culture est mis en scène.

Qu'entend-on par idéologie? Disons, en bref, que les idéologies sont des discours, des énoncés sur une réalité caractérisés par une certaine subjectivité, déterminés par la position sociale, politique ou historique qu'occupe l'individu ou le groupe définiteur, et qui en plus suggèrent un devenir à cette réalité. En d'autres termes, lorsque nous abordons l'idéologie des programmes d'enseignement, nous tentons de faire la lumière sur l'idéal de société chez les maîtres d'œuvre des programmes, et ce, même lorsque le discours se veut totalement descriptif et objectif. Nous pouvons dire alors que la culture québécoise «effective» n'avait pas et n'a pas nécessairement les caractéristiques que lui prêtent les programmes à ces différentes époques de notre histoire.

14.3.1 Le fondamentalisme: un passé sans présent

Nous avons vu le Québec préréformiste représenté comme une société traditionnelle, religieuse, etc. Or, depuis quelques années maintenant, les travaux des géographes, des historiens et des sociologues se chargent de nous montrer un Québec de la première moitié du siècle, et même du siècle précédent, bien plus ouvert à la modernité qu'on ne l'a souvent cru[2]! Cette «désarticulation» entre la culture première du peuple et ses représentations dans les textes des élites (notamment les membres du Comité catholique) s'explique par les enjeux politiques liés à la position de ces élites, c'est-à-dire par la position stratégique de ceux-là mêmes qui ont écrit et qui nous ont fait découvrir le Québec entre 1850 et 1950. Ces élites étaient, selon toute vraisemblance, bien plus attachées aux traditions, à la religion et au «passé» que ne l'était la population québécoise en général. Cette dernière, si on se fie aux travaux récents des historiens, assumait son «américanité», vivait en quelque sorte dans le présent! Bouchard (1990, p. 255) écrit:

> *Cette culture vigoureuse et rugueuse était en effet largement ouverte à l'environnement nord-américain et à ses influences.*

Cet écart entre la culture du peuple et la culture des élites mettait en jeu la légitimité de celles-ci, d'où l'intérêt de représenter la population attachée au passé pour ainsi créer dans les programmes scolaires une culture à son image et à la hauteur de «ses aspirations».

Attardons-nous à ce seul exemple pour illustrer notre propos. Comment expliquer cette importance attribuée à l'agriculture, comment expliquer que la société québécoise soit qualifiée d'agricole alors que, depuis déjà 1921, la population urbaine du Québec dépasse en nombre la population rurale? En 1961, à la veille de la réforme, alors que l'enseignement de l'agriculture est encore obligatoire et explicitement orienté vers la pratique agricole, 75% de la population est urbaine! De plus, «on doit prendre en considération l'ampleur des implications économiques, culturelles et sociales contenues dans ces chiffres» (Bouchard, 1983, p. 22). La ville apporte avec elle des influences, des réseaux sociaux différents de ceux de la campagne plus propices aux valeurs et à la mentalité chrétiennes. Bouchard (1983, p. 23) note par exemple ceci:

> [...]*La recherche de nouvelles orientations professionnelles,* [l']*apparition de nouveaux modèles régissant la formation des familles et la fécondité,* [l']*aspiration d'autres niveaux et genres de vie, tout semble converger vers la ville, dont l'image envahit maintenant les campagnes grâce aux communications qu'établissent peu à peu l'automobile et la radio.*

À notre tour nous pourrions faire valoir d'autres exemples illustrant ce refus du présent par les élites: les débats sur le cinéma au Comité catholique, les propos sur la véritable place de la femme et sur les écoles ménagères, etc.

14.3.2 Le vécu-centrisme: un présent sans passé

Avec la réforme de l'enseignement, les diverses représentations qui sont proposées se démarquent radicalement des précédentes. Que s'est-il passé en si peu de temps? Le nouveau discours, celui qui caractérise les ouvrages importants de la réforme, n'est compréhensible que si on s'arrête brièvement aux élites qui le définissent. Dans un très bel essai, François Ricard (1992) qualifiait les maîtres d'œuvre de la Révolution tranquille de «réformateurs frustrés». Cette expression traduit bien la hâte qui animait l'élite issue de la Révolution tranquille de procéder à des changements sociaux majeurs. On comprend aussi et surtout le désir de ces artisans de la réforme d'en finir «une fois pour toutes» avec le passé, d'effectuer un virage radical avec ce qui existait auparavant. «C'est le temps que ça change», disait le slogan.

> *En l'espace de deux ans s'évanouit «le Moyen Âge québécois», écrivait encore Georges-Émile Lapalme, «dans la joie» où «on entendit peu de protestations, sauf celles de ceux qui craignaient le grand air ou la lumière».* (Mellouki, 1989, p. 234.)

Plusieurs documents de l'époque attestent cette impatience et sont construits à partir d'une argumentation de type manichéen. Dans le rapport de la commission Parent (1964), l'humanisme contemporain s'oppose à l'humanisme traditionnel. Le document *L'École coopérative: polyvalence et progrès continu* (MEQ, 1966) argumente à partir du dualisme de l'école d'autrefois et de celle à venir, et le rapport *L'activité éducative* (Conseil supérieur de l'éducation,

2. On consultera à ce sujet l'article de Gérard Bouchard (1990), qui relève les grandes transformations de l'historiographie québécoise.

1971) utilise dialectiquement le couple pédagogie mécanique-pédagogie organique. Bref, la lumière s'oppose à la noirceur, le présent s'oppose au passé, le moderne s'oppose à l'ancien, la pédagogie nouvelle s'oppose à la pédagogie traditionnelle, comme le bien s'oppose au mal! Manifestement, les changements dans le domaine de l'éducation prirent l'allure d'un renversement complet des institutions et des conduites qu'elles impliquaient. Le refus du passé, ce présent sans passé, qui s'exprime dans les programmes-cadres, demeure avant tout une attitude hautement symbolique et polémique.

14.3.3 Le «qualitotalisme»: la tragique coexistence du passé et du présent

Comment qualifier maintenant la nouvelle idéologie en émergence? Prenons un concept à la mode, la «qualité totale», et faisons-en un néologisme pour illustrer la tentative contemporaine de compromis entre le souci des personnes et les exigences de l'excellence scolaire. Dans son essence, l'idéologie de la qualité totale suppose la production d'une qualité maximale; par sa double tâche, la transmission des savoirs et la mise en considération des individus, l'école y fait désormais son nid. En effet, le Conseil supérieur de l'éducation (1987) exprime, dans son rapport *Les visées et les pratiques de l'école primaire*, cette nouvelle tendance, qui veut dépasser les oppositions simplistes des deux idéologies précédentes. Il ne s'agit plus de penser une école simplement dans le passé, ni de centrer l'école exclusivement sur le moment présent, mais plutôt d'inscrire cette conjugaison du passé et du présent au cœur de la mission de l'école.

> *À bien y penser, pourtant, comment pratiquer une pédagogie valable sans retenir de l'école dite «traditionnelle» son approche systématique de l'apprentissage, son sens de l'exigence, son enseignement prioritaire des matières de base, son souci de vérifier les connaissances acquises, peut-être aussi certains aspects de la frugalité et de l'austérité qui la caractérisaient? De l'école dite «nouvelle», comment ne pas retenir son souci des besoins de chaque enfant, son attention aux dimensions affectives et sociales de l'apprentissage, sa promotion des valeurs individuelles et sociales de la spontanéité et de l'autonomie, son ouverture à un vaste ensemble de besoins éducatifs, sans oublier une certaine décrispation et une certaine détente par rapport aux protocoles scolaires?* (Conseil supérieur de l'éducation, 1987, p. 6.)

Dans cette perspective, il ne serait donc plus question de prêter l'oreille uniquement aux nostalgiques de la tradition qui pleurent le déclin de l'école d'autrefois; il ne serait plus question également de poursuivre de façon radicale et absolue la quête compulsive et insensée de Narcisse au pays du vécu! Il y a donc à la fois le désir de maintenir rapprochés le passé et le présent, de transmettre le plus possible de connaissances et la volonté de prendre soin au maximum des enfants.

Quelle est la signification de ce désir de renouer avec l'histoire? Au chapitre du rétablissement des liens avec le passé, les programmes d'enseignement semblent s'inscrire dans un mouvement plus général de réconciliation qui déborde largement le monde scolaire. Dans différentes sphères culturelles, depuis quelques années, on sent clairement cette volonté de réhabiliter un passé que nous voulions, il y a peu de temps, résolument oublier. Comment comprendre, par exemple, la popularité des téléromans qui mettent en scène le passé comme *Cormoran*, *Le temps d'une paix*, *Les filles de Caleb*? Comment saisir la faveur grandissante du public pour un style musical comme le «western», jadis associé au monde rural et traditionnel? Et comment expliquer que l'école parle d'excellence aujourd'hui, alors que dans un passé récent il n'était question que d'épanouissement personnel? Tout se passe comme si les préoccupations proprement sociales refaisaient leur entrée à l'école et que celle-ci semblait vouloir à nouveau transmettre des valeurs traditionnelles.

Comment expliquer et comprendre aussi ce désir de rester branché sur le présent? Après avoir goûté au fruit défendu de la satisfaction des besoins et des intérêts des élèves, l'école ne peut plus retourner en arrière et vivre coupée de son environnement. On sait qu'apprendre, c'est construire et cela est doublement vrai si les choses apprises ont une signification dans l'univers référentiel de chaque individu.

On reconnaît que l'école n'est pas seulement un lieu d'épanouissement personnel, mais aussi un espace où l'on se forme, où un certain nombre de savoirs incontournables doivent être appris.

CONCLUSION

L'étude de l'évolution des idéologies dans les programmes scolaires québécois laisse voir que nous avons eu, comme les autres peuples occidentaux, notre pédagogie traditionnelle et aussi notre pédagogie nouvelle. Étant passés d'un extrême à l'autre, nous sommes finalement parvenus à un stade de notre évolution où l'école, comme la société d'ailleurs, ne se définit plus par son unité mais par ses tensions.

Le mariage du passé et du présent est la réunion de deux composantes qui, au-delà de la démagogie officielle, ne sont pas facilement conciliables. Considérant, d'une part, la complexité de la société actuelle et, d'autre part, les impératifs du développement personnel, l'atteinte de cet objectif de l'école présente un certain nombre de difficultés. Songeons un instant au bagage culturel que devrait posséder l'élève quand on sait que les éléments de cet héritage n'en finissent pas de s'accumuler de façon exponentielle au fil des siècles. Pensons ensuite au temps nécessaire pour qu'il puisse apprendre ce réservoir de connaissances dans le cadre d'une pédagogie active qui favorise la découverte et par conséquent exige du temps.

L'école sera-t-elle capable, dans sa situation actuelle, de concilier ces deux exigences contradictoires? Si elle conserve l'idée d'une ouverture à la totalité des savoirs disponibles, elle devra nécessairement sacrifier la pédagogie de la découverte. Si, par ailleurs, elle maintient son souci de l'individu, elle devra obligatoirement restreindre la quantité des apprentissages culturels exigés. Face à ce dilemme, la tentation est grande de retourner au réductionnisme des idéologies du fondamentalisme et du vécu-centrisme et de ressusciter les apôtres du vécu ou de la bonne vieille école d'autrefois.

On voit bien qu'au-delà de quelques slogans faciles contenus dans les documents officiels persiste un problème de fond, celui de la difficulté de concilier des impératifs aussi opposés et exigeants. C'est probablement pourquoi on qualifie la pédagogie de «métier impossible».

QUESTIONS

1. Quelles sont les trois grandes idéologies qui marquent l'histoire de l'éducation québécoise depuis le milieu du XIXe siècle? Commentez.
2. Le fondamentalisme et le vécu-centrisme se manifestent en s'opposant. Décrivez cette opposition.
3. Définissez le terme «idéologie».
4. Pourquoi peut-on dire du fondamentalisme qu'il est une idéologie du passé?
5. Pourquoi dit-on du vécu-centrisme qu'il est une idéologie du présent?
6. Dites en quoi l'autorité religieuse marque l'action éducative des programmes-catalogues.
7. La notion de démocratie constitue un fondement d'un des trois types de programme. Dites de quel programme il s'agit et ce qu'il implique sur le plan de l'action éducative.
8. On parle du «qualitotalisme» comme d'une idéologie inscrite dans la tension. Commentez.
9. Les programmes-habiletés réintègrent dans leur contenu des objectifs très détaillés d'apprentissage. S'agit-il ici d'une attitude réactionnaire en lien avec les programmes-catalogues?
10. On a pu qualifier les programmes-cadres d'«état d'esprit». Commentez.

BIBLIOGRAPHIE

ANONYME (1861). *Programme d'examen en vue de l'obtention du brevet d'école élémentaire (cédule F), modèle (cédule G), et académique (cédule H).* Conseil de l'instruction publique.

BOUCHARD, G. (1983). «Anciens et nouveaux Québécois?». *Question de culture*, n° 5. Québec: Institut québécois de recherche sur la culture, p. 19-34.

BOUCHARD, G. (1990). «Sur les mutations de l'historiographie québécoise: les chemins de la maturité», dans Fernand Dumont (sous la dir. de), *La société québécoise après trente ans de changements.* Québec: Institut québécois de recherche sur la culture.

CAZES, P. DE (compilé par) (1899). *Code de l'instruction publique de la province de Québec comprenant les lois scolaires et un grand nombre de décisions judiciaires s'y rapportant et les règlements du Comité catholique du Conseil de l'Instruction publique.* Québec : Département de l'instruction publique.

COMMISSION PARENT (1964). *Rapport de la Commission royale d'enquête sur l'enseignement dans la province de Québec.* Tome 2. Québec: Ministère de l'éducation.

COMITÉ CATHOLIQUE DU CONSEIL DE L'INSTRUCTION PUBLIQUE (1956). *Programme d'études des écoles secondaires 1956 (8e et 9e années).*

Conseil supérieur de l'éducation (1971). *L'activité éducative: rapport annuel 1969-1970.* Québec: Éditeur officiel du Québec.

CONSEIL SUPÉRIEUR DE L'ÉDUCATION (1987). *Les visées et les pratiques de l'école primaire. Avis au ministre de l'Éducation.* Québec: Les Publications du Québec.

DIRECTION GÉNÉRALE DU DÉVELOPPEMENT PÉDAGOGIQUE (1981). *Programme d'études. Secondaire. Éducation physique.* Québec: Ministère de l'Éducation.

DUMONT, F. (1968). *Le lieu de l'homme.* Montréal: Hurtubise-HMH.

GAUTHIER, C., BELZILE, C., et TARDIF, M. (1993). *Évolution des programmes d'enseignement de 1861 à nos jours.* Sainte-Foy: Les Cahiers du Labraps.

GRÉGOIRE, G. (1987). *L'évolution des politiques relatives aux programmes d'études du primaire et du secondaire public du secteur catholique francophone du Québec.* Sainte-Foy: Université du Québec, École nationale d'administration publique.

KESSLER, A. (1964). *La fonction éducative de l'école. École traditionnelle/école nouvelle.* Fribourg: Éditions universitaires.

LANGEVIN, J. (1864). *Réponses aux programmes de pédagogie et d'agriculture pour les diplômés d'école élémentaire, d'école modèle et d'académie.* 2e éd. Québec: C. Darveau.

LANGEVIN, J. (1865). *Cours de pédagogie ou principes d'éducation.* Québec: C. Darveau.

LASCH, C. (1981). *Le complexe de Narcisse. La nouvelle sensibilité américaine.* Paris: Robert Laffont.

MELLOUKI, M. (1989). *Savoir enseignant et idéologie réformiste. La formation des maîtres (1930-1964).* Québec: Institut québécois de recherche sur la culture.

MINISTÈRE DE L'ÉDUCATION DU QUÉBEC (1966). *L'école coopérative: polyvalence et progrès continu. Commentaires sur le Règlement numéro 1.* Québec: Gouvernement du Québec.

MINISTÈRE DE L'ÉDUCATION DU QUÉBEC (1977). *L'enseignement primaire et secondaire au Québec. Livre vert.* Québec: Gouvernement du Québec.

MINISTÈRE DE L'ÉDUCATION DU QUÉBEC (1979). *L'école québécoise. Énoncé de politique et plan d'action.* Québec: Gouvernement du Québec.

MINISTÈRE DE L'ÉDUCATION DU QUÉBEC (1980). *Cadre révisé d'élaboration des programmes et des guides pédagogiques.* Québec: Gouvernement du Québec.

RICARD, F. (1992). *La génération lyrique. Essai sur la vie et l'œuvre des premiers-nés du baby-boom.* Montréal: Boréal.

SURINTENDANT DE L'INSTRUCTION PUBLIQUE (1959). *Programme d'études des écoles élémentaires.* Québec: Département de l'instruction publique.

Conclusion

La pédagogie de demain

Clermont Gauthier
Maurice Tardif

CONTENU

INTRODUCTION

Au terme de cet ouvrage sur l'évolution des idées et des pratiques pédagogiques et sur les conceptions contemporaines de la pédagogie, il convient de revoir le chemin parcouru et de porter le regard au loin, afin de mieux saisir la portée des questions qui traversent actuellement le métier d'enseignant et les pistes de réflexion qui s'offrent aux pédagogues de demain.

Rétrospectivement, nous pouvons dégager quatre grands moments dans l'évolution de la pédagogie et qui correspondent à autant de périodes fondamentales. Chacune de ces périodes est dominée, ou du moins marquée, par une crise profonde des idées et des pratiques établies. Dans chacune d'elles, on voit des penseurs—philosophes ou maîtres de métier, savants ou praticiens—s'efforçant de thématiser et de rationaliser leur propre pratique, de la mettre en mots et en formules, afin de fixer, pour leurs contemporains et pour eux-mêmes, ses grands axes d'intelligibilité. Plus concrètement, dans les trois premiers chapitres, nous avons mis en évidence l'émergence successive de la fonction enseignante avec les sophistes, de l'école au Moyen Âge et des doctrines humanistes modernes à la Renaissance. Ainsi, on a vu se constituer, peu à peu, un champ autonome de pratiques et d'idées éducatives. Puis, nous avons fait l'hypothèse, au quatrième chapitre, de la naissance de la pédagogie au XVIIe siècle en tant que discours portant spécifiquement sur l'organisation de l'ordre dans la classe. Cette pédagogie, mise en place par des enseignants de métier, s'est constituée en tradition dans les siècles suivants pour devenir ce qu'il a été convenu d'appeler la «pédagogie traditionnelle». Nous avons montré, au sixième chapitre, que la pédagogie nouvelle, déjà amorcée par Rousseau au XVIIIe siècle, a été une véritable révolution dans la conception de l'enseignement. La pédagogie nouvelle était une réaction contre la pédagogie traditionnelle et a donné lieu, au XXe siècle, à toute une série d'approches novatrices, fort différentes les unes des autres, mais qui participaient néanmoins d'un même idéal puérocentrique.

Enfin, au soir d'un siècle et même d'un millénaire, en pleine réforme de l'enseignement et de la formation des enseignants, il semble que nous assistions actuellement, un peu partout en Amérique du Nord et en Europe, à un changement déterminant en ce qui concerne la pédagogie. Tout se passe comme si nous étions en train de réévaluer et de soupeser la pédagogie nouvelle, héritage d'un siècle d'expériences et des tâtonnements les plus divers, tout en refusant de retourner à une pédagogie traditionnelle. Ainsi, des interrogations originales apparaissent sur le rôle et les savoirs du pédagogue, et un désir de professionnaliser le métier d'enseignant devient plus prégnant. Cela conduit bon nombre de personnes à se demander: que faut-il désormais savoir pour enseigner? Comment concevoir ce métier? Sur quelles bases repose-t-il? Bref, quels sont les fondements de l'acte d'enseigner?

15.1 LES ANTÉCÉDENTS DE LA PÉDAGOGIE

Au premier chapitre nous avons vu que toute société éduque, au sens où elle transmet aux générations montantes une tradition, des coutumes, des façons de voir et de faire. Cette transmission se fait de manière plus ou moins consciente, d'une façon informelle et anonyme, sans que personne n'ait été formellement assigné à cette tâche.

Mais si toutes les sociétés éduquent, elles n'enseignent pas toutes nécessairement. En Occident, les Grecs ont probablement été les premiers à se séparer de la tradition. En réfléchissant à leur propre tradition, donc à leurs propres coutumes, leurs propres manières de gouverner la cité, leurs façons d'éduquer les enfants, leur vision de la justice, de la beauté, etc., ils ont créé une occupation nouvelle dans leur société qui n'avait eu aucun équivalent jusque-là: le métier d'enseignant. Les sophistes ont en effet pratiqué les premiers ce nouveau métier qui consiste à exercer l'activité de penser. Au sein de leur mouvement, Socrate constitue un cas à part, car il propose une tout autre approche de la formation, basée sur le langage raisonnable et le dialogue. Enfin, Platon propose une formation dominée par l'intellectualisme et la recherche scientifique, philosophique.

Cependant, si les Grecs ont inventé l'enseignement, ils n'ont toutefois pas réfléchi de façon systématique aux manières d'enseigner. Comme la connaissance, le discours et l'argumentation (dialectique) demeurent leurs principales préoccupations, on ne trouve pas chez eux de traités de pédagogie. Ils n'en ont probablement pas senti la nécessité puisqu'ils avaient peu d'élèves, que ces derniers étaient de jeunes hommes et que, par conséquent, le contact avec eux était très étroit, voire intime. Il n'était pas nécessaire pour eux de réfléchir de façon approfondie à la pédagogie puisque le problème ne se posait pas avec suffisamment d'acuité. On ne sera donc pas surpris d'apprendre que, durant toute l'Antiquité, la pédagogie était routinière et élémentaire et qu'enseigner ne nécessitait pas l'apprentissage d'habiletés particulières. Au surplus, rappelons que l'éducation des sophistes et des philosophes commençait lorsque l'enfant était devenu un jeune homme capable de penser et de s'exprimer. À ce titre, la formation qu'ils proposent ignore la plupart des aspects particuliers liés à l'éducation des enfants.

On a vu également, aux chapitres 2, 3 et 4, que l'enseignement et l'école sont des concepts fort différents au sens où l'enseignement peut s'exercer en l'absence d'écoles. Il a fallu attendre jusqu'au Moyen Âge pour qu'apparaisse finalement l'école, du moins l'école telle que la définit Durkheim (1938), c'est-à-dire un lieu rassemblant plusieurs maîtres travaillant dans un même but, celui de convertir l'élève. Mais l'école peut bien exister, la pédagogie ne devient pas automatiquement un souci. On ne trouve pas encore au Moyen Âge de traités de pédagogie ni de réflexion systématique sur la façon d'enseigner, mais plutôt des ouvrages généraux sur l'éducation, rédigés par de grands penseurs qui professent, comme saint Augustin ou saint Thomas. Tout comme dans l'Antiquité grecque et romaine, les procédés pédagogiques y sont peu développés; ils sont subordonnés à la lecture et au commentaire des auteurs classiques, et s'inscrivent dans la logique habituelle du découpage en séquences du contenu à enseigner.

La Renaissance marque la fin du Moyen Âge. Plusieurs discours sur l'éducation ont été rédigés à cette époque dans le but de faire la critique de la scolastique. Mais les auteurs de la Renaissance ne se souciaient pas, pas plus que ceux des époques précédentes, des moyens concrets d'enseignement. Ils faisaient plutôt porter leur critique sur le plan plus abstrait de la doctrine et des grandes finalités de l'éducation. Montaigne, Rabelais et Érasme faisaient partie de l'élite cultivée; leur occupation quotidienne n'était pas d'enseigner. On comprendra donc que leur discours ne pouvait porter sur les préoccupations concrètes des enseignants qui ont à superviser des groupes d'élèves dans leurs classes.

Or, même si tous ces siècles passés ont donné lieu à des créations essentielles, comme l'enseignement, l'école et une solide tradition humaniste, on ne constate pas encore de souci pédagogique entraînant la mise en place d'une réflexion poussée visant à rendre explicites des savoirs pédagogiques précis.

15.2 LA PÉDAGOGIE TRADITIONNELLE

Il a fallu attendre jusqu'au XVIIe siècle pour qu'apparaisse enfin la pédagogie au sens particulier où on l'entend ici, c'est-à-dire une méthode pour enseigner, un discours d'ordre qui organise la façon de faire la classe sous tous ses aspects. La pédagogie est un discours qui codifie les savoirs propres à l'enseignant dans l'exercice de son métier et qui en structure la pratique quotidienne. Ces savoirs consistent en un ensemble de règles, de conseils méthodiques, de légitimations d'actions d'enseignement, qu'il ne faut pas confondre avec les contenus à enseigner, sans les exclure cependant, et qui sont formulés à l'intention du maître dans le but de l'aider à enseigner à l'élève afin que ce dernier apprenne plus, plus vite et mieux.

Nous avons émis l'hypothèse que la pédagogie est née au XVIIe siècle, et nous avons mis en évidence plusieurs facteurs ayant pu favoriser l'avènement de cette science. Par exemple, la Réforme protestante a entraîné le développement de l'éducation populaire; un nouveau sentiment à l'égard de l'enfance a obligé la société à s'occuper davantage de son instruction; la Contre-Réforme catholique a été suivie par un souci plus marqué d'instruire le peuple; des problèmes urbains engendrés par les jeunes oisifs ont incité les municipalités à intervenir à leur sujet; sans oublier l'imprimerie nouvellement créée dont l'arrivée a complètement modifié le rapport à l'écrit.

L'effet conjugué de ces éléments amène davantage d'enfants à l'école et suscite la création d'établissements scolaires. Cependant, cela engendre tout d'abord toute une série de problèmes d'enseignement auxquels il faut trouver des solutions. Jusqu'à cette époque, il n'y avait pas vraiment de problèmes pédagogiques, ou du moins ces derniers n'étaient pas ressentis avec suffisamment de force pour justifier une réflexion approfondie et systématique afin d'y trouver des solutions. Lorsque les petites écoles sont fréquentées par un nombre important d'enfants, il devient impossible d'enseigner selon l'approche individuelle comme on le faisait auparavant. Il faut donc inventer une nouvelle manière de faire l'école. Il ne s'agit plus désormais d'enseigner «tout», comme le désirait Rabelais, mais bien d'enseigner «tout à tous», comme le soutient Comenius, avec ce qu'implique de profonds changements ce simple petit ajout. Puisqu'il y a plus d'enfants, il faut s'assurer que tous puissent apprendre les rudiments (lire, écrire et compter), que le déroulement des activités se fasse d'une manière ordonnée, que l'on motive les élèves, que l'on surveille leur conduite, qu'il n'y ait pas de pertes de temps, etc. Voilà donc une esquisse de ces profonds bouleversements dans les façons d'enseigner et des nouveaux savoirs et du savoir-faire qu'il importe désormais de maîtriser. On voit ainsi foisonner une série d'ouvrages, tant chez les catholiques que chez les protestants, traitant des bonnes manières d'enseigner. Ces ouvrages sont écrits par des pédagogues de métier.

Sur quoi se fonde ce nouveau souci pédagogique au XVIIe siècle, et en quoi consistent ces savoirs?

On l'a vu, les discours des pédagogues du XVIIe siècle ont un fondement pédagogique religieux, mais nourri par l'expérience de l'enseignement dans les classes. Pour Ratichius, l'œuvre de Dieu, la nature, est essentiellement harmonieuse; il faut la respecter et s'y conformer. Elle indique la méthode à suivre dans l'éducation. Comenius va dans le même sens. Prenant appui sur une vision de la nature parfaite parce qu'issue des mains du Créateur, et par conséquent réglée comme une horloge, il dégage les principes de sa méthode pédagogique. La pédagogie prend ainsi sa source dans une «nature surnaturelle», dans une sur-nature, qui est ordonnée en tous points et ne tolère aucun désordre.

Entre ce fondement théorique surnaturel de la pédagogie et la réalité de la classe, il y a une distance importante qui doit être franchie. Elle le sera aisément par ces personnages particuliers que sont les premiers auteurs des traités de pédagogie. Ceux-ci sont à la fois des officiers de Dieu et surtout, et c'est là la grande nouveauté, des enseignants aguerris. Ce ne sont pas des penseurs solitaires comme ceux de la Renaissance ou des professeurs s'adressant à un public lettré, adulte, déjà formé. Le plan divin peut donc s'incarner plus facilement dans la pratique même du métier dans la classe. Ces professeurs de métier explicitent un savoir issu de l'action, fruit de leurs nombreuses années d'expérience d'enseignement. Le fondement divin fécondant les expériences d'enseignement implique que la méthode en pédagogie soit faite d'ordre en tout.

C'est ainsi que, fortifiés par l'expérience et nourris par une justification religieuse, les enseignants du XVIIe siècle développent la méthode en pédagogie, c'est-à-dire l'ordre en tout dans l'enseignement. Le savoir pédagogique qui est élaboré touche à toutes les facettes de la vie de la classe, du matin au soir, de la première journée de classe à la dernière. Il porte notamment sur l'enseignement simultané, sur le contrôle des postures et des déplacements des élèves, sur les châtiments et les récompenses, sur la répartition de l'espace et l'organisation minutieuse du temps, etc.

Ce savoir est ensuite transmis aux générations d'enseignants suivantes qui, à leur tour, les lèguent à ceux qui les remplacent. Ainsi se constitue peu à peu un code uniforme du savoir-faire enseignant, une tradition pédagogique, ou ce qu'il convient d'appeler la «pédagogie traditionnelle», composée d'un ensemble de réponses, de prescriptions, de rites quasi sacrés à reproduire.

15.3 LA PÉDAGOGIE NOUVELLE

La pédagogie s'est maintenue d'une manière relativement stable jusqu'à la fin du XIXe siècle, tant dans son esprit que dans ses pratiques, pour constituer une sorte de tradition pédagogique générale en Europe et en Amérique. Les XVIIe et XIXe siècles n'ont pas apporté de modifications substantielles à ce chapitre. Par exemple, les idées de Rousseau sur l'éducation ne connaissent une grande popularité que beaucoup plus tard, au XXe siècle, et l'apport du

XIXe siècle à l'éducation a consisté davantage en une série de mesures législatives—l'obligation scolaire, la gratuité, la laïcité—qu'en la réalisation d'une révolution pédagogique.

Par contre, on voit apparaître, à la fin du XIXe et au début du XXe siècle, un mouvement important appelé la pédagogie nouvelle qui vise à renverser la tradition pédagogique, laquelle commence à devenir de plus en plus imposante. En effet, ce mouvement nouveau propose des transformations majeures dans les idées et les pratiques pédagogiques qui se répercuteront durant tout le XXe siècle.

Globalement, le mouvement de la pédagogie nouvelle s'est d'abord défini de façon polémique, c'est-à-dire par opposition à la pédagogie traditionnelle. La pédagogie traditionnelle, étant davantage un ensemble de réponses toutes faites issues d'une tradition séculaire, comportait évidemment des erreurs qui devaient être rectifiées. Il fallait donc que la pédagogie rompe avec cette tradition et se trouve un nouveau fondement. La science prend alors le relais de la religion comme fondement. La science permet de connaître la nature, elle en dévoile les secrets et les lois; comme une sorte de nouveau dieu, elle assigne un ordre au monde. Plus encore, nous avons signalé l'importance de la psychologie comme science privilégiée dans la constitution des nouveaux discours pédagogiques. L'apport de la psychologie à l'éducation consiste à centrer toute son attention sur la connaissance de l'enfant.

Cette centration sur l'enfant donne lieu par la suite à deux grands courants de la pédagogie nouvelle: l'expérimental et l'expérientiel. Présents dans la fondation même de la pédagogie traditionnelle, ces courants sont devenus, avec le temps, figés, voire oubliés au profit du maintien de la tradition. Ces deux visions s'interpénètrent au début, mais finissent par manifester des différences assez marquées, voire irréconciliables. Les adeptes des deux conceptions unissent leurs efforts, à l'origine, parce qu'ils participent de la même critique de la pédagogie traditionnelle et qu'ils conviennent de l'importance de la science comme critique de la tradition. Étant donné le rôle privilégié de la psychologie dans la constitution des nouveaux discours pédagogiques, et la centration de cette discipline sur l'étude de l'enfant, on ne sera pas surpris de l'importance qu'elle accorde non seulement à l'intellect mais aussi à toutes les autres dimensions de l'enfant. L'école doit s'ajuster aux besoins de l'enfant, en prenant notamment en compte la dimension socio-affective. C'est ainsi que, progressivement, se créent deux grandes divisions à l'intérieur du mouvement de la pédagogie nouvelle, divisions qui correspondent à deux manières de suivre l'ordre de la nature. D'un côté on trouve l'expérientiel, c'est-à-dire la libération socio-affective de l'enfant; l'enfant dévoile ses besoins naturels au maître, qui l'accompagne dans sa libération en l'aidant à satisfaire ces besoins. De l'autre on trouve l'expérimental, c'est-à-dire l'étude systématique de l'enfant, des lois de son développement, de son style d'apprentissage; par cette étude scientifique de l'enfant, la science (la psychologie) dévoile les besoins naturels de l'enfant au maître, qui cherche à y répondre.

On pourrait, *grosso modo*, associer Neill, Freinet, Steiner et Rogers à l'approche expérientielle, même si l'un ou l'autre s'en éloignent sur certains points. De même, Montessori, le béhaviorisme, le cognitivisme et le constructivisme correspondent davantage à la dimension expérimentale.

15.4 LA PÉDAGOGIE À VENIR

Mais où en sommes-nous rendus maintenant? Quels sont les savoirs et le savoir-faire pédagogique que l'on doit maîtriser pour enseigner? Comment concevoir ce métier à l'aube du millénaire qui vient?

On a vu que la méthode pédagogique ne peut être le miroir d'un ordre céleste surnaturel. Les critiques que la pédagogie nouvelle a adressées à la pédagogie traditionnelle ont fait ressortir les limites, les excès et les erreurs d'une telle approche. La pédagogie nouvelle n'est pas non plus à l'abri des critiques, tant dans sa version expérientielle qu'expérimentale. On ne peut suivre aveuglément les commandements de la nature enfantine. La situation éducative est plus complexe, plus fluide et moins rigide que cela. Il faut donc chercher une autre voie et envisager la pédagogie autrement.

Une troisième voie pédagogique se dessine de plus en plus, actuellement, qui veut dépasser les deux précédentes en concevant le rôle de l'enseignant comme étant celui d'un **professionnel de l'intervention pédagogique**. C'est-à-dire quelqu'un qui, muni de certains savoirs, et confronté à une situation complexe dans laquelle il est impossible d'utiliser ces savoirs comme s'ils pouvaient s'appliquer mécaniquement à la situation, doit par conséquent délibérer, réfléchir à la situation et décider. L'enseignant, en tant que preneur de décisions en interaction avec les élèves, doit faire appel à toutes ses connaissances pour juger de la situation. Il ne peut se fonder sur l'ordre d'un plan divin ni être un scientifique de la pédagogie qui applique machinalement des lois; au contraire, confronté aux aléas des situations, il doit supputer, juger ce qu'il y a à faire puis décider, quitte à modifier plus tard et à réadapter son action compte tenu des contraintes. L'ordre pédagogique n'est donc plus donné comme dans une approche de pédagogie nouvelle, mais construit.

Cette vision de l'enseignant comme professionnel implique la mise en relation de trois éléments fondamentaux: la situation éducative, les savoirs de l'enseignant et le jugement.

15.4.1 La situation éducative

Plusieurs auteurs ont tenté de caractériser la situation éducative. Van der Maren (1990, p. 1024) la décrit par les huit traits suivants:

> *(1) Une personne (adulte) censée savoir (2) est en contacts réguliers (3) avec un groupe (4) de personnes (enfants) censés apprendre, (5) dont la présence est obligatoire, (6) pour leur enseigner (7) un contenu socialement donné (8) par une série de décisions prises en situation d'urgence.*

Plus précisément encore, ce contact obligatoire, répété et prolongé entre un enseignant et plusieurs enfants, au sujet d'un contenu culturel donné, s'inscrit dans une dynamique où le rythme des événements est rapide, où plusieurs composantes sont interreliées et interagissent en même temps, et où le cours des événements est très souvent imprévisible. On ne sera pas surpris de voir qualifier l'enseignement de «métier impossible» (Perrenoud, 1993), c'est-à-dire de métier où le praticien doit composer sans cesse avec l'obligation de choisir, la faible certitude dans l'agir, la crainte d'un échec toujours possible, et le peu de critères tangibles de réussite.

> *Dans la pratique pédagogique se jouent chaque jour des contradictions impossibles à dépasser une fois pour toutes: m'oublier pour l'autre ou penser à moi? privilégier les besoins de l'individu ou ceux de la société? respecter l'identité de chacun ou la transformer? avancer dans le programme ou répondre aux besoins des élèves? fabriquer des hiérarchies ou pratiquer une évaluation formative? développer l'autonomie ou le conformisme? s'impliquer personnellement dans la relation ou rester aussi neutre que possible? imposer pour être efficace ou négocier longuement pour obtenir l'adhésion? sacrifier l'avenir ou le présent? mettre l'accent sur les savoirs, les méthodes, l'instruction, ou sur les valeurs, l'éducation, la socialisation? valoriser la compétition ou la coopération? donner à chacun l'impression qu'il est compétent ou pousser à la plus grande lucidité? préférer la structuration de la pensée et de l'expression ou encourager la créativité et la communication? mettre l'accent sur une pédagogie active ou une pédagogie de maîtrise? respecter l'équité formelle ou offrir à chacun selon ses besoins? aimer tous les élèves ou laisser parler ses sympathies et antipathies?* (Perrenoud, 1993, p. 9.)

On le voit, le contexte réel de la classe, bien loin d'être simple, univoque, limpide et unidimensionnel, présente toutes les caractéristiques d'un système hautement complexe. C'est en concevant l'enseignement en regard de ce contexte qu'une nouvelle conception de la pédagogie émerge. Il faudra que le pédagogue construise un ordre dans sa classe en tenant compte de cette situation particulière.

15.4.2 Le savoir pédagogique est pluriel

Le savoir de l'enseignant est pluriel. Au lieu de baser son agir pédagogique sur les prescriptions issues d'un ordre surnaturel, comme dans la pédagogie naturelle, ou de se fier seulement à la découverte de lois naturelles, comme dans la pédagogie nouvelle, le pédagogue puise à plusieurs sources de savoir réunies en une sorte de réservoir pour fonder son action.

Il est possible d'identifier plusieurs savoirs de l'enseignant. Nous avons déjà traité de cette question ailleurs (voir Tardif, Lessard et Lahaye, 1991;

Gauthier, Martineau et Simard, 1994, 1995) et insisté sur certains savoirs plutôt que sur d'autres. Pour les besoins de notre propos, nous en identifierons six.

Le savoir disciplinaire

Le savoir disciplinaire fait référence aux savoirs produits par les chercheurs et les savants dans les diverses disciplines scientifiques. L'enseignant ne produit pas du savoir disciplinaire mais, pour enseigner, il utilise certains savoirs produits par ces chercheurs. Par exemple, l'enseignant utilise des contenus historiques produits par des historiens dans son enseignement des sciences humaines. Enseigner nécessite la connaissance du contenu à transmettre, puisqu'on ne peut évidemment enseigner quelque chose si on n'en maîtrise pas la signification. Le savoir disciplinaire, il faut le noter, ne peut à lui seul représenter «le» savoir enseignant. Il fait partie du réservoir disponible avec d'autres savoirs.

Le savoir curriculaire

Une discipline n'est cependant jamais enseignée telle quelle, elle fait l'objet de nombreuses transformations pour devenir un programme d'enseignement. En effet, l'école sélectionne et organise certains savoirs produits par les sciences et en fait un corpus, lequel sera enseigné dans le cadre des programmes scolaires. Ces derniers sont produits par d'autres acteurs que les enseignants, souvent des fonctionnaires de l'État ou des spécialistes des diverses disciplines. En Amérique du Nord et aussi en Europe, les programmes sont transformés en manuels et en cahiers d'exercices par les diverses maisons d'édition. Le programme sert de guide à l'enseignant pour planifier et évaluer les apprentissages. L'enseignant doit donc «connaître le programme», ce qui constitue un autre savoir composant son réservoir de connaissances.

Le savoir d'expérience

Le pédagogue possède aussi un savoir d'expérience. Celui-ci lui vient des nombreuses tentatives qu'il a faites tout au long de sa carrière. L'expérience s'inscrit dans un rapport particulier à l'habitude. En effet, apprendre de ses expériences signifie vivre un moment particulier, différent de ce que l'on rencontre habituellement, et qu'on enregistre à ce titre dans notre répertoire de savoirs. On dira alors que cette expérience fait «jurisprudence». Il arrive fréquemment que la répétition d'une expérience se stabilise en routine. C'est ce qui permet à l'esprit de se libérer pour attaquer d'autres types de problèmes. Que ce soit un moment unique ou un moment répété une infinité de fois, il n'en demeure pas moins que l'expérience est quelque chose de personnel, et surtout de privé. Bien que l'enseignant vive un tas d'expériences dont il tire grand profit, celles-ci demeurent malheureusement confinées au secret de sa classe. Il se juge en privé et se constitue au fil du temps une sorte de jurisprudence faite d'astuces, de stratagèmes et de manières de faire éprouvés mais qui demeurent secrets. Son jugement et les raisons qui le sous-tendent ne sont jamais connus ni testés publiquement. En ce sens, un enseignant peut avoir de l'expérience, mais les explications qu'il donne pour justifier son action peuvent être erronées. L'enseignant peut croire que c'est parce qu'il pose tel geste que les élèves apprennent, alors qu'en réalité l'explication peut relever de bien d'autres causes. La limite du savoir d'expérience est précisément qu'il est le fait de présupposés et d'arguments qui ne sont pas vérifiés à l'aide de méthodes scientifiques.

Le savoir d'action pédagogique

Le savoir d'action pédagogique est le savoir d'expérience des enseignants rendu enfin public et passé au crible de la validation scientifique. Les jugements des enseignants et les motifs qui les sous-tendent peuvent être évalués et soupesés afin d'établir des règles d'action qui seront connues et apprises par d'autres enseignants. Étant donné que le savoir de l'enseignant est dans une large mesure privé, il ne fait l'objet d'aucune réelle validation systématique comme dans d'autres professions. Nous en sommes encore à la situation où chaque enseignant, reclus dans son propre univers, se construit une sorte de jurisprudence privée, faite de mille et un petits trucs «qui marchent» ou qui lui semblent marcher. Cependant, précisément parce qu'elle est privée, cette jurisprudence ne tombe que trop rarement dans le domaine public pour subir le test de validation. En règle générale, ce savoir se perd lorsque l'enseignant cesse d'exercer son métier. Les résultats des recherches scientifiques sur la détermination d'un savoir d'action pédagogique peuvent servir grandement à l'amélioration de la pratique enseignante et, partant, sont nécessaires à la professionnalisation du métier.

Le savoir de culture professionnelle

Tout enseignant a acquis dans sa formation ou dans l'exercice de son métier une certaine culture professionnelle qui est une autre forme de savoir présente dans son réservoir de connaissances. Il possède des notions au sujet du système scolaire, il sait ce qu'est un comité d'école, un syndicat, un régime pédagogique, etc. Il a peut-être aussi une idée de l'évolution de sa profession, il a certaines notions du développement de l'enfant, des classes sociales, des stéréotypes, etc. Bref, il est en possession d'un corpus de savoirs spécialisés au sujet de l'école, savoirs inconnus de la plupart des citoyens ordinaires et des membres des autres professions. C'est là son savoir de culture professionnelle, c'est-à-dire l'ensemble des connaissances au sujet de l'école qui ne concernent pas directement son action pédagogique mais qui, comme les autres membres de son métier socialisés d'une certaine manière, lui servent de toile de fond, traversent et tapissent sa façon d'exister professionnellement.

Le savoir de culture générale

L'enseignant possède une culture générale, un savoir culturel. Au gré de son enseignement, il puise constamment dans le réservoir de ses connaissances générales. Le pédagogue n'a pas à se définir par la grande culture (élitiste, promue par certains penseurs nostalgiques à la mode) mais, au contraire, il rend vivante sa culture dans le contexte de classe dans lequel il évolue afin de favoriser l'apprentissage chez ses élèves. Plutôt que d'étaler une culture-ornement, simplement décorative, il la rend féconde, il en fait un ensemble de connaissances utile (*working knowledge*) pour comprendre le monde et pour le changer.

Le savoir de la tradition pédagogique

La tradition pédagogique contemporaine est faite d'un curieux mélange de pédagogie traditionnelle et d'expériences novatrices. Elle habite encore non seulement nos souvenirs d'enfance, mais aussi une bonne part du quotidien des écoles actuelles. Cette tradition pédagogique, c'est le savoir faire l'école. Chacun a une représentation de l'école qui le détermine avant même d'avoir été formé à l'université en formation des maîtres. Cette représentation du métier, à défaut d'être dévoilée et critiquée, sert de matrice pour guider les comportements des enseignants. Il est clair que ce savoir de la coutume présente bien des faiblesses, au sens où il peut comporter des erreurs. Il sera adapté et modifié par le savoir d'expérience, mais surtout validé ou non par le savoir d'action pédagogique. Chose certaine, dans son agir quotidien, le maître a fréquemment recours à ce savoir présent dans son réservoir de connaissances.

15.4.3 Le jugement du pédagogue

Le pédagogue, nourri de ces multiples savoirs, doit sans cesse exercer son jugement en situation d'enseignement. C'est en ce sens que Schön (1994) parle du professionnel, c'est-à-dire de celui qui, face à une situation complexe, mobilise divers savoirs pour en arriver à prendre la bonne décision au bon moment.

Tous les savoirs énumérés plus haut constituent une base pour alimenter les décisions qu'aura à prendre le pédagogue. Le propre des situations d'enseignement, on l'a vu, est l'ambiguïté. L'enseignant, même s'il maîtrise son programme, même s'il connaît sa matière sur le bout de ses doigts, même s'il a une bonne expérience, peut néanmoins demeurer perplexe face à une situation donnée qui comporte un conflit de valeurs. Par exemple, s'il s'occupe de Marie, élève qui semble avoir un énorme besoin d'attention particulière, il ne pourra poursuivre sa leçon et sera encore plus en retard dans son programme. Mais il ne peut se dérober et doit choisir dans l'instant une action. Shulman (1987) parle alors d'un processus de « raisonnement pédagogique » pour indiquer cette phase de réflexion dans l'action que le pédagogue exécute et qui l'amène à décider quelque chose en puisant dans son réservoir de savoirs. Quand l'enseignant décide dans sa classe, ce n'est ni en tant que scientifique ni en tant que secrétaire de l'ordre divin, mais plutôt en tant qu'acteur prudent qui essaie de construire un ordre dans une situation complexe en mobilisant les savoirs à sa disposition.

En conclusion, l'enseignant de l'avenir est comme un juge qui fait appel à des savoirs en situation de problèmes, afin de prendre des décisions éclairées. Les savoirs sur lesquels il s'appuie sont nombreux, la situation est fort complexe et la décision à prendre est loin d'être toujours évidente et généralisable. Un réservoir de connaissances «bien rempli» sera donc un précieux atout pour tout enseignant dans la recherche de solutions appropriées aux problèmes rencontrés dans sa pratique. Puisse cet ouvrage avoir pu contribuer un tant soit peu à cette entreprise.

BIBLIOGRAPHIE

DEWEY, J. (1929). *The Source of a Science of Education.* New York: Harper.

DOYLE, W. (1978). «Paradigms for Research on Teacher Effectiveness», dans L.S. Shulman (sous la dir. de), *Review of Research in Education.* Vol. 5. Itasca, Ill.: F.E. Peacock, p. 69-74,

DURKHEIM, É. (1938). *L'évolution pédagogique en France.* Paris: Presses universitaires de France.

GAUTHIER, C. (1993a). *Tranches de savoir. L'insoutenable légèreté de la pédagogie.* Montréal: Éditions Logiques.

GAUTHIER, C. (1993b). «La raison du pédagogue», dans C. Gauthier, M. Tardif, et M. Mellouki (sous la dir. de), *Le savoir des enseignants: Que savent-ils?* Montréal: Éditions Logiques, p. 187-206.

GAUTHIER, C., et AUTRES (à paraître). «La formation des maîtres et la recherche d'une base de connaissances en enseignement», dans L. Paquay, *Actes du Colloque du Réseau international de recherche en éducation et formation (REF),* Louvain-la-Neuve, Belgique.

GAUTHIER, C., MARTINEAU, S., et SIMARD, D. (1994). «À la recherche d'une base de connaissances en enseignement». *Pédagogie collégiale,* vol. 8, n° 2.

GAUTHIER, C., MARTINEAU, S., et SIMARD, D. (1995) «Enseigner… juste pour voir». *Vie Pédagogique,* n° 95, p. 37-40.

PERRENOUD, P. (1993). «La formation au métier d'enseignant: complexité, professionnalisation et démarche clinique», dans *Compétences et formation des enseignants?* Actes de colloque. AQUFOM. Trois-Rivières: Publications des sciences de l'éducation. Université du Québec à Trois-Rivières, p. 3-36.

SCHÖN, D.A. (1994). *Le praticien réflexif.* (Traduction de The Reflexive Practitioner paru en 1983.) Montréal: Éditions Logiques.

SHULMAN, L.S. (1987). «Knowledge and Teaching: Foundation of the New Reform». *Harvard Educational Review,* vol. 57, n° 1.

TARDIF, M. (1993). «Savoirs et expérience chez les enseignants de métier: quelques pistes et jalons concernant la nature des savoirs d'expérience», dans H. Hensler, *La recherche en formation des maîtres: détour ou passage obligé sur la voie de la professionnalisation?* Sherbrooke: Éditions du CRP, p. 53-86.

TARDIF, M., et GAUTHIER, C. (à paraître). «L'enseignant comme acteur rationnel: quelle rationalité, quel savoir, quel jugement?», dans P. Perrenoud et autres, *Des professionnels de l'enseignement.* Bruxelles: Éditions De Boeck.

TARDIF, M., LESSARD, C., et LAHAYE, L. (1991). «Les enseignants des ordres d'enseignement primaire et secondaire face aux savoirs. Esquisse d'une problématique du savoir enseignant». *Sociologie et Sociétés,* vol. 23, n° 1, p. 55-70.

VAN DER MAREN, J.-M. (1990). «Les savoirs et la recherche pour l'éducation», dans G.R. Roy (sous la dir. de), *Contenus et impacts de la recherche universitaire actuelle en sciences de l'éducation.* Actes du IIe Congrès des sciences de l'éducation de langue française du Canada, Sherbrooke, Tome 3: L'enseignement et l'apprentissage, Faculté d'éducation, Université de Sherbrooke: Éditions du CRP, p. 1023-1031.

Index des noms propres

H

I

J

K

L

M

Index des sujets

D

E

F

G

O

P

Q

R

imprimerie gagné ltée

IMPRIMÉ AU CANADA